ein Ullstein Buch

PROPYLÄEN WELTGESCHICHTE

Eine Universalgeschichte
Herausgegeben von
GOLO MANN
unter Mitwirkung von
ALFRED HEUSS
und
AUGUST NITSCHKE

Band I
Vorgeschichte · Frühe Hochkulturen
Band II
Hochkulturen des mittleren und östlichen Asiens
Band III
Griechenland · Die hellenistische Welt
Band IV
Rom · Die römische Welt
Band V
Islam · Die Entstehung Europas
Band VI
Weltkulturen · Renaissance in Europa
Band VII
Von der Reformation zur Revolution
Band VIII
Das neunzehnte Jahrhundert
Band IX
Das zwanzigste Jahrhundert
Band X
Die Welt von heute
Band XI
Summa Historica

Elf Bände in zweiundzwanzig Halbbänden

Fünfter Band
2. Halbband

Islam
Die Entstehung Europas

ARNO BORST
FRANÇOIS LOUIS GANSHOF
A. R. MYERS

*Karten, Zeichnungen und graphische Darstellungen im Text von
Elisabeth Armgardt, Rudolf Wahlfeldt und Klaus Willke.*

*Die Beiträge von François Louis Ganshof und von A. R. Myers sind
von Alice Pollakowsky und von Dr. A. R. L. Gurland in die deutsche
Sprache übertragen worden.*

CIP-Kurztitelaufnahme der Deutschen Bibliothek

Propyläen-Weltgeschichte:
e. Universalgeschichte; 11 Bd. in 22 Halbbd. /
hrsg. von Golo Mann unter Mitw.
von Alfred Heuss u. August Nitschke. –
Frankfurt/M, Berlin, Wien: Ullstein.
([Ullstein-Bücher] Ullstein-Buch;
Nr. 4720)
ISBN 3-548-04720-3

NE: Mann, Golo [Hrsg.]

Bd. 5. → Islam, die Entstehung Europas

Islam, die Entstehung Europas. –
Frankfurt/M. Berlin, Wien: Ullstein.
Halbbd. 2. Arno Borst; François Louis
Ganshof; A. R. Myers. – 1976.
(Propyläen-Weltgeschichte; Bd. 5)
([Ullstein-Bücher] Ullstein-Buch;
4730)
ISBN 3-548-04730-0

NE: Borst, Arno [Mitarb.]

*Ullstein Buch Nr. 4730
im Verlag Ullstein GmbH,
Frankfurt/M – Berlin – Wien

Der Text der Taschenbuchausgabe
ist identisch mit dem der
Propyläen Weltgeschichte

Umschlag: Hansbernd Lindemann
Alle Rechte vorbehalten
© 1963 by Verlag Ullstein GmbH,
Frankfurt a. M./Berlin
Printed in Germany 1976
Gesamtherstellung: Ebner, Ulm
ISBN 3 548 04730 0*

INHALTSVERZEICHNIS

François Louis Ganshof

395 DAS HOCHMITTELALTER

Veränderungen in Wirtschaft und Gesellschaft *(397)* Das Papsttum zu Anfang des 12.Jahrhunderts *(418)* Das Schisma von 1130 und das Wirken des heiligen Bernhard *(419)* Der lateinische Orient *(420)* Der Zweite Kreuzzug *(423)* Das christliche Spanien und die Reconquista *(424)* Das Königreich Sizilien im Kampf mit Byzanz *(427)* Reich und Papsttum zur Zeit Friedrich Barbarossas *(432)* Der Zusammenbruch des lateinischen Orients *(438)* Der Dritte Kreuzzug *(440)* Der Wahn Kaiser Heinrichs VI. *(441)* England und das Anglo-Angevinische Reich *(442)* Frankreich und der Zusammenbruch des Anglo-Angevinischen Reiches *(448)* Innozenz III. *(455)* Der Kreuzzug gegen die Albigenser und die Unterwerfung Südfrankreichs *(456)* Der Vierte Kreuzzug und das Lateinische Kaiserreich *(458)* Reich und Papsttum zur Zeit Friedrichs II. *(459)* Deutschland und die Nachbarländer im 13.Jahrhundert *(463)* Das England Johanns Ohneland, Heinrichs III. und Eduards I. *(466)* Frankreich unter Ludwig dem Heiligen und Philipp dem Kühnen *(470)* Italien nach dem Tod Friedrichs II. *(474)* Die christlichen Staaten der Iberischen Halbinsel im 13.Jahrhundert *(478)* Das Ende des Lateinischen Orients *(483)* Das Papsttum als politische Macht an der Wende zum 14.Jahrhundert *(485)*

Arno Borst

489 RELIGIÖSE UND GEISTIGE BEWEGUNGEN IM HOCHMITTELALTER

Benediktiner und Karolinger *(492)* Ottonen und Cluniazenser *(498)* Gregorianer und Zisterzienser *(502)* Wegbereiter der Scholastik *(508)* Abaelard und die Wissenschaften *(512)* Die Schule von Chartres und die Künste *(517)* Das Rittertum und die volkssprachliche Dichtung *(522)* Bernhard von Clairvaux und die Kontemplation *(527)* Der Deutsche Symbolismus und die Häresien *(532)* Franziskaner und Dominikaner *(538)* Lehre und Erfahrung der Bettelmönche *(544)* Freiheit und Hingabe der Laien *(550)* Spätscholastik und Bürgertum *(556)*

INHALTSVERZEICHNIS

A. R. Myers

563 EUROPA IM 14. JAHRHUNDERT

Päpste in Avignon *(565)* Von Reichsträumen zur dynastischen Politik *(569)* Italienische Wirren *(573)* Frankreich und der Hundertjährige Krieg *(576)* Britische Inseln: Kämpfe um Krone und Parlament *(582)* Pyrenäen-Kontraste *(587)* Skandinavische Union? *(590)* Osten und Südosten am Vorabend des Türkeneinbruchs *(592)* Schisma und Konzilbewegung *(597)* Politische Auflehnung gegen das Papalsystem *(601)* Stände und Königsmacht *(604)* Prunkendes Rittertum *(606)* Weltliche Bildung *(608)* Wirtschaft im Niedergang? *(611)* Bauern und Kleinbürger *(614)*

619 UNIVERSALGESCHICHTE IN STICHWORTEN

(Von *Georg Meerwein*)

665 NAMEN- UND SACHREGISTER

(Von *Bruno Banke*)

722 QUELLENVERZEICHNIS DER ABBILDUNGEN

François Louis Ganshof

DAS HOCHMITTELALTER

Das Thema, das den folgenden Seiten gestellt ist, wird vom Leben und Wirken zweier Männer eingegrenzt, die – übrigens auf ungleiche Weise – ihre Zeit geprägt haben: des heiligen Bernhard, des Abtes von Clairvaux (1115–1153), und des Papstes Bonifatius VIII. (1294–1303). Für uns, die wir an die tiefgehende Wirkung glauben, die von starken Persönlichkeiten auf den Lauf der Geschichte ausgeht, ist diese Eingrenzung annehmbar. Man täuschte sich jedoch, wenn man daraus die Schlußfolgerung zöge, unsere Darstellung werde sich ausschließlich der politischen und institutionellen Geschichte widmen. Die Bedeutung der wirtschaftlichen und sozialen Tatsachen erfordert es, daß auch ihnen ein weiter Raum gewährt wird. Wir müssen schließlich den zeitlichen Rahmen unserer Darstellung abstecken. Er umfaßt das 12. und 13. Jahrhundert. Selbstverständlich können wir ausnahmsweise dazu veranlaßt werden, in die letzten Jahre des 11. Jahrhunderts zurückzugehen, bis zu den ersten Jahren des 14. Jahrhunderts vorzuschreiten oder auch vor dem Ende des 13. Jahrhunderts haltzumachen. Die Anlage des Bandes bringt es mit sich, daß die religiösen, geistigen, intellektuellen und künstlerischen Aspekte der westeuropäischen Geschichte, ebenso alles, was sich auf die islamische, byzantinische und slawische Welt bezieht, in anderen Beiträgen behandelt werden.

Veränderungen in Wirtschaft und Gesellschaft

Die Bevölkerung

Das 12. und 13. Jahrhundert waren in Westeuropa eine Zeit der demographischen Expansion. Die erste Phase der Bewegung liegt früher: man kann ihren Anfang ungefähr auf 1050 ansetzen, obgleich sie in manchen Gegenden früher, in anderen später begann; im Laufe der beiden Jahrhunderte erfuhr sie dann ihre volle Entfaltung.

Dieser Bevölkerungszuwachs ist aus den Quellen unmittelbar kaum zu ersehen. Allerdings gab es für England ein »Kataster«; das im Jahre 1086 auf Befehl Wilhelms des Eroberers angelegte *Domesday Book*. Auf Grund der darin enthaltenen Angaben läßt sich die Bevölkerung des Königreiches auf annähernd 1 100 000 Personen berechnen: das ist ein Ausgangspunkt, von dem aus die Ausmaße der demographischen Bewegung im England des 12. und 13. Jahrhunderts wenigstens geschätzt werden können. Aber dieser Fall ist einmalig. Sonst gibt es nur Anzeichen, historische Tatbestände, die nur mit beträchtlichem Bevölkerungszuwachs zu erklären sind: große Mobilität der Bevölkerung, Erweiterung der in Kultur genommenen Flächen, Entstehung und Entwicklung städtischer Siedlungen, Auswanderung mit Kolonisation in neue Länder. Dieser Bevölkerungszuwachs zeigt übrigens regionale und lokale Unterschiede, vorübergehende Unterbrechungen, ja sogar rückläufige Tendenzen. Aber die allgemeine Richtung der Bewegung läßt keinen Zweifel zu.

Ist es wenigstens möglich, die Gesamtbevölkerung einzelner Länder am Ende der hier behandelten Periode zu schätzen? Man hat es für das frühe 14. Jahrhundert versucht. Ein Verzeichnis der Pfarreien und Feuerstellen (Haushalte) von 1328 läßt eine Schätzung für das Königreich Frankreich in seinen damaligen Grenzen zu; sie beläuft sich auf 16 bis 17 Millionen Personen. Das erscheint viel, eine weniger großzügige Schätzung kommt zu einer Zahl von 10 bis 11 Millionen. Für England nimmt man für 1346 eine Zahl von 3 700 000 an, die, von festen Grundlagen ausgehend, ernsthaft berechnet zu sein scheint.

Neulandgewinnung

Unbestreitbar haben das 12. und 13. Jahrhundert eine beträchtliche Ausdehnung der bestellbaren und bestellten Bodenfläche in Westeuropa erlebt. Diese Erscheinung ist übrigens schon früher in manchen Gegenden zu beobachten, im 10. Jahrhundert, sogar im 9. und sehr viel häufiger dann im 11. Jahrhundert, während sie in den beiden Jahrhunderten, die den Rahmen unserer Darstellung bilden, ihren Höhepunkt erreichte.

Die Neulandgewinnung ging in der Regel von einem Dorf oder von einer Grundherrschaft aus; die Initiative dazu kam von der Genossenschaft der Bewohner oder von einzelnen geistlichen oder weltlichen Grundherren. Die Bedeutung dieses neu gewonnenen Ackerlandes, der Wiesen und mitunter Weinberge auf Kosten von Wald und Gebüsch, Heide- und Sumpfland war beträchtlich. Vor allem im 12. und 13. Jahrhundert – erste Ansätze zeigen sich bisweilen schon früher – wurden aber auch ganze Gebiete für die landwirtschaftliche Nutzung gewonnen. Die Rodung von Wäldern in der Normandie und im Maine scheint im 11. Jahrhundert begonnen zu haben und im 12. fortgesetzt worden zu sein. Zur selben Zeit nahmen an der Küste Flanderns die Eindeichungs- und Austrocknungsarbeiten ihren Anfang, die dann in größerem Maßstabe im 12. und 13. Jahrhundert weitergingen; und zweifellos wurde auch im inneren Flandern gerodet und Heideland umgebrochen. Das gleiche vollzog sich in anderen Teilen des Königreichs Frankreich im Laufe des 12. und 13. Jahrhunderts: gewisse Zonen der Brie und der Champagne, Teile des Loiretales und der Landschaften im Westen, Gebiete zu beiden Seiten der Garonne, ein Teil der Südwestküste, die Gascogne. Das Pariser Becken mit seinen beträchtlichen Waldbeständen war einer der Bezirke, in denen während des 12. Jahrhunderts der Kampf gegen den Baum im großen aufgenommen wurde. In Norditalien wurden besonders in der Poebene Deiche gezogen, Drainage gelegt und weite Gebiete unkultivierten Landes unter den Pflug genommen.

In Deutschland setzte die Neulandgewinnung in gewissen Teilen Niederlothringens ein, also in den westlichsten Gebieten des Reiches: in Holland, dem »Sticht« (dem bischöflichen Fürstentum Utrecht) und in Friesland. Zu Anfang des 12. Jahrhunderts setzten dann im Nordwesten die Kultivierungsarbeiten in den Sumpfgebieten der unteren Weser und Elbe energisch ein; andere Zonen im Norden kamen hinzu. Bald waren im Süden die Berge Bayerns an der Reihe. Während die Unternehmungen im Norden vor der Mitte des 13. Jahrhunderts ihr Ende fanden, gingen sie in den Bayerischen Alpen noch im ausgehenden 13. Jahrhundert weiter, wenn auch mancher neue Acker von minderwertiger Qualität bald wieder aufgegeben wurde. Jenseits der Elbe in den seit dem zweiten Viertel des 12. Jahrhunderts unterworfenen slawischen Gebieten folgte die Kultivierung der Eroberung oder ging mit ihr Hand in Hand. Noch vor dem Ende des 13. Jahrhunderts war die Oder erreicht.

Auf der Iberischen Halbinsel entriß die christliche Wiedereroberung dem Islam Länder, die zumeist von Krieg, Plünderung und Zerstörung schrecklich verwüstet und von den Bewohnern verlassen waren. Schon seit dem 11. Jahrhundert, besonders aber im 12. Jahrhundert und noch im 13., bemühte man sich unmittelbar nach der *Reconquista* um die Wiederbesiedlung und leitete bisweilen recht intensive Kultivierungsarbeiten ein. Diese *poblaciones* bildeten ein wesentliches Element im Wiederaufbau oder in der Entwicklung der Agrarwirtschaft eines großen Teils Spaniens und Portugals.

Die lokalen oder regionalen Gewinne an Kulturland sind in Nordfrankreich und Südbelgien an den auf *-sart* endenden Ortsnamen und in den Ländern deutscher oder niederländischer Sprache an dem Suffix *-rode* zu erkennen.

Wer hat nun bei der Neulandgewinnung die Initiative ergriffen? Wir haben schon von den beträchtlichen Landgewinnen gesprochen, die dank örtlicher Initiative errungen worden sind. Soweit es aber um größere Landstriche ging, sind an erster Stelle Mönchsorden und sogar einige Abteien eines alten Ordens zu nennen, der Benediktiner, die im allgemeinen Unternehmungen dieser Art wenig geneigt waren: so im 12. Jahrhundert Saint-Denis unter dem Abt Suger im Pariser Becken und Saint-Vincent du Mans in den Wäldern von Maine. Daneben waren es vor allem Benediktiner- und besonders Kluniazenserabteien, von denen in Spanien und Bayern wesentliche Anstöße ausgingen.

Wichtiger ist jedoch die Rolle der neuen Orden. Zweifellos kann man nicht behaupten, daß alle ihre Häuser in weitem Maße an der Kultivierung teilgenommen haben; aber es gab Gegenden, in denen ihre Betätigung entscheidend war. Die Küste Flanderns und sogar manche Teile des flandrischen Binnenlandes haben den Zisterziensern und den Augustiner-Chorherren, Brabant den Prämonstratensern vieles zu verdanken. Schwerlich läßt sich bestreiten, daß die Zisterzienser in der Gascogne in großem Umfang kultiviert haben. In den christlichen Königreichen der Iberischen Halbinsel lag seit dem 12. Jahrhundert die Initiative im wesentlichen bei den Zisterzienserabteien, die damals jenseits der Pyrenäen gegründet wurden und meistens Tochterstiftungen von Cîteaux, Clairvaux oder von den großen Abteien im südlichen Frankreich waren.

In Deutschland haben die neuen Orden wohl den tätigsten Anteil an der Kultivierung gehabt. In Sachsen, Thüringen, der Lausitz, in Bayern waren es Zisterzienserabteien, gewöhnlich Tochtergründungen älterer rheinischer Häuser, wie Altenburg und Altenkamp.

Die Prämonstratenser und in sehr viel höherem Maße die Zisterzienser spielten im 12. und 13. Jahrhundert die entscheidende Rolle in der Kultivierung der jenseits der Elbe unterworfenen Gebiete.

England steht in dieser Hinsicht in Westeuropa ein wenig abseits. Zu Ende des 11. und Anfang des 12. Jahrhunderts schrumpften dort Acker- und Weideland. Wilhelm der Eroberer hatte im Jahre 1069 den ganzen Norden des Landes systematisch ausgeplündert und verwüstet. Er und seine Nachfolger hatten weite Gebiete in »Forsten« verwandelt, die dem König zur Jagd vorbehalten blieben und Gesetzen unterworfen waren, die das Wild schützten und Ackerbau oder Viehzucht schwierig, wenn nicht unmöglich machten. Den Zisterziensern, die in England zwischen 1128 und 1152 ungefähr fünfzig Abteien gründeten, gelang es, aus den Wüsten des Nordens ausgezeichnetes Weideland für die Schafzucht zu gewinnen; der Süden des Landes zog übrigens in gleicher Weise Nutzen aus ihrer Tätigkeit, ohne daß sie selbstverständlich den königlichen »Forsten« zu nahezutreten wagten.

Das Verdienst an diesen Aktionen gebührt freilich nicht den Mönchen allein; im selben Sinne haben – direkt oder indirekt – Weltgeistliche und Laienautoritäten gewirkt. Im Königreich Frankreich war es im 12. Jahrhundert der König selbst, der zwischen Seine und Loire neues Ackerland gewinnen ließ. Auch die Grafen von Flandern sind zu nennen: die Schenkungen von Ländereien zur Urbarmachung oder Trockenlegung im 12. Jahrhundert, vornehmlich an die Augustiner-Chorherren, scheinen der Verwirklichung eines Planes gedient zu haben. In Deutschland riefen geistliche wie weltliche Fürsten Landleute zu Kultivierungsarbeiten herbei und förderten sie; jenseits der Elbe waren es neben den deutschen auch die slawischen Fürsten und Herren, nachdem sie die deutsche Oberhoheit angenommen hatten. In Norditalien gingen die für die Ausdehnung und Verbesserung der Kulturen notwendigen Eindeichungs- und Bewässerungsarbeiten oft von den Städten aus, die ihre Herrschaft über das flache Land ausgedehnt hatten.

Diese intensive Tätigkeit zum Nutzen von Getreidefeldern, Weiden und Weinbau kennzeichnet das westliche Europa im 12. Jahrhundert und zum Teil noch im 13. Jahrhundert. Sie war die Folge des steten Anwachsens der Bevölkerung. Während fast der ganzen Periode war ein beträchtlicher und weiter zunehmender Überschuß an ländlicher Bevölkerung zu verzeichnen, man sah sich gezwungen, Land für neue Siedlerstellen zu gewinnen. Und eben diesem Überschuß war es zu danken, daß überschwemmte Ländereien, sumpfiges Gelände, Wälder, Dickicht, Gestrüpp, Steppen und Heideland in Felder, Wiesen und Weinpflanzungen umgewandelt wurden. Dabei stellt sich das Problem der Arbeitskräfte.

Solange die Zisterzienser an der strikten Einhaltung der Ordensregel festhielten, verrichteten die schwere Arbeit unter Aufsicht der Mönche die Brüder niederen Grades, die Laienbrüder *(convers)*. Darüber hinaus wurden Laien eingesetzt, Landleute. Wo man es nachprüfen kann, stellt man oft fest, daß sie aus dem Ort selbst oder doch aus der Umgebung stammten. Das ist zum Beispiel regelmäßig beim widerrechtlichen Roden innerhalb der königlichen »Forsten« in England der Fall; man kennt diese Vorgänge aus Texten, die sich mit den – am Ende erfolglos gebliebenen – Maßnahmen zur Unterbindung dieser Übergriffe beschäftigen. Derartige Übergriffe gehören wieder in den Rahmen der

Erntearbeiten
Miniatur aus einem Jungfrauenspiegel, Ende 12. Jahrhundert
Bonn, Rheinisches Landesmuseum

Die Monate Februar und September
Reliefs von Benedetto Antelami, Ende 12. Jahrhundert. Parma, Baptisterium

»örtlichen« Urbarmachungen. Eines der besten Beispiele für die Kultivierung in weiterem Rahmen ist die Gascogne im 11. und besonders im 12. Jahrhundert: in den zahlreichen *sauvetés*, also in den neu privilegierten Bauerndörfern, lebten hauptsächlich Leute aus der Umgebung.

Dennoch waren, dank der Beweglichkeit der Bauernbevölkerung auf ihrer Suche nach Wohnsitz und Unterhalt, die Arbeiter, die man herbeirief, in vielen Fällen keine Ortsansässigen, sondern kamen mitunter von weit her. Wahrscheinlich trug ihnen dies den Beinamen *hospites*, »Gäste«, ein. Nur selten läßt sich ihre Herkunft ausmachen; so ist etwa die Heimat der »Gäste« unbekannt, die Suger in der ersten Hälfte des 12. Jahrhunderts in die Gegend von Paris rief, um Besitzungen von Saint-Denis wiederzubesiedeln und instand zu setzen oder dort neue Betriebe einzurichten, oder derjenigen, die etwa zur selben Zeit Ländereien im Maine kultivierten und die von Saint-Vincent du Mans aus gegründeten neuen ländlichen Siedlungen *(burgus)* bevölkerten. Dagegen waren zweifellos viele Franzosen, besonders aus dem Süden, an der Wiederbesiedelung und Urbarmachung von Brachland auf der Iberischen Halbinsel beteiligt. Man weiß auch, daß Holländer und Flamen, Rheinländer und Westfalen in großer Zahl im Norden und Osten des alten Deutschlands und vor allem in dessen »kolonialem« Teil jenseits der Elbe ansässig wurden. In Frankreich hat man festgestellt, daß im 12. und 13. Jahrhundert Bretonen und Limousiner das linke Ufer der unteren Creuse kultiviert und Leute aus Saintonge das Entre-deux-Mers bevölkert haben.

Um die neuen Bewohner heranzuziehen, gewährte man ihnen eine Rechtsordnung, die ihrem gesetzlichen Status und den Bedingungen, unter denen sie das Land in Besitz nahmen, besonders förderlich waren. In Deutschland, vor allem jenseits der Elbe, vertraute der Fürst oder Grundherr seit der Mitte des 12. Jahrhunderts oft die Seßhaftmachung neuer Ansiedler einem Unternehmer *(locator)* an. Bei der Urbarmachung in der Brie im 13. Jahrhundert sind ähnliche Fälle zu verzeichnen.

Die Zunahme des bebauten Bodens ist untrennbar mit der Schaffung neuer ländlicher Siedlungen verbunden, ob diese nun konzentriert oder weit verstreut angelegt wurden. Unter diese Siedlungen rechnet man mit Recht auch die »gewachsenen Dörfer«, die auf Grund selbständiger Tätigkeit von örtlichen Urbarmachern entstanden. Daneben gab es »gegründete Dörfer«, die man mehr oder weniger systematisch anlegte; es waren die *villes neuves* in Flandern, Nordfrankreich, der Normandie, der Ile de France, in Burgund, im westlichen Niederlothringen, die *bourgs* in Westfrankreich, die *bastides* in Südfrankreich, die *sauvetés* in Südwestfrankreich und Nordspanien, die »Kolonialdörfer« im nördlichen und ostelbischen Deutschland und die »Waldhufendörfer« in den Wäldern Süddeutschlands.

Wenn man sich in die Zeit gegen Ende des 13. Jahrhunderts versetzt und die Landschaft Westeuropas mit der um die Mitte des 11. vergleicht, muß man eine tiefgehende Veränderung feststellen. Das Wachstum der Bevölkerung gestattete es, den bewohnten und unmittelbar in den Dienst des Menschen und seiner Ernährung gestellten Teil des Landes beträchtlich auszudehnen. Eine zahlenmäßige Schätzung ist ausgeschlossen, aber die Tatsache ist unbestreitbar. Die Geschichte kennt nur wenige von gleicher Bedeutung.

Die Landwirtschaft

Veränderungen in der Landwirtschaft im engeren Sinne hat es im Laufe des 12. und 13. Jahrhunderts zweifellos gegeben; aber sie sind nur schwer zu fassen, mag es sich nun um die landwirtschaftliche Technik oder um die Feldarbeit handeln.

Gewiß wurden technische Fortschritte erzielt. Mergel- und Stalldüngung kamen häufiger vor, in vielen Gegenden aber doch noch höchst mittelmäßig. Man führte den ertragfördernden Wechsel von Anbau und Brache ein, im drei-, zuweilen zweijährigen Turnus und schließlich im 13. Jahrhundert auch alle vier Jahre. Dem Sommergetreide wurde ein größerer Anteil eingeräumt und der Hafer bisweilen durch Leguminosen ersetzt. Die vermehrte Zahl der Arbeitskräfte und ihre größere Wirksamkeit dank der Verbesserung von Pflug und Bespannung spielten ebenfalls eine Rolle. Im ganzen hat sich anscheinend die Produktivität des Ackerbodens spürbar erhöht.

Die Art der Bodennutzung war nach den Gegenden recht unterschiedlich. So traten im Laufe des 12. und vor allem im 13. Jahrhundert in den Küstenstrichen Flanderns an die Stelle von Schafzucht in weitem Maße Rindviehhaltung und Getreidebau. In England dagegen wurden die für die Schafzucht genutzten Flächen vergrößert, da die Wolle von der Tuchindustrie Flanderns, der Champagne und Brabants verlangt wurde. Auf dem Kontinent stellten sich im 13. Jahrhundert die Zisterzienser, wenn ihre Häuser nicht zu weit von der Stadt entfernt lagen, mit Tierzucht und Ackerbau auf die Versorgung der städtischen Bevölkerung ein. Im 12. und 13. Jahrhundert lebte der Weinbau in Aunis, Saintonge und in der Gegend von Bordeaux auf, um die wachsende Nachfrage in England, Flandern, den niederlothringischen Fürstentümern und in Norddeutschland befriedigen zu können. Auch die Bedeutung des Anbaus der in der Tuchindustrie benötigten Farbkräuter im 13. Jahrhundert verdient Erwähnung, etwa des Färberwaids oder des Pastells *(Isatis tinctoria)* in der Picardie und vielleicht schon im Lauraguais (Languedoc).

Die Bodennutzung und ihre rechtlichen Formen

Die »klassische« Grundherrschaft, der man im 9., 10. und oft noch im 11. Jahrhundert vorzugsweise den Namen *villa* gab, war im allgemeinen zweigeteilt: das »Fronhofland«, das direkt vom Herrn selbst oder von dessen Vertreter bewirtschaftet wurde, und der abhängige Besitz, der in einem großen Teil Europas *mansus*, französisch *manse*, zu deutsch »Hufe« genannt wurde; diese Hufen wurden von Ackerbauern bewirtschaftet, die zu festen, oft *census, cens*, Zins genannten Abgaben und zu Frondiensten auf dem Fronhofland verpflichtet waren. Die Ausmaße einer *villa* waren übrigens sehr verschieden: sie konnten die Ausdehnung eines großen Dorfes haben – nicht wenige Dörfer gehen in ihren Ursprüngen auf eine *villa* zurück –, sie konnten aber auch bescheidener sein und nur wenige hundert Hektar umfassen. Dieser Typ des ländlichen Betriebes scheint hauptsächlich in Mittel- und Nordfrankreich, im jetzigen Belgien und in West- und Süddeutschland verbreitet gewesen zu sein. Man begegnet aber auch in Italien und England Strukturen, die Ähnlichkeiten mit der *villa* der ehemaligen fränkischen Länder aufweisen. Neben diesen gewöhnlich zweiteiligen *villae*, häufig auch »Villikation« genannt, bestanden kleine und mittlere selbständige Betriebe. Schließlich wurden auch bäuerliche Leihen zur Erhebung des Zinses zu größeren Einheiten zusammengefaßt: zu »Hebeamtbezirken«, wie man sie in Deutschland nennt, wo sie weit verbreitet waren.

Im 11. und 12. Jahrhundert – hier und da auch schon früher – ist eine allgemeine Abnahme der Domänengröße festzustellen. Das war häufig, vor allem bei kirchlichen Grundherrschaften, die Folge widerrechtlicher Besitzergreifung oder erzwungener Belehnungen, bei weltlichen Grundherrschaften gewöhnlich nach Erbteilungen. Was aber entscheidend zu dieser Entwicklung beitrug, war nach unserer Meinung das Wachstum der Bevölkerung, wodurch eine immer größere Zahl von Anwärtern mit Land bedacht werden mußte. Die Domänen mit neu in Bewirtschaftung genommenem Land hatten jetzt – im Vergleich zu früher – gewöhnlich geringere Ausdehnung, gleichgültig ob sie zweigeteilt waren oder nur »Hufen« umfaßten.

Innerhalb der zweigeteilten Grundherrschaften verlor im 11. und 12. Jahrhundert das vom Herrn bewirtschaftete Land immer mehr an Bedeutung und Größe, da vor allem dieses Land von Usurpationen und Belehnungen betroffen war; andererseits zwang das Wachstum der Bevölkerung die Gutsherren, beträchtliche Teile der Eigenbetriebe zu parzellieren und als Leihen an Bauern abzugeben. Es gab sogar Grundherrschaften, bei denen das Fronhofland gänzlich aufgeteilt wurde, das war jedoch – mit Ausnahme von Italien – nicht sehr häufig. Den neuen Domänen fehlte zuweilen das Fronhofland ganz; und wenn eins vorhanden war, so meistens von geringer Größe. Nur England machte auch in dieser Hinsicht eine Ausnahme.

Die Hufen *(mansus)* wurden im 12. Jahrhundert an vielen Orten aufgeteilt, kleine Betriebe wie das *quartier*, die »Viertelhufe«, traten an ihre Stelle. Andere bäuerliche Besitzungen entstanden auf den neu unter den Pflug genommenen Flächen; sie tragen verschiedene Namen: etwa *curtis, curtile, hereditas*. Oft wurde Land verschiedenen Ursprungs zu neuen bäuerlichen Leihen zusammengefaßt.

In weiten Teilen Westeuropas gelang es aber den geistlichen und weltlichen Herren, der von diesen Veränderungen, zuweilen Umwälzungen, hervorgerufenen Unordnung und Verwirrung zu begegnen, indem sie in einem gewissen Umfang ihre Domänen neu ordneten und den neuen Verhältnissen anpaßten. Diese Domänen im 13. Jahrhundert hatten in der Regel ein Wirtschaftszentrum, gewöhnlich *curtis*, französisch: *cour*, englisch: *manor house*, deutsch: »Hof« bezeichnet, von dem aus einige hundert Hektar bewirtschaftet wurden. Diese Besitze hatten regelmäßig, aber nicht immer Land von geringer Ausdehnung in Eigenbewirtschaftung. Die Äcker – noch häufig in den Ländern französischer Sprache *couture (cultura)*, in den Gegenden der niederländischen Sprache *kouter* genannt – bildeten den kleineren Teil des Eigenbereichs; Wiesen und Wälder überwogen erheblich; Viehzucht war wichtiger als Ackerbau. Einige bäuerliche Leihen waren zinspflichtig, andere, durch Urbarmachung oder Trockenlegung gewonnen, hatten gewöhnlich einen Teil der Erträge, den *champart (campipars)* oder den *terrage (terragium)* abzuliefern. Die Rolle des »Hofes« als Sammelstelle für die Einnahmen war im allgemeinen wichtiger denn die als Wirtschaftsmittelpunkt. Beim Fehlen von selbstbewirtschaftetem Land, wenn also die Domäne nur aus Leihen bestand, war der »Hof« selbstverständlich ausschließlich Einnahmen-Sammelstelle.

Schon seit dem 11. und 12. Jahrhundert wurden die von den »Hufnern« zu leistenden Fronarbeiten erheblich gemildert. Im 13. Jahrhundert verzichtete man in zahlreichen Domänen gänzlich darauf oder ließ sie sich durch Geldzahlung ablösen. Das gilt besonders für die ausgesprochen landwirtschaftlichen Fronarbeiten, die, wo sie weiterbestanden, auf wenige Dienste beschränkt wurden. Die Transport-Frondienste und einige andere Dienste hielten sich länger. Für die Bewirtschaftung der Eigenbetriebe mußten die Grundherren, von ihrem Hauspersonal abgesehen, Fremdarbeiter heranziehen.

Im Laufe des 12. Jahrhunderts kam es in Frankreich, Deutschland, England mitunter sogar zu systematischen Anstrengungen, den Ertrag der Eigenbetriebe oder der ganzen Domäne zu erhöhen. Der Absatz war dank der Entwicklung von Handel und Industrie und der ständig wachsenden städtischen Bevölkerung gesichert. Die englischen Höfe betrieben, wie gesagt, ihre Schafzucht im großen; die intensivere und geordnetere Getreideproduktion in einigen Teilen Nordfrankreichs wurde durch die Nachfrage in den Städten, vor allem Flanderns und der Nachbarländer, wesentlich gefördert.

Die geistlichen und weltlichen Herren des 12. und 13. Jahrhunderts haben eine besonders wichtige Einrichtung geschaffen, um den Ertrag ihrer Ländereien zu sichern: die Verpachtung. Die von den Grundherren im Rahmen ihrer Domäne oder unabhängig davon vergebenen bäuerlichen Leihen waren auf Lebenszeit vergeben; tatsächlich waren sie jedoch erblich. Der Besitzer hatte unmittelbar Gewalt über das Stück, er hatte ein »dingliches« Recht darauf. Er nutzte nicht nur die Erträge, sondern konnte – trotz gewisser Einschränkungen – auch über die Leihe verfügen. Verpachtete Landstücke dagegen waren auf Zeit verpachtet, höchstens, besonders im Anfang, auf Lebenszeit, in der Regel jedoch nur für eine bestimmte Anzahl von Jahren. Der Betrag, den der Pächter an vereinbarten Terminen zu zahlen hatte, war genau festgesetzt. Oft wurden ihm Zusatzbestimmungen auferlegt, namentlich in bezug auf die Pflege des Bodens und die Art des Anbaus. Vererbung und freie Verfügung waren hierbei ausgeschlossen. Der Pächter hatte gewöhnlich kein Recht an dem gepachteten Land, das als »dingliches« Recht bezeichnet werden könnte. Man steht hier also einer von der Leihe völlig verschiedenen rechtlichen Institution gegenüber. Der Verpächter hatte den Vorteil, aus dem gesteigerten Ertrag einen höheren Nutzen zu ziehen; bei Auslaufen des Vertrages konnte er die Bedingungen für die Verpachtung neu festsetzen.

Die Verpachtungen waren der Art nach unterschiedlich. Der eine Typ war die *medietaria*, französisch *métayage*, die »Halbpacht«, bei der der Pächter zu bestimmten Terminen die Hälfte des Ertrages, mitunter auch weniger abzugeben hatte. Die andere war die *firma*, *amodiatio*, der *pactus*, die »Pacht«. Hier mußte der Pächter eine bestimmte Summe zahlen oder eine festgesetzte Menge von Erzeugnissen abliefern. Die »Halbpacht« ist seit dem 13. Jahrhundert – außer in Mittel- und Südfrankreich und in Italien – seltener geworden; die »Pacht« dagegen hat sich immer weiter durchgesetzt.

Die Verpachtung trat schon Anfang des 12. Jahrhunderts auf, wurde aber eine typische Erscheinung vor allem der zweiten Hälfte des 12. und des 13. Jahrhunderts im größten Teil Westeuropas. Sie wurden nicht nur auf die »Höfe« angewendet, sondern auch auf die recht großen neuen Betriebe, die man aus dem früheren Fronhofland herausgeschnitten oder, weniger oft, aus zurückgekauften oder zurückgeforderten Bauernwirtschaften zusammengefaßt hatte. Die Verpachtung auf Zeit nahm einen wichtigen Platz neben den bäuerlichen Leihen ein. Sie war aber nicht überall gleich weit verbreitet; dennoch bedeutet ihre Entwicklung eine entscheidende Wende in der Geschichte der Landwirtschaft im 12. und 13. Jahrhundert.

Dieser Abriß ist notwendig schematisch; Ackerbau und Viehzucht haben sich auch in anderen als den hier vorgestellten Formen entwickelt. Es gab selbständige Bauernwirtschaften außerhalb jeder Domänenorganisation oder im Rahmen sehr lockerer domanialer Zusammenschlüsse, vornehmlich in den Gebieten, deren Land dem Wasser, dem Wald oder der Heide abgewonnen war, wie im flandrischen Küstengebiet, in Seeland, Holland und Friesland, in Gebieten Norddeutschlands, des »kolonialen« Deutschlands jenseits der Elbe, den Alpenländern, gewissen Teilen Englands oder Norditaliens. Es gab auch völlig unabhängige Betriebe. Man darf bei dem Versuch, die Veränderungen in den Jahrhunderten und ihre Wirkungen zu begreifen, die Verschiedenheit in Form und Größe nicht außer acht lassen.

Die Stadt

Das Aufblühen eines städtischen Lebens von Bedeutung ist in Westeuropa ein Phänomen des 10. und vor allem des 11. Jahrhunderts; seine früheste Phase geht in die letzten Jahre des 8. und ins 9. Jahrhundert zurück, doch gehört diese nicht in den Rahmen dieser Abhandlung. Man muß aber daran erinnern, daß es sich um eine allgemeine Bewegung in Europa handelte. Dieses Wiederaufkommen städtischen Lebens zeigte sich auf verschiedene Weisen: in der wachsenden Aktivität alter Zentren, etwa ehemaliger römischer »Städte«, in neuen Siedlungen in deren Nachbarschaft oder Neugründungen mit städtischem Charakter ohne Beziehung zu den alten städtischen Zentren. Einige dieser Neusiedlungen sind »gewachsen«, sie verdanken ihre Existenz der freiwilligen Niederlassung und der Aktivität der Bevölkerung. Andere wurden »gegründet«, ihre Entstehung ging also auf die Initiative eines Herrschers, Fürsten oder Grundherrn zurück, der in eigenem Interesse die von ihm herbeigerufenen Kolonisten ansiedelte; viele durch Gründung entstandene Städte sind *villae novae, terrae novae, villes neuves, bastides, sauvetés*, denen mehr Erfolg beschieden war als anderen Ansiedlungen ihrer Art, die nicht über das Dorfstadium hinausgelangten. Entscheidend bei der Erneuerung des städtischen Lebens wurde die Entwicklung von Handel und Industrie. Das darf aber nicht zu der Annahme verleiten, die Stadtbewohner hätten dem ökonomischen Hauptwirkungsfeld der Epoche ferngestanden, dem Ackerbau und der Viehzucht. In nicht wenigen Städten arbeitete, besonders in der frühen Periode ihrer Geschichte, noch ein beträchtlicher Teil der Bevölkerung in der Landwirtschaft; die meisten Städte waren Märkte für Agrarerzeugnisse und blieben es.

Auch die demographische Expansion begünstigte die Entfaltung des städtischen Lebens. Lohnende Arbeitsmöglichkeiten und die Privilegien, die die Städter im allgemeinen genossen, zogen einen beträchtlichen Teil des ländlichen Bevölkerungsüberschusses an und förderten damit das normale Wachstum der Stadt erheblich. Mit dieser Bewegung hängt die Anlage neuer »Gründungsstädte« eng zusammen. Das von König Heinrich I. gegründete Newcastle-on-Tyne ist für England das beste Beispiel. Vor allen Dingen sind die ostelbischen Städte zu nennen. Sie waren hin und wieder an der Stelle einer früheren slawischen Siedlung angelegt, die schon einige der für die Stadt eigentümlichen wirtschaftlichen Funktionen ausgefüllt hatte; das beste Beispiel dafür ist Lübeck in der Nähe der Travemündung, das von Adolf II. von Holstein 1143 und von neuem 1158 vom Sachsenherzog Heinrich dem Löwen gegründet wurde.

Im 12. und 13. Jahrhundert nahmen nun einige Städte einen Aufschwung, der sie in wirtschaftlicher Aktivität und Bevölkerungszahl von den anderen abstechen ließ. Sie lagen meistens in geringer Entfernung voneinander in Gegenden mit besonders weit entwickelter Wirtschaft: in Norditalien und der Toskana, an der Mittelmeerküste Frankreichs und in der Provence, an der unteren Seine, in der Picardie, in Flandern, Brabant und an der Maas, am Rhein, an der deutschen Nord- und Ostseeküste.

Aufschluß über das Wachstum der Städte und die Vermehrung ihrer Bevölkerung läßt sich aus ihrer Bauweise gewinnen. Im 12. und 13. Jahrhundert schlossen sich im Innern der Stadtmauer die unbebauten Flächen; außerhalb entstanden Vororte, in denen ein immer größerer Teil der Stadtbevölkerung wohnte. Schließlich wurden die Vororte mit einer neuen Mauer in die Stadt einbezogen. Einige Zahlen seien genannt: in Paris umfaßten die Altstadt auf der Seineinsel acht Hektar und die in der ersten Hälfte des 12. Jahrhunderts auf dem rechten Seineufer befestigte Siedlung zweiunddreißig Hektar, zusammen vierzig Hektar; die sich an beiden Ufern entlangziehende Mauer Philipps II. August umzog zu Anfang des 13. Jahrhunderts 252 Hektar. In Köln berechnet man die im Jahre 1106 von der Stadtmauer umzogene Fläche mit 201 Hektar (die Altstadt mit 96 Hektar; die schon seit dem 10. Jahrhundert befestigte »Rheinvorstadt« mit 25 Hektar; die im Jahre 1106 umfriedeten Vororte mit 80 Hektar); die neue Ringmauer von 1180 umschloß zusätzlich 200 Hektar, das macht im ganzen 401 Hektar. In Flandern, in Brügge, umfaßt die schon 1089 vorhandene erste Mauer – einschließlich der Grafenburg mit einem Hektar – 70 Hektar; der neue von 1297 bis 1300 errichtete Wall umgrenzte 430 Hektar. Wenn auch im Innern der jüngsten Stadtmauern beträchtliche Flächen leer blieben, gestatten diese Angaben doch eine annähernde Vorstellung von dem Wachstum der Städte im 12. und 13. Jahrhundert.

Auf den Versuch, die Stadtbevölkerung zahlenmäßig zu erfassen, muß man für die hier betrachtete Epoche verzichten. Eine einzige Stadt nur liefert uns gegen Ende des 13. Jahrhunderts genauere Daten: Paris. Die Hauptstadt des französischen Königreiches hatte im Jahre 1292 ungefähr 72000 Einwohner. Es war auch zu jener Zeit schon eine sehr große Stadt! Erst in der ersten Hälfte des 14. Jahrhunderts lassen sich andere Beispiele angeben; aber auch sie sind nur gewissenhafte Schätzungen: Paris muß bis auf 80000 Einwohner angewachsen sein, Brügge hatte ungefähr 35000 Einwohner, Gent wenig mehr als 50000, London vielleicht 35000. Keine deutsche Stadt erreichte 30000 Einwohner. In Frankreich entsprach dem vielleicht die Einwohnerzahl von Rouen und Toulouse. In Italien soll Florenz 55000 gehabt haben, Mailand und Venedig 100000, Genua etwas weniger. Aber das waren Ausnahmen. In Westeuropa war eine Stadt mit 20000 Einwohnern schon eine große

Stadt, 10000 waren das übliche. Die mittelalterlichen Städte, die eine Hauptrolle im wirtschaftlichen, sozialen und politischen Leben ihrer Zeit spielten, waren nach heutigen Begriffen Kleinstädte.

Handel und Industrie

In den meisten westeuropäischen Städten zeigte die Industrie einen handwerklichen Charakter und arbeitete für den lokalen Markt. Einige besonders wichtige Städte, die einen interregionalen und später internationalen Markt belieferten, bildeten die Ausnahme.

Im Mittelmeerraum des 12. und 13. Jahrhunderts entwickelte sich der Verkehr am stärksten, vor allem durch Genua, Venedig und Pisa. Die Kreuzzüge gestatteten es ihnen, in Syrien und Palästina Kontore und selbständige Niederlassungen einzurichten, die sich bis zur muselmanischen Wiedereroberung in der zweiten Hälfte des 13. Jahrhunderts hielten. Eineinhalb Jahrhunderte lang betrieben sie einen bedeutenden Teil des Handels mit Asien, und selbst nach dem Verlust ihrer Niederlassungen im Vorderen Orient bewahrten sie sich noch einen guten Anteil daran. Venedig, dem einst eine gewisse Abhängigkeit vom byzantinischen Kaiserreich eine privilegierte Stellung in Konstantinopel eingebracht hatte, wußte sie noch dadurch zu verstärken, daß es von Kaiser Alexios I. Komnenos im Jahre 1082 von allen Mutations- und Zollabgaben befreit wurde; dank diesem Privileg beherrschte Venedig praktisch den ganzen Außenhandel des Reiches. Die 1111 Pisa und 1155 Genua gewährten Vorzugstarife (vier Prozent) begünstigten aber deren Handelsposition; dieser Umstand und die im Laufe des 12. Jahrhunderts von Byzanz wiederholt ausgelösten Konflikte veranlaßten Venedig in den Jahren 1203 bis 1204, den Angriff des Vierten Kreuzzuges auf Konstantinopel zu erwirken. Im Lateinischen Kaiserreich, das an die Stelle des Byzantinischen trat, erlangte Venedig tatsächlich fast das Außenhandelsmonopol; nachdem das Byzantinische Reich 1261 wiederhergestellt war, überflügelte aber Genua vorübergehend Venedig, während es Pisa endgültig ruinierte (1284).

Trotz dieser Zwistigkeiten, von denen nur die ernstesten erwähnt werden können, blieben Venedig und Genua weiter die kommerziellen und maritimen Großmächte des westlichen Mittelmeers. In der zweiten Hälfte des 13. Jahrhunderts dehnten sie ihren Handel bis ins Schwarze Meer aus; die genuesischen Niederlassungen in Caffa auf der Krim, die genuesischen und venezianischen Kontore in Tana an der Mündung des Don spielten eine beträchtliche wirtschaftliche Rolle. Handelspartner waren Rußland, Innerasien und sogar der damals von den Mongolen unterworfene Ferne Osten; eine der einträglichsten Seiten dieser Beziehungen war der Sklavenhandel, der den italienischen Kaufleuten reichliche Profite einbrachte.

An der Nordküste Afrikas, ob in Ägypten, in Alexandreia oder in der Berberei (heute Tunesien, Algerien, Marokko), bewiesen die Italiener die gleiche Aktivität. Genua und Pisa ergriffen hier die Initiative und gründeten im 12. Jahrhundert auf Grund von Handelsverträgen privilegierte Niederlassungen. Venedig und das Königreich Sizilien folgten ihrem Beispiel. Im 13. Jahrhundert scheinen diese Handelsbeziehungen mit Nordafrika in gewissen Momenten, besonders für Genua, noch wichtiger geworden zu sein als die im östlichen Mittelmeer.

Die Häfen der Provence und des Languedoc, wie Marseille oder Montpellier und Narbonne, standen weit hinter der kommerziellen und maritimen Aktivität der italienischen Stadtrepubliken zurück; so auch Barcelona. Aber ihre Wirksamkeit im Orient und vor allem in Nordafrika im 13. Jahrhundert war immerhin bedeutend genug, um erwähnt zu werden.

Der Mittelmeerhandel spielte sich in verschiedenen Formen ab. Die Italiener, in geringerem Maße die Südfranzosen und Katalanen, exportierten nach dem Osten oder nach Afrika ihre eigenen Produkte oder eingeführte Güter und importierten, oft zum Weiterverkauf, orientalische oder afrikanische Erzeugnisse. Meistens spielten sie aber die Rolle von Zwischenhändlern in einem Wirtschaftsraum, der Osteuropa, Asien und das muslimische Afrika und Spanien umfaßte.

Wichtige Handelsbeziehungen entwickelten sich auch zwischen den Mittelmeerländern, vor allem Italien, und den Ländern jenseits der Alpen. Die Kaufleute Venedigs betrieben ihren Handel vornehmlich mit Mittel- und Süddeutschland und mit den slawischen und ungarischen Ländern Osteuropas. Die meisten anderen Zentren des Außenhandels auf der Halbinsel orientierten sich nach dem Nordwesten.

Den äußersten Nordwesten, also England, bevorzugten im 12. und 13. Jahrhundert vor allem die Flamen, die auf den dortigen Märkten Wolle aufkauften. Sie verarbeiteten immer größere Mengen davon, im 12. Jahrhundert zunächst neben der einheimischen Wolle, im 13. Jahrhundert dann auch spanische und schottische, mit Vorliebe aber, ihrer guten Qualität wegen, immer mehr englische Wolle. Flandern bildete in der Tat das Zentrum eines ausgedehnten Industriegebietes, das Tuch im großen herstellte und sich von der Normandie und Chartres bis nach Niederlothringen (hauptsächlich nach Brabant) und in die Picardie und die Champagne erstreckte. Die flämischen Fertigtuche waren wegen ihrer Qualität und Schönheit bekannt; sie und die nordfranzösischen wurden spätestens seit der Mitte des 12. Jahrhunderts in großen Mengen nach Italien exportiert, obgleich es in der Lombardei eine eigene rege Tuchfabrikation gab. Im 13. Jahrhundert führte man auch rohes oder nur halbfertiges Tuch nach Italien ein, das dann in der Toskana und vornehmlich in Florenz fertiggestellt und gefärbt wurde. In der zweiten Hälfte des Jahrhunderts importierte Italien und vor allem die Toskana in großen Mengen englische Wolle, verarbeitete in Konkurrenz zu ihr aber auch Wolle aus Schottland, Spanien oder aus dem Maghrib.

Während des 12. Jahrhunderts brachten gewöhnlich die flämischen Kaufleute ihr Tuch nach Italien und vor allem nach Genua; die Italiener kamen in den Norden, vornehmlich nach Flandern, um ihre eigenen Produkte und die des Orients zu verkaufen, etwa Seidenstoffe, Lederwaren, Gewürze, Goldschmiedearbeiten. Von der Mitte des 12. Jahrhunderts an erlaubten es die in der Champagne in Troyes, Lagny, Provins und Bar-sur-Aube regelmäßig veranstalteten Messen den Kaufleuten, sich einen Teil des Weges zu ersparen. Diese Messen wurden im 13. Jahrhundert nicht nur Warenaustauschplätze, es wurden auch Käufe abgeschlossen und Zahlungen geleistet. Italiener und Leute aus dem nördlichen Tuchmachergebiet trafen dort auf die Kaufleute aus Deutschland, aus verschiedenen Gebieten Frankreichs und sogar aus Spanien. Eine bescheidenere Rolle spielten auch die Messe von Saint-Denis und der Pariser Markt.

Die italienischen Kaufleute, die sich nach dem Nordwesten begaben, überquerten die Alpen meistens über den Großen Sankt Bernhard. Von dort waren bequem der Jura zu erreichen und über dessen Pässe die Champagne oder die weiter entfernten Gegenden. Die Eröffnung der Sankt-Gotthard-Straße vor 1230 lenkte aber offenkundig auch einen ansehnlichen Teil des Verkehrs ins Rheintal und auf die Verbindungswege zu den Niederlanden. Am Ende des 13. Jahrhunderts erschloß sich dieser Handel auch den Seeweg. Anscheinend ging die Initiative von Spanien aus; als erste brachten Galeerenkonvois von Mallorca die Mittelmeerländer über Atlantik und Ärmelkanal mit der Nordseeküste in Verbindung. Genua folgte bald; im Jahre 1277 erreichten seine Galeeren England und Flandern. Diese Schiffahrt sollte im Wirtschaftsleben des 14. Jahrhunderts eine wesentliche Rolle spielen.

Die beträchtlichen Profite, die die italienischen Kaufleute im internationalen Verkehr des Mittelmeerbeckens erzielten, brachten Reichtümer im lokalen oder regionalen Handel Italiens in Umlauf. Neue Schätze wurden angehäuft und in Form von Bankgeschäften angelegt, die zuerst mit Handelsunternehmungen im Ausland verbunden waren. Schon vor Ende des 12. Jahrhunderts übernahmen Geschäftsleute aus Piacenza Zahlungen auf den Messen der Champagne. Aber vor allem im 13. Jahrhundert übten piacenzische, genuesische, hauptsächlich aber sienesische und florentinische Kaufleute diese Art von Geschäften aus. Im allgemeinen waren sie in Gesellschaften zusammengeschlossen, von denen die berühmteste die der Buonsignori von Siena war; sie wickelten den Zahlungsverkehr von Ort zu Ort ab, schlossen Wechselgeschäfte und gewährten Darlehen, selbstverständlich in Italien, aber auch in Spanien, der Provence und in Frankreich, Flandern, Brabant und England. Andere, bescheidenere Finanzleute, die »Lombarden« oder »Cahorsiner«, die aber meistens aus Piemont und vor allem aus Asti stammten, waren Pfandleiher. Seit der zweiten Hälfte des 13. Jahrhunderts verbreiteten sie sich in Frankreich, im Königreich Arelat, in Flandern und in den niederlothringischen Fürstentümern; erst im 14. Jahrhundert setzt ihre größte Aktivität ein.

Eine zweite, höchst bedeutende Richtung des Handelsverkehrs zielte nach dem Osten, die Handelswege reichten von England im Westen bis in die slawischen Länder Osteuropas und nach Nordrußland. Die Ursprünge dieses Handels gehen auf das 11. Jahrhundert zurück; im 12. Jahrhundert nahm er eine stürmische Entwicklung und erreichte seinen vollen Umfang im 13. Jahrhundert. England versorgte die flämische Industrie mit Wolle und führte flämisches Tuch sowie Wein und Metallwaren aus Deutschland ein. Hauptsächlich von Köln aus erreichten die Güter ihre entfernteren Bestimmungsorte: flandrisches und Brabanter Tuch, Messingwaren der mittleren Maas, rheinisch-westfälische Metallprodukte, um nur einige wichtige anzuführen. Rhein, Main, die Donau oder die Straßen nach Bremen, Hamburg oder Magdeburg gestatteten es, nicht nur das rechtsrheinische und das »koloniale« Deutschland mit Waren zu beliefern, sondern ebenso die slawischen Länder und Ungarn. Neben dem Verkehr auf den Fluß- oder Landwegen wurde der Schiffsweg auf der Nordsee und seit der zweiten Hälfte des 12. Jahrhunderts auch auf der Ostsee von ständig wachsender Bedeutung. Vor allem die Deutschen sicherten mit ihren »Koggen« von nun an die Seetransporte, wenn auch Flamen und Engländer auf der Nordsee, Dänen und Schweden auf der Ostsee daran beteiligt waren.

Die deutsche Kolonisation zwischen Elbe und Oder und ihre neugegründeten Handelsstädte an der Küste, wie Rostock und Wismar und vor allem Lübeck, begünstigten Seefahrt und Seehandel. Vor dem Ende des 12. Jahrhunderts wurde eine deutsche Niederlassung auf der schwedischen Insel Gotland in Wisby eingerichtet, als Zwischenstation für den Handel mit Rußland. Die Handelsstädte Norddeutschlands, des alten und des kolonialen, verteidigten gemeinsam ihre Interessen, ohne sich schon zu einer ständigen Organisation zusammenzuschließen. Während des 13. Jahrhunderts wurden ihnen, gewöhnlich auf die Initiative von Hamburg und Lübeck hin, Privilegien verliehen, die ihren Handel in England und in Flandern begünstigten. Andere Verträge sollten die Ostseeschiffahrt sichern. Schließlich wurde noch eine ganze Reihe von Abmachungen mit den russischen Fürsten und Städten getroffen, namentlich mit der bedeutenden Handelsstadt Nowgorod, die den Handel mit Rußland weitgehend erleichterten. Pech, Pottasche, Wachs, Pelze und die anderen Produkte der Ebene und Wälder Rußlands bildeten die Fracht der deutschen Schiffe für Brügge oder London; hier kauften die deutschen Händler Tuch, Wolle und im 13. Jahrhundert Wein und Salz ein, Waren, die aus dem südwestlichen Frankreich importiert waren.

Schon im 12. Jahrhundert entwickelte sich ein reger Handelsverkehr zwischen der atlantischen Küste Frankreichs auf der einen Seite und England und Flandern auf der anderen. Man kennt ihn vor allem im 13. Jahrhundert. Kaufleute aus dem Südwesten, etwa von Bayonne, aber auch Flamen, lieferten von den Handelsplätzen am Atlantik, La Rochelle, Oléron, Bordeaux und Bayonne, aus große Mengen Wein von Aunis, Saintonge und Bordeaux nach England und Flandern. Diese Importe sicherten den französischen Weinen des Südwestens in diesen Ländern und ihren Nachbargebieten einen bedeutenden Platz neben den deutschen und nordfranzösischen. Die Flamen belieferten seit dem 13. Jahrhundert auch Brügge mit dem Salz der Solen in der südlichen Bretagne, vornehmlich dem aus der Bucht von Bourgneuf.

Schließlich ist noch der wichtige Handelsstrom auf dem Atlantik hervorzuheben. Er reicht wohl bis ins 12. Jahrhundert zurück, ist aber erst im 13. zu erkennen: der Transport von Eisen, besonders von Wolle, von den nordspanischen und portugiesischen Häfen aus nach Brügge und Rouen, im Austausch gegen Tuche aus Flandern, Nordfrankreich und der Normandie.

Diese Angaben mögen genügen, um die Veränderungen im Wirtschaftsleben Westeuropas im Laufe des 12. und 13. Jahrhunderts zu umreißen. Es gab allerdings noch andere, weniger wichtige Handelswege, die gleichwohl eine wirksame Rolle im Warenaustausch gespielt haben. Vor allem aber: der internationale Fernhandel stellte nur die eine Seite des Verkehrs dar. Der regionale und interregionale Handel verbreitete oft dringend benötigte Produkte aus Landwirtschaft und Tierzucht oder etwa Holz und Salz und hat wohl mit wesentlich größeren Warenmengen umgehen müssen.

Die wachsenden Transaktionen machten mehr, sicherere und wertvollere Zahlungsmittel erforderlich, als es bis dahin die mittelmäßigen Münzen von geringem Wert gewesen waren. Anfangs wurde das byzantinische Hypérpyron noch häufig im mediterranen Handelsverkehr verwandt; aber seine fortschreitende Entwertung verdrängte es aus der Position, die es lange Zeit innegehabt hatte. Man schlug im Westen bessere Silbermünzen als früher: den neuen englischen Denar im Jahre 1180, den venezianischen *Grosso* oder *Matapan* 1192, den französischen *Gros tournois* 1266; andere folgten. Nach einer Unterbrechung von fünf Jahrhunderten begann man wieder Gold zu prägen. Die Serie der westlichen Goldmünzen eröffnete der wunderbare *Augustalis*, der von Kaiser Friedrich II. 1231 in Brindisi und Messina geschlagen wurde. Ein Goldstück wurde in Genua 1252 geprägt; der Florentiner *Florin* folgte im selben Jahr; der heilige Ludwig ließ 1266 einen *Écu* schlagen, Venedig einen *Zecchino* oder *Dukaten* (1284).

Die Messen, ganz besonders die der Champagne, erleichterten die gegenseitige Abrechnung; die von den Italienern erfundenen Kreditpapiere stellten seit dem 13. Jahrhundert dem Handel Zahlungsmittel zur Verfügung, die den Transport von Bargeld überflüssig machten: den »Marktbrief«, einen Solawechsel mit der Verpflichtung, einen bestimmten Betrag auf der Messe zu entrichten, und – gegen Ende des Jahrhunderts – den Wechsel, der das bevorzugte Zahlungsmittel und ein Kreditinstrument von außerordentlicher Anpassungsfähigkeit werden sollte.

Der Adel

In allen Ländern des Westens bildeten die weltliche Aristokratie zusammen mit der hohen weltlichen Geistlichkeit und den Mitgliedern einiger mönchischer Gemeinschaften und Kapitel die obere Schicht der Gesellschaft. In dieser Hinsicht hatte sich gegenüber den beiden vorangegangenen Jahrhunderten wenig geändert. Juristisch betrachtet, umfaßte die weltliche Aristokratie verschiedene Gruppen; der Erbadel, oft eine Anzahl von Geschlechtern freier Ritter, unterschied sich vom Adel in engerem Sinne, und als drittes gab es im Deutschland jener Zeit noch eine Ritterschicht, deren Mitglieder keine vollständige Freiheit genossen, die »Ministerialen«. Im Laufe des 13. Jahrhunderts nahm dann der Adel auch die freie Ritterschaft und die Ministerialen in sich auf. Trotz dieser juristischen Unterschiede konnte aber die weltliche Aristokratie des 12. und 13. Jahrhunderts in weiten Teilen Westeuropas als eine einzige soziale Schicht gelten. Die im wesentlichen kriegerische Lebensweise ihrer Mitglieder gestattet es, sie im umfassenden Sinne als »Ritterschaft« zu bezeichnen.

Wie im vorangegangenen Jahrhundert zeigt die Ritterschaft dieselbe Beweglichkeit, wie sie schon bei den anderen sozialen Schichten nachgewiesen wurde: zu zahlreich, um sich in ihrer Heimat, wo ihre Familie begütert war, niederzulassen und auch nur eine einfache Existenz zu gründen, wurden viele Ritter Berufskrieger, stets bereit zu Abenteuern in der Fremde. Im 11. Jahrhundert stellten sie die Streitkräfte für die normannische Eroberung Süditaliens, Siziliens und Englands, für die spanische *reconquista* und besonders für den Ersten Kreuzzug.

Normannen aus Frankreich und England zogen noch in der ersten Hälfte des 12. Jahrhunderts, wenn auch weniger zahlreich, nach Süditalien und Sizilien. Französische Ritter kämpften in Spanien gegen die Mauren und setzten sich dort fest, namentlich bis gegen 1130. Die Kreuzzüge führten im 12. Jahrhundert zahlreiche Ritter nach dem Orient; viele ließen sich in Syrien oder Palästina nieder. Diese Umsiedlungen wurden dann allmählich seltener und verloren schließlich den Charakter von Massenbewegungen. Eine der Ursachen dafür ist wahrscheinlich in den neuen Gelegenheiten zu suchen, die die anglonormannische Monarchie, die Kapetinger, und einige französische Fürsten dem weltlichen Adel Frankreichs und Englands boten. Seine Mitglieder fanden Beschäftigung vor allem in den bewaffneten Konflikten, die jetzt immer häufiger zwischen den beiden Königreichen wüteten. Die deutsche Ritterschaft dagegen begann im zweiten Viertel des 12. Jahrhunderts slawische Länder jenseits der Elbe zu erobern und sich dort auf dem neu gewonnenen Boden anzusiedeln. Im 13. Jahrhundert entwickelt sich der Vierte Kreuzzug zum Angriff auf das Byzantinische Reich und verschafft der französischen Ritterschaft erheblichen Grundbesitz.

Im 11. Jahrhundert war die weltliche Aristokratie durch die feudalen Verpflichtungen gebunden. Das gilt für Frankreich, Deutschland, das Königreich Burgund-Provence, das Königreich Italien und seit der normannischen Eroberung auch für Süditalien, Sizilien und England, übrigens nicht immer in gleichem Maße. Der Prozeß der Feudalisierung beschleunigte sich. Die englische Aristokratie bildete seit dem Ende des 11. und dem Anfang des 12. Jahrhunderts gleichsam eine Pyramide von Vasallen, die alle vom König als dem obersten Herrn abhingen; alle Ländereien waren dessen Eigentum, das er – unmittelbar oder mittelbar – vergab. In Frankreich und, wenn auch weniger, im Arelat lebte die weltliche Aristokratie in strengen Bindungen der Vasallität, die nicht notwendig im König oder einem Landesfürsten gipfelten. Das freie Eigentum, das »Allod«, trat in einem solchen Maße zurück, daß es in weiten Gebieten, wie in der Normandie und der Bretagne, vollständig verschwand; normalerweise waren die Ländereien der weltlichen Aristokratie zu Lehen gegeben. In Deutschland gingen diese Veränderungen langsamer vonstatten, und wenn sie sich auch im 13. Jahrhundert beschleunigten, blieben sie doch begrenzter als in Frankreich; noch im 13. Jahrhundert gab es Allode in ganz Deutschland. Man kann fast dasselbe vom Königreich Italien sagen. Das normannische Süditalien und Sizilien nahmen eine vermittelnde Stellung ein: die ganze weltliche Aristokratie stand dort im Lehnsverhältnis und bildete im Königreich (nach 1130) wie in England eine Pyramide mit dem König an der Spitze. Die Vasallen und Untervasallen besaßen auch hier die meisten Ländereien zu Lehen.

Die Akte, die das Lehnsverhältnis begründeten, die Mannschaft, der Treueid und die Einsetzung in das Lehen, die Investitur, blieben unverändert. Norditalien bildete allerdings eine Ausnahme: dort verschwand im 12. Jahrhundert die Mannschaft, und der Treueid folgte der Investitur. Von den Ländern, in denen das Lehnswesen entstanden und seine ersten Ausprägungen erfahren hatte, breitete es sich im 12. Jahrhundert auch in anderen Gebieten aus. Mit den für die christlichen Königreiche auf der Iberischen Halbinsel eigentümlichen Institutionen verschmolzen, ließen sie ein spanisches und portugiesisches Lehnswesen mit recht eigenartigen Zügen entstehen. Die Kreuzfahrer und die anderen abendländischen Ritter, die sich im lateinischen Orient niederließen, führten dort französische Feudalinstitutionen ein, die sich kraftvoll entwickelten; trotz gewissen Eigentümlichkeiten blieben sie in ihrem Wesen dem ziemlich nahe, was sie in ihrem Ursprungsland gewesen waren. Zur Zeit der normannischen Könige wurden die feudalen Institutionen Englands auch im Königreich Schottland eingeführt.

Im 12. Jahrhundert wurden die Beziehungen zwischen Lehnsherrn und Vasall einem Wandel unterworfen; die Anfänge dieser Entwicklung reichen wenigstens bis ins 11. Jahrhundert zurück. Ursprünglich bildete die persönliche Beziehung zwischen Vasall und Lehnsherr das ausschlaggebende Element, während das Lehen dazu bestimmt war, dem Vasallen den Unterhalt zu liefern und ihn für seinen Dienst in den Stand zu setzen. Jetzt leistete man Mannschaft und schwur die Treue, wurde also Vasall um eines Lehens willen, um ein Lehen zu behalten, das der Vater oder ein Verwandter besessen hatte, oder um ein neues zu bekommen. Das reale Element gewann die Oberhand über das persönliche. Das Lehen gehörte ohne nennenswerte Einschränkung immer mehr zum väterlichen Erbe; die Subordination und der Dienst als Lehnsmann traten, wenn sie auch erhalten blieben, zurück.

Man kann nicht über die weltliche Aristokratie im 12. und 13. Jahrhundert sprechen, ohne auf ein moralisches Phänomen hinzuweisen, das sich in ihrer Mitte entwickelte: die Mitglieder dieses Standes, die so gut wie alle ihr Leben mehr oder weniger sich gegenseitig bekämpfend zubrachten, bildeten eine Art internationaler Brüderschaft all derer, die sich »Ritter« nennen durften, unabhängig von ihrem Rang, eine Brüderschaft ohne materielle Existenz, aber mit ausgesprochenen Zulassungsriten, Lebensregeln und einem allgemein anerkannten Ideal, sie bildeten das »Rittertum«. Die verschiedensten Umstände haben an der Ausformung dieses Phänomens mitgewirkt: die zum Kern des Lehnswesens gehörende Treuepflicht; die Rolle der von geistigen Reformbestrebungen erfüllten Kirche, vor allem ihre Bemühungen um den allgemeinen Frieden, den »Gottesfrieden«, und ihre Bekämpfung der privaten Fehden; der von manchen Frauen des Hochadels ausgehende Einfluß; die Kreuzzüge, die christliche Ritter verschiedener Nationen und aller Stände in einem gemeinsamen Unternehmen zur Wiedereroberung oder Verteidigung der Heiligen Stätten vereinten.

Einiges davon begann schon im 11. Jahrhundert zu wirken; aber erst im 12. Jahrhundert wurde das Resultat deutlich sichtbar. Neues kam später noch hinzu. Das ritterliche Ideal forderte Ehrgefühl, Frauendienst, Sorge für den Schutz der Kirche und der Schwachen, Suche nach Heldentaten, Brüderlichkeit unter den Rittern, selbst unter den verschiedenen Lagern angehörenden. Die Existenz dieser moralischen, immateriellen Gemeinschaft und ihres Ideals wurde gestärkt und verbreitet von einer in der Vulgärsprache verfaßten Literatur, die im 11. Jahrhundert in Frankreich mit der *Chanson de Roland* einsetzte und im 12., 13. und den folgenden Jahrhunderten einen glänzenden Aufschwung nahm. Das ideale Rittertum und die ritterliche Literatur gingen von Frankreich aus und wurden bald auch in England, Deutschland (»Rolandslied« im 12. Jahrhundert), Italien, Spanien und noch darüber hinaus heimisch.

Zweifellos war damit nur ein höchst ungenügender Zügel der Roheit, der Begierde, den primitiven Leidenschaften, der Wildheit und Grausamkeit angelegt; immerhin war es ein Zügel und zugleich ein Weg zur Humanisierung der Sitten und eine schöpferische Kraft des moralischen Lebens und der Kultur.

Die Stadtbewohner

Die städtische Bevölkerung Westeuropas im 12. und 13. Jahrhundert, ihre soziale Lage, ihr Rechtsstatus und der institutionelle Rahmen, innerhalb dessen sie lebten, zeigt so viele Unterschiede, daß es schwierig wird, sie in ihrer Gesamtheit darzustellen. Wir werden uns deshalb auf einige wesentliche Züge beschränken müssen.

Schon früh zogen die Städte Vorteile aus Privilegien und Institutionen, die ihnen die Herrscher oder weniger hochgestellte geistliche oder weltliche Herren gewährt hatten, sei es als Folge von Aufständen oder auf Grund von Verträgen; ein »Freibrief« etwa enthielt das Wesentliche über die neuen Rechte. Dieses Phänomen tritt schon im 11. Jahrhundert in Erscheinung, gehört aber vor allem dem 12. und in einem gewissen Maße dem 13. Jahrhundert an. In der Regel handelte es sich nicht um einmalige Konzessionen, sondern um eine Entwicklung in mehreren Stadien; um nur ein Beispiel zu geben: Brügge erhielt Privilegien von den Grafen von Flandern in den Jahren 1127, zwischen 1168 und 1177, 1281, 1297, 1304.

Auf diese Weise errang die Stadt eine gewisse richterliche und administrative Selbständigkeit, ohne doch alle rechtlichen Bindungen an den Fürsten, den Herrn der Stadt, abzubrechen. Diese Selbstverwaltung entwickelte sich von Fall zu Fall sehr verschieden, so daß die mannigfaltigen Typen hier unmöglich analysiert werden können. Im allgemeinen schlossen sich die Bewohner oder »Bürger« dieser Städte zu einer Gemeinschaft zusammen, die sich mitunter direkt, normalerweise durch bestimmte Institutionen an der Stadtverwaltung und der Gerichtsbarkeit beteiligte; hin und wieder sind die Mitglieder eines Gemeinwesens durch Eid miteinander verbunden, so in den »villes de communes« (Kommunalstädten) in Nord- und Mittelfrankreich, den »villes de consulats« (Konsulatsstädten) in Südfrankreich, der Provence und Italien und in vielen deutschen Städten. Im Laufe des 11. und 12. Jahrhunderts zeichnete sich übrigens die sich später noch verstärkende Tendenz ab, das Gemeinwesen nach außen hin abzuschließen und Neubürger nur gegen Zahlung einer Gebühr aufzunehmen. Von nun an umfaßte die Stadtbevölkerung neben den Bürgern einen oft beträchtlichen Bevölkerungsteil, der nicht alle städtischen Privilegien genoß und, wenigstens rechtlich, nicht an seiner Verwaltung teilnehmen durfte: die »Beisassen« (französisch *manants*).

Gerichtlich und verwaltungsmäßig war die privilegierte Stadt häufig der Kompetenz der Gewalten entzogen, denen das umliegende flache Land unterworfen war. Wenn auch in weiten Teilen Westeuropas die Mitglieder des Stadtgerichts erst nach Aufforderung durch einen Beamten des Königs oder Fürsten rechtskräftige Urteile fällen konnten, lagen doch Justiz und Administration tatsächlich und in weitem Maße auch von Rechts wegen in den Händen der Bürger; Bürger waren Schöffen in Flandern, Schöffen oder Geschworene oder auch »Sachverständige« *(prud'hommes)* in den meisten niederlothringischen Fürstentümern und im größeren Teil Frankreichs, sie waren Schöffen oder Ratsmitglieder in den deutschen Städten, *ealdermen* in den englischen, *consuls* in den Städten Südfrankreichs, des Königreichs Arelat, Italiens, Kataloniens und »Räte«, »Geschworene« oder Richter *(alcades)* in denen von León, Kastilien und Aragon.

Unter den städtischen Privilegien übertraf eines alle anderen an Bedeutung, obwohl es oft nicht im Freibrief aufgeführt war: die Bewohner der Städte waren frei. Zweifellos gab es

Städte, wie Arras in Artois und Löwen in Brabant, in denen die Mitglieder der ältesten bürgerlichen Familien von leibeigenen oder halbfreien Zinsleuten des Grundherrn abstammten, auf dessen Boden die Stadt erbaut worden war. Rechtlich genossen sie nicht die vollständige Freiheit; doch war der Zins, den sie zu entrichten hatten, gering, und ihr Rechtsstand brachte ihnen oft bedeutende Vorteile, so daß sie tatsächlich den juristisch Freien keineswegs nachstanden. In den meisten Städten wurde die Freiheit durch einen Wohnsitz von einem Jahr und einem Tag erworben. Die enge Beziehung zwischen Freiheit und städtischem Wohnsitz zeigt der Spruch aus dem altdeutschen Recht: »Stadtluft macht frei.« Die Antwort, die 1335 die Schöffen von Ypern gaben, als sie von denen aus Saint-Dizier in der Champagne über die Leibeigenschaft befragt wurden: »*Omques n'avons oy de gens de serve condicion* (Niemals haben wir von Leuten im Leibeigenenstande gehört)«, hätten auch ihre Vorgänger im 13. Jahrhundert geben können.

Die städtische Bevölkerung war sozial keineswegs homogen. Mitunter gehörten ihr sogar Edelleute oder einfache Ritter an, was aber im Laufe des 12. Jahrhunderts, außer in einigen deutschen Städten, wie Straßburg, in Westeuropa schon seltener vorkam. In nicht wenigen deutschen Städten, vor allem in den bischöflichen, begegnet man Ministerialen, die sich aber im 12. Jahrhundert häufig in denselben Wirtschaftszweigen betätigten wie die Bürgerschaft und gewöhnlich im 13. Jahrhundert in deren Oberschicht aufgingen. Auch in Südfrankreich und dem Königreich Arelat, in Italien und Spanien lebten adlige Familien in der Stadt, an deren Wirtschaft sich einige von ihnen aktiv beteiligten und zuweilen in der Verwaltung und im politischen und militärischen Leben eine bedeutende Rolle spielten.

In einer Anzahl von Städten waren die weltlichen und Ordensgeistlichen recht zahlreich vertreten; die besonderen Privilegien, die sie für sich und ihre Bediensteten beanspruchten, brachten sie immer wieder mit den Bürgern in Konflikt. Die Mitglieder der im 13. Jahrhundert entstandenen Bettelorden der Dominikaner und vornehmlich der Franziskaner lebten inmitten der Bürger und wurden oft die Führer und Anreger ihres geistigen Lebens.

Die Bürgerschaft, die sich im wesentlichen in Handel und Industrie betätigte, hatte in den meisten Städten eine Oberschicht wohlhabender, mitunter sogar reicher Kaufleute ausgebildet, die häufig ausgedehnten Grundbesitz auf städtischem Boden ihr eigen nannte und im 12. und 13. Jahrhundert über das Außenhandelsmonopol verfügte; *de facto* und seit dem 13. Jahrhundert häufig auch *de iure* lagen die städtischen Magistraturen ebenfalls ausschließlich in ihrer Hand. Wo sich eine Industrie herausgebildet hatte, fand man unter ihnen regelrechte industrielle Unternehmer. In Flandern waren sie gewöhnlich gleichzeitig Großhändler, dies übrigens auch in der Toskana, namentlich in Florenz zu Ende des 13. Jahrhunderts. Fast überall schlossen sich diese Kaufleute schon früh zu Verbänden zusammen, deren Solidarität nicht nur ihre Außenhandelsgeschäfte, sondern ebenso ihre Beziehungen zu anderen Schichten der Bevölkerung förderte. Es waren die »Gilden« Flanderns, Brabants, Englands und gewisser deutscher Städte und andere Vereinigungen, wie die »Riecherzeche« von Köln, die Pariser *Hanse des marchands de l'eau*, also der Bund der Kaufleute, die auf der Seine Handel trieben; einige der oberen *arti* von Florenz können ebenfalls als Beispiele angeführt werden. Diese reiche Bürgerschaft, die Beherrscherin des Wirtschaftslebens und gewöhnlich auch der städtischen Verwaltung und Politik, wird oft

»Patriziat« genannt. Dieses Patriziat setzte sich häufig aus einer beschränkten Zahl von Familien zusammen, die sich gern Neulingen mit jüngerem Vermögen gegenüber abschloß.

Die Masse der Bürgerschaft bestand in den meisten Städten aus Handwerker-Händlern, die für den lokalen oder regionalen Markt produzierten; dem Meister gingen Gesellen zur Hand, unterstützt von einigen Lehrlingen. Auch sie vereinigten sich, je nach ihrem Handwerk zu »Zünften«, wie die Metzger, Fischhändler, Gerber, Töpfer, Schmiede, Kürschner, Böttcher, Tuchmacher, Weber, Walker, Färber, und ahmten damit wahrscheinlich die Kaufmannsgilden nach; im allgemeinen hatten sie zugleich religiösen und professionellen Charakter und sollten die Interessen ihrer Mitglieder vertreten und Monopole verhindern. Die Behörden, in den Händen des Patriziats, kontrollierten sie genau, ernannten gewöhnlich ihre Vorsteher und gaben ihnen Satzungen.

In den Gegenden mit wichtiger Exportindustrie, zum Beispiel der Tuchmacherei, konzentrierten sich in der Stadt die für diesen Wirtschaftszweig zuständigen Handwerke, also etwa Weber, Walker und Färber. Die Meister, die im Auftrage der patrizischen Unternehmer arbeiteten, lebten gewöhnlich in schwierigeren Verhältnissen als die freien Handwerker; Gesellen und Lehrlinge bildeten zuweilen ein regelrechtes Proletariat; in manchen Städten gehörten zahlreiche Handwerker keiner Zunft an. So taten sich in der zweiten Hälfte des 13. Jahrhunderts Handwerksleute zusammen, um ihre Lage zu verbessern, ihren Zünften die Selbständigkeit zu garantieren und sich in der Stadtverwaltung einen Platz zu erobern. Die Bewegung trat natürlich da stärker hervor, wo sich eine florierende Exportindustrie entwickelt hatte. In Flandern, der Normandie und der Champagne kam es im letzten Viertel des 13. Jahrhunderts zu Unruhen; aber erst im 14. Jahrhundert sollten sich die sozialen Zustände tiefgehend ändern.

Die Landleute

Die Geschichte der ländlichen Bevölkerung in Westeuropa auch nur in allgemeinen Zügen zu skizzieren ist eine noch mißlichere Aufgabe als die eben für die Stadtbevölkerung versuchte. Die Verschiedenheit der ländlichen Situation ist noch größer als die in den Städten, und die Quellen geben nur höchst oberflächliche Informationen. Da aber im 12. und 13. Jahrhundert erhebliche Veränderungen vor sich gingen, ist es unerläßlich, davon zu berichten.

Soweit man es nachprüfen kann, wurde im Laufe des 12. Jahrhunderts fast überall in Westeuropa die rechtliche Stellung der Landbevölkerung einheitlich geregelt. Es ging vor allem um die »Halbfreien«, die in den einzelnen Gebieten oft völlig verschiedene Rechte besaßen. In Deutschland unterschied man gewöhnlich die wirklichen »Leibeigenen«, die zum Eigentum des Grundherrn gehörten, von den »Hörigen«, die in ihrer Freiheit nur beschränkt waren und mit ihrer Person einem Grundherrn unterstanden. Ähnliche Verhältnisse sind in den niederlothringischen Fürstentümern und in einem Teil Nordfrankreichs, namentlich in Flandern, zu erkennen; im königlichen Frankreich, vor allem im Pariser Becken und in den Gebieten zwischen Seine und Loire, wurden sehr viele Halbfreie zu Leibeigenen. In anderen Teilen Frankreichs dagegen ging im 12. Jahrhundert

Die Wasserburg der Grafen von Flandern in Gent, 1180

Waffenschmiede
Siegfried und der Schmied Mimir am Amboß
Holzrelief vom Portal der Stabkirche in Hyllestad/Norwegen
13. Jahrhundert

die Leibeigenschaft zurück, nämlich in einem Teil des Languedoc und in der zum Königreich Arelat gehörenden Provence; in der Normandie war sie schon vor dem 12.Jahrhundert verschwunden. Die persönlich vom Grundherrn abhängigen, aber nicht leibeigenen Landleute wurden in Frankreich *villani, manentes* oder *rustici* genannt. Im 13.Jahrhundert betrachtete man sie als frei, selbst wenn sie noch zu Zinszahlungen oder Dienstleistungen verpflichtet waren, die sich aus ihrem ursprünglichen Rechtsstand erklären lassen. Die *villani*, die in England beinahe das Gros der ländlichen Bevölkerung ausmachten, galten als unfrei, als Leibeigene; auch in Italien waren die Landleute noch im 12.Jahrhundert zumeist Leibeigene.

Man sollte dabei aber nicht vergessen, daß es in ganz Westeuropa nach Herkunft und personalem Rechtsstand völlig freie Bauern gab, die auf einem kleinen Allod (Freigut) oder auf bäuerlichen Leihen lebten. Vor allem in Friesland, weniger in Sachsen und Thüringen machten sie einen bedeutenden Teil der Bevölkerung aus; in Westeuropa hingegen waren sie seltener zu finden.

In der zweiten Hälfte des 12. und fast im ganzen 13.Jahrhundert kam es zu immer wieder neuen Versuchen der Landbevölkerung, sich aus der Unfreiheit zu lösen, die personal oder real fundierten bedrückenden Lasten abzuschütteln und der Willkürherrschaft der Grundherren ein Ende zu bereiten. Ihre Anstrengungen waren weithin erfolgreich. Viele wurden – meistens gegen Bezahlung – aus der Leibeigenschaft entlassen, dies vor allem in der sogenannten königlichen »Domäne« in Frankreich und im Rahmen zahlreicher Bauernbefreiungen in England.

Trotzdem waren im 12. und 13.Jahrhundert vor allem die nichtleibeigenen Landleute die Urheber und Nutznießer dieser rechtlichen Veränderungen. In gewissen Fällen wurden ihnen den städtischen vergleichbare Freibriefe ausgestellt; dies kam vor allem in Frankreich und Niederlothringen nicht selten vor. Es gibt berühmte Freibriefe dieser Art, etwa die *Charte de Lorris* in dem Gâtinais (1155), die *Loi de Beaumont* in den Argonnen (1182), die *Charte-loi de Prisches* im Hennegau (1158), die zahlreichen Dörfern und kleineren Städten gewährt wurden. Auch Herrscher, Fürsten oder Grundherren hoben in Erlassen bestimmte, genau angegebene Lasten auf. In einem großen Teil Deutschlands, in Ober- und Niederlothringen und gewissen Teilen Ostfrankreichs, ähnlich auch in manchen Landgemeinden Italiens, beschränkte vor allem ein nach einem beschworenen Verhör aufgestelltes »Weistum« die herrschaftliche Willkür. Im England des 13.Jahrhunderts griff häufig die königliche Justiz ein, um die Willkür der Grundherren und Domänenverwalter auszuschalten und den Landleuten *(vielleins)* den Zugang zur vollen Freiheit zu eröffnen.

Vergünstigungen wurden den Landleuten vor allem dann in Aussicht gestellt, wenn sie sich auf Neuland ansiedelten und es kultivierten, etwa die den *hospites*, den »Gästen«, gewährten Vorrechte; sicherlich wurden den nach der flandrischen Küste gerufenen Bauern Konzessionen angeboten, denn nur so sind die eigentümlichen Rechtsverhältnisse ihrer Nachkommen zu erklären, die fast völlige Freiheit genossen. Auch die kraftvollen Gemeinden freier Bauern in den Bergen der Schweiz und der Dauphiné im 13.Jahrhundert zeugen wohl von weitgehenden Privilegien, die deren Vorfahren ins Gebirge gelockt hatten. Die Vorrechte der *villes neuves* in Nord- und Mittelfrankreich und in Niederlothringen, der *bourgs* im Westen, der *bastides* in Südfrankreich, der *sauvetés* in der Gascogne und in Nordspanien haben entscheidend zur Befreiung der Landbevölkerung und zur Einschränkung oder Abschaffung der grundherrlichen Willkür beigetragen. Ähnlich verlief die Entwicklung in Spanien, wo in den örtlichen *fueros*, den Gemeinderechten, den Bewohnern der wiederbesiedelten Dörfer bedeutende Freiheiten eingeräumt wurden. Die Einwanderer aus Flandern, Niederlothringen oder dem Rheinland, die in die unfruchtbaren Gebiete im Norden und Osten und ins »koloniale« Deutschland gerufen wurden, genossen besonders freiheitliche Rechte, die ihnen Freibriefe nach deutschem oder flämischem Recht zusicherten.

Im Gegensatz zu dieser Entwicklung erschien der Stand der Leibeigenen noch härter und mißachteter. Die Leibeigenschaft wurde immer mehr als Schandfleck angesehen, als *macula servitutis*. Hinzu kam, daß zu Ende des 13. Jahrhunderts es vielen Grundherren in Frankreich, England und Deutschland an Arbeitskräften mangelte und sie mitunter verschuldet waren, wodurch ihre Neigung wuchs, die Zinslasten zu erhöhen und die Frondienste noch willkürlicher einzufordern. Um dies zu erleichtern, wurden schließlich die Leibeigenen in ihrer Rechtsstellung durch Juristen den antiken Sklaven angeglichen, wobei das Wiederaufleben des römischen Rechts gute Dienste leistete. Eine »reale« Leibeigenschaft bildete sich heraus, die alle die Hörigen zu Leibeigenen machte, die sich auf bestimmten Landstücken niederließen. Diese Aktion setzte sich im 14. Jahrhundert weiter fort und hatte in manchen Gegenden bleibende Wirkungen.

Man könnte fragen, ob am Ende des 13. Jahrhunderts die ländliche Bevölkerung in Westeuropa sich in einer günstigeren Lage befand als zu Beginn des 12. Jahrhunderts. Aber die Gefahr von Irrtümern bei einer bestimmten Antwort ist erheblich. Der materielle Wohlstand hing auch in jener Zeit nicht allein von der Rechtssituation ab. Ein Nicht-Freier konnte sich durchaus eines gewissen Wohlstandes erfreuen, wenn er sich von seinem Grundherrn beschützt und gefördert sah, während ein freier Mann in schwieriger Lage allein auf sich selbst gestellt, hilflos und der notwendigen Mittel beraubt, auf seine eigenen Kräfte angewiesen war. Dennoch läßt sich nach unserer Meinung diese Frage im ganzen bejahen; die Willkür des Grundherrn war stärker denn je eingeschränkt, zuweilen ganz beseitigt, die Lasten waren weniger drückend. Das galt für einen erheblichen Teil, wahrscheinlich für die überwiegende Mehrheit der bäuerlichen Bevölkerung. Dagegen waren andere, wenn auch nicht mehr viele, auf dem Lande vermehrter Willkür und drückenderer Lasten ausgesetzt, womit freilich unsere Antwort eine ernste Einschränkung erfährt.

Das Papsttum zu Anfang des 12. Jahrhunderts

Das Wormser Konkordat (1122) hatte dem gewöhnlich »Investiturstreit« genannten Konflikt eine vermittelnde Lösung gegeben. Aus diesem Kampf, in dem sich die Päpste und die deutschen Könige, Träger der kaiserlichen Würde, gegenübergestanden hatten, war das Papsttum siegreich hervorgegangen. In der ganzen Kirche übte es eine Autorität aus, der die weltlichen Mächte – von seltenen Ausnahmen abgesehen – oder die nationalen oder regionalen geistlichen Instanzen keinen ernsthaften Widerstand mehr entgegenzusetzen vermochten. Die Einrichtungen, über die das Oberhaupt der Kirche verfügte, waren bemerkenswert organisiert und verliehen ihren Aktionen bedeutende Wirkungskraft.

Allen voran sind das Kardinalskollegium und die päpstlichen Legaten zu nennen, die im Namen und Auftrag des Papstes in der ganzen Christenheit tätig waren; dazu die päpstliche Gerichtsbarkeit, die selbst in die fernsten Kirchenprovinzen reichte; und schließlich die Synoden oder Konzile unter dem Vorsitz des Papstes, auf denen Bischöfe, aber auch Äbte aus allen christlichen Ländern zusammenkamen. Das bedeutendste war sicherlich das von Calixtus II. 1123 nach Rom im Lateran anberaumte, ein allgemeines Konzil der gesamten Christenheit römischer Obedienz, das erste im Okzident tagende Ökumenische Konzil. Auf diesem Ersten Laterankonzil versammelten sich vermutlich dreihundert Bischöfe. Es bestätigte das Wormser Konkordat und entschied über eine Anzahl von Rechtsfragen, so zur Disziplin und zur Hierarchie der Kirche.

Unter den Männern in der Umgebung des Papstes, die am Kirchenregiment beteiligt waren, standen einige unter dem Einfluß der in weiten Kreisen der Christenheit herrschenden religiösen Unruhe. Von Glaubenseifer erfüllt, strebten sie danach, die Reform zu vertiefen, die auf dem Gebiet der Hierarchie, der Politik und teilweise auch der Disziplin gesiegt hatte. Sie forderten mehr Reinheit des Lebens, mehr Entsagung, mehr Sittenstrenge, mehr Innerlichkeit und eiferten gegen materielle Erwägungen bei den Entscheidungen und gegen Gelüste nach Reichtümern und Macht. Vor allem die neuen Orden – an anderer Stelle wird von ihnen berichtet – erhoben ihre Stimme, die Zisterzienser, die Kartäuser sowie vornehmlich die »Regularchorherren«, jener Teil der Weltgeistlichkeit, der sich Ordensregeln unterwarf; auch unter den Mitgliedern des Benediktinerordens fanden die Reformbemühungen zahlreiche Anhänger. In Rom trat der Kardinal Haimerich, der Kanzler der Kirche seit 1123, für diese Forderungen ein; der im Jahre 1124 gewählte Papst Honorius II. teilte die Besorgnisse der Reformer und strebte nach demselben Ideal.

Das Schisma von 1130 und das Wirken des heiligen Bernhard

Als Honorius II. in der Nacht vom 13./14. Februar 1130 in Rom starb, wählten der Kanzler Haimerich und ihm nahestehende Kardinäle sogleich den Kardinal Gregor von San Angelo zum Papst. Wenige Stunden später wählten andere Kardinäle und Mitglieder des römischen Klerus, unterstützt von Mitgliedern des Adels und der Bürgerschaft, den Kardinal Peter Pierleone, der einer mächtigen römischen Familie angehörte und den Bestrebungen der anderen Gruppe gänzlich fernstand. Beide wurden geweiht. Das war das Schisma: diesmal aber nicht, wie schon oft, von außen provoziert, sondern verschiedenen religiösen Haltungen innerhalb der römischen Kurie entsprungen; und das wog weit schwerer. Gregor nahm den Namen Innozenz II., Peter den Namen Anaklet II. an. Beide Päpste waren regelwidrig gewählt worden, doch beide wurden konsekriert.

Anaklet unterwarf sich Rom. Aber außerhalb Mittelitaliens und der Kirche Mailands sowie eines Teils von Südfrankreich hatte er nur eine Stütze, den Normannen Roger II., den

Herrn von Sizilien und Süditalien; ihm gestand er 1130 die Königskrone zu. In der übrigen Christenheit römischer Obedienz, einschließlich des lateinischen Orients, wurde nach einigem Zögern der nach Frankreich geflüchtete Innozenz II. anerkannt. Innozenz trat als Repräsentant des neuen Reformideals auf und fand deshalb Anhängerschaft vor allem in den Kreisen, die diesem Ideal nachstrebten. Man schätzte seine Haltung höher ein als die mehr oder weniger großen Mängel bei seiner Wahl. Die neuen Anhänger zogen andere nach. Die höchsten Persönlichkeiten der Geistigkeit sprachen sich schließlich für ihn aus: Petrus Venerabilis, der Abt von Cluny, und der heilige Bernhard, seit 1115 Abt des Zisterzienserklosters Clairvaux.

Der heilige Bernhard, vorwiegend Mönch und Mystiker mit feuriger Seele, zugleich aber ein Mann der Tat, war tief durchdrungen von dem Reformideal. Den Reichtum verachtend, beunruhigt von der Wichtigkeit, die die geistlichen Kreise bis nach Rom hin den Problemen der Politik und Verwaltung beimaßen, von dem heißen Wunsch erfüllt, Tugend und Frömmigkeit ungeteilt zu sehen, stellte er seine ganze Überzeugungskraft in den Dienst Innozenz' II.; in ihm sah er den Mann, der die Kirche auf den Weg des Heils führen konnte. Mit dem gleichen Ungestüm bestritt er die Autorität Anaklets und bekämpfte die Dialektik Abaelards, von der an anderer Stelle berichtet wird. Dank Bernhards leidenschaftlichen Eintretens gewann Innozenz II. König Ludwig VI. von Frankreich für seine Sache; der deutsche König Lothar wagte es nicht, Innozenz Konzessionen abzunötigen; der Herzog von Aquitanien und die Kirche von Mailand verließen die Partei Anaklets.

Der Kampf gegen Anaklet dauerte lange. Innozenz II. verlangte von Lothar den Schutz, den nach seiner Meinung der deutsche König als Kandidat für die Kaiserwürde dem Papste schuldete. Zweimal – 1132 bis 1133 und 1136 bis 1137 – zog Lothar nach Italien; das erstemal führte er Innozenz sogar für wenige Wochen nach Rom zurück, wo er von ihm die Kaiserkrone empfing. Aber erst nach dem Tod Anaklets im Jahre 1138 konnte Innozenz II. seine Autorität in Italien und Rom durchsetzen.

Trotz dieser Krise festigte sich nach dem Sieg Innozenz' II. die päpstliche Macht über die Kirche. Das wurde aller Welt vor Augen geführt, als sich auf dem (als zehntes ökumenisches Konzil gezählten) Zweiten Laterankonzil von 1139 fünfhundert Bischöfe versammelten. Die Folgen des Schismas wurden mit harter Konsequenz beseitigt. Der neue reformatorische Geist wirkte nicht nur im Pontifikat Innozenz' II. weiter, sondern auch noch unter dessen Nachfolgern, vor allem unter Eugen III. (1145–1153), ohne daß freilich den Forderungen eines von der Leidenschaft für das Absolute erfüllten Mannes wie des heiligen Bernhard in allen Teilen Genüge geleistet wurde.

Der lateinische Orient

Der Erste Kreuzzug hatte in Palästina und Syrien politische Gebilde, zum Teil mit europäischer Bevölkerung, entstehen lassen, die von Abendländern regiert und verteidigt wurden. Im Königreich Jerusalem hatte Gottfried von Bouillon bis 1101 geherrscht, ohne jedoch den Königstitel angenommen zu haben. Im Norden des Königreichs war es das Fürstentum

Antiocheia, im Nordosten die Grafschaft Edessa, deren Oberhäupter erst dann als Vasallen dem König Treue schwuren, als die Not sie dazu zwang.

Die ersten Könige, Balduin I. (1101–1118), der Bruder Gottfrieds, und Balduin II. von Bourcq (1118–1131), der Vetter seines Vorgängers, waren zuvor Grafen von Edessa gewesen. Zielbewußt verliehen sie durch straffe innere Organisation, durch die Herstellung besserer Beziehungen zu den einheimischen Christen und durch die Besetzung wichtiger Stützpunkte dem Reich eine gewisse Widerstandsfähigkeit. Ihre Nachfolger Fulko von Anjou (1131–1143), dann die Königin Melisande (1143–1161) und ihr Sohn Balduin III. (1143–1162) stellten sich mutig einer immer bedenklicher werdenden Situation. Während ihrer Regierungen rissen die Feindseligkeiten, zumindest mit einer der benachbarten muslimischen Mächte, nicht ab; entweder waren es der fātimidische Kalif von Ägypten, der türkische Sultan von Bagdad oder dessen Schützling, der abbasidische Kalif, türkische Heerführer, Seldschuken, etwa aus Kleinasien, oder weniger bedeutende Machthaber in Damaskus oder Mosul. Um es erfolgreich mit dem Feind aufnehmen zu können und um das Reich zu erweitern, wovon man bisweilen träumte, galt es vor allem, die Herrschaft des Königs zu sichern und unter den Christen Einigkeit zu schaffen. Schon den ersten Königen gelang es zu verhindern, daß die Kirche sich zu einer zweiten oder sogar zu einer dem König überlegenen Macht im Reich zu entwickeln begann, wie es gewisse Patriarchen im lateinischen Jerusalem erstrebt hatten. Und unter den Christen war die Eintracht alles andere als vollkommen: weder bei denen römischer Obedienz noch bei den anderen christlichen Gemeinschaften, etwa den armenischen, griechischen oder jakobitischen Christen, ging es ohne Streit ab. Auch bei den »Franken«, den Abendländern, konnten die Könige die immer wieder aufbrechenden Kollisionen von Interessen- und Prestigestreitigkeiten nicht verhindern. Die Zwietracht schwächte das Königreich und mehr noch die nördlichen Fürstentümer.

Um dem Königreich als Durchgangsland die unerläßliche Sicherheit und ein Minimum an wirtschaftlichem Wohlstand zu erhalten und seinen Finanzen den Ertrag der mehr oder weniger regelmäßig erhobenen Zölle zu garantieren, errichteten die Könige Burgen auf ihrem Territorium und suchten es über den Jordan hinaus auszudehnen. Vor allem mußten sie alles unternehmen, um die Küste in ihre Gewalt zu bekommen: 1101 fielen Arsuf und Caesarea, 1103 Akkon, Berytus und Sidon wurden 1110, Tyros 1124 eingenommen. Das waren bedeutende Erfolge. Im Jahre 1109 war die Eroberung der muslimischen Küstengebiete im Süden des Fürstentums Antiocheia abgeschlossen; die autonome Grafschaft Tripolis entstand, ein Graf aus dem Hause Toulouse erhielt sie als Lehen des Königreiches, wenn auch die neuen Herren diese Eigenschaft zuweilen bestritten.

Die Erfolge konnten aber nicht lange über die Schwäche der lateinischen Niederlassungen in Palästina und Syrien hinwegtäuschen. Zweifellos hatten die fränkischen Ritter dank ihrer Ausrüstung manches ihren Gegnern voraus, trotz der üblichen taktischen Fehler, die ihnen immer wieder unterliefen. Aber auch die Zahl ihrer Streitkräfte war unzureichend. Tausende von Kämpfern und Auswanderern waren zwar mit dem Kreuzzug von 1101 nach dem Heiligen Land aufgebrochen, doch waren die meisten infolge von Torheit und Disziplinlosigkeit auf dem Marsch durch Kleinasien von den Türken niedergemetzelt worden. Die

Zahl derer, die sich später im Orient ansiedelten, konnte deshalb die mitunter beträchtlichen Verluste der fränkischen Ritter nicht wettmachen. Einen gewissen Ausgleich brachten die »Pullanen«, die Abkömmlinge der Franken und ihrer einheimischen Frauen oder Konkubinen. Die italienischen oder provenzalischen Handelsniederlassungen in den Häfen stellten den militärischen Operationen ihre Schiffe zur Verfügung – eine für Königreich und Fürstentümer sicherlich gewichtige Hilfe –, aber eben nicht die so notwendig gebrauchten Kämpfer.

Das taten die beiden neuen Ritterorden – die »Hospitaliter« oder Johanniter, die nach 1119 den Charakter eines derartigen Ordens annahmen, und die 1128 in Jerusalem gegründeten »Templer« –, denen alsbald viele Ritter aus dem Abendland zuströmten. Obgleich diese Orden unmittelbar vom Papst abhängig waren, bildeten sie doch in Wirklichkeit ein stehendes Heer im Dienste des Königtums und hielten diesem während der hier behandelten Zeitspanne stets die Treue. Aber während die Ritter des Heiligen Landes unter dem Einfluß der Pullanen ihre Taktik der Natur des Landes und der Taktik des Gegners anzupassen begannen, ließen sich die Orden allzu häufig zu törichten und folgenschweren Unternehmungen hinreißen. Von Jerusalem aus gründeten Johanniter und Templer auch Niederlassungen in der Grafschaft Tripolis und im Fürstentum Antiocheia.

Die autonomen Territorien des Nordens hätten ein Element der Stärke für den lateinischen Orient bedeuten können: Antiocheia beherrschte die Straßen nach Kleinasien und verfügte im nahen Saint-Siméon über einen bequemen Hafen; Edessa griff nach Armenien über und bedrohte den Irak und den wichtigen Militär- und Handelsstützpunkt Aleppo im Norden des muslimischen Syriens. In Wirklichkeit trugen diese Fürstentümer aber dazu bei, die Lage der lateinischen Niederlassungen im Orient erheblich zu verschlechtern.

Der süditalienische Normanne Bohemund I. hatte das Fürstentum Antiocheia gegründet, obgleich dies den Verpflichtungen zuwiderlief, die er dem *basileus* Alexios Komnenos gegenüber eingegangen war. Auch später unternahmen er und seine Nachfolger Eroberungszüge in das byzantinische Kilikien. Kämpfe, leichtfertig gegen die armenischen Nachbarfürsten angezettelt, machten die Lage noch verworrener. Die Grafen von Edessa – Balduin von Bourcq, dann Mitglieder des Hauses Courtenay – kämpften tapfer und suchten die wichtige Stellung ihrer Grafschaft zu behaupten und sie womöglich auszudehnen, wurden aber in waghalsige militärische Unternehmungen hineingezogen. Von 1110 an bröckelten die östlichen Teile ihrer Territorien ab und gerieten in den Machtbereich der benachbarten Türken. Auch zwischen den Herrschern in Antiocheia und Edessa kam es bisweilen zu Auseinandersetzungen, die manchmal in offener Feldschlacht ausgetragen wurden; und da beide mit Muslimen verbündet waren, konnte es geschehen, daß sich auf beiden Seiten Christen und Muslime gegenüberstanden. Die dadurch unausbleiblichen Einbußen an Macht und Ansehen trafen aber nicht nur Antiocheia und Edessa, sondern ebenso Tripolis und den König von Jerusalem, die zum eigenen und dem Schaden ihrer Heere und Untertanen in die Kämpfe mit hineingezogen wurden.

Was den lateinischen Orient vor ernsteren Folgen seiner organischen Schwäche und Rückschläge bewahrte, war die tiefgehende Spaltung in der muslimischen Welt. Zwischen den verschiedenen muslimischen Mächten in der Nachbarschaft des Königreiches Jerusalem herrschte Hochspannung, von religiösem, politischem, völkischem, dynastischem und familiärem Haß geschürt, die keinen Pardon zuließ und von der »fränkischen« Politik mit wechselndem Erfolg und Geschick genutzt wurde. 1127 aber begann der Atabeg von Mosul, Imad ad-Din Zankī, seine Herrschaft über weite Teile des muslimischen Syriens auszudehnen; 1135 trat er dann zum Angriff auf die »fränkischen« Gebiete an. Da intervenierte der Basileus und verhinderte fürs erste neue muslimische Erfolge. Nachdem Johannes Komnenos in Europa und Kleinasien Siege errungen hatte, die seinen Aktionen größere Bewegungsfreiheit brachten, ging er 1137 an die Wiedereroberung Nordsyriens; er erschien vor Antiocheia, und Raimund von Poitiers, der Gemahl der Konstanze, dem letzten Sproß aus der normannischen Dynastie, mußte dessen Vasall werden. Im nächsten Jahr hielt der Byzantiner nach einem ziemlich ergebnislosen Feldzug ins muslimische Syrien feierlich seinen Einzug in Antiocheia, wobei Raimund und Joscelin von Edessa als Knappen auftraten; mit dieser äußerlichen Bekundung seiner Rechte gab er sich jedoch zufrieden. 1142 kehrte er mit dem Heere wieder; angesichts der unfreundlichen Haltung König Fulkos verzichtete er aber auf den Zug nach Jerusalem. Ein Jahr später griff er auf Raimunds Weigerung hin, die Tore zu öffnen, Antiocheia von neuem an. Sein Tod im März 1143 machte dieser Bedrohung ein Ende.

So beunruhigend und lästig auch den Franken die byzantinische Einmischung war, sie allein hätte den lateinischen Orient vor den Muslimen bewahren können, wenn er sich nicht gegen die Hilfe gesträubt hätte; das begriffen aber nur wenige Franken. Seit dieser Episode blieb die Feindschaft zwischen lateinischen und griechischen Christen. Nun, da die Franken auf ihre eigenen Kräfte angewiesen waren, konnte Zankī seine Aktionen ungestraft wiederaufnehmen. Raimund von Poitiers war bei dem Versuch, Kilikien wiederzuerobern, von einem byzantinischen Heer geschlagen worden; zudem lag er mit Joscelin von Edessa im Streit. Als Joscelin aufgebrochen war, einen muslimischen Verbündeten gegen Raimund zu unterstützen, nutzte der Atabeg die Chance und verlegte ihm den Weg zu seiner Hauptstadt, die sich ihm nach einer Belagerung 1144 ergab. Das war ein vernichtender Schlag für die fränkische Macht in Syrien. Die Söhne des Atabegs, Saif-et Dīn Ghazi und Nūr ad-Dīn, konnten die Eroberungen ihres Vaters behaupten und hier und da sogar noch erweitern.

Der Zweite Kreuzzug

Der Fall von Edessa hatte das Abendland auf das tiefste erregt, Papst Eugen III. rief unverzüglich zu einem neuen Kreuzzug auf. Ludwig VII. von Frankreich folgte dem Ruf, den der heilige Bernhard mit unwiderstehlicher Beredsamkeit unterstützte. Nach der Versammlung von Vézelay 1146 erklärten sich die französischen Ritter scharenweise zur Mitfahrt bereit. Am Rhein artete die Begeisterung des Pöbels in einem Massaker unter den Juden aus, dem erst der heilige Bernhard Einhalt zu gebieten vermochte. Die deutschen Ritter ermahnte er, ihre Pflicht zu tun, und am Ende des Jahres nahm der deutsche König Konrad III. das Kreuz. Die Heere, gefolgt von waffenlosen Massen – und von ihnen behindert –, setzten sich 1147 in Marsch. Die Deutschen plünderten in den Provinzen des byzantinischen Reiches, die sie durchzogen, die Franzosen hielten sich ein wenig zurück. In Kleinasien angekommen, schlugen die Kreuzfahrer die weisen Ratschläge des Kaisers und seiner Ratgeber in den Wind; sie mußten es mit schweren Niederlagen gegen die Türken bezahlen. Nur ein Bruchteil des französischen und klägliche Reste des deutschen Heeres erreichten Antiocheia und Akko.

An Ort und Stelle boten die Kreuzfahrer ein trauriges Schauspiel. Der König von Frankreich warf seiner Frau, der temperamentvollen Eleonore, Tochter des Herzogs Wilhelm X. von Aquitanien, ein intimes Verhältnis mit ihrem Onkel vor, dem schönen Raimund von Poitiers. Das war nur eine kleine Randepisode. Sehr viel schwerer wog, daß man, anstatt im Norden zu operieren, Damaskus anzugreifen beschloß, die einzige muslimische Macht, die den Franken wohlgesonnen und ein Feind Nūr ad-Dīns war. Angesichts dieser Bedrohung mußte sich der Atabeg von Damaskus mit seinem Feind verbünden. Im Jahre 1149 marschierten also die Streitkräfte der Kreuzfahrer und des Königreiches gegen die große syrische Stadt; Zwietracht herrschte unter Anführern und Truppen, man manövrierte ungeschickt und beschränkte sich überdies auf gelegentliche Scharmützel. Nach wenigen Tagen entschloß man sich zu einem schmählichen Rückzug, den die Angriffe der turkmenischen Reiterei in eine Katastrophe verwandelten. Konrad kehrte unverzüglich nach Europa zurück, Ludwig VII. folgte nach wenigen Monaten. Die unglaublichen Torheiten der Kreuzfahrer hatten aus ihrem Heereszug ein so tragisches wie groteskes Abenteuer gemacht. Es vernichtete im ganzen Orient, was das abendländische christliche Europa sich noch an Prestige bewahrt hatte.

Ludwig VII. aber hegte schon neue Pläne. Er folgte dem nicht ohne eigenes Interesse gegebenen Rat Rogers II., des Königs von Sizilien, eines geschworenen Feindes von Manuel Komnenos, und rief zu einem Kreuzzug gegen das byzantinische Reich auf, was bei einem guten Teil der französischen Ritterschaft auf fruchtbaren Boden fiel. Petrus Venerabilis gab seine Zustimmung, Suger von Saint-Denis ließ sich überreden, der heilige Bernhard fand von neuem flammende Worte. Obgleich die Kreuzfahrer aus eigener Unfähigkeit in die Katastrophe geraten waren, schoben sie die Schuld auf andere, auf den Basileus, der mit seinen Räten, Beamten und Offizieren ein großes christliches Unternehmen verraten hätte; sie müßten nun gezüchtigt werden. Konrad III. weigerte sich energisch, sich einem solchen Unternehmen anzuschließen, und so sank das Projekt schmählich in sich zusammen. Aber eines blieb davon in weiten Teilen des Abendlandes zurück: ein glühender Haß gegen Byzanz. Trotz aller Erfahrungen begriff man weniger denn je, daß das Kaiserreich im Osten den einzigen Wall gegen den Islam bildete.

Das christliche Spanien und die Reconquista

Der Kampf gegen den Islam aber wurde fortgesetzt: am anderen Ende der mediterranen Welt, in Spanien. Erfolgreiche Phasen wechselten mit weniger glücklichen, in denen die Christen sich darauf beschränken mußten, so gut, wie es eben ging, zu verteidigen, was sie den »Ungläubigen« entrissen hatten. Die *Reconquista* beherrschte die ganze mittelalterliche Geschichte Spaniens. Immer wieder behinderten sie Konflikte, die nur allzuoft die christlichen Staaten gegeneinander aufbrachten; und obendrein wurde sie durch schwelende innere Spannungen in den meisten dieser Staaten erschwert.

Die erste Hälfte des 12. Jahrhunderts aber war eine Epoche siegreicher Kämpfe gegen die letzten *reyes de taïfas*, die Könige der islamischen Teilreiche, und vor allem gegen die gefürchteten Almoraviden, die im Maghrib und in Andalusien ihre Herrschaft errichtet hatten. Die Könige von Kastilien und seit 1037 von León spielten dabei freilich nicht die Hauptrolle. Nach dem Tode Alfons' VI., des Eroberers von Toledo, 1109, waren jahrelange innere Krisen ausgebrochen, die erst mit der Thronbesteigung seines Enkels, Alfons' VII., im Jahre 1126 ihr Ende fanden.

Der König vermochte seine Autorität im Innern zu festigen, obwohl er es zuließ, daß der Bischof von Santiago di Compostela, Diego Gelmirez, Galicien als autonomer Herrscher regierte; die Könige von Aragon und Navarra machte er zu seinen Vasallen. Schließlich ließ er sich 1135 in León zum Kaiser krönen und beanspruchte ohne rechten Erfolg *auctoritas* über ganz Spanien. Immerhin hatte ihm die *Reconquista* südlich des Tajo einige Fortschritte zu verdanken; eine Heerfahrt machte ihn 1144 für kurze Zeit zum Herrn von Córdoba. Ein Zug mit Hilfe des Königs von Aragon und des Grafen Raimund Berengar IV. von Barcelona, unterstützt von einer pisanischen und genuesischen Flotte und französischen Kontingenten aus dem Languedoc, gestattete es ihm, 1147 das sarazenische Piratennest Almeria einzunehmen und sich an der Mittelmeerküste festzusetzen. Im selben Jahr wurde auch Calatrava an der Guadiana erobert. Wie andere spanische Herrscher, hatte Alfons VII. seine Staaten testamentarisch unter seine Söhne geteilt; so wurde bei seinem Tode 1157 León von Kastilien wieder abgetrennt und ein eigenes Königreich.

Aber trotz aller Krisen war es doch Aragon, das der *Reconquista* die größten Fortschritte brachte. Machtvoll unterstützt von der französischen Ritterschaft, vornehmlich aus der Gascogne und dem Languedoc, nahm König Pedro I. (1094–1104) die am Ausgang der Pyrenäentäler gelegenen Plätze Huesca (1096) und Barbastro (1101) ein; und Alfons I., der Kämpfer (1104–1134), bemächtigte sich Tudelas (1119), das den Oberlauf des Ebro beherrschte. Damit sicherte er seinen bedeutenden Sieg, den er 1118 mit der Einnahme der Festung Saragossa errungen hatte; es wurde königliche Residenz. Das kleine Königreich am Fuß der Pyrenäen war Herr fast des ganzen Ebrotals geworden; 1126 zog Alfons I. mit einem Heer bis vor Córdoba; dabei befreite er zehn- bis fünfzehntausend »Mozaraber« (christliche Spanier unter arabischer Herrschaft), Opfer eines plötzlich ausgebrochenen muslimischen Fanatismus, die er auf dem Rückmarsch nach dem Norden mitnahm. Bei seinem Tode trennte sich das seit 1076 mit Aragon vereinigte Navarra und ging an eine andere Dynastie über.

Was aber nach den schweren Zeiten vor allem anderen den weiteren Verlauf der spanischen Geschichte bestimmte, war die Vermählung der Erbin des Königreiches, Petronillas, mit dem Grafen Raimund Berengar IV. von Barcelona im Jahre 1137. Der Graf besaß die Herrschaft in Katalonien, das ein französisches Lehen war. Dank dieser Verbindung wendete sich die aragonensische Politik gleichzeitig dem Meer und dem Inneren des Landes zu:

1148 fiel Tortosa an der Ebromündung mit Hilfe einer genuesischen Flotte, im selben Jahr weiter im Norden die muslimische Enklave Lerida, und 1171 eroberte Alfons II. (1162 bis 1196), der Sohn Raimund Berengars, Teruel und dessen Gebiet. Trotzdem waren es seine Territorien in den Pyrenäen, in der Gascogne, dem Languedoc und der Provence, die das Haus Aragon-Barcelona veranlaßten, sein Augenmerk den Angelegenheiten Südfrankreichs und des Königreichs Arelat zu widmen.

Im Nordwesten der Halbinsel, im südlichen Galicien, hatte Alfons VI. von Kastilien 1097 eine Grafschaft Portugal geschaffen und sie einem jener französischen Ritter zu Lehen gegeben, die ihn treu in seinen Kriegen unterstützt hatten: Heinrich aus dem Hause Burgund, dem Gemahl seiner natürlichen Tochter Theresa. In den Kämpfen mit den Mauren vergrößerten die Grafen von Portugal ihr Gebiet nach Süden, und 1139 ließ sich der zweite Graf, Alfonso Henriquez (1112–1185), zum König ausrufen. Obgleich er sich 1143 als Vasall und Zinspflichtiger dem Heiligen Stuhl unterstellt hatte, um nicht seinem Vetter, dem »Kaiser« Alfons VII., Gehorsam leisten zu müssen, mußte er erkennen, daß er trotzdem auch dessen Vasall blieb; erst 1179 befreite ihn Alfons VIII. von seiner Lehnspflicht. Mit Hilfe einer auf der Fahrt zum Zweiten Kreuzzug befindlichen Flotte von englischen, deutschen, flämischen, brabantischen und friesischen Kreuzfahrern, die er in seinen Dienst nahm, gelang es ihm 1147, den Mauren Lissabon und den Unterlauf des Tajo zu entreißen.

1146 hatten nach der Eroberung des Maghrib die berberischen Almohaden, eine fanatische islamische Bewegung, den Kampf gegen das muslimische Spanien aufgenommen. Bald griffen sie auch das christliche Spanien an, das sich in die Defensive gedrängt sah. In der zweiten Hälfte des Jahrhunderts geriet es schließlich in eine kritische Lage. Wie schon so oft, waren die militärischen Aktionen wieder durch Spannungen zwischen den christlichen Herrschern beeinträchtigt. Wenn auch Alfons VIII. von Kastilien (1158–1214), der Enkel des Kaisers, Navarra die kantabrische Küste abnehmen konnte (1200) und es ihm 1177 mit Hilfe von Aragon gelungen war, den Mauren Cuenca zu entreißen, so erlitt er doch 1195, weil León die Unterstützung verweigerte, bei Alarcos in La Mancha eine vernichtende Niederlage. Im Bündnis mit Navarra und León eroberten die Almohaden 1196 Calatrava und die Guadiana-Linie zurück.

Die christlichen Königreiche in Spanien sahen sich in ihrem Kampf gegen den Islam bis gegen 1130 unterstützt von einer französischen Ritterschaft, die vom Kreuzzugsideal und von Abenteuerlust erfüllt war. Hinzu kamen französische Vasallen oder Verbündete der Könige und die Johanniter und Templer, die sich in Spanien niedergelassen hatten. In der zweiten Hälfte des 12. Jahrhunderts aber wurden spanische Ritterorden gegründet: Calatrava (1158), Santiago (1160), Alcántara (1166), deren kleines Heer und die Burgen, in denen es stationiert war, den Königen von Kastilien bei der Verteidigung ihrer bedrohten Stellung bedeutende Dienste leisteten.

Die Verhältnisse in Spanien hatten eine gewisse Ähnlichkeit mit denen im lateinischen Orient; auf der Iberischen Halbinsel aber wirkte ein günstiger Umstand ausgleichend: dank dem Bevölkerungsüberfluß konnten nach der Eroberung die verwüsteten Gebiete sogleich wieder besiedelt werden, wobei aber das französische Element zurücktrat: Spanier kamen aus dem Norden, Mozaraber aus den eroberten muslimischen Gebieten oder als

Flüchtlinge vor den Almoraviden und später vor den Almohaden. Interessant ist es, festzustellen, daß diese verschiedenen Volksgruppen trotz gewisser Reibungen verhältnismäßig rasch miteinander verschmolzen. In nicht wenigen dieser Gebiete hielt sich sogar eine muslimische Bevölkerung, die *mudejar*, die im allgemeinen außerhalb der Stadtmauern wohnen mußte; im 12. Jahrhundert scheint ihr Los nicht allzu ungünstig gewesen zu sein. Diese »Koexistenz« vollzog sich in einer Atmosphäre relativer Toleranz, was zu jener Zeit nur recht selten vor kam.

Das Königreich Sizilien im Kampf mit Byzanz

Der leidenschaftliche Kampf der abendländischen Christen gegen den Islam, in der ersten Hälfte des 12. Jahrhunderts im äußersten Westen und Osten der mediterranen Welt geführt, spielte sich auch, von Sizilien ausgehend, im zentralen Mittelmeer ab. Hier beherrschte er aber nicht die gesamte Politik; andere Interessen überwogen.

Roger II., Graf von Sizilien und Herr von Kalabrien, war zugleich Herrscher in Apulien, das ihm 1128 Papst Honorius II. als Lehen hatte überlassen müssen. Dank dem römischen Schisma war er, wie wir wissen, 1130 von Papst Anaklet zum König erhoben worden, wobei seine Herrschaft in Apulien ebenso wie die Lehnsherrschaft im Fürstentum Capua und im Herzogtum Neapel anerkannt worden waren. Er huldigte dem päpstlichen Lehnsherrn und bekam daraufhin das Königreich zu Lehen mit der Auflage, sechshundert *Squifats* Zins zu zahlen. Diese Bindungen beschränkten aber seine Unabhängigkeit in keiner Weise.

Das Königreich Sizilien – Roger war eigentlich »König von Sizilien, dem Herzogtum Apulien und dem Fürstentum Benevent« – war ein Land mit vielfältiger Mischbevölkerung; die Normannen bildeten nur eine Minderheit, eine Aristokratie von Kriegern. In Sizilien war die Bevölkerung teilweise hellenisiert, enthielt aber auch arabische Elemente. In Apulien und Kalabrien lebte die zum Teil ebenfalls hellenisierte Bevölkerung noch nach byzantinischen Traditionen; der Norden bewahrte lombardische Überlieferungen; in den Häfen mischten sich Lateinisches und Byzantinisches in Lebensart und Sitte. Im allgemeinen zeigten sich die Herrscher verständnisvoll: die Verwaltung und namentlich die Kanzlei der Könige benutzten Lateinisch ebenso wie Griechisch und Arabisch; lateinische Kirchen standen neben Kirchen und Klöstern des griechischen Ritus; in Sizilien begegnete man sogar Moscheen. Auch die Kunst spiegelt das bunte Völkergemisch, wenn auch die byzantinische Kunst mit der ganzen Pracht des Zeitalters der Komnenen bei weitem überwiegt.

Der König ist absoluter Souverän, der seine Macht unmittelbar von Gott ableitet, wie der Basileus, dessen Gewänderpomp und Zeremoniell er nachahmt. Deutlich sticht er von den abendländischen Herrschern der Epoche ab, mit Ausnahme vielleicht des Königs von England. Er gibt Gesetze; seine »Assisen« (das heißt seine Gesetzgebung) sind weitgehend vom römischen und vom jüngeren byzantinischen Recht beeinflußt. Manche Minister und militärischen Führer tragen arabische oder griechische Titel. Kader von regelrechten Beamten verwalten Justiz und Finanzen und lassen sich dabei von byzantinischer Tradition anregen. Das Heer – darunter auch sarazenische Truppen – und die Flotte sind straff organisiert. Der Adel steht durchgehend im Lehnsverhältnis, dessen Aufbau, wie wir wissen, im König seine Spitze hat. Die zahlreichen, oft wohlhabenden Städte – Palermo und Bari sind bedeutende Häfen – besitzen Privilegien, haben aber kaum Selbstverwaltung. Die Kirche genießt zwar dank der königlichen Freigebigkeit besondere Vorteile, ist aber doch dem Souverän völlig unterworfen. Wenn sich auch alle vor dem König beugen, sind sie doch weit davon entfernt, es freiwillig zu tun. Roger II. und sein Sohn und Nachfolger, Wilhelm I. (1154–1166), mußten mehr als einmal gefährliche Revolten mit Härte unterdrücken.

Trotz der großen Rolle, die die königlichen Vettern Bohemund und seine Nachkommen im Ersten Kreuzzug und im lateinischen Orient spielten, waren die Könige von Sizilien nicht in das Heilige Land gezogen, um dort die Ungläubigen zu bekämpfen, sondern sie kämpften an der Küste Afrikas gegen die muslimischen Herrscher. Von 1135 bis 1148 griff dort die Flotte Rogers II. an, in einigen Häfen von Tripolitanien und der Ifrīquija (dem heutigen Tunesien) gründeten die Normannen Stützpunkte, die Palermo und die anderen Häfen des Königreichs reichlich am Handel mit den Produkten teilhaben ließen, die von den Karawanen aus dem Innern des Kontinents herangeführt wurden.

1137 hatte der König von Sizilien sich einer furchtbaren deutschen Invasion Kaiser Lothars und Papst Innozenz' II. zu erwehren, die ihm aber trotz mancher kritischen Situation nichts anhaben konnte. Nach dem Tode Anaklets unternahm Innozenz II. einen neuen Vorstoß gegen den ungetreuen Vasallen und schlechten Christen, wurde abgeschlagen und fiel in die Hände des Siegers. Im Vertrag von Mignano 1139 mußte Innozenz II. Roger alle die von seinem Konkurrenten gewährten Rechte bestätigen. Die wunderbare Schloßkapelle, die »Capella Palatina«, in Palermo erinnert an diesen Triumph des Normannen.

Innozenz II. hatte nur gezwungenermaßen nachgegeben. Noch seine Nachfolger waren schlecht auf Roger zu sprechen, und König Konrad III. von Hohenstaufen intrigierte haßerfüllt gegen ihn. Der byzantinische Kaiser schließlich folgte entschlossen seinem alten Plan, eines Tages die südliche Lombardei zurückzugewinnen. So besiegelte die Heirat Manuels I. Komnenos mit Bertha von Sulzbach, Konrads Schwägerin, ein ausgesprochen antisizilianisches Bündnis. Roger dachte wohl insgeheim daran, selbst Herrscher des Kaiserreiches zu werden; glich er auf dem berühmten Mosaik in der Martorana-Kirche in Palermo nicht einem byzantinischen Kaiser, als ihn Christus zum König krönte? Jedenfalls griff er mitten im Zweiten Kreuzzug den Kaiser an, nachdem er erfahren hatte, daß dessen Truppen aus den westlichen Provinzen abgezogen waren, um die Kreuzfahrer zu überwachen und die Türken in Schach zu halten. Rasch wurde Korfu genommen und die Ionischen Inseln besetzt; dann verwüstete seine Flotte die Küsten der Peloponnes, plünderte Euboia, vielleicht auch Athen; Theben und Korinth wurden gebrandschatzt, deren Arbeiter und Arbeiterinnen aus den Seidenwebereien weggeführt, um mit ihnen die sizilianische Industrie zu stärken.

Manuel reagierte, sobald er dazu imstande war. Im Jahre 1149 nahm er Korfu und die Inseln mit Hilfe Venedigs wieder zurück, dessen Unterstützung er 1147 und 1148 für den Preis neuer Handelsprivilegien gewonnen hatte. Während der Belagerung machte der Admiral Georg von Antiocheia mit der sizilianischen Flotte einen Abstecher durch die Dardanellen bis vor Konstantinopel, blieb aber erfolglos. Roger II. ließ jedoch keineswegs von seinen kriegerischen Plänen ab. Ende 1149 und Anfang 1150 stand er, wie wir wissen, vor dem Aufbruch zu einem antibyzantinischen Kreuzzug, der, hätte er stattgefunden, vornehmlich ein französisch-sizilianisches Unternehmen gewesen wäre.

Roger, der König von Frankreich, und sogar Papst Eugen III., der sich eine Zeitlang dem Normannen genähert hatte, standen im Bündnis gegen Manuel Komnenos, Konrad III. und Venedig. Im Jahre 1151 hielt Manuel sogar Ancona einige Monate lang besetzt, um sich damit eine Basis in Italien zu verschaffen, aber der bewaffnete Konflikt blieb aus. Konrad III. starb 1152, und sein Neffe und Nachfolger Friedrich I. Barbarossa war kaum geneigt, Byzanz zu unterstützen; und Venedig erschienen die Aussichten mit den Byzantinern in Ancona höchst gefährlich. Ende 1154 oder Anfang 1155 schloß es deshalb mit Sizilien Frieden und sicherte sich darin Handelsvorrechte im Königreich. Auf normannischer Seite war es nicht mehr Roger II., der den Vertrag abschloß; er war am 6. Februar 1154 gestorben.

Die ersten Regierungsjahre seines Sohnes und Nachfolgers Wilhelms I. waren überschattet von einer jener häufigen Revolten normannischer Vasallen in Süditalien. Während der König der Erhebung die Stirn bieten mußte, setzte der Basileus – und diesmal in der Absicht, sie abzuschließen – zur Eroberung des normannischen Königreiches an; es sollte die erste Etappe zur Wiederherstellung der kaiserlichen Autorität in Italien werden. Im Jahre 1155 wurde Ancona von neuem besetzt, 1156 gingen die Operationen im Einvernehmen mit den Aufständischen weiter, deren Bundesgenossenschaft Manuel sich hatte versichern können. Bari und Trani wurden genommen, weitere Erfolge schlossen sich an.

Am 28. Mai 1156 aber änderte der Sieg Wilhelms über die Byzantiner und ihre normannischen Verbündeten vor Brindisi den Lauf der Dinge radikal. Die Aufständischen wurden grausam niedergemacht und die byzantinischen Truppen aus dem Königreich vertrieben. Nun konnte sich der König mit dem Papst befassen, der ohne Bündnispflicht die Aufständischen in Süditalien unterstützt hatte. Hadrian IV. (1154–1159) erkannte seine prekäre Lage und ließ sich dazu herbei, mit Wilhelm I. am 18. Juni 1156 in Benevent ein »Konkordat« abzuschließen, das dem König die Anerkennung seines Königtums und die Herrschaft über seine Territorien, sogar über die Abruzzen, und Zugeständnisse zugunsten seiner Macht über die Kirche einbrachte. Der König huldigte dem Papst und erkannte an, daß er ihm einen jährlichen Zins von sechshundert Squifats für Apulien und Kalabrien und vierhundert für die Abruzzen zu zahlen hätte.

Der Vertrag von Benevent eröffnete, ohne daß es Hadrian im Augenblick bewußt war, die Rückkehr zu dem alten Bündnis zwischen Papsttum und Normannen. Die Konsequenzen daraus sollten sich bald bemerkbar machen.

1158 ließ Wilhelm einen Teil der europäischen Küsten des byzantinischen Reiches von der sizilianischen Flotte verwüsten. Der Basileus versuchte wohl noch einmal in den Jahren

Die Staufer
(Hohenstaufen)

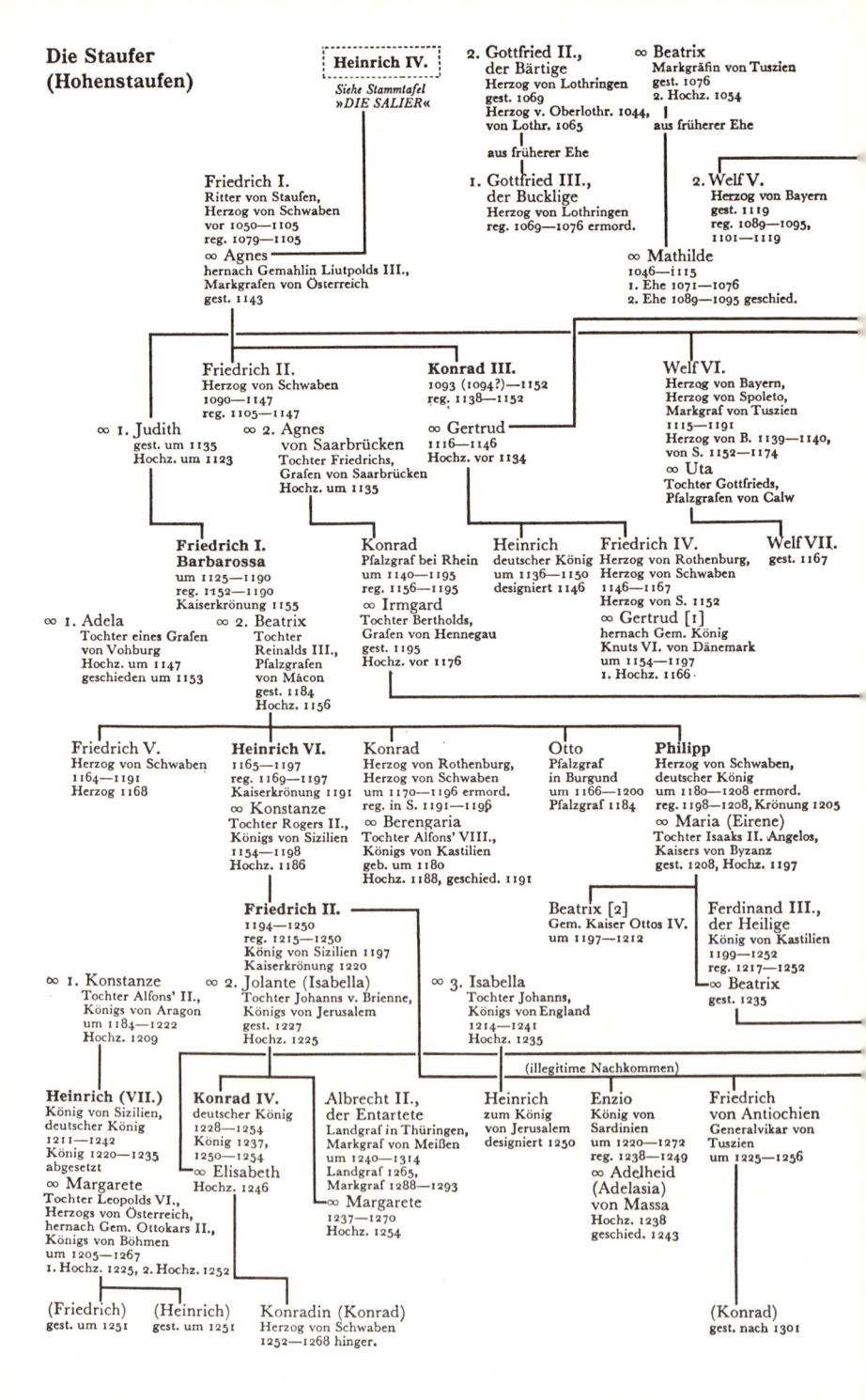

Heinrich IV.
Siehe Stammtafel
»DIE SALIER«

2. Gottfried II.,
der Bärtige
Herzog von Lothringen
gest. 1069
Herzog v. Oberlothr. 1044,
von Lothr. 1065

∞ **Beatrix**
Markgräfin von Tuszien
gest. 1076
2. Hochz. 1054

aus früherer Ehe

Friedrich I.
Ritter von Staufen,
Herzog von Schwaben
vor 1050—1105
reg. 1079—1105
∞ Agnes
hernach Gemahlin Liutpolds III.,
Markgrafen von Österreich
gest. 1143

1. Gottfried III.,
der Bucklige
Herzog von Lothringen
reg. 1069—1076 ermord.

2. Welf V.
Herzog von Bayern
gest. 1119
reg. 1089—1095,
1101—1119

∞ **Mathilde**
1046—1115
1. Ehe 1071—1076
2. Ehe 1089—1095 geschied.

Friedrich II.
Herzog von Schwaben
1090—1147
reg. 1105—1147

∞ 1. **Judith**
gest. um 1135
Hochz. um 1123

∞ 2. **Agnes**
von Saarbrücken
Tochter Friedrichs,
Grafen von Saarbrücken
Hochz. um 1135

Konrad III.
1093 (1094?)—1152
reg. 1138—1152

∞ **Gertrud**
1116—1146
Hochz. vor 1134

Welf VI.
Herzog von Bayern,
Herzog von Spoleto,
Markgraf von Tuszien
1115—1191
Herzog von B. 1139—1140,
von S. 1152—1174
∞ **Uta**
Tochter Gottfrieds,
Pfalzgrafen von Calw

Friedrich I. Barbarossa
um 1125—1190
reg. 1152—1190
Kaiserkrönung 1155

∞ 1. **Adela**
Tochter eines Grafen
von Vohburg
Hochz. um 1147
geschieden um 1153

∞ 2. **Beatrix**
Tochter
Reinalds III.,
Pfalzgrafen
von Mâcon
gest. 1184
Hochz. 1156

Konrad
Pfalzgraf bei Rhein
um 1140—1195
reg. 1156—1195
∞ **Irmgard**
Tochter Bertholds,
Grafen von Hennegau
gest. 1195
Hochz. vor 1176

Heinrich
deutscher König
um 1136—1150
designiert 1146

Friedrich IV.
Herzog von Rothenburg,
Herzog von Schwaben
1146—1167
Herzog von S. 1152
∞ **Gertrud** [1]
hernach Gem. König
Knuts VI. von Dänemark
um 1154—1197
1. Hochz. 1166

Welf VII.
gest. 1167

Friedrich V.
Herzog von Schwaben
1164—1191
Herzog 1168

Heinrich VI.
1165—1197
reg. 1169—1197
Kaiserkrönung 1191
∞ **Konstanze**
Tochter Rogers II.,
Königs von Sizilien
1154—1198
Hochz. 1186

Konrad
Herzog von Rothenburg,
Herzog von Schwaben
um 1170—1196 ermord.
reg. in S. 1191—1196
∞ **Berengaria**
Tochter Alfons' VIII.,
Königs von Kastilien
geb. um 1180
Hochz. 1188, geschied. 1191

Otto
Pfalzgraf
in Burgund
um 1166—1200
Pfalzgraf 1184

Philipp
Herzog von Schwaben,
deutscher König
um 1180—1208 ermord.
reg. 1198—1208, Krönung 1205
∞ **Maria (Eirene)**
Tochter Isaaks II. Angelos,
Kaisers von Byzanz
gest. 1208, Hochz. 1197

Beatrix [2]
Gem. Kaiser Ottos IV.
um 1197—1212

Ferdinand III.,
der Heilige
König von Kastilien
1199—1252
reg. 1217—1252
∞ **Beatrix**
gest. 1235

Friedrich II.
1194—1250
reg. 1215—1250
König von Sizilien 1197
Kaiserkrönung 1220

∞ 1. **Konstanze**
Tochter Alfons' II.,
Königs von Aragon
um 1184—1222
Hochz. 1209

∞ 2. **Jolante (Isabella)**
Tochter Johanns v. Brienne,
Königs von Jerusalem
gest. 1227
Hochz. 1225

∞ 3. **Isabella**
Tochter Johanns,
Königs von England
1214—1241
Hochz. 1235

(illegitime Nachkommen)

Heinrich (VII.)
König von Sizilien,
deutscher König
1211—1242
König 1220—1235
abgesetzt
∞ **Margarete**
Tochter Leopolds VI.,
Herzogs von Österreich,
hernach Gem. Ottokars II.,
Königs von Böhmen
um 1205—1267
1. Hochz. 1225, 2. Hochz. 1252

Konrad IV.
deutscher König
1228—1254
König 1237,
1250—1254
∞ **Elisabeth**
Hochz. 1246

Albrecht II.,
der Entartete
Landgraf in Thüringen,
Markgraf von Meißen
um 1240—1314
Landgraf 1265,
Markgraf 1288—1293
∞ **Margarete**
1237—1270
Hochz. 1254

Heinrich
zum König
von Jerusalem
designiert 1250

Enzio
König von
Sardinien
um 1220—1272
reg. 1238—1249
∞ **Adelheid (Adelasia)**
von Massa
Hochz. 1238
geschied. 1243

Friedrich
von Antiochien
Generalvikar von
Tuszien
um 1225—1256

(Friedrich)
gest. um 1251

(Heinrich)
gest. um 1251

Konradin (Konrad)
Herzog von Schwaben
1252—1268 hinger.

(Konrad)
gest. nach 1301

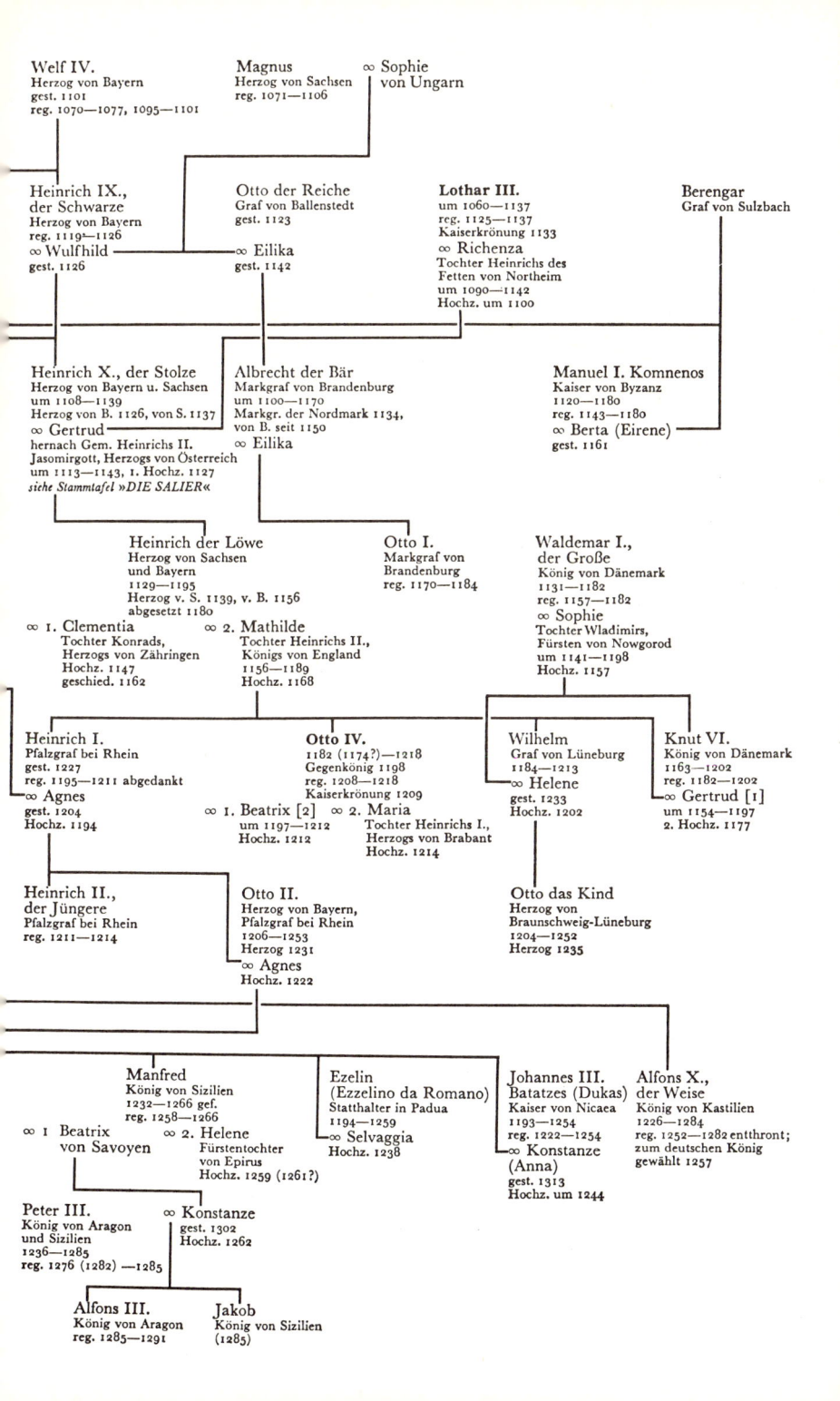

Welf IV.
Herzog von Bayern
gest. 1101
reg. 1070—1077, 1095—1101

Magnus
Herzog von Sachsen
reg. 1071—1106
∞ Sophie
von Ungarn

Heinrich IX.,
der Schwarze
Herzog von Bayern
reg. 1119—1126
∞ Wulfhild
gest. 1126

Otto der Reiche
Graf von Ballenstedt
gest. 1123
∞ Eilika
gest. 1142

Lothar III.
um 1060—1137
reg. 1125—1137
Kaiserkrönung 1133
∞ Richenza
Tochter Heinrichs des
Fetten von Northeim
um 1090—1142
Hochz. um 1100

Berengar
Graf von Sulzbach

Heinrich X., der Stolze
Herzog von Bayern u. Sachsen
um 1108—1139
Herzog von B. 1126, von S. 1137
∞ Gertrud
hernach Gem. Heinrichs II.
Jasomirgott, Herzogs von Österreich
um 1113—1143, 1. Hochz. 1127
siehe Stammtafel »DIE SALIER«

Albrecht der Bär
Markgraf von Brandenburg
um 1100—1170
Markgr. der Nordmark 1134,
von B. seit 1150
∞ Eilika

Manuel I. Komnenos
Kaiser von Byzanz
1120—1180
reg. 1143—1180
∞ Berta (Eirene)
gest. 1161

Heinrich der Löwe
Herzog von Sachsen
und Bayern
1129—1195
Herzog v. S. 1139, v. B. 1156
abgesetzt 1180

∞ 1. Clementia
Tochter Konrads,
Herzogs von Zähringen
Hochz. 1147
geschied. 1162

∞ 2. Mathilde
Tochter Heinrichs II.,
Königs von England
1156—1189
Hochz. 1168

Otto I.
Markgraf von
Brandenburg
reg. 1170—1184

Waldemar I.,
der Große
König von Dänemark
1131—1182
reg. 1157—1182
∞ Sophie
Tochter Wladimirs,
Fürsten von Nowgorod
um 1141—1198
Hochz. 1157

Heinrich I.
Pfalzgraf bei Rhein
gest. 1227
reg. 1195—1211 abgedankt
∞ Agnes
gest. 1204
Hochz. 1194

Otto IV.
1182 (1174?)—1218
Gegenkönig 1198
reg. 1208—1218
Kaiserkrönung 1209

∞ 1. Beatrix [2]   ∞ 2. Maria
um 1197—1212   Tochter Heinrichs I.,
Hochz. 1212   Herzogs von Brabant
                 Hochz. 1214

Wilhelm
Graf von Lüneburg
1184—1213
∞ Helene
gest. 1233
Hochz. 1202

Knut VI.
König von Dänemark
1163—1202
reg. 1182—1202
∞ Gertrud [1]
um 1154—1197
2. Hochz. 1177

Heinrich II.,
der Jüngere
Pfalzgraf bei Rhein
reg. 1211—1214

Otto II.
Herzog von Bayern,
Pfalzgraf bei Rhein
1206—1253
Herzog 1231
∞ Agnes
Hochz. 1222

Otto das Kind
Herzog von
Braunschweig-Lüneburg
1204—1252
Herzog 1235

Manfred
König von Sizilien
1232—1266 gef.
reg. 1258—1266

∞ 1 Beatrix   ∞ 2. Helene
von Savoyen   Fürstentochter
                   von Epirus
                   Hochz. 1259 (1261?)

Ezelin
(Ezzelino da Romano)
Statthalter in Padua
1194—1259
∞ Selvaggia
Hochz. 1238

Johannes III.
Batatzes (Dukas)
Kaiser von Nicaea
1193—1254
reg. 1222—1254
∞ Konstanze
(Anna)
gest. 1313
Hochz. um 1244

Alfons X.,
der Weise
König von Kastilien
1226—1284
reg. 1252—1282 entthront;
zum deutschen König
gewählt 1257

Peter III.
König von Aragon
und Sizilien
1236—1285
reg. 1276 (1282)—1285

∞ Konstanze
gest. 1302
Hochz. 1262

Alfons III.
König von Aragon
reg. 1285—1291

Jakob
König von Sizilien
(1285)

1157 und 1158 von Ancona und Ravenna aus militärische Aktionen gegen das normannische Königreich; sie blieben aber wirkungslos. Im Frühling 1158 wurde der Friede unterzeichnet. Byzanz hatten, um seinen Ambitionen gerecht zu werden, sowohl die notwendigen militärischen Mittel als auch der mächtige Verbündete an der Adria gefehlt: das von Manuels italienischer Politik beunruhigte Venedig war neutral geblieben. Der große Komnene sah seinen Traum von der Wiedereroberung des Westens zerrinnen.

Reich und Papsttum zur Zeit Friedrich Barbarossas

Friedrich I., dem die Italiener den Beinamen »Barbarossa« gaben, war 1152 ohne Schwierigkeiten gewählt, gekrönt und gesalbt worden. In Deutschland aber fand er die königliche Macht geschwächt vor. Nicht nur war im »Investiturstreit« ein gut Teil der Macht über die Reichskirche verlorengegangen, sondern auch die Herzöge, Markgrafen und Grafen strebten, ohne ganz den Charakter von Hoheitsträgern des Königs zu verlieren, mehr und mehr nach größerer Autonomie. Blutige Unruhen entstanden aus der Rivalität zwischen dem Welfenhaus, das das Herzogtum Sachsen besaß und dem auch Lothar angehört hatte, und dem Haus Babenberg mit der Markgrafschaft Österreich, dem Konrad III. das Herzogtum Bayern gegeben hatte.

In Italien war ohne die persönliche Anwesenheit des Herrschers die königliche Macht auf das äußerste beschränkt. Bischöfe, Herzöge und Grafen traten fast als unabhängige Fürsten auf. Die meisten Städte der Lombardei, Liguriens, der Emilia und sogar Toskanas hatten zu Anfang des 12. Jahrhunderts Verfassungen erhalten mit mehr oder weniger weitreichender Selbstverwaltung. Otto von Freising, der Onkel Barbarossas, behauptete mit Recht, die italienischen Städte überträfen mit ihrem Reichtum und ihrer Macht alle Städte »der Welt« – das hieß Westeuropas. Ihre Herrschaft erstreckte sich auch über das umgebende Land und, wenn möglich, über die benachbarten kleineren Städte. Mailand, die reichste und mächtigste unter ihnen, war auch die herrschsüchtigste.

Das Papsttum, einst der erbitterte Feind der letzten salischen Kaiser, hatte im allgemeinen gute Beziehungen zu Lothar und Konrad III. unterhalten. Seine eigene Macht war, wie wir wissen, gewachsen, und seine Justiz hatte gegen 1140 eine wirksamere Grundlage erhalten: der in Bologna lehrende italienische Mönch Gratian hatte ein Werk herausgegeben, das sowohl eine reiche Sammlung kanonischer Texte als auch ein bemerkenswertes Handbuch des Kirchenrechts darstellte: das sogenannte *Decretum*. Noch wichtiger war vielleicht, daß als Folge von Studium und Unterricht dieser Texte das Kirchenrecht intensiv bearbeitet und allenthalben praktisch angewendet wurde. Hadrian IV., seit 1154 Papst, hielt Kirchenrechtler in seiner Umgebung, die an Gratian geschult waren; Kardinal Roland Bandinelli, der Kanzler der Römischen Kirche, war der Fähigste, die Wissenschaft vom Kirchenrecht in den Dienst der pontifikalen Macht zu stellen.

In Rom selbst aber verlor der Papst an Boden. Im Jahre 1143 hatte sich die Stadt zu einem unabhängigen, von einem Senat regierten Gemeinwesen konstituiert. Seit 1145 übte

Byzantinische und arabische Elemente der Capella Palatina im Palast Rogers II. in Palermo, 1132–1140

Taufe Friedrich Barbarossas
Gravierung in einer Silberschale, 1155–1171
Berlin, Ehem. Staatliche Museen, Kunstgewerbemuseum

Rückkehr der Mailänder in ihre Stadt im Jahr 1167 und Vertreibung der Arianer durch den Erzbischof Ambrosius
Reliefs von der zerstörten Porta Romana in Mailand, 1171. Mailand, Castello Sforzesco, Museo d'Arte Antica

Heinrich der Löwe und seine Gemahlin Mathilde
Grabplatten im Braunschweiger Dom, Mitte 13. Jahrhundert

dort ein idealistischer, mystischer Demagoge, begeistert von einer aus der Rumpelkammer hervorgeholten römischen Geschichte und erbitterter Gegner der weltlichen Macht des Papsttums, Arnold von Brescia, eine Art republikanischer Diktatur aus. Eugen III. und Hadrian IV. hatten mehrmals die Stadt verlassen müssen.

Aber weder die Beziehungen zum Papsttum noch die italienischen Verhältnisse zählten bei seinem Regierungsantritt zu den Hauptsorgen Barbarossas. Die ersten Jahre widmete er vor allem Deutschland. Er machte zunächst dem Streit zwischen den Welfen und den Babenbergern – vorübergehend – ein Ende, indem er dem Haupt des Welfenhauses, seinem Vetter Heinrich dem Löwen, zu seinem Herzogtum Sachsen noch das Herzogtum Bayern verlieh und zugunsten Jasomirgotts aus dem Hause Babenberg Österreich zum Herzogtum erhob und es mit besonderen Vorrechten ausstattete. Er nutzte konsequent die ihm im Wormser Konkordat verbliebenen Prärogativen. So gelang es ihm, mehrere Bistümer an ihm ergebene Bischöfe zu verleihen und in weitem Maße seine Autorität über die Reichskirche wiederherzustellen. Andrerseits suchte er in Süddeutschland eine Art »Krongut« zu bilden, indem er Grafschaften und Lehnsherrschaften zusammenschloß.

Der Reichsgedanke nahm im Denken Friedrich Barbarossas eine zentrale Stellung ein. Auf Grund von Wahl, Krönung und Salbung zum »römischen« (also deutschen) König glaubte er, ein Anrecht auf die kaiserliche Würde mit allen Attributen zu haben. Von dieser Würde hatte er eine besonders hohe Vorstellung. Dem Kaiser komme absolute und universale Macht zu. Er beanspruchte zwar keineswegs die wirkliche Macht über die anderen Könige, sondern forderte eine Vorrangstellung, eine *auctoritas*, vor diesen *reguli* (Kleinkönigen), diesen *reges provinciarum* (Provinzkönigen), wie sich sein Kanzler, Rainald von Dassel, der spätere Kölner Erzbischof und maßgeblicher Anreger seiner Politik, auszudrücken pflegte. Der englische König Heinrich II. erkannte diese *auctoritas* im Jahre 1157, wenn auch nur für kurze Zeit, an, während dies der König von Frankreich stets verweigerte.

Ende 1154 überschritt der König die Alpen. Am 17. April 1155 ließ er sich in Pavia zum König von Italien krönen; dann wandte er sich nach Rom. Er half dem Papst, die römische Kommune zu bekämpfen, und lieferte ihm Arnold von Brescia aus, der hingerichtet wurde. Daraufhin setzte Hadrian IV. am 18. Juni in der Sankt-Peters-Kirche Friedrich die Kaiserkrone aufs Haupt. Aber weder der neue Cäsar noch der päpstliche Souverän hatten die Macht, die Stadt Rom zu besetzen.

Gleichwohl fehlte es nicht an Reibungen zwischen Barbarossa und Hadrian, die noch durch das »Konkordat von Benevent« verschärft wurden. Der Kaiser sah darin ein unerlaubtes Einverständnis zwischen dem Papst und einem Rebellen, dem Usurpator von Reichsländern. Hinzu kamen bald andere Ereignisse, die die Unverträglichkeit der politischen Konzeptionen von Papst und Kaiser offenbarten. Wie Innozenz II., glaubten auch Hadrian und seine Räte, daß die kaiserliche Macht unbezweifelbar von Gott stamme, aber durch Vermittlung des Papstes, daß sie einem päpstlichen Lehen zum wenigsten gleichzustellen sei. Auf dem Reichstag von Besançon 1157 wurde eine Botschaft des Papstes verlesen, die zu verstehen gab, daß das Reich ein Lehen der Römischen Kirche sei, zumindest wurde es so von Rainald von Dassel ins Deutsche übertragen, und die päpstlichen Legaten widersprachen nicht. Als Reaktion darauf wären die Legaten kurzerhand erschlagen worden, hätte sie der Kaiser nicht in Schutz genommen; aber auch er protestierte heftig gegen die päpstliche Anmaßung. Es schien klar, daß bei neuen Italienzügen des Kaisers ernste Konflikte kaum zu vermeiden waren.

Die erste Heerfahrt begann 1158; sie hatte das Ziel, in Norditalien die kaiserliche Herrschaft zu sichern und sie neu zu regeln. Der Anlaß war wohl das Hilfeersuchen, das die Städte, Opfer der mailändischen Tyrannei, an den Kaiser gerichtet hatten. Nachdem Barbarossa Mailand mit Gewalt zum Gehorsam gezwungen hatte, berief er im November einen Reichstag in die Ebene von Roncaglia, am linken Ufer des Po oberhalb von Piacenza. Nach einer Untersuchung wurde ein Verzeichnis der *regalia* aufgestellt, also der Rechte und Einkünfte des Königs, die er verliehen hatte oder die sich andere zu seinem Nachteil widerrechtlich angeeignet hatten. Nur wer den Beweis für ein Recht vorweisen konnte, sollte es behalten dürfen. Da die Städte das fast niemals konnten, verloren sie einen erheblichen Teil ihrer Prärogativen, Institutionen und ihrer Selbstverwaltung. Ihre Konsuln waren nur vom Kaiser mit Zustimmung der Einwohner zu ernennen; kaiserliche Rektoren oder *Podestas* sollten die Regalien ausüben. Diese allgemeinen Regeln wurden bei manchen Städten großzügig ausgelegt; namentlich solche, die, wie Pavia, Cremona, Lodi, um Schutz und Gunst des Kaisers warben, genossen gewisse Vorzüge. Die hauptsächlich deutschen Vertreter des Kaisers, die die Regalien und anderen Machtbefugnisse in den Städten ausübten, mißbrauchten nur allzuoft ihre Amtsgewalt; sie waren eifrig bestrebt, ihrem Herrn oder auch sich selbst Einkünfte zu verschaffen, und stießen damit auf heftigste Opposition. Zu ähnlichen Spannungen kam es in den Jahren 1163/1164 in der Toskana und in Umbrien, als auch hier die Rechtsverhältnisse neuen Regeln angepaßt werden sollten.

Die »Ronkalischen Beschlüsse« lassen deutlich eine Politik der Rückgewinnung erkennen. Es fällt schwer, in ihnen den Geist der Erneuerung zu spüren, wenn man von dem einzig Neuen absieht: dem ernannten, besoldeten und absetzbaren Beamten. Zweifellos waren die *quatuor doctores*, die in Bologna das zu neuem Leben erwachte römische Recht lehrten, Bulgarus, Martinus Gosia, Hugo und Jacobus, in dieser Hinsicht dem Kaiser dienlich und weihten so das Bündnis zwischen »Romanismus« und der kaiserlichen Autorität, das Jahrhunderte hindurch Bestand haben sollte; trotzdem hatte das römische Recht – von einigen Ausnahmen abgesehen – nicht viel mehr als formalen Einfluß auf die kaiserlichen Edikte.

Die in der Lombardei erlassenen Bestimmungen und die Art und Weise, in der die kleine Stadt Crema, die Widerstand gewagt hatte, unterworfen wurde, erregten allenthalben Unruhe. Der Papst fürchtete eine Politik desselben Stils gegenüber dem päpstlichen Italien und ließ dem Kaiser ein Schreiben zukommen, das Untersagungen und Forderungen enthielt. Er starb aber am 1. September 1159 in Anagni.

In einer stürmischen Wahl wurden zwei Kandidaten gewählt, der Kardinal Roland Bandinelli, der Kanzler, der einer der Legaten in Besançon gewesen war und ein Hühnchen mit dem Kaiser zu rupfen hatte, und der Kardinal Ottaviano. Jener nahm den Namen Alexander III., dieser den Namen Viktor IV. an. Viktor wurde 1160 von einer Synode in Pavia unter dem Einfluß Barbarossas anerkannt: er war der kaiserliche Papst. Der von der Synode exkommunizierte Alexander III. aber beeilte sich, Viktor IV. und den Kaiser mit dem Bann zu belegen, und sah sich unterstützt von Ungarn, Aragon, Kastilien, dem lateinischen Orient, von Norwegen und bald auch von Frankreich und England. Da er sich in Italien nicht sicher fühlte, verlegte er 1162 seinen Sitz nach Frankreich. Die nichtdeutsche öffentliche Meinung nahm vor allem deswegen für ihn Partei, weil sein Rivale vom Kaiser gestützt war. Mit Johann von Salisbury, dem zukünftigen englischen Bischof von Chartres, weigerte man sich anzuerkennen, daß die Deutschen »die Richter der Nationen« seien, daß sie das Recht hätten, »das Haupt der Christenheit nach ihrem Belieben einzusetzen«.

Das »Schisma« leitete eine Periode erbitterter Kämpfe ein, die siebzehn Jahre andauerten. Friedrich Barbarossa hatte den Papst, die meisten lombardischen und auch einige andere italienische Städte zum Gegner, deren gemeinsame Feindschaft sie zu Verbündeten machte. Venedig, aufs äußerste von der Entwicklung einer Macht in Norditalien beunruhigt, die dort seine wirtschaftlichen Interessen zu gefährden drohte, schloß sich 1164 ebenfalls dem antikaiserlichen Bund an. Der König von Sizilien, Wilhelm I., wußte von der Absicht Barbarossas, ihn zu unterwerfen, und er fühlte sich von Seeoperationen bedroht, die der Kaiser 1162 gegen ihn einzuleiten schien, als er an die Treue Pisas appellierte und die Dienste Genuas zu erkaufen suchte. Bis zu seinem Tode im Jahre 1166 war Wilhelm I. der erbittertste Feind Friedrichs, aber er spielte, von seinen freigebigen Subsidien abgesehen, keine sehr wirksame Rolle in dem gemeinsamen Kampf, in den sich bald auch der byzantinische Kaiser einmischte.

Trotz seiner früheren Mißerfolge hoffte Manuel Komnenos noch immer, die kaiserliche Autorität in Italien wiederaufzurichten. Friedrich Barbarossa, der ihn als »König der Griechen« herabwürdigte, war in seinen Augen – wie alle abendländischen Kaiser – ein bloßer Usurpator, dessen Feinde, vor allem die italienischen Städte, er deshalb finanziell unterstützte; von Mailand, vermutlich auch von anderen Städten, forderte er sogar den Treueid. Im Jahre 1166 ging er so weit, dem Papst die Beendigung des östlichen Schismas unter der Bedingung anzubieten, daß er ihn an Stelle des »Deutschen Friedrich« zum Kaiser krönte. Alexander III. kannte aber die Wagnisse und Gefahren solcher Manöver; er wußte, daß die byzantinische Kirche dem Basileus nicht folgen würde, und ging nicht darauf ein. Militärisch tat der Byzantiner kaum mehr, als Ancona von neuem zu besetzen.

Es scheint wenig sinnvoll, den offenen Konflikt im einzelnen zu behandeln; ein Ereignis von nachhaltiger Wirkung sei jedoch erwähnt: die totale Zerstörung von Mailand Ende des Jahres 1162; es hatte, wie bei jedem Widerstand gegen die kaiserliche Italienpolitik, die Führung innegehabt. Diese grausame Unterdrückung durch kaiserliche Truppen, von einigen, der lombardischen Metropole feindlich gesonnenen italienischen Städten unterstützt, sicherte zwar für gewisse Zeit den Frieden in Norditalien, sie schürte aber schrecklichen Haß.

Alexander III. war 1165 nach Rom zurückgekehrt, woraufhin sich Friedrich im folgenden Jahr aufs neue nach Italien begab. In Begleitung seines Papstes, Paschalis III., den er nach dem Tode Viktors IV. 1164 hatte wählen lassen, marschierte er 1167 gegen die Ewige Stadt, bemächtigte sich ihrer und trat dort als Herrscher auf. Aber eine Epidemie, von der Sommerhitze begünstigt, dezimierte sein Heer; in wenigen Tagen verwandelte sich sein Triumph in wilde Flucht; nur unter großen Schwierigkeiten gelang es dem Kaiser, sich nach Deutschland zurückzuziehen.

Einige kaiserfeindliche Städte hatten im Frühjahr 1167 ein Bündnis abgeschlossen. Die Katastrophe des deutschen Heeres führte diesem »Lombardischen Bund« zahlreiche neue Anhänger zu, unter ihnen auch einige, die die Gunst des Kaisers erfahren hatten. Das wiederaufgebaute Mailand spielte wiederum die Hauptrolle. Gemeinsam mit der Liga, die auf Anstiften Venedigs seit 1164 Verona, Padua und Vicenza verband, bereitete sich der Lombardische Bund auf den entscheidenden Kampf vor. Aber erst 1176, nach zahlreichen Gefechten, kam es zu der Schlacht, die den Lombarden den Sieg brachte: am 29. Mai erlitt Barbarossa, der 1174 wieder nach dem Süden gezogen war, bei Legnano nordwestlich von Mailand eine schwere Niederlage.

Endlich schien der Kaiser die Nutzlosigkeit seiner Anstrengungen eingesehen zu haben. Auf seinen fünf Italienzügen hatte er immer nur über unzureichende Streitkräfte verfügt, oder sie waren ihm in den Kämpfen rasch dahingeschmolzen. Die Deutschen hatten keinerlei Neigung gezeigt, ihm größere Heere zum Ersatz zu stellen, und auf seine italienischen Verbündeten konnte er immer weniger zählen. So entschied er sich zu Verhandlungen.

Am 24. Juli 1177 demütigte sich in Venedig der Kaiser vor dem Papst und wurde vom Bann befreit; der Friede zwischen ihnen wurde beschworen. Die Kirche erhielt ihre Besitzungen zurück; das Schisma war zu Ende, der kaiserliche Papst Calixtus III., der 1168 auf Paschalis III. gefolgt war, ergab sich bald der Gnade Alexanders, des großen Siegers. Venedig ließ sich seine Friedensvermittlung mit Handelsprivilegien im Reich bezahlen. Ein Vertrag mit dem Basileus kam jedoch nicht zustande, seine Truppen konnten sich in Ancona behaupten. Dagegen wurde ein fünfzehnjähriger Waffenstillstand mit dem König von Sizilien abgeschlossen, ein sechsjähriger mit dem Lombardischen Bund folgte; der Friede mit ihm wurde aber erst 1183 in Konstanz unterzeichnet. Er erhielt dem Kaiser einige Prärogativen und wichtige Rechte, aber er nahm ihm die Möglichkeit, die meisten davon wirkungsvoll wahrzunehmen. Nichts konnte mehr die Selbstverwaltung der Städte und ihre territoriale Ausdehnung beschränken. Die Politik mit dem Ziel, in Norditalien eine monarchische Regierung zu errichten, war gescheitert.

Nachdem nun der Friede von Venedig abgeschlossen war, zog der Kaiser auf dem Wege nach Deutschland durch das Arelat. Zu Anfang seiner Regierung hatte er dort seiner Macht Realität verschaffen wollen, indem er sich mit Beatrix, der Erbin der wichtigen Grafschaft Burgund, der späteren Freigrafschaft, vermählte (1156). Aus demselben Grund legte er jetzt größten Wert darauf, sich in Saint-Trophime in Arles zum König krönen zu lassen. Dieser Akt brachte ihm aber keine wirkliche Autorität ein, zumal in einem Land, dessen Adelsherrschaften ebenso autonom waren wie die unabhängigsten in Frankreich.

Wenn der Kaiser auch noch zweimal nach Italien zog, um seine Rechte in der Toskana zu wahren, so widmete er doch von nun an seine Aufmerksamkeit den deutschen Problemen. Er hatte sie im Laufe der Jahre niemals ganz vernachlässigt. Vor allem hatte er es 1169 erreicht, daß sein Sohn Heinrich auf dem Reichstag von Bamberg zum »römischen König« gewählt und kurze Zeit darauf in Aachen gekrönt und gesalbt wurde. Andere Maßnahmen bestätigten und festigten seine Macht, aber keine rief größeren Eindruck hervor als die Verurteilung Heinrichs des Löwen 1179 und 1180 und ihre Vollstreckung 1181. Der Rebell hatte sich geweigert, an den militärischen Operationen von 1176 teilzunehmen; er verlor seine Herzogtümer und mußte in die Verbannung gehen. Polen und Böhmen, das der Kaiser 1158 zum Königreich erhoben hatte, blieben ebenso kaiserliche Lehen wie das Königreich Dänemark, dessen Befreiungsversuche allesamt gescheitert waren. Barbarossa schien über höchste Autorität zu verfügen, man verglich ihn – übrigens sehr zu Unrecht – mit Karl dem Großen, den er 1165 von Paschalis III. hatte heiligsprechen lassen.

Die Wirklichkeit sah jedoch anders aus. Schon 1156 hatte Friedrich dem neuen Herzog von Österreich erhebliche Privilegien zugestehen müssen, und was noch schwerer wog: der Kaiser hatte sich 1180 die Unterstützung der Fürsten gegen Heinrich den Löwen mit einer neuen Reichsfürstenordnung erkaufen müssen, deren Hierarchie auf lehnsrechtlicher Grundlage beruhte. Die Beziehungen zwischen König und Reichsfürsten wurden darin alles dessen entkleidet, was noch von der alten Autorität des Königs über seine Hoheitsträger übriggeblieben war – sie wandelten sich ihrem Wesen nach in Vertragsbeziehungen. Es wurde wenn nicht Satzung, so doch mehr und mehr Brauch, die frei gewordenen königlichen Lehen nach einem Jahr von neuem zu vergeben; die Bildung von »Krongut« wurde schwierig. Ein entscheidender Schritt war getan in Richtung auf die Umbildung Deutschlands in einen Verband so gut wie souveräner Staaten.

Der einzige unbestreitbar positive Aspekt der politischen Geschichte Deutschlands unter Friedrichs Herrschaft war die Ausdehnung nach dem Osten; aber ihr stand Barbarossa völlig fremd gegenüber. Sie war das Werk zweier Männer: vor allem Heinrichs des Löwen, der mit seinen Eroberungen nordöstlich der Elbe bis zur Oder und mit seinen Städtegründungen, unter anderen Lübecks, die Tätigkeit Kaiser Lothars fortsetzte, und Albrechts des Bären, seit 1150 Herr des Havelgebiets, der späteren Mark Brandenburg. Diese Eroberungen bildeten den Rahmen einer deutschen Kolonisation – wir haben es schon gesehen – und der Mission der deutschen Kirche.

Die Beziehungen des Reiches zu Sizilien nahmen in den letzten Regierungsjahren Friedrichs eine neue Wendung. Im Jahre 1186 vermählte sich Heinrich VI. mit Konstanze von Sizilien, der Tochter Rogers II. und Tante König Wilhelms II. Da dieser keine Kinder hatte, galt Konstanze als die Erbin des Königreiches. Das eröffnete ungeahnte Perspektiven.

Friedrich Barbarossa starb unerwartet 1190 auf dem Dritten Kreuzzug. Seiner Regierung hatte es nicht an Größe gefehlt; aber wie die seines byzantinischen Rivalen, Manuels Komnenos, endete sie mit einem Mißerfolg. Beide Kaiser hatten sich zu hohe Ziele gesteckt.

Kurz nach seinem Sieg 1179 hatte der Papst ein Ökumenisches Konzil in den Lateran einberufen, das dritte an diesem Ort. Er traf eine Reihe von Entscheidungen mit dem Ziel, die Folgen des Schismas zu beseitigen, darunter eines von erheblicher Tragweite: um den Streit über die Gültigkeit der Papstwahl ein für allemal auszuschließen, sollte der Papst in Zukunft nur von einer Zweidrittelmehrheit des Kardinalskollegiums gültig gewählt werden können. Bald darauf starb Alexander III. (1181). Dieser Kirchenrechtler auf dem Stuhle Petri hatte durch seinen Sieg über Barbarossa, aber ebenso durch seine administrative, juristische und legislative Tätigkeit die Autorität des Heiligen Stuhls über die Kirche und die ganze westliche Welt entscheidend erhöht. Aber fromme Seelen fragten sich, ob dieser Machtzuwachs einem christlichen Leben wirklich dienlich sei.

Der Zusammenbruch des lateinischen Orients

Während sich in Deutschland und Italien die dramatischen Ereignisse zwischen Friedrich Barbarossa und Papst Alexander III. abspielten, ging der lateinische Orient seinem Todeskampf entgegen. Die Kreuzfahrer von 1147 bis 1149 hatten keine wirksame Hilfe bringen können, der Sohn Zankīs, Nūr ad-Dīn, war Herr des ganzen syrischen Hinterlandes geworden, Damaskus selbst war 1154 unter seine Herrschaft geraten. Der Druck auf die »fränkischen« Territorien verstärkte sich zunehmend, 1149/1150 fielen die letzten Reste der Grafschaft Edessa und ein Teil des Fürstentums Antiocheia Nūr ad-Dīn zu. In dieser von Verlust und Bedrohung düsteren Lage errang der junge König von Jerusalem, Balduin III., einen weithin sichtbaren Erfolg: die Schwäche des fātimidischen Ägyptens nutzend, eroberte er 1153 Askalon, die beherrschende Stadt im Süden des palästinensischen Küstenstreifens.

Balduin III. hatte erkannt, daß er im Interesse seines Königreiches mit der Unterstützung von Byzanz rechnen mußte, dessen Macht Manuel I. – nach seinem Vater Johannes II. Komnenos – eben konsolidierte. Im Jahre 1158 vermählte sich der König mit Theodora, der Nichte des Basileus. Im selben Jahr besetzte Manuel das armenische Kilikien und wandte sich nach Antiocheia. Renaud von Châtillon, ein Abenteurer ohne Loyalität und Intelligenz, der nach dem Tode Raimunds von Poitiers die Gräfin Konstanze geheiratet hatte und in Antiocheia regierte, hatte sich einer schändlichen Verwüstung des byzantinischen Cyperns schuldig gemacht. Er mußte sich 1159 vor dem Basileus demütigen und als Vasall unterwerfen. Der Kaiser hielt seinen Einzug in Antiocheia, begleitet von König Balduin III., der wahrscheinlich ebenfalls sein Vasall wurde. Gemeinsam wurde ein Feldzug gegen Aleppo unternommen. Aber der Kaiser verzichtete bald auf eine Fortsetzung und einigte sich mit Nūr ad-Dīn, dessen Wohlwollen ihm in seinem Kampf gegen die anatolischen Türken nützlich sein konnte. Die Enttäuschung im Königreich Jerusalem war groß.

Balduin III. starb 1162. Sein Bruder und Nachfolger, Amalrich I., setzte die Politik seines Vorgängers gegen das fātimidische Ägypten fort. Er griff in die Kämpfe der verschiedenen, um die Macht rivalisierenden muslimischen Parteien ein und unternahm 1164 einen ersten Zug nach Ägypten; nach einem zweiten, 1167, errichtete er eine Art Schutzherrschaft über das Land. Er meinte jedoch, es auch erobern zu müssen, und gewann – 1167 hatte er Maria Komnenos, eine kaiserliche Großnichte, geheiratet – Kaiser Manuel für eine fränkisch-byzantinische Expedition, auf der sich wieder einmal die Ungeschicklichkeit der fränkischen Ritter offenbarte, und zwar nicht nur gelegentlicher Besucher aus dem Westen, sondern selbst der schon seit langem im Lande ansässigen Franken. Ohne die kaiserliche Flotte abzuwarten, begannen sie den Feldzug. Nachdem sie die schlimmsten Grausamkeiten begangen hatten, wurden die Kreuzritter von den Truppen Nūr ad-Dīns unter Schīrkūh und Nūr ad-Dīns Neffen Salāh ad-Dīn Jusuf (Saladin) geschlagen. Als 1169 endlich die byzantinische Flotte eintraf, wurde mit ihrer Hilfe ein neuer Feldzug unternommen, aber das Ergebnis war ebenso katastrophal wie im Vorjahr. Trotz allem blieb Amalrich seiner Politik treu, sich auf Byzanz zu stützen, und begab sich selbst 1171 nach Konstantinopel, wo offenbar ein Bündnisvertrag zustande kam, wahrscheinlich wurde der König auch kaiserlicher Vasall. Aber die Zusammenkunft zeitigte keine unmittelbaren Ergebnisse.

Die Ägyptenpolitik Amalrichs I. fand ein unrühmliches Ende, das in nichts den ursprünglich hochgesteckten Zielen entsprach, wofür Amalrich allerdings nur teilweise verantwortlich zu machen ist. Ägypten gehörte jetzt zu dem riesigen Länderblock mit Syrien im Norden und dem von Nūr ad-Dīn unterworfenen Gebiet am Oberen Euphrat. Saladin, der Machthaber im eroberten Ägypten, war darauf bedacht, jeden möglichen Widerstand von vornherein zu brechen; deshalb hob er 1171 das fātimidische Kalifat auf.

Das Jahr 1174 sah den Tod Nūr ad-Dīns und Amalrichs I. Saladin legte nun seine Hand auf die ganze Hinterlassenschaft seines Herrn, ausgenommen Aleppo, das er dessen Erben nicht vorenthalten konnte. Das Königreich Jerusalem ging an Amalrichs jungen Sohn aus erster Ehe, Balduin IV., zunächst unter der Vormundschaft des Grafen Raimund III. von Tripolis, eines vorsichtigen, allen Abenteuern abholden Mannes und ausgezeichneten Feldherrn. 1177 übernahm Balduin selbst die Regierung; obwohl vom Aussatz befallen, übte er sie im ganzen mit Klugheit und stets mit Tapferkeit aus. Sein Gegenspieler aber war von gefährlicher Größe. Als Politiker klarsichtig, bestimmt und doch beweglich, ein bemerkenswerter Stratege und Taktiker, erfüllt von glühendem Glaubenseifer und doch duldsam, edel und großherzig, war Saladin der größte Herrscher und eine der anziehendsten Persönlichkeiten seiner Zeit. Ihm gegenüber versuchte der leprakranke König, sein Reich und die Reste der Fürstentümer zu behaupten. Wo es anging, schloß er mit dem Feind einen Waffenstillstand; wenn nötig, kämpfte er, hin und wieder sogar mit Erfolg. Aber diese Politik, zuvor auch von Raimund verfolgt, wurde durch unsinnige Kriegsabenteuer und die Treulosigkeit Renauds von Châtillon, nun der Herr jenseits des Jordans, entscheidend behindert.

Balduin IV. starb 1185; Balduin V., der Sohn seiner Schwester Sibylle und Wilhelms von Montferrat, folgte ihm in kindlichem Alter ein Jahr später ins Grab. Den Thron bestiegen Sibylle und ihr zweiter, völlig unfähiger Mann, Guido von Lusignan. Saladin hatte 1183 Aleppo besetzt und hielt nun die Chance zu einem Angriff für gekommen; ein banditenmäßiger Handstreich Renauds von Châtillon löste die Operationen aus. 1187 erlitt das Heer der Franken bei Hattīn nahe dem See Tiberias eine vernichtende Niederlage, die verdiente Quittung für die unablässigen Fehler und Unklugheiten der letzten Jahre. Daraufhin stieß Saladin bis zur Küste vor: Akko, Jaffa, Berytus und Askalon fielen, nach ehrenhaftem Widerstand öffnete am 2. Oktober 1187 Jerusalem dem Sieger seine Tore. Anders als die Kreuzfahrer von 1099, befleckte Saladin seinen Sieg nicht mit Plünderung und Gemetzel.

Das von dem energischen Markgrafen Konrad von Montferrat verteidigte Tyros und Tripolis, geschützt von einer sizilianischen Flotte, Antiocheia, dessen Fürst Bohemund III. eine kluge Neutralität bewahrt hatte, schließlich Tortosa und einige Festungen der Johanniter wie der »Krak des Chevaliers«, das war fast alles, was vom Königreich Jerusalem und von den Fürstentümern übriggeblieben war. Die Heiligen Stätten befanden sich von neuem unter der Herrschaft des Islams.

Der Dritte Kreuzzug

Obwohl sich kein heiliger Bernhard fand, die Stürme der Begeisterung zu erneuern, rüttelte die Eroberung Jerusalems und fast aller Besitzungen im Orient das christliche Abendland zu einem neuen Kreuzzug auf. Kaiser Friedrich Barbarossa, der englische König Richard I. Löwenherz und Philipp-August von Frankreich hefteten sich das Kreuz an.

Der König von Jerusalem, Guido von Lusignan, der bei Hattīn gefangengenommen, von Saladin aber freigelassen worden war, belagerte Akko seit 1189 mit einer für ihn überraschenden Einsicht und Entschlossenheit mit den wenigen ihm verbliebenen Truppen. Er erhielt Beistand von pisanischen, genuesischen, venezianischen, dänischen, flämischen und friesischen Schiffen und von Rittern aus Nordfrankreich, die übers Meer herangekommen waren. Inzwischen hatte das deutsche Heer trotz anfänglichen Widerstrebens des byzantinischen Kaisers Isaak Angelos Osteuropa und den größeren Teil Kleinasiens durchzogen. Da ertrank der Kaiser am 10. Juni 1190 im Saleph, und es stellte sich heraus, daß der Zusammenhalt des Heeres allein auf seiner persönlichen Autorität beruht hatte; seine Truppen lösten sich auf, und nur ein geringer Bruchteil fand sich bereit, an der Belagerung von Akko teilzunehmen; gleichzeitig brandeten heftige Kämpfe gegen Saladin und sein Heer, die die Festung zu entsetzen suchten. Im April 1191 traf endlich der König von Frankreich ein und im Juni zu guter Letzt der englische König, beide zu Schiff. Diese Todfeinde waren in Sizilien aufgehalten worden; Richard hatte Cypern dem Usurpator Isaak Dukas Komnenos abgenommen, der sich dort zum Basileus aufgeworfen hatte. Nun konnten die Operationen energisch vorangetrieben werden, und trotz aller Anstrengungen Saladins kapitulierte die Festung am 12. Juli 1191.

Schon am 2. August schiffte sich der französische König wieder nach Frankreich ein, ließ aber Truppen zurück. Richard dagegen setzte den Feldzug gegen Saladin bis 1192 fort. Es gelang ihm, den größeren Teil der Küste zurückzuerobern, aber außer diesem Küstenstreifen und einigem Gebiet im Hinterland blieben die überseeischen Besitzungen einschließlich Jerusalems in den Händen der Muslime. Eine 1192 zwischen Richard und Saladin abgeschlossene Konvention garantierte den Christen freien Zugang zu den Heiligen Stätten.

Aber dem Rest des Königreiches Jerusalem, das in Wirklichkeit ein Königreich Akkon geworden war, fehlte ein König. Seit dem Tode Sibyllens waren die Rechte Guidos von Lusignan umstritten. Im Jahre 1192 vermählte sich Isabella, die jüngere Schwester Amalrichs I. und Sibyllens und Witwe Konrads von Montferrat, mit dem Grafen der Champagne; er wurde als Heinrich I. König von Jerusalem. Guido hatte von Richard Löwenherz die Insel Cypern erhalten. 1194 folgte ihm sein Bruder Amalrich auf den Thron; er erreichte von Kaiser Heinrich VI. und Papst Coelestin III., daß seine Lehnsherrschaft zum Königreich erhoben wurde. Da König Heinrich I. im selben Jahr starb, wurde der König von Cypern als Amalrich II. auch König von Jerusalem. Der gefürchtete und zugleich ritterliche Gegner der Christen, der große Saladin, war 1193 in Damaskus gestorben.

Die Reste des lateinischen Orients vermochten noch geraume Zeit, den italienischen Handelsrepubliken ihre Warenlager in der Levante und die Kontrolle im östlichen Mittelmeer zu erhalten: das einzige positive Resultat des Dritten Kreuzzuges.

EUROPA UM DAS JAHR 1200

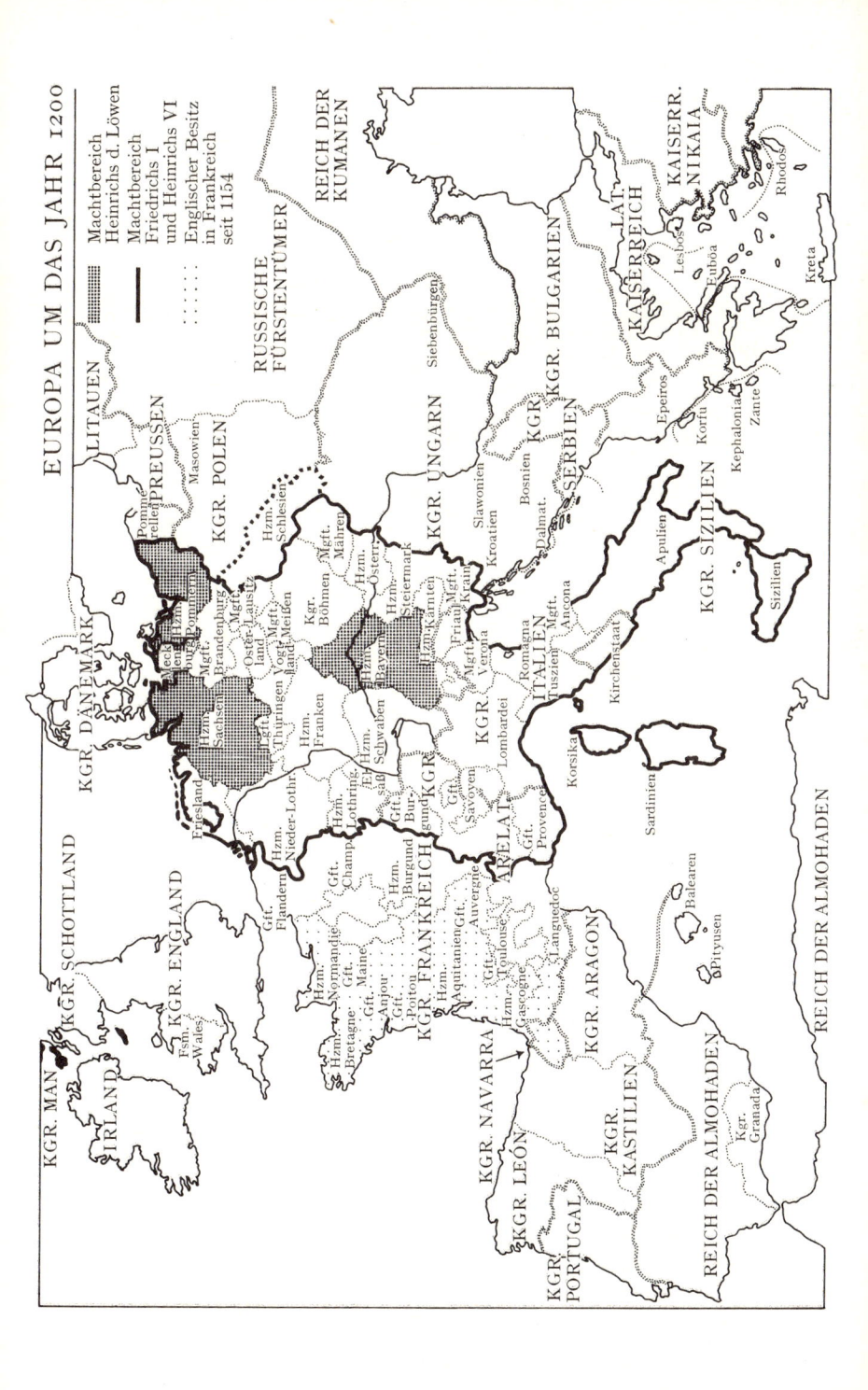

- Machtbereich Heinrichs d. Löwen
- Machtbereich Friedrichs I und Heinrichs VI
- Englischer Besitz in Frankreich seit 1154

KGR. MAN
IRLAND
KGR. SCHOTTLAND
KGR. ENGLAND
Fsm. Wales
LITAUEN
Pomme-rellen
PREUSSEN
Masowien
KGR. POLEN
Hzm. Schlesien
RUSSISCHE FÜRSTENTÜMER
REICH DER KUMANEN
KGR. DÄNEMARK
Friesland
Hzm. Sachsen
Meckl.
Burg Hzm. Pommern
Mgft. Brandenburg
Mgft. Ober- u. Nieder-lausitz
Mgft. Meißen
Thüringen Vogt-land
Kgr. Böhmen
Mgft. Mähren
Siebenbürgen
Hzm. Nieder-Lothr.
Hzm. Franken
Hzm. Schwaben
Hzm. Ober-Lothr.
Hzm. Bayern
Hzm. Österr.
Hzm. Steiermark
Hzm. Krain
Friaul
Mgft. Verona
KGR. UNGARN
Slawonien
Kroatien
Bosnien
Dalmat.
KGR. SERBIEN
KGR. BULGARIEN
LAT. KAISERREICH
KAISERR. NIKAIA
Lesbos
Euböa
Rhodos
Kreta
Gft. Flandern
Gft. Champ.
Gft. Burgund
Gft. Savoyen
KGR. FRANKREICH
KGR. BURGUND
Lombardei
Romagna
Mgft. Ancona
Tuszien
ITALIEN
Kirchenstaat
Apulien
KGR. SIZILIEN
Sizilien
Korfu
Epeiros
Kephalonia
Zante
Hzm. Normandie
Gft. Bretagne
Gft. Maine
Hzm. Anjou
Gft. Poitou
Hzm. Aquitanien
Gft. Auvergne
Gft. Toulouse
ARELAT
Gft. Provence
Languedoc
Korsika
Sardinien
Hzm. Gascogne
KGR. NAVARRA
KGR. ARAGON
Balearen
Pityusen
KGR. PORTUGAL
KGR. LEÓN
KGR. KASTILIEN
REICH DER ALMOHADEN
Kgr. Granada
REICH DER ALMOHADEN

Der Wahn Kaiser Heinrichs VI.

König Wilhelm II. von Sizilien hatte im Mittelmeer eine höchst aggressive Politik getrieben. 1174 hatte er versucht, sich Alexandreias zu bemächtigen, aber der Tod Amalrichs I. von Jerusalem, dessen militärischer Beistand dafür unerläßlich war, hatte das Unternehmen scheitern lassen. Dennoch war es noch 1176 und 1178 zu Überfällen auf die ägyptische Küste gekommen. Zwischen 1156 und 1160 hatte Wilhelm I., nach örtlichen Revolten und einer almohadischen Invasion, die sizilianischen Niederlassungen an der Küste Tripolitaniens und des heutigen Tunesiens aufgeben müssen. Wilhelm II. aber konnte 1180 dank einem mit den Almohaden abgeschlossenen Vertrag neue Handelskontore an der tunesischen Küste einrichten. Als unter der Herrschaft des Andronikos Komnenos der Verfall des byzantinischen Reiches deutlich sichtbar wurde, suchte der König von Sizilien dessen Schwäche zu eigenem Vorteil zu nutzen. Durazzo und Thessalonike wurden 1185 besetzt, selbst die Hauptstadt Byzanz war zu Wasser und zu Lande bedroht. Aber trotz dieser Erfolge mußte er die Eroberungen nach wenigen Monaten wieder räumen, woran auch militärische Unternehmungen in den folgenden Jahren nichts zu ändern vermochten. Sobald der König vom Fall Jerusalems erfuhr, ließ er den Christen Hilfe zukommen; seine Flotte trug 1188 wesentlich zur Rettung von Tripolis bei.

Wilhelms II. Tod am 18. November 1189 verhinderte, daß Sizilien im Dritten Kreuzzug eine aktive Rolle spielte. Die Tante des Königs, Konstanze, und ihr Gemahl, Heinrich VI., hatten unbestreitbare Ansprüche auf die Nachfolge. Aber der Haß gegen die Deutschen war im Königreich und besonders auf der Insel groß. Die in Palermo Anfang 1190 versammelte *curia* wählte einen natürlichen Sohn von Herzog Roger, des Sohns Rogers II., Tancred, Herzog von Lecce, zum König; er wurde unmittelbar darauf gekrönt und gesalbt und übernahm die Macht im Königreich.

Das war keineswegs im Sinne Heinrichs VI. Diese phantastische Persönlichkeit fühlte sich ganz von einem sizilianischen Zauberbild angezogen. Nach dem Tode seines Vaters hatte er die königliche Macht in Deutschland übernommen und versuchte nun, sich zum Herrn auch des normannischen Königreiches zu machen. Um die lombardischen Städte für sich zu gewinnen, besonders aber Genua und Pisa, deren Flotten er nötig brauchte, gab er Regalien preis, die sein Vater in Norditalien bewahrt hatte. Papst Coelestin III. krönte ihn 1191 in Rom zum Kaiser. Aber eine Epidemie, die sein Heer vor Neapel dahinraffte, brachte alles zum Scheitern.

Zu alledem hatte er in Deutschland Sorgen genug; Heinrich der Löwe betrieb dort die Rückgewinnung seiner ehemaligen Territorien. Eine Welfenpartei, in der sich Unzufriedene und Ehrgeizige zusammenfanden, kämpfte gegen die kaiserliche Partei der Hohenstaufen oder »Waiblingen«, wie man sie nach einem Schloß der Dynastie nannte. Seit 1187 war überdies der Zwist »international« geworden, da Barbarossa sich mit dem König von Frankreich verbunden hatte, während Heinrich der Löwe vom englischen König unterstützt wurde, erst von Heinrich II., später von Richard Löwenherz. Richard war auf seiner Rückkehr aus dem Heiligen Land bei Wien in seiner Verkleidung erkannt und dem Kaiser 1193 ausgeliefert worden; Heinrich gab ihn aber – es handelte sich immerhin um einen

Kreuzfahrer! – erst gegen Lösegeld frei und nachdem er ihn gezwungen hatte, seine deutschen Gegner 1194 zu einem Vergleich zu veranlassen.

In diesem Augenblick starb Tancred und hinterließ den Thron einem Kind, Wilhelm III. Da war für Heinrich VI. der rechte Augenblick zur Verwirklichung seines Traums gekommen. Das normannische Königreich wurde mit Leichtigkeit erobert, und am 25. Dezember 1194 krönte man den Sohn Barbarossas in Palermo zum König von Sizilien. Die Ausübung der Macht im Königreich wie in anderen Teilen Italiens wurde vornehmlich Deutschen anvertraut, meistens niedrigen Adligen und Ministerialen. Das Königreich Sizilien seinem Haus zu erhalten, schien Heinrich VI. kein Preis hoch genug. Um dieses Zieles willen plante er, Sizilien mit dem Reich zu verbinden und im Reich die erbliche Thronfolge einzuführen. Er unterschätzte allerdings die Widerstände: sowohl die deutschen Fürsten wie der Papst verweigerten ihre unabdingbare Zustimmung. Das Höchste, was der Kaiser auf dem Frankfurter Reichstag 1196 erreichte, war die Wahl seines zweijährigen Sohnes Friedrich-Roger zum römischen König.

Die Klugheit hätte es erfordert, sich mehr den Angelegenheiten in Deutschland zu widmen, wo die Auflösungserscheinungen sich ständig mehrten. Aber die Idee vom mediterranen Reich und der wachsende Hang des Kaisers zu phantastischer Größe siegten über die Vernunft. Seine Vorstellungen vom Reich als einer Weltmacht und die Tradition der Könige von Sizilien ließen ihn sogar an die Unterwerfung von Byzanz denken. Inzwischen beschloß er einen Kreuzzug: es gezieme dem Kaiser, das Heilige Land zu befreien. 1197 brachen die deutschen Ritter, die das Kreuz genommen hatten, ohne den Kaiser auf, aber ihr Unternehmen im Heiligen Lande war von geringem Nutzen. Die meisten kehrten schon 1198 nach Deutschland zurück, einige blieben jedoch in Akko und traten in einen neuen, den Johannitern und Templern nachgebildeten militärischen, diesmal aber rein deutschen Orden ein, den »Deutschen Ritterorden«. Heinrich VI., der eine in Sizilien gegen ihn angezettelte Verschwörung grausam unterdrückt hatte, wurde seinen Illusionen durch eine Krankheit entrissen, die ihn am 28. September 1197 hinwegraffte.

England und das Anglo-Angevinische Reich

Der Tod Heinrichs VI. eröffnete eine neue Phase in dem Konflikt zwischen den mit Frankreich verbündeten Hohenstaufen und den von England unterstützten Welfen. Man kann ihn nicht ohne den rückblickenden Versuch erwähnen, die Hauptlinien der englischen Geschichte im 12. Jahrhundert aufzuzeigen.

Seit der normannischen Eroberung war in der Bevölkerung Englands ein Dualismus nicht zu übersehen; noch um 1150 war die französische Minderheit deutlich von der Masse des englischen Volkes geschieden. Französisch blieb weit über das 12. Jahrhundert hinaus die Sprache des Hofes, der Aristokratie und eines Teils der Geistlichkeit. Aber die Tätigkeit der königlichen Beamten und das Wirken religiöser, moralischer, sozialer und wirtschaftlicher Kräfte führten zu einer fortschreitenden Verschmelzung der

Die Kreuzfahrer-Staaten um 1120

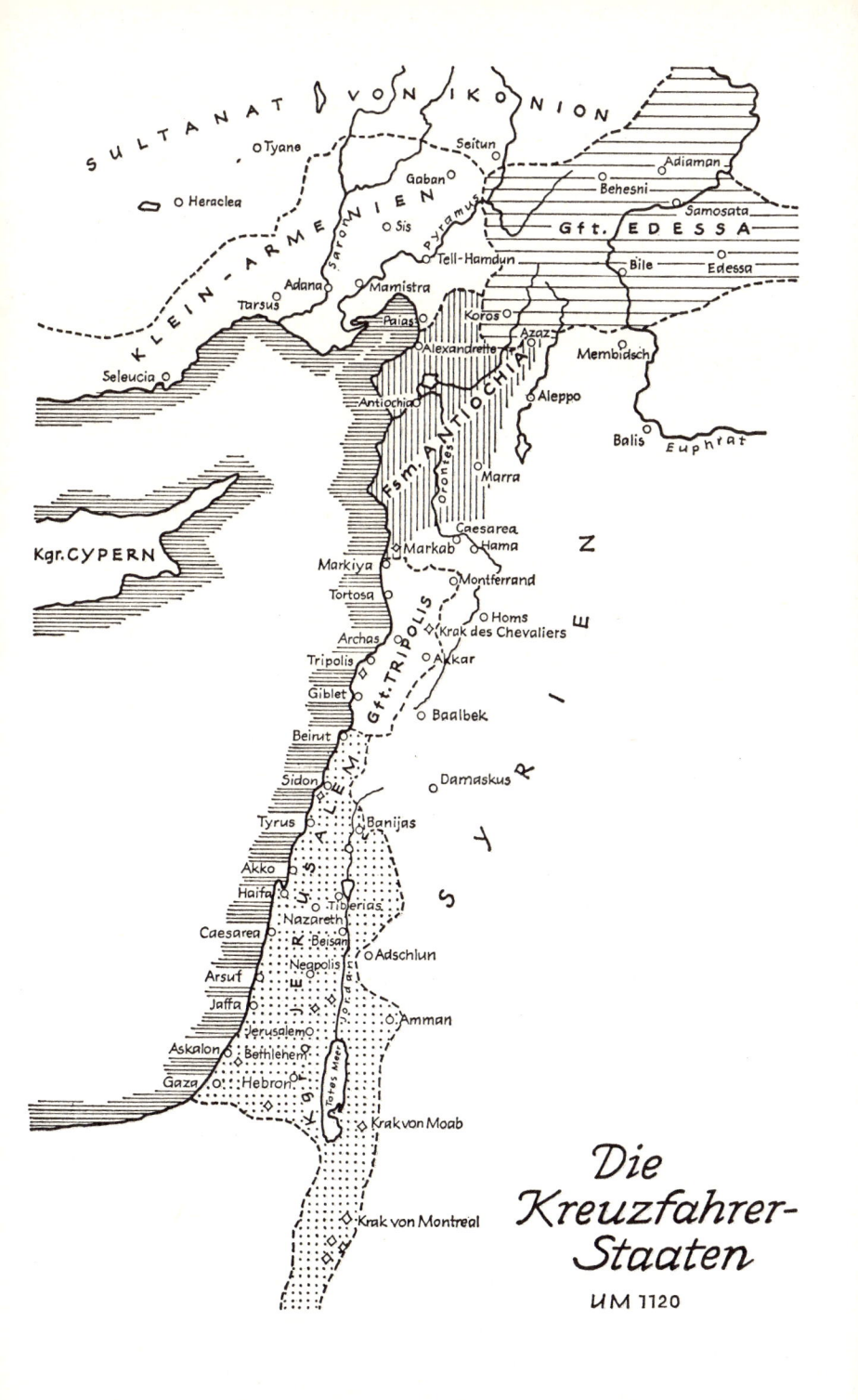

beiden Elemente. Als weitere Folge der Eroberung war der englische König – von den Jahren 1087 bis 1106 abgesehen – gleichzeitig Herzog der Normandie; seit der Thronbesteigung Heinrichs II. im Jahre 1154 herrschte er auch in anderen französischen Gebieten, weshalb Heinrich I. die Hälfte, Heinrich II. etwa zwei Drittel seiner Regierungszeit auf dem Kontinent verbrachte; Richard I. hielt sich in seinen zehn Regierungsjahren nur fünf Wochen in England auf. Dieser Umstand machte Maßnahmen erforderlich, die dem Reich auch in Abwesenheit des Königs eine wirksame Regierung sicherten; infolgedessen nahm die Verwaltung einen raschen Aufstieg.

Die Söhne Wilhelms des Eroberers, Wilhelm II. Rufus (1087–1100) und Heinrich I. (1100–1135), haben die ihnen von ihrem Vater hinterlassene Macht, jener mit Brutalität, dieser mit Energie und Geschick, behauptet und weiter ausgebaut. Der gesamte Boden des Königreiches blieb königliches Eigentum; alle Lehen und anderen Leihen wurden weiterhin unmittelbar oder mittelbar vom König gehalten. Da die Lehnsherren den Waffendienst ihrer Vasallen für den Dienst des Königs und ausschließlich für ihn einzufordern hatten, verfügte der Monarch über ein mächtiges Ritterheer. Die verstreute Lage der Lehen, die die Herrschaften *(honor)* der »Barone«, also der bedeutendsten königlichen Vasallen, bildeten, verhinderte das Entstehen von Fürstentümern; die seltenen »Pfalzgrafschaften« – an der nordöstlichen Grenze Durham und an der nordwestlichen Chester – waren die Ausnahme.

Wie der Lehnsadel, so blieb auch die Kirche der Autorität des Königs unterstellt. Obwohl der Erzbischof von Canterbury, der Italiener Anselm, sich der vom König ausgeübten Investitur der Bischöfe und anderen Hoheitsakten widersetzte, endete der Streit 1106 mit einem Kompromiß. Die Wahl des Bischofs sollte in Gegenwart des Königs abgehalten werden; dann sollte der Gewählte dem Herrscher Mannschaft und Treueid leisten und von ihm die weltliche Investitur erhalten; schließlich sollten die Weihe und die Übergabe von Stab und Ring folgen, von nun an rein kirchliche Handlungen. Die Macht des Königs über die Kirche war so gut wie unerschüttert.

Im ganzen hat Heinrich I. die von seinem Vater begründeten oder den Verhältnissen angepaßten königlichen Einrichtungen gefestigt und weiterentwickelt; um der größeren Klarheit willen werden wir erst bei der Regierung Heinrichs II. darüber sprechen. Auf jeden Fall läßt sich sagen, daß England bis 1135 ein festgefügter Staat war, fester als alle westeuropäischen Königreiche; nur jenes andere, ebenfalls von Normannen gegründete Gebilde, das Königreich Sizilien, konnte sich in dieser Hinsicht mit ihm vergleichen.

Heinrich I. war in Kämpfen auf dem Kontinent verwickelt gewesen. Als Sieger bei Tinchebray hatte er seinem Bruder Robert »Kurzstiefel« (Curthose) die Normandie entrissen. Von nun an mußte er dem französischen König, dem Lehnsherrn des Herzogtums, die Stirn bieten. Schon Wilhelm II., der Rote, der in der Normandie die Herrschaft ausgeübt hatte, während sich Herzog Robert auf dem Kreuzzug befand, hatte von 1097 bis 1099 das französische Vexin dem Kapetinger streitig gemacht, übrigens ohne rechten Erfolg. 1111, 1116 und 1123 mußte sich Heinrich des Versuchs Ludwigs VI. erwehren, die Normandie zu besetzen, um dessen Schützling, Wilhelm Clito, den Sohn Roberts, damit zu belehnen. Trotz der Unterstützung, die der französische König bei einem Teil des normannischen Adels fand, behielt der englische König das Herzogtum fest in der Hand.

Krönung Heinrichs VI. in Rom durch Papst Coelestin III. im Jahr 1191
Miniatur in der Handschrift des Petrus de Ebulo, 1197
Bern, Burgerbibliothek

Die Ermordung des Thomas Becket
Aus einem Wandgemälde in der Kirche Santi Giovanni e Paolo in Spoleto, Ende 12. Jahrhundert

Nach dem Tode Heinrichs stritten sich zwei Parteien um den Thron: die Tochter des Königs, Mathilde, Witwe Kaiser Heinrichs V. und Gemahlin des Grafen Gottfried des Schönen von Anjou mit dem Beinamen Plantagenet, und Heinrich, der Sohn aus dieser Ehe, und auf der anderen Seite Stephan von Blois, durch seine Mutter Odilia Enkel Wilhelms des Eroberers. Stephan trug den Sieg davon und regierte von 1135 bis 1154. Seine Regierung war dadurch gekennzeichnet, daß die königliche Macht mehr und mehr auf Adel und Kirche überging und deshalb nicht nur der Staat geschwächt wurde, sondern auch eine gewisse Anarchie um sich griff mit allen damit verbundenen Gefahren für die Sicherheit von Personen und Gütern. Von 1139 an zogen erst Mathilde, dann Heinrich gegen den König in England zu Felde, während ihm Gottfried 1145 die Normandie wegnahm. Dem schottischen König David I. hatte Stephan Cumberland und Northumberland als Apanage für dessen Sohn abtreten müssen. Im Jahre 1153 schließlich mußte Stephan Heinrich Plantagenet als Thronerben anerkennen und ihn an der Herrschaft beteiligen. Aber Stephan starb schon im nächsten Jahr; so folgte ihm Heinrich ohne weitere Schwierigkeiten auf den Thron.

Zu dieser Zeit war er schon Herzog von der Normandie und beanspruchte unter diesem Titel die Huldigung der Herzöge der Bretagne; durch die väterliche Erbschaft war er Graf von Anjou, Maine und Touraine, und seine Vermählung mit Eleonore von Aquitanien 1152, deren Ehe mit dem französischen König Ludwig VII. kurz zuvor gelöst worden war, brachte ihm noch Südwestfrankreich und Teile Mittelfrankreichs ein; so herrschte er über mehr als die Hälfte des Königreiches. Versteht man »Reich« nicht in rein juristischem Sinn, dann war es das »Anglo-Angevinische Reich«, das Heinrich II. nach seiner Thronbesteigung regierte.

Dieser Franzose auf dem englischen Thron, der selbst kein Englisch sprach, stellte in England und in der Normandie die königliche beziehungsweise herzogliche Autorität wieder her. Vor allem machte er der unter der früheren Regierung selbstverständlich gewordenen Unabhängigkeit und den Räubereien des Adels ein Ende, wobei ihm die nach langer Anarchie allgemeine Sehnsucht der Bevölkerung nach Ordnung und innerem Frieden zugute kam.

Um seine Ziele im Königreich und in den Gebieten auf dem Festland durchzusetzen, legten Heinrich II. und seine Ratgeber, allen voran sein Kanzler Thomas Becket, besonderen Wert auf die Stärkung der königlichen Finanzen. Verlorengegangene Einkünfte sollten zurückgewonnen, neue Einnahmequellen erschlossen, Steuern erhoben werden, etwa das »Geld«, die ehemalige Grundsteuer, die der König aber bald wieder aufhob, oder neue Abgaben, wie etwa die »Bede« (*auxilium*, französisch *aides*); der Warenverkehr wurde mit Steuern belegt, auch Verwaltung und Rechtsprechung, von denen noch die Rede sein wird, erbrachten zusätzliche Einnahmen. Selbst die Reform des Waffendienstes trug zur Verbesserung der Finanzen bei. Die ritterlichen Pflichten wurden überprüft und wesentlich erweitert, gleichzeitig begünstigte man die finanzielle Ablösung der Waffendienstpflicht durch Abgabe des *scutagium*, des »Schildgeldes«. So war der König in den Stand gesetzt, in diesen oder in anderen Kreisen, aber auch im Ausland Söldner anzuwerben und mit ihnen ein leistungsfähigeres Heer aufzustellen, als es die feudalen Aufgebote zuließen.

Mit Hilfe dieser neugewonnenen Macht hatten nun auch die Aktionen im Ausland Erfolg. Der König von Schottland mußte die ihm von Stephan von Blois abgetretenen Gebiete wieder herausgeben; die Grenze wurde von neuem auf der Linie Solway Firth – Tweed festgelegt. Wichtige Positionen in Wales kamen hinzu; in Irland unternahmen normannische, mitunter schon mit den Walisern verwandte Abenteurer erfolgreiche Operationen; 1171/72 begab sich der König selbst auf die irische Insel, konnte aber nichts Dauerhaftes, ausrichten, außer in der Gegend von Dublin, die später zu einem Annex Englands werden sollte. In Frankreich errichtete Heinrich II. schon 1158 eine wirksame Herrschaft. Trotzdem gelang es ihm als Herzog von Aquitanien im Jahre 1159 nicht, den Grafen von Toulouse zu seinem Vasallen zu machen; er mußte sich vor Ludwig VII., ihrer beider Lehnsherrn, zurückziehen. Erst 1173 war er mächtig genug, dem Grafen Raimund V. für Toulouse Mannschaft und Treueid abzufordern.

Während der Regierung Heinrichs wurde sein Reich von zwei schweren, kurz hintereinander ausbrechenden Krisen heimgesucht. 1162 hatte der König dem Erzbischof Theobald von Canterbury Thomas Becket, seinen Kanzler, einen geschickten, mutigen und ihm treu ergebenen »Realpolitiker«, zum Nachfolger bestimmt. Auf dem erzbischöflichen Stuhl jedoch entpuppte sich Thomas als eifersüchtiger Verteidiger seiner Prärogativen; hartnäckig bestand er auf den Privilegien der Kirche, verständnislos gegenüber der Notwendigkeit, den öffentlichen Frieden zu wahren. Als 1164 der König die Beschlüsse von Clarendon bekanntgab, die neben anderen der Integration der Kirche in das monarchische System eine feste Form geben sollten, brach der offene Konflikt aus. Vor allem ging es um die Zuständigkeit der königlichen Gerichte für die von Klerikern begangenen schweren Straftaten, der sich Becket erbittert widersetzte. Nach so wechselvollen wie heftigen Auseinandersetzungen, in deren Verlauf der Erzbischof wie zum Vergnügen neue Schwierigkeiten bereitete, wurde er 1170 in seiner Kathedrale ermordet. Dem König schob man – zu Recht oder zu Unrecht – die Schuld an diesem unentschuldbaren Verbrechen zu; er mußte Buße tun und sich 1172 mit der Kirche vergleichen. Thomas Becket aber wurde 1173 von Papst Alexander III. heiliggesprochen.

Im selben Jahr kam es zu einer Verschwörung gegen den König; Königin Eleonore, die ihrem Gemahl sein persönliches Regiment in Aquitanien und seine Ausschweifungen verargte, hatte sich mit ihren drei Söhnen, Heinrich – dem Mitkönig –, Gottfried und Richard, gegen ihn verbündet und die Unterstützung des schottischen Königs Wilhelm des Löwen und einer Anzahl englischer und normannischer Barone gefunden. Auch Ludwig VII. von Frankreich hatte sich ihnen angeschlossen; sein übermächtiger Vasall sollte das normannische Vexin wieder herausgeben, das Ludwig 1145 von Gottfried Plantagenet erhalten, 1160 aber an Heinrich verloren hatte. Heinrich II. trug den Sieg davon, zum Teil wohl dank der Unterstützung der nichtadligen Bevölkerung. 1174 unterwarfen sich die Aufständischen; der König von Schottland mußte wie ein englischer Vasall Treueid und Mannschaft leisten und die Oberhoheit des englischen Königs anerkennen. Ludwig VII. willigte in einen Frieden mit Heinrich ein und hielt ihn. Heinrich zog nun in die Schlösser der besiegten Rebellen ein oder machte sie dem Erdboden gleich: seine Autorität war entscheidend gestärkt.

Der wahre Ruhmestitel Heinrichs II. aber liegt in seinen Leistungen in Verwaltung und Justiz.

Unter dem Vorsitz des Königs oder, wenn er auf dem Kontinent weilte, seines *iustitiarius* war die *curia*, der »Hof«, nach wie vor die zentrale Instanz im Königreich; ihre Kompetenzen erstreckten sich auf Politik, Verwaltung und Gerichtsbarkeit, und sie sollte ihre Funktion jahrhundertelang bewahren. Die Curia trat entweder als »Großer Rat« *(concilium magnum)* zusammen und bestand dann aus Würdenträgern, Prälaten und Baronen oder als beschränktes Gremium mit dem Kanzler, einigen hohen Würdenträgern der Krone und wenigen Räten, häufig Geistlichen. Die regionale Instanz war, wie schon unter den früheren Königen, der *sheriff*, ein königlicher Beamter in jeder Grafschaft *(shire)*, den der König ernannte und besoldete. Diese Sheriffs hatten die königlichen Einkünfte zu erheben, in den örtlichen Gerichtshöfen den Vorsitz zu führen und ein Minimum an Ordnung aufrechtzuerhalten. Unter Heinrich II. waren sie strenger denn je der königlichen Autorität unterworfen.

Schon vor 1118 hatte Heinrich I. einen Ausschuß der Curia gebildet, der in regelmäßigen Abständen tagte, um die Einnahmen und Ausgaben der »Sheriffs« zu kontrollieren und ihre Zahlungen entgegenzunehmen; zu diesem Zweck wurde ein Konto eingerichtet: später *pipe roll* (Schatzkammerabrechnung) genannt. Der Ausschuß hatte auch andere, besonders gerichtliche Befugnisse. Seine Bezeichnung *scaccarium* (*exchequer*, »Schachbrett«) hatte er von einer Tischplatte mit schachbrettartigem Muster, das die Abrechnung erleichtern sollte. Der Exchequer gewann unter Heinrich II. zunehmende Bedeutung und wurde schließlich zu einer Dauereinrichtung; von 1172 an hielt er in Westminster seine Sitzungen ab. In Abwesenheit des Königs präsidierte der Justitiarius; der Kanzler und der Schatzmeister zählten zu seinen Mitgliedern. Der Exchequer war mit weitreichenden Kompetenzen ausgestattet: er war gleichzeitig Schatzkammer und Rechnungshof, Gerichtshof und Verwaltungszentrale; später wurden die Aufgaben geteilt: in Finanzen und Abrechnung und in die Rechtsprechung. Aber erst seit Johann I. Ohneland (1199–1216) arbeiteten sie als völlig gesonderte Abteilungen: der Exchequer, das »Schatzamt«, und die *bench*, die Richter-»bank«; die *bench* wurde unter der Bezeichnung *communia placita (Court of Common Pleas)* schon vor dem Ende der Regierungszeit Johanns bekannt. Heinrich II. hatte außerdem 1178 innerhalb seiner Curia einen ständigen Gerichtshof geschaffen, der ihn auf seinen Reisen begleitete; er überlebte aber den König nicht.

Die zentrale königliche Rechtsprechung genügte jedoch nicht. Schon Heinrich I. hatte hin und wieder Delegierte der *curia* beauftragt, in einzelnen Landesteilen die Rechtsprechung wahrzunehmen. Häufig übernahmen sie den Vorsitz in den örtlichen Gerichten, die so den Charakter königlicher Gerichtshöfe annahmen. Nach 1166 wurden diese Rundreisen königlicher Richter, die im ganzen Land Gerichtstage abhielten, zur Regel *(circuits of the iustices in eyre)*.

Immer häufiger ließ es die Gesetzgebung zu, daß streitende Parteien einen *writ* gegen Geld erwerben und so ihre Sache vor das königliche Gericht bringen konnten, dessen Kompetenzen – ob nun als zentrale Instanz oder als königlicher Richter an den örtlichen Gerichtstagen – auf diese Weise im Laufe der Zeit beträchtlich erweitert wurden, zum deutlichen Nachteil der örtlichen und herrschaftlichen Gerichte. Und da die Verstöße gegen die Gewere *(seisin)* zu den Fällen gehörten, für die *writs* gewährt wurden, nahm der Rechtsschutz für die Güter spürbar zu.

Institutionen sind so viel wert wie die Menschen, die ihnen den Geist verleihen. Heinrich II. hatte höchst kompetente Personen zu seiner Verfügung, vornehmlich in den freien Künsten und im kanonischen Recht bewanderte Geistliche. Diese Bildung ermöglichte es ihnen, Ordnung in ihre Gedanken zu bringen und dem Recht bis zu einem gewissen Grade System und Gleichförmigkeit zu verleihen. Die königliche Gesetzgebung war in wesentlichen Teilen ihr Werk, und ihre Urteile in den königlichen Gerichtshöfen trugen entscheidend zur Ausbildung des englischen »gemeinen Rechts«, des *Common Law*, bei.

In Philipp II. August, der 1180 den französischen Thron bestieg, erwuchs Heinrich II. ein gefährlicher Gegner. Der neue König hatte offenbar die Absicht, das Anglo-Angevinische Reich zu zerschlagen; geschickt nutzte er seit 1184 den Ehrgeiz und den Haß der jungen Plantagenets gegen den König. Der Mitkönig Heinrich der Jüngere war, mit Frankreich verbündet, 1183 als Rebell gestorben; Gottfried, Herzog der Bretagne, der jedoch schon 1186 starb, vor allem aber der leidenschaftliche Richard, Graf von Poitou, kämpften ohne jeden Skrupel gegen ihren Vater. Ein Feldzug 1189, vom französischen König und von Richard gemeinsam geführt, traf Heinrich II. ins Mark; er erklärte sich für besiegt. Trotz der erträglichen Bedingungen der Sieger – Heinrich mußte seine Gebiete in der Auvergne abtreten und für Berry eine hohe Entschädigungssumme zahlen – war er ein gebrochener Mann. Die Nachricht schließlich, daß ihn auch sein Sohn Johann verraten hatte, der jüngste dieses »Atridengeschlechts«, versetzte ihm den Todesstoß: er starb in Chinon am 6. Juli desselben Jahres.

Das Anglo-Angevinische Reich bestand zwar weiter, doch nur für kurze Zeit. Von größerer Stabilität und Bedeutung erwies sich das Werk Heinrichs II. in England selbst, seine Gesetzgebung und die Wirkung seiner politischen Entscheidungen. Sie verschafften dem Land eine Verwaltung und Gerichte mit einer Leistungsfähigkeit, wie sie zu Ende des 12. Jahrhunderts in Westeuropa unbekannt war.

Frankreich und der Zusammenbruch des Anglo-Angevinischen Reiches

Das Königreich Frankreich gehörte in der ersten Hälfte des 12. Jahrhunderts, zumindest was die reine Macht anlangte, sicher zu den schwächsten politischen Gebilden im christlichen Abendland. Der kapetingische Souverän herrschte unmittelbar nur über einen geringen Teil seines Reiches. Über die Fürsten, die im weitaus größeren Teil regierten, hatte er so gut wie keine Gewalt; die im Süden kümmerten sich wenig um ihn; andere, wie die Grafen von Blois und Troyes, waren ihm üblicherweise feindlich gesinnt. Ein Vergleich mit Deutschland, sogar nach Abschluß des Investiturstreits, oder mit dem England Heinrichs I. erscheint auf den ersten Blick niederschmetternd. Und doch flößte der französische König Respekt ein, zumindest nach dem Tod Philipps I. Zu Ludwig VI. und Ludwig VII. flüchteten die Päpste, die sich in Rom nicht halten konnten, und nach Frankreich zog sich

Thomas Becket während seines Konflikts mit Heinrich II. zurück. Und Ludwig VII. bezeigte man auf dem Zweiten Kreuzzug nicht weniger Verehrung als Konrad III. Wenn sich auch der Kapetinger mitunter in schwieriger Situation befand und er nur über bescheidene Mittel verfügte, so hielt man ihn doch für eine Persönlichkeit, die in der politischen Konstellation ihr Gewicht hatte.

Für die Kapetinger sprach vor allem die Kontinuität, in der die Herrscher einander auf den Thron folgten, der Sohn dem Vater, ohne lange Regierungsperioden unter einem minderjährigen König. Da die Könige schon zu ihren Lebzeiten ihren ältesten Sohn wählen, krönen und salben ließen, waren Erblichkeit und Primogenitur zur Regel in der Thronfolge geworden. Schon seit der Regierungszeit Ludwigs VII. war die Wahl bloße Formalität, nach Philipp II. August entfiel sie ganz. Ein anderes entscheidendes Moment war der Umstand, daß der König gesalbt wurde. Die Salbung, von einem Bischof mit dem heiligen Öl vorgenommen, verlieh dem König ein Charisma, das in gewissem Sinne dem des Priesters gleichkam: seine Macht gewann übernatürliche Qualität. In einer Gesellschaft, die ausnahmslos vom Glauben her bestimmt war, hatte dies eine ungeheure Bedeutung; die königliche Macht war der der größten Fürsten überlegen, denn keiner von ihnen war gesalbt. Vieles scheute man sich, am »Gesalbten des Herrn« zu begehen.

Zweifellos ist die »Krondomäne« des Königs, das »Krongut« – um unpassende, aber übliche Ausdrücke zu gebrauchen –, in ihrer ganzen Ausdehnung weder sehr umfangreich noch zusammenhängend noch auch homogen. Die Lage seiner Mittellinie (Senlis – Paris – Orléans) bot zwar Vorteile, aber erst neu hinzugewonnene Gebiete, wie Sens, Gâtinais, Bourges, das französische Vexin, gaben ihr einen größeren Zusammenhang und größere Festigkeit. Aus der Krondomäne zog der König domaniale, feudale und gerichtsherrliche Einnahmen. Eine wesentliche Stütze seiner Macht war die Kirche. Er hatte seine Autorität über vier Erzbistümer und etwa zwanzig Bistümer in den Provinzen Reims, Sens, Tours, Bourges und Lyon behaupten können, von denen die meisten außerhalb der Krondomäne lagen. Lange Zeit hatte er *de iure* oder *de facto* die Bischöfe ernannt; und obwohl er unter dem Einfluß der kirchlichen Reformbestrebungen zu Anfang des 12. Jahrhunderts darauf verzichtete, bewahrte er sich weitreichende Befugnisse: die Genehmigung und Bestätigung der Wahl geistlicher Fürsten, ihre Investitur mit den Regalien, die Entgegennahme ihres Treueides. Mehrere wichtige Abteien unterstanden direkt seiner Gewalt, geistliche Würdenträger waren ihm oft treu ergeben; Bistümer und Abteien stellten ihm Truppen und finanzielle Unterstützung.

Alle Territorialfürsten waren von Rechts wegen Vasallen des Königs. Wenn auch dieser Umstand weder ihre Dienstleistungen noch ihre Treue gewährleistete, so verhinderte er doch so manche feindselige Aktion. Normalerweise aber haben einige Fürsten immer wieder den König unterstützt, und einer von ihnen war fast stets sein getreuer Gefolgsmann: der mächtige Graf von Flandern, wenigstens bis zum Tode Dietrichs vom Elsaß 1168.

Ludwig VI., der schon seit 1101 einen Teil der königlichen Macht ausgeübt hatte und nach dem Tode Philipps I. 1108 bis 1137 allein regierte, ging mit Energie und Erfolg in der Krondomäne und sogar im Laonnois gegen die unbotmäßigen, zu Raubzügen aufgelegten Herren und Ritter vor. Er konnte die Gebiete einigermaßen befrieden und der Krondomäne eine gewisse Geschlossenheit geben; die Grafen der kleineren benachbarten Grafschaften schienen seiner Macht wirkungsvoller unterworfen. Ludwig VI. wagte es sogar, in Angelegenheiten außerhalb der Domäne einzugreifen: in der Auvergne, einem Lehen des Herzogtums Aquitanien, verteidigte er 1122 und 1126 den Bischof von Clermont gegen den Grafen, und in Flandern setzte er seinen Schützling Wilhelm Clito als Nachfolger des 1127 ermordeten Grafen Karl des Guten ein; der wurde allerdings schon 1128 in einem Aufstand der Städte, unterstützt von Teilen des Adels, wieder gestürzt.

Keine dieser Interventionen erzielte bleibende Resultate; immerhin war Ludwig VI. in Gebieten aufgetreten, in denen man es nicht mehr gewöhnt war, dem König von Frankreich zu begegnen; und das hob sein Ansehen beträchtlich. Das Königreich bekundete übrigens einen gewissen Zusammenhalt, als 1124 Kaiser Heinrich V., der Verbündete des englischen Königs Heinrich I., sich anschickte, in Frankreich einzufallen. Unter den Territorialfürsten, die sich dem königlichen Heer anschlossen, waren auch die Grafen von Blois und Troyes, die sich zwar im Kriegszustand mit dem König befanden, es aber nun für ihre Pflicht hielten, in seinem Heer das *Regnum Franciae* zu verteidigen.

Alles dies war im Augenblick eher bescheiden; eine Tatsache allerdings war von größter Bedeutung: die Sicherung der königlichen Gewalt in der Krondomäne, ohne die die Leistungen und die Eroberungen Philipps II. August nicht zu verstehen sind.

Ludwig VII. (1137—1180) fügte den bescheidenen Mitteln des französischen Königs kaum etwas Wesentliches hinzu. Man hätte eher das Gegenteil erwarten können. 1137, kurz nach seiner Thronbesteigung, heiratete er Eleonore, die Herzogin von Aquitanien, und leitete damit die personale Verbindung des großen südlichen Herzogtums mit den Gebieten der Krone ein. Aber Ludwig VII. erwirkte 1152 aus Eifersucht und religiösen Bedenken die Auflösung dieser Ehe; noch im selben Jahr heiratete Eleonore Heinrich Plantagenet und brachte Aquitanien in das Angevinische Reich ein. Dieses Ereignis, seine Folgen und die Niederlagen des Königs, als er sich der Politik Heinrichs II. widersetzte, haben die positiven Seiten seiner Regierung allzusehr in den Schatten gestellt.

In der Krondomäne und ihrer Nachbarschaft führte er die Befriedungsaktionen seines Vaters zu Ende. Mehr als jener und mit größerem Erfolg intervenierte er in den Fürstentümern: 1163 und 1169 in der Auvergne, 1166 in Burgund; 1159 hatte er den Grafen von Toulouse gegen Heinrich II. in Schutz genommen: das hieß in der Tat als König von Frankreich handeln. Die Grafschaft Forez, die zum Königreich Arelat und folglich zum Reich gehörte, unterstellte sich 1167 der französischen Krone. Die königlichen Prärogativen über die Kirche konnte er erhalten und auf Bistümer der Provinzen Bourges und Lyon ausdehnen. Schließlich ist zu berücksichtigen, daß die Tugend und Frömmigkeit des Königs ihm — besonders in der zweiten Hälfte seiner Regierung — fast den Ruf der Heiligkeit eintrugen, was zu jener Zeit die Königsmacht unmittelbar zu stärken geeignet war.

Philipp II. August (1180—1223) konnte an die Leistungen und Erfolge seines Großvaters und seines Vaters anknüpfen. Aber ohne die wesentlichen Züge des französischen Königtums zu verändern, verstand er es, sie derart umzugestalten, daß sie in nichts mehr der schwachen Herrschaft seiner Vorgänger glich. Als kluger Politiker wußte er alle sich ihm bietenden Möglichkeiten zu ergreifen und die Schwächen seiner Gegner mit Geschick zu nutzen.

DAS HOCHMITTELALTER 451

Frankreich und das "Angevinische Reich" UM 1170

Philipp August war der erste der großen »Ländersammler« unter den Kapetingern. Zwar setzte er eine Tradition fort, wenn er benachbarte Grafschaften und Herrschaften mit der Krondomäne verband, so Montargis (1184), Gien (1195), Meulan (1204), Clermont-en-Beauvaisis (1218), Beaumont-sur-Oise (1223). Aber anders als sein Vater und Großvater, war er entschlossen, ganze Fürstentümer oder wenigstens beträchtliche Teile davon der Krone zu unterstellen. Geschickt nutzte er die unkluge Politik des flandrischen Grafen Philipp vom Elsaß und alle ihm im Lehnsrecht zu Gebote stehenden Mittel, um Amiénois (1185), den ganzen Süden Flanderns, also das Artois mit Arras, der reichsten Stadt der Grafschaft (1191), Vermandois (1185, 1191, 1214), Valois (1214) mit der Krondomäne zu vereinigen, die sich auf diese Weise erheblich nach dem Norden hin ausdehnte.

Der König trachtete nun danach, seinen alten Plan zu verwirklichen und das Anglo-Angevinische Reich zu zerschlagen. 1189 hatte er den Grafen von Auvergne auf seine Seite ziehen können, dessen Gebiet zum größeren Teil 1211 mit der Domäne vereinigt wurde. Der Dritte Kreuzzug verzögerte zunächst den Fortgang der Kämpfe. Aber schon 1193 fiel Philipp August in die Normandie ein, und nach der Befreiung von Richard Löwenherz aus deutscher Gefangenschaft brach der Krieg zwischen den einstigen Verbündeten offen aus. Einem Gegner wie Richard gegenüber, den überdies seit 1197 mehrere französische Fürsten unterstützten – unter ihnen der Graf von Flandern Balduin IX. –, geriet Philipp August in eine äußerst bedenkliche Situation. Nur der Tod Richards 1199 rettete ihn daraus. Die mit dessen Nachfolger, Johann Ohneland, wiederaufgenommenen Feindseligkeiten fanden im Jahre 1200 endlich einen vorläufigen Abschluß: im Vertrag von Goulet trat der englische König das Gebiet von Evreux, einen Teil des normannischen Vexin und Berry ab.

1202 kam es zu neuen Kämpfen. Eine Klage der poitevinischen Barone gegen ihren Lehnsherrn Johann Ohneland gab Philipp das Recht, Johann, als Herzog von Aquitanien Lehnsmann der französischen Krone, vor das Hofgericht zu laden. Da Johann nicht erschien, wurde er am 28. April 1202, da er gegen seine Vasallenpflichten verstoßen habe, zur Einziehung seiner französischen Lehen verurteilt. Das Lehnsrecht wurde für politische Ziele wirksam eingesetzt: Philipp August zog 1202 gegen Johann zu Felde, um diesen Urteilsspruch rechtmäßig zu vollstrecken. Der Krieg dauerte bis 1204, obwohl Papst Innozenz III. um des Friedens willen 1203 dagegen eingeschritten war. Philipp August blieb Sieger; er hatte die Normandie erobert, dazu Maine, Anjou, Touraine und die Bretagne, die 1213 Peter von Dreux, der Neffe des Königs, zu Lehen erhielt, während die übrigen Gebiete unmittelbar der Krone unterstellt wurden; die Domäne war aufs neue und noch beträchtlicher erweitert. Im Poitou waren einige feste Plätze und Lehnsherrschaften erobert worden, aber der größere Teil der Grafschaft blieb unsicher und recht anarchisch. Und Johann Ohneland hatte der Not seiner Niederlage noch die Schande beigesellt: sein Neffe Arthur, der Herzog der Bretagne, den er im Vorjahr als Gefolgsmann Philipp Augusts gefangengenommen hatte, war auf sein Geheiß ermordet worden.

Der Konflikt brach wenige Jahre später wieder aus und verzahnte sich mit den Auseinandersetzungen im Deutschen Reich. Hier waren 1198 der Hohenstaufe Philipp von Schwaben, Bruder Heinrichs VI., und der Welfe Otto IV., Sohn Heinrichs des Löwen, zu Königen gewählt worden und in erbitterte Kämpfe gegeneinander verstrickt. Philipp gewann die

Oberhand, da wurde er 1208 ermordet. Otto war 1209 von Innozenz III. zum Kaiser gekrönt worden, überwarf sich aber mit ihm, woraufhin der Papst den Sohn Heinrichs VI. und Konstanzens, den jungen König von Sizilien, Friedrich-Roger, unterstützte. Er wurde 1212 als Friedrich II. zum deutschen König gewählt, gekrönt und gesalbt und verbündete sich unverzüglich mit dem französischen König, da Otto IV. mit dem König von England im Bunde war; die französisch-ghibellinische Partei trat aufs neue gegen die englisch-welfische an.

Ein Streit zwischen Johann Ohneland und dem Heiligen Stuhl – er betraf den Erzbischof von Canterbury, Stephan Langton, dem der König den Zugang zu seinem Sitz verweigerte – hatte den Papst veranlaßt, das Interdikt über das Königreich zu verhängen. Daraufhin beschlagnahmte Johann Ohneland die Besitzungen der Geistlichkeit. Innozenz III. antwortete mit dem Bann über Johann, entband dessen Untertanen von ihrer Treuepflicht und beauftragte Philipp August, das Königreich zu besetzen. Der sah darin eine willkommene Gelegenheit, England mit rechtlichen Gründen anzugreifen, und suchte sie alsbald zu nutzen. Da lenkte Johann 1213 unerwartet ein und erklärte sich bereit, nach Leistung von Mannschaft und Treueid sein Reich vom Papst als Lehen zu empfangen. Diese Wendung hatte die berechnete Wirkung; Innozenz III. untersagte Philipp August die Landung jenseits des Kanals.

Der Krieg war von beiden Seiten gewollt. Johann hatte die Unterstützung eines Teils des poitevinischen Adels; der neue Graf von Flandern, Ferrand von Portugal, schloß sich, obwohl er die Grafschaft Philipp August zu verdanken hatte, unter dem Druck der flämischen Städte, die die englische Wolle für ihre Tuchindustrie brauchten, der englisch-welfischen Partei an.

Die Kämpfe entbrannten im Jahre 1213. Eine französische Flotte wurde im Zwin, dem Golf, durch den Brügge Zugang zum Meer hat, vernichtet, auch Philipp Augusts Einfall in Flandern blieb ohne rechten Erfolg.

Dagegen endeten die Operationen 1214 in Poitou mit der Niederlage und wilden Flucht Johanns. Doch die Entscheidung fiel im Norden. Kaiser Otto IV., der Graf von Flandern, Renaud de Dammartin, Graf von Boulogne und Herzog Heinrich I. von Brabant, dazu weitere Verbündete und ein englisches Kontingent bereiteten einen Einfall in Frankreich vor. In der Nähe von Tournai bei Bouvines stieß Philipp August am 27. Juli 1214 auf ihr Heer und trug einen entscheidenden Sieg davon. In Deutschland ging der Kampf zwischen dem jungen Friedrich II. und dem besiegten Otto IV. voller Erbitterung weiter; da starb Otto 1218.

Die Schlacht von Bouvines zerschlug die letzte Hoffnung für das Anglo-Angevinische Reich; für Philipp August bedeutete sie den entscheidenden Durchbruch. Die Grafen von Flandern und von Boulogne waren als Gefangene des Königs – sie blieben es dreizehn Jahre – eine Warnung für die französischen Fürsten und Herren, falls sie daran denken sollten, sich unbotmäßig aufzuführen. Unter der Gräfin Johanna wurde Flandern, auf das der König klugerweise keine Annexionsansprüche erhoben hatte, eng der königlichen Kontrolle unterworfen. Das Ansehen nach diesem Sieg und die Katastrophe der Feinde hatten aus dem König von Frankreich die erste politische Macht des westlichen Abendlandes gemacht.

Für eine auch weiterhin erfolgreiche Politik des Königs war eine besonders leistungsfähige Finanzwirtschaft der Krone unerläßlich. Zu den Einnahmen aus der Krondomäne im engeren Sinne kamen seit 1204 zusätzliche Abgaben aus den bedeutenden herzoglichen und gräflichen Domänen in der Normandie und Anjou. Diese mehr oder weniger althergebrachten Einkommensquellen verstand Philipp August im Laufe seiner Regierung wesentlich reichlicher als in der Vergangenheit fließen zu lassen.

Das Heer, unter der Regierung des »Eroberers«, wie man ihn jetzt nannte, von besonderer Bedeutung, verschlang einen großen Teil der eingehenden Mittel. Der König verfügte über Lehnskontingente, deren Brauchbarkeit aber wegen ihres unbezahlten Dienstes beschränkt war. Dann hatten ihm die Bistümer und Abteien »Sergeanten« zu stellen, und von den Städten, die den Status einer Kommune erhalten hatten, kamen Milizen, meistens wenig bewegliche Fußtruppen. Die Finanzwirtschaft sollte den König in den Stand setzen, Truppen anzuwerben, besonders Reiterei und kriegserfahrene Fußsoldaten. Wie die Plantagenets, stellte auch Philipp August viele von ihnen in seinen Dienst.

Das wichtigste Organ der königlichen Regierung blieb die *Curia regis*, der »Hof«, die altehrwürdige Einrichtung, wie sie auch in anderen Monarchien üblich war; eine Spezialisierung wie in der englischen Curia war ihr noch fremd. Sie unterstützte den König und nahm dessen allumfassende Rechte wahr. Zu bestimmten Gelegenheiten gehörten ihr Fürsten, Bischöfe, Äbte, adlige Herren und die hohen Würdenträger des Hofes an, die den Kapetinger bei feierlichen Anlässen umgaben. Am häufigsten begegnet man, außer einigen ihr nur vorübergehend angehörenden Baronen und Prälaten, hohen Beamten, Klerikern und Palastbeamten, dazu Rittern aus der Gegend, in der der Souverän gerade residierte. In den laufenden Geschäften war sie anscheinend auf wenige Vertraute beschränkt. Die Curia gewann immer mehr an Bedeutung als Gerichtshof für Prozesse, die Fürsten oder Herren, Bistümer oder Abteien, Stadt- oder Landgemeinden führten. Der Umfang der Geschäfte wuchs. Philipp August führte nur noch selten persönlich den Vorsitz, außer es handelte sich um eine hohe Persönlichkeit. Die Curia tagte gewöhnlich in Paris im königlichen Palast der »Cité«. Rechtspraktiker, vor allem Kleriker, spielten als Richter eine immer bedeutendere Rolle in der Curia; diese entwickelte sich nicht nur als Organ der Rechtsprechung bald zu einer Institution, sondern ebenso als Kontrollinstanz für die Einkünfte und Ausgaben des Königs.

Die Erhebung dieser Abgaben, die Polizeigewalt und die Gerichtsbarkeit in der Krondomäne lagen in den Händen der *prévôts*, die häufig die Einnahmen pachteten und ihr Amt als Lehen innehatten. Die Notwendigkeit, die Einnahmen zu steigern und die Maßnahmen von Polizei und Justiz zu verbessern, veranlaßte Philipp August, zwischen 1184 und 1190 durch Kommissare der Curia in den verschiedenen Teilen der Krondomäne Gerichtssitzungen abhalten und die Erhebung der königlichen Einnahmen überprüfen zu lassen. Diese Reisen wurden mit dem Zugang neuer, unmittelbar verwalteter Gebiete immer häufiger. Schon Anfang des 13. Jahrhunderts waren die Delegierten der Curia seßhaft geworden und hatten in Teilen der Domäne die Eigenschaft königlicher Beamter angenommen. Sie hatten Recht zu sprechen, die Einnahmen zu zentralisieren und die Ordnung aufrechtzuerhalten. Es waren regelrechte »Funktionäre« im modernen Sinne, die der

König ernannte, die er versetzen und abberufen konnte und denen er ein Gehalt zahlte. Als Bezeichnung bürgerte sich *bailli (ballivus)* ein; die Prévôts waren ihnen untergeordnet. Sie scheinen nicht den Baillis nachgebildet worden zu sein, die der Graf Philipp vom Elsaß schon früher in Flandern eingesetzt hatte, vielleicht waren sie eher eine Imitation der englischen *justices in eyre*.

Dieser Kader königlicher Beamter schuf in den unmittelbar der Krone unterstehenden Teilen Frankreichs eine größere Sicherheit für die Personen und Güter; sie gewährleistete auch die Ausführung der vom König getroffenen Entscheidungen.

Innozenz III.

Das beginnende 13. Jahrhundert wird von der großen Persönlichkeit des Papstes Innozenz des Dritten (1198–1216) beherrscht. Ein hervorragender Kenner des Kirchenrechts und geschickter Politiker, war er vor allem ein Priester, der von leidenschaftlichem Glaubenseifer erfüllt war und in allen seinen Unternehmungen nur ein Ziel verfolgte: den Sieg des Glaubens in Frieden und Einigkeit unter den Christen.

Um die Autorität des Heiligen Stuhls diesem Ziel dienstbar zu machen, trachtete der Papst danach, die italienischen Angelegenheiten zur Stärkung seiner Macht zu regeln. Im Königreich Sizilien sollte ein Regime wiedererstehen, wie es die Zeiten Tancreds gekannt hatten. Die deutsche Macht war dort beim Tode Heinrichs VI. zusammengebrochen; weder seine von normannischen Traditionen erfüllte Witwe Konstanze noch seit 1208 der junge König Friedrich-Roger vermochten ein festes Regiment zu errichten. In Mittelitalien forderte der Papst das Herzogtum Spoleto, die Mark Ancona und noch andere Gebiete als sein Eigentum zurück, konnte aber seine Ansprüche nur unter Schwierigkeiten und ohne rechten Erfolg verwirklichen. In der Toskana und in Norditalien lagen die Städte miteinander im Kampf und versuchten, sich in durchtriebener Bündnispolitik Rechte und Ländereien anzueignen und ihre Nachbarn auszustechen. Der Adel mischte sich in die Kämpfe ein und verwirrte die Lage um so mehr, als die Städte häufig ihre Podestá aus den Adelsfamilien wählten und sie mit der Justizverwaltung und dem militärischen Oberbefehl betrauten.

Aber es waren nicht die Versuche Papst Innozenz' III., die italienischen Wirren zu schlichten, die den Ruhm seines Pontifikats ausmachten; seine wahre Bedeutung liegt in seinem rein kirchlichen Wirken. Mehr als alle seine Vorgänger stärkte und erweiterte er die päpstliche Autorität über die Hierarchie und die Institutionen der Kirche. Am Ende seines Lebens berief er 1215 das Vierte Laterankonzil, das Zwölfte Ökumenische, ein und führte selbst den Vorsitz. Es verkündete eine Reihe von Vorschriften, die mehr als bisher den Sinn für das Mögliche mit den Forderungen strenger Disziplin verbanden; wesentliche Fragen wurden mit Autorität geregelt, so zur Spende der Sakramente, vor allem der Buße und des heiligen Abendmahls.

In seiner Eigenschaft als Haupt des *populus christianus* verlangte Innozenz III. die Oberhoheit über die Könige und alle Inhaber weltlicher Macht; er habe das Recht, sie *ratione peccati*, »nach ihren Sünden«, zu richten. Von diesem »Recht« machte er denn ausgiebigen Gebrauch, vor allem setzte er es ein in dem Streit zwischen Hohenstaufen und Welfen. Der Papst betrachtete sich als diejenige Instanz, die die kaiserliche Würde zu verleihen hatte, und glaubte deshalb um so genauer prüfen zu müssen, ob der deutsche König der Kaiserkrone würdig sei. Wie wir sahen, exkommunizierte er schließlich den von ihm zunächst unterstützten Otto IV. und befreite dessen Untertanen von ihrer Treuepflicht. Die italienische Politik des Kaisers schien ihm den höheren Interessen des Heiligen Stuhls zuwiderzulaufen, und er nannte sie deshalb sündhaft. Mit derselben Begründung verhängte er – wie erwähnt – den päpstlichen Bann über Johann Ohneland. Der Schachzug des Königs, sich davon zu befreien, aber ermöglichte es dem Papst, den Lehnsbesitz des Heiligen Stuhls – dazu gehörten Sizilien, Portugal und Aragon – um das Königreich England zu vergrößern. Das war nicht der geringste seiner politischen Erfolge.

Der Kreuzzug gegen die Albigenser und die Unterwerfung Südfrankreichs

Die große Sorge Innozenz' III. galt dem Kampf gegen die Häresien. Eine ketzerische Bewegung hatte von Bulgarien aus Norditalien, den Süden des Königreichs Arelat und Südfrankreich erreicht. In Wirklichkeit war es eher eine nichtchristliche Religion, die bestimmte christliche Elemente übernommen hatte. Von manichäischem Ursprung, war sie auf den Glauben an das dualistische göttliche Prinzip des Guten und Bösen gegründet; Sakramente fehlten ihr fast ganz. Ihre Anhänger hießen »Katharer«, die »Reinen«, obgleich diese Bezeichnung nur einer kleinen Anzahl von ihnen, den »Vollkommenen«, wegen ihres asketischen Lebenswandels zustand; man nannte diese Ketzer auch »Albigenser«, weil sie in Albi und seiner Umgebung zahlreich vertreten waren.

Der »Katharismus« blühte tatsächlich in der Grafschaft Toulouse und in den anderen Grafschaften und Herrschaften des Languedoc. Das waren die Gebiete Frankreichs, die sich der königlichen Autorität gegenüber am gleichgültigsten verhielten. Ihre okzitanischen Dialekte, ihre Kunst, der Lebensstil ihres Adels und ihrer Bürgerschaft hatten sie Nordfrankreich entfremdet. Dagegen hatten sie enge Beziehungen zur Provence, nach Genua und Pisa und sehr viel mehr noch zum Königreich Aragon-Barcelona; der König von Aragon besaß in Südfrankreich zahlreiche bedeutende Lehnsherrschaften.

Innozenz III. versuchte es zunächst mit einer friedlichen Bekehrungsaktion, die jedoch kaum nennenswerte Erfolge erzielte. Der Mord an einem päpstlichen Legaten gab den Anhängern der harten Richtung das Argument in die Hand, um den Papst für ihre Ansichten zu gewinnen. Obgleich unbewiesen, galt der Graf Raimund VI. von Toulouse als Beschützer der Häresie und wurde 1208 mit dem Bann belegt. Der Papst befreite seine Untertanen von ihrer Treuepflicht und erklärte sein Land für frei.

Das war der Aufruf zum Kreuzzug gegen die Ketzer im Süden. Tausende fanatisierter und habgieriger Ritter aus Nord- und Mittelfrankreich ergossen sich schon im nächsten

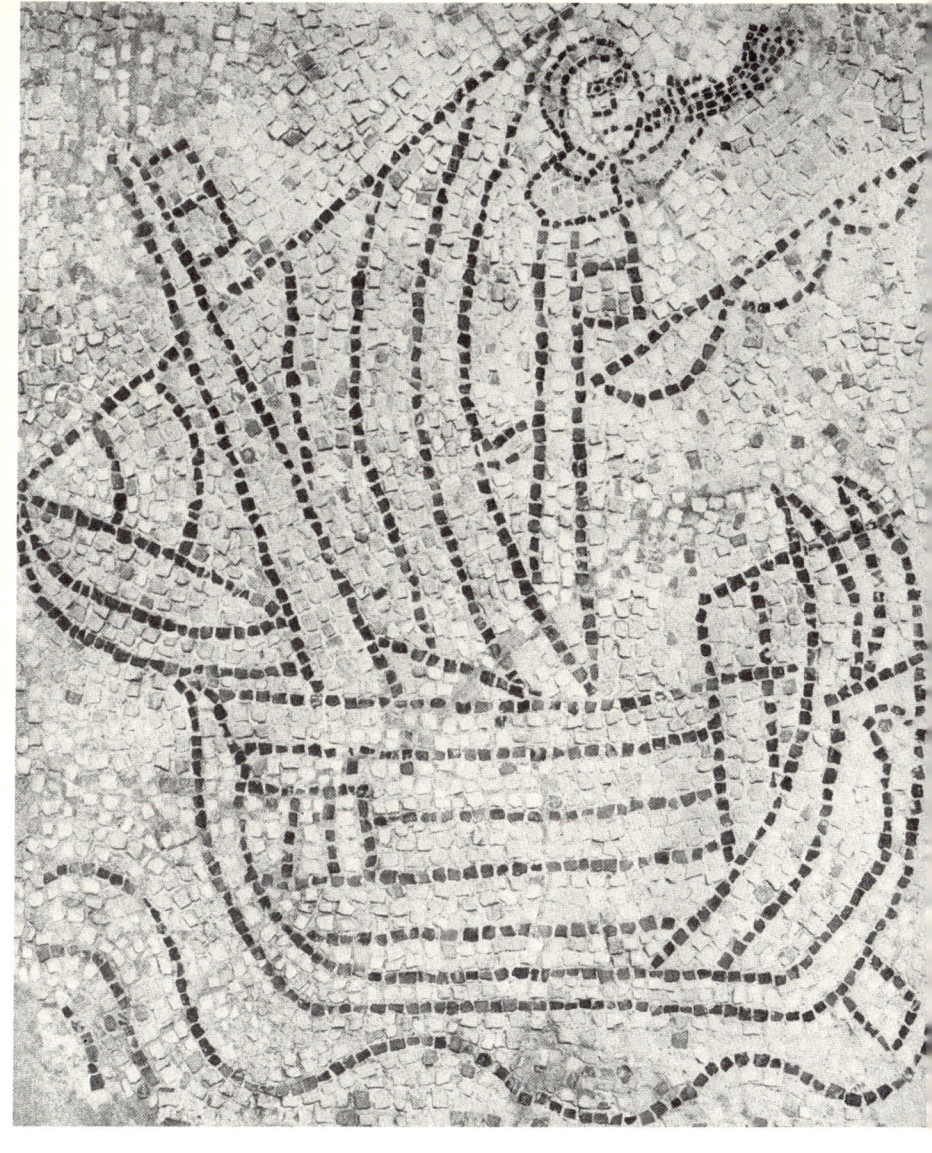

Kreuzfahrerschiff
Mosaik aus einer Folge von Darstellungen des Vierten Kreuzzuges, 1213
Ravenna, S. Giovanni Evangelista

Papst Innozenz III.
Wandgemälde in der Kirche Sacro Speco in Subiaco, 13. Jahrhundert

Jahr über den Languedoc und machten sich an die Ausrottung des »Katharismus«; gleichzeitig ergriffen sie aber von dem Land Besitz. Ihr Anführer war ein Ritter aus der Pariser Gegend, Simon von Montfort, ein frommer Abenteurer und nicht ohne militärische Begabung. Er errang 1213 bei Muret einen entscheidenden Sieg über Raimund VI. und dessen Schwager, den König Peter II. von Aragon, der gekommen war, um die Barbaren aus dem Norden abzuwehren, dabei aber sein Leben einbüßte. Die Metzeleien und Plünderungen der Kreuzfahrer überschritten derart alles selbst für die Zeit erträgliche Maß, daß sie das Gewissen Innozenz' III. in erhebliche Unruhe versetzten. Philipp August hatte sich allen Ersuchen, die Führung des Kreuzzuges zu übernehmen, widersetzt; aber er bevollmächtigte seinen Sohn, den späteren Ludwig VIII., 1219 mit einer Expedition Almerich von Montfort zu Hilfe zu kommen, der die Nachfolge seines 1218 vor Toulouse gefallenen Vaters angetreten hatte. Dem Zug blieb aber der Erfolg versagt; Raimund VII. (1222 bis 1249) gelang es, seine Grafschaft wiederzuerobern. Ludwig VIII. mußte 1226 einen neuen Kreuzzug folgen lassen, den die königlichen Truppen nach seinem plötzlichen Tod noch im selben Jahr wieder mit unglaublichen Räubereien fortsetzten.

Im Vertrag von Paris 1229 trat Raimund VII. dem jungen König Ludwig IX., unter der Regentschaft seiner Mutter Blanca von Kastilien, einen Teil seiner Territorien ab und verpflichtete sich, seine Tochter und Erbin einem Bruder des Königs zu vermählen. Die 1233 in Frankreich eingeführte Inquisition war eifrig bemüht, im Süden die Flamme der Ketzerei auszutreten. Beamte des Königs und sogar des Grafen von Toulouse bezeigten dabei keinen geringeren Eifer, nicht nur die Ketzer selber, sondern ebenso ihre Verwandten und Erben, häufig auch einfach Verdächtige zu enteignen. Die Stelle des ausgerotteten oder zugrunde gerichteten Adels des Languedoc übernahmen nord- und mittelfranzösische Adlige; Geistliche aus dem Norden eigneten sich die frei gewordenen Pfründen an. Die okzitanische Literatur der »Troubadours« verlor rasch ihre Bedeutung und erlosch schließlich ganz; die dem Land eigentümliche Kultur ging unter, die Kunst des Nordens trat häufig das südliche Erbe an. Durch schiere Gewalt war die Verbindung der mediterranen und pyrenäischen Gebiete mit dem königlichen Frankreich zustande gekommen.

Auch Aquitanien war zum größeren Teil 1224 von Ludwig VIII. erobert worden. Poitou, Saintonge, das Gebiet nördlich der Garonne und sogar ein Teil der Gascogne hatten sich dem König unterworfen, und man war bestrebt, der Eigenwilligkeit des einheimischen Adels ein Ende zu machen. Der König erwarb mit La Rochelle und Saint-Jean-d'Angély wichtige Häfen am Atlantischen Ozean.

Diese Gebiete waren, so gut es eben ging, von »Seneschallen« verwaltet worden; man behielt sie bei. Die Seneschalle, die in Beaucaire und Carcassonne ihren Sitz hatten, wurden mit der Verwaltung der vom König übernommenen tolosanischen Gebiete betraut. Die Befugnisse dieser königlichen Beamten in Aquitanien, dem Languedoc und dem Pyrenäengebiet glichen denen der Baillis in den anderen, der Krone unmittelbar unterstellten Territorien.

Der Vierte Kreuzzug und das Lateinische Kaiserreich

Die Pflicht, die Heiligen Stätten wiederzuerobern, bewegte Innozenz III. unausgesetzt. Als im Jahre 1199 einige französische adlige Herren das Kreuz zu nehmen beschlossen, ermutigte er sie und ließ den Kreuzzug predigen. Wenn sich auch die Könige dadurch nicht von ihrer bisherigen Politik abbringen ließen, so war doch der Aufruf in Frankreich, dem Königreich Arelat und den lothringischen Fürstentümern von Erfolg gekrönt, in geringerem Ausmaß auch in Deutschland und Italien. Ein Heer von Fürsten, Adelsherren und Rittern kam zusammen, an seine Spitze trat 1201 Bonifatius, der Markgraf von Montferrat. Venedig erklärte sich bereit, die Kreuzfahrer gegen hohe Bezahlung zu befördern und zu verpflegen. Die vornehmsten Barone beschlossen, Ägypten anzugreifen.

Da die Kreuzritter außerstande waren, diese Schulden zu begleichen, bot ihnen der Doge Enrico Dandolo die Stundung des Betrages unter der Bedingung an, daß sie Zara der Republik zurückeroberten; der König von Ungarn hatte 1183 die unter byzantinischer Oberhoheit stehende dalmatinische Küste besetzt und 1186 die venezianische Stadt unterworfen. Zur Empörung des Papstes wurde der Handel abgeschlossen, und der Kreuzzug begann 1202 mit der Einnahme und Plünderung einer christlichen Stadt, die einem christlichen König unterstand. Innozenz III. exkommunizierte die Venezianer, die sich aber nicht sonderlich viel daraus zu machen schienen.

Während man in Zara überwinterte, traf auf Vermittlung Philipps von Schwaben und Bonifatius' von Montferrat ein Angebot des jungen Alexios ein, des Sohnes des Basileus Isaak Angelos, den dessen Bruder Alexios III. 1195 abgesetzt und geblendet hatte; wenn die Kreuzritter ihm den kaiserlichen Thron verschaffen würden, sei er bereit, ihre Schulden an Venedig zu bezahlen und ihnen in Ägypten und im Heiligen Land militärisch beizustehen. Dandolo kannte die Schwäche des Kaiserreiches und sah die venezianischen Handelsprivilegien in Byzanz ständig bedroht. Deshalb wollte er das Kaiserreich kurzerhand abschaffen und an dessen Stelle ein politisches Gebilde unter dem bestimmenden Einfluß Venedigs treten lassen. Mit Alexios' Vorschlag konnte er sich gute Chancen für seinen Plan ausrechnen; so setzte er seine ganze Autorität für dessen Annahme ein. Viele weniger vom Glauben als von Habgier getriebene Adelsherren ließen sich von den Aussichten auf einträgliche Abenteuer verführen: die Kreuzritter zogen nach Konstantinopel.

Empört verließen einige Ritter das Heer und kamen nach Akkon, wo sie sich mit anderen, übers Meer von Flandern, Marseille, sogar von Venedig gekommenen verbanden. Diese Kreuzritter wagten, ihrem Gelübde getreu, trotz aller Warnungen des Königs Amalrich II. von Jerusalem 1203 tollkühne Operationen, die den meisten Leben oder Freiheit kosteten.

Am 17. Juli 1203 nahmen die Kreuzritter ohne Schwierigkeiten Konstantinopel ein. Isaak wurde wieder auf den Thron gesetzt, der junge Alexios IV. zum Mitkaiser erhoben. Das war der Anfang einer Periode von Unruhen und bald der Anarchie. Voller Ungeduld warteten die Kreuzfahrer auf die Erfüllung der ihnen gemachten Versprechungen; da stürzte im Februar 1204 Murzuphlos, Schwiegersohn Alexios' III. und als Gegner der Lateiner bekannt, die beiden Kaiser und riß als Alexios V. die kaiserliche Macht an sich.

Dandolo konnte schließlich seinen Willen durchsetzen, das Ende des byzantinischen Reiches war beschlossene Sache. Ein Übereinkommen zwischen dem Dogen und den Anführern des Kreuzzugs regelte die Teilung des Reiches. Ein Lateiner sollte Kaiser werden und die Paläste und ein Viertel von Hauptstadt und Territorium erhalten, der Rest sollte zur Hälfte unter Venedig und die Kreuzritter aufgeteilt werden. Am 12. April 1204 wurde die Stadt aufs neue eingenommen und in den folgenden Tagen auf das schändlichste geplündert, wie es brutaler das ganze Mittelalter nicht erlebt hat. Ein Augenzeuge, Niketas Choniates, schrieb: »Selbst die Sarazenen wären barmherziger gewesen als diese angeblichen Soldaten Christi.«

Balduin IX., den Grafen von Flandern und Hennegau, wählte man als Balduin I. zum Kaiser. Aus den europäischen Gebieten des Reiches wurden Fürstentümer und Lehnsherrschaften für die Führer des Kreuzzuges herausgelöst. Sie sollten Vasallen des Kaisers sein, aber ihre Autonomie grenzte häufig an Unabhängigkeit; die wichtigste und dauerhafteste Herrschaft war die der Familie Villehardouin aus der Champagne in dem Fürstentum Morea oder Achaia. Die Venezianer erhielten das Außenhandelsmonopol und erwarben Stützpunkte auf den Jonischen Inseln, auf Kreta und an der Küste. Sie waren die wirklichen Sieger. Von dem Kreuzzug selbst war nicht mehr die Rede. Obgleich Innozenz III. sich bei den ersten Nachrichten über die Ernennung eines lateinischen Patriarchen, eines Venezianers, und über das Ende des Schismas von 1054 freute, war er entsetzt, als er von den Scheußlichkeiten und dem Verzicht auf den Kreuzzug erfuhr.

Das Reich »Romania«, wie man es nannte, war von Feinden umgeben. Der in Nicaea (Nikaia) residierende Theodoros Laskaris, der Schwiegersohn Alexios' III., hielt die Tradition des byzantinischen Reiches aufrecht. Zwei Enkel des Andronikos I. Komnenos gründeten ein anderes »Reich« in Trapezunt. Ein griechisches »Despotat« (eine unabhängige Herrschaft) wurde in Epirus errichtet. Im Jahre 1224 sollte ein griechisches Reich Thessalonike gegründet werden. Schließlich traf das junge Reich noch ein bulgarisch-walachischer Angriff, den Balduin I. abzuwehren versuchte, dabei aber 1205 in Gefangenschaft geriet und bald darauf starb. Seinem Bruder und Nachfolger, Heinrich I. (1206–1216), gelang es dann, das Reich zu schützen, trotz aller Gefahren, trotz der Uneinigkeit unter den westlichen Baronen und den Spannungen mit der einheimischen Bevölkerung, ganz zu schweigen von den religiösen Streitigkeiten zwischen dem lateinischen Klerus und der griechischen Geistlichkeit.

Das Reich »Romania« war ein sehr viel zerbrechlicheres Gebilde, als es das byzantinische Kaiserreich noch bei aller Schwäche am Vorabend seines Endes war; die Zerschlagung dieses Reiches durch die Kreuzritter hatte den Schutz der Christenheit gegen den Islam der entscheidenden Macht beraubt.

Reich und Papsttum zur Zeit Friedrichs II.

Innozenz III. selbst verzichtete keineswegs auf den Kreuzzug; 1215 ließ er durch das Vierte Laterankonzil verkünden, der Kreuzzug habe 1217 stattzufinden. Er rechnete damit, daß sein Schützling Friedrich II., der soeben das Kreuz genommen hatte, dabei die Führung übernehmen werde. Um sich die Gunst des Papstes – der noch immer die Verbindung Siziliens mit dem Reich fürchtete – zu erhalten, hatte Friedrich sich verpflichtet, Heinrich, den Sohn aus seiner Ehe mit Konstanze von Aragon, der Schwester Peters II., das Königreich zu überlassen. Das hinderte ihn aber nicht, Heinrich schon 1220 in Deutschland zum König wählen zu lassen. Im selben Jahr wurde Friedrich II. von dem neuen Papst Honorius III. (1216–1227) in Rom zum Kaiser gekrönt. Weit davon entfernt, auf das sizilische Reich zu verzichten, machte er sich nun daran, dort Ordnung zu schaffen. Er unterdrückte mit Härte vor allem die Revolten der sarazenischen Bewohner der Insel und deportierte einen beträchtlichen Teil von ihnen nach Süditalien, wo er unter ihnen ausgezeichnete Truppen ausheben ließ; sowenig wie sein Großvater Roger II. zögerte er, seine muslimischen Soldaten gegen Christen einzusetzen.

Diese Skrupellosigkeit ist ein markanter Zug an der vielschichtigen Persönlichkeit des Kaisers. Von aufgeschlossenem und hochgebildetem Geist, ließ er sich in seinem politischen Denken und Handeln von der Vernunft leiten, gab aber dennoch gelegentlich leidenschaftlichen Regungen nach; vielleicht sogar entfremdet dem christlichen Glauben, ein bedenkenloser Lügner, sinnlich, zuweilen grausam, äußerst wendig in Verhandlungen, gleicht Friedrich, wie man oft bemerkt hat, mehr einem italienischen Renaissancefürsten als einem Zeitgenossen des heiligen Franz von Assisi und Ludwigs des Heiligen.

Friedrich II. hatte sich zum Ziel gesetzt, das Reich zu einer politischen Realität zu machen. Wenn er wie Barbarossa die kaiserliche Macht für universal hielt, so ließ er aus Klugheit davon wenig verlauten. Seine Reichsidee war zudem höchst verschieden von der seines Großvaters. Barbarossa war Deutscher gewesen, und wenn er seine Pläne verwirklicht hätte, hätte Deutschland als Hauptgebiet des Reiches die Vorherrschaft in Westeuropa ausgeübt. Friedrich II. aber war Sizilianer; unter seiner Macht sollte Italien vereinigt werden, mochte es nun »sizilianisch«, »päpstlich« oder »kaiserlich« sein. Kaiserliche Beamte sollten es nach den wirksam umgestalteten Traditionen des Königreichs Sizilien verwalten. Für ihn war das Reich vor allem italienisch, mediterran; Deutschland, wo Friedrich sich fremd fühlte, trat ganz in den Hintergrund. In Deutschland sollte Friede herrschen, politische Unruhen durften nicht in seine italienische Politik störend einwirken. Zu diesem Zweck war er zu bedeutenden Zugeständnissen bereit. Schon 1220 trat er den geistlichen Fürsten im *Privilegium in favorem principum ecclesiasticorum* die letzten königlichen Prärogativen über die Bischöfe und Äbte ab; 1232 bestätigte er mit Einschränkungen im *Statutum in favorem principum* Zugeständnisse derselben Art, die sein Sohn, der König Heinrich (VII.), im Vorjahr den weltlichen Fürsten gemacht hatte. Über sein Königreich Arelat hatte er höchst unbestimmte Pläne.

Als die kaiserliche Politik bekannt wurde, schlossen sich die lombardischen Städte 1226 zu einem neuen Bund gegen den Kaiser zusammen, der nichts dagegen unternehmen konnte. Andererseits mußten sich die Pläne Friedrichs II. zum Schaden der päpstlichen Gebiete auswirken; trotzdem legte Honorius III. dem Kaiser zunächst keinerlei Hindernisse in den Weg. Die Situation sollte sich jedoch ändern, als Gregor IX. (1227–1241), der neue Papst, die theokratischen Ideen Innozenz' III. wiederaufnahm; und er war in ihrer Verwirklichung unerbittlicher als jener. Das zeigte sich deutlich während des Kreuzzuges.

Friedrich II.
Vorderseite eines stark vergrößerten Halbaugustalis mit dem Bildnis des Kaisers
Gepräge aus Brindisi und Messina, 1231
Ehemals Berlin, Geldmuseum der Deutschen Reichsbank

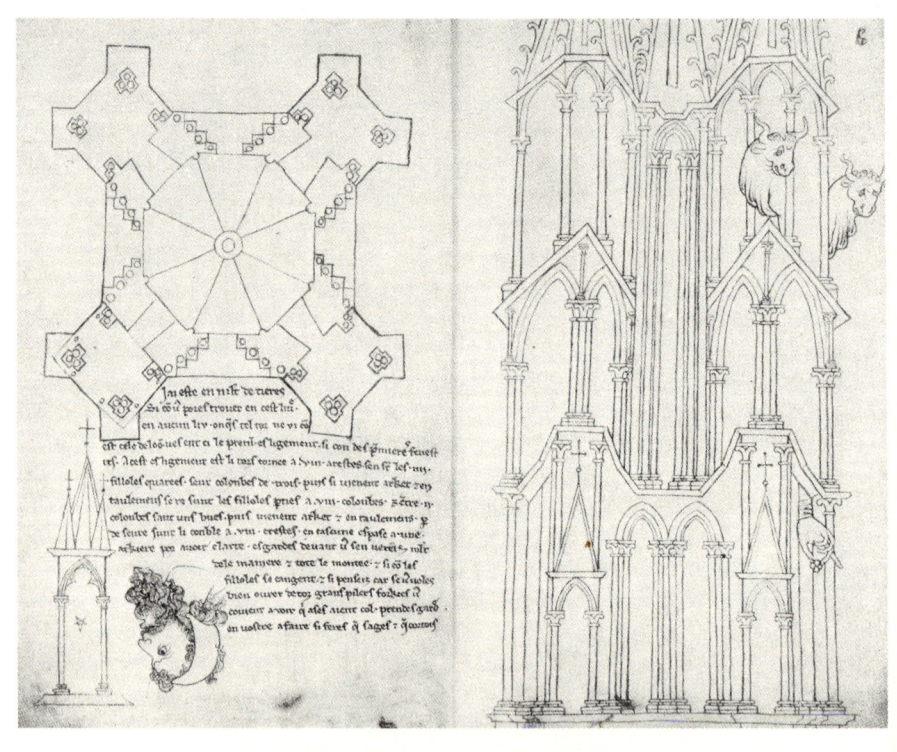

Grundriß und Teilansicht eines Turmes der gotischen Kathedrale von Laon
Zwei Seiten in dem sog. Bauhüttenbuch des französischen Architekten Villard de Honnecourt, Mitte 13. Jahrhundert
Paris, Bibliothèque Nationale

DAS HOCHMITTELALTER

Friedrich II. hatte die Ausführung seines Gelübdes auf später verschoben. Der Kreuzzug – der fünfte nach der Tradition – war ohne ihn aufgebrochen; doch hatte er ihm Verstärkungen geschickt. Zweimal war es schon zu Orientfahrten gekommen: 1217 war der König von Ungarn in Palästina erschienen, aber ohne Resultat wieder abgezogen; andere Kreuzritter waren 1218 dort gelandet. König von Jerusalem war seit 1210 Johann von Brienne durch seine Frau Marie, die Tochter der Königin Isabella und Konrads von Montferrat. Er stellte sich an die Spitze der Kreuzritter zu einem Angriff gegen Ägypten, dessen Sultan al-Malik al-Kāmil Herr des Heiligen Landes war. Die Operationen ließen sich gut an: Damiette wurde genommen, und der Sultan war zu Zugeständnissen bereit. Aber die hartnäckige Unfähigkeit des päpstlichen Legaten Pelagius machte alles zuschanden; 1221 wendete sich das Kriegsglück, man mußte sich wieder einschiffen.

Der Kaiser hatte sich 1225 mit Isabella, der Tochter Johanns von Brienne, vermählt. Da dessen Gemahlin gestorben war, ließ sich Friedrich II. als Gemahl der Königin, nach deren Tode als Vater ihres minderjährigen Sohnes Konrad, zum König von Jerusalem ausrufen. Im Jahre 1227 entschloß er sich endlich, dem Kreuzzug zu folgen, aber Krankheit erzwang einen neuen Aufschub. Daraufhin bannte ihn Gregor IX. – zum wenigsten mit etwas unbilliger Hast und Strenge – und verhängte das Interdikt über alle die Orte, in denen er sich aufhalten würde. Friedrich brach 1228 dennoch auf und landete in Akko. Anstatt aber zu kämpfen, verhandelte er; dank seinem diplomatischen Geschick kam 1229 in Jaffa ein Vertrag mit unerwartetem Resultat zustande. Der Sultan al-Malik al-Kāmil überließ dem christlichen König Jerusalem, Bethlehem und Nazareth und zwei Verbindungsstreifen zur Küste; ein zehnjähriger Waffenstillstand wurde abgeschlossen. Das den Befreier von Jerusalem verfolgende Interdikt wurde jedoch auch dann nicht aufgehoben, als sich Friedrich in der Heiligen Stadt krönte.

In seiner Abwesenheit waren päpstliche Truppen im sizilianischen Königreich eingefallen. Die Rückkehr des Kaisers 1229 machte dem Versuch ein Ende, und bald folgte der Kompromißfriede in San Germano 1230. Die nächsten Jahre nutzte der Kaiser, um Sizilien neu zu organisieren, die Grundlage dieser Maßnahmen war ein bemerkenswertes Gesetzeswerk: die in Melfi 1231 erlassenen »Konstitutionen«. Dann mußte Friedrich doch wider Willen Deutschland einige Aufmerksamkeit schenken, wo Heinrich (VII.) allzuviel Unabhängigkeit bewiesen hatte und die Fürsten unruhig wurden. Das *Statutum in favorem principum* von 1232 opferte ihnen auch die Herrschaft über diejenigen deutschen Städte, die nicht die Vorrechte der Reichsstädte genossen. Heinrich mußte sich demütigen, und als er von neuem seine Unbotmäßigkeit bekundete, ließ ihn der Kaiser 1235 festsetzen; Heinrich starb in der Gefangenschaft. Der zweite Sohn Friedrichs II., Konrad, wurde 1237 zum römischen König gewählt. Inzwischen hatte sich der Kaiser wieder vermählt, mit Isabella, der Schwester des englischen Königs Heinrich III. Diese Annäherung an die mit den Welfen verbündeten Plantagenets erleichterte deren endgültige Aussöhnung mit den Hohenstaufen.

Durch eine seltsame Ironie des Schicksals wurden gerade zu dieser Zeit die Parteien des Papstes und des Kaisers »Guelfen« und »Ghibellinen« (eine Verstümmelung von »Welf« und »Waiblingen«) genannt, zuerst in Florenz, dann in Toskana, schließlich in ganz Italien. In den Städten wurde die Situation noch von anderen Gegensätzen verwirrt, etwa den zwischen Adel und den *popolani*, die ihrerseits in mehrere Gruppen gespalten waren. Mit Ausnahme von Pavia und Pisa, die so gut wie ständig zum Kaiser hielten, wechselten die Städte der Lombardei, Toskanas und des übrigen Italiens je nach ihren Interessen oder den kurzlebigen Machenschaften der Partei, die sie eben regierte, die Fronten. Man mußte stets damit rechnen, und man tat es. Aber die meisten Städte, besonders in der Lombardei, neigten eher zur päpstlichen Seite; die von den neuen Bettelorden, vor allem den Franziskanern, ausgehende geistige Wirkung schuf eine dieser politisch labilen Tendenz günstige Atmosphäre.

Im Jahre 1236 nahm Friedrich den Kampf gegen den Lombardischen Bund auf und besiegte dessen Heer 1237 bei Cortenuova entscheidend. Das vergrößerte noch die Unruhe in Italien und veranlaßte Venedig, das sich gewöhnlich aus den italienischen Händeln heraushielt, unter päpstlichem Einfluß ein Bündnis gegen den Kaiser mit Genua einzugehen, was übrigens kaum Folgen hatte. Eingriffe des Kaisers in die römische Politik und in Sardinien, das der Papst als vom Heiligen Stuhl abhängiges Gebiet ansah, vergifteten die ohnehin schon gespannten Beziehungen Gregors IX. zu Friedrich II.: er exkommunizierte ihn 1239 aufs neue. Trotzdem unterlag der Papst mit seinen Verbündeten; 1241 vernichtete die pisanische Flotte eine genuesische, die eben Kardinäle, Erzbischöfe und Bischöfe zu einem vom Papst einberufenen Konzil nach Rom beförderte; eine ganze Anzahl von ihnen wurde gefangengenommen. Der Kaiser wandte sich nun direkt gegen die Heilige Stadt und schloß sie aus der Entfernung ein; da starb Gregor am 22. August. Friedrich II. schien der Sieger zu sein; das aber war eine Täuschung.

In Rom wählte man unter dem Druck des Senators Matteo Rosso Orsini, der dort brutal eine etwa den Podestá in den anderen Städten vergleichbare Macht ausübte, Coelestin IV. zum neuen Papst, der aber wenige Tage später starb. Nach einer Vakanz von zwanzig Monaten bestieg Innozenz IV. (1243–1254) den päpstlichen Stuhl. Er fühlte sich dem Ideal Innozenz' III. und Gregors IX. verpflichtet, ging aber noch energischer und auf jeden Fall geschickter vor. Er hielt Friedrich in Verhandlungen hin und floh, als die Gefahr zu groß wurde, 1244 nach Lyon, von wo aus er fünf Jahre lang den Kampf weiterführte. Schon während einer früheren Phase des Streites hatten Kaiser und Papst versucht, in einem Krieg mit Manifesten und Enzykliken ihren Gegner in den Augen der Christenheit herabzusetzen. Diese Polemik wurde fortgesetzt.

Innozenz IV. ging aber noch weiter. Er berief ein Konzil nach Lyon, obwohl es im Königreich Arelat lag und folglich zum Reich gehörte; es war das 13. Ökumenische Konzil, das besonders von französischen und spanischen Bischöfen besucht wurde. Trotz der geschickten und mutigen Verteidigung des »Großhofrichters« Siziliens, Thaddeo de Suessa, verkündete 1245 der Papst die Absetzung Friedrichs II. als Kaiser und König, und das Konzil ratifizierte sie.

Dieses Urteil gab dem Kampf gegen Friedrich eine gewichtige Rechtsgrundlage, die von dessen Feinden mit Energie aufgegriffen wurde. Ihre Zahl nahm zu; in Deutschland wählte man 1246 den Landgrafen Heinrich Raspe von Thüringen zum Gegenkönig, der aber bald darauf starb; 1247 dann Wilhelm, den Grafen von Holland, zu dessen Gunsten Innozenz IV. bei den Bischöfen interveniert hatte. In Sizilien mußte 1246 eine Verschwörung hoher

Würdenträger unterdrückt werden; 1249 wurde einer der vertrautesten Mitarbeiter des Kaisers, der »Großhofrichter und Protonotar«, also das Haupt der Kanzlei Siziliens, Petrus de Vinea, angeklagt, das Vertrauen seines Herrn verraten zu haben, und eingekerkert; er scheint bald darauf Selbstmord begangen zu haben. Eine katastrophale Niederlage Friedrichs und seines Heeres vor Parma zog neue Anhänger in das Lager seiner Feinde; andere Mißerfolge ließen nicht lange auf sich warten. Sein inniggeliebter natürlicher Sohn Enzio fiel in die Hände der Bolognesen. Aber Friedrich gab den Kampf nicht auf und konnte sogar päpstliche Truppen abwehren, die in Sizilien einzufallen suchten. In Fiorentino, einer der Burgen, die er zur Beherrschung Apuliens hatte bauen lassen, nicht weit von Lucera, dem Standquartier seiner sarazenischen Krieger, raffte ihn eine kurze Krankheit am 13. Dezember 1250 dahin.

Sein Tod beendete den letzten ernsthaften Versuch, dem Reich politische Realität zu verleihen.

Das Papsttum hatte zwar Friedrich II. daran gehindert, seine Ziele zu verwirklichen, aber es war auch selbst geschwächt aus dem Kampf hervorgegangen; in der Folgezeit war eine theokratische Herrschaft über die Christenheit ausgeschlossen. Zweifellos hatte das Papsttum seine Autorität über die Kirche und bis zu einem gewissen Grade auch über den *populus christianus* noch vermehren können. Die auf Befehl Gregors IX. von dem spanischen Dominikaner Ramon de Peñaforte zusammengestellte und 1234 veröffentlichte Dekretalensammlung bereicherte das Kirchenrecht entscheidend; es verschaffte ihm eine bislang unerreichte Gründlichkeit und Geschlossenheit und bot dem päpstlichen Oberherrn zusätzliche Waffen im Dienst seiner Kirchenpolitik. Ein Jurist großen Formats, wie sein Vorgänger, erweiterte Innozenz IV. seinerseits das kanonische Recht mit neuen Dekretalen, die in späteren Sammlungen aufgenommen wurden. Er war es auch, der in Deutschland die Wahl der Bischöfe durch die Kapitel dem Rat und der Zustimmung des päpstlichen Stuhles unterwarf.

Die Päpste hatten in ihrem Kampf erhebliche finanzielle Mittel gebraucht; und um sie sicherzustellen, hatte sich Innozenz IV. gezwungen gesehen, alte, bis dahin nur ausnahmsweise angewandte Praktiken systematisch einzusetzen: die Kirchen wurden nun mit Steuern belegt, eine wachsende Anzahl von Pfründen wurde der Einschränkung unterworfen, daß sie allein vom Heiligen Stuhl verliehen werden konnten, der dabei Abgaben erhob. Kritik am päpstlichen Fiskalwesen wurde laut, Widerstände dagegen zeichneten sich auch in der Kirche Frankreichs und besonders Englands ab. Die moralische Autorität des Papsttums war betroffen.

Deutschland und die Nachbarländer im 13. Jahrhundert

Deutschland war nur wenig in die politischen Aktionen Friedrichs II. verwickelt gewesen. Während das Heer Barbarossas, mit dem er einst seine Erfolge in Italien davongetragen hatte, hauptsächlich von Deutschland aufgebracht worden war, waren in dem Heer seines Enkels kaum noch Deutsche zu finden. Die Staufer hatten das Land nicht mehr in der

Hand. Nach dem Tode des Kaisers brach König Konrad gegen Ende des Jahres 1250 nach Italien auf, ohne die Rechte und Ansprüche seines Hauses noch ernstlich zu verteidigen. Wilhelm von Holland gelang es, seine Stellung im Westen Deutschlands zu stärken, wo er die Unterstützung eines Bundes genoß, den die Rheinstädte 1254 zur Verteidigung ihrer Freiheit und der Sicherheit ihres Handels eingegangen waren. Doch selbst in diesen Gebieten herrschte alles andere als Ruhe und Frieden; in anderen Teilen des Reiches wurde keinerlei Oberhoheit mehr anerkannt, die Zwistigkeiten unter den Fürsten und die Räubereien des Adels hatten freien Lauf.

Als Wilhelm 1256 starb, verschlimmerte sich die Lage noch weiter. Nun gab es in Deutschland keinen Thronanwärter mehr; Pisa und wenig später Marseille, eine Stadt des Königreichs Arelat, trugen 1256 »im Namen des Römischen Reiches und seines Volkes« die Krone einem Spanier an, dem König von Kastilien, Alfons X., dem Weisen. Deutsche Fürsten des Westens unterstützten einen Engländer: Richard von Cornwall, den Bruder Heinrichs III. Der »Rheinbund« erklärte, er werde nur einen einstimmig gewählten König anerkennen; das konnte jedoch zwei Reichstage im Jahre 1257 nicht daran hindern, mit wenigen Tagen Abstand Richard und Alfons zum König zu wählen. Die Interessenkonflikte unter den Fürsten, denen besonders die Ernennung des Königs zukam, und die Unsicherheit über deren Identität hatten zu diesem traurigen Ergebnis geführt. Man hat mit Recht die nun beginnende Periode das »Interregnum« genannt. Alfons kam niemals in sein angebliches Königreich; Richard ließ sich in Deutschland krönen und salben und hielt sich auch einige Male dort auf, aber er übte nur im Rheingebiet die Macht aus, und da auch nur eine Scheinmacht. Die fast souveränen deutschen Fürsten dachten nur daran, ihre Begierden und Haßgefühle zu befriedigen; allgemein herrschte eine sich immer weiter verschärfende Anarchie. Es war die Zeit der »Raubritter«.

Sie fand erst 1272 nach dem Tode Richards ein Ende. Die Lage war derart verworren, daß die einstimmige Königswahl, wie die Rheinstädte sie verlangten, sich als Lösung geradezu aufdrängte. Man schob Ottokar, den König von Böhmen, in den Vordergrund, und Karl von Anjou warb für den französischen König Philipp III.; aber jener erschien zu mächtig, und dieser war Ausländer. Zum erstenmal fanden sich sieben »Kurfürsten« zur Wahl des Königs zusammen: die Erzbischöfe von Mainz, Köln und Trier, der Pfalzgraf bei Rhein, der Herzog von Sachsen, der Herzog von Bayern und der Markgraf von Brandenburg (im Jahre 1289 trat der König von Böhmen an die Stelle des Herzogs von Bayern). Einer von ihnen, der Pfalzgraf, proklamierte am 1. Oktober 1273 feierlich in ihrer aller Namen den gewählten König. Die Wahl war auf Rudolf von Habsburg, den Landgrafen vom Elsaß, einen schwäbischen Adelsherrn, gefallen; seine Erbgüter lagen vor allem im Elsaß und in der nördlichen Schweiz. Der König ließ sich sogleich nach der in Frankfurt vollzogenen Wahl in Aachen krönen und salben.

Rudolf und seine Nachfolger, Adolf von Nassau und Albrecht I. von Österreich, waren vor allem anderen bestrebt, wo es die von den Fürsten erworbene Selbständigkeit noch zuließ, die königliche Autorität wieder aufzurichten und Frieden zu schaffen. Mit Italien befaßten sie sich wenig; keiner von ihnen begab sich nach dort und ließ sich zum Kaiser krönen.

DAS HOCHMITTELALTER

Um der königlichen Macht eine solidere Grundlage zu geben, begannen Rudolf (gestorben 1291) und sein Sohn Albrecht (1298–1308) mit Erfolg, ansehnliche Gebiete unmittelbar ihrer Herrschaft zu unterstellen: sie bildeten eine »Hausmacht«. Der entscheidende Schritt in der Entwicklung dieser habsburgischen Hausmacht war 1282 der Erwerb Österreichs, der Steiermark und Krains. Diese Gebiete hatte Rudolf Ottokar von Böhmen abgenommen, der sie zwischen 1261 und 1269, nach dem Erlöschen des herzoglichen Hauses der Babenberger, erworben hatte. Noch zu Lebzeiten seines Vaters versuchte Albrecht, die Berglande Uri, Schwyz und Unterwalden, die nach der Eröffnung des St. Gotthardpasses besonders wichtig waren, dem habsburgischen Hausgut einzuverleiben; er scheiterte aber damit. Der Bund der drei Kantone im Jahre 1291 bezeichnet den Beginn eines Widerstandes gegen diese Politik; er wurde der Kern der heutigen Schweiz.

Während des ganzen Jahrhunderts war die deutsche Expansion nach Osten nicht abgerissen. Die Markgrafen von Brandenburg hatten ihre Mark bis an die Spree erweitert, dann, noch vor 1253, bis zur Oder und bald auch darüber hinaus. Vor 1231 hatten sie im Norden Pommern besetzt. Weiter im Osten eroberte der Deutsche Ritterorden auf die Aufforderung eines benachbarten polnischen Herzogs hin Preußen; er wurde von einem vom Papst 1230 proklamierten Kreuzzug unterstützt. Schließlich betrieb noch ein anderer militärischer Orden, die »Schwertbrüder«, ähnliche Aktionen in Livland und bis nach Estland, hauptsächlich entlang der Küste.

Die Eroberung war mit deutscher Kolonisation verbunden, die aber, sobald die Oder überschritten war, in ihrer Intensität und Dichte höchst ungleich wurde; der Zustrom von Kolonisten verringerte sich im Laufe des Jahrhunderts merklich. Städte, wie Greifswald, Stettin, Danzig, Königsberg, Riga und im Innern Kölln und Berlin oder Frankfurt an der Oder, waren von Anbeginn deutsch oder wurden es, wenn sie slawischen Ursprungs waren. Auf dem flachen Land dagegen hielten sich noch slawische Bevölkerungsteile. Einige Gebiete waren schon von der deutschen oder der polnischen Mission berührt worden; überhaupt wurde die Mission von der Kolonisierung stark gefördert. In Preußen war sie vor allem das Werk der Dominikaner; doch Deutsch- und Kreuzritter erschlugen mehr heidnische Preußen, als sie bekehrten.

Dänemark hatte zunächst den Bann über Heinrich den Löwen ausgenutzt, dann besonders die Schwäche Deutschlands zur Zeit Philipps von Schwaben und Ottos von Braunschweig; zu Ende des 12. Jahrhunderts hatte es Holstein, Lübeck und Teile der deutschen Kolonisationsgebiete östlich der Elbe seiner Herrschaft unterworfen. König Waldemar (1202–1241) brachte sogar das Livland und Estland der »Schwertbrüder« unter seine Botmäßigkeit. Aber Holstein, Lübeck und die Küste wurden ihm nach dem Sieg des Grafen von Holstein, Lübecks und ihrer Verbündeten bei Bornhövede (1227) wieder abgenommen. Ähnlich erging es der dänischen Herrschaft über Livland und später, wenigstens *de facto*, den dänischen Niederlassungen in Estland; Reval etwa wurde eine deutsche Stadt. Alle dänischen Anstrengungen, die Ostsee zu beherrschen, scheiterten. Schweden stärkte dagegen im 13. Jahrhundert seine Niederlassungen an der finnischen Küste. Am Ende des Jahrhunderts besetzte es Karelien und stoppte die russische Expansion nach dem Norden.

Der Mongoleneinfall, der Rußland von 1237 bis 1240 niederdrückte und tributpflichtig machte, traf auch die östlichen Nachbarländer Deutschlands schwer. Polen, nun eine Föderation von Herzogtümern, wurde von der deutschen Kolonisation immer weiter von der Ostsee abgedrängt, und im Osten war es von den heidnischen Litauern bedroht; ihm fehlte es an Kraft, den Barbaren Widerstand zu leisten. Ungarn war kaum mächtiger. Wenn es auch noch im 12. Jahrhundert imstande gewesen war, Dalmatien und Kroatien zu annektieren, so hatten zu Anfang des 13. Jahrhunderts die Macht und die Selbständigkeit des Adels die königliche Gewalt beträchtlich beschränkt. Als daher die Mongolen 1241 in Polen und Ungarn einfielen, konnten sie ihre Gegner vernichtend schlagen und weite Landstrecken verwüsten. Böhmen, Teil des Deutschen Reiches und nicht im selben Maße geschwächt wie seine Nachbarn, wurde nur in seinen Randgebieten betroffen, ebenso Deutschland. Aber der Schrecken war so groß, daß er 1241 für einige Zeit die inneren Zwistigkeiten in Deutschland zu einem Ende brachte. Man rüstete zum Widerstand gegen einen Angriff; da rief eine Erbfolgekrise 1242 die mongolischen Anführer nach Asien zurück und lenkte die Scharen ihrer furchtbaren Krieger nach Osten ab.

Das England Johanns Ohneland, Heinrichs III. und Eduards I.

Der Zusammenbruch des Anglo-Angevinischen Reiches zu Anfang des 13. Jahrhunderts hatte sich 1214 durch die Niederlage Johanns Ohneland in Poitou und durch die Vernichtung seiner Verbündeten bei Bouvines vollendet. Die Willkür der Machtausübung und die widerrechtliche Erhebung der Beden *(aides)* und der *scutagia* hatten schon seit langem beim englischen Adel und der Londoner Bürgerschaft lebhafte Opposition hervorgerufen; die Führer des Widerstandes gegen den König zogen ihren Vorteil aus diesen Katastrophen, deren Folgen durch die Ungeschicklichkeit des Herrschers in der verzweifelten Situation noch verschärft wurden. Im Jahre 1215 zwang eine bewaffnete Erhebung Johann Ohneland, einer Reihe von Forderungen zuzustimmen, die ihm am 17. Juni in Runnymede zwischen Staines und Windsor auf einer langen Liste präsentiert wurden.

Die *Magna Charta libertatum*, wie sie ihrer Länge wegen genannt wurde, führte die Konzessionen im einzelnen auf; sie leitete eine Entwicklung ein, die England schließlich die Regierungsform der konstitutionellen Monarchie gab. Im Grunde hat sie nichts von einer Verfassung. Sie enthält Rechtsverfügungen, die die Untertanen des Königs – oder doch bestimmte Gruppen – schützen sollen, einige Artikel schränken die königliche Willkür ein. Außer in wenigen Punkten blieben aber die von den normannischen und angevinischen Königen geschaffene Verwaltung und Justiz erhalten, sie wurden aber einer Kontrolle unterworfen. Sie sollten nicht mehr der Laune des Herrschers, sondern dem folgen, was als Recht galt. Die kurz zuvor eingerichteten »Forste«, also die Jagdreservate, wurden abgeschafft, die Rechte und Interessen der Londoner Bürger und der Kaufleute im allgemeinen geschützt. Im ganzen aber kann man sagen, daß die Magna Charta in der Hauptsache dem Adel und besonders dessen Oberschicht, den »Baronen«, zugute kam.

Widerstände gegen die Ausführung bestimmter Klauseln riefen neue Spannungen hervor. Der König wandte sich an den Papst, und Innozenz III. erklärte am 24. August 1215 die Charta für ungültig. Aber die dem König feindlichen Barone nahmen das keineswegs hin. Sie riefen den Sohn des französischen Königs, den späteren Ludwig VIII., zu Hilfe, und der landete 1216 in England. Die französischen Truppen und das Heer der Barone konnten zwar Johann Ohneland nicht bezwingen; das gelang einem allzu reichlichen Genuß von Pfirsichen, begossen mit frischem Zider: Johann Ohneland starb am 19. Oktober.

Das Mißtrauen gegen die ausländischen Fürsten, die Loyalität beträchtlicher Teile der Bevölkerung und vor allem der Schutz, den der von einem Legaten vertretene Papst Honorius III. dem neuen König, seinem Vasallen, gewährte, rettete die Dynastie. Der Knabe Heinrich III. wurde in Gloucester gesalbt. Bald gewann die königliche Partei an Macht; ihre Streitkräfte unter dem großen militärischen Führer, dem Marschall Wilhelm Graf von Pembroke, errangen entscheidende Erfolge zu Wasser und zu Lande und überzeugten den Sohn des französischen Königs, daß es klüger wäre, sich schleunigst wieder einzuschiffen; das tat er 1217 denn auch.

Bis zur Volljährigkeit Heinrichs III. im Jahre 1224 lag die Regierung in den Händen eines aus hohen königlichen Beamten und Baronen zusammengesetzten Regentschaftsrats. 1217 war die Magna Charta erneuert worden – wie schon 1216 und später noch mehrmals –; gewisse für das Königtum ungünstige und für die Barone vorteilhafte Bestimmungen waren erweitert worden, und eine neue, gewöhnlich als *Charter of the Forest* bekannte Urkunde hatte den Umfang der Forsten weiter eingeschränkt und die sie schützenden Gesetze durchlässig gemacht. Im ganzen gelang es dieser sich bis 1232 hinziehenden »Rats«-regierung, den inneren Frieden wiederherzustellen, Verwaltung und Recht wieder arbeiten zu lassen und die durch den Bürgerkrieg geschlagenen Wunden weitgehend zu heilen.

Das persönliche Regiment Heinrichs III. dagegen zog England in eine Folge von Unruhen und Spannungen hinein. Heinrich stürzte sich in Abenteuer, von denen keines Erfolg hatte. Kriege in Frankreich fanden im Pariser Vertrag von 1259 ein Ende. Finanzielle Anstrengungen sollten dem Bruder, Richard von Cornwall, den deutschen Thron erhalten, blieben aber so gut wie erfolglos; ebenso der Versuch, Heinrichs III. Sohn Edmund 1254 die Krone von Neapel und Sizilien zu verschaffen. Alle diese Unternehmungen kosteten erhebliche Summen und brachten schwere Steuerlasten mit sich. Man verargte es dem König, daß er sich als unterwürfiger Vasall des Heiligen Stuhls gebärdete, daß er dem Papst das Recht einräumte, zur Finanzierung seines Krieges gegen Friedrich II. und dessen Nachfolger kirchliche Pfründe in England gegen Geld an ausländische oder unwürdige Titulare zu verleihen und der englischen Geistlichkeit schwere Steuern aufzuerlegen. Die zahlreichen Ausländer unter den vom König bevorzugten Räten waren eine weitere Ursache für die allgemeine Unzufriedenheit. Der Mißerfolg eines Feldzuges 1257 gegen Llewelyn II. – er hatte den größeren Teil des Waliserlandes gegen die Engländer aufgewiegelt – erregte großes Aufsehen und wurde als Demütigung empfunden.

Die Barone fühlten sich als Verteidiger der Staatsinteressen und versuchten zunächst, beim König friedlich zu vermitteln, scheiterten aber damit. Im Jahre 1258 stellten sie

Heinrich III. ein Ultimatum und schrieben ihm ein regelrechtes Reformprogramm vor, das unter dem Namen die »Provisionen von Oxford« bekannt ist – das *Magnum Concilium* (der »Große Rat«) tagte gerade in Oxford. Das Programm bedeutete eine Rückkehr zu der Regierung durch »Räte«, in denen die Barone entscheidenden Einfluß ausgeübt hatten. Dreimal im Jahr sollte der Große Rat als »Parlament« tagen, und die Barone sollten darin wieder ihre frühere überragende Rolle einnehmen.

Aber das »Räte«system arbeitete zu umständlich und traf auf beträchtlichen Widerstand. Im Jahre 1261 ließ sich der König durch Papst Alexander IV. seiner mit den Provisionen eingegangenen Verpflichtungen entbinden und gewann seine alte Freiheit in Regierungssachen und bei den Ernennungen zurück. Das aber ging den oppositionellen Kreisen zu weit; sie sammelten sich wieder, und bald kam es zum Kampf. Die dem König feindlichen Barone mit Simon von Montfort, Grafen von Leicester, dem Sohn des Führers gegen die Albigenser, an ihrer Spitze schlugen den König 1264 bei Lewes und nahmen ihn gefangen. Etwas mehr als ein Jahr lang herrschte Simon diktatorisch und machte sich damit so unbeliebt, daß die Parteigänger Heinrichs III. wieder Ansehen und Macht gewannen. Unter dessen Sohn Eduard schlug das königliche Heer 1265 bei Evesham die Barone aufs Haupt; Montfort kam in der Schlacht um, Heinrich III. übernahm wieder die Regierung.

Eduard I., der 1272 seinem Vater auf den Thron folgte, war anders als jener, eine ausgeprägte Persönlichkeit mit juristischem Verstand, Verwaltungsbegabung und militärischem Talent. Er hatte bald Gelegenheit genug, seine Fähigkeiten auf mehr als einem Schauplatz unter Beweis zu stellen. Mit dem König von Frankreich geriet er in Konflikt, doch davon später. Aus Irland hielt sich Eduard persönlich heraus; dort erweiterten die Barone ohnehin von sich aus den englischen Machtbereich. Dagegen zog Eduard I. von 1277 an gegen die Waliser zu Felde; das Unternehmen endete nach einer entscheidenden Niederlage Llewelyns II. und seines Bruders David 1284 mit der Unterwerfung des Landes. Der Bau einer Reihe von Burgen trug noch zur Befestigung der englischen Herrschaft bei. Die englischen Lehnsherren, die im Süden das Land in Besitz hatten, die *lords marchers* (»Herren der Mark«), die dem König im Kampf wertvollen Beistand geleistet hatten, behielten weitgehend ihre Selbständigkeit, mußten sich aber dazu bequemen, die königliche Macht mehr als früher auch in praktischen Fragen anzuerkennen. Erfahrungen auf den Feldzügen in Wales brachten Eduard I. dazu, die Fußtruppen seines Heeres mit dem *long bow* (Langbogen) auszurüsten, der furchtbaren Waffe der Waliser.

Nun sollte auch in Schottland die königliche Autorität wirkungsvoller etabliert werden, als es bis dahin das lehnsrechtliche Verhältnis zwischen den Königreichen zugelassen hatte. In einem schottischen Thronfolgestreit ergriff Eduard die Partei John Balliols und setzte unter dessen Regierung alle Mittel ein, die das Lehnsrecht für die Einmischung in einem fremden Lande bot. Revolten forderten Strafexpeditionen heraus, deren berühmteste 1298 mit einem englischen Sieg bei Falkirk endete. Nach einem neuen Aufstand wurde Schottland im Jahre 1303 unterworfen und wie ein von England abhängiges Gebiet behandelt. Wieder bildete sich eine Opposition unter dem Thronprätendenten Robert Bruce, der sich 1306 krönen ließ. Eduard schickte sich eben an, ihn zu bekämpfen, als er am 7. Juli 1307 starb.

Die Regierung des schwachen und launenhaften Heinrichs III. und die des dynamischen Eduard I. sind für die Entwicklung der englischen Institutionen gleichgewichtig; in dieser Hinsicht bilden sie gewissermaßen eine Einheit. Unter Heinrich III. tauchte neben dem Exchequer und dem *Court of Common Pleas* ein dritter königlicher Gerichtshof auf, der nach dem *Common Law* urteilte, die *King's Bench*. Während der *Court of Common Pleas* für die Prozesse unter Privatpersonen zuständig war, hatte die *King's Bench* alle die Angelegenheiten zu behandeln, die die Krone angingen, also vor allem einen Bruch des Königsfriedens. Erst im 15. Jahrhundert wurde die *Kings's Bench* ebenso wie der Exchequer und der *Court of Common Pleas* nach Westminster verlegt.

Eduard I. hat die Gesetzgebung in England entscheidend gefördert. Seine *statuta (statutes)*, seine Verordnungen, wurden normalerweise im Rat, mitunter auch im »Parlament« beraten und bekanntgegeben; unter den Mitgliedern bei den Gerichtshöfen und allen dort Tätigen waren sie weit verbreitet. Sie veränderten das geltende Recht, sogar das Privatrecht, was noch im 14. Jahrhundert in Westeuropa höchst selten vorkam; die Schenkungen und die dinglichen Rechte wurden tiefgehend umgestaltet.

Das beherrschende Ereignis in der Geschichte der englischen Institutionen zwischen 1216 und 1307 ist – *cum grano salis* sei es gesagt – das Auftreten des Parlaments. Mit *parlamentum* wurden schon früh bestimmte Sitzungen des königlichen Rats und besonders des Großen Rats bezeichnet. In den »Provisionen von Oxford« von 1258 erhielt das Wort seine technische Bedeutung: das Parlament, die Sitzungsperiode (drei im Jahr) des um eine bestimmte Zahl von Baronen verstärkten Großen Rats. Noch war das Parlament, ebenso wie der Rat, vor allem Gerichtshof, es war aber auch schon Verwaltungsorgan. Schließlich hatte es die »allgemeinen Interessen des Königs und des Reiches« zu beraten und Unterstützungsgesuche und neue Steuern zu bewilligen. Nach Evesham wurde die Periodizität der Sitzungsperioden aufgegeben; gleichwohl wurden Parlamente von Heinrich III. immer wieder einberufen; von 1258 bis zum Tode des Königs 1272 einunddreißigmal. Ein Umstand, dessen Bedeutung erst später sichtbar wurde, verdient besondere Aufmerksamkeit; es war der Appell an neue Bevölkerungsschichten: im Jahre 1264 forderte man außer den üblichen Räten des Königs, den Richtern, Prälaten und Baronen, auch angesehene Persönlichkeiten der Grafschaften, also auf dem flachen Land ansässige Ritter *(knights of the shire)* auf, an den Sitzungen teilzunehmen, 1265 auch Vertreter der *cities* und der *boroughs*, also der Städte. Das kam auch in der Folgezeit hin und wieder vor, aber erst unter Eduard I., besonders nach 1300, wurde es häufiger.

Ohne nun seinen Charakter zu ändern, gewann das Parlament unter Eduard I. merklich an Bedeutung. Regelmäßige Beratungen mit den Baronen und Vertretern anderer Bevölkerungsschichten waren notwendig geworden, weil die verschiedensten politischen und militärischen Unternehmungen des Königs ständig neue Forderungen auf Zahlung von Beihilfen mit sich brachten. Vor allem erreichten das Parlament – noch blieb es vorwiegend Gerichtshof – immer häufiger Bittgesuche, der König möge in den Fällen Recht sprechen, für die die gewöhnlichen Gerichte nicht zuständig oder in denen sie machtlos waren, natürlich auch wenn man sie umgehen wollte. Diese Petitionen führten entweder zu richterlichen Urteilen oder zu Entscheidungen, die wir heute politisch oder administrativ nennen würden.

Der wachsende Umfang dieser Petitionen machte die Regelung des ganzen Verfahrens notwendig; unter Eduard I. entwickelte sich auch eine gewisse Periodizität, gewöhnlich waren es zwei Sitzungsperioden im Jahr. Das Parlament wurde bald – dessen muß man sich stets bewußt sein – zum wesentlichen Bestandteil des institutionellen Systems der englischen Monarchie; noch aber repräsentierte es nicht den Willen der Nation.

Frankreich unter Ludwig dem Heiligen und Philipp dem Kühnen

Die Geschichte Englands von 1216 bis 1307 war – wie wir sahen – eng mit der französischen Geschichte verknüpft, in einer Epoche, deren überwiegender Teil mit der Regierung eines Mannes zusammenfällt: Ludwigs IX., bekannter seit seiner Kanonisierung 1297 als Ludwig der Heilige.

Von 1226 bis 1234 führte die Königinmutter, Blanca von Kastilien, die Witwe Ludwigs VIII., unter besonders schwierigen Umständen die Regentschaft. Gefährlichen Aufständen der Fürsten und Herren hatte sie die Stirn geboten, eine englische Invasion 1230 abgewehrt. Dank ihrer Energie und Gewandtheit und dank der Unterstützung vieler Stadtbürgerschaften – besonders der von Paris – und Teilen der Ritterschaft, vor allem aber des Papstes, hatte sie die Gefahren bestehen können. *De facto* regierte sie übrigens auch nach der Volljährigkeit ihres Sohnes; er unterstützte sie eher, als daß er selbst regierte. Bei einem Einfall Heinrichs III. 1242 zeichnete er sich als militärischer Führer aus; die Engländer und ihre Verbündeten aus dem Adel Südwestfrankreichs wurden bei Taillebourg und bei Saintes in die Flucht geschlagen.

Schon seit dieser Zeit waren bei Ludwig IX. die Charakterzüge zu erkennen, die tiefgreifend, je länger, desto mehr, seine Politik bestimmen sollten. Wie es später sein Biograph Joinville, der ihn gut kannte, beschrieb, war sein Ideal die *prudhommie*, eine Verbindung von kriegerischer Tapferkeit, Gerechtigkeitsgefühl, Fürsorge für die Armen und glühender Frömmigkeit, wobei das religiöse Element sicherlich überwog. Schon 1244 bezeigte es seine Kraft: der König nahm das Kreuz. Obgleich in jeder Hinsicht seine Anwesenheit in Frankreich notwendig war, brach er 1248 zum Kreuzzug auf und kehrte erst 1254 in sein Land zurück; Blanca von Kastilien führte indessen bis zu ihrem Tode 1252 die Regierung, danach Alfons von Poitiers, der Bruder des Königs.

Unter den politischen Ereignissen in der Regierungszeit Ludwigs des Heiligen, besonders nach seiner Rückkehr aus dem Heiligen Land, zeichnen sich einige von besonderer Wichtigkeit ab, allen voran seine Versuche, Streitfragen über französische Gebiete mit fremden Herrschern friedlich beizulegen. Im Jahre 1258 erreichte Ludwig im Vertrag von Corbeil, daß der König von Aragon, Jakob (Jaime) I., traditionelle Ansprüche seines Hauses auf die Grafschaft Toulouse aufgab, während er ihm Montpellier überließ; dafür verzichtete er auf die recht theoretische Lehnsherrschaft der Könige von Frankreich über die Grafschaften Roussillon und Barcelona. 1258 wurde in Paris ein Vertrag mit England abgeschlossen und 1259 feierlich proklamiert: der König von England sollte die Gascogne und – sofort oder nur zu einem ganz unbestimmten späteren Zeitpunkt – gewisse nördliche Teile von Aquitanien (Guyenne) erhalten, die sein Vater oder er selbst verloren hatte; für dieses Herzogtum hatte er dem König von Frankreich Mannschaft und Treueid zu leisten.

Man hielt Ludwig IX. seine Großzügigkeit dem besiegten Feind gegenüber vor, aus der heraus er ihm obendrein noch ein reichliches Geldgeschenk gewährte. Der König hatte aber vielfältige Gründe dafür, zweifellos auch religiöse: ein gerechter Vergleich sollte für alle Zukunft einen Krieg zwischen christlichen Monarchen ausschließen. Er verfolgte aber auch einen politischen Zweck; das Lehnsverhältnis des Königs von England als Herzog von Guyenne zu ihm, dem französischen König, wollte er wiederherstellen: »Er war nicht mein Lehnsmann, und nun leistet er mir Mannschaft«. Die Tatsachen sollten dem aber zuwiderlaufen: diese Mannschaftsleistung leitete Ereignisse ein, die schließlich zum Hundertjährigen Krieg führten.

Der König war ganz darauf bedacht, jedem »das Seine« zu lassen, und betrieb keinerlei expansive Politik. Trotzdem haben gewisse Vorgänge unter seiner Regierung zukünftige Gebietserwerbungen vorbereiten helfen oder den französischen Einfluß im Ausland gefördert. Sie stehen in Zusammenhang mit Unternehmungen des königlichen Bruders Karl, des Grafen von Anjou; er vermählte sich 1246 mit Beatrix, der Erbin der Grafschaft Provence, eines Lehens des Königreiches Arelat, und 1263 bot ihm der Papst die Krone Siziliens an.

Der Ruf der Frömmigkeit, Redlichkeit und Gerechtigkeit, den Ludwig schon früh erworben hatte, verbunden mit der Macht des französischen Königreiches, sicherten ihm ein solches Ansehen, daß er in zahlreichen politischen Zwistigkeiten um seinen Schiedsspruch gebeten wurde. Die berühmtesten seiner *dits*, seiner Urteilssprüche, fällte er 1246 und 1256 im Streit zwischen den Häusern Avesnes und Dampierre um die Erbfolge in Flandern und dem Hennegau – man folgte ihm schließlich – und 1264 zwischen Heinrich III. und den englischen Baronen unter Simon von Montfort, der Ludwigs Spruch jedoch verwarf.

Zu den wichtigsten innerpolitischen Problemen im Königreich gehörte an erster Stelle das der »Apanagen«, der Länder für die jüngeren Söhne des Königs. Ludwig VIII. hatte verfügt, daß Robert Artois, Karl Anjou und Maine, Alfons Poitou und die Auvergne bekam. Ludwig IX. machte es ebenso, aber in engeren Grenzen: Johann-Tristan erhielt Valois, Peter Perche und Alençon, Robert die Grafschaft Clermont-en-Beauvaisis. Wenn diese Apanagen auch recht selbständig regiert wurden, so hatte es Ludwig doch verstanden, ihnen seine Politik und seinen Willen aufzuzwingen.

Die Apanagen wurden den einzelnen Fürstentümern hinzugeschlagen, wodurch umfangreiche Gebiete entstanden, über die der König nur indirekte Macht ausübte. Aber die königliche Macht war im ganzen gewachsen. Andererseits hatte sich in den meisten dieser Gebiete die fürstliche Macht verstärkt; sie hatten eigene, leistungsfähigere Verwaltungs- und Gerichtsorgane entwickelt, wenn auch nicht überall auf dieselbe Weise und mit dem gleichen Erfolg. Unter den Oberhäuptern der alten Fürstentümer war es einzig den Grafen von Flandern gelungen, ein fast monarchisches System zu schaffen, das den Vergleich mit dem des Königs, ihres Lehnsherrn, durchaus standhielt.

Die Krondomäne vergrößerte sich kaum unter Ludwig dem Heiligen. Der Ankauf der Grafschaften Blois, Chartres, Sancerre und Châteaudun von dem Grafen der Champagne im Jahre 1234 und der Herrschaft des Grafen von Mâcon 1239 sind allein erwähnenswert. Bezeichnenderweise handelte es sich in beiden Fällen um käufliche Erwerbungen. Ludwig hatte zu große Achtung vor traditionellen Rechten, sofern sie rechtmäßig waren, als daß er versucht hätte, seine Besitzungen oder Rechte zum Schaden seiner Vasallen zu erweitern. Aber seine Beamten, besonders die Baillis, Seneschalle und Sergeanten, ergriffen, wenn auch ohne sein Wissen und oft gegen seine Anweisungen, jede sich bietende Gelegenheit, sogar jeden Vorwand, um die Besitzungen und Rechte des Königs zu mehren. Anders als ihr Herr kümmerten sie sich nur um *consuetudo* (Gewohnheitsrecht), *ratio* (Vernunft) und *iustitia* (Gerechtigkeit), wenn sie ihnen dienlich waren, und so blieb ihre Tätigkeit keineswegs ohne Erfolg.

Der »leidenschaftliche Heilige«, wie man Ludwig IX. mit Recht genannt hat, scheint sich in seinen letzten Lebensjahren immer mehr dem religiösen Leben gewidmet und sich kaum noch für konkrete Fragen interessiert zu haben. Im Jahre 1267 nahm er erneut das Kreuz; sein Entschluß war aber höchst unpopulär, denn er brachte finanzielle Belastungen mit sich, die Geistlichkeit und Bevölkerung schwer bedrückten. 1270 brach der Kreuzzug auf, wurde aber nach Tunis abgelenkt, höchstwahrscheinlich auf den Wunsch des sizilianischen Königs, Karl von Anjou, hin, der eine französische Landung an der afrikanischen Küste für wichtig hielt. Technisch widersprachen Organisation und Führung des Heerzuges allen vernünftigen Überlegungen. Das Heer hatte kaum Gelegenheit zu kämpfen; Seuchen rafften es dahin; vor Tunis erlag der König der Pest am 25. August 1270. Da erschien Karl von Anjou an der Spitze von Verstärkungen und handelte mit dem Sultan einen ehrenvollen Frieden aus. Gedanken an das Heilige Land wurden aufgegeben; bei der Rückkehr nach Frankreich löste sich der Rest des Heeres auf.

Trotz der schweren Verantwortung Ludwigs an dieser Katastrophe traten Kummer und Beschuldigungen hinter der allgemeinen Verehrung zurück. Sein Hinscheiden auf dem Boden der Ungläubigen fügte seinem Ruf der Heiligkeit gleichsam die Herrlichkeit des Märtyrers hinzu. Und die schweren Verluste auf diesem so ungeschickten wie katastrophalen Feldzug verringerten um nichts den Ruhm Frankreichs, die erste politische Macht in Europa zu sein.

Philipp III. der Kühne folgte seinem Vater ohne Schwierigkeiten auf den Thron. Die einzigen Tatsachen von Bedeutung unter seiner fünfzehnjährigen Regierung sind Gebietserwerbungen: nach dem Tod Alfons' von Poitiers und seiner Gemahlin im Jahre 1271 fiel Poitou an die Krondomäne zurück, der Rest der Grafschaft Toulouse ging ebenfalls an die Krone. 1273 wurde jedoch das Comtat Venaissin, die ehemalige Markgrafschaft Provence, im Königreich Arelat dem Papst abgetreten. Im Vertrag von Amiens 1279 erhielt Eduard I. von England Agenais und den Süden von Saintonge; die Anwartschaft darauf hatte schon Heinrich III. in den Jahren 1258/1259 erlangt. Die Vermählung des Prinzen Philipp – des zukünftigen Philipp des Schönen – mit Johanna von Navarra, der Erbin der Champagne, 1284 bereitete die Vereinigung der Grafschaft mit der Krondomäne vor. Im selben Jahr fiel die Apanage des soeben verstorbenen Peter, des Grafen von Perche und Alençon, an den König zurück; aber im folgenden Jahr gab Philipp die Grafschaft Valois als neue Apanage seinem zweiten Sohn Karl, dem Haupt der Linie, die 1328 den letzten direkten Kapetingern folgen sollte.

Die Ereignisse, die Philipps Regierung beenden sollten, waren die Folge der italienischen Abenteuer Karls von Anjou. Peter III. von Aragon hatte Karl, den Bruder Ludwigs des Heiligen, 1282 aus Sizilien verjagt und war daraufhin von Papst Martin IV. exkommuniziert und seines Königreiches, eines päpstlichen Lehens, für verlustig erklärt worden. Im Einverständnis mit Karl von Anjou bestimmte der Papst 1284 nun Karl von Valois zum König von Aragon und trug Philipp auf, dessen neues Reich in Besitz zu nehmen. Der stürzte sich, unüberlegt und von mittelmäßiger Intelligenz, kopfüber in diese Heerfahrt, die er als Kreuzzug verstand. Seinen strategischen und taktischen Fehlern kamen allenfalls noch die Ausschreitungen seiner Truppe gleich. Die französische Flotte wurde von der aragonesischen unter dem italienischen Admiral Roger von Lauria vernichtet; eine Epidemie erledigte das Heer, dessen Überreste zu allem noch unter den Angriffen aragonesischer leichter Truppen schwer zu leiden hatten. Der König, völlig erschöpft, starb am 5. Oktober 1285 in Perpignan.

Ludwig der Heilige hatte eine höchst bedeutsame Rolle in der politischen Organisation Frankreichs gespielt, deren Grundlagen von Philipp II. August und Ludwig VIII. geschaffen und von ihm zu einem zusammenhängenden Ganzen weiterentwickelt worden waren. Diese Tätigkeit hatte Philipp der Kühne fortgesetzt.

Seit Philipp August und sogar schon seit Ludwig VII. war ein Teil der Curia richterlichen Aufgaben vorbehalten worden. Eine richterliche Sektion zeichnete sich jetzt deutlich in der Curia ab. Wenn auch noch Prälaten, Adlige und Ritter an ihren Sitzungen teilnahmen, gehörten ihr bereits Spezialisten als ständige Mitglieder an, die *Maîtres;* einige von ihnen hatten an den Universitäten römisches Recht, mitunter auch kanonisches, studiert, obwohl die Curia im Prinzip noch das Gewohnheitsrecht anwendete. *Parlamentum,* das »Parlament«, wie die Sitzungsperioden des Hofes im allgemeinen genannt worden waren, wurde schon vor dem Jahrhundertende auf solche beschränkt, die von den Rechtsspezialisten abgehalten wurden; man nannte sie zuweilen *les maîtres tenant le Parlement.* Die Sitzungen tagten ungefähr seit 1250 an festen, vorher angekündigten Terminen. In Anbetracht der zunehmenden Fälle hatten bestimmte Mitglieder die von den Parteien eingereichten Gesuche *(requêtes)* zu prüfen, andere die häufig unerläßlichen Untersuchungen *(enquêtes)* zu führen; aber weder waren die Kammern getrennt noch das Parlament von der Curia völlig unabhängig; es ist nicht immer leicht zu bestimmen, ob ein Fall von dem einen oder dem anderen Gericht abgeurteilt worden ist.

Unter den vor das Parlament gebrachten Angelegenheiten gewannen die Klagen der Untertanen gegen ihre Fürsten und die Einsprüche gegen Beschlüsse oder Urteile der fürstlichen Höfe und Gerichte zunehmend an Bedeutung.

Die Kontrolle der Einkünfte, Auflagen und Ausgaben des Königs, besonders der Abrechnungen der königlichen Beamten, wurde die Aufgabe einer neu sich bildenden Sektion der Curia, der *curia in compotis,* der Rechnungskammer. Sie hielt ihre Sitzungen im Pariser »Tempel« ab, da die Templer den Schutz und die Verwaltung des königlichen Schatzes übernommen hatten. Die immer wichtiger werdenden Beträge, die die Könige als Beden von bestimmten Kategorien von Untertanen fordern konnten, und solche, die die Geistlichkeit mit Genehmigung des Papstes zu entrichten hatte, wurden als »außerordentliche Finanzen« aufgeführt. Sie flossen direkt dem königlichen Schatz zu, waren also der Kontrolle der Rechnungskammer entzogen.

In den mit der Krondomäne vereinigten Gebieten wurden die regionalen Einrichtungen nicht beiseite geschoben, sondern in manchen Fällen nach einigen Abänderungen übernommen. Das war namentlich unter den Nachfolgern Philipp Augusts in der Normandie der Fall, deren Verwaltung und Rechtsprechung dem königlichen Frankreich eher voraus waren. Der *Echiquier*, etwa der höchste Gerichts- und Rechnungshof, blieb bestehen und wurde nur um *maîtres* der königlichen Curia und später des Parlaments erweitert. Vielleicht haben Organisation und Verfahren des *Echiquier* einen Einfluß auf die des Parlaments ausgeübt.

Die Baillis und Seneschalle erhielten größere Kompetenzen und vor allem fest umgrenzte Distrikte für ihre Verwaltungs- und Richtertätigkeit: die *ballivia, baillie, bailliage, senescaleia, sénéchaussée*. Dies war etwa in der Mitte der Regierungszeit Ludwigs IX. erreicht; unter Philipp III. wurde den Bailliages ein eigenes Siegel verliehen. In der *prevôté* von Paris setzte der König keinen Bailli ein; der Prévôt von Paris war aber einem Bailli gleichgestellt.

Aus seinen religiösen und moralischen Bestrebungen heraus traf Ludwig der Heilige eine Reihe wichtiger Maßnahmen auf dem Gebiet der Verwaltung. Die königlichen Beamten hatten, wie wir wissen, wenig Bedenken, wenn es darum ging, die Rechte des Königs geltend zu machen oder zu erweitern; sie mißbrauchten ihre Amtsgewalt aber ebenso in eigenem Interesse und ließen sich oft zu regelrechten Erpressungen hinreißen. Deshalb ernannte Ludwig IX. im Jahre 1247 Prüfer, die Mißbräuche und Ungerechtigkeiten der königlichen Beamten aufzudecken hatten; derartige Untersuchungen wurden nach der Rückkehr des Königs vom Kreuzzug Jahr für Jahr vorgenommen, die Sanktionen, Rückerstattungen oder Schadenersatz nach sich ziehen konnten. Königliche Verordnungen erinnerten 1254 und 1256 die Baillis an Buchstaben und Geist ihrer Pflichten; 1254 hatte Alfons von Poitiers ein ähnliches Statut in seiner Apanage erlassen. Diese Untersuchungen wurden unter Philipp III. fortgesetzt. Die schwersten Mißbräuche scheinen bei den unteren Beamten, den Sergeanten, vorgekommen zu sein. Joinville beschwerte sich 1267 bei Ludwig dem Heiligen: »Die Sergeanten des Königs von Frankreich und des Königs von Navarra – des Grafen der Champagne – hatten mich ruiniert und meine Leute arm gemacht.«

Italien nach dem Tod Friedrichs II.

Die Geschichte Englands und Frankreichs im 13. Jahrhundert weist eine gewisse, unschwer zu überschauende Einheit auf; ganz anders die Geschichte Italiens, die in derselben Epoche nichts als endlosen Streit aus Ehrgeiz und Eigennutz, jeder gegen jeden, kannte; der Heilige Stuhl, königliche und fürstliche Häuser, Adelsfamilien, die Städte und in ihrem Inneren

Parteien und einzelne Gruppen, alle kämpften gegeneinander. So ist es einigermaßen schwierig, in diesen Wirren allgemeine Linien zu erkennen. Man wird sich infolgedessen damit begnügen müssen, aufzuzeigen, was wirklich mehr als bloß lokale oder regionale Bedeutung hatte.

Im Italien der letzten sechzig Jahre des 13. Jahrhunderts treten in einer Anzahl von Städten »Herren« auf, die über die Bevölkerung große, mitunter geradezu absolute Macht ausüben, eine Art von »Tyrannei« im antiken Wortsinne: die *signoria*. Einige davon waren richtige Abenteurer, die sich mit Gewalt der Herrschaft bemächtigten, wie Ezzelino da Romano in Verona. Andere waren Podestá oder *capitani del popolo*, »Volksführer«, die sich auf längere Zeit wählen ließen. Die Varianten waren zahlreich. Zuweilen hatte die Signoria die Machtstellung der Podestá übernommen oder sich dieses Amt auch nur unterstellt. Den neuen Herren gelang es ziemlich rasch, ihre Macht auf Lebenszeit, in manchen Fällen sogar als erblichen Besitz zu etablieren. Bald dehnten sie ihre Macht – nicht immer widerstandslos – auch auf andere Städte aus, was nicht wenigen dieser Signorien den Charakter territorialer Herrschaften verlieh. Die meisten hielten sich übrigens nur kurze Zeit; lediglich eine kleine Anzahl blieb in der ersten Periode ihrer Geschichte in derselben Familie: etwa in der »Dynastie« der Este in Ferrara.

Nach dem Tod Friedrichs II. brachen auch die letzten Reste der kaiserlichen Autorität in Italien zusammen; nur in Teilen Norditaliens, in Pavia, Cremona, Verona, Padua und Vicenza, hielten sich lokale Gewalten, die sich auf das Reich beriefen. Auch im Königreich Sizilien waren Aufstände ausgebrochen. Die Päpste, zunächst Innozenz IV. und nach dessen Tod (1254) der höchst mittelmäßige Alexander IV., sahen ihre Pläne von den Ereignissen begünstigt und suchten ihre Macht und ihren Einfluß in den verschiedenen Teilen der Halbinsel zu stärken, vor allem erstrebten sie die Herrschaft über Sizilien. Deshalb mußte ein zuverlässiger Kandidat für den sizilianischen Thron gefunden werden. Nach vielen vergeblichen Bemühungen wurde schließlich Edmund, der Sohn des englischen Königs Heinrich III., 1255 designiert. Damit hatte es aber, wie wir wissen, sein Bewenden. Die letzten Staufer, Konrad, der legitime Sohn Friedrichs II., und Manfred, dessen natürlicher Sohn, dachten gar nicht an einen Verzicht. Konrad starb 1254, doch Manfred hielt das Königreich, Sizilien und die Gebiete auf dem Festland, in fester Hand. Zudem verlor der Papst in Norditalien an Boden, wo sich viele Herren und Städte wieder mit den Staufern verbündeten; das geschah auch in der Toskana und sogar in Florenz, das 1254 über seine Rivalen wie Siena, Pisa oder Pistoia gesiegt hatte. Obwohl hier die Guelfenpartei und der *primo popolo*, die organisierte Bürgerschaft, am Ruder waren, waren die Florentiner weit davon entfernt, immer nur eine dem Heiligen Stuhl genehme Politik zu treiben. Nach dem Sieg der mit den Siennesen verbündeten Ghibellinen bei Montaperti 1260 mußte die welfische Partei auch in Florenz ihre Machtstellung an die Ghibellinen abtreten. Und in Rom selbst war das Papsttum Volksaufständen auf Gnade und Ungnade ausgeliefert; mehr als einmal mußte der päpstliche Oberherr die heilige Stadt verlassen. Das dem Papst verlorengegangene Terrain war Manfred zugute gekommen. Man täuschte sich jedoch in der Annahme, dieser verfüge bei seinen Verbündeten über mehr als nur indirekten Einfluß und eine von momentan gleichlaufenden Interessen begünstigte Neigung zur Zusammenarbeit.

Manfred schien auf dem Gipfel seiner Macht, da starb Alexander IV. (1261). Sein Nachfolger war Urban IV., ein energischer Franzose und unabhängiger als sein Vorgänger, der sich durch seinen Nepotismus zuweilen zu unüberlegten Handlungen hatte hinreißen lassen. Der neue Papst stellte bald die pontifikale Autorität in Rom wieder her, unterstützte finanziell die Guelfenpartei in der Toskana und sicherte sich den Beistand der Städte, in denen diese Partei die Regierung an sich gerissen hatte. In der Lombardei wurden nützliche Vereinbarungen getroffen, namentlich mit Obizzo d'Este, dem »Herrn« von Ferrara. Nach dem endgültigen Verzicht auf die eitle Hoffnung, die Engländer würden bei der Wiedereroberung Siziliens Hilfestellung leisten, verhandelte der Papst mit Ludwig dem Heiligen über die Designation von dessen Bruder Karl, dem Grafen von Anjou und der Provence. Mit Karl wurde 1263 ein Vertrag abgeschlossen, der dem Papst eine einträgliche Lehnshoheit sicherte; der Zins wurde auf etwa 10000 Unzen Gold festgesetzt – später auf 8000 ermäßigt –; außerdem hatte Karl als einmalige Leistung 50000 Mark zu zahlen. Karl war im selben Jahr zum römischen Senator gewählt worden, und das versprach dem Papst einen energischen, wenn auch vielleicht ein wenig zu selbstbewußten Beschützer.

Das so wirkungsvolle Pontifikat Urbans IV. war nur kurz, Urban starb am 2. Oktober 1264. Wieder bestieg ein Franzose, Clemens IV., den päpstlichen Stuhl. Er empfing Karl von Anjou 1265 in Rom; und sobald dieser talentvolle militärische Führer ein Heer um sich gesammelt hatte, zog er ins Feld und vernichtete am 26. Februar 1266 vor Benevent die Streitmacht Manfreds, der dabei sein Leben verlor. In den folgenden Monaten unterwarf sich Karl das Königreich und versuchte außerdem, mehr oder weniger in Konkurrenz mit dem Papst, sich die Oberhoheit über andere Teile Italiens zu sichern, in denen die Bündnisse, eben geschlossen, sogleich wieder gelöst wurden und Fraktionen und Parteien in den Städten einander ablösten; 1267 setzten die Truppen des Grafen von Anjou die Guelfen in Florenz wieder in die Macht ein.

Diese erfolgreichen Aktionen unterbrach eine letzte Offensive des Hauses Hohenstaufen. Konradin, Konrads junger Sohn, forderte sein Familienerbe zurück; 1267 verließ er Deutschland und trat 1268 von Verona aus den Marsch nach dem Süden an. Es war ein Triumphzug; der junge schwäbische Prinz zog unter Jubelrufen sogar in Rom ein. Aber am 23. August wurde er bei Tagliacozzo von Karl von Anjou geschlagen und fiel bald darauf in dessen Hände. Der Sieger entehrte sich tief, indem er seinen jungen und tapferen Gegner hinrichten ließ.

Nach dem Tod Clemens' IV. am 29. November 1268 blieb der päpstliche Stuhl lange Zeit verwaist; erst am 1. September 1271 wurde Gregor X. gewählt. Er ließ dem König von Sizilien freie Hand, seine Politik in Italien und anderswo hemmungslos durchzusetzen. Grausam vernichtete Karl den legitimistischen Widerstand, der sich während Konradins Feldzug im Königreich und besonders in Sizilien in einer Erhebung Luft gemacht hatte. Die königlichen Institutionen der Normannen und Staufer wurden den neuen Erfordernissen angepaßt, vor allem das Finanzwesen fand besondere Beachtung. Seine Ansprüche wurden höher geschraubt, um die Schatzkammer regelmäßig füllen zu können, die seit 1277 im Kastell del Uovo in Neapel untergebracht war; Neapel begann jetzt die Rolle der Hauptstadt zu spielen. Immer mehr beschäftigte man nun Franzosen in der Verwaltung, die Karl von Anjou zu einer der leistungsfähigsten, wenn nicht der leistungsfähigsten Europas machte. Zur Sicherung seiner Herrschaft in seinem Reich belehnte er provenzalische und französische Ritter mit umfangreichen Ländereien und schuf sich damit eine ihm ergebene Vasallenschaft. Gleichzeitig reorganisierte er auch in Rom die Verwaltung und stellte dort die Ordnung wieder her. In der Toskana begünstigte er die Guelfenpartei, die ihn um so eher ihres Beistands versicherte, als er die wirtschaftliche Aktivität ihrer Mitglieder im Königreich wesentlich förderte.

Italien war aber nur einer der Schauplätze, auf denen sich die Tatkraft des Angevinen bemerkbar machte. Wir kennen schon seine Rolle in Tunis 1270 zur Zeit des letzten Kreuzzuges seines Bruders; er nutzte dort die Umstände, um vom Sultan Handelsvorteile an der nordafrikanischen Küste zu erringen, dies übrigens auf Gegenseitigkeit. Ebenso wie die Normannen und Staufer war er von dem mittelländischen Zauber geblendet. Er besetzte Korfu in der Absicht, das Lateinische Kaiserreich zu seinen Gunsten wiederaufzurichten; er bemächtigte sich einiger Gebiete im Westen des eben in Europa wiedererstandenen Byzantinischen Reiches; 1278 erwarb er das lateinische Fürstentum Morea; im Vorjahr hatte seine Flotte Akko besetzt, und er war im Rumpf-Königreich Jerusalem zum König ausgerufen worden. Das war zuviel, um nicht zerbrechlich zu sein; trotzdem erweckte das Königreich Sizilien den Eindruck, die erste politische und – dank dem Umstand, daß Karl zugleich Herr des großen provenzalischen Hafens Marseille war – auch die erste wirtschaftliche Macht der mediterranen Welt zu sein.

Die Feinde des Königs von Sizilien waren zahlreich, namentlich in Norditalien, wo Karl versucht hatte, sich neue Machtpositionen zu sichern. Das ghibellinisch gewordene Genua nahm 1270 endlich den Kampf gegen ihn auf. Pavia und andere Städte, sogar Mailand, wo seit 1277 der Erzbischof Otto Visconti regierte, schlossen sich an. Karl von Anjou wurde aus Norditalien verdrängt, konnte aber in der Toskana seine Macht mehr oder weniger behaupten. In Sizilien wuchs die Unzufriedenheit: drückende Steuerlasten, den Leuten vom Festland und besonders den Franzosen vorbehaltene Vergünstigungen, Willkürakte aller Art erregten die Gemüter. Der byzantinische Kaiser Michael VIII. ließ Geldmittel an die Opposition verteilen, und Peter III. von Aragon beauftragte Geheimagenten mit der Organisation eines allgemeinen Widerstandes gegen den Tyrannen. Peter III., der sich mit Konstanze, Manfreds Tochter, vermählt hatte, mußte in der Tat über die Entwicklung der angevinischen Macht besorgt sein, die aus dem westlichen Mittelmeer ein französisches Meer zu machen drohte; die politischen Spannungen zwischen Peter III. und Karl von Anjou nahmen gefährlichen Charakter an.

Da kam es am 30. März 1282 in Palermo nach einem geringfügigen Streit zu ernsten Vorfällen, die in einem Gemetzel unter der französischen Garnison und den in der Stadt seßhaften Franzosen ausarteten. Nach dieser »Sizilianischen Vesper« griff der Aufstand alsbald auf die ganze Insel über; alle Franzosen wurden verjagt. Peter III. von Aragon war sofort zur Intervention bereit und ließ eine Flotte in der Nähe der nordafrikanischen Küste Stellung beziehen. Sobald er von den Aufständischen gerufen wurde, landete er seine Truppen, besetzte Sizilien, machte die Erbansprüche seiner Frau geltend und wurde als König anerkannt. Vergeblich versuchte Karl von Anjou zweimal, 1283 und 1284, in Sizilien zu landen. Er mußte sich schließlich mit dem Festland begnügen; auch seine orientalischen Pläne fielen — wie die seiner Vorgänger — in sich zusammen. Papst Martin IV. (1281—1285), wieder ein Franzose, verhängte gegen den König von Aragon die uns schon bekannten Sanktionen. Selbst der König von Frankreich wurde in den lächerlichen »Kreuzzug gegen Aragon« hineingezogen. Karl von Anjou starb am 7. Januar 1285, ohne das katastrophale Ende der Expedition erlebt zu haben, die seinem verletzten Stolz hatte Genüge tun sollen.

Die christlichen Staaten der Iberischen Halbinsel im 13. Jahrhundert

Die entscheidende Rolle Aragons in der mittelmeerischen Politik seit dem letzten Viertel des 13. Jahrhunderts wird nur aus der Geschichte der Iberischen Halbinsel in den vorangegangenen achtzig Jahren heraus verständlich. Alle christlichen Königreiche, besonders Kastilien und Aragon, hatten im Laufe dieser Jahrzehnte minderjährige Könige erlebt und die Folgen davon, die Palastintrigen und die Wirtschaft aristokratischer Cliquen, die jede aktive Politik lähmten, zur Genüge kennengelernt. Aber im ganzen gesehen erlebte das 13. Jahrhundert eine beträchtliche Ausdehnung der christlichen Staaten auf Kosten des Islams. Die almohadische Reaktion hatte Kastilien tief erschüttert und ihm die meisten seiner Eroberungen südlich der Berge von Toledo wieder abgenommen. Man mußte das Schlimmste befürchten. Das erkannte klarsichtig der Mann, der Alfons VIII. glücklicherweise als Ratgeber zur Seite stand: Rodrigo Jimenez de Rada, Erzbischof von Toledo, an den Pariser Schulen gebildet und einer der spanischen Förderer der Übersetzung arabischer Werke der Philosophie und Naturwissenschaft. Er verstand es, den so notwendigen Frieden zwischen Kastilien, Aragon und Navarra herzustellen, Ritter aus dem Ausland, besonders aus Frankreich, heranzuziehen und bei Papst Innozenz III. den Aufruf zum Kreuzzug zu erwirken.

Nach umsichtigen Vorbereitungen begann 1212 eine große Heerfahrt der Könige von Kastilien, Aragon und Navarra; auch Ritter aus Südfrankreich nahmen daran teil. Die Gebiete südlich der Berge von Toledo wurden erobert, und am 16. Juli kam es jenseits der Sierra Morena bei Las Navas de Tolosa zur Entscheidungsschlacht, die mit einer totalen Niederlage für das almohadische Heer endete. Uneinigkeit unter den Verbündeten und Müdigkeit hinderten die Sieger daran, diesen großen Erfolg strategisch zu nutzen. Man begnügte sich mit dem Errungenen: Kastilien erstreckte sich nun bis an die Grenze Andalusiens. León hatte sich geweigert, am Feldzug teilzunehmen, errang aber doch unter seinem König, Alfons IX., 1213 in Estremadura einen bedeutenden Erfolg im Kampf gegen die Almohaden.

In den Jahren nach Las Navas de Tolosa zerbrach in Spanien die Einheit der almohadischen Macht, die dann auch in Nordafrika von Aufständen erschüttert und schließlich vernichtet wurde. Das eröffnete günstige Aussichten für eine neue Offensive der christlichen Königreiche.

Alfons VIII. von Kastilien war 1214 gestorben; sein Sohn Heinrich I. starb im Kindesalter. Ihm folgte der Sohn des Königs von León auf den Thron, Ferdinand III., der Heilige (1217–1252). Aber erst 1225 war seine Macht so weit gefestigt, daß er eine gegen den Süden gerichtete Aktion wagen konnte. Der König von León, Alfons IX., hatte inzwischen seinerseits den überwiegenden Teil von Estremadura mit Mérida und Badajos erobert. Da starb er 1230, und der Adel weigerte sich, das Reich, dem königlichen Testament gemäß, zu teilen; er erkannte den König von Kastilien an, und von nun an blieb León bei Kastilien, das auf diese Weise einen erheblichen Kraftzuwachs erfuhr.

Andalusien wurde in den folgenden Jahren von Ferdinand dem Heiligen erobert, 1236 wurde Córdoba genommen, 1246 Jaén, Sevilla und Cádiz 1248. Im selben Jahr unterwarf sich der muslimische König von Murcia dem König von Kastilien. Granada war schon einige Jahre zuvor tributpflichtig geworden. Ferdinands Sohn, Alfons X. der Weise – der als deutscher König niemals nach Deutschland kam –, vereinigte 1266 das Königreich Murcia mit Kastilien, nachdem eine muslimische Revolte, die auf seine Bitte hin von Jakob I. von Aragon unterdrückt wurde, die Gelegenheit dazu geboten hatte. In den fünfziger Jahren des Jahrhunderts hatte Kastilien also sein Gebiet erheblich erweitern können, es umfaßte nun beinahe die Hälfte der Halbinsel. Und es besaß eine längere Küste. Bislang war die kantabrische Küste bei weitem die wichtigste gewesen; ihre Häfen hatten dem König sogar eine Flotte gestellt, die ihm bei der Eroberung Andalusiens außerordentlich nützlich gewesen war. Nun aber boten die atlantischen Häfen Cádiz und Sevilla weiter im Landinneren und Murcia an der Mittelmeerküste neue Möglichkeiten.

Gleichlaufend mit der kastilischen Reconquista drängten die Könige von Portugal die Mauren weiter nach Süden ab. Diese Eroberungen waren das Werk Sanchos II. (1223 bis 1245) und seines Bruders Alfons III. (1245–1279). Im Jahre 1249 machte sich Alfons III. zum Herrn Südalgarbiens, wogegen Kastilien, allerdings vergeblich, Einspruch erhob; es wurde 1267 Portugal zuerkannt und blieb dessen südlichster Teil. Die militärischen Orden, die Templer und Johanniter, spielten in den Kriegshandlungen eine gewichtige Rolle; vor allem aber waren es die spanischen Orden von Calatrava und Santiago, die sich später in Portugal als einheimische Orden von Avis und Palmela niederließen.

Navarra hatte seine frühere Bedeutung verloren. Da es kein muslimisches Gebiet mehr zu erobern gab, blieben ihm territoriale Gewinne versagt, es sei denn, sie wären auf Kosten von Kastilien oder Aragon gegangen. Versuche der Könige von Navarra in dieser Richtung waren jedoch von Wirrköpfen erdacht und mußten mit Mißerfolgen bezahlt werden. Im Jahre 1234 ging das Königreich an Thibaut IV., den Grafen der Champagne, über, der als Thibaut I. König von Navarra wurde; auf diese Weise wurde es in die französische Politik hineingezogen, in der die Könige von Navarra eine nicht unbedeutende Rolle spielen sollten.

Aragon dagegen, das sich bis Anfang des 13. Jahrhunderts immer wieder in die Angelegenheiten Frankreichs eingemischt hatte, hielt sich um die Mitte des Jahrhunderts zurück. Die Könige von Aragon hatten in der zweiten Hälfte des 12. Jahrhunderts jenseits der Pyrenäen Fuß gefaßt. Peter II. war Graf von Roussillon und Lehnsherr der Grafschaften Béarn und Bigorre gewesen; 1204 hatte er Marie, die Tochter Wilhelms VIII., des letzten Herrn von

Montpellier, geheiratet und sich mit dem tolosanischen Haus ausgesöhnt, mit dem sein Vater und er um die Vorherrschaft im Languedoc und der Provence in Streit geraten waren; 1202 hatte er eine seiner Schwestern Raimund VI., dem Grafen von Toulouse, zur Frau gegeben. Seinem Schwager, seinen Freunden und Vasallen im Languedoc war er im Kampfe gegen die räuberischen Kreuzfahrer aus dem Norden zu Hilfe geeilt und war, wie wir wissen, in der Schlacht bei Muret 1213 gefallen.

Die Minderjährigkeit seines Sohnes Jakob I. beschwor natürlich schwierige Zeiten. Erst 1227 war der König zu außenpolitischer Aktivität imstande; zuvor hatte er jedoch in seinem Reich Ordnung geschaffen und sich eine recht wirksame Machtstellung erobert. Das Interesse an den Angelegenheiten Südfrankreichs hatte er keineswegs verloren, aber er besaß Weisheit genug, die Erfolglosigkeit seiner Bemühungen vorauszusehen. Er schloß mit Ludwig dem Heiligen 1258 den uns schon bekannten Vertrag von Corbeil, in dem er auf seine Gebietsansprüche im Languedoc – außer auf Montpellier – verzichtete und dafür den Verzicht des französischen Königs auf die Grafschaften Barcelona und Roussillon erlangte.

Inzwischen zeichnete sich schon die Expansionspolitik ab, die Jakob I. den Beinamen »der Eroberer« eintrug. Auf das dringende Gesuch der Katalanen und besonders der Bürger von Barcelona hin ging er an die Eroberung der Balearen, die in den Händen der Mauren eine beständige Bedrohung für den Handel seines großen Hafens darstellten. Auf zwei Feldzügen, 1229 und 1231 bis 1232 – beim ersten wurde er von Rittern aus Südfrankreich und der Provence unterstützt –, gelang es ihm, sich Mallorcas zu bemächtigen; Ibiza folgte 1235. Der maurische Fürst von Menorca unterstellte sich 1232 seiner Schutzherrschaft; die Insel selbst wurde erst 1287 erobert. Von 1232 an zielten Feldzüge auf dem Festland nach Süden; sie endeten mit der Besetzung von Valencia 1238 und 1245 mit der Eroberung des ganzen Gebietes dieser Stadt. Seine lange Küste, die Herrschaft auf den Balearen und die Sorge für seine großen Häfen waren Anlaß genug, die wirtschaftlichen und politischen Interessen Aragons nun immer stärker dem Mittelmeer zu widmen. Im Jahre 1262 war jedoch dieser bedeutende Gebietskomplex geteilt worden; rein dynastische Erwägungen brachten die Einheit des Reiches in Gefahr. Die Balearen, Montpellier und Roussillon waren abgetrennt und zu einem Königreich Mallorca für Jakob, den jüngeren Sohn des Herrschers, zusammengefaßt worden; obgleich der neue König Peter III. (1276–1285) ihn 1279 zu seinem Vasallen machte, bedeutete es für Aragon eine gewisse Schwächung.

Unter welchen Umständen Peter III. seine Politik in Italien entwickelte und 1282 Sizilien erwarb, daß der »Kreuzzug« des französischen Königs Philipp III. gegen ihn trotz der Unterstützung durch den König von Mallorca 1285 völlig scheiterte, ist schon berichtet worden. Aragon war trotz der Amputation von 1262 die wohl bedeutendste Macht des westlichen Mittelmeers geworden.

Im ausgehenden 13. Jahrhundert erreichten Kastilien, Portugal und Aragon ungefähr die Grenzen, die sie bis zum Ende des Mittelalters halten sollten. Die Muslime waren in den äußersten Süden Spaniens zurückgedrängt worden, auf das von Kastilien eingeschlossene nasridische Königreich Granada.

Wir können uns leider nicht auf Einzelheiten der den verschiedenen christlichen Reichen der Halbinsel eigentümlichen Institutionen einlassen. Gleichwohl sollen einige charakteristische Züge aufgezeigt werden. Einen davon haben sie mit allen politischen Gebilden in Westeuropa gemeinsam: die königliche oder fürstliche Macht entwickelt bestimmte Methoden und Einrichtungen, mit deren Hilfe sie ihre Autorität zur Geltung bringt und den

Spanien UM 1400

Schutz von Personen und Gütern gewährleistet. Andere Züge finden sich nur in den Königreichen der Halbinsel: schon seit dem 11. Jahrhundert, vor allem aber seit dem 12. Jahrhundert, wurden ungezählten Dörfern und Städten, teilweise während ihrer Wiederbesiedlung, Freibriefe *(fueros)* verliehen. Diese Urkunden legten die Rechte und Pflichten fest – häufig wurde den Ortschaften auch schon ein gewisses Maß an Selbstverwaltung zugebilligt – und hatten so, übrigens mit unterschiedlichem Erfolg, die königliche oder adlige Willkür einzuschränken.

Denselben Zweck verfolgten die Versammlungen, für die sich seit etwa 1130/1140 die Bezeichnung *cortes* einzubürgern begann. Sie waren anscheinend aus erweiterten Sitzungen der königlichen Curia hervorgegangen, zu der sich die hohe Geistlichkeit und der Adel zur Beratung des Königs versammelten. Sie wurden immer häufiger einberufen und entwickelten sich im Laufe des späten 12. Jahrhunderts zu einer eigenen Institution; in vielen Fällen konnten sie auch ihren Willen durchsetzen. Man begegnet ihnen in León und Kastilien, in Portugal, in der Grafschaft Barcelona und in Aragon.

Die Cortes bewahrten übrigens ihre Eigenständigkeit auch dann, als León mit Kastilien und Katalonien mit Aragon vereinigt wurden; mehr noch, selbst in den von Aragon eroberten Städten, etwa Valencia, bildeten sich Cortes. In Navarra jedoch traten sie erst im 14. Jahrhundert auf.

Die Elemente »Stadt« und »Dorf« treten in den Cortes je nach Staaten oder Gegenden zu verschiedenen Zeiten in Erscheinung, in León schon Ende des 12. Jahrhunderts, anderswo in der ersten Hälfte, in Portugal um die Mitte des 13. Jahrhunderts. Wenn auch die Cortes rechtlich ihren beratenden Charakter bewahrten, so bildeten sie doch ein gewichtiges Moment im Regierungssystem; in mehr als einem Fall spielten sie die ausschlaggebende Rolle, etwa die Cortes von Katalonien bei der Entscheidung über den Feldzug gegen Mallorca 1228.

Das mittelalterliche Spanien hatte ein ihm eigentümliches Problem zu bewältigen: die heterogene Bevölkerung. Anders als die christlichen Bevölkerungsteile – die Mozaraber verschmolzen mit den anderen Christen im 13. Jahrhundert ohne größere Schwierigkeiten – gerieten die dank den Eroberungen ständig an Zahl zunehmenden muslimischen Elemente nach den erbitterten Kämpfen gegen die Almohaden und den Aktionen des Heiligen Stuhls und der Dominikaner im 13. Jahrhundert in eine bedrängte Lage; sie lebten unter erheblich ungünstigeren Bedingungen als früher. Auf jeden Fall waren die persönlichen Beziehungen zwischen Muslimen und Christen erheblichen Belastungen ausgesetzt. Die »mudejarischen« Bevölkerungsteile konnten jedoch in Kastilien und Aragon im wesentlichen ihre Rechte erhalten; mitunter boten ihnen Urkunden – etwa die Kapitulation von Sevilla oder Valencia – einen gewissen Schutz gegen allzu große Willkür. In Portugal und auf Mallorca scheint ihre Lage schwieriger gewesen zu sein.

Schließlich sei noch kurz die in mehreren Häfen Spaniens entstandenen ausländischen, namentlich italienischen privilegierten Handelskolonien erwähnt. Man kennt genuesische Kolonien in Palma auf Mallorca (1231), in Barcelona (1233) und in Sevilla (1251). Alfons X., der Weise, von Kastilien hatte einen Genuesen, Ugo Vento, als Admiral in seinen Diensten. Er war der erste in einer langen Reihe von Italienern, besonders von Genuesen, die in den folgenden Jahrhunderten in der Seefahrt und der Kolonisation der Staaten auf der Iberischen Halbinsel eine hervorragende Rolle spielten.

Das Ende des Lateinischen Orients

Im 13. Jahrhundert galt die Bezeichnung »lateinischer Orient« sowohl dem »Reich Romania« wie dem Königreich Jerusalem und den lateinischen Fürstentümern der Levante. Das Lateinische Kaiserreich, dieses merkwürdige politische Gebilde, von dem Papst Honorius III. sagte, es sei »fast ein neues Frankreich« *(quasi nova Francia)*, ging nach dem Tode seines Kaisers Heinrich I. (1216) rasch seinem Niedergang entgegen. Das bulgarisch-walachische Reich blieb eine ständige Bedrohung, wenigstens bis zum Tode Johann Asens II. im Jahre 1241. Aber die Hauptgefahr bildete das byzantinische Reich von Nikaia. Kaiser Johann III. Dukas Vatatzes entriß 1225 dem Lateinischen Reich einen Teil von Thrakien mit Adrianopel und 1235 Gallipoli; die Hauptstadt war direkt bedroht. 1246 machte er sich zum Herrn Thessaloniens und erweiterte so seine Macht auf einen großen Teil Makedoniens. Die Unterstützung durch die Villehardouin von Morea und die häufige Uneinigkeit unter dessen Feinden gewährte dem Reich Romania noch einen geringen Aufschub. Aber 1261 bemächtigte sich der Kaiser von Nikaia, Michael VIII. Palaiologos, Konstantinopels. Das Lateinische Kaiserreich hatte aufgehört zu bestehen. Nur Morea blieb fast ganz in den Händen der Lateiner.

Die Geschichte der lateinischen Niederlassungen in Syrien und dem Heiligen Land ist die Geschichte ihres Verfalls. Die Reste des Königreichs Jerusalem und der benachbarten lateinischen Fürstentümer wurden von den Zwistigkeiten unter dem Adel, der Unfähigkeit ihrer Herrscher, dem Egoismus der Templer und Johanniter und von der hemmungslosen Habgier der italienischen Handelskolonien zugrunde gerichtet. Je schwieriger die Situation wurde, desto schärfer traten diese zersetzenden Faktoren in den Vordergrund.

Schon die Jahre nach der Abreise Friedrichs II. (1229) boten ein wenig erbauliches Schauspiel. Die von Johann von Ibelin, dann von seinem Sohn Balian III., beides Herren von Berytos, angeführten »Barone« bekämpften erbittert die Beamten und Anhänger des Kaisers und siegten schließlich. Sie stellten übrigens den fernen Staufern, Konrad und später Konradin, keinen Gegenkönig auf. Erst nach dem Tod Konradins ging 1269 die Krone an die Lusignan, die Könige von Cypern, über; Hugo III. wurde als Hugo I. König von Jerusalem, 1286 folgte ihm sein Sohn Heinrich II. Die Barone hatten das Königreich in eine Art Föderation von Herrschaften verwandelt, unter denen die der Ibelin von Berytos eine tatsächliche Vorrangstellung genoß. Kurz: es war ein anarchisches Regime und für ein ständig bedrohtes Territorium wahrlich nichts weniger als ideal. Die Grafen von Antiocheia und Tripolis – seit 1201 unter einem Fürsten vereinigt – verbrauchten ihre Kräfte in völlig ergebnislosen Streitigkeiten mit ihren Nachbarn, den christlichen Königen von Klein-Armenien. Zweifellos brachte ein französischer Kreuzzug, von mehreren Fürsten – darunter Thibaut IV., dem Grafen der Champagne und König von Navarra – angeführt, 1239 den Franken in der Levante einige Hilfe; Teile von Nordgaliläa und im Süden Askalon wurden den Türken entrissen, gingen aber schon 1247 wieder verloren.

Inzwischen waren zwei Katastrophen hereingebrochen. In Nordiran waren Chwārezmier von den Mongolen verjagt und vom ägyptischen Sultan in Dienst genommen worden. Sie hatten 1244 den Christen Jerusalem entrissen. Und kurze Zeit später wurde ein großes, von syrischen Muslimen verstärktes fränkisches Heer nahe Gaza von einer ägyptischen und chwārezmischen Streitmacht vernichtet. Die dabei erlittenen Verluste schwächten die Verteidigung der lateinischen Territorien entscheidend.

Im selben Jahr hatte Ludwig der Heilige das Kreuz genommen. Er brach, wie wir wissen, 1248 auf, das Heer des – nach der traditionellen Zählung – Siebenten Kreuzzuges sammelte sich in Cypern. Man beschloß, das Land anzugreifen, das Sultan as-Sālih Ajjūbs, des großen Feindes, Hauptsitz war: Ägypten. Damiette wurde ohne großen Widerstand eingenommen. Im selben Augenblick aber setzten die großen Schwierigkeiten ein. Strategische Fehler brachten die zum Teil sogar erfolgreichen Kämpfer um den Sieg; schließlich endete der Feldzug 1250 mit der Kapitulation der Kreuzritter; Ludwig der Heilige selbst geriet in Gefangenschaft. Nach Zahlung eines Lösegeldes wurde er wieder freigelassen und verbrachte vier Jahre (1250–1254) im Heiligen Lande damit, die Verteidigung des Königreichs Jerusalem neu zu organisieren. Das war ein nützliches Werk, denn wenn sich die Franken überhaupt noch einige Jahre lang in der Levante halten konnten, dann hatten die Leistungen Ludwigs in hohem Maße dazu beigetragen.

Man häufte Torheit auf Torheit. Kaum war Ludwig IX. wieder abgefahren, kam es zu einem regelrechten Krieg zwischen der venezianischen und der genuesischen Kolonie in Akko; auf seiten der Venezianer kämpften die Pisaner, auf der der Genuesen die Katalanen, und Barone waren in beiden Lagern zu finden. Dieser groteske und widerwärtige »Krieg von Saint-Sabas«, wie man ihn nannte, dauerte von 1256 bis 1258.

Dem Lateinischen Orient gewährten die Uneinigkeit unter den türkischen Führern und der schon erwähnte Mongoleneinfall eine letzte Gnadenfrist. Irak war 1258 von den Mongolen erobert worden, das muslimische Syrien ereilte 1260 dasselbe Schicksal. Aber das mongolische Reich hatte bereits seine Einheit verloren; es war in vier große Reiche aufgeteilt, die allerdings noch unter der Oberhoheit eines der »Großchāne« standen. Der mongolische »Ilchān« von Persien war der Oberbefehlshaber der in der Nachbarschaft des Königreiches Jerusalem operierenden Truppen. Er übte seine Macht menschlicher aus als seine Vorgänger; duldsam in religiösen Fragen, schützte er die in seinen Territorien lebenden nestorianischen Christen und bemühte sich um ein Bündnis mit den Franken gegen die ägyptischen Türken. Der Graf von Antiocheia und Tripolis und der König von Klein-Armenien waren seine Vasallen geworden und hatten ihm bei der Eroberung des muslimischen Syriens geholfen.

Als der neue Sultan Ägyptens mit seinen von türkischen und tscherkessischen Sklavenmärkten stammenden mamlukischen Söldnern die Wiedereroberung Syriens in Angriff nehmen wollte, sahen sich die Barone des Königreichs in einem Dilemma: sollten sie sich mit den Mongolen verbünden oder die mamlukische Offensive unterstützen? Sie wählten das zweite, und so nahmen die Mamluken 1260 Syrien den Mongolen wieder ab.

Der Befehlshaber dieser Söldner, Baibars, ermordete den Sultan, als er sich siegesstolz auf dem Rückweg nach Ägypten befand, und ließ sich selbst zum Sultan ausrufen. Er war als Gegner besonders gefährlich, nachdem die Franken nun keine Wahl mehr hatten, die weit entfernten Mongolen gegen ihn zu mobilisieren. Als daher die Mamluken Baibars' 1266 gegen das Königreich und die Grafschaft Tripolis-Antiocheia antraten, war ihnen der Erfolg

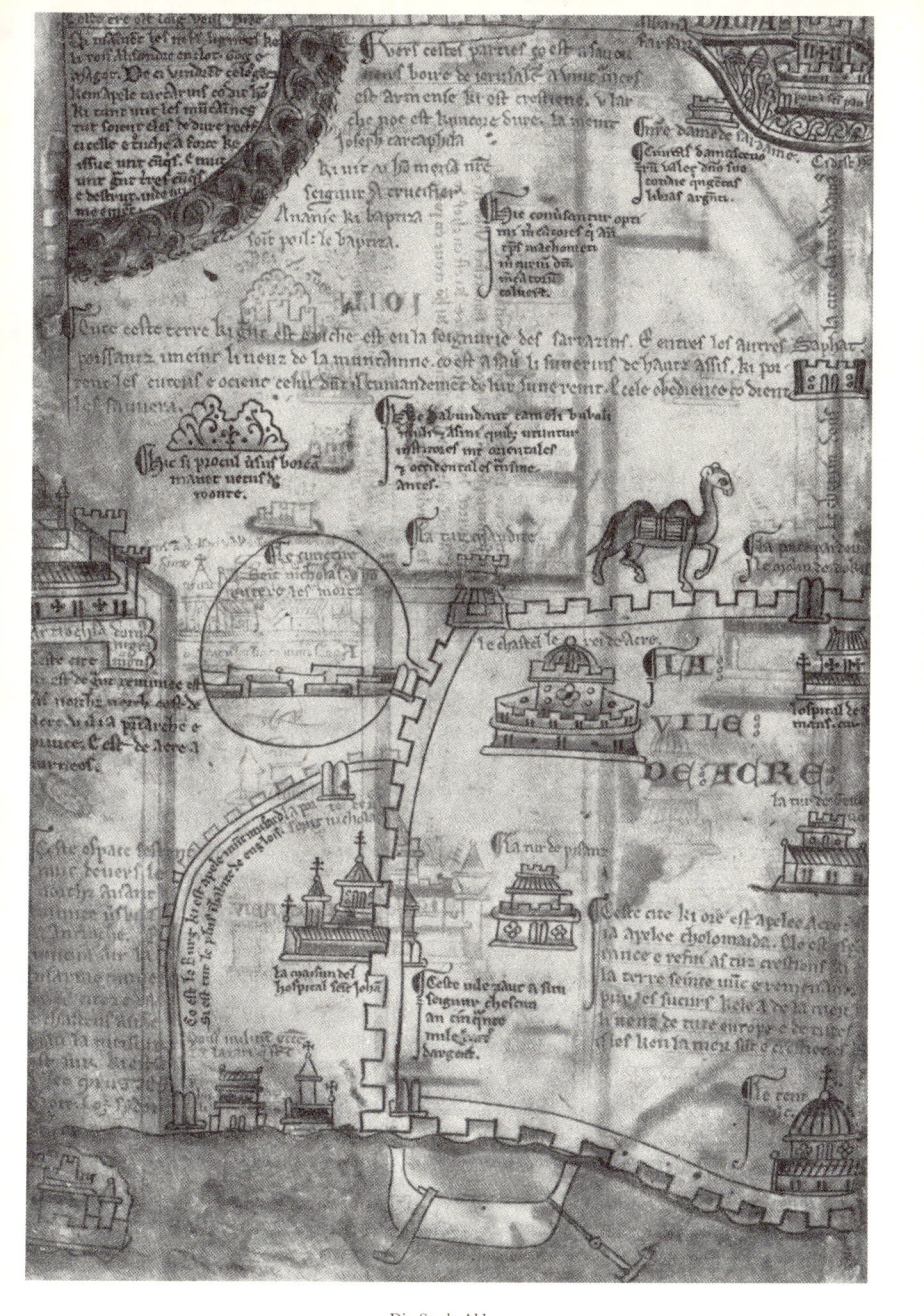

Die Stadt Akko
Eine Seite in der »Historia Anglorum« von Matthew Paris
mit der Beschreibung des Reisewegs von London nach Jerusalem, 1250–1259
London, British Museum

Papst Bonifatius VIII.
Fragment eines Wandgemäldes von Giotto (?), Anfang 14. Jahrhundert
Rom, S. Giovanni in Laterano

sicher. Die Lateiner verloren ungefähr die Hälfte ihres Territoriums; Jaffa und Antiocheia fielen 1268. 1271 setzte sich Baibars noch in den Besitz der Hauptburgen der militärischen Orden, darunter des berühmten »Krak des Chevaliers« der Johanniter. Ein englischer Kreuzzug unter dem späteren König Eduard I. hatte nur ein einziges wirklich nützliches Ergebnis: zwischen Baibars und den Machthabern von Akko kam es 1272 zu einem Waffenstillstand. Baibars, der fähige Heerführer, gleichzeitig aber ein Ungeheuer an Grausamkeit, starb im Jahre 1277.

Das Rumpf-Königreich Jerusalem zerfiel; und dennoch nahmen dort die Zwistigkeiten kein Ende. Während Baibars Feldzug hatten 1267 im Hafen von Akko Kämpfe zwischen der genuesischen und der venezianischen Flotte gewütet. Zehn Jahre später, 1277, stritten sich die Parteigänger des Königs von Cypern, Heinrichs von Lusignan, und Karls von Anjou um die Krone Jerusalems; wenn Karl in Akko zum König ausgerufen wurde, dann war es nur ein Tageserfolg.

Der Ilchān Arghun schickte dreimal Gesandte nach dem Westen – 1287 einen nestorianischen Priester, einen genuesischen Kaufmann 1289 und ein Jahr später zwei Nestorianer –; sie sollten einen Kreuzzug gegen die Türken anregen, den er mit allen Kräften zu unterstützen versprach. Der mongolische Vorschlag wurde zwar liebenswürdig aufgenommen, aber nicht befolgt. So befahl der Sultan Qala'ūn seinen Mamluken, aufs neue anzugreifen, und die armenischen und fränkischen Stellungen fielen eine nach der anderen; Latakia ging 1287 verloren, Tripolis wurde 1289 erobert und dem Erdboden gleichgemacht. Vom Westen kam keine wirksame Hilfe mehr, abgesehen von einem 1290 eintreffenden italienischen Volkskreuzzug, der sich aber darauf beschränkte, jammervolle Unordnung zu stiften. Im Jahre 1291 belagerte Sultan al-Aschräfkhalīl, der Sohn und Nachfolger Qala'ūns, Akko, die bei weitem bedeutendste fränkische Festung und Sitz der Regierung. Die Stadt wurde am 18. Mai im Sturm genommen, zehn Tage später ergab sich die Festung der Templer. Die dabei von den Mamluken begangenen Massaker übertrafen an Scheußlichkeit offenbar selbst das, was die Christen 1099 in Jerusalem fertiggebracht hatten; wer sich von den Verteidigern oder Einwohnern am Leben erhalten konnte, wurde versklavt. Systematisch verwandelte der Sieger die Stadt in einen Trümmerhaufen. Tyros, Sidon, Berytus, Haifa, Tortosa und Athlit, also alle noch von den Franken gehaltenen Städte und Burgen an der Küste, wurden geräumt.

Der lateinische Orient hatte nach fast zwei Jahrhunderten, zumindest auf dem asiatischen Festland, aufgehört zu existieren. Cypern, dessen Könige den Titel König von Jerusalem weiterführten, repräsentierte nun allein noch die lateinische Christenheit im Nahen Orient.

Das Papsttum als politische Macht an der Wende zum 14. Jahrhundert

Die religiöse Autorität des Heiligen Stuhls hatte im Laufe der zweiten Hälfte des 13. Jahrhunderts kaum mehr zugenommen, im Gegenteil. Die wachsende Schwäche der religiösen Autorität des Papsttums bedeutete aber zugleich einen Rückgang seiner politischen Macht.

Die Gründe für diese Entwicklung lagen nicht allein in den Kämpfen, die in Italien ihren Schauplatz und ihr Objekt hatten, und in den mitunter schweren Unruhen in Rom. Eine gewichtige Rolle spielte dabei vor allem der Ausbau des päpstlichen Steuerwesens; die indirekten Steuern auf die Bewilligung kirchlicher Pfründen blieben mehr und mehr dem Heiligen Stuhl vorbehalten; ebenso die direkten Abgaben, die die Geistlichkeit zu entrichten hatte. Lebhafte Proteste dagegen waren schon seit dem Pontifikat Innozenz' IV. laut geworden. Auch in England, Frankreich und Deutschland wuchs die Unzufriedenheit. Das waren aber keineswegs die einzigen Beschwerden gegen den Römischen Stuhl.

Diesen Widerständen suchte ein Papst, der Italiener Tedaldo Visconti aus Piacenza, der, wie wir wissen, nach langer Vakanz 1271 als Gregor X. gewählt worden war, entgegenzutreten. Seiner von edler Pflichtauffassung geleiteten Aktivität galt einen Augenblick lang das ganze Interesse des christlichen Europas. Das zweite, von ihm 1274 nach Lyon einberufene Ökumenische Konzil faßte auf seine Initiative hin einige Beschlüsse von höchster Bedeutung für die gesamte Christenheit. In der katholischen Kirche empfing Gregor X. den byzantinischen Kaiser Michael VIII. Palaiologos und mehrere orientalische Bischöfe und glaubte, auf diese Weise das griechische Schisma beenden zu können. Das Konzil verkündete die Notwendigkeit eines Kreuzzugs und kirchlicher Reformen; vor allem aber führte es das Konklave ein und setzte genaue Regeln dafür fest, um in Zukunft die langen und zuweilen skandalösen Vakanzen auf dem päpstlichen Stuhl unmöglich zu machen. Aber die Vereinigung der griechischen Kirche mit Rom blieb aus, da Volk und Klerus von Byzanz in dieser Frage ihrem Kaiser den Gehorsam aufkündigten. Auch der Kreuzzug fand nicht statt.

Die Nachfolger Gregors X. traten wenig hervor, außer vielleicht Martin IV., der, wie wir wissen, den Interessen Karls von Anjou bis zum Äußersten diente. Und wieder kam es zu langen Vakanzen; elf Monate nach dem Tod Honorius' IV. 1287, siebenundzwanzig Monate nach Nikolaus' IV. Tod 1292. Unter dem Druck Karls II. von Anjou, des Königs von Neapel, wählte man schließlich 1294 einen frommen Eremiten zum Papst, der den Namen Coelestin V. annahm. Von engelhafter Reinheit und absoluter Unfähigkeit, war er ein Spielball in den Händen des Königs, legte aber, seiner fehlenden Eignung durchaus bewußt, nach wenigen Monaten sein hohes Amt nieder.

Der am 24. Dezember 1294 gewählte Benedikt Caëtani nahm den Namen Bonifatius VIII. an. Seine erste Sorge galt seinem Vorgänger; er ließ den heiligen Mann gefangensetzen, der 1296 starb, ohne seine Freiheit wiedererlangt zu haben. Der neue Papst war ein Kirchenrechtler; er ließ eine Sammlung von Kanons und Dekretalen zusammenstellen, die die Dekretalen Gregors IX. zu vervollständigen bestimmt war; es wurde ein »sechstes Buch«, das *Liber Sextus* (1298). Aber Bonifatius war mehr ein Mann der Tat als ein Schuljurist. Er trachtete danach, der päpstlichen Suprematie über alle Königreiche Realität zu verschaffen. Mehr als Innozenz III., Gregor IX. und Innozenz IV. hatte er die Gründung einer Theokratie zum Programm erhoben. Schon 1296 richtete er heftige Vorwürfe gegen die Könige von Frankreich und England, die vermessen genug waren, sich gegenseitig zu bekriegen. Er bestand darauf, daß die Wahl des »römischen Königs« der päpstlichen Billigung bedürfe; Albrecht I. von Österreich leistete ihm übrigens 1303 den Treueid.

Mit der Hauptmacht des Westens, Frankreich, geriet Bonifatius VIII. alsbald in heftige Konflikte. Seine theokratischen Ansprüche waren in der Tat mit der Konzeption Philipps des Schönen (1285–1314) und dessen Ratgeber unvereinbar; unter ihnen waren einige »Legisten«, im römischen Recht geschulte Juristen, davon durchdrungen, daß die königliche Macht allen anderen überlegen sei. Im Gegensatz zu den meisten Lehrern des römischen Rechts weigerten sie sich sogar, die Oberhoheit des Kaisers über die Könige anzuerkennen. Wie ihr Herr glaubten sie im Gegenteil, daß der König von Frankreich als »Kaiser in seinem Königreich« zu regieren habe. Sie waren ebensowenig geneigt, die Oberhoheit, die sie dem Kaiser verweigerten, dem Papst zuzugestehen.

Ein erster Konflikt brach aus über das vom König praktizierte Recht, in bestimmten Notfällen ohne päpstliche Genehmigung Steuern von der Geistlichkeit zu erheben. Im Jahr 1296 untersagte Bonifatius VIII. in der Bulle *Clericis laicos* bei Strafe der Exkommunikation die Erhebung oder Zahlung von Steuern, die nicht von dem Heiligen Stuhl genehmigt waren. Aber der Papst kannte die Zustände in Frankreich schlecht. Schon 1297 mußte er nachgeben und in der Bulle *Etsi de statu* dem König das Recht einräumen, in Notfällen ohne Konsultation des Papstes Abgaben einzufordern. Bald kamen noch weitere Vergünstigungen hinzu.

Der Papst war ganz von seiner Allmacht überzeugt. In Wirklichkeit war er aber ein unbeständiger Hitzkopf, was aller Welt 1298 sichtbar wurde, als er den Frieden zwischen Philipp dem Schönen und Eduard I. zuwege brachte, ohne den Grafen von Flandern, den Vasallen Philipps und Verbündeten Eduards, miteinzubeziehen; er opferte ihn leichten Herzens dem König von Frankreich, mit dem er eben selbst noch im Streit gelegen hatte.

Das Heilige Jahr 1300, zu dessen Feierlichkeiten Bonifatius VIII. die Christenheit einlud, führte Tausende von Pilgern nach Rom. Zweifellos verwischte die allgemeine Verehrung, die dem Nachfolger des Apostelfürsten zuteil wurde, dem Papst die Grenzen seiner Möglichkeiten. Die unüberlegte Heftigkeit, mit der er schon im folgenden Jahr auftrat, läßt sich kaum anders erklären.

Philipp der Schöne hatte 1301 den Bischof von Pamiers, Bernard Saisset, der Untreue beschuldigt und festnehmen lassen. Der Papst reagierte auf das heftigste. Die Bulle *Salvator mundi* vom 4. Dezember 1301 entzog dem König alle die ihm zugestandenen Vergünstigungen, und am 19. Dezember überhäufte ihn die Bulle *Ausculta fili* mit schwersten Vorwürfen; er oder ein Vertreter habe sich vor einem Konzil zu verantworten, das 1302 nach Rom einberufen werde, um die Angelegenheiten der französischen Kirche, der »Reformation« des Königreiches und des Königtums zu regeln. Die päpstlichen Angriffe parierte Philipp, indem er sie am 10. April 1302 einer Versammlung von Fürsten, Baronen, Prälaten und Vertretern der Städte in Paris vorlegte; er fand ihre volle Unterstützung.

Kurz darauf bereiteten die Flamen dem französischen Heer am 11. Juli in der Nähe von Courtrai (Kortrijk) eine vernichtende Niederlage. Als Bonifatius VIII. davon erfuhr, stand er mitten in der Nacht auf, um freudig den Bericht entgegenzunehmen. Vielleicht schien ihm Philipp der Schöne härter betroffen, als er es in Wirklichkeit war. Jedenfalls enthielt die am 18. November erlassene Bulle *Unam sanctam* die theokratische Doktrin in einer Radikalität, wie sie bislang vermieden worden war und auch später nicht mehr gewagt wurde.

Der entscheidende Ratgeber Philipps in seinem Konflikt mit dem Papst war seit 1303 Wilhelm von Nogaret, einst Professor des römischen Rechts an der Universität Montpellier. Er verband tiefen christlichen Glauben mit absoluter Ergebenheit gegenüber seinem König. Anscheinend auf seinen Rat hin wurde Bonifatius VIII. 1303 von verschiedenen Versammlungen der Häresie, Simonie und anderer Verbrechen angeklagt; ein allgemeines Konzil sollte das Urteil über ihn sprechen. Nogaret wurde nach Italien geschickt, um dem Papst die Vorladung zu überbringen und sich seiner Person zu versichern. Am 7. September nahm er Bonifatius VIII. in Anagni gefangen, mußte ihn aber sogleich gegen dessen italienische Feinde in Schutz nehmen, besonders gegen die Colonna und die Bewohner von Anagni, die sich zu heftigen Ausschreitungen hinreißen ließen. Zwei Tage später aber änderten die Stadtleute ihre Haltung, befreiten den päpstlichen Oberherrn und führten ihn nach Rom zurück, wo er am 11. Oktober starb.

Der letzte ernsthafte Versuch zur Aufrichtung eines theokratischen Systems war in sich zusammengesunken, Philipp der Schöne war als Sieger daraus hervorgegangen; und er verstand es, dies zu nutzen. Der Nachfolger Bonifatius' VIII., Benedikt XI., starb schon 1304; nach elfmonatiger Vakanz wählte man am 5. Juni 1305 unter dem Einfluß des Königs und Nogarets einen Franzosen, Bertrand de Got, den Erzbischof von Bordeaux, der Clemens V. wurde. Er begab sich indes nicht nach Italien, sondern ließ sich nach einiger Zeit in der Provence nieder, in Avignon, nahe dem Machtbereich des französischen Königs. Am 27. April 1311 annullierte er alle Akte, die seine Vorgänger nach Allerheiligen 1300 erlassen und die dem König Grund zur Klage gegeben hatten. Der Kampf zwischen Bonifatius VIII. und Philipp dem Schönen war im Endergebnis zugunsten des französischen Königreiches ausgegangen.

Arno Borst

RELIGIÖSE UND GEISTIGE BEWEGUNGEN
IM HOCHMITTELALTER

Gab es im Mittelalter überhaupt religiöse und geistige Bewegungen? An räumlichen, politischen und sozialen Bewegungen fehlte es wahrlich nicht im Zeitalter der ost- und westgermanischen, slawischen und normannischen Völkerwanderungen, der deutschen Kaiserzüge nach Süden und Osten, der hundertjährigen Kriege zwischen westeuropäischen Nationen, im Zeitalter der Pilgerzüge, Ritterfahrten und Handelsreisen, der Stadtrevolutionen, Zunftkämpfe und Bauernaufstände. Aber besaß und benötigte diese wildbewegte Epoche nicht ein Gegengewicht in der statischen Welt der beschaulichen Mönche, der hierarchischen Päpste, der Inquisitoren und Scholastiker? Gemahnen uns nicht heute noch liebevoll ausgemalte Handschriften, archaisch stille Madonnen, romanisch feste und gotisch steile Kirchen des Mittelalters an eine Epoche religiöser und geistiger Ruhe? Oft genug hat man deshalb von einem System der mittelalterlichen Weltanschauung, von einem Kosmos des Mittelalters, vom mittelalterlichen Geist gesprochen wie von einer Statue. Aber die Ruhe war keine selbstverständliche Struktur, kein dankbar genossener Zustand; die Sammlung wurde in fieberhafter Anstrengung errungen und immer wieder verloren. Die Menschen mußten sich zusammentun, um sie zu erlangen, und es ging ihnen dabei um ihr eigenes Leben, nicht um feststehende Gedanken, Formeln oder Fragen.

Dieses religiöse und geistige Leben des Mittelalters vollzog sich nicht in den Gebeten, Gedanken und Gefühlen von Einzelgängern oder Massen; es verkörperte sich in Gemeinschaften von Gleichgesinnten. Geistesgeschichte war damals Sozialgeschichte, freilich nicht Geschichte sozialer Stände, politischer Institutionen und geographischer Bezirke, sondern Geschichte von ungebundenen und ungesicherten Körperschaften, deren Lebensdauer fast nur von ihrer Anziehungskraft abhing. Manche von ihnen, einige Mönchsorden und Universitäten des Mittelalters, leben noch heute; aber auch ihre Dauer war früher anders gefährdet als heute, nicht vom neuzeitlichen Gegensatz zwischen Geist und Welt, nicht von der noch moderneren Verzweiflung an Idealen überhaupt, sondern von der Überbietung dieser Ideale durch jüngere, strengere Gemeinschaften. Dieser Wettstreit der freiwilligen Institutionen um eine hohe, uns unrealisierbar scheinende Idee der Ruhe und Sammlung machte das Mittelalter zu einer Zeit der religiösen und geistigen Bewegungen.

Weil das eine Ziel, die Überwindung der Welt mit ihrer Bewältigung zu vereinen, von immer neuen Gruppen – Mönchsorden, Bischofsschulen, Ketzersekten, Universitäten, Ritterschaften, Stadtgemeinden – erstrebt wurde, läßt sich erst an der Vielfalt der Bewegungen die ganze Größe der Bemühungen um den Geist des Mittelalters ablesen. Die Vereinigung verschiedener, antiker, germanischer und christlicher Überlieferungen, die Verbindung von geistlicher Einheit und geschichtlicher Vielfalt, die geistige Ordnung der Wirklichkeit, dies alles konnte nie ganz gelingen; um so mehr fasziniert uns die gesammelte Kraft, mit der jeder neue Ansatz die Menschen ergriff, so daß sie Ernst machten mit dem, was sie glaubten und zu wissen meinten. Der Dienst für Gott wurde ihnen zu lauter irdischen Aufgaben, die geistige Betrachtung zu konkreten Forderungen, ohne daß sie wußten, was daraus werden würde. Selten begegnet uns skeptisches Lächeln oder verspielte Resignation. Fromme und Gelehrte ließen sich beim Wort nehmen und standen meist zu ihrem Wort; wie sie sich den rechten Menschen dachten, so wollten sie selber ein ganzes Leben lang sein. Demnach würde, wer hier nach modernem Brauch religiöses Leben von geistiger Erkenntnis trennen wollte, die mittelalterliche Gemeinsamkeit ihrer Ziele verfehlen; und wer umgekehrt diese vielgestaltigen Bewegungen nur als schönes Spiel von Variationen eines Themas an sich vorüberziehen ließe, müßte ihr Bestes verkennen, ihren heiligen Ernst. Man könnte wohl fragen, ob diese längst überholten Bewegungen uns heute noch etwas zu sagen haben; vielleicht klärt sich die Frage, wenn wir zuhören, was sie ihrer Zeit zu sagen hatten.

Benediktiner und Karolinger

Am Anfang dieser Bewegungen stand der Benediktiner-Orden, um 529 auf dem Monte Cassino durch Benedikt von Nursia begründet, zu einer Zeit, als die Versöhnung zwischen altrömischer Bildung, christlicher Kirche und germanischem Staat schon gescheitert schien. Um diese Versöhnung hatte sich mit dem großen Ostgotenkönig Theoderich vor allem sein Kanzler bemüht, der Philosoph Boëthius. Er hatte Platon mit Aristoteles, philosophische Vernunft mit theologischem Glauben, Kontemplation mit Aktivität zu einer mittleren Lebensweisheit zusammenfassen wollen. Aber sein König hatte ihn 524 hinrichten, den Papst einkerkern lassen, um sich der Anziehungskraft des oströmischen Kaisertums zu erwehren. Im Ringen zwischen Goten und Byzantinern waren dann die profane Kultur Italiens, die römische Kirche, die staatliche Ordnung verfallen. Selbst Theoderichs treuer Kanzler Cassiodor war schließlich auf seine kalabrischen Güter geflohen, um dort, im Kloster Vivarium, zu bewahren und zu tradieren, was von christlicher Kultur noch zu retten war. Im Lande zogen Mönche umher, erregt von orientalischen Vorbildern wütender Askese, zügellos noch in der Abkehr von der heillosen Welt. Auch Benedikt floh, aber aus der fruchtlosen Buße des Eremiten in eine Gemeinschaft. Klein sollte sie sein, von der Außenwelt abgeschlossen; in einem Kloster sollte sie leben, auf dem Berg weitab von den Siedlungen; weder der Unterhalt der Mönche noch die Seelsorge für die Laien durften nach draußen locken. Dafür aber sollte das Kloster die Keimzelle einer neuen, rationalen

Ordnung sein; Kirche, Staat und Kultur zogen sich auf diesen einen Punkt zurück, als gäbe es nirgends mehr sonst eine Ordnung.

Wer in Benedikts Kloster eintreten wollte, durfte es, einmal durch sein freiwilliges Gelübde gebunden, nie mehr verlassen; er wohnte lebenslang in denselben Räumen, in einem einzigen Speise- und Schlafraum mit allen Mitmönchen zusammen; jahraus, jahrein sah er dieselben Gesichter und mußte die unverbesserlichen Schwächen des Mitmenschen an anderen ertragen, an sich unterdrücken. Das Gleichmaß wurde nicht durch Kameraderie oder Freundschaftskult gelockert; die Mönche grüßten einander mit ihren Titeln als Väter, als Brüder, doch die Familie blieb geistlich, ohne Vertraulichkeiten. Rang und Ruhm der Welt galten nicht mehr; wer von draußen kam, sollte wenig erzählen und nahm in der Ordnung der Brüder den Platz ein, der ihm nach der unpersönlichsten Rangordnung, dem Datum des Eintritts, zukam. Weltpriester wurden nur zögernd aufgenommen und nicht bevorzugt; wenige Brüder wurden im Kloster zu Priestern. Herrscher war nur einer, der Vater Abt, auch er von draußen, etwa vom Bischof, kaum beeinflußt; er stand allein der ganzen Mönchsgemeinschaft gegenüber. Jedes klösterliche Amt kam von ihm; aber auch alle Verantwortung vor Gott, den er vertrat, fiel auf ihn. Alle mußten ihm raten, er mußte auf alle, auch auf die Jüngsten, hören, gewählt wurde er von allen; doch die Entscheidungen traf er allein. Zur Willkür blieb ihm allerdings kein Spielraum. Benedikt band sich und alle folgenden Äbte an eine Regel, die er nach langer Erprobung und mancher Korrektur aufschreiben ließ, denn regelmäßig sollte sie allen vorgelesen werden. Großzügig in vielen Kleinigkeiten, sah sie streng auf Gleichmaß und *Discretio*. Kein Zuviel an Fasten und Geißelungen, keine barbarischen Strafen gegen Verfehlungen, kein Übermaß im Beten, auch keine Freiheit zu hektischer Gelehrsamkeit, die den Mönch um den Schlaf brächte; dafür Handarbeit als Ausgleich, jeden Tag nach der Sonnenuhr, auch sie nicht zur Heiligung der Arbeit oder zum Unterhalt des autarken Klosters, sondern als Teilhabe an der Gemeinschaft und zur Erziehung der Mönche.

Erziehung wozu? Das kasernierte Leben sollte Wehrdienst für den wahren König Christus sein, wiederum nicht nach den irdischen Maßen der Söldner; vom Lohn, vom himmlischen Vaterland, wurde kaum gesprochen, um so mehr von Zucht und Armut. Nichts soll der Mönch besitzen, »kein Buch, keine Schreibtafel, keinen Griffel, ganz und gar nichts«. Denn nur durch Selbstentäußerung können die Mönche für die Welt und die Menschen die ewige Ordnung bewußt bewahren, im gemeinsamen liturgischen Gottesdienst und Chorgebet, im gemeinsamen Dienst an den Mitbrüdern, im gemeinsamen Kampf gegen das Böse. Ruhe zu stiften ist Sache der Leisen und Gesammelten; Benedikt dachte nicht an Wirkung nach außen, nicht an Mission, nicht einmal an Ausbreitung seines Ordens. Es gab für ihn nur dieses eine Kloster auf dem Monte Cassino, in dem er um 547 starb und das ein Menschenalter später von Langobarden zerstört wurde. Dennoch starb der Orden nicht, und seine Regel wurde zum Grundbuch mittelalterlichen Zusammenlebens, weil die überlebenden, nach Rom fliehenden Mönche die Zucht des ersten abendländischen Klosters mit sich nahmen.

Und schon wirkten sie auf die Welt. Papst Gregor der Große verehrte den wundertätigen, aus Weisheit unwissenden Benedikt und nahm sich seiner Mönche an. Dem vornehmen

Stadtrömer Gregor war vom römischen Staat und von der klassischen Kultur nichts mehr in Händen geblieben; die Kirche war die letzte lebendige Gemeinschaft im Wirrwarr der Kriege und Seuchen, in einer »vom Alter gebeugten und unter wachsenden Leiden dem Tod entgegendrängenden Welt«. Die Kirche mußte zur Ruhe des Klosters finden, wenn sie bestehen wollte; aber darum durften die Mönche nicht im Kloster bleiben. Wie Gregor selber schweren Herzens die Klausur seiner frühen Jahre verließ, so sandte er als Hirt der Kirche und »Knecht der Knechte Gottes« 596 die Benediktiner von Rom ans äußerste Ende der Welt, nach England, nicht daß sie dort zu Eremiten, sondern daß sie zu Missionaren würden. Gelehrsamkeit und Bildung schienen dabei unnütz; wie in Benedikts Kloster nicht alle Mönche lesen konnten und nicht alle lesen lernten, so eiferte auch Gregor, der Heilige Geist sei nicht den Regeln der Grammatik unterworfen. Daß mit den alten Lateinschulen auch das Latein der Kirche, das Unterpfand ihrer Einheit, zerfiel, störte den Papst nicht. Die ohnmächtige Menschenwelt war anders zu überwinden: durch den Glauben an die wirkliche Macht des Wunders, durch die liturgisch-soziale Körperschaft der lebenden und toten Gläubigen, durch Kontemplation, durch allegorische Auslegung der Bibel, die zum moralischen Leben führt.

Bedurfte es zur Erziehung der Welt indes nicht doch einer Form? War die Kirche allein Schule genug? Sie konnte der Welt nicht entraten, die sie bekehren wollte und die doch auch Gottes Schöpfung war. Diese Gedanken vertrat der spanische Erzbischof Isidor von Sevilla, den sein Bruder, Gregors Freund, in allen weltlichen Wissenschaften hatte unterweisen lassen. Isidors Lebenswerk, bei seinem Tode 636 unvollendet, war die Sammlung und Ordnung der Welt für seine Kleriker, also unter religiösem und pädagogischem Blickwinkel, aber doch so, daß noch im handgreiflichsten Detail des Handwerks, im verschrobensten Irrtum der Mythologie sich die Schönheit der göttlichen Schöpfung und die Macht der menschlichen Sprache kundgab. Isidors Buch *Etymologiae* mutet wie ein Konversationslexikon an und war doch der Ansatz zu einer mittelalterlichen *Summa*; es wurde auch die Brücke zu den Barbaren, zu den lernbegierigen Westgoten Spaniens, deren König der Freund Isidors war. Isidors Sprache war noch lateinisch, aber im Wortschatz kärglich, im Satzbau kunstlos; sie wollte wie Benedikts Regel lieber klar als fein reden. Manchem subtilen Gedanken der Antike raubte auch Isidors Religion die Seele, als er die runde Realität der Dinge mit seinen »rechten Namen« einfing. Trotzdem hielt Isidors Werk, das bald in allen Klosterbüchereien stand und uns in fast tausend Handschriften erhalten ist, der Kirche den Weg zur antiken Geisteswelt offen; fast noch wichtiger, den Germanen wies erst Isidors Buch diesen Weg.

Die Germanen, die Goten in Italien und Spanien, die Franken und Angelsachsen im Norden, hatten zwar das Weströmische Reich überrannt und manches von römischer Staatsordnung gelernt; sie hatten sich auch dem christlichen (nicht alle sogleich dem römischen) Glauben gebeugt; aber die antike Bildung war ihnen nicht ebenso leibhaftig begegnet. Die germanische Adelskultur, im kämpferischen Sippenzusammenhang des Bauerntums verwurzelt, zehrte von mündlichen Traditionen, von Heldenliedern und Göttermythen, und schätzte die Schulplage nicht; mochten Romanen wie Cassiodor, Geistliche wie Isidor für das Schriftliche sorgen! Noch die wenigen Überreste germanischer Dichtung,

Beowulflied und Hildebrandslied, verdanken wir dem Fleiß gelehrter Mönche. Eher als die literarische Bildung respektierten die Adligen in England und im Frankenreich die körperhaften Zeichen der christlichen Gemeinschaft: den rituellen Vollzug des kultischen Mysteriums, die wunderwirkende Kraft der Heiligen und vor allem die rabiate Askese der irischen Mönche, die im Gefolge des jüngeren Columban herüberkamen.

Das waren struppige Berserker des Christenglaubens, die sich selber aus der heimischen Sippe und ihrer krausen Sagenwelt hinaustrieben, nicht nur ins Kloster, sondern in die Fremde; dort setzten sie sich allen Unbilden aus, um Buße zu tun, bald auch, um die Umwelt zu bekehren. Sie taten es mit dem Ungestüm Columbans; wütend zerbrach er fränkischen Königen kostbares Tafelgeschirr, weil sie nicht christlich lebten. Fast glauben wir, was die Legende von Columban berichtet, daß wilde Bären im Wald sich unter seinen Blicken duckten. Bildung freilich besaßen die Iren auch, aber seltsam versponnen wie das Rankenwerk ihrer Handschriften, mit exotischen, orientalischen Resten geschmückt, sammelnd, abschreibend und vergleichend, mit antiken und patristischen, lateinischen und keltischen Überlieferungen experimentierend, jedoch ohne römische Nüchternheit, eher ekstatischem Überschwang zugetan. Überschwang beherrschte auch das religiöse Leben dieser Mönche, die, unersättlich in ihren Bußübungen, die Ohrenbeichte übten – die Mönche zweimal, die Nonnen dreimal täglich. Zehn Geißelhiebe für jeden, der in Columbans Kloster beim Chorgebet falsch sang; und doch drängten sich die Adligen zu den irischen Klöstern, die zwischen England und Oberitalien entstanden. Sechzehnhundert Kilometer liegen zwischen Bangor, wo Columban begann, und Bobbio, wo er 615 starb; aber im italienischen Bobbio sang man liturgische Hymnen aus dem irischen Bangor. Zum erstenmal seit der Völkerwanderung schloß die Wanderung der irischen Mönche den Kontinent Europa zu einer geistlichen Einheit zusammen. Es war keine organisatorische Einheit, denn den Iren lag wenig an päpstlicher Ordnung, gar nichts an bischöflicher Hierarchie; es war keine römisch-benediktinische, mehr eine keltisch-germanische, exzentrische Einheit.

Als die Benediktiner vom römischen Zentrum in diese nördliche Welt kamen, hatten sie den Schutz der Klostermauern hinter sich lassen müssen, und der Papst hatte ihnen aufgetragen, was ihre Regel nicht vorsah: Mission und Seelsorge. Zu unsteten Wanderpredigern wie die Iren mochten sie nicht werden; zur wilden Heiligkeit der Iren konnten sie ihre stille Ordnung nicht verwandeln; sie mußten in der aufgewühlten Fremde auf ihre eigene Weise besänftigend und belehrend wirken, und um zu lehren, begannen sie zu lernen. Mission und Seelsorge erforderten nach römischem Brauch priesterliche, lateinische Bildung; aus Rom holten sich die englischen Benediktiner die Schulbücher und richteten in den Klöstern Schreibstuben ein. Handschriften abzuschreiben, war schon den irischen Mönchen als erbauliches Werk erschienen; die Benediktiner nahmen dazu Cassiodors bewahrende Bestrebungen wieder auf und achteten auf weiten Umkreis ihrer Bildung; Isidors Wirkung wurde spürbar. Mit einer Nüchternheit, von der man nicht leicht sagen könnte, ob sie mehr römisch oder mehr englisch ist, machten sich die angelsächsischen Benediktiner an die Sichtung der Traditionen.

Das meiste und Beste tat der Northumbrier Beda Venerabilis im frühen 8. Jahrhundert. Er war kein weltläufiger Mann, seit dem siebten Lebensjahr im Kloster und doch keinen

Augenblick untätig. »Neben der Beobachtung der Regelzucht und der täglichen Aufgabe, in der Kirche mit anderen zu beten, war es immer mein Glück, entweder zu lernen oder zu lehren oder zu schreiben«, das ist sein persönlichstes Wort. In diesem ereignisarmen Mönchsleben schwingt ein neuer Ton, der gelehrte und, davon nicht zu trennen, der erzieherische. Bedas Missionswerk fand in seiner Klosterschule statt; sie diente nicht nur den Mönchen, die sich auf ihr Priesteramt mit liturgisch korrektem Latein, mit Kirchengesang und Osterfestberechnung vorbereiteten und für ihre Predigt dogmatisch schulten; die Klosterschule zog auch die Umwelt ins Kloster hinein und erzog die Söhne des Adels ringsum zum Lesen und Schreiben, zur lateinischen Ordnung.

Bedas Bücher spiegeln diese liebevolle Ordnung, in die nach Isidors Vorgang auch Teile der antiken Bildung, Grammatik, Metrik, Zeitrechnung, Naturkunde, einbezogen wurden, die aber vor allem durch Bibeldeutung, Hagiographie und Geschichtsschreibung den irischen Mönchen eine große römisch-germanische Vorstellung von der Kirche Gottes entgegensetzte. Diese Kirche ist ganz gegenwärtig; heute und hier, auch im Kleinsten, ereignet sich wunderbare Heilsgeschichte, und täglich neu ist sie fortzusetzen durch den bescheidenen Dienst an der Pflicht des Tages. Und diese Kirche ist umfassend; das Reich Christi umschließt alle Völker, nicht in einer hierarchisch straffen Organisation, sondern in der Vielfalt der Fähigkeiten; alle Völker sind Teile von Christi mystischem Leib und weisen so alle auf den Herrn der Geschichte hin.

Bedas Synthese war aktiv und unruhig: heute muß man wirken, weil Gottes Kraft noch unter uns ist; draußen muß man wirken, weil Gott das Ziel aller Völker ist. Diese Gedanken führten Bedas Schüler und Landsleute hinaus auf die Spuren der irischen Mönche; als aber die Benediktiner von England nach dem Festland kamen, wirkten sie dort anders und nachhaltiger als die irischen Wegbereiter, weniger durch persönlichen Enthusiasmus als durch sachliche Lehre, mehr mit Gedanken als mit Wundertaten. Als Beda 735 starb, war sein Landsmann Bonifatius schon am Werk, um selbstlos die fränkische Landeskirche mit dem Rom des heiligen Petrus zu verbinden; und als die Friesen 754 den Greis erschlugen, soll er sich vor den Schwertstreichen mit einer Handschrift Isidors geschützt haben. So vollendeten die angelsächsischen Benediktiner, was die irischen Mönche begonnen hatten, die Einigung des Abendlandes, die nicht nur räumlich die Strecke zwischen York und Rom, sondern auch geistig die Gebiete zwischen Religion und Bildung umschloß. Ohne die englische Klosterschule hätte die Kultur nirgends im werdenden Abendland eine sichere Bleibe gefunden.

Nicht lange freilich, und die mündig gewordene Kultur lehnte sich gegen die enge Klosterschule auf. Am Hofe Karls des Großen trafen sich zwar neben Italienern, Spaniern und Iren auch viele Angelsachsen und noch mehr Benediktiner, und ihr Wortführer Alkwin von York gab seit 782 mit seiner bemühten, lehrhaften Art und seinem brav behaglichen Lebensstil im karolingischen Freundeskreis den Ton an. Aber die Bildungsreform Karls des Großen war mehr als die Fortsetzung angelsächsischer oder monastischer Traditionen mit anderen Mitteln. Auch jetzt wurden Handschriften aus Italien, Irland und England gesammelt und abgeschrieben; doch über den demütigen Dienst an der Überlieferung ging schon die Geschichtsschreibung der fränkischen Reichsannalen und noch Einhards hinaus; sie betrachtete die karolingische Gegenwart als neuen, alles Frühere übertreffenden Anfang. Nicht das Alte, sondern das Richtige sollte festgestellt werden durch die Arbeit an den Texten der Bibel, der antiken Literatur, der Kirchenväter, der Benediktsregel, der Meßliturgie, des Kirchenrechts; die Texte, von denen wir viele nur dank der karolingischen Bemühung noch besitzen, wurden neu gefaßt in ein gereinigtes, gelehrtes Latein und in eine einfache, klare Schrift, die der Antiqua auch unserer Propyläen-Weltgeschichte zugrunde liegt. Romanische Ratgeber brachten dem Kaiser antike Inhalte nahe, und in seiner imperialen Baukunst und Buchmalerei kehrten sie wieder; daneben standen aber auch die germanischen Normen, Heldensagen und Sprechweisen der Franken selbst. Diese vielschichtige Tradition, die fast alle karolingischen Gedanken und Formen speiste, war jedoch nur zu bewältigen aus der Distanz, mit Karls selbstherrlichem Willen, die Welt besser als jemals zuvor zu ordnen, die Weisheit »um ihrer selbst willen« zu erkennen. Die höfische Gemeinschaft der Gleichgesinnten sollte die christlichen, fränkischen und römischen Überlieferungen des Abendlandes breit, handlich und doch sehr bewußt zusammenfassen.

In den Dienst dieser Hofgesellschaft sollten auch die Klöster treten; als Alkwin 796 fern vom goldenen Karlshof Abt im bäuerlichen Tours geworden war, ärgerten sich seine Mönche an den auswärtigen Besuchen und Reisen, am emsigen Freundeskult des Hofes. Karls Hofschule nahm herrisch Mönche als Lehrer in Dienst, und wenngleich die Klöster Zentren der Bildungsreform bleiben sollten, so wurden doch auch die Bischöfe und die Gemeinschaften ihrer Weltkleriker herangezogen. Denn auch die Laien sollten lernen, wenigstens Vaterunser und Glaubensbekenntnis richtig zu sprechen; darum mußten die gebildeten Geistlichen in der Volkssprache beten und predigen und damit nicht nur geistlichen Zielen dienen. Hinter der Bildungsreform Karls und der gelehrten Gemeinschaft, die ihm dabei half, stand die politische Ordnung des Reiches; im europäischen Staat der Franken sollte sich »das Heil der Kirchen Christi«, das Gottesreich auf Erden verwirklichen, sollte sich das Bild des ganzen Menschen verkörpern, der zwischen Himmel und Erde sicher bei seinesgleichen steht. Die erstrebte Mitte war ein stilisiertes Ideal und schlug deshalb nur in der Oberschicht der Reichsaristokratie und des Episkopats Wurzeln, nicht im breiten Umkreis des Volkes, so weit die Bemühung auch um sich griff.

Zu einer geistigen, gar zu einer religiösen Bewegung wurde die karolingische Erneuerung nicht; eine neue religiöse Bewegung kam vielmehr nach Karls Tode 814 gerade im Gegensatz zu dem geistigen Anspruch des Hofkreises zustande. Ludwig der Fromme wollte mit seinem Helfer Benedikt von Aniane die alte stille Ordnung der Klöster wiedererrichten, ja die Weltgeistlichen auf das mönchische Ideal verpflichten, schließlich selber Kaiser und Mönch zugleich sein. Aber auch diese Reform, die das Rad zurückdrehen sollte, konnte sich vor der Welt nur bewahren, indem sie an die Stelle der politisch-kulturellen Verflechtungen die theokratische Zentralisation der Klöster setzte; Benedikt von Aniane brach die Autonomie der Einzelklöster und schuf als Generalabt eigentlich erst den Benediktiner-Orden, dem er die ritualistische Askese als Aufgabe zuwies. Ähnlich vollzog der Erzieher und Seelsorger Hrabanus Maurus die Rückkehr zur altbenediktinischen Ordnung, durch schlichten Dienst an der Wahrheit der Bücher, durch einheitliche geistliche Bildung in der vergänglichen, gefährdeten Zeit, und kam doch von der karolingischen Weltnähe seines Lehrers Alkwin zeitlebens nicht los.

Gegen diese schon zwiespältige, benediktinisch-karolingische Ordnung erhob sich sogleich Protest. Hrabans Schüler, der adlige Sachsenmönch Gottschalk von Orbais, zerstörte um 840 mit seiner eigenwilligen Theologie jeden Zusammenhang zwischen Gottesvolk und Frankenreich. Der Starrkopf, der melodische Hymnen dichtete, widersetzte sich seinen Oberen und leugnete doch die menschliche Willensfreiheit; er wollte von der Geschichte frei werden, um ganz der erbärmliche Knecht des barmherzigen Gottes zu sein. Zur selben Zeit, seit etwa 845, wandte sich im Westfrankenreich der Ire Johannes Eriugena nicht nur gegen Gottschalk, sondern auch gegen die karolingische Synthese. Er war kein Benediktiner, sondern ein Philosoph, ganz mit griechischer Sprache und Literatur vertraut, der auf neuplatonische Art in der Vielfalt nur eine geistliche Einheit, im Wirrwarr der Meinungen nur eine spekulative Wahrheit suchte. Es war die mystische Wahrheit, die von Gott, dem ganz anderen, schweigt, aber dem Einzelmenschen über alle Stufen hinauf den Weg zum Unwandelbaren zeigt. Denn auf den einen Gott weist die geschichtliche Entfaltung, auf ihn die natürliche Fülle, auf ihn auch die menschliche Vernunft. Solche Einsamkeit sucht keine Zeitgenossen, weder im Kloster noch bei Hofe, schon gar nicht im heimatlichen Sachsen oder Irland.

Gottschalk und Eriugena untergruben von innen, was die Invasionen der Normannen, Sarazenen und Ungarn von außen zerstörten. Im Zerfall des Reiches, in seiner Feudalisierung und Nationalisierung versanken die karolingische Hofkultur und die benediktinische Reform. Was aus beiden Wurzeln noch wachsen konnte, das lehrte im späten 9. Jahrhundert König Alfred der Große von Wessex, der Erzieher seines Volkes und Übersetzer von Boëthius und Gregor. Zur selben Zeit verteidigten in Reichsklöstern des Kontinents die Mönche Regino von Prüm und Notker von St. Gallen mit historischen und liturgischen Werken noch einmal die Idee von der gegenwärtigen Heilsgeschichte und vom Segen Gottes über den vielen Völkern. Dennoch erbte das 10. Jahrhundert wenig mehr als die Aufgabe, die Benediktiner und Karolinger gestellt und nicht bewältigt hatten: die Gedanken der wenigen den vielen nahezubringen, den religiösen Glauben mit der weltlichen Bildung zu vereinen und beide, Glauben und Vernunft, unbeschädigt in irdische Körperschaften zu fassen, in einer Zeit, da jeder im kleinsten Kreis ums nackte Leben rang und alles Allgemeine und Gemeinsame im Nebel verschwand.

Ottonen und Cluniazenser

Den ersten Weg aus der Verwirrung fanden die Deutschen unter den Ottonen. Die karolingische Zuversicht der Zusammenfassung war dahin, aber die karolingische Behauptung des Zusammenhangs galt noch, auch im sächsischen Reich östlich des römischen Limes. Reich und Kirche, das konnte hier nicht mehr die ganze Welt sein; doch es war eine Ordnung, die die Gemeinschaft der Getreuen mit dem geheiligten König, überhaupt das Hiesige mit dem Jenseits verband, kosmisch und doch erdenfest, ohne theologisch-philosophische Subtilität oder mönchische Sehnsucht. Diese Ordnung verkörperte sich nicht in abgesonderten Gemeinschaften, eher in kraftvollen Einzelnen, wie in Ottos des Großen Bruder, dem Kölner Erzbischof Bruno; seine Biographie meißelte das Bild eines an biblischen Quellen und antiken Formen hochgebildeten Kirchenfürsten, der, ebenso adlig wie heilig, mit Gottes Gnade durch sein königliches Priestertum das ottonische Reich stärkte gegen alle Barbaren und Heiden, gegen die Feinde des Reiches, der Bildung und des Glaubens ringsum.

Wo sie nicht Einzelcharaktere beseelte, gelang diese kraftvolle Haltung allerdings nicht mühelos, zumal sie ihre Wurzeln nicht am ottonischen Hof selbst hatte, sondern, durch ihn freilich gefördert, draußen in den Klosterschulen, bald auch in den Bischofsschulen. Leichter als in der sprachlich-literarischen Aussage stellte sich diese Haltung in der bildenden Kunst dar. Aber übersteigert wirkt sie in der großen Buchmalerei ottonischer Klöster, der Reichenau besonders, die sich auf die spirituelle Wirklichkeit und Wirksamkeit Christi konzentrierte. Trotzig war sie auch in der Baukunst, die man »romanisch« zu nennen pflegt und die zuerst ottonisch war. Kirchen, wie in Gernrode und Hildesheim, von lokalen Baugruppen für örtliche Gemeinden errichtet, verkündeten doch ein universales Programm. Weniger die lastende Massigkeit des Steinbaus und der Rundbögen kennzeichnet sie, mehr das Streben nach weiträumiger, stereometrischer Formung und lebendiger Verbindung verschiedenster, römischer, byzantinischer, karolingischer Bauteile. Wehrhafte Türme und Frontmauern weisen das Äußere ab und fassen das Innere zusammen; die Quadratur der Vierung ruht in sich und greift in den Raum aus; Pfeiler und Säulen tragen sichtbar die Last und führen nach oben; die flächige Wand und die flache Decke versperren doch nicht den Weg empor, den die Gebärden und Farben der menschlichen Figuren visionär zeigen.

Nicht mehr das ruhige Selbstgefühl des Neubeginns, vielmehr die immer deutlicher spürbare Spannung der über sich selbst hinausweisenden Vielgestalt bestimmte auch die Literatur der Zeit; sie feierte nicht behäbig ihren Augenblick, sie appellierte an die Geschichte. Die Nonne Hrotsvit von Gandersheim beschwor nach der Jahrhundertmitte die dramatische Geschichte von fürstlichen Heiligen, die »durch Verdienst noch den Adel der Herkunft übertreffen«; Gestalten der »fabelnden Vorzeit« traten in die Reihe von Christi Geburt bis zum Endgericht, und in diese Reihe der edlen Wunder stellten Hrotsvits lateinische Heldengedichte auch Otto den Großen und das heimische Kloster. Ähnlich weitete sich die Geschichtsschreibung von der Geschichte des Sachsenstammes bei Widukind von Corvey zur Geschichte des Reiches bei Thietmar von Merseburg, ja zur Geschichte der ganzen christlichen Weltzeit bei Hermann dem Lahmen von Reichenau; dieser verkrüppelte, heitere Mönch zog um 1040, schon an der Wende, Sterne, Zahlen, Zeiten, Töne und Rhythmen noch einmal ottonisch zum Lob der Schöpfung zusammen. Ordnung der Vielfalt durch Betrachtung der harmonischen Welt und ihrer von Gott gelenkten, gleichwohl mannigfaltigen Bewegung; Zusammenfassung von Gelassenheit und Spannung in der Kulmination des aktuellen, trotzdem zeitlosen Augenblicks – das war die Kraft dieses Reiches, noch in den gewaltigen salischen Kaiserdomen der Wendezeit, vor allem in Speyer. Hier wurde die Kraft freilich strenger, »romanischer« gerichtet und zusammengefaßt, nicht zum wenigsten durch die umfassende Wölbung der Decken.

Auch hier noch war es eine politische Religiosität, die das Sakrale mit dem Imperialen verquickte, das umgrenzte Deutsche Reich zum universalen Gottesreich, zum mystischen Leib Christi erhob; es war ein kämpferischer Vorgriff auf das Unrealisierte, zugleich archaisch stilisiert. Insbesondere aber war es kräftige Selbstbehauptung, die im Waltharius-Epos germanisches und antikes Erbe zusammenbog und in den Übersetzungen Notkers des Deutschen lateinische Tradition »in barbarischer Sprache schmackhaft« machte; diese Selbstbehauptung wirkte in die Breite des Volkes und war den Laien verständlicher und artgemäßer als die karolingische Hofkultur. Sogar wo die ottonische Haltung nicht überzeugte, wirkte sie noch herausfordernd; sie war ein Anfang, gegen den sich bald die Folgen wehrten; aber sie gehört zur neuen Epoche, nicht mehr zum Alten. Vielleicht war die frühe Festigung des Deutschen Reiches, seines Kaisertums und seiner Kirchenherrschaft verfrüht; sie setzte doch ein Monument, von dem die weitere Bewegung ausging.

In Frankreich waren in den Plünderungen heidnischer Feinde und einheimischer Adliger die politischen Ordnungen und die klösterlichen Zentren viel gründlicher getroffen worden; hier dominierte die ziel- und zügellose Bewegung der Macht. Die Adelsschicht jedoch, die Herrschaft und Land an sich riß, war zwar roh und ungeistig, aber fromm, wenigstens abergläubisch; die Herren mochten selber nicht beten, hatten es aber wohl nötig, daß andere für ihr Seelenheil beteten. So dachte Herzog Wilhelm von Aquitanien, nachdem er die Klöster ringsum geplündert hatte, und schenkte um 910 sein burgundisches Jagdhaus Cluny den Mönchen. Um dem Heil seiner Seele zu dienen, gab er sein Hauskloster frei; nur dem Papst sollte es unterstehen, und der Papst war weit weg und machtlos. Von neuem war in einer chaotischen Umwelt eine benediktinische Zone geistlicher Freiheit geschaffen, diesmal von den rivalisierenden Adligen und den nicht weniger habgierigen Ortsbischöfen eifersüchtig gehütet. Die Insel des Friedens, dieses eine Kloster Cluny, blieb freilich nicht so weltfern, wie es Monte Cassino gewesen war. Denn Brüder und Neffen der Herren und Bischöfe gingen ins Kloster, aus Glaubenseifer und aus Tatendrang; sie wollten in dieser pfingstlichen Gemeinschaft den paradiesischen Urstand wiederfinden, den endzeitlichen Frieden vorwegnehmen, die gegenwärtige Verwirrung überwinden. Aber sie konnten es nicht in ekstatischer Verzückung, konnten es nur im Blick auf die an der Zeit leidenden Zeitgenossen versuchen. Der adlige Eifer wandte sich indes nicht der groben Handarbeit zu, auch der strebenden Gelehrsamkeit nicht; er repräsentierte seine Sicherheit im kirchlichen Ritus, in der festlichen Feier des gottgeschenkten Augenblicks. In weiten wallenden, feierlich schwarzen Gewändern trat der lange Zug der Mönche auf; im Psalmodieren und Zelebrieren blieb keine halbe Stunde des Tages mehr frei zum geistlichen oder geselligen Gespräch, das ohnehin durch Schweigen und Zeichensprache eingedämmt wurde. Doch man betete für alle, nicht für die Stifter allein, nicht einmal nur für die Lebenden; von Cluny aus setzte sich in der Kirche das Fest Allerseelen durch.

Hilfe für die Umwelt, für Arme und Pilger, sollte auch durch reiche Almosen und gastfreie Bewirtung gewährt werden; seit 981 zogen die Mönche, die nicht missionieren mochten, die Laien in ihre Kirchen und bauten sie größer, als sie für die Mönchsgemeinschaft hätten sein müssen. Laienbrüder sorgten auch im Kloster selbst für den Unterhalt und nahmen dienend an den Verdiensten der geistlichen Herren teil. Reliquienkult und Heiligenverehrung

Mönch und Laie in der Schreibstube
Miniatur in dem Perikopenbuch Heinrichs III. Handschrift der Echternacher Schule, 1039–1043
Bremen, Staatsbibliothek

Das Benediktinerkloster Saint-Martin-du-Canigou in den französischen Pyrenäen, Anfang 11. Jahrhundert

brachten erst recht die Wallfahrt der Laien in Gang; sie ließen sich vom Klosterfrieden bewegen, adlige Fehden im »Gottesfrieden« einzuschränken und Frieden auf Erden zu halten, damit sich die Herrschaft Christi ausbreite. Adliger Wirkungswille ließ die Cluniazenser bald auch verrottete Klöster der Umgebung reformieren, und diese unterstellten sich gern der ebenso frommen wie mächtigen Gründung. Die rasch wachsende Zahl der Mönche zwang zu ihrer Aussendung, keineswegs zur Mission unter den Laien, sondern zur Gründung neuer Tochterklöster; nach hundert Jahren waren es fünfundsechzig, im Spätmittelalter weit über tausend Klöster, die dem Abt von Cluny unterstanden. Dieser neue Klosterverband, über das ganze, vorwiegend das romanische Abendland hin verteilt, war im Grund, wie es schon Benedikt von Aniane gewollt hatte, nur ein Kloster unter einem alles regelnden Abt. Das freigestellte Cluny schuf sich seine eigene Herrschaft, ein theokratisches »Reich von Cluny«. Erstaunlich lange entzog es sich dem Sog der Verweltlichung, weil es viele große Äbte besaß, wahre Heilige, aber auch starke Männer mit innerer Freiheit. Sie waren schnell mächtig geworden und wurden Berater der Mächtigsten, und doch nutzten sie ihre Macht nur für den Frieden auf Erden, damit das Reich Christi komme.

Konnte aber die geistliche Freiheit, die waffenlose, wunderwirkende Kraft des Heiligen nach Art feudaler Macht konzentriert sein? War nicht noch die halbfeudale Organisation von Cluny ein Hemmnis der Freiheit? So folgten bald selbständige Reformbewegungen in anderen Klöstern, zwar im Geist von Cluny, aber ohne straffe Verfassung, um Fleury und Dijon in Frankreich, um Fruttuaria in Oberitalien. Wichtiger wurde Gorze bei Metz, das den deutschen Ottonen nahetrat, die Selbständigkeit der Einzelklöster streng wahrte und den Verband auf Gebetsverbrüderung gründete; etwa hundertsechzig deutsche Klöster schlossen sich an. Andere Zentren, wie Brogne bei Namur, suchten ähnliche Formen, in einer allenthalben unterstützten, stark fluktuierenden Freiheit, die es verbietet, die ganze Reformbewegung nur »cluniazensisch« zu nennen.

Sie blieb nicht einmal benediktinisch. Manche Klöster in Frankreich und Italien wandten sich dem Eremitenleben zu, nachdem es fraglich geworden war, ob sich monastische Gemeinschaften überhaupt zur geistlichen Freiheit erheben konnten und nicht der Machtwelt verhaftet blieben, sei es wie Cluny durch Exemtion, sei es wie Gorze durch Gehorsam. Die neue Innerlichkeit mußte auch mit der Feudalstruktur, ja mit der Organisation schlechthin brechen. In Italien, wo Macht als Fremdherrschaft auftrat, sagten sich die Eremiten auch vom Klosterverband los. Um 940 fand der Kalabrier Nilus von Rossano weder in den griechischen Klöstern Süditaliens noch bei den Benediktinern des wiedererstandenen Monte Cassino den wahren Frieden; ein Wanderer wollte er sein, nicht im Sinn des irischen Verzichts auf Heimat, sondern als Fremdling auf dieser Erde überhaupt. Ein Narr in Christo wollte er sein, und wie ein Narr ging er einher, um den Kopf einen Fuchsbalg gewunden; selbst bei grimmiger Kälte trug Nilus den Mantel am Stock über der Schulter. Der fremdartige, halb orientalisch wirkende Mann, am Anfang des abendländischen Eremitenwesens stehend, war sogleich bezeichnend für die anarchische Wildheit dieser Lebensweise. Sie wurde allerdings bald gezähmt durch einen von Nilus' vielen Schülern, durch den Herzogssohn Romuald von Ravenna, der 1012 in den Apenninbergen Camaldoli gründete, eine

Gemeinschaft von Einsiedlern, die zwar jeder in einem besonderen Häuschen mit Garten wohnten, aber gemeinsam beteten. Die Kamaldulenser wollten in ihre schweigende Selbstkasteiung freilich keine Handarbeit einbeziehen; dafür sorgten hier wie in Cluny Laienbrüder. Auch sonst wirkte das cluniazensische Beispiel mildernd.

Wenn nun die Laien nur als Zuschauer oder Diener zu dieser geistlichen Freiheit zugelassen wurden, wenn sie als Söldlinge der korrupten Welt mißachtet blieben, konnten sie nicht geduldig auf das Gebet der Mönche warten, mußten selbst radikal auf diese Welt verzichten, sich selbst zu erlösen suchen. Die Weltflucht der Mönche hatte die Häresie der Laien zur Folge; die Ketzerei war der laikale Teil der geistlichen Bewegung. Seit der Jahrtausendwende tauchten Ketzer auf, einzelne zunächst, hier und da, in der Champagne, in Arras, in Orléans, in Italien, ohne Verbindung miteinander, aber bald zu kleinen Zirkeln gesammelt. Was sie wollten, verstanden die Zeitgenossen kaum, und so wissen wir wenig davon. Am deutlichsten redeten die dreißig Edelleute von Monteforte in Piemont, als sie 1028 vom Mailänder Erzbischof gestellt wurden. Sie hatten unter Führung der Gräfin auf der Burg Monteforte ein gemeinsames Leben der Askese geführt und alles Weltliche abgeschüttelt. Jungfräulichkeit war ihr Ideal; sie aßen kein Fleisch, teilten ihren Besitz untereinander, beteten und fasteten bei Tag und Nacht. Sie kasteiten sich zur Sühne für ihre Sünden, und wenn der natürliche Tod nahte, ließen sich manche vorzeitig von den Genossen töten, um von dem verhaßten Leib befreit zu werden. Das alles lasen die Ketzer aus der Bibel, deren geheimes, erleuchtetes Verständnis ihnen Selbsterlösung verhieß. Ihre Sicherheit bewährte sich nach der Gefangennahme. Sie wurden zwischen ein großes Holzkreuz und einen brennenden Scheiterhaufen gestellt; die meisten schlugen die Hände vors Gesicht und sprangen freiwillig in die Flammen. Der Friede schien eher im Freitod als unter dem irdischen Kreuz der Kirche zu wohnen. Entschlossener als hier konnte die Spiritualisierung des rohen Lebens und die Überwindung feudaler Handgreiflichkeit nicht erstrebt werden. Wegen dieser Radikalität blieben die Ketzer allerdings vereinzelt, und nach 1051 verliert sich ihre Spur, wohl nicht, weil sie unterdrückt, sondern weil sie überholt wurden durch die Gregorianische Kirchenreform, die endlich auch die Laien in die bislang monastischen Reformbewegungen einbezog.

Gregorianer und Zisterzienser

Manche Fäden verknüpfen die Cluniazenser mit den Gregorianern; aber die mitreißende Macht der Gregorianischen Reform lag darin, daß sie sich nicht auf die Mönche, auch nicht auf das kanonische Recht der Geistlichen beschränkte, sondern die Laien zur christlichen Tat in dieser Welt aufrief. Nicht die Flucht vor der Welt, sondern die Bekehrung der Welt, nicht Kontemplation, sondern Aktivität war das Ziel. Schon Cluny und Gorze hatten die Tätigkeit der Laien ermutigt; seit dem späten 10. Jahrhundert häuften sich die Kirchenbauten und die Pilgerfahrten, gewiß nicht aus Furcht vor dem Weltuntergang im Jahre 1000, von der nichts zu spüren war, sondern aus dem Bestreben der Laien, des Christenglaubens und des himmlischen Jerusalem durch die fromme Tat habhaft zu werden. Darum zogen im frühen 11. Jahrhundert zahlreiche Geistliche und Laien in kleineren und größeren Gruppen ins Heilige Land, um den Boden zu betreten, auf dem einst Christus und seine Apostel gewirkt hatten. Darum sollten die Weltgeistlichen nicht länger in der Verweltlichung von Simonie und Unzucht verkommen, sondern »nach dem Vorbild der Urkirche« in mönchischer Armut zusammenleben und in die Welt wirken, wie es seit 1059 viele Domkapitel, als »Chorherren« nach Augustins Kleriker-Regel lebend, taten. Darum wandte sich Deutschland seit Kaiser Heinrich III. dem neuen Ideal zu, nicht ohne den Widerstand der Bischöfe und der Mönche. Darum erhoben sich aber auch seit 1056 in Mailand die Geistlichen und Adligen der »Pataria«, um gegen die verrottete Hierarchie die städtischen Laien aufzurufen und ihnen eine strenge Gemeinschaftsordnung vorzuleben. Die ganze Kirche sollte frei werden von ihrer Verstrickung in Adelsinteressen und Machtpolitik, frei für die ursprünglichen Forderungen des Christentums, für das »apostolische Leben«. Wehrdienst für Christus, bisher Aufgabe der Mönche, wurde nun Sache der Laien, nicht nur in den Adelsfehden der Pataria, auch in den Laienbruderschaften der Handwerker; in Schwaben und Franken wurden solche Bruderschaften, zu denen Adlige und Bauern kamen, durch die Benediktiner des Klosters Hirsau begründet, die als Wanderprediger umherzogen und das gemeinsame Leben »nach Art der Urkirche« organisierten.

Mit Papst Gregor VII., der diese Bewegung schon zuvor unterstützt hatte, eroberte sie 1073 die Leitung der Kirche selbst; sie war der Impuls dessen, was man allzu eng den Investiturstreit nennt. Denn die Investitur geistlicher Würdenträger, ihre Einsetzung durch weltliche Herrscher und nach politischen Richtlinien, war nur ein Teil der feudalen, archaischen Weltverflechtung. Zu ihrer Überwindung gehörte vieles andere auch: die Forderung nach Freiheit und Reinheit der Kirche, die Unterscheidung der Geister, die Besinnung auf das autonome Kirchenrecht, die Absage an das Priesterkönigtum der Ottonen und Byzantiner, vor allem aber die Forderung, der Priester der christlichen Kirche dürfe sich nicht auf Weihe und Amt allein berufen, sondern müsse sich durch persönliches Verdienst und tätige Leistung bewähren; für die Laien sollte er Vorbild sein, nicht Machthaber. Gregor VII. wandte seine ganze Kraft an diese Ziele, an die Durchsetzung des Priesterzölibats und des Zusammenlebens der Weltkleriker, an die Reinigung des Episkopats, an die Förderung eines christlichen Rittertums, an die Vorbereitung eines Kreuzzugs der Getreuen Petri gegen die Ungläubigen.

Aber konnten die neuen Gedanken in den alten Institutionen verwirklicht werden? Gregor VII. sorgte für alle, doch gleichzeitig erneuerte er die Scheidung zwischen allen, zwischen Geistlichen und Laien, auch die Stufung zwischen Eremiten, Mönchen und Regularklerikern. Die kirchliche Freiheit sollte zu päpstlicher Ordnung werden, damit die ganze Welt von Christus ergriffen werde; aber die Gregorianische Reform trägt zwar mit Recht den Namen des Papstes, der sie, nach seiner Weise einseitig, in der Kirche durchsetzte, sie war jedoch älter und reichte weiter, als dem Papst lieb sein konnte; sie war keine Revolution von oben. Und wenn sie dazu gemacht wurde, war damit nicht aufs neue wie in Cluny, wenn auch mit anderen, weiteren Zielen, eine Theokratie errichtet, die gerade die von der Reform geforderte Freiheit der Kirche bedrohte? War das nicht eine neue Politisierung des Geistlichen? In der Tat mußten die Päpste nach 1085 ihren Frieden mit den bestehenden Mächten der Erde schließen, zögernd und widerwillig immerhin, aber am Ende, im Wormser Konkordat, stand 1122 nicht der Sieg der Reform, sondern die Krise des Reformpapsttums.

Noch war es 1095 dem Papst Urban II. gelungen, die gestauten Kräfte der Laien in eine neue Richtung zu lenken. Der schon von Gregor VII. erwogene Kreuzzug ins Heilige Land fand begeisterten Widerhall, besonders bei den Adligen Frankreichs, die, vom kirchlichen Gottesfrieden halb gezähmt, vom Königtum noch nicht gebändigt, um so mehr auf den ritterlichen Heiligen Krieg brannten, damit es nicht mit Verneinung und Enthaltung sein Bewenden habe. Aber das große Ziel der kriegerischen Wallfahrt, das, wie es schien, Gott selber wollte, war nach wirren Anfängen 1099 mit der Eroberung von Christi »Stammburg« Jerusalem erreicht. Was nach Blutrausch und Bußprozession zu tun blieb, das sah man am Johanniter-Orden, der nun in Jerusalem ein älteres, von italienischen Kaufleuten gegründetes Hospital übernahm und im benediktinischen Geist dort Pilger betreute und Kranke pflegte. Später mußte sich dieser erste Ritterorden von den Päpsten sagen lassen, daß nicht der Krieg gegen die Muslime, sondern die christliche Caritas seine Hauptaufgabe sei.

Schwerer als die Kampfgelüste der Adligen waren erste apokalyptische Träume zu greifen und zu bändigen, von denen sich im späten 11. Jahrhundert städtische Massen aufputschen ließen. An der Kreuzzugsbewegung wollten auch die Nichtadligen und Armen teilhaben und zogen in großen Scharen aus, einem messianischen Reich entgegen. Um die paradiesische Vollendung vorzubereiten, machten sie zuerst den dämonischen Feinden Gottes den Garaus, voran den Juden, die Christus gekreuzigt hatten. Leicht konnten sich solche anarchischen Schwärmereien gegen alle weltliche und geistliche Ordnung kehren; aber auch wenn sie der Kirche fürs erste nicht gefährlich wurden, widersprachen sie der gregorianischen Vorstellung von den Aufgaben des gläubigen Kirchenvolkes. Die gregorianische Idee der geistlichen Freiheit hatte, wie es schien, im Abendland auch die Laien ganz ergriffen; aber sie richtete sich gleichzeitig gegen die Laien. Die Laien wollten in ihren allzu irdischen Taten Christus nachfolgen; aber hemmten sie nicht zugleich den Höhenflug der Geistlichen? Konnte dem Priester und Mönch die Seelsorge noch am Herzen liegen, wenn sie ihn davon abhielt, selber Christus ähnlich zu werden? Die Päpste mochten immer wieder vermitteln; gerade bei den Besten schlug die Gregorianische Reform, die die Welt zum Geistlichen hatte bekehren wollen, um in die Flucht der Geistlichen vor dieser Welt.

Diese neue religiöse Bewegung begann mit Bruno von Köln, dem Gründer des Kartäuser-Ordens. Der Deutsche, in Frankreich Domschulmeister und Urbans II. Lehrer, focht seit 1077 im Sinne der Gregorianischen Reform gegen seinen Erzbischof, von dem der Ausspruch überliefert ist: »Das Reimser Erzbistum zu haben, wäre eine schöne Sache, wenn man nur nicht immer Messe halten müßte.« Unter seinen Mitbrüdern, die im Domkapitel als Regularkanoniker lebten, fand Bruno indes wenig Rückhalt. Um den Frieden zu finden, den die Welt nicht kennt, zog er als Eremit in die Wälder, immer höher hinauf in die Berge; bei Grenoble, hoch oben in der Nähe der Schneegrenze, an einem Platz mit dem Namen Chartreuse, ließ er sich 1084 nieder. In dieser »Großen Kartause« teilten bald sechs

Das himmlische Jerusalem
Deckengemälde in der Kapelle der Abteikirche Saint-Chef in der Dauphiné/Isère, um 1070 (?)

Christlicher Krieger
Relief von den Chorschranken (?) der Mauritius-Kirche in Münster, um 1070
Münster, Landesmuseum für Kunst und Kulturgeschichte

Genossen das einsame Leben mit ihm, ein Leben nach der verschärften Benediktsregel, härter als die Gewohnheiten der Kamaldulenser. Täglich nur eine Mahlzeit, keine Fleischspeisen, ständiges Schweigen; in seiner Zelle betete und arbeitete jeder allein, nur samstags trafen sich alle zum Gebet. Von Urban II. nach Rom gerufen, floh Bruno bald in neue Einsamkeit, in die wilden Berge Kalabriens, wo eine zweite Kartause entstand; dort starb er 1101.

Seine Askese war keine Narretei, wie sie nahebei Nilus von Rossano hatte üben wollen. Bruno blieb auch als Eremit genug Gelehrter, um von seinen Mitbrüdern wissenschaftliche Tätigkeit zu fordern; sie sollten nicht nur die Liebe, sondern auch die Kenntnis des Gotteswortes pflegen und durch die Tat zeigen, was sie liebten und kannten; das nannte Bruno »göttliche Philosophie«. Er war der erste und vor Dominikus einzige Ordensgründer, der auf Kenntnisse Wert legte; die Askese sollte kein Kampf gegen die Dämonen sein, sondern den Mönch für ein geistiges Leben frei machen. Die Ungebildeten sollten nicht bloß als Hörige die grobe Arbeit tun, sondern als »Konversen«, als Zugewandte, an diesem asketischen Geistesleben teilnehmen. Viele waren es nie; nach hundert Jahren gab es erst siebenunddreißig Kartausen. Aber manche Adlige fühlten sich angesprochen, wenn sie nicht den Eremiten zürnten, die das jagdbare Wild aus den Wäldern verscheuchten.

Reservierte Benediktiner meinten, das Entgegenkommen gegenüber den Laienbrüdern heiße den Wagen vor die Ochsen spannen; andere beteuerten, sie möchten nicht einmal im Paradies eremitisch hausen. War die eine Regel Benedikts denn nicht mehr gut genug für alle? Ein Geistesverwandter Brunos, Stephan von Thiers, Gründer des Grammontenser-Ordens, erwiderte den Kritikern, die hergebrachten Ordensregeln seien nur die Zweige, nicht die Wurzel des Ordenslebens; neben ihnen könnten und müßten neue Zweige wachsen aus der gemeinsamen Wurzel, der apostolischen Verkündigung des Evangeliums. Hier rechtfertigte sich eine Revolution, die mit der Weiterbildung oder Reform mönchischer Traditionen nicht zufrieden war; sie strebte zurück zu den ewigen Quellen, um die weltliche Gegenwart und die veränderliche Geschichte zu überwinden; sie begab sich damit aber auch auf einen Pfad, von dem niemand wußte, wo er enden würde.

Die Benediktiner spürten den neuen Geist bald in ihren eigenen Klöstern. Im lothringischen Molesmes hatte Robert, wohl ein Adliger, 1075 eine benediktinische Abtei gegründet, die streng sein sollte, aber rasch wohlhabend wurde; denn der umwohnende Adel wollte wenigstens durch Schenkungen fromme Werke tun. Der enttäuschte Abt Robert suchte in das früher schon versuchte Eremitenleben auszuweichen; doch seine Mönche ließen nicht von ihm. Der Rat eines englischen Gesinnungsgenossen half Robert weiter; die Benediktsregel war schon ein vollkommener Wegweiser zur erstrebten Nachfolge Christi, wenn man sich nur an sie selbst, nicht an die seit Jahrhunderten darübergeschichteten Auslegungen und Gewohnheiten hielt, wenn man sich nach dem vernünftigen Sinn richtete, nach der *Ratio*; denn sie ist »das allgemeine Prinzip, durch das der allmächtige Schöpfer die Weltordnung erschaffen hat und kraft dessen die menschliche Natur fortbestehen kann«. Aus der Bibel spricht dieser Geist, der der menschlichen Vernunft so nahesteht; ihn müßte eine neue Mönchsgemeinschaft verwirklichen können. Als die Mönche von Molesmes sich gegen diese vernünftige Auslegung der Regel, nämlich gegen ihre Verschärfung sträubten, zog Robert 1098 mit zwanzig Genossen in eine sumpfige, mit Gestrüpp bewachsene Einöde bei Dijon, in der nur wilde Tiere lebten. Hier entstand das neue Kloster Cîteaux und der neue Orden, der nach der ersten Niederlassung Zisterzienser-Orden heißt. In langwierigen Kontroversen mußte er sich bald behaupten gegen den benediktinischen Vorwurf, eine Gründung von Abtrünnigen zu sein.

Die neuen »weißen Mönche« wollten nicht mehr die vornehm schwarzen Kukullen von Cluny tragen, sondern Kutten aus grober, ungefärbter Wolle, die beim Waschen weiß wurde. Nicht oft wurde die Kutte gewechselt, auch nachts getragen; die Mönche wuschen sich selten und nahmen die Folge, das Ungeziefer, zur Buße auf sich, denn sie wollten »mit dem armen Christus arm sein«. Ärmlich sollten ihre Tage verlaufen, ohne Aufwand in der fleischlosen Speise, ohne Schmuck in den turmlosen Kirchen, die fremde Gäste nicht durch ein Hauptportal oder eine Vorhalle einluden. Gern ließen sich die Zisterzienser abseits der Siedlungen nieder, in Waldtälern wie die Kartäuser. Anders als diese betrieben sie fleißig Handarbeit, die nicht allein den Laienbrüdern überlassen blieb. Vier, fünf Stunden täglich standen die Mönche auf dem Feld, beim »Ackerbau, den Gott geschaffen hat«, beim Obst- und Weinbau, bei Vieh- und Fischzucht. Der Rest des Tages war Gottesdienst ohne cluniazensisches Pathos.

Von den Benediktinern trennte sich auch die 1118 niedergelegte Verfassung des Ordens, die im Gegensatz zu Cluny die Eigenständigkeit des einzelnen Klosters achtete und nur dem Mutterkloster einer Niederlassung das Recht der Visitation zugestand. Doch wurde auch die altbenediktinische Isolierung nicht erneuert; jährlich trafen sich alle Zisterzienseräbte in Cîteaux zum Generalkapitel, und dies war die oberste Instanz, eine internationale, rationale Versammlung. Freilich mußte das Generalkapitel gefragt werden, wenn ein Zisterzienser ein Buch schreiben wollte; die geistige, gar wissenschaftliche Betätigung der karolingischen Benediktiner und der modernen Kartäuser lag nicht im zisterziensischen Ordensziel, wohl aber die innige Marienverehrung und die Mystik, die Gottes Weltvernunft preisen, doch nicht ergründen wollte. Trotz solcher weicheren Züge hielt sich der Orden lange den Zustrom von Frauen fern; auch Seelsorge wollte er nicht betreiben. Bruder Caesarius von Heisterbach schätzte noch hundert Jahre später seinen Mönchsstand viel höher als das Wirken eines Pfarrers. Wie die Kartäuser weigerten sich auch die Zisterzienser, auf die Straßen und in die Städte zu ziehen. Die Frommen mußten ins Kloster kommen, das Kloster konnte nicht zu den Laien gehen.

Was sollte dann aus den Laien werden, die sich doch auch heiligen, die auch die Welt überwinden wollten? Bestand denn das Ideal apostolischen Lebens und christlicher Armut nicht gerade darin, daß die Frommen mittellos und ohne festen Standort wie die Apostel predigend durchs Land zogen, um die Seelen zu retten? Dieser Gedanke, bei den Hirsauern schon anklingend, kam 1096 dem bretonischen Priestersohn Robert von Arbrissel nach einem lockeren Leben im Weltklerus, nach asketischen und eremitischen Bußübungen. Der Papst erlaubte ihm, als Priester ohne Pfarre umherzuwandern und zu predigen. Barfuß, mit wallendem Bart und ärmlich gekleidet zog er von Ort zu Ort, um unter den Laien die »Armen Christi« zu sammeln, nicht die auf kirchliche Almosen angewiesenen Dorfarmen, denen der Mangel das Herz verhärtet hatte, sondern die Frommen, die um Christi willen arm sein wollten. Vor allem die Frauen kamen in hellen Scharen zu Robert und blieben den Ortspfarrern aus der Kirche weg – Grund genug für Verdächtigungen des attraktiven Wanderpredigers, der, um seine Anhängerinnen zu retten, seine Idee opfern mußte. Er gründete 1101 in Fontevrault bei Poitiers ein Kloster, immerhin ein Doppelkloster mit einem Männer- und einem Frauenkonvent, und so wurde auch den Frauen der Weg zur religiösen Bewegung geebnet. Roberts Predigt und Marienverehrung mag noch danach die Umwelt beeinflußt, möglicherweise sogar den Minnesang der südfranzösischen Trobadors mit angeregt haben; aber auch Roberts Schicksal zielte aus der Welt der Laien hinaus. Der Weg zum Himmel schien immer zu einer Klosterpforte zu führen; jedenfalls endete jeder neue Versuch hinter Klostermauern.

Was hatte aber die Gregorianische Reform erreicht, wenn die Kirche Gottes noch immer und erst recht eine Gemeinschaft bevorzugter, dem Himmel naher Geistlicher mit einem Anhang gehorsamer und verlassener Laïen war? Dann mußte der Kirchenbegriff selbst neu formuliert werden; dann mußten alle Brücken zur Welt abgebrochen und auch jene Kompromisse mittels der Institutionen verworfen werden, bei denen die Päpste stehenblieben. Das war Ketzerei, aber eine andere als die der stillen Grüppchen des frühen 11. Jahrhunderts; sie ergriff jetzt die Mittelpunkte der eben aufblühenden Stadtkultur und erfaßte die Masse der Laien, die sich soeben überall zu kommunalen Bünden verschworen, um ihre Stadtfreiheit dem meist bischöflichen Stadtherrn abzutrotzen. Zur Zeit der Pataria waren diese Kreise noch Verbündete des Papstes gewesen; jetzt, zur Zeit der Kreuzzüge, wurden sie leicht Gegner der Kirche.

Der erste unter den neuen Ketzerführern war ein südfranzösischer Priester, Petrus von Bruys, der seit 1105 als Wanderprediger wirkte, wie Robert von Arbrissel, nur ohne päpstliche Erlaubnis. Denn Petrus verdammte den Priestertrug der Institutionen und Sakramente, von den Almosen und Gesängen bis zu Kirchenbauten, Kindertaufen und Eucharistiefeiern. Wer beten will, kann es im Stall und im Wirtshaus tun; nicht Amt und Sakrament, sondern allein das persönliche Verdienst entscheidet über die Würde des Menschen in der Gemeinde. Kirche Gottes ist nur die Gemeinschaft der Gläubigen, die sich von der Erbschuld erst als Erwachsene, Entschlossene durch Taufe lösen; sie rechtfertigen sich durch ihr Leben, das ausschließlich den Weisungen des Evangeliums folgt. Peters Anhänger verstanden wohl leichter als diesen Spiritualismus die Absage an das Herkommen; sie schändeten Kirchen, zerschlugen Altäre und Kruzifixe und prügelten Priester. Der Gedanke von der Geistkirche verwandelte sich bei Schülern und Nachfolgern Peters schnell in das Genügen an einer Ersatzkirche; manche Häresiarchen kleideten sich in goldene Gewänder und ließen sich Kreuze vorantragen; manche nannten sich nicht nur Bischof, sondern hielten sich für Christus selbst. Und ihre Anhänger verehrten in diesen Führern, in dem Flamen Tanchelm oder dem Bretonen Eudo von Stella, nicht den gütigen Menschensohn der Evangelien, nicht den Lehrer der Apostel, sondern den furchtbaren Gottessohn der Parusie, den Richter über Lebende und Tote. Die Forderung nach Überwindung der geschichtlichen Kirche endete mit der institutionalisierten Selbstvergottung der Ketzer, mit dem Vorgriff auf den Himmel.

Wer sich solchen simplen Formen fernhielt, wie der hochgebildete Arnold von Brescia, der letzte und größte Verfechter dieser häretischen Bewegung, der forderte zwar von der Kirche apostolische Armut und ein Leben im Bettel und demonstrierte es eindrucksvoll vor; aber auch Arnold, der Erbe der Pataria, kam nicht ohne irdische Formen aus und brauchte den Rückhalt kommunaler Gemeinden und politischer Mächte. Alle diese Ketzer begründeten ihre praktischen Forderungen nicht dogmatisch und kontrollierten sie nicht wie Kartäuser und frühe Zisterzienser am vernünftigen Denken. Das brachte sie um ihre Nachwirkung; mit Arnolds Tode 1155 sind sie bis auf unbedeutende Reste verschwunden, wiederum vom Fortgang der Bewegungen überrundet. Denn eben die Gregorianische Reform, an deren extremem Ende diese Ketzer standen, hatte das Problem aufgeworfen, ob die Trennung des Geistlichen vom Weltlichen kirchenpolitisch – und wäre es durch Gründung und Duldung neuer Orden – zu erreichen sei, ob das Verhältnis zwischen Gott und Welt nicht vielmehr eine geistige ebensogut wie eine religiöse Frage sei. Die Anbetung der göttlichen Geheimnisse genügte nicht mehr; auch vorbildliche Taten hatte man genug gesehen. Was nottat, war mehr: Theologie, wohl auch als Bekenntnis zu Gott, doch auch als Kunde von Gott. Die Forderung des Kartäusers Bruno verlangte allerdings viel; was kann denn die menschliche Vernunft von Gott aussagen, das mehr wäre als bloßes Wort?

Wegbereiter der Scholastik

Die Frage war alt und verwickelt, denn sie betraf nicht nur die Erkenntnistheorie, sondern den Wert von Gottes Schöpfung und den Wert des Menschen. Sprach Gott nur in der Bibel, nicht auch in der von ihm geschaffenen Natur, und konnte seine Kreatur, der vernünftige Mensch, ihm dort nicht auch begegnen? Johannes Eriugena hatte der Vernunft und der Natur einen gewichtigeren Platz eingeräumt, als den Benediktinern recht war. Aber im 10. Jahrhundert hatte die neue Rationalität der Klosterreform dazu geführt, daß man selbst im Kloster, in Gorze, Augustin-Zitate mit Hilfe aristotelischer Kategorien erklären wollte; auch in Fleury kannte man den Aristoteles, freilich nur die logischen, von Boëthius übersetzten Schriften. Kühner war Gerbert von Aurillac, der von Cluniazensern erzogene spätere Papst Silvester II. Schon 980 rechnete er die mit natürlichen Mitteln verständliche Theologie zur theoretischen Philosophie und übte mit seinen Schülern an der Domschule von Reims das dialektische Argumentieren, das Allgemeinbegriffe durch Unterscheidung ihrer Reichweite auflöst und bildet.

Dabei ging es nicht nur um die natürliche Vernunft des Menschen, sondern auch um seine Einsicht in die Natur der Dinge, auch um sein Wissen von sich selbst; es ging um die Geltung der platonischen und aristotelischen Philosophie, der vergilischen und horazischen Dichtung, der arabischen Medizin, Mathematik und Astronomie im Angesicht der christlichen Offenbarung. Gerbert selbst grenzte die zufällige und angestrengte Menschenvernunft der Philosophen, Dichter und Gelehrten scharf ab gegen die immergleiche und notwendige Vernunft Gottes; sein Schüler Fulbert, Begründer der Schule von Chartres, warnte schon vor der Anwendung dialektischer Regeln auf die Glaubenslehren. Aber leicht konnte geschehen, was in Gerberts Nachbarschaft geschah, daß der Grammatiker Vilgard von Ravenna die antiken Dichter Vergil, Horaz und Juvenal als Gottheiten, ihre Dichtungen wie die Bibel verehrte. Stand der autonome Mensch nicht über den Autoritäten, mit seiner Sprache nicht über den Dingen?

War die wahre Abkehr von feudaler Handgreiflichkeit nicht die Wendung zum reinen Denken? Wer so dachte, in manchem den antiken Sophisten vergleichbar, nannte sich in der Mitte des 11. Jahrhunderts Dialektiker. Einer von ihnen, der hochadlige italienische Kleriker Anselm von Besate, gab sich zudem stolz den aristotelischen Namen des Peripatetikers, und wirklich zog er, wie bald darauf die Wanderprediger, im Land umher, von einem Schülerschwarm begleitet. Der ausgebildete Rechtsanwalt lehrte gleichzeitig Grammatik, die Kunst, Latein zu reden, und Rhetorik, die Kunst, es schön zu reden. Sein Geschäft erschien ihm beileibe nicht als äußerlich; er will geträumt haben, daß er im Himmel war, und während ihn die Heiligen dort als einen der Ihren beanspruchten, bat ihn die personifizierte Dialektik, auf die Erde zurückzukehren, denn ohne ihn gäbe es dort kein Wissen mehr. Und Anselm kehrte zurück, ohne die Wehmut, mit der Mönche von ihren Jenseitsvisionen erzählten. Hinter der Eitelkeit des Gelehrten stand schon der keimende Konflikt zwischen christlichem Leben und profaner Wissenschaft.

Der volle Ernst der Frage zeigte sich freilich nicht bei diesem selbstbewußten Außenseiter, sondern bei der Diskussion im Innenraum der Kirche, seit 1044 bei dem Domschulmeister Berengar von Tours, der ein auch medizinisch gebildeter Schüler Fulberts von Chartres war. Dem strengen, hochangesehenen Mann lag gelehrter Hochmut fern; er warnte sogar die Eremiten, sie täten nur darum mehr als andere, weil sie mehr als andere sein wollten. Für Berengar aber, wie einst für Gottschalk und Johannes Eriugena, öffnete sich zwischen Tun und Sein, zwischen Sinnenwelt und Geist eine tiefe Kluft. Der Mensch, von Gott als sein Ebenbild vernünftig geschaffen, nähert sich Gott nicht über die fünf Sinne, auch nicht über deren Verneinung, sondern durch den Gebrauch der Vernunft. Berengar erwog, daß in dieser Welt der Autoritäten der Vernünftige untergehen könnte; er nahm es in Kauf. Die Vernunft durchschaut das Verworrene; sie unterscheidet zwischen Wirklichkeit und Symbol, Sache und Wort, Natur und Gott. Das hieß für Berengar: im Altarsakrament ist Christus nicht wirklich und natürlich, nur dem Namen, Zeichen und Gleichnis nach anwesend; sein verherrlichter Leib kann vor dem Jüngsten Gericht nicht herabgerufen werden. Man könnte kaum sagen, was an dieser Lehre religiös und was geistig begründet war, ob, wie Berengars Gegner meinten, hier die Theologie zur Magd der Philosophie gemacht wurde oder umgekehrt; sicher ist aber, daß mit dem Sakrament als dem sichtbaren Zeichen des Übersinnlichen nicht nur eine Denkweise, sondern der Kern der Kirche angegriffen wurde. Und das geschah zur selben Zeit, als die Gregorianische Reform die Kirche erschütterte und neben das Sakrament die persönliche Würde des geistlichen Menschen stellte. Von den Laien, die am Übersinnlichen teilhaben wollten, hatte Berengar denn auch mehr zu fürchten als von den Gregorianern, und er sagte es. Der »Ketzer« gründete keine Schule, erst recht keine Sekte; aber die bohrende Frage dieses

Einzelgängers, zunächst durch die Wucht der kirchlichen Erneuerung überspielt, verstummte nicht mehr.

Am Ende des 11. Jahrhunderts tauchte sie wieder auf. Im Tours Berengars wirkte zuletzt Roscelin von Compiègne, der als Kanoniker an der Domschule seiner Vaterstadt begonnen hatte. Seine Lehre, fast nur aus den Angriffen seiner größeren Widersacher bekannt und dieser Gegner wegen bedeutsam, mutet zunächst wie harmlose Spielerei an; sie ließ als wirklich bloß das Einzelding gelten. Es gibt den Menschen, aber nicht die Menschheit; »Menschheit« ist nur ein Worthauch, ein Name, und so nennt man Roscelins Lehre, die die Wirklichkeit der Allgemeinbegriffe leugnete, »Nominalismus«. Wie Berengar wollte Roscelin mit seiner dialektischen Unterscheidung nicht nur die Wirklichkeit des Menschen bestimmen; er wandte den Nominalismus auch auf die göttliche Dreifaltigkeit an und erklärte, sie sei keine Realität. Auch hier wurden die altehrwürdigen Zusammenhänge zerschnitten von einem persönlichen, zupackenden Denken; nur stand bei Roscelin dahinter keine religiöse Überzeugung. Denn der rationalistisch zerteilte Gott wurde eben dadurch willkürlich und völlig unverständlich; wer über ihn nachdachte, fand keinen sicheren Stand mehr. Roscelin, 1092 der Ketzerei bezichtigt, wich ebenso ängstlich zurück, wie er vorher eifernd herausgefordert hatte. Die Wanderprediger des Intellekts konnten nicht mehr wie Anselm von Besate nur eine Denkmethode feilbieten; sie mußten sich nach dem Inhalt fragen lassen, der die Pose des Intellektuellen rechtfertigt und sie zur charakterlichen Haltung macht.

Erst Anselm von Canterbury, der Vater der Scholastik, hat diese Haltung in gleicher Intensität praktisch geübt und theoretisch begründet. Den hochadligen Italiener zog es schon in jungen Jahren über seinen Umkreis hinaus; der Knabe träumte in den Alpen, er müsse auf die hohen Berge steigen, um Gott näher zu kommen. Gott näher zu sein als die Laien, war auch der Sinn von Anselms Mönchtum. Der Siebenundzwanzigjährige verließ 1060 die Heimat, um im Kloster Bec in der Normandie Schüler, dann Nachfolger seines Landsmanns Lanfrank zu werden, erst als Abt von Bec, 1093 als Erzbischof von Canterbury. Italienischer Adel, französisches Mönchtum und englische Kirchenherrschaft – ein traditioneller Lebenskreis, wie es scheint, und doch aufs lebendigste erfüllt. Auf dem Totenbett seufzte der Sechsundsiebzigjährige, nun sei er mit dem Problem des Ursprungs der Seele doch nicht zu Rande gekommen; »ich weiß nicht, ob es nach meinem Tod einer lösen wird«. Nicht die Besorgnis um die eigene Seele, das sachliche Problem beschäftigte ihn zeitlebens. Er war der erste unter den vielen rastlosen Geistesarbeitern des 12. Jahrhunderts. Das Nachdenken über den Gottesbeweis raubte ihm die Lust an Speise, Trank und Schlaf; es lenkte ihn beim Gottesdienst ab, so daß er es für teuflische Versuchung hielt, unterdrücken wollte und doch nicht konnte. Stärker als der liturgische Bann gemeinsamen Betens blieb der Zwang zum Grübeln, freilich auch zum unkluniazensischen Diskutieren. Anselms Werke, oft in Gesprächsform geschrieben, wirken wie für den Augenblick konzipiert; ihre Sprache ist persönlich und menschlich. Die meisten Menschen gewannen Anselm, der gerne Briefe schrieb, um so lieber, je näher sie ihn kannten; dem Mönch, der mit sich im reinen, aber mit seinem Thema nie fertig war, fehlten die Laster des Gelehrten.

Gleich ausgeglichen wie sein Leben war Anselms Gedankenwelt, so unfertig sie auch erscheint. Zwei Kernsätze standen im Mittelpunkt: »Ich glaube, um zu verstehen« und »Glaube sucht nach Einsicht«. Der Glaube ist das erste, aber er ist nur der Anfang; jeder muß nach dem Maß seiner Befähigung »Rechenschaft ablegen können von dem Glauben, der in uns ist«. Der vernünftigen Untersuchung sind Grenzen gesetzt, einerseits durch die Mehrdeutigkeit menschlicher Sprache, anderseits durch die Sätze der Bibel, die nicht nur Vernunft, sondern Erfahrung weit jenseits aller Gedankenspiele sind. Darum also zuerst Bibelauslegung; durch Anselm und seine Schüler wurde die Exegese, bisher hinter der Liturgie zurückstehend, zur theologischen Grundwissenschaft des folgenden Jahrhunderts. Aber durch die Bibel und die Kirchenväter, auch von dem geliebten Augustin, ist nicht alles gesagt und geklärt; das Menschenleben ist zu kurz, um alles abzuschließen. So muß jeder die Arbeit neu beginnen und nach dem Verständnis seines Glaubens suchen, in einem Denken, das zugleich Beten ist. An Stelle der fertigen Überlieferung öffnet sich ein unendliches Feld der Forschung, durch Bibel, Tradition und Dogma an drei Seiten abgesteckt, aber unermeßlich in der vierten, geschichtlichen und persönlichen Richtung.

Erkenntnis des Glaubens ist möglich, weil der Mensch gottähnlich ist und darum manches von Gott erkennt; aber – und das richtet sich gegen die Dialektiker Berengar und Roscelin, nicht gegen die Dialektik selbst – nicht das sezierende Denken allein findet die Wahrheit, sondern der ganze Mensch mit Demut und Reinheit. Wer ohne Gottesliebe philosophiert, gleicht der Fledermaus oder der Nachteule, die über die Natur der Sonnenstrahlen streitet mit dem Adler, der sehend in die Sonne blickt. Wahr sind Dinge und Gedanken im gleichen Maß, wie sie dem göttlichen Urbild nahekommen; schön ist an der Natur, was auf Gott verweist, nicht was animalischer Lust dient. Leben und Denken, Glauben und Wissen ruhen auf gemeinsamem Grund. Gott hat alle Kreatur gut gemacht, und so finden sich in der Vernunftnatur des Menschen die Analogien des Übernatürlichen; so spiegeln die drei Grundkräfte der Menschenseele die göttliche Dreifaltigkeit. Damit war das Grundgesetz des »Symbolismus« ausgesprochen, der im 12. Jahrhundert zur Blüte kam, und die Seelenmystik wurde angeregt. Auch die Dialektik wurde ermutigt, etwa durch Anselms Gottesbeweis, daß Gott als das größte Denkbare auch wirklich sein müsse, weil sonst ein noch Größeres, zugleich Wirklicheres denkbar wäre. Über den »Denkfehler« des Arguments wird nun seit fast neunhundert Jahren gestritten; in Anselms eigener Gedankenwelt war es makellos. Das Denknotwendige ist von Gott her in der Wirklichkeit verankert wie das Wort in der Sache; beide Dimensionen gehören zusammen, weil die *Ratio* bei Anselm nicht nur der zergliedernde Verstand ist, der es mit bloßen Worten zu tun hat und dessen Begriffe darum Fiktionen sein können; die Vernunft ist im Grad ihrer Gottnähe notwendig und Teil von Gottes Weisheit und Wirklichkeit. Darum ist Roscelins Nominalismus einseitig und, indem er nur einzelnes analysiert, im ganzen verzagt. Der stärkste Glaube darf am kühnsten fragen, nach dem Dasein Gottes, nach der Dreieinigkeit, nach der Menschwerdung Christi; er wird Antwort bekommen, Stoff zu neuen, menschlichen Fragen.

Bei Anselm von Canterbury ist die geistige Bewegung zur Ruhe des Glaubens gekommen; keine Nuance wird verwischt, aber die unermüdliche Arbeit ist immer schon am Ziel. Man kann Anselm, den begeisterten Mönch eines Reformklosters, der als Erzbischof den englischen Investiturstreit durchfocht, als leibhaftige Summe der Kirchengeschichte zwischen Cluniazensern und Gregorianern betrachten; man kann ihn, der die Selbstgewißheit der menschlichen Vernunft als erster überzeugend demonstrierte, den Initiator der Geistesgeschichte zwischen Abaelard und Thomas von Aquin nennen; er gehörte indes dem Gestern und dem Morgen zugleich an, weil er ein Eigener war, der aus seiner Gegenwart nicht ganz zu begreifen ist. Deshalb hat Anselm Geschichte gemacht und neue Bewegungen hervorgerufen, deren Spannweite über die bisher skizzierte weit hinausging. Fortan konnte es keine religiöse Bewegung mehr geben ohne geistige Rechenschaft; nach der gedanklichen Entfaltung des Glaubens konnte es aber auch keinen zweiten Anselm mehr geben, der die Brücke noch einmal für alle geschlagen hätte.

Abaelard und die Wissenschaften

Was ist der Mensch in seiner Kraft und Gegenwart vor Gott und der Welt wert? Die Frage wurde dem neuen Jahrhundert von seinen Vorgängern hinterlassen und in den folgenden Jahrzehnten immer wieder erörtert. Aber es gibt keinen Menschen, der dieses 12. Jahrhundert so eröffnet, wie Anselm von Canterbury das vorige zusammenfaßt. Was bis dahin immer wieder gesammelt werden konnte, das geriet nun in eine wirbelnde Bewegung, die bald alle religiösen und geistigen Bereiche ergriff. Es gab keinen Initiator dieser Bewegung, keinen Orden und kein Individuum; aber es gab einen Prototyp, in dem die Siege und Niederlagen der Bewegung schon entschieden wurden; das war Peter Abaelard.

Der Romane an der keltischen Sprachgrenze, 1079 geboren, als die Gregorianische Reform ihren Zenit erreichte, war ein adliger Herr, doch er wurde ein Ritter der Feder, ein Gelehrter, indes im Stil der Wanderprediger. Scholaren zogen ihm auf seinem unsteten Weg nach und bildeten um ihn eine Schule. Sie war eine Vorform der Universität, aber noch keine Körperschaft, nur eine lockere Gemeinschaft von Einzelnen. Die humanistische Schätzung des Individuums lag Abaelard nicht fern; er war schlagfertig und klug, schwankend und eitel, nervös und empfindlich, und er wußte es; seine Autobiographie sollte es bezeugen. Abaelards Liebe zu Heloise war ein Vorspiel zur höfischen Minne, die das Verbotene begehrt und, wie Abaelard es tat, in Liedern besingt. Wir finden bei Abaelard auch Begeisterung für die Natur; sogar das Evangelium galt ihm als »Reformation des Naturgesetzes«, besonders auf ethischem Gebiet. Doch fehlte auch die religiöse Bewegung nicht, die Abaelard allerdings nicht zu einem der neuen Orden, sondern aus der Benediktinerabtei hinaus in die Einsiedelei und erst am Lebensende in die Stille einer kleinen cluniazensischen Niederlassung führte; formvollendete, fromme Hymnen, am Menschen und am Leiden Christi leidend, gelangen ihm ebenso wie die scharfzüngige Polemik, zuletzt in der *Apologia* gegen den »unverschämten Ankläger« Bernhard von Clairvaux.

Wendig, rastlos, unfertig war Abaelard auch auf seinem eigensten Feld, in seinen scholastischen Werken; bis zu fünfmal schrieb er sie neu, verteidigte sie hitzig gegen Widersacher, versuchte sie aber auch von den eigenen, zugespitzten, manchmal schiefen Formulierungen zu reinigen. »Unter uns Sterblichen kann die Wissenschaft nicht so wachsen, daß sie nicht noch weitere Vermehrung vertrüge.« Aber Wissenschaft ist nötig, auch für den Frommen, wie Anselm von Canterbury gezeigt hatte und Abaelard nun dozierte: »Alle Wissenschaft ist von Gott allein und geht aus seinem Geschenk hervor; darum ist sie nach unserer Überzeugung gut.« Warum das Geschenk der Vernunft nicht nutzen zur Erkenntnis des Glaubens? »Das ist der erste Schlüssel zur Weisheit, das ständige, immer neue Fragen.« Wer etwa die drei göttlichen Personen vernünftig, mindestens im Gleichnis, als Macht, Weisheit und Güte voneinander sonderte, der konnte ihr gegenseitiges Verhältnis logisch neu konstruieren und ihre Einheit besser als Roscelin verstehen. Die Glaubenslehren sollten durch die dialektische Analyse nicht zerstört, auch nicht wie bei Anselm rein aus der Vernunft deduziert, sondern nur neu befestigt und auch den Heiden nahegebracht werden. Die bohrende Energie, mit der Abaelard, »der klare und wunderbare Lehrer«, Gott und sein Geheimnis zu fassen suchte, zog viele von den Besten an; andere freilich warnten ihn, er wolle das Mysterium begreifen und vergesse über der Erkenntnis die Liebe. Daraus erwuchs 1140 der große Kampf zwischen Abaelard und Bernhard von Clairvaux, bei dem Abaelard zwar als Ketzer zum Schweigen verurteilt, aber nicht besiegt wurde; denn auf ihn bauten seine Schüler, die Scholastiker, und noch Thomas von Aquin gehörte zu ihnen.

Ein Problem vor allem hat Abaelard auf seine selbstbewußte Weise gelöst, das seit Johannes Eriugena die Gemüter erhitzte und bedrückte: den »Universalienstreit«, der dem Gegensatz von christlicher Gottesvorstellung und griechischer Philosophie entsprang. Was ist das Allgemeine, was ist es wert, was wissen wir von ihm? Abaelard formulierte, von der Sprachlogik ausgehend, den Streitpunkt als Frage nach dem Verhältnis zwischen unseren Worten und der Wirklichkeit der Dinge. Dann liegt aber das Allgemeine weder in den Worten noch in den Dingen, sondern in der Mitte, in den Bedeutungen, mit denen der Mensch die Dinge wahrnehmend und abstrahierend bezeichnet und die er den Worten beilegt. Es ist also der Mensch, dessen Auslegung die Ordnung seiner Welt schafft; diese Ordnung ist weder objektiv gegeben noch willkürlich zu konstruieren, sie ist zeitlich gebundene Schöpfung nach dem ewigen Vorbild Gottes, verdienstvoll nicht durch gedankenloses Tun, sondern durch bewußte Gesinnung des Menschen. Wer dem Zweifel ausweicht und nur Gedanken Früherer nachkäut, der findet die Wahrheit nie; sie ergibt sich nur dem fragenden *Ingenium*, dem Genie, das sich in keinen Brauch zwängen läßt und sich vor keiner Autorität fürchtet. In diesem Sinn legte Abaelard die Meinungen der Kirchenväter und die Bibel aus, selbstherrlich und ungeduldig, auch den verehrten Aristoteles kritisierend, weil Christus mehr sei als er. Von der Wahrheit seines Glaubens tief überzeugt, wagte Abaelard doch nicht das Opfer des Intellekts und unterwarf auch die Wahrheit noch der Methode seiner Kritik. In dieser Leidenschaft der Kritik verzehrte sich der schmächtige, stets kränkliche Mann; noch in den letzten stillen Monaten 1142 sah man ihn immer lesen, schreiben oder diktieren – wie Beda, doch ohne dessen Nüchternheit, ohne Anselms Gelassenheit, ohne Maß überhaupt. Unermeßlich war aber auch seine Wirkung, sogar bei den vielen, die ihn verleugneten.

Insbesondere gehört Abaelard zu den Patronen der abendländischen Universität, der einzigen Körperschaft, die im 12. Jahrhundert ganz neu entstand und bis heute besteht.

Ihr Geburtsort war Paris, wo neben der Domschule freie Lehrer wie Abaelard Studenten um sich scharten, um ihnen Weisheit zu vermitteln. Diese Weisheit war lückenhaft und deshalb anspruchsvoll; aber sie schloß Lehrer und Lernende zusammen zu einer *Universitas*, einer Gemeinschaft nicht zuerst der Wissenschaften, sondern der Menschen, nach Art eines weltlichen Mönchsordens: Abaelard hatte ja eine Zeitlang im Kloster zum Parakleten, in der Einsamkeit mit seinen Schülern gelebt. Lehrer und Schüler waren allerdings nicht zuerst Mönche oder auch nur Kleriker; sie lösten sich aus allen sozialen Schichtungen, aus allen nützlichen Berufen, um nur der Erkenntnis zu dienen, nicht dem geistlichen oder weltlichen Alltag. »Wie passen Studenten zu Kammermädchen, Schreibzeuge zu Windeln, Bücher und Tafeln zu Spinnrocken, Federn und Griffel zu Spindeln?«, schrieb Heloise.

Seßhaft wollte dieser neue Orden überhaupt nicht sein; die Studenten, aus den verschiedensten Ländern kommend, wanderten von einem Lehrer zum andern; die Lehrer selbst zogen umher. So entstanden neue Universitäten, als 1167/68 die englischen Studenten nach Oxford abzogen, als 1209 Oxforder Studenten nach Cambridge gingen. Man brauchte keine großen Bibliotheken und Institute; die Gemeinschaft der Lehrer begnügte sich mit einem Minimum an Verfassung (Gliederung in Fakultäten, gewählte und wechselnde Leiter, Zulassungsordnung) und war anfangs auch ökonomisch ungesichert. »Armut, fern der Heimat« gehörte für die Zeitgenossen fast zu den Bedingungen der Forschung. Vom freien, frechen Geist der vielfach mittellosen fahrenden Scholaren berichtete die Vagantenpoesie, die bald in den *Carmina Burana* gesammelt wurde; in einschmeichelnden lateinischen Rhythmen und Versen pries sie die Freuden des Weltlebens und die Fruchtbarkeit der Natur, beklagte aber auch die kirchlichen Mißstände und das erbarmungslose Schicksal. Wie in diesen Gedichten, deren schönste der deutsche *Archipoeta* schrieb, Mensch und Welt als ungebunden und ungesichert erschienen, so band sich das neue Studium an keinen Inhalt ganz.

Den Fächern der Theologie, Jurisprudenz und Medizin ging man zu Leibe mit der dialektischen Methode, dem Zauberschlüssel für jeglichen Inhalt. Es war Abaelards Methode des »Ja und Nein«, die über jede Wirklichkeit hinausgreifend sich selbst zum philosophischen System machen konnte. Der Lehrer las den Studenten einen Text vor: die Bibel, den Grammatiker Priscian, Cicero in der Rhetorik, Aristoteles in der Logik; dann diskutierte er mit den Hörern die schwierigen Stellen: was läßt sich auf diese Frage antworten, was spricht für, was gegen die Lösung, wie lassen sich falsche Ansichten ausscheiden, einander widersprechende Meinungen durch genauere Unterscheidung vereinen, die richtigen Thesen erweisen? Die Studenten schrieben das, was dabei herauskam, fleißig mit, zuerst auf den breiten Rand ihrer Texte, dann gesondert, vom Textzusammenhang gelöst und systematisch geordnet; daraus erwuchs die unübersehbare scholastische Literatur der Kommentare, der Sentenzen und Summen. Bei Abaelards weniger sprühenden, jedoch beharrlicheren Schülern achtete man nicht so sehr auf die Persönlichkeit des Lehrers als auf die sachliche Methode, die auf jede Sache angewandt werden konnte; sie mußte im Grundstudium, in der »Artisten«-Fakultät zuerst geübt, danach im Fachstudium verwendet werden. Daß die Methode jeden Text und Sachverhalt, der ihr ausgeliefert wurde, auch veränderte, war den stolzen Entdeckern kaum bewußt.

Auslegung hieß die Parole allenthalben, in der Theologie also zuerst Auslegung der Bibel, und zwar nicht mehr im Stil der alten Kommentare von Augustin, Hieronymus, Gregor dem Großen und Beda. Diese Alten hatten sich um gelehrtes Sachverständnis oder um moralische Seelenführung bemüht, die Bibel von den Dingen, lieber noch von der Seele her betrachtet. Jerusalem hatte ihnen gewiß auch eine jüdische Stadt bedeutet, aber vor allem die Kirche Christi, die Seele des Menschen, die himmlische Heimat der Christen. Wer konnte indes noch erbauliche Gleichnisse ausspinnen, seitdem die Kreuzfahrer Jerusalem mit eigenen Augen gesehen und nachdem Gregorianische Reform und häretische Armutsbewegung die Bibel zur Waffe im Tageskampf gemacht hatten? Jetzt half auch die Interpretation der Einzelstelle nichts mehr; man mußte die Bibel in vernünftigen, gedanklichen Zusammenhang bringen, um ihre Absicht zu erkennen. Der das tat, war ein Schüler Anselms von Canterbury, Anselm von Laon. Gemeinsam mit seinen Schülern schuf er zu Anfang des 12. Jahrhunderts die große *Glossa ordinaria* zur ganzen Bibel, ein Nachschlagewerk, das im Inhalt eher herkömmlich und harmonisierend, bisweilen trivial war; Anselm lehrte: »Wer die Bibel nicht mit dem gesunden Menschenverstand auslegt, der ist um so unsinniger, je feinsinniger er ist.« Welch ein Umschwung – Gottes Wort am menschlichen Verstand zu messen! Der gesunde Menschenverstand ist bekanntlich jedem in Fülle gegeben; bald breitete sich eine wahre Glossierwut aus, und dann waren die alten Kommentare entbehrlich. Der junge Abaelard zog sich um 1112 den Groll seines Lehrers Anselm von Laon zu, weil er eine Vorlesung über den Propheten Ezechiel nach nur einem Tag Vorbereitung hielt; die Bibel allein sei Textbuch genug auch ohne die Dutzende von Kommentaren. Aus dieser Haltung erwuchsen Dutzende von neuen Kommentaren; anfangs wurden sie noch, wie die Abaelards, mit dogmatischer Zielsetzung verfaßt; bald waren sie geglättet durch die dialektische Methode, die die Exegese zur selbständigen, von der Dogmatik getrennten theologischen Fachdisziplin machte. Daß die Bibel darüber nicht ganz zum trockenen Schulbuch wurde, ist allerdings nicht ihren scholastischen Erklärern zu danken.

Angemessener war die Methode dort, wo es weniger um Interpretation von Texten als um Ordnung von Realitäten ging, besonders im juristischen Bereich. Das weitschichtige und vielstimmige Kirchenrecht wurde, nach manchen Anläufen, erst um 1140 systematisiert durch den Kamaldulenser-Mönch Gratian in Bologna, der Abaelards Methoden im Unterricht anwandte und in einem Lehrbuch festhielt. Aus den zahllosen Einzelentscheidungen päpstlicher Briefe, konziliarer und synodaler Akten abstrahierte Gratian allgemeine Rechtsnormen und ergänzte sie durch Aufstellung fingierter Rechtsfälle; nicht nur das schon Vorgekommene, sondern alles Mögliche sollte entscheidbar sein. Mit eigenen Worten faßte Gratian die Normen zusammen, präzisierte ihren Grund und klärte ihre Widersprüche, ohne Rücksicht auf die gewachsene Geschichte. Zum Beispiel begründete er die Ablehnung des geschichtlichen Gewohnheitsrechtes so: »Gott hat gesagt: Ich bin die Wahrheit; er hat nicht gesagt: Ich bin die Gewohnheit.« Daß der Anspruch Christi, der Weg, die Wahrheit und das Leben zu sein, mit Rechtsfragen nichts zu tun hatte, wußte Gratian wohl; aber er hielt Wahrheit und Gewohnheit – ganz anders als frühere Rechtslehrer – für miteinander unvereinbar, und das las er auch aus den biblischen Worten.

Unvermeidlich, daß dabei manche genuin theologische Frage im äußerlich-rechtlichen Sinn entschieden wurde, daß wie die Exegese so auch das Kirchenrecht zur selbständigen Disziplin neben der Dogmatik wurde. In diesem Geist wurde das neue Lehrfach »Kanonistik« (Kirchenrecht) vor allem in Bologna gepflegt, in auslegenden, analysierenden Glossen und Vorlesungen, ohne amtlichen Auftrag. Aber unter den Schülern und Lehrern wurden manche nachmals Päpste, Kardinäle und Bischöfe, wie Orlando Bandinelli, der schon eine systematische *Summa* zum *Decretum* Gratians schrieb und dann als Papst Alexander III. durch seine Erlasse, die »Dekretalen«, Lücken der Sammlung füllte; vollends Papst Innocenz III. übernahm die akademische Arbeit der Kirchenjuristen in die Praxis der Kirchenverwaltung und bildete den ersten abendländischen Behördenapparat mit all seinen Vorzügen und Nachteilen aus.

Verwandte Züge zeigte die Wiederbelebung des weltlichen römischen Rechts, die im selben Bologna begann. Das Kaiserrecht Justinians wurde zwar schon lange in Rom, Ravenna und Pavia an Schulen gelehrt und galt noch immer im griechischen Süden Italiens; in einzelnen Bestimmungen wurde es auch von deutschen Kaisern gebraucht. Aber wieder war es zunächst eine Abkehr vom historisch Gewachsenen und praktisch Verwertbaren, als der Bologneser Grammatik- und Rhetoriklehrer Irnerius, vielleicht um 1088, das *Corpus iuris civilis* zu interpretieren und zu glossieren begann. Kaiser Heinrich V. und Friedrich Barbarossa waren den Juristen von Bologna wohlgeneigt; ihre Statuten wurden 1158 kaiserlich bestätigt. Aber diese älteste Universität des Abendlandes, ein Verband der »aus Liebe zur Wissenschaft Heimatlosen«, gedieh auch ohne Kaiser und Papst, ja gerade weil sie niemandem diente und zum Beispiel lange noch keine theologische Fakultät besaß. Zehntausend Studenten zählte Bologna; bald studierte man die Rechte auch in Montpellier, Paris und Oxford. In England seufzte man schon, die Jugend vergesse Platon und Aristoteles über dem Studium des römischen Rechts; 1219 mußte der Papst den Geistlichen dieses Studium geradezu verbieten, weil es für sie unnötig sei und die Bibelexegese zu kurz kommen lasse.

Die Studenten stürzten sich also begeistert auf ein Rechtsbuch ohne aktuelle Geltung, das als Kaiserrecht in West- und Südeuropa mißliebig, in Deutschland erst viel später praktikabel wurde. Gewiß gehörte die Jurisprudenz, deren Jünger anfangs »auf Reichtümer verzichten« mußten, schon 1219 zu den »einträglichen Wissenschaften«; doch war das erst die Folge, nicht der Grund ihrer Anziehungskraft. Die Glossen der Juristen gaben eine Methode in die Hand, die dem schwerfälligen, umständlichen Gewohnheitsrecht überlegen war und es erlaubte, hinter den Rechtsquellen und ihrer Vielfalt eine ebenso abstrakte wie allgemeine Rechtsidee zu finden. Daß sie nicht so zeitlos war, wie sie sich gab, daß sie Auslegung war und blieb, ist erst Späteren klargeworden; daß sie aber die Realitäten von oben her, mit Hilfe der autonomen Vernunft, in überschaubare Ordnung brachte, bleibt ihr Verdienst.

Wenn die dialektische Methode die ingeniöse Einsicht des Betrachters den Angaben der Tradition vorzog, mußte diese Hochschätzung des Nächstliegenden auch der Naturkenntnis zugute kommen. Bisher hatte zwar niemand einen Schwan singen gehört, aber jedermann hatte Isidor von Sevilla geglaubt, daß der Schwan eine liebliche Stimme haben müsse, weil sie durch den langen Hals einen gewundenen Weg zurücklege. Im späten 10. Jahrhundert wandte man sich nun anderen Autoritäten zu: der griechisch-arabisch-jüdischen Naturkunde und Medizin. Gerbert von Aurillac machte den Anfang; im 11. Jahrhundert übersetzte der weitgereiste Constantinus Africanus, zuletzt auf dem Monte Cassino, die Werke von Hippokrates und Galenus, von jüdischen und islamischen Ärzten; nahebei, in Salerno, begann man, die Ärzte danach theoretisch auszubilden, später auch in Montpellier und anderswo. Während Anatomie und Chirurgie bis ins frühe 14. Jahrhundert die Menschenwürde zu beleidigen schienen, wagte man wenigstens Demonstrationen an Tierkadavern; in Salerno wurde eine anonyme denkwürdige »Anatomie des Schweines« geschrieben. Den Krankheiten suchte man nun auf chemischem Wege beizukommen und verwendete zur Narkose betäubende Pflanzenstoffe, während die Barbiere andernorts noch rohe Eisenbart-Methoden pflegten. Vielleicht wirkten die neuen Autoritäten hier weniger segensreich als in anderen Disziplinen; schon Zeitgenossen klagten über die in Salerno und Montpellier ausgebildeten Ärzte, die immerfort den Hippokrates zitierten und mit niegehörten Wörtern die Köpfe der Patienten verwirrten. Naturkunde und Medizin waren, wenn sie nicht rohes Handwerk bleiben wollten, zunächst auf dialektische Diskussion der antiken Theorien angewiesen; immerhin war das ein Fortschritt.

Deutlicher wurde er in den theoretischen Bereichen der Mathematik, wo im frühen 12. Jahrhundert der Engländer Adelard von Bath durch Übersetzung Euklids aus dem Arabischen den Bann brach, der zum Beispiel die Null nur als Zauberzeichen verstand. Mit mathematischen Formeln die physikalische Welt zu beschreiben, lag freilich auch Adelard fern, obwohl er die Autorität als Halfter der Unverständigen verspottete und mahnte, die Alten hätten diese Autorität bloß durch Benutzung ihres Verstandes erworben. Was Adelard suchte, war eine Theorie des Kosmos, jenseits der verwirrenden Erscheinungen; er entwickelte sogar eine Art Atom-Theorie, richtiger eine Korpuskular-Theorie, die die Elemente der sichtbaren Natur in unsichtbare Minima zerlegte und aus ihnen botanische und zoologische Erscheinungen, selbst den Wechsel der Gezeiten erklärte. Auch hier wurde die Theorie vom Augenschein getrennt, und das war der Beginn wissenschaftlicher Naturbetrachtung, rudimentär nur für den hochmütigen Spezialisten von heute (oder von gestern), revolutionär für jeden, der neben den sachlichen Ergebnissen auch das menschliche Mühen um sie beobachtet.

Die Schule von Chartres und die Künste

Der natürliche Mensch und seine Ordnung im Kosmos waren das Lieblingsthema der Naturbetrachtung im 12. Jahrhundert, besonders in der Schule von Chartres, die, von Gerbert von Aurillac ausgehend und durch Adelard von Bath angeregt, einem naturphilosophischen Humanismus huldigte. Kennzeichnend für die Verehrung antiker Einsichten und für die Einschätzung moderner Erfahrungen war der Satz des Domschulmeisters Bernhard von Chartres: »Wir sind wie Zwerge, die auf den Schultern von Riesen sitzen. Wir sehen also mehr und sehen weiter als die Alten; aber es liegt nicht an der Schärfe unserer Augen und nicht an unserer großen Statur, sondern daran, daß sie uns tragen und wir ihre Größe nutzen dürfen.« Aber schon Bernhard versuchte weiter zu sehen, indem er auf den Schultern des Boëthius stehend die platonische Naturphilosophie mit der aristotelischen Logik verknüpfte. Sein jüngerer Bruder Thierry von Chartres setzte bis etwa 1155 diese Bemühungen fort und sammelte sie in einem merkwürdigen Kommentar zur mosaischen Genesis, der die Weltschöpfung philosophisch erklären und Gott selbst durch mathematische und astronomische Beweise erkennen wollte. Gott sei nur einer, aber Christus sei dem Vater gleich, also Gott zum Quadrat; Christus sei ein gleichseitiges Viereck.

Was diesem rationalistischen Versuch, die Weltformel zu errechnen, an Bildhaftigkeit fehlte, enthielt eine Dichtung vom Weltall, die Thierrys Freund Bernhard Silvestris um 1150 schrieb. Das platonisierende Werk ließ vor den Augen des Lesers die Schöpfung noch einmal entstehen, und die Deutung machte nicht bei der Gegenwart halt, denn die Sterne des Kosmos beschwören die Zukunft des Menschen. Die Zeit selbst ist nicht das geschichtlich Wechselnde, sondern das immer Gleiche, die in Augenblicke auseinanderfallende Ewigkeit. In diesem Sinn ist die Welt ewig, und sie ist schön wie der Mensch in seiner Leiblichkeit; mit seiner zeugenden und gebärenden Kraft ist er ein Bild des sich dauernd erneuernden Kosmos. Was diese Bilder poetisch verbrämten, war ein kühner Vorstoß zur Autonomie des natürlichen, »den Göttern verwandten« Menschen, scheinbar dem »finsteren Mittelalter« ganz fremd und doch ein Teil des 12. Jahrhunderts, ein Glied nur in einer großen Bewegung, die den menschlichen Geist zum Richter über die Welt erheben und darum den Menschen in die Mitte des Kosmos stellen wollte. Obwohl die beiden bedeutendsten Vertreter der Schule von Chartres, Wilhelm von Conches und Gilbert von Poitiers, als Pantheisten oder als Ketzer verdächtigt wurden, war ihr Versuch, Wissen und Glauben mit Hilfe der platonischen Ideenlehre zu verbinden, nur ein anderer, poetischer Weg zu dem, was die dialektische Methode aristotelisch und analytisch versuchte.

Sprache und Dichtung der Alten wurden in Chartres besonders eifrig studiert. War auch das nur Nachwirkung der Antike, Beispiel der vielbeschworenen »Renaissance des 12. Jahrhunderts«? Wie der naturphilosophische, so ließ sich der sprachliche Humanismus von der Antike zwar anregen; aber auch hier war das Ziel nicht die Wiedererweckung des klassischen Altertums, sondern die Souveränität des vernünftigen Menschen. Selbst die bewahrende Philologie, die nach dem Brauch Vergils und nach den Normen Priscians gefragt hatte, mußte sich korrigieren lassen, nicht nur durch die Poesie, mit der Bernhard Silvestris einen Kommentar zu Vergils Aeneis in einen allegorischen Abriß der Weltgeschichte verwandelte, sondern auch durch die Sprachtheorie, mit der Gilbert von Poitiers seine theologischen Definitionen begründete. Die lateinische Sprache wurde aus einem System, das vom Herkommen gestaltet war, zum Stoff für die gestaltende Vernunft. Das bahnbrechende Buch des rätselhaften Petrus Heliae, der in Abaelards Nähe lehrte, war ein Kommentar zu Priscians Grammatik, in Wahrheit aber eine *Summa* nicht der Traditionen, sondern der kritischen Sprachlogik. Wenn die Formen der Sprache dem Menschen unterworfen sind – nach Meinung Peters setzten die Gelehrten sich eines Tages zusammen und erfanden das Neutrum –, dann kann Ähnliches heute in jeder Sprache geschehen; nicht nur das Lateinische kann grammatikalisch systematisiert und rationalisiert werden. Mancher Rhetoriklehrer war nun stolz darauf, daß er niemals Cicero gelesen habe. Andere, die ihren Lukrez und Vergil noch fleißig studierten, fanden bei ihnen eher die Formen als die Gehalte. Wer mehr von ihnen lernen wollte, bekam zu hören: »Was will der alte Esel? Warum bringt er uns die Sprüche und Taten der Alten vor? Wir schöpfen das Wissen aus uns selbst; wir Jungen belehren uns selber und erkennen die Alten nicht an.«

Doch gerade indem man sich von den Fesseln der Formalien löste, belebte man den Geist des griechisch-römischen Altertums und fand in den klassischen Schriften an Stelle von Stilmustern das Beispiel des geistigen, ästhetischen und sittlichen Menschen. Der Mittelpunkt dieses Humanismus wurde der westfranzösische Kreis um die anglonormannischen Könige; seine Häupter wurden Hildebert von Lavardin und Johann von Salisbury. Hildebert, vielleicht ein Schüler Berengars von Tours und 1133 als Erzbischof von Tours gestorben, war der beste Latinist seiner Zeit; aber nur selten zitierte er Vergil oder Seneca. Er dichtete im antiken Geist, nicht mit antiken Formeln. Er war ein christlicher Dichter, seine Themen waren biblisch, liturgisch, hagiographisch, und seine Verse trugen bisweilen den sinnenfälligen Reim der Hymnen; aber die Antike gab ihm Anleitung zum rechten Leben. Roms Ruinen sind noch so gewaltig wie das Eingestürzte; niemand kann sie wieder aufbauen, sie sind dahin wie die Weisheit und Gerechtigkeit der weltbeherrschenden Römer. Jetzt dient Rom dem einen Gott und beherrscht die Seelen; aber das päpstliche Rom kann die unsterbliche Schönheit antiker Götterstatuen nicht imitieren. »Selbst die Natur konnte den Göttern kein Antlitz erschaffen, so strahlend, wie es der Mensch den Göttern in Bildern erschuf.« Diese heidnischen Götter sind falsch – ihre menschlichen Bilder sind schön. Die klassische Humanität steht im Einklang mit der Natur, überstrahlt sie aber durch Bildung. Wer ein Buch schreiben will, der glättet und säubert die Seiten, versieht sie mit Linien und beschreibt sie deutlich; dasselbe muß der Mensch mit seinem Herzen tun, dann wird er selbst ein edles Buch, und literarische Bildung und Formung erhebt ihn über natürliches Maß zum göttlichen Erdenwesen.

Ähnlich moralisch-pädagogisch war der Humanismus Johanns von Salisbury. Der Engländer, aus kleinen Verhältnissen stammend, war 1136 in Paris Abaelards Schüler, danach in Chartres und Rom tätig, ein Vagant wie viele, der sich als Hauslehrer sein Brot verdiente; aber er ging in der Sorge nicht unter und starb nach vielen Reisen 1180 als Bischof des geliebten Chartres. Die Dialektik allein schien ihm machtlos wie das Schwert des Herkules in der Hand eines Zwerges. »Jeder philosophische Standpunkt ist nutzlos und falsch, wenn er sich nicht in der Lebensgestaltung zum Ausdruck bringt.« Darum galt Aristoteles nur als der Morgenstern, Platon als die Sonne; darum standen Caesar und Seneca weit über den griechischen Akademikern; darum wandte sich Johann von den Pariser Studienfreunden ab, als er sie nach langer Abwesenheit wiedertraf, noch immer über ihren alten Problemen brütend, nun aber ohne Maß und Bescheidenheit.

Über solche gelehrte Beschränktheit hilft dem Menschen die Besinnung auf das eigene Leben hinweg, vor allem die Geschichte; denn »am fremden Leben sollen wir lernen«, und wer die Vergangenheit nicht kennt, kann die Gegenwart nicht kritisch meistern, ist auf die Zukunft nicht vorbereitet. In allen geschichtlichen Umständen soll sich der Mensch maßvoll und beherrscht, menschenwürdig zeigen. Johann selbst wurde so, wie er den Menschen wünschte. »Obwohl dies schon das vierte Jahr meiner Verbannung ist, erschreckt mich der Wirbelwind des Geschicks von Tag zu Tag weniger; viel freier, als da ich noch von der Last irdischen Besitzes bedrückt war, erfahre ich nun in freudiger Armut, daß für den Starken jeder Boden Vaterland ist.« Einen Mann des ernsten Lächelns hat ihn Johan Huizinga, ein verwandter Geist, genannt; unter den Fanatikern der dialektischen Theorie war er ein Außenseiter, aber der geheimen Mitte des Jahrhunderts stand er näher als sie. Denn was der Mensch im Angesicht Gottes und der Welt wert sei, das wurde in Chartres nicht nur doziert oder gedichtet, es wurde gelebt.

Aber muß man denn auf Vergangenheit und Zukunft sehen, wenn man heute und hier lebt? In Johanns Nachbarschaft empfand man Geschichte meist als erlebte Gegenwart, als Zeitgeschichte, als Geschichte eines Klosters, eines Reiches, eines Menschen, also als Geschichte bedeutsamer Einzelheiten. Der Benediktiner Ordericus Vitalis, Sohn eines französischen Geistlichen und einer Engländerin, sollte um 1120 auf Befehl seines Abtes die Geschichte seines Klosters St. Evroul schreiben. Vieles war dabei zu berichten; es wurde eine Geschichte der Normandie daraus, zunächst für die letzten fünfzig Jahre. Woher kommen die Normannen? Ihre Vorgeschichte schloß sich an, und endlich noch eine Geschichte der Kirche und der Apostel. So hieß das 1142 abgeschlossene Buch »Kirchengeschichte«, aber es war Lokalgeschichte. Ordericus meinte, was sich in Alexandria, Griechenland und Rom zutrage, könne er nicht erforschen; er berichte nur, was er selbst gesehen oder aus der Umgebung gehört habe. Das Nächste, Anschaulichste wurde zum Wichtigsten; jeden Tag geschehen so viele und neuartige Dinge, die man den Nachfahren mitteilen muß: Kleidermoden, Naturkatastrophen, Hofanekdoten, Biographien großer Mönche und kleiner Edelleute sind zu erzählen, ungenau und voller Wiederholungen im einzelnen, ohne große universalhistorische Leitlinien. Doch darin hatte das Werk seine innere Ordnung; es war historisch gewachsen, krumm und schief, aber gesund und frisch, prachtvoll in der knappen Charakterisierung von Menschen und Schicksalen. Gewiß standen dahinter auch allgemeinere Ideen, denn durch die Geschichte belehrt und erzieht Gott die Menschen. Die Kirche, das sind die Klöster der Reform-Orden; die Welt, das ist der normannische Staat. Heute ist es so, aber wer dürfte fragen, warum es so ist oder wie es morgen sein wird? Es bildet ein Charakter sich im Strom der Welt.

Entschiedener noch machte sich die Wirklichkeit des täglichen Lebens in der größten Biographie des Jahrhunderts geltend. Der aus kleiner Familie stammende Benediktinerabt Suger von Saint-Denis widmete sie um 1145 seinem vertrauten Herrn und Freund König Ludwig VI., dem Dicken. Der König ist das Muster eines großen Menschen, ein irdischer Herr, aber auch der Ritter des Himmels; in ihm begegnen sich weltliche und geistliche Tugend. Und doch ist Ludwig der Dicke keine hochstilisierte Figur, sondern ein Mensch wie wir alle. Wenn wir ihn wütend in eine brennende Stadt einbrechen sehen, so ist er kein Racheengel, sondern ein hustender und schreiender Mann; noch lange danach sei der König von Qualm und Rauch stockheiser gewesen. »Hätte ihn nicht ständig das Gewicht seines feisten Leibes behindert, so hätte er schlechthin jeden Feind überwunden«; der

Ideale Waldlandschaft
Miniatur in den »Carmina Burana«. Handschrift der Schule des Klosters Benediktbeuren, um 1225
München, Bayerische Staatsbibliothek

Ruinen der Templer-Burg von Ponferrada/León, Mitte 12. Jahrhundert

Realismus dieses Irrealis »Hätte nicht...« zerstörte den Stil der Heldensagen wie der Universalhistorien. Der Mensch ist nicht aus gleichem Stoff wie seine Träume.

Und doch wurde Suger, der kluge Verwalter des französischen Staates, auch zum Bauherrn des ersten frühgotischen Kirchenraumes, der Abteikirche von Saint-Denis, die zwischen 1140 und 1144 entstand. Woher ihm die Baugedanken kamen, ist heiß umstritten; die Wölbung der Decke, die Auflösung der tragenden Wände, Strebewerk und Spitzbogen – das alles war anderswo schon erprobt worden; aber es kam nicht auf die Einzelheiten an, sondern auf das Ganze. Möglich, daß sich Suger am Beispiel der Zisterzienser orientierte; wahrscheinlich, daß ihm die Gedanken der Schule von Chartres einleuchteten; er baute trotzdem ohne Vorbild. Er baute nach geometrischen Prinzipien. Aus einfachen Figuren entwickeln sich die Proportionen, und sie sind ein Abbild des Schönen, der Welt und Gottes; zugleich aber sind sie verständlich und vernünftig. Sugers Bau war ein erster, ausgeglichener Anfang, im Gleichgewicht zwischen senkrecht und waagerecht, für Gott allein errichtet und doch wirklichkeitsnahe und breit. Was danach mit Notre-Dame in Paris seit 1163 und bis zur Ausbildung der Hochgotik, mit dem zweiten Bau von Chartres 1194, entstand, dehnte Sugers Maß ins immer Höhere und Schmalere. Die Kerngedanken waren freilich noch dieselben. Die neue Kirche, vom gläubigen Volk in enthusiastischer Gemeinschaftsarbeit erbaut, war eine langgestreckte Straße zu Gott, aber auch schon das Sinnbild der Himmelsstadt, des göttlichen Lebens und des Weltalls. Sie machte anschaulich, was Theorie und Historie nicht mehr sagen konnten; die Kunst sollte in Architektur, Plastik und Malerei vom Heil predigen.

Aber auch die natürliche Schönheit wurde Gestalt; Farben überzogen an den Gewölben und in den Glasfenstern den Innenraum; Gold umgab den Altar, kostbare Gewebe umkleideten ihn; Tier- und Menschengestalten wuchsen aus den Säulen hervor, Knospen- und Rankenwerk verkündete Ebenmaß. Und doch bot das Bauwerk kein deftiges, einfaches Bild von Glauben und Welt, sondern ein vergeistigtes, schwebendes, zerbrechliches Gleichnis, die Umkehrung des Bloßnatürlichen. Der Raum bestand nicht aus tragenden Wänden, die Wand war durchscheinend; die Decke schloß nicht ab, sie öffnete sich mit Kreuzgewölben und Spitzbögen nach oben; der schwere und spröde Stein wurde in den Maßwerken der Fenster und Türme gestaltet, als wäre er leicht schnitzbares Holz. In diesem errechneten und doch wuchernden Spiel der Kräfte wirkten geometrisch nüchterne Theorie und poetisch enthusiastische Phantasie zusammen, als wäre das Ganze unwirklich und unsinnlich; was es zusammenhielt, waren Maß und Proportion, ungreifbare und abstrakte Größen. Dennoch war es der vernünftige Mensch, der diese wunderbare zweite Schöpfung entwarf. Daß die »gotische«, in Wahrheit französische Kunst im 12. Jahrhundert nur im verwandten England, in Canterbury und Lincoln, Fuß faßte, zeigt, wie eng sie zur geistigen Bewegung der Zeit gehörte. Sie versuchte eine Synthese der Formen, die zu Ende des 12. Jahrhunderts auch die Schrift veränderte und die karolingischen Rundungen zu den »gotischen« Brechungen der Fraktur streckte. Hier ist es am auffälligsten, daß diese Synthese jenseits der Theorien und der Worte stand, die in dieser Schrift geschrieben wurden.

Dieselbe wortlose Synthese wurde am Jahrhundertende in der Musik versucht. Sie strebte hinaus über die Eintönigkeit und die begrenzte Mehrstimmigkeit. Die Polyphonie, im anglonormannischen Westfrankreich als Kirchenmusik ausgestaltet, ließ nun jede Stimme sich ganz ausleben; der Diskant, die Gegenbewegung zur Hauptmelodie, wurde ebenso zugelassen wie der Kanon, der Rundgesang, bei dem die gleichlautenden Stimmen nacheinander einsetzten. Bei diesem Gesang mehrerer selbständiger Stimmen wurde den Hörern der lateinische Text unverständlich, der Klang um so deutlicher. Der Text sank in den schweren, gleichmäßigen Gang der Unterstimme, in den *Cantus firmus*, der nur wenige Töne brauchte und zum Beispiel in einem vierstimmigen Satz einen Ton über hundertdreißig Takte festhielt. Darüber spannten sich die Oberstimmen mit starken Intervallen, auch mit anderen, sogar französischen Texten und mit erregendem Rhythmus. Die neue spannungsreiche Musik fand ihre Heimstatt in den neuen Kirchen, besonders in Notre-Dame zu Paris, in der Domkantorei unter Leoninus und Perotinus. Nicht die Harmonie der Töne, allein der Rhythmus sammelte die Stimmen ihrer Motetten; sie spiegelten unmittelbar die geistige Bewegung durch ihren rationalen, unsinnlichen Bau, der Weltliches und Geistliches, Einheit und Vielfalt, Theorie und Emotion zusammenzwang. Spätere, der Melodie und Harmonie zugewandt, taten diese Musik bald als *Ars antiqua*, als antiquierte Kunst, ab; im späten 12. Jahrhundert war sie die neue Kunst, der große Versuch, die Spannungen der Zeit zu überwölben, den Möglichkeiten der Zeit Gestalt zu geben.

Das Rittertum und die volkssprachliche Dichtung

Konnten Schuldialektik, lateinischer Humanismus und geistliche Ästhetik im 12. Jahrhundert noch das ganze und wirkliche Menschenbild darstellen? Die Epoche war nicht nur ein tintenklecksendes Säkulum; nicht einmal in der Literatur behauptete sich der frühere Vorrang geistlicher Themen und lateinischer Formen. Die Städte, auf die sich im Zeitalter der Universitäten und Kathedralen das geistige Leben immer stärker konzentrierte, erkämpften zur selben Zeit ihre Freiheit zu Handel und Handwerk, freuten sich ihrer freilich zuerst im Fleiß und Wagemut. Obwohl Kaufleute und Handwerker nun in städtischen Schulen das Lesen, Schreiben und Rechnen lernen konnten, nutzten sie die neue Fertigkeit noch kaum zu geistiger Besinnung, sondern zuerst und vor allem für ihre Geschäfte. Von der bürgerlich zweckhaften, handfesten Gesinnung der Städter haben wir manches indirekte Zeugnis, aber aus diesem Jahrhundert kaum ein Denkmal. Was die Bürger lasen, war noch keine bürgerliche, aber auch nicht mehr nur geistliche, es war ritterliche Literatur.

Der Aufstieg des Rittertums zu einer literarischen, geistigen und religiösen Bewegung zählt zu den erstaunlichsten Ereignissen dieses ereignisreichen Jahrhunderts. Die Adligen hatten zuvor in germanischen, mündlichen Überlieferungen und von einer rohen, ritualistischen Frömmigkeit gelebt und waren zuerst auf Steigerung der Macht und auf Genuß des gefährlichen Daseins bedacht gewesen; in den Heldensagen und den Liedern von rauflustigen Haudegen hatten sie ihre Ideale dargestellt gefunden. Der kirchliche Gottesfriede und die wachsende Staatsmacht hatten sie in ein neues Maß, zugleich in eine Gemeinschaft gezwungen, so ungebärdig sie noch blieben. Im Ersten Kreuzzug hatte sich doch schon eine veredelte Gesinnung besonders beim niederen Adel kundgetan, und dieser Schicht zwischen Adelsmacht und Reiterdienst kam seit etwa 1100 auch der neue Name »Ritter« zu. Ein erstes Idealbild, das des christlichen Ritters, faszinierte zur Zeit der Gregorianischen Reform die Adligen im ganzen Abendland. Der Streiter Gottes schützt die Kirche und ihre Güter, hält seine Hand über die Schwachen, Witwen und Waisen, bekämpft die Ungläubigen und errichtet selbstlos Gottes Ordnung auf Erden. Bernhard von Clairvaux, Johann von Salisbury und andere predigten dieses Ideal, das dem höfischen Treiben, den adligen Würfelspielen und Jagdvergnügen steuern sollte. Allerdings war es nur eine fromme Forderung; nicht alle skrupellosen Herren ließen sich besänftigen oder gar mitreißen.

Immerhin entsprang dieser Forderung im frühen 12. Jahrhundert die reinste Verkörperung des Rittertums in der Realität: die Reihe der geistlichen Ritterorden im Heiligen Land und in Spanien. In Jerusalem pflegten die Johanniter schon Kranke und Pilger; das war anfangs nur ein karitativer Verband, der erst um 1155 Ordenscharakter annahm. Vorher schon, um 1120, tat sich der Ritter Hugo von Payens aus der Champagne mit sieben französischen Genossen zusammen, um die Jerusalempilger mit der Waffe zu schützen. Die militärische Aufgabe sollte nicht Selbstzweck sein; die neue Gemeinschaft wollte nicht dem eigenen Willen folgen und legte dem Patriarchen von Jerusalem die Mönchsgelübde der Armut, der Keuschheit und des Gehorsams ab. Ihre Mitglieder ritten, um Armut und Gemeinschaft zu zeigen, zu zweien auf einem Pferd; schmucklos und kahl war ihre Unterkunft. Nach ihrem Hauptstützpunkt in Jerusalem, beim Tempel Salomons, nannte man diese »armen Ritter Christi« auch »Templer«. Bald richteten sie sich nach der Benediktsregel, besonders nach zisterziensischen Gewohnheiten, ließen sich 1128 durch Bernhard von Clairvaux eine Ordensregel verfassen und legten den weißen Mantel mit dem roten Kreuz an. Es schien, als hätten sich nun endlich mönchische und ritterliche Lebensweise miteinander verbündet. Der Ritter sollte nur im Dienste Gottes Blut vergießen, er sollte heldische Zucht üben, die sein hiesiges Leben erhöhte und ewiges Leben verhieß. Doch verkörperten auch die Ritterorden die christlichen Ideen nicht rein, schon nicht in ihrem Grundgedanken, daß um Gottes willen das Töten geboten sei, erst recht nicht in ihrer historischen Entfaltung; entsagte doch auch der Templer-Orden durchaus nicht dem Willen zu Macht und Besitz; später ließ er sich von der internationalen Geldwirtschaft faszinieren und sammelte ein eigenes Territorium.

Blicken wir in die älteste ritterliche Literatur, so begegnet uns eine ähnliche Gesinnung um 1100, wohl im bretonischen Raum, im altfranzösischen Rolandslied. Der volkssprachlichen Dichtung bot nicht eine ferne Sagenwelt, sondern die Geschichte um Karl den Großen ihren Stoff. Der Ritter des Karlskreises liebt den Kampf als blutiges Gemetzel, als Schauplatz für Ruhm und Beute; für seine Waffentaten kommt er in den Himmel. Als Roland im Kampf gegen die Heiden starb, streckte er den Handschuh gen Himmel und wurde so Vasall Gottes, nachdem er auf Erden seinem Kaiser treu gedient hatte. Er focht für Ehre und Ansehen, ohne groß nach übersinnlichen Zielen zu fragen, ohne mit Gott zu ringen; seine Haupttugenden waren besinnungslose Tapferkeit und bedingungslose Treue. Das Leben war roh und erbarmungslos; feine Seelenregungen, auch den Frauen gegenüber, hatten keinen Platz. Der Dichter setzte diese Ordnungen unerklärt und unverbunden hin, als müßten sie so sein. Die Übersetzung dieses Werkes, das deutsche Rolandslied des Pfaffen Konrad, empfahl später, wohl um 1170, dringlicher das, was sein sollte, religiösen Opferwillen und Glaubenseifer, überhaupt die Gesinnung der Kreuzzüge und Ritterorden; in deutscher, noch immer formelhaft gebundener Sprache lasen die deutschen Ritter von den Vorbildern auf dem Weg zu sublimierter Frömmigkeit. Sie blieb ein Ideal, das sich nicht mehr in einer Gemeinschaft verkörperte, zum einen, weil es zu hoch griff, und zum anderen, weil es nicht mehr das einzige war.

Neben die Heldenlieder und das Kreuzzugserlebnis trat alsbald die ritterliche Lyrik, und sie zeichnete ein ganz anderes Bild vom rechten Ritter. Die meisten dieser Lieder sollten die höfische Frau verherrlichen und die Liebe des Ritters zu dieser, mit einem anderen verheirateten Herrin preisen. Sie waren für den Augenblick gemacht, graziös, sangbar und stimmungsvoll; ihre Sprache war die des Volkes, doch kunstvoll stilisiert. Sie gediehen zuerst – wieder seit etwa 1100 – und am längsten im Süden Frankreichs in Aquitanien und um Toulouse, an den zahlreichen kleinen Höfen, auf den Burgen und Raubnestern. Die »Trobadors«, zu denen regierende Fürsten und arme Emporkömmlinge zählten, sangen unter greller Sonne, auf kärglichem Boden, inmitten bizarrer Berge von der blanken Lebensfreude, eindringlicher als die Vaganten in ihrem verspielten Latein. Bertran von Born verachtete denn auch das geistige Gehabe, den feigen Mönch, den listigen Diplomaten und den maßvollen Herrscher; seine Maxime hieß: »Drauf!« Frauenschönheit bezauberte ihn nicht; er liebte den Rausch des Krieges, wo »mancher farbige Helm und Schwert und Speer und Schild« zerhauen werden, wo in den Wäldern herrenlose Pferde irren und rotes Blut die grünen Matten deckt; »und mancher liegt dahingestreckt, dem noch der Schaft im Herzen steckt«.

Höheren Lebensgenuß suchte Bernart von Ventadour; er besang allein die schöne, reife Frau, die einem anderen gehört und den Sänger nicht liebt. Jede dieser Geliebten ist schön, jede trägt das gleiche süße Lächeln durch die Gedichte, von keiner erfahren wir den wahren Namen; sie sind keine Individuen, beinahe ein Vorwand. »Wie das Fischlein auf den Köder losschnellt«, so läßt sich der Ritter willenlos gefangennehmen und reift im Ausharren, im Minnedienst ohne Erhörung. Der Reiz, der im Verbotenen, nie Erreichbaren liegt, die ungelöste Spannung erzieht den Liebenden zum wahren Ritter; wenn sich die Begehrte versagt, zwingt die Zucht den Mann zur Haltung. Wie weit einzelne Trobadors nicht doch den geheimen Lohn ihrer Lieder empfingen, darauf kommt es nicht an; die Wirklichkeit der Liebe verwandelte sich ins Spiel des spannenden Augenblicks, in jenes schwebende Als-ob, dem jeder Augen-Blick schon glückliche Erfüllung ist, also in Galanterie. Religiöse Themen fehlten bei den Trobadors nicht; aber wenn die wildesten unter ihnen am Lebensende fromm wurden, dann gingen sie wie Bertran und Bernart ins Kloster und schützten nicht als christliche Ritter die Witwen und Waisen, geschweige denn das reiche Kirchengut. Man lebte im Tag und für seine Leidenschaften, nicht für politische Formen oder geistliche Werte. Unter den vierhundertsechzig uns bekannten Trobadors waren nicht zehn originell; die meisten ahmten nur nach, auch wenn einer von ihnen selbstbewußt schrieb, seit Adam vom Apfel gegessen habe, sei keine Dichtkunst neben der seinigen auch bloß eine Rübe wert. Die wirklichen oder möglichen Erlebnisse wurden nicht zur ethischen Forderung, sondern zu glänzender Form und gefälligem Spiel.

Als die Themen der Trobadorlyrik um 1170 in Deutschland, im Minnesangs Frühling, aufgenommen wurden, erhoben die Sänger das Rittertum hier ins Grundsätzliche und Geistige und gaben ihm Gewicht, schon durch Sprache und Form. Der Alemanne Hartmann von Aue schätzte nicht das unbedachte Dreinschlagen und die verliebte Schwärmerei; erst der Kreuzzug genügt dem Ethos des echten Ritters, der sich vom Frauendienst zum Gottesdienst, vom Vergänglichen zum Ewigen wendet. Der Thüringer Heinrich von Morungen war Kreuzfahrer gewesen und wohl bis Indien gereist, aber sein kunstvolles Lied galt nur der Minne. Auch er meinte nicht das frivole und galante Spiel; die Frau wurde ihm zum Symbol aller hohen Ideale. Lichter Glanz hob die Geliebte und die Liebe in die Sphäre gläubiger, seliger Anschauung und absoluter Poesie.

Aber auch dieses, durch Anleihen bei der mönchischen Mystik vertiefte Bild war nicht das einzige, das die Ritter begeisterte; nach dem frommen und dem galanten trat der höfische Ritter auf den Plan. Man sah ihn leibhaftig an den großen Höfen der Champagne und Flanderns, der Babenberger und Staufer, wo ein Kodex kluger und maßvoller Konventionen herrschte. Man fand ihn wieder in der ritterlichen Epik, die an den langen Abenden auf den Burgen vorgetragen, auch schon still gelesen wurde. Sie versuchte sich immer neu an den längstbekannten Themen der antiken Trojaner- oder Alexandersage oder der keltischen Artussage; an dem phantastischen Stoff aus einem irdischen Jenseits des Längstnichtmehr und Nirgendwo wollten die Dichter eine edle, gleichmäßige Sprache und Geisteshaltung finden.

Im Bannkreis der lebenslustigen Trobadorenkelin Eleonore von Aquitanien, der Gattin des französischen und dann des englischen Königs, ihrer Schwestern und ihrer geistreichen Tochter Marie von Champagne arbeitete zwischen 1160 und 1190 der bürgerliche Dichter Chrétien von Troyes an seinen spielerisch-raffiniert komponierten Artus-Epen. Ihr Schauplatz war grenzenlos und märchenhaft, ihre Zeit der ewige Frühling; ihre unwirklichen Helden präsentierten sich in zierlicher Anmut, prächtig umrahmt von kostbaren Waffen, rassigen Pferden und erlesenen Gewändern. Immer waren sie wandellos dieselben; Pflichtenkonflikte quälten sie kaum, auch wenn sie empfindsam zwischen Ehre und Minne wählten. Sie vollbrachten zweckfreie, abenteuerliche Wundertaten für eine exklusive Gesellschaft von ihresgleichen, besonders für die geliebte Dame. Sie dienten unbeschwert den sinnlichen Mächten, zugleich den Waffentaten und der Minne, nicht so sehr Gott und der Weltordnung. Ihre Haltung war das »Maß«, das der benediktinischen *Discretio* nahestand, aber formaler gemeint war, als Mittelmaß der verständigen Ausgeglichenheit, als Harmonie der Werte und als edle Gebärde.

Wieder verwandelten die deutschen Epiker das Bild, indem sie es übernahmen. Als Wolfram von Eschenbach vor 1200 in sprunghafter Form und dunkler Sprache seinen »Parzival« begann, tat er es nicht um des literarischen Spieles willen. Sein Parzival war kein Musterheld von Anfang an; als er aus zweifelnder Unsicherheit die Mitleidsfrage versäumte, benahm er sich wie ein Kavalier, aber nicht wie ein Ritter. Das Rittertum war für Wolfram kein statisches System des Verhaltens; seine Gemeinschaft der »Templeisen« hatte wenig gemein mit den zeitgenössischen Ritterorden, sie war weltnäher und wandlungsfähiger; denn die Welt und der Mensch sind eine Aufgabe und kein Zustand. Die Bewunderung der Artusrunde versagt sich dem Suchenden; sogar Gott wendet sich ab. Durch Selbsterziehung auf der Ritterfahrt, durch Erfahrung findet der Held mühsam zum gottgewollten Schildesamt und zur geliebten Ehefrau. Der geläuterte Ritter empfindet die Welt nicht als leuchtendes oder drückendes Gesetz, sondern als Unordnung; er stellt, wo er kann, entsagungsvoll die rechte Ordnung der Gnade erst her, als Helfer Gottes, als Freund der Schwachen und der Tiere, auch der Bauern und sogar der Heiden.

Doch auch dieses dem Humanismus nahe Ideal hat sich nie und nirgends verwirklicht. Alle Ritterideale waren utopisch übersteigert; niemand, selbst ein Dichter nicht, konnte nach ihnen leben; sie waren überdies nicht uniform, denn niemand konnte Gott, dem König, dem Ruhm und den Frauen gleichzeitig dienen; sogar für Walther von der Vogelweide paßten die heterogenen Leitbilder nicht zusammen in einen Schrein. Dennoch waren sie keine bloßen Gedankenexperimente; sie machten die Freiheit als Selbstbindung, den Dienst als Ausweis des Adels zu Forderung und Ansporn für die historische Schicht der adligen Dienstmannen. Die ritterliche Grundtugend der Ausgeglichenheit – Produkt und Symptom einer Übergangssituation zwischen Adelswillkür und Staatsmacht, zwischen Brutalität und Spiritualität – war indes ein formales Ideal, das sich – ähnlich der dialektischen Methode – an keinen Inhalt völlig band. Es ließ sich nur realisieren als spielerische, hochstilisierte Lebensform, und sie war es, die das Rittertum unsterblich machte und den europäischen Adel zu einer geistigen Gemeinschaft von Maß und Zucht erhob.

Nach dieser Lebensform wächst der Adlige wild heran; nur der Mann im Kind wird erzogen und mit geistiger Nahrung nicht überfüttert. Der junge Knappe muß sich an fremden Höfen jahrelang bewähren, im Krieg, auf der Jagd und in der höflichen Bedienung des Herrn und der Gäste. Dann empfängt er das Schwert, das Lehen und die Frau. Die freie Zeit auf der Burg füllt er mit Jagd, Tanz und Spiel. Das Spiel ist nicht nur Zeitvertreib, sondern fast ein zweites Leben über dem wirklichen, eingefriedet durch Regeln und Haltungen. Auch Mahlzeiten und Mode ordnen sich, zwischen Reiz und Reserve die Mitte haltend, den Spielregeln ein. Damen und Gäste werden sittsam geehrt, doch der Geselligkeit tritt die Zurückhaltung zur Seite. Die Burg, Mittelpunkt adligen Lebens, ist Festung und Festraum zugleich, der Ort für die Geselligkeit einer Elite. Stolz zeigt sich der Ritter im Glanz seiner Rüstung und der bunten Wappenfarben, er verschmäht die Tarnung und alle Fernwaffen. Auch der Krieg ist ihm ein geregeltes Spiel der Elite, Nahkampf und Zweikampf, ohne Hinterhalt und ohne Massenheere. Das Turnier wendet den Krieg noch mehr ins Spielerische, gefährlich auch im Frieden, ein Spiel mit dem Leben.

Aber daneben blieb Zeit für kulturelle Bildung und für Anregung durch Geselligkeit. Die Adligen und ihre Damen lernten lesen und schreiben und stellten neben die internationale, lateinische Kultur der Kirche eine ebenso internationale Laienkultur in den Volkssprachen, die am Anfang der europäischen Nationalliteraturen stand. Sie war sprachlich hochstilisiert und doch ohne Purismus und Eigendünkel; sie bejahte die Welt und wollte gleichwohl christlich sein. Hielt sie sich vom Fanatismus der Theorie fern, so erlag sie doch ebensowenig dem Fanatismus der Macht; sie suchte das Chaos der Realitäten zu bändigen durch geistige

Zucht. Adliges Leben wurde fortan öffentlich zelebriert, als Darstellung einer Gemeinschaft, kritisch geformt durch das Urteil der Gemeinschaft. Diese Körperschaft war im 12. Jahrhundert noch nach allen Seiten offen; Könige wurden zu Rittern, Unfreie stiegen in den Adel auf. Unvermeidlich war dann freilich auch, daß dieses ständisch nicht abgeschlossene, inhaltlich von der religiösen bis zur galanten Sphäre, räumlich von Portugal bis Ungarn reichende Ideal an der Oberfläche blieb und allen denen zum Stein des Anstoßes wurde, die an der formalen Mitte kein Genüge fanden und für die Organisation der Elite mehr als nur Ausgeglichenheit zum Inhalt verlangten. Sie formierten sich gegen die Scholastik und Ästhetik der Weltkleriker, gegen das Rittertum der Laien zu einer Bewegung, die den Verlockungen der »Frau Welt« widerstehen, die Forderungen des Glaubens und Denkens in neuen, mönchischen Gemeinschaften der Elite verwirklichen wollte.

Bernhard von Clairvaux und die Kontemplation

Man glaubte einen Ritter vor sich zu sehen, wenn man Norbert von Xanten 1115 daherreiten sah, den hochadligen kaiserlichen Kaplan, der zwar geistlich erzogen, aber ehrgeizig und weltlich gesonnen war; dem Liebhaber schöner Pferde und Stoffe waren langatmige Gebete zuwider. Da warf ihn ein Blitzschlag vom Pferd und aus seiner Bahn, und in adliger Unbedingtheit änderte Norbert sein Leben. Er wollte sich aus der irdischen Welt lösen, wollte aber, anders als Zisterzienser und Kartäuser zuvor, die Welt selber mitreißen. Seine Mitkanoniker in Xanten suchte er zunächst zu überzeugen, vergeblich; ein Stiftsherr spuckte ihm öffentlich ins Gesicht. Norbert duldete die Schmach, aber er ging. Vom Papst erbat und erhielt er wie Robert von Arbrissel die Erlaubnis, frei predigend umherzuwandern. Wie es im Evangelium steht, wollte Norbert, »um wahrhaft evangelisch und apostolisch zu leben«, auf die Mission in Nordfrankreich weder Tasche noch Schuhe und keine zwei Röcke mitnehmen, sondern mit bloßen Füßen Gott suchen und als Pilger die Armen Christi rufen. Doch für ihre Gemeinschaft, die sich rasch zusammenfand, sollte Norbert eine feste Ordnung stiften; die Bischöfe drängten ihn dazu. Er versuchte es mit eremitischen, dann mit zisterziensischen Bräuchen; sie paßten schlecht für Wanderprediger und Weltpriester. So suchte Norbert seine eigene Regel, die Einsamkeit und Seelsorge, Armut und apostolische Wirkung verknüpfte, und fand sie in der Augustiner-Regel, nach der seit der Gregorianischen Reform viele Chorherrenstifte lebten.

Norbert aber errichtete nach Art der Zisterzienser einen regelrechten Orden, ausgehend von seinem 1120 bezogenen Stammkloster Prémontré bei Laon, nach dem die neue Gemeinschaft Prämonstratenser-Orden heißt. Hier sollten sich alljährlich die Oberen im Generalkapitel treffen, aber unter streng monarchischer Leitung, fast nach kluniazensischer Weise. Der einzelne Mönch sollte in äußerster Armut leben; ohne Fett und Fleisch waren seine Mahlzeiten gerichtet. Aber nicht die äußere Tätigkeit, nicht die Feldarbeit war wie bei den Zisterziensern das Ziel, sondern eine neue, ganz innerliche Aktivität von bezwingender

Kraft: die Kontemplation. So wurden die Prämonstratenser der erste Orden von Weltgeistlichen, jedoch kein Prediger- oder Missionsorden; sie »zogen weit weg von den Menschen«, um draußen gemeinsam in unermüdlicher Beschaulichkeit auf die Menschen zu wirken. Anfangs wurden auch Frauenkonvente zugelassen, und wie der Orden die Laien in seine abgelegenen Kirchen hineinzog, so zog er schließlich selbst hinaus. Als der Gründer Norbert 1126 Erzbischof von Magdeburg wurde, wich er der neuen Aufgabe nicht aus und setzte seinen Orden im deutschen Osten an; er hatte an der Ostkolonisation beträchtlichen Anteil. In Deutschland breiteten sich überhaupt die Prämonstratenser-Stifte am schnellsten aus, gefördert besonders vom Adel; Barbarossas Taufkind Gottfried von Kappenberg gehörte zu Norberts frühesten Anhängern, und adlig sind die Prämonstratenser auch später gerne geblieben. Gelehrsamkeit wurde geringer geachtet als bei den Kartäusern, immerhin im Dienst der Kontemplation zugelassen. Die Macht der Versenkung blieb allerdings ungreifbar. Nur ein Dutzend der deutschen Stifte lag in Städten; die anderen bevorzugten Einöden. Die ersten Mönche von Prémontré lebten vom Verkauf des gesammelten dürren Holzes in der Stadt, nicht von der Stadt selbst. Solange Norbert lebte, bis 1134, hielt er den Orden mit seinen schon über hundert Häusern fest in der Hand und in der Nähe der Laienwelt; danach zogen sich die Prämonstratenser immer weiter in die Betrachtung zurück und widmeten sich nur zögernd der Seelsorge und Erziehung.

Daß es damit nicht genug sein konnte, wußten Norberts Jünger wohl; der Prämonstratenserbischof Anselm von Havelberg verwies warnend auf das Vorbild des Apostels Paulus, der nach seiner inneren Läuterung auszog, um als Missionar auch andere Seelen zu retten; und Anselm hatte ein anderes Vorbild vor Augen, seinen wundertätigen Freund Bernhard von Clairvaux, der freilich kein Prämonstratenser war. Als drittes Kind eines burgundischen Ritters um 1090 nicht allzu weit von Cluny geboren, war Bernhard 1112 in das strenge Kloster Cîteaux eingetreten; noch nach einem Jahr der inneren Sammlung wußte er nicht zu sagen, ob die Decke seines Schlafsaales flach oder gewölbt sei. Der hagere, hochgewachsene Mann, mit blauen Augen und rötlichem Haar, war indes nicht nur beherrscht und gesammelt; plötzliche Ausbrüche schüttelten ihn, zwischen unbändigem Willen und demütigem Gefühl suchte er den Ausgleich. Als er 1115 Abt von Clairvaux geworden war, kasteite er sich im Walde, bis er am Übermaß der Bußübungen erkrankte. Erst dann begann er sich der Umwelt zu widmen, von einer niedrigen Zelle aus, die er ohne anzustoßen kaum betreten konnte; dort starb er 1153 an dem Magengeschwür, das ihm sein Fasten gebracht hatte.

Ein gewaltsames Leben, aber auch von gewaltiger Wirkung. Schon ins Kloster zog Bernhard mit über dreißig Freunden ein; als Abt von Clairvaux riß er den Zisterzienser-Orden zu stürmischer Ausbreitung über ganz Europa mit; fast siebzig Klöster hat er selber neu gegründet. Wenn er nicht auf Reisen war, saß er schreibend in der Zelle, von der Matutin bis in die Nacht, und er schrieb weniger einsame theologische Traktate als Briefe an Mitmenschen, in einer hochgebildeten und doch lebendigen, wuchtigen und doch nuancenreichen Sprache. In diesen Briefen – über fünfhundert sind uns erhalten – kritisierte Bernhard das Weltleben, förderte die religiösen Kräfte, mahnte die Großen der Welt. Vollends seit 1130 wurde er auch politisch mächtig; er wollte die Nachfolge Jesu und das apostolische

Leben in die Welt der Macht hineintragen, zum Beispiel durch seine Regel für den Templer-Orden und seine hinreißenden Predigten zum Zweiten Kreuzzug. Bernhard empfand den Zwiespalt zwischen aktivem und kontemplativem Leben bitter genug; er nannte sich das Zwitterwesen seiner Welt, das nicht Mönch, nicht Laie sei. Als Zwitterwesen empfand er sich, weil er mit Gott noch nicht ganz eins war und zwischen auseinanderstrebenden Zielen stand. Nur in Bernhards Willen war die Einung mit Gott vollzogen; aber er wollte ja nicht denken oder reden, sondern handeln, und darum war der Übergang von der politischen Aktivität zur mystischen Kontemplation bei ihm ohne Bruch. Was in der Abwehr der Ketzer, im Streit gegen Abaelard und Gilbert von Poitiers nur als Negation erschien, fügte sich zu einem Ganzen.

Bernhard war kein Gegner der Wissenschaft oder der Kunst; beide Kräfte können die Seele des Menschen belehren und schmücken. Aber sie müssen dies allein zum Ziel haben. Das Wissen kann auch benutzt werden, um zu wissen, um bekanntzuwerden, um geehrt zu werden; das ist Mißbrauch, der immer lernt und vor lauter Kenntnissen nie zur Erkenntnis der Wahrheit, und das heißt zum rechten Leben kommt. Die wahre Philosophie ist es, »Jesus den Gekreuzigten zu kennen« und zu lieben; die Wissenschaft der Heiligen führt aus bescheidener Gotteserkenntnis und demütiger Selbsterkenntnis zur grenzenlosen Gottesliebe. Wichtiger als die sachlichen Ergebnisse sind die Absichten des Wissenwollens; auf den reinen Willen der Versenkung kommt es an. Der menschliche Wille ist frei, er ist das Göttliche im Menschen und erglänzt in seiner Seele wie der Edelstein im Golde. Dieser Wille ist mächtiger als das Denken, am mächtigsten in der Selbstüberwindung. Sie aber steht am Anfang des Aufstiegs zu Gott; am Ende steht die bräutliche Einung der Seele mit Gott, in der das Ich zerrinnt, wie der Wassertropfen sich in der Menge des Weines verliert. Was sich da auf dem höchsten Gipfel der Kontemplation verbindet, ist nicht das Wesen von Gott und Mensch, sondern der Wille, die Liebe Gottes und des Menschen, die das Irdische wunderbar über seinen Eigensinn hinaushebt. Bernhards Mystik war keine menschenfeindliche Askese; sie sah – wie ihre zeitgenössischen Gegner auch – im Menschen das Ebenbild Gottes und im Gottmenschen Christus besonders die menschliche Gestalt, das hilflose Jesuskind und den blutenden Heiland am Kreuz. Sie sah in der Kirche die Gemeinschaft der gottliebenden Seelen, nicht den weltlichen Behördenapparat der Kurie: »Überall Betriebsamkeit, überall Tumult. Aber was ist Frömmigkeit? Zeit haben für die Betrachtung.« Wo fände man diese Zeit eher als in der rettenden Zuflucht des Klosters, unter den Mitmönchen, in der gemeinsamen Konzentration und Stille? Im Grunde kann nur der Mönch wirklich Christ sein, denn er allein sucht Gott mit allen seinen Kräften.

Neben die Scholastik der von Weltgeistlichen getragenen Universitäten trat eine neue monastische Disziplin, die Gott nahekommen, ihn persönlich erleben wollte, aber nicht auf den gelehrten Umwegen, auch nicht über die Gleichnisse der Kunst, sondern in der liebenden, stets weiter vordringenden Inbrunst und im zwingenden Glauben, in einer Leidenschaft, von der Bernhard 1150 gestand: »Mich ängstigen alle meine Werke; ich begreife ja nicht, was ich tue.« Wie bei Abaelard gehörte bei Bernhard die persönliche Leidenschaft zum Programm und zur Größe der geschichtlichen Leistung, obwohl das unablässige Ringen um die ersehnte Gottnähe auch manche menschliche Schwäche bloßlegte.

Wünschen wir uns keinen sanften, auch keinen archaischen Bernhard – das zweite Viertel des Jahrhunderts wäre sonst niemals »das Bernhardinische Zeitalter« geworden. Mit seinem Tod 1153 war es allerdings vorüber; danach wurden seine Zisterzienser, was sie vor Bernhard begonnen hatten zu sein, ein weltabgewandter Orden voller Härte und Entschiedenheit, freilich überstrahlt vom Glanz mystischer Geistigkeit, von einer Harmonie, die sich schwer in Worte kleidete und eher im Mirakel oder im Schweigen spürbar wurde.

In diesem vielgestaltigen Jahrhundert gelang aber auch das Schwerste, der ins Wort gefaßte Ausgleich, der die Theorie der Weltkleriker und die Mystik der Mönche betrachtend zusammenfügte, ohne nach Art des Rittertums oberflächlich zu sein. Wieder war das die Leistung eines Großen, der in einer Gemeinschaft lebte und von ihrer inneren Bewegung lebte. Die Abtei der Augustiner-Chorherren von St. Victor in Paris war eine Gemeinschaft zwischen Weltklerus und Mönchtum, in der die beschauliche Versenkung in der Zelle mit der öffentlichen Lehre in der Klosterschule verbunden wurde. In diesen Konvent trat um 1115 – als Abaelard Professor, Bernhard Abt und Norbert Wanderprediger wurde – ein Mann namens Hugo ein, von ungewisser, jedenfalls adliger Herkunft. Wie die vielleicht sächsische, vielleicht flandrische Heimat Hugos von St. Victor dunkel blieb, so verlief sein Klosterleben ereignislos; er war Lehrer, seit etwa 1133 Leiter der Konventsschule und starb 1141. Nur wenige Briefe haben wir von ihm; das Persönliche wurde wie absichtlich ausgespart, als bliebe keine Zeit dafür. Denn in fünfzehn Jahren schrieb Hugo ein umfangreiches und umfassendes Opus, das fast alle Wissensgebiete umschloß, Philosophie, Theologie, Pädagogik, Psychologie, Geometrie, Grammatik, Historie, Mystik, stets anschaulich und in persönlichem Stil, oft in Dialogform, immer mit dem Blick auf das Ganze des Lebens. »Lerne alles, nachher wirst du sehen, daß nichts überflüssig ist.« Man muß die Namen der Dinge kennen, um in ihre Natur einzudringen; man muß das Denken schulen, bevor man die Wirklichkeit erkennen kann. Nicht die Erfahrung allein, die nur ungeordnete Eindrücke gibt, kann die Wahrheit sein; wie bei Abaelard bringt erst der denkende und sprechende Mensch diese Wahrheit ans Licht. Alle weltliche Wissenschaft ist indes Magd der Theologie, doch auch von ihr abgesondert; denn im Übernatürlichen kann die Vernunft nur verehren, was sie nicht begreift, kann höchstens zu ordnen suchen, was ihr dargeboten wird.

Hugo versuchte eine solche Enzyklopädie; er schrieb nach Abaelards Vorgang eine systematische Darstellung christlicher Glaubenslehren, eine Dogmatik, in klarer Sprache und bewußter literarischer Form. Sie kreiste nicht wie Abaelards Werke um spekulative Probleme, sondern um die dem Menschen nächsten, um Christus und vor allem um die Brücke der Sakramente, und hier kam neben der ordnenden Dialektik die verbindende Mystik zum Vorschein. Wissen und Glauben sind gestuft, nicht getrennt; über der bloßen Meinung steht der Glaube als fromme Erfülltheit, über ihm die dem Menschen unzugängliche volle Wissensklarheit. Diese Stufen sind die gleichen wie die des mystischen Weges der Seele zu Gott, vom Überdenken der fleischlichen Beschränktheit über die Meditation, die Vertiefung in Gottes endlose Weite, zur Kontemplation, die nicht dem Willen des Ekstatikers, sondern der klaren Einsicht des Denkers offensteht. Höchster Trost im Leben ist demnach nicht die sehnende Liebe, sondern die denkende Erkenntnis, die dem Geist die »freien, bewundernden Durchblicke in die Schauspiele der Weisheit« gewährt. So verband Hugos Kontemplation die irdischen Realitäten, die reinen Gedanken, die ethischen Werte und den Bezirk des Übersinnlichen. Alles spiegelte sich in allem; in scheinbar poetischen Bildern verbarg sich die Wahrheit: die Welt ist das Buch Gottes, Gott ist der große Künstler. Sein Werk verkörpert sich in geschichtlichen Formen, und deshalb gliederte sich Hugos Theologie nicht nur systematisch; sie führte von der Schöpfung der Welt bis zu den letzten Dingen. Auch die Weltgeschichte gab also wahre Bilder von Gottes Werken, und Hugo ließ es sich nicht verdrießen, sie im einzelnen auszudeuten; die fortschreitende Ausbreitung des Gottesreiches war zugleich Rückkehr in den Ursprung Christus.

Was Hugo vollendete, sieht wie mühelos und instinktiv geglückt aus; aber einige nicht mehr fertiggewordene Schriften verraten uns, wie mühsam die Synthese aus einem Wust von Exzerpten und Zitaten herausgearbeitet wurde. Hugo warnte selbst vor den leichten Lösungen und ermahnte zur Kleinarbeit, zur ständigen Übung, zum stillen Nachdenken und besonders zur Disziplin, zum Ernst der Zucht, der Demut und des Maßes. Als dieser Mann des Maßes erschien Hugo von St. Victor den Zeitgenossen, die ihn als »Harfe Gottes« rühmten; noch Bonaventura, neben den ihn Dante dann im Paradies gestellt hat, meinte, Hugo habe in sich alle Vorzüge seiner Zeitgenossen vereinigt. Seine Schule war groß und bedeutend; im Pariser Konvent der Victoriner trafen sich die Richtungen und die Nationen, die Schotten, Engländer, Franzosen, Deutschen, Italiener, die Dialektiker, Humanisten, Kontemplativen.

Doch fehlte der Gemeinschaft nach Hugos Tod die sammelnde Mitte, und während Richard von St. Victor seine scharfsinnige Mystik, Adam von St. Victor seine herrliche Hymnik schuf, lockerte sich das Band zwischen Weisheit und Wissenschaft. Der Italiener Petrus Lombardus war zwar bei Hugo von St. Victor in die Schule gegangen und stand dem Heiligen von Clairvaux fast ebenso nahe wie dem späten Abaelard; aber er war ein trockener Schulmann, und die Synthese, zu der er wie kein zweiter berufen schien, fiel danach aus. Sein Sentenzenwerk von etwa 1155, ein nüchternes, gedanklich unselbständiges Kompendium, wurde allen Zeitströmungen so gerecht, war so farblos und trat so autoritativ auf, daß es sich als Schulbuch rasch überall einbürgerte. Mit seiner Hilfe setzte der Lombarde in Paris, wo er 1159 Bischof wurde, den Schulbetrieb der Vorlesungen und Kommentare durch; und erläutert wurden nun vor allem die Sentenzen des Lombardus. Nächst der Bibel wurde kein Buch im Mittelalter so oft kommentiert wie dieses, wenigstens vierzehnhundertmal. Als 1253 der Gesandte des französischen Königs zum mongolischen Großchan, dem Herrn Asiens, ritt, nahm er als Geschenke, die das Abendland repräsentieren sollten, dreierlei mit: die lateinische Bibel, einige Flaschen Muskatellerwein und die Sentenzen des Petrus Lombardus.

Petrus war ein wackerer Mann, der sein Buch »mit viel Mühe und Schweiß« verfaßte, und in seiner Schule wurde wohl geistreich und spitzfindig darüber diskutiert, ob Gott aus Sokrates einen Esel machen könne; aber einen Sokrates konnten die Lehrer aus keinem ihrer Schüler machen. Im Schulbetrieb ging die brennende Frage der Zeit unter, wie die vorgegebenen Überlieferungen persönlich ergriffen werden könnten, wie in der Fülle des Irdisch-Vielfältigen die eine Weltformel zu finden sei, wie damit zugleich der Weg zu Gott gangbar würde. Die Methoden schienen in verschiedenen Institutionen verkörpert, in Universitäten und Schulen, in Orden und Kongregationen, im Ritterstand, als käme es auf die Wege und nicht auf das Ziel an. Und obwohl diese Bewegung wie alle anderen zuvor international war, konnte es scheinen, als wäre das Übergewicht der Methode, der Form, der Konvention eine Folge der führenden Rolle Frankreichs in diesem Jahrhundert.

Der Deutsche Symbolismus und die Häresien

Die Gegenbewegung war eher konservativ als deutsch; sie konkretisierte sich in Deutschland nirgends zu neuen Gemeinschaften, wurde vielmehr von denselben Mönchsorden getragen, die in Frankreich der Kontemplation dienen wollten; was die Kritiker verband, war eher die Betonung der vergangenen und kommenden Geschichte gegenüber dem derzeitigen Augenblick. Diese Wertschätzung der Geschichte war allerdings schon seit ottonischen und salischen Zeiten besonders in Deutschland heimisch. Im deutschen Bereich hatten zu Beginn des 12. Jahrhunderts unter dem Eindruck der Gregorianischen Reform zwei große Weltchroniken den universalhistorischen Stoff zusammengetragen, in einer Fülle, die in West- und Südeuropa nicht ihresgleichen fand. Die Chronik Sigeberts von Gembloux hatte Weltgeschichte im kaiserlichen Sinn geschrieben, weitschichtig auch den Orient einbeziehend, aber um die Idee des karolingischen Reiches gruppiert; die Chronik Frutolfs von Michelsberg, durch Ekkehard von Aura im päpstlichen Sinn überarbeitet, achtete bereits mehr auf die Methode als auf die Fakten und prüfte kritisch die Widersprüche der Traditionen.

Sollte schon in diesen Werken von Benediktinern die geheime Mär der Weltgeschichte erzählt werden, so ging es erst recht um die Deutung der unübersichtlich gewordenen Historie in den exegetischen Schriften des 1129 gestorbenen Benediktiners Rupert von Deutz. Er verstand Weltgeschichte als Entfaltung der Trinität, besonders des Heiligen Geistes, blickte gebannt auf das Ende der Zeiten und sah seine Gegenwart unter diesem Zeichen. Die Johanneische Apokalypse mit ihren sieben Siegeln wurde ihm zum Wegweiser durch die sieben Epochen der Kirchengeschichte; die Gegenwart war genau die kritische Phase, in der sich der Kampf zwischen Christus und Antichrist entschied. Das war der Hintergrund für den von Rupert inaugurierten »Deutschen Symbolismus«, der mit poetischen Bildern aus aller Welt- und Naturgeschichte die eigene Gegenwart kritisch und beschwörend deutete; er suchte in der Welt, im »Buche Gottes«, zu lesen und machte alles Irdische zum Zeichen des Überirdischen, um in den Symbolen die Bauformel der Welt zu finden. »In die Wege Gottes möchte ich Einsicht haben«, sagte Rupert, ähnlich wie die ihm suspekten französischen Scholastiker, nur daß Rupert diese Einsicht in visionären Bildern, nicht in logischen Denkoperationen suchte.

In der größten Frau des Jahrhunderts, der Benediktinerin Hildegard von Bingen, vollendete sich alsbald der Deutsche Symbolismus. Seit 1141 faßte sie dessen Weltbild zusammen, das ihrem engen Umkreis kaum bekannt sein konnte und das sie dennoch sah. Nicht

»Frau Welt«
Vorder- und Rückseite einer gotischen Steinskulptur
an der Außenseite des Nordschiffes der Sebaldus-Kirche in Nürnberg

Der Weg der Seele aus dem Zelt des Leibes zum himmlischen Jerusalem
Kopie der Miniatur in einer zwischen 1160 und 1180 in der Schule des Klosters Rupertsberg
entstandenen, heute verschollenen Handschrift des »Liber Scivias« der Hildegard von Bingen
Rüdesheim-Eibingen, Benediktinerinnen-Abtei St. Hildegard

mystische Schwärmerei stand bei ihrer Arbeit Pate; bei der Kontemplation hatte sie deutliche Gesichte, »wachend, besonnen und mit klarem Geiste«, durch die Macht der Visionen aber war sie jedesmal bis zum äußersten erschöpft. Was sie sah, betraf nicht sie persönlich; es war ein kosmisches Drama, kreisende Gestirnssphären, tiefblauer Äther, goldene Feuermeere, rotschwarze Blitze, grüne Sturmwinde, ein wild bewegter Kosmos, in den auch der Mensch mit Leib und Seele eingespannt ist, in dem er durch die Heilsgeschichte geläutert wird. Wie in der Geschichte ist Gott in der Natur am Werke, und Hildegard hörte ihn sagen: »Ich zünde über die Schönheit der Felder hin, ich leuchte in den Gewässern, ich brenne in der Sonne, im Mond und in den Sternen und erwecke mit dem Lufthauch, mit dem unsichtbaren, alles haltenden Leben jegliches Ding.« Kam diese Ehrfurcht vor der Natur, ebenso wie Hildegards medizinischer Sachverstand, der Schule von Chartres nahe, so werden wir auch an die Dialektiker erinnert, wenn wir den Menschen gekrönt sehen mit der golden-purpurnen Krone des Intellekts, ohne den die übrigen Seelenkräfte dumpf sind wie eine Speise ohne Salz. Er kann die Wunderwerke Gottes ahnend deuten, im sichtbaren und zeitlichen Bild die unsichtbare und ewige Wahrheit tätig erfassen. Die mystische Kontemplation begreift den Weg der Seele zu Gott; aber wieder ist die Geschichte das Medium. Noch wenn die Seele aus dem Zelt des Leibes auszieht, wird sie erwartet von den Genossen ihres Wandels, von lichten und finsteren Geistern, die sie »ihren Werken entsprechend von Ort zu Ort führen«. So wird das ganze Menschengeschlecht in die Zukunft geführt; Hildegard sieht auch was, kommen wird, die Zeiten des feurigen Hundes, des gelben Löwen, des falben Rosses, des schwarzen Schweins und endlich des grauen Wolfs, des Antichrist. Schlimme Zeiten stehen bevor; das Kaisertum – es ist Barbarossas Krone! – wird fallen, das Papsttum wird ihm folgen, Landesfürsten werden herrschen. Und doch ist auch das kommende Böse nur ein Mittel, den Menschen zur Tat aufzurufen, um ihn zu retten, wenn er die Zeichen der Zeit versteht. Noch einmal wagte Hildegard von Bingen wie Hugo von St. Victor eine Synthese; aber sie war schon dunkel durch die Last der Bilder und Farben, schwer verständlich und kaum mehr nachwirkend. Als die Äbtissin 1179 starb, war die Zeit der Synthesen vorbei.

Aber wenigstens ihr Appell an die Geschichte blieb in Deutschland nicht vereinzelt; zur Geschichte wurde hier selbst die religiöse Bewegung. Das begriff und sagte um die Jahrhundertmitte der Prämonstratenserbischof Anselm von Havelberg, der Freund Norberts von Xanten und Berater Barbarossas, der von Abaelard gelernt und sogar mit byzantinischen Prälaten diskutiert hatte. Einheit muß sein, was den Glauben betrifft; aber Vielfalt muß ebenfalls sein, denn »nirgends findet man in der Geschichte einen einförmigen Zustand«; die sieben Epochen der Kirchengeschichte lehren es, und sie sind – das war neu – ein Fortschritt. Immer neue Lebensformen, Riten und Orden entstehen, um das Gebot jeder Stunde ganz zu erfüllen; darum ist die Kirche heute viel reicher als in apostolischen Zeiten, und die Zukunft wird, vom Heiligen Geist beflügelt, langsam und fast verstohlen, immer noch mehr finden. Jede Stufe ist für die kommende nötig, und so hat die Vergangenheit ihren Eigenwert; neben der Unwandelbarkeit Gottes und des Glaubens steht nun die Geistesgeschichte, zumal die in Anselms Gegenwart weitverzweigte Ordensgeschichte, als Wirkung des Heiligen Geistes, der das Band vom Wandel des Menschengeschlechts zum ewigen Gott knüpft. Klarer als hier hat sich das Jahrhundert der Bewegung nirgends selbst durchschaut und gerechtfertigt.

Sogar das viel berühmtere Werk Ottos von Freising bleibt hinter Anselms deutender Kraft zurück; reicher ist es allerdings an universalen Perspektiven. Otto, Barbarossas Onkel, war denn auch in Paris und Chartres unterwiesen worden und in Bernhards Zisterzienserorden eingetreten, als er 1138 Freisinger Bischof wurde; der Kenner des Aristoteles und Teilnehmer am Zweiten Kreuzzug stand im Schnittpunkt vielfältiger Bewegungen. So ließ ihn die Frage nach der Einheit der vielgestaltigen Geschichte nicht los. Ottos 1146 abgeschlossene Chronik suchte sie mit dem ganzen Faktenmaterial von Frutolf-Ekkehard zu lösen, aber unter anderem Aspekt als dem der Vollständigkeit. Einzelne, sinnvolle Phasen wurden aus dem Ablauf von der Weltschöpfung zum Endgericht herausgehoben und nachdenklich betrachtet: Was bleibt in allem Wechsel der vergänglichen Weltreiche bestehen? Was ist heil in dieser mannigfaltigen und ungeordneten Geschichte menschlichen Elends, in der so oft auf den sonnigen Morgen die Regennacht folgt? Das irdische Ideal der ottonisch-salischen Eintracht von Kaiser und Papst ist im großen Streit zerbrochen. Von neuem treiben die Ereignisse ziellos dahin, dem Ende entgegen; denn abnehmen muß der Mensch, wenn er nichts mehr hat, woran er wachsen kann. Trost ist bei den Bürgern Gottes, jetzt bei den neuen Mönchen und Eremiten, die in der rastlosen Bewegung der irdischen Stürme Inseln der Ruhe und Dauer geschaffen haben. Im stillen Wirken des Geistes auf das Bleibende hin sah Otto den Wert des Geschehens; aber diese kontemplative Geistesgeschichte war – anders als die Anselms von Havelberg – Spiritualisierung der Historie, Rückzug aus ihrem Alltag, Sprengung ihres sichernden Rahmens um die Gegenwart.

Dieser Gegenwart wandte sich Otto ein Jahrzehnt später mit neu erwachender Hoffnung zu, als er die Taten seines Neffen Barbarossa zu beschreiben begann. Nach der Zeit des Weinens sei nun die Zeit des Lachens gekommen, denn Friedrich schaffe mit starker Hand eine dauernde Friedensordnung. Aber auch Ottos späte Hingabe an die glückliche Gegenwart und deren erfreuliche Darstellung war noch Resignation, diesmal allerdings vor der unüberschaubaren Weltgeschichte, vor der »Verwirrung der Vergangenheit«. Der hinfällige, dem geschichtlichen Wechsel ausgesetzte Mensch, auch der Historiker, kann das Ganze der Heilsgeschichte nicht ermessen, kann es jedenfalls nicht zugleich mit den Besonderheiten seiner Gegenwart begreifen. Das war eine Wendung zum zeitnahen Realismus westeuropäischer Historiker und eine Abkehr vom Deutschen Symbolismus.

Vollendet wurde diese Umwertung der Heilsgeschichte durch den Italiener Joachim von Fiore am Ende des Jahrhunderts. Als Eremit hatte er wie Nilus in den rauhen Bergen Kalabriens leben wollen; dann war er Zisterzienser geworden, hatte schließlich den neuen, noch strengeren Orden der Florenser gegründet und starb 1202. Der Ausbreitung seines Ordens galt seine Sorge nicht; dieser Grübler saß Tag und Nacht über der Bibel und suchte ihr durch »geistliche Auslegung« das Geheimnis der Weltgeschichte zu entreißen. Anselm von Havelberg hatte gezeigt, daß die Gegenwart aus der Bibel zu erklären sei; dann mußte sich nach dem alttestamentlichen Zeitalter des Vaters, nach dem kirchlichen des Sohnes nun, im untergehenden Jahrhundert, das kommende »Dritte Reich des Heiligen Geistes« herbeizwingen, wenigstens zahlensymbolisch berechnen lassen. Wenn zwischen Abraham und Christus zweiundvierzig Generationen zu je dreißig Jahren lagen, dann mußte auch das Zeitalter Christi demnächst, 1260 Jahre nach Christus, zu Ende sein; dann war es auch mit der gelehrten Priesterkirche Petri, mit Evangelium, Predigt und Sakramenten vorbei. Danach würde eine neue, schon durch Benedikt von Nursia grundgelegte johanneische Geistkirche von Mönchen und heiligen Asketen alles Äußerliche überwinden, sich vom tötenden Buchstaben lösen und ganz im betrachtenden Geiste leben. Nicht mehr das letzte Weltende war das Ziel, nicht mehr die seit Christus erfüllte Gegenwart die Achse der Geschichte; die nächsten zwei Menschenalter mußten den Durchbruch in das neue Licht des ewigen Evangeliums bringen.

Die Jenseitshoffnung wurde auf die Erde, auf die nächste Zukunft konzentriert, in die historische Welt hineingezogen; die geschichtliche Vielfalt war nur Vorstufe kommender Einheit, die Geschichte war Kirchengeschichte und würde bald nur noch Geistesgeschichte sein. Aus der Umklammerung der drohenden, ungewissen Zukunft befreite sich der denkende Mensch mit Hilfe der Bibelauslegung und gewann Macht über diese Zukunft selbst. Joachim von Fiore wurde, ohne es zu wissen, der Ahnherr aller derer, die die Geschichte nicht mehr ertragen, sondern lenken wollten. Schon bald nach seinem Tod erwies sich die furchtbare Sprengkraft seiner Gedanken, die den Deutschen Symbolismus scheinbar vollendeten und in Wahrheit zerstörten; denn die Stärke des Wachsens und Reifens, die Macht der Natur und der Umstände, die Vielfalt der geschichtlichen Einzelheiten – das war nun nichts mehr wert.

Was war überhaupt diese Welt des 12. Jahrhunderts noch wert? Sie wurde besonders nach 1150 von außen erschüttert durch byzantinische und islamische Einflüsse, von unten bedroht durch das Murren der Volksmassen, von innen gefährdet durch das Scheitern der Synthesen und die geruhsame Routine der Wohlmeinenden. So brach sich die vertagte Frage nach dem Ziel des Menschen noch einmal im Widerspruch zur Welt Bahn, in neuen Ketzereien, die nach 1150 erstarkten und das ganze Gefüge der abendländischen Geisteswelt zu zersprengen drohten. Sie begnügten sich nicht mehr wie Petrus von Bruys oder Arnold von Brescia mit persönlichem Vorbild und mit Ersatzkirchen; sie schufen Sekten, in denen sich Glauben und Wirken völlig deckten.

Die erste und größte Sekte dieser Art, die bedeutendste des Mittelalters überhaupt, waren die Katharer, nach denen die deutsche Sprache bis heute alle »Ketzer« benennt. Von den byzantinischen und balkanischen Bogomilen angeregt, seit 1143 im Abendland nachweisbar, führten die Katharer ein apostolisches Leben in Wandern, Fasten, Arbeiten und in strengster Armut; sie waren keine Geistschwärmer, sondern hatten ihre Vorsteher und Auserwählten, die »Vollkommenen«, die in einem festen Ritus der Handauflegung geweiht wurden und sich von allem Irdischen ängstlich fernhielten, von der Ehe und jeder Berührung des anderen Geschlechts, vom Fleischgenuß, von Geld, Besitz und Krieg. Stolz berichteten die ersten Katharer in Köln, ihre Sekte sei im Oströmischen Reich seit den Tagen der Apostel lebendig. Von ihren Lehren sprachen sie nicht; aber Leben, Organisation und Lehre waren so folgerichtig und imposant, daß die neuen »Armen Christi«, die »Guten Christen«, die »Guten Leute«, wie man sie nannte, in den nächsten zwanzig Jahren bis England und Spanien. besonders in Südfrankreich und Oberitalien missionieren konnten und alle Schichten, Geistliche und Laien, Adlige und Bauern, erfaßten. Erst seit 1165 wurde allmählich deutlich, daß hinter der evangelischen Praxis eine dualistische Dogmatik stand; 1167 setzte sie sich in der Sekte durch, als ein Bogomile aus Konstantinopel die Katharergemeinden Italiens und Frankreichs zu Bistümern organisierte. Denn er begründete gleichzeitig die Weltenthaltung durch den Lehrsatz, daß Satan, der Gott des Alten Testaments, diese Erde geschaffen habe und regiere.

Jede Sünde bedeutet also ewiges Verderben in der Knechtschaft des Teufels. Die Seelen der »Reinen«, der *Katharoi*, bereiten durch totale Askese, bisweilen durch Selbstmord wie die Ketzer von Monteforte, die Flucht in ihre himmlische Heimat vor; denn sie verstehen sich als die Seelen der mit Luzifer gefallenen, in irdische Leiber eingesperrten Engel und erlösen sich durch Seelenwanderung endlich selbst, ohne der Vermittlung Christi zu bedürfen. Die Idee von der gnostischen Selbsterlösung der Reinen, die Verbindung von evangelischer Praxis und dogmatischer Begründung wirkte im 12. Jahrhundert auf viele begeisternd. Besonders im Südfrankreich der Trobadors konnte die katharische Gruppe der Albigenser Boden gewinnen; noch im 13. Jahrhundert hätte weder der Albigenserkrieg noch die Inquisition allein den Katholizismus gerettet, wenn nicht in der katharischen Gemeinde selbst, vor allem in Italien, die zunehmende Dogmatisierung der Sekte, ihre Lehrstreitigkeiten, ihre Verkirchlichung in Hierarchie und Liturgie, später auch die Aufnahme scholastischer Methoden die radikal Frommen mehr und mehr abgeschreckt hätten. Auch hier schien schließlich die Institution über die Absichten zu siegen, und ob die Zweigötterlehre noch christlich sei, wurde manchem problematisch, der zuvor dem vorbildlichen Leben der Katharer zugestimmt hatte. Alarmierend war es immerhin, daß den Ketzern vorübergehend gelang, was der Kirche fehlschlug: der Gleichklang und Einklang von Aktivität und Kontemplation, von Leben und Lehre. Die katholische Kirche wußte den Ketzern zunächst nichts entgegenzusetzen; zwar predigten und schrieben gegen sie Bernhard von Clairvaux, Hildegard von Bingen und später eine Gruppe von Zisterzienseräbten; doch die Prediger aus den Klöstern demonstrierten kein weithin sichtbares Gegenbild christlichen Alltagslebens. Was blieb, waren Gewaltmethoden, Kreuzzüge und bischöfliche Ermittlungsverfahren, die den Widersachern der veräußerlichten, verrechtlichten Kirche doppelt recht zu geben schienen. Der wirksamste Widerstand gegen die Katharer erwuchs unter solchen Umständen aus einer neuen Ketzerei.

Der reiche Textilkaufmann Valdes aus Lyon wurde wohl 1173 durch die von einem Spielmann vorgetragene Alexius-Legende so erschüttert, daß er beschloß, wie Alexius, auch wie Robert von Arbrissel, arm durch die Welt zu wandern. Er verschenkte seine Habe; seine erboste Frau zeigte ihn beim Erzbischof an, die Nachbarn hielten ihn für verrückt. Aber er gewann Genossen und zog mit ihnen davon, in einfachen Wollkleidern und Holzsandalen und ohne Geld, unbekümmert um den nächsten Tag, bettelnd und predigend, weil der Glaube ohne Werke tot sei. Diese Schar von Wanderpredigern, »Arme Christi« genannt, ließ sich die Bibel in die romanische Volkssprache übersetzen, um die christliche Wahrheit zu finden und zu bekennen, zuerst gegen die Katharer, denen ein Waldenser zurief: »Ich wundere mich, wie ihr es wagen könnt zu behaupten, ihr führtet das apostolische Leben, da ihr doch ihren Glauben, ihre Armut und ihre Werke

Gefährdung des Christen durch den Teufel
Aus dem Bogenrelief am Portal der Hauptkirche von Oloron-Sainte-Marie/Basses-Pyrénées, 12. Jahrhundert

Die Dreifaltigkeit
Kapitell der Wurzel-Jesse-Säule am Gloria-Portal der Kathedrale von Santiago de Compostela, Ende 12. Jahrhundert

zurückweist.« Das war das Programm der Waldenser: Glauben, Armut und Werke der Apostel zu üben.

Bald kam es zum Konflikt mit der katholischen Kirche, die die Laien zwar gern apostolisch arm leben, aber nicht ohne bischöflichen Auftrag predigen lassen wollte; lieber wurden die »Armen von Lyon« 1184 zu Ketzern, als daß sie vom biblischen Wort ließen und sich dem kirchlichen Amtsbegriff fügten. Auf das Verdienst, nicht auf die Weihe kam es an; die Gregorianische Reform hatte das doch gelehrt. Freilich hatte die Verketzerung der Waldenser zur Folge, daß auch sie aus einer locker gefügten Bruderschaft zu einer Sektenkirche nach katharischem Muster wurden, daß sie Hierarchie und Liturgie betonten, daß sie dogmatische Sondermeinungen annahmen, daß sie sich 1205 in einen französischen und einen italienischen Zweig spalteten, daß sie wieder neue Gegenketzereien hervorriefen. Zwar wurden die Waldenser dank ihrer stillen, vorbildlichen Lebensweise und ihrer politischen Zurückhaltung niemals ganz ausgerottet und bestehen als einzige mittelalterliche Sekte noch heute; aber ihr Einfluß beschränkte sich auf kleine Zirkel in Piemont, Savoyen und Böhmen. Dem katharischen Dogma von der teuflischen Welt stellten sie die fröhliche Tatkraft christlichen Wirkens entgegen; später lehrten sie, es gebe keine Erbschuld, der Mensch sei gut geboren und stets zu guten Taten fähig. Aber solche vereinzelten Sätze waren noch keine Theologie, und im späten 12. Jahrhundert war religiöse Aktivität allein keine ausreichende Antwort mehr auf die geistige Frage nach dem Ziel des Menschen.

Diese Frage wurde, ebenso einseitig wie von den Katharern, von anderen Sektierern des ausgehenden 12. Jahrhunderts beantwortet, zum Beispiel von dem Pariser Philosophiedozenten Amalrich von Bène. Er predigte nicht, er schrieb bloß; er wollte nichts tun, er dachte nur nach – ein harmloser Mensch, wie es schien, zudem angesehen beim französischen Hof, zeitweise sogar zum Erzieher des Thronfolgers bestellt. Erst 1209, drei Jahre nach Amalrichs Tod, entdeckte man bei seinen geistlichen Schülern, daß er ein Ketzer gewesen war. Seine Lehre wurde nicht vom Evangelium inspiriert, sondern von Aristoteles, Johannes Eriugena und dem jüdisch-spanischen Neuplatonismus. Sie widersetzte sich dem katharischen Pessimismus mit einer fast heidnischen Weltfreude, die alles weit übertraf, was man zuvor in der Schule von Chartres vernommen hatte. Gott ist nicht draußen oder drüben, er ist alles in allem. Alles ist in ihm, auch der Mensch mit seiner Schwäche, auch das Böse. Das Böse selbst ist göttlich; denn was immer der Mensch zu tun glaubt, das tut Gott. Wer das weiß, der befreit sich von der Sündenangst »wie von einem faulen Zahn«; er darf nicht mehr traurig sein, er muß lachen. Die wahre Hölle ist die Angst der Unwissenden, das wahre Paradies das gottgleiche Wissen der Erleuchteten. In der ewigen Gegenwart dieses pantheistischen Wissens löst sich alle Geschichte auf. Wenn Gott eins und alles ist, müssen alle Personen der Dreifaltigkeit Fleisch geworden sein: der Vater in Abraham und den Propheten, der Sohn in Christus und den Christen. Auch das Dritte Reich des Geistes, von dem gleichzeitig Joachim von Fiore träumte, ist schon Fleisch geworden in den Wissenden; wenn in etwa fünf Jahren die Zahl dieser *Spirituales* groß genug sein wird, ist es zu Ende mit Werken und Armut, mit Kirche und Sakramenten. Der Geist des Menschen erlöst sich selbst aus dieser kümmerlichen Welt und braucht danach nichts mehr zu tun.

Das war vielleicht die radikalste Antwort auf die Frage des Jahrhunderts, was der Mensch im Angesichte Gottes und der Welt wert sei. Anselm von Canterbury hatte sie gestellt und mit seinem Leben beantwortet; aber am Ende des Jahrhunderts fanden wir überall nur einseitige Lösungen, die auseinandernahmen, was bislang verbunden war: Gott und Welt, Religion und Geist, Spiritualismus und Rationalismus, Denken und Tun, Einzelner und Gemeinschaft. Und fast jede der zahlreichen Sondermeinungen distanzierte sich von der Geschichte, von den politischen und sozialen Zuständen der Zeit, als müßte und könnte sich jeder eine neue Geschichte einrichten. Von dem Schwung der dialektischen, humanistischen, ritterlichen, kontemplativen, symbolistischen Bewegungen, mit denen das Jahrhundert begonnen hatte, war an seinem Ende wenig übriggeblieben. Die ganze Vielgestalt der Epoche wäre für die Nachfahren unüberschaubar, vielleicht auch unfruchtbar geblieben, wenn ihr nicht ein neues Säkulum gefolgt wäre, weniger reich und lebendig, aber intensiver und ernster, das die Ernte einbrachte.

Franziskaner und Dominikaner

Wäre indes das 13. Jahrhundert nur eine Zeit der Sammlung und des Ausgleichs gewesen, so hätte es schwerlich als das klassische Jahrhundert des Mittelalters beginnen und in völliger Verwirrung enden können, ähnlich der Epoche zuvor. Was die Zeit von etwa 1210 bis 1280 kennzeichnete, war vielmehr die Intensivierung und Zuspitzung einzelner überkommener Aspekte, die Ausklammerung anderer Richtungen, die systematische und methodische Zuordnung zu einem schon beschränkten und spezialisierten Ganzen. Noch einmal vollzog sie sich in Bewegungen von Gemeinschaften und Schulen, in Versuchen der Verwirklichung, die nun freilich weniger schnell als im 12. Jahrhundert einander ablösten, aber auch konsequenter als früher einander ergänzten. Ob sich der religiöse und geistige Inhalt wirklich in irdische, körperschaftliche Formen fassen ließe, das wurde dem Jahrhundert allerdings rasch zur quälendsten Frage. Aber an seinem Beginn konnten noch einmal zwei neue Orden, fast gleichzeitig entstanden und doch recht verschieden geartet, das religiöse und geistige Profil der Zeit bestimmen.

Zunächst sah es nicht danach aus. Papst Innocenz III. versuchte zu Anfang des Jahrhunderts nur, die ketzerisch gewordenen Teile der apostolischen Armutsbewegung in die Kirchengemeinschaft zurückzuholen, um ihre Energie fruchtbar zu machen und dann den unvermeidlichen Schnitt zwischen Kirche und Katharern gefahrloser zu vollziehen, jenen Schnitt, den der Albigenserkrieg von 1209 bis 1229 und das Laterankonzil von 1215 einleiteten und den danach die Inquisition zu Ende führte. Innocenz fühlte sich dabei als Arzt, der Wunden heilen müsse, die bisher durch lässige oder heftige Behandlung nur verschlimmert worden seien. Wenigstens Teile der Waldenser und die Laienbruderschaft der Humiliaten ließen sich überzeugen; eher in Italien als in Frankreich begann man zu spüren, daß das apostolische Leben in der katholischen Kirche nicht mehr verpönt war. Die kleinen, stillen Gruppen bekehrter Ketzer, die ihren Lebensstil in Gemeinschaftshäusern beibehalten durften, waren indes sowenig wie die kontemplativen Orden ein mitreißendes Beispiel für alle. Das wurde erst Franziskus.

Als Sohn eines reichen Tuchhändlers geboren, führte der junge Franz in Assisi das leichtsinnige Leben seiner halb ritterlichen Herrenschicht, mit Frauendienst, Gesang und Schlägereien im Stil der Trobadors, deren provenzalische Lieder er noch später gerne sang. Auf einer Ritterfahrt kehrte er plötzlich um, von den Kumpanen geneckt, er habe wohl eine neue Geliebte; und er hatte sie wirklich gefunden: die Dame Armut. Um 1205 tat Franz, was Valdes getan hatte, er verkaufte alles, was er hatte, gab es den Armen und folgte Christus nach. Heiter und unbeschwert wie zuvor zog er von dannen, nun aber als Gaukler Gottes und Hofnarr des Herrn. Er ging nicht in die Wälder, um sich zu geißeln, sondern in die umbrischen Bergstädtchen, um als Laie vor Laien zu predigen, eindringlich und ungelehrt wie Valdes, doch weniger selbstbezogen. Wer in der Nachfolge Christi, in fröhlicher Armut durch die Welt wandert, soll den Mitmenschen helfen und dienen, Kranke und Aussätzige pflegen in tätiger Nächstenliebe. So wenig wie die waldensische Meditation des Bibelwortes können Bettel oder Handarbeit Selbstzweck sein; sie sind Dienst und Beispiel. Ein Beispiel war dieser Mann, schüchtern im Auftreten, zart von Gestalt, mit dunklen, guten Augen, lebhaft, aber unfanatisch, ein Mensch naiver Grazie und kindlicher Freude. Sein Sonnengesang, das erste Gedicht in italienischer Sprache, war in die einfachen Schönheiten der Welt verliebt und doch frömmer als alle Vagantenpoesie: »Sei gelobt, mein Herr, durch Bruder Wasser; er ist so nützlich, gering, köstlich und keusch. Sei gelobt, mein Herr, durch Bruder Feuer. Er erleuchtet das Dunkel; schön ist sein Sprühen, heiter ist er und gewaltig stark. Sei gelobt, mein Herr, durch unsere Schwester Mutter Erde. Sie versorgt uns und nährt uns und zeitigt allerlei Früchte, farbige Blumen und Gras.« In den vom Streit zerklüfteten Städten rief Franz: »Der Herr gebe euch den Frieden!« Und mit ihm kam ein Friede, der nichts von endzeitlicher Bußdrohung wußte.

Obwohl seit 1206 ein Häuflein Gleichgesinnter mit ihm zog, wollte Franz nichts organisieren; Seelen wollte er gewinnen, aber nicht Seelsorge treiben oder einen Orden gründen; der »Poverello«, der kleine Arme, und seine minderen Brüder, die »Minoriten«, wollten sich nicht in die hohen Ämter der Priester und Mönche mischen. Als die Schar bis zur Zahl der Apostel angewachsen war, ließ Franz die für ihr Leben wichtigen Bibelstellen aufschreiben, zum Beispiel, wer zwei Röcke habe, solle einen abgeben; mit dieser seltsamen Regel trat er 1210 vor den Papst. Innocenz III. wußte zu gut, wieviel redliche Bemühung schon gescheitert war; er gab keine schriftlichen Zusagen. Aber er wollte auch nichts reglementieren und verbot Franzens Predigt nicht. Das war wenig, doch Franz brauchte nicht mehr. Er wurde nicht ins Kloster gedrängt, auch vom lokalen Klerus und von den Mönchen nicht behelligt, weil seine Predigt so unmittelbar und undogmatisch war; die Wanderpredigt in Permanenz wurde geduldet, weil sich die Kirche einer fast vergessenen Tugend entsann: der Geduld.

In Assisi entstanden auf einem Stückchen geschenkten Landes ein paar Hütten, ein Absteigequartier, kein Kloster. Franzens Brüder zogen immer wieder zur Predigt und Arbeit hinaus, barfuß, in rauhen, ungefärbten Kutten, mit einem Strick umgürtet. Auch als in anderen Städten ähnliche Gruppen zustande kamen, sollten sie nicht seßhaft werden und nichts besitzen, sondern jeden Tag für sich selbst sorgen lassen. Erst als sich 1212 auch Frauen unter Führung der adligen Klara von Assisi anschlossen, willigte Franz in eine klösterliche Ordnung ihres Lebens, wenngleich die Klarissen dem Ortsbischof unterstellt blieben. Aber ihre Ortsgebundenheit war nichts für die Männer um Franz; seit 1212 zogen sie auf langen Fußwanderungen ins Ausland, bis nach Dalmatien und Spanien, um Christen zu belehren und Heiden zu bekehren. Nach Nordafrika wollte Franz schon 1213 aufbrechen; 1219 zog er wirklich nach Ägypten, um dem Sultan zu predigen. Das tätige Apostolat wurde konsequent auf die Mission, bald bis nach China, ausgedehnt. Damit häuften sich die Anhänger und die Schwierigkeiten; denn mit ein paar Bibelstellen ließen sich nicht Tausende von Minderbrüdern in aller Welt regieren. Als die ersten Jünger Franzens in nördliche Länder kamen, verstanden sie die Landessprache nicht und fanden keine Fürsprecher; auf die Frage, ob sie Ketzer seien, nickten sie freundlich...

Alles drängte Franz zu einer Ordnung nach außen und innen. Aber er wollte keine Institution, sondern eine Bewegung. Er fand sich 1217 nur bereit zu einer den Zisterziensern nachgebildeten Provinzengliederung und zu einem alljährlichen Generalkapitel in Assisi. Aber in den Niederlassungen sollte es nicht den Vater Abt und nicht den Prior, den »Vorgesetzten«, geben, höchstens einen Guardian, den »Wärter« und Diener der Brüder; und jeder konnte jeden Tag kommen und gehen, wie er wollte, ungebunden und ungesichert. Das alles war keine weltfremde, ungeschickte Organisation, es war die revolutionärste Idee einer Gemeinschaft seit Benedikt von Nursia und das radikale Gegenstück zur benediktinischen. Nicht Rückzug hinter Mauern, in die Einöde, in die Gelehrsamkeit, sondern Ausschreiten in alle Länder, zu allen Ständen, auf jede Situation zu, in der christlichen Freiheit zur Liebe.

Aber was ist die Liebe ohne Zucht? Daß die Bewegung ohne ein Minimum von Ordnung chaotisch enden würde, war die Sorge der Kurie, besonders des Kardinals Hugolin von Ostia. Er liebte die stürmische Hingabe und die stille Andacht der Minoriten, aber er dachte an die Gesamtkirche und wollte die Bewegung in ihren Dienst stellen. Wenn schon Predigt, dann auch priesterliche Ausbildung; wenn schon auf gregorianische Weise religiöse Wirksamkeit in der Welt, dann auch ebenso gregorianisch Trennung des Geistlichen vom Weltlichen. In Hugolin meldete sich die Geschichte zu Wort, die Franz vergaß. Er wollte gegenwärtig wirken und die ganze Welt anstecken; aber wie konnte er wirken ohne Institution, ohne Kirche, ohne Gespräch mit der geschichtlichen Ordnung? Franzens Idee überstieg die Möglichkeiten jeder Körperschaft, und so war jede geschichtliche Ordnung seiner Gemeinschaft wie eine Demütigung des Heiligsten. Daß hier die Grenzen religiöser Bewegungen in der Geschichte überschritten waren, zeigt die unglückliche Frühgeschichte des Franziskaner-Ordens.

Die Bewegung wurde 1221 ein Orden, weil die Kurie darauf bestand und bestehen mußte; es kam zu einem Kompromiß, der Franzens Idee durch Abschwächung realisierte. Es mußte Aufnahmebedingungen geben, Gelübde auf Lebenszeit, Ordensobere, feste städtische Konvente, die sich versorgen konnten; denn die Brüder sollten nicht mehr für sich selbst arbeiten oder betteln, sondern Zeit für Kontemplation und Studium haben; nur dann konnten sie predigen, und das wollten sie doch. Die Kette war konsequent, nur nicht in Franzens Sinn. Ihm wurde aber zugestanden, was bisher kein Orden durfte: Wanderpredigt und Armenfürsorge draußen in der Welt. Erst dieser Kompromiß befähigte den Orden zu seiner gewaltigen geschichtlichen Wirkung. Daß die berufstätigen Laien in einem eigenen Dritten Orden abgesondert wurden und dem Ersten Orden als einer Gemeinschaft von Geistlichen 1223 die Predigt als Aufgabe vorgeschrieben wurde, verschob die Akzente vollends von der Nachfolge Christi im Dienst am Nächsten zum Gehorsam gegen die Oberen im Dienst der Kirche; aber wieder wurde nicht nur Franzens Ideal, sondern auch die kirchliche Vorstellung von Mönchsorden abgewandelt. Hinter der Pflicht zur Predigt trat das innere Leben des Konvents mit Chorgebet und Fastenübung zurück; ihr mußte sich auch die Armutsforderung beugen. Der Konvent sorgte für seine Mitglieder, die alle arm blieben, aber auch frei wurden für den neuen Dienst.

So folgerichtig die Entwicklung zur Körperschaft war, so schwer wurde sie dem Gründer der Bewegung; die persönliche Unmittelbarkeit, auf die es ihm ankam, war dahin. So zog sich Franz zurück von dem Orden, den er nicht hatte stiften wollen, und wurde Eremit, nachdem der Weg in die Welt nicht mehr der seine war. Härteste Askese und Visionen machten ihn Christus ähnlich und entrückten ihn, bevor er 1226 starb. Sein Testament beschwor die Brüder, die persönliche Nachfolge Christi und die vollkommene Armut zu üben. Hat die Kirche, hat Hugolin über Franz gesiegt? Als Hugolin ein Jahr nach Franzens Tod als Gregor IX. Papst wurde, erklärte er Franzens Testament für nicht bindend und erhob Franz zur Ehre der Altäre. Das mag man kluge Politik nennen; es war das Eingeständnis eines ausweglosen Zwiespalts. Der Heiligen sind wenige; die vielen können auf Erden keine Gemeinschaft der Heiligen sein. Die Mehrheit der Minoriten, die »Konventualen«, fügten sich und nahmen 1230 den Erwerb von Eigentum, 1239 die volle Klerikalisierung und Zentralisierung des Ordens auf sich, um für den Dienst in der Kirche bereit zu sein; sie übernahmen bald auch so unfranziskanische Aufgaben wie die Inquisition der Ketzer und die scholastische Gelehrsamkeit. Dies alles erregte je länger, desto heftiger den Widerspruch der »Spiritualen«, die den Orden von Franzens Weisung der Nachfolge Christi und der vollkommenen Armut abirren sahen. Franz hatte begonnen mit der Wirkung auf die Welt durch den Verzicht; sein Orden stand schließlich vor der Wahl zwischen Wirkung und Verzicht. Allerdings hinderte das Dilemma die Franziskaner nicht an der praktischen Verchristlichung der Laienwelt in einem bisher unerhörten Ausmaß, durch Dienst am Nächsten inmitten der Städte, durch Pflege von Armen und Kranken in Speisesälen und Hospitälern, durch schlichte Predigt vor den Christen und zähe Mission bei den Heiden. In diesem wichtigsten Punkt erhielt sich der Zauber von Franzens Person im Alltag seines Ordens, der nach fünfzig Jahren schon elfhundert Konvente zählte. Was zwischen Franz und seinem Orden lag, war viel, aber noch wog es nicht schwer.

Weniger glanzvoll ist das Bild des anderen Ordensgründers der Zeit, weniger mühevoll war aber auch die Geschichte seines Ordens. Unscheinbar, gelehrt und kühl wirkt neben Franziskus der kastilische Adlige Dominikus, dem von Geburt an spanische Zurückhaltung, adlige Selbstbeherrschung und bäuerliche Kargheit den Lebensweg bestimmten; was für Franz die Freude war, das wurde für Dominikus die Zucht. Wie selbstverständlich zum geistlichen Beruf bestimmt, wuchs er zwischen Büchern heran; für Bücher gab er seine bescheidenen Einkünfte aus, bis um 1195 eine Hungersnot Kastilien heimsuchte. Dominikus erschrak: »Wie mag ich über diesen toten Fellen (des Pergaments) studieren und über das Gebot der Liebe philosophieren, wenn auf der Straße die Mitmenschen vor Hunger zusammenbrechen?« Dominikus verkaufte, was er hatte, und gab es den Armen – wie Franz, aber nicht im Überschwang des Gefühls, sondern in der logischen Einsicht, daß geistliche Kontemplation noch nicht verwirklicht, was das Buch der Bücher lehrt; also muß die Wirklichkeit für das geistliche Ideal durch Taten gewonnen werden. Dazu brauchte es keine plötzliche Bekehrung; an Ort und Stelle, als Priester und Domherr von Osma in Kastilien, begann Dominikus die Arbeit, und seiner Beharrlichkeit gelang sie schon im Domkapitel von Osma besser als der Heftigkeit Norberts von Xanten.

Sein Bischof Diego freilich, ein Brausekopf, wollte das Ungewöhnlichste tun, zu den Heiden ziehen, den Papst darüber befragen und nahm auf die römische Reise 1206 Dominikus mit. Der sah wie immer das Nächstliegende am Weg; als er in Südfrankreich bei einem Wirt übernachtete, der sich als fanatischer Katharer entpuppte, verzichtete Dominikus auf den Schlaf, und nach einer durchdiskutierten Nacht war der Wirt bekehrt. In Rom war Innocenz III. von Diegos Plänen wenig erbaut; es gab Wichtigeres zu tun. Vielleicht erzählten ihm die Reisenden von ihren südfranzösischen Erlebnissen; vielleicht ermutigte sie der Papst, dort weiter zu missionieren – er hatte schon eine Gruppe von Zisterzienseräbten vergeblich dorthin zur Bekehrung der Ketzer entsandt. Dominikus sah sich auf dem Rückweg die Bemühungen dieser Äbte an: Prälaten hoch zu Roß, wohlgenährt und fein gekleidet, wollten die asketischen Katharer von ihrer Weltverachtung heilen! Nein, man müßte sie geistig mit ihren eigenen Waffen schlagen; Dominikus begann sofort damit. Die äußerste Armut konnte ihm nichts anhaben, er machte auch nichts daraus; er disputierte mit den Ketzern, mochten sie ihm auch drohen, mochten sich auch die Ortsgeistlichen ärgern, mochte Bischof Diego auch die Geduld verlieren und nach Hause reisen. Dominikus blieb und sah, was zu tun war. Die Katharer lebten nicht nur streng asketisch, sie hatten auch eine dogmatische Begründung dafür; wer sie gewinnen und überwinden wollte, mußte ähnlich wie sie das Beispiel evangelischen Lebens mit der Wahrheit katholischer Lehre verbinden; nicht Waffengewalt und Inquisitionsgericht, sondern Diskussion und Kontemplation führten dazu.

Dominikus veranstaltete öffentliche Religionsgespräche auf den Marktplätzen, vor gewählten Schiedsrichtern und vielen Zuhörern; sie dauerten manchmal tagelang und endeten oft unentschieden. Die Erfolge waren gering; der Ausbruch des Albigenserkrieges 1209, dem der Papst, wenn auch zögernd, zustimmte, vergiftete die gespannte Atmosphäre vollends. Dominikus hielt durch und dachte nach. Zuerst schuf er ein Kloster für bekehrte Frauen, ähnlich wie Franz; aber wie Franz wollte er die Wanderpredigt nicht überhaupt im Kloster enden lassen. Dazu brauchte er ordinierte und studierte Priester ohne Sprengel, die wandern durften, jedoch mit den Ortsbischöfen Kontakt hielten. Was die Kurie nachher Franz aufdrängte, das erbat sich Dominikus von ihr: einen Predigerorden. Das war umstürzend; Geistliche, gar Mönche sollten auf die Straße gehen, in eine feindselige Umgebung, den Schutz der Gemeinschaft verlassen, als Priester ohne Nimbus die Gefahr auf sich nehmen, verachtet oder verlacht zu werden. Aber gerade das reizte manchen mutigen

Priester; 1215 entstand in Toulouse mit Hilfe des dortigen Bischofs der erste Konvent, nicht als Refugium, nur als Missionsstation. Predigen, nichts als predigen – das hieß zuvor studieren, »um den Seelen der Nächsten von Nutzen zu sein«. An die Stelle des benediktinischen Betens und Arbeitens trat das dominikanische Studieren und Predigen, zwar in persönlicher Freiheit, aber auf Lebenszeit, beharrlich und konzentriert. Da blieb für liturgische Pflichten, für Bettel oder Feldarbeit kaum Zeit.

Der Papst fand diese Zumutungen an die einzelnen Geistlichen und an den kirchlichen Ordensbegriff bedenklich und schickte Dominikus 1215 nach Hause, ohne die fertige Ordensregel zu akzeptieren. Im selben Jahr verbot das Laterankonzil die Gründung neuer Orden mit neuen Regeln. Dominikus blieb unerschüttert; 1216 war der Ausweg gefunden. Die Augustiner-Regel für das Zusammenleben von Priestern war grundsätzlich für einen Predigerorden geeignet, und zum Glück war sie vorwiegend grundsätzlich. Sie ließ sich ins Prämonstratensische, Kontemplative wenden; Dominikus wandte sie ins Seelsorgerische. Weder von den Brüdern noch von der Kurie ließ er sich drängen; auch als charismatischer Führer wollte er nicht auftreten; als wäre er nur der Schriftführer des Ordensgeistes, schlug er das Nötige und Mögliche vor. Geräuschlos und reibungslos wurde der Orden nun 1216 durch päpstliche Bestätigung gegründet und 1218 mit der Glaubenspredigt über alle Diözesangrenzen hinweg betraut. Die Geistlichkeit betrachtete die Wanderprediger respektvoll und neidlos, denn sie durften keine Pfarreien übernehmen; die Bischöfe luden die Prediger gern ein, die mit ihnen zusammenarbeiten wollten; das Volk achtete ihre Frömmigkeit, die Ketzer fürchteten ihre Gelehrsamkeit. Es umgab sie nicht jene stürmische Zuneigung, die Franz und seinen Jüngern entgegenschlug, sondern eine scheue Achtung vor sehr klugen, beherrschten, vorbildlichen Menschen.

Sie machten einen aristokratischen Eindruck, denn sie bettelten und arbeiteten nicht; sie wurden von Laienbrüdern versorgt und lebten von Grundrenten, die sie von ihrem Standort unabhängig machten. Die strengste persönliche Armut im franziskanischen Geiste wurde 1220 übernommen, die straffe Verfassung unter dem Ordensgeneral Dominikus allmählich ergänzt zu einer weltklugen und humanen Kontrolle der Oberen durch die Genossenschaft; der ganze Orden wurde zu einem einzigen Kloster, der Einzelkonvent nicht zur Heimat. Ähnlich wie die Universität sollte der Orden nur von seiner Sache gelenkt werden; hinter ihr trat Dominikus immer mehr zurück. Von dem gelehrten Mann haben wir keinerlei schriftliche Hinterlassenschaft; aber schon 1217 schickte er die ersten sieben Dominikaner an die Universität Paris; dort und in Bologna erhoben sich die ersten größeren Häuser. In den sechzig Konventen des Ordens schien man es 1221 kaum zu merken, daß der Gründer in Bologna starb; der Weg war vorgezeichnet, auch als die Dominikaner 1229 eine Professur in Paris erhielten und sich der Scholastik zuwandten, auch als die »Spürhunde des Herrn« *(Domini canes)* 1231 die Ketzerinquisition übernahmen. Trotzdem ist Dominikus, anders als Franz, von seinem Orden nicht zu unterscheiden; der Orden ist seine Biographie, besonders in seiner zurückhaltenden Beharrlichkeit. Den Dominikaner Thomas von Aquin nannten Zeitgenossen halb bewundernd, halb befremdet den stummen Ochsen; denn dieser Orden, der »das Geschaute anderen übermitteln« wollte, war sehr still und sehr stark. Es gibt kein zweites mittelalterliches Beispiel für diese intensive

Verquickung von geistiger Zucht und religiöser Bewegung, von Idee und Institution, von Kontemplation und Aktivität.

Aber man darf Franz und Dominikus, auch ihre beiden Gründungen, die ersten und größten Bettelorden, nicht gegeneinander ausspielen. Beide zusammen verwandelten die Struktur der Kirche, beide zusammen sprengten die Isolierung der Mönche von den Laien, beide zusammen verknüpften das evangelische Leben mit der katholischen Lehre, die religiöse mit der geistigen Bewegung neu und nachhaltig. Beide gaben alte Sicherungen preis, als sie sich für Armut und Predigt freimachten; beide lieferten sich dem irdischen Treiben aus, um wirken zu können. In dieser Idee der Bettelorden lag so viel sammelnde und sprengende Kraft, daß sich die ganze Kirche auf die neuen Orden stützen konnte, daß aber auch die Ketzerei künftig aus den Reihen der Bettelmönche kam. Nach ihnen schien im Mittelalter keine Steigerung des Mönchtums mehr möglich; aber mit ihnen kam jene Rastlosigkeit und Labilität ins spätere Mittelalter, die zu großen Expansionen und Explosionen führte. Schon im frühen 13. Jahrhundert war die neugewonnene Synthese gefährdet, nicht nur, weil sie nicht mehr in einem einzigen Orden Gestalt gewann, sondern mehr noch, weil sie sich überhaupt nicht verkörperte und eine Aufgabe blieb. Man begreift, daß beide Bettelorden sich mit Vehemenz auf die offenen Fragen warfen.

Lehre und Erfahrung der Bettelmönche

Das drängendste geistige und religiöse Problem des 13. Jahrhunderts war nicht mehr die Auslegung einzelner heiliger oder profaner Texte, sondern die Frage nach der Vereinbarkeit von Evangelium und Aristoteles, von Glauben und Wissen. Die Frühscholastik des 12. Jahrhunderts hatte sich der Dialektik als einer exegetischen Methode bedient; aber durch die Schule von Chartres und die philosophische Häresie eines Amalrich von Bène war auch der Inhalt antiken Denkens zur Diskussion gestellt worden. Das war möglich, seitdem man im Abendland nicht mehr nur den von Boëthius übersetzten Aristoteles, seine logischen und sprachlogischen Schriften zur Hand hatte. Aus Sizilien und durch die Übersetzerschule von Toledo, vor allem durch Gerhard von Cremona, erhielt man seit etwa 1150 den neuen Aristoteles der Metaphysik, der Ethik und der Naturwissenschaften und fand hier ein geniales und geschlossenes Gebäude aller Wissenschaften, eingeteilt nun aber nicht nach den Prinzipien der göttlichen Weltschöpfung, sondern nach den Gegenständen der sinnlichen Welt und den Grundsätzen der rationalen Abstraktion.

Der neue Aristoteles war schwer verständlich; er kam im Gewand lateinischer Übersetzungen, die gewöhnlich nicht direkt aus dem griechischen Original stammten und mit Arabismen und Hebraismen durchsetzt waren. An der unschönen Form stieß sich im Zeitalter des scholastischen Latein niemand; aber der Inhalt blieb ohne Kommentare dunkel. Der beste Aristoteles-Kommentar kam von dem spanisch-islamischen Philosophen Averroës, der 1198 starb und dessen Schriften nun gleich mitübersetzt wurden. Das war indes eine gefährliche Erbschaft, weil die Mohammedaner den Aristoteles im Licht des

Islams und ihres Neuplatonismus auslegten; sie akzentuierten Sätze wie den, daß die Materie der Welt nicht geschaffen und also ewig, aber die menschliche Einzelseele nicht unsterblich sei — eindeutig unchristliche Lehren. Was sollte dann aber aus der Universität werden, die auf Aristoteles schwor und sich eben mühsam ihren Raum der Lehrfreiheit erkämpfte? Die durch die Ketzerei ihres Kollegen Amalrich erschreckten Pariser Professoren erhoben keinen Widerspruch, als 1210 und 1215 und noch einmal 1228 die naturphilosophischen Werke des Aristoteles mit ihren Kommentaren von der Kirche verboten wurden.

Aber konnte man sich mit dem halben Aristoteles begnügen, wenn man den christlichen Glauben methodisch sicher beweisen wollte? Mußten die rationalen Argumente nicht gerade auf diejenigen zugeschnitten werden, die noch nicht glaubten, auf Heiden und Ketzer? Die gelehrten Dominikaner begriffen sofort ihre Chance. Noch während Aristoteles und Averroës in Paris verboten waren, begann man sie an der 1229 gegen die Katharer gegründeten Dominikaner-Universität Toulouse eifrig zu studieren, weil man mit Hilfe des gereinigten Aristoteles »das Innere der Natur bis ins Mark durchforschen« könne. Um 1231 wurde der berühmte Pariser Professor Alexander von Hales, der den Aristoteles kannte und ihn an Augustin maß, Mitglied des Franziskanerordens. Das rasche Bündnis der Bettelmönche mit Aristoteles mußte die älteren Pariser Professoren provozieren. Sie waren zumeist Weltgeistliche, wie der nachmalige Pariser Bischof Wilhelm von Auvergne, und zitierten Aristoteles und Averroës zwar auch; aber sie dachten nicht an eine Kombination der griechisch-arabischen Philosophie mit der christlich-augustinischen Dogmatik; sie mußten ohnehin die Bettelorden von den Lehrstühlen ihrer andersgearteten, autonomen Körperschaft möglichst fernhalten.

In einem erbitterten Streit, der sich von 1233 bis 1257 und auch auf Oxford und Bologna erstreckte, konnten sich die Bettelmönche mit Hilfe des Papstes an den Universitäten halten, und sie brachten Aristoteles mit; aber sie mußten nun auch ihre Besten entsenden und ihr Bestes geben. Sie beriefen 1257 den Dominikaner Thomas von Aquin und den Franziskaner Bonaventura als Professoren nach Paris; damit begann die Hochscholastik. Sie war nicht nur das Werk der wenigen ganz Großen; sie war, zumal im Dominikanerkonvent von Paris, eine Gemeinschaftsleistung. Der Dominikaner Wilhelm von Moerbeke hatte dafür gereinigte, wortgetreue Übersetzungen des Aristoteles aus dem griechischen Urtext bereitgestellt; der Dominikaner Vinzenz von Beauvais hatte in riesigen Exzerptensammlungen die ganze bisherige lateinische Literatur zur Theologie, Historie und Naturkunde aufgearbeitet; der Dominikaner Hugo von St. Cher hatte für einen korrekten Bibeltext und einen enzyklopädischen Bibelkommentar gesorgt. Die Kärrner standen bereit, als die Könige kamen.

Der erste Große war der deutsche Dominikaner Albertus Magnus, der seit 1245 für ein paar Jahre in Paris, der »Stadt der Philosophen«, lehrte. Albert, der sich seine staunenswerten Kenntnisse meist autodidaktisch angeeignet hatte, wollte, wie er sagte, seinen Ordensbrüdern den Aristoteles verständlich machen durch Beispiele, also durch Erfahrung, die zugleich Gewißheit schaffen kann. Um die Gemeinschaft zu Wirklichkeitsnähe und Wirkung zu erziehen, schrieb Albert seine zahlreichen Bücher zur Theologie, Philosophie, Mathematik, Geographie, Chemie, Botanik, Zoologie, mehr sammelnd und paraphrasierend als zusammenfassend, ohne scharfe spekulative Schnitte. Er wollte nur den Anfang machen, denn die Wissenschaften seien noch längst nicht alle vollkommen; demgemäß wirkte er auch mehr anregend als abschließend. Seine breite Gelehrsamkeit ließ freilich die Frage aufkommen, ob eine so ungefüge Synthese zwischen Gott und Welt, zwischen alten Autoritäten und künftigen Erfahrungen, eine solche All-Wissenschaft überhaupt gedanklich zu bewältigen sei. Mußte sich der Menschengeist nicht auf sein engeres Feld beschränken und dem Ungeordneten draußen dann frei gegenübertreten?

Der Freieste unter denen, die das anstrebten, war Alberts Schüler, der Grafensohn Thomas aus dem süditalienischen Aquino. In jungen Jahren hatte er dem Hof des mit ihm verschwägerten Friedrich II. nahegestanden, war aber 1244 in Neapel Dominikaner geworden und führte zwischen Köln, Paris, Bologna und Neapel ein unruhiges Leben, bis er, wieder auf einer Reise, 1274 starb. Und dennoch schuf er in zwanzig Jahren ein literarisches Werk, das im äußeren Umfang wie in der inneren Architektonik gleich gewaltig ist. Freilich wurde es nicht geruhsam abgezirkelt; Thomas schrieb oft mit fliegender Feder, diktierte manchmal mehreren Schreibern zugleich, sprang mit kühnen Thesen rasch über ungelöste Fragen, hastete immer weiter und begann wieder von vorn. Ein Vierteljahr vor seinem Tod meinte er, alles, was er bisher geschrieben habe, komme ihm von seinen jetzigen Einsichten her vor wie Spreu. Seine Schriften waren zunächst Kommentare zu den Sentenzen des Petrus Lombardus, zu den Bibelbüchern, zu den Werken des Aristoteles; dazu gesellten sich bald selbständige, systematische Arbeiten, analysierende und synthetische, unter ihnen die philosophische *Summa contra gentiles*, die Auseinandersetzung mit dem heidnischen, besonders dem islamischen Denken, und die unvollendete *Summa theologica*, eine Darstellung der gesamten Dogmatik. Der vielschreibende Gelehrte hatte keine Zeit für ausführliche persönliche Briefe, für geselligen Lebensgenuß; er tat, was er sagte: »Die dem Menschen eigentümliche Tätigkeit, sofern er Mensch ist, ist das Denken; in der Betrachtung der Wahrheit liegt sein letztes Glück.« Wenn er mit einem Ordensbruder über die Stadt Paris hinblickte und der andere ihre Schönheit rühmte, hörte Thomas zwar freundlich zu; als der Bruder aber davon schwärmte, Thomas könnte, wenn ihm Paris gehörte, die Stadt dem König verkaufen und dafür viele Dominikanerklöster gründen, sagte Thomas trocken: »Lieber hätte ich die Predigten des heiligen Chrysostomus zu Matthäus.«

Nur mit dieser unbändigen Freude am Denken, nur mit dieser inneren Freiheit gegenüber seinem Orden und selbst seinem Glauben konnte Thomas die Brücke zwischen Aristoteles und dem Evangelium schlagen. »Nichts steht im Wege, daß von denselben Dingen, die die Philosophie gemäß ihrer Erkennbarkeit im Licht der natürlichen Vernunft behandelt, auch eine andere Wissenschaft gemäß ihrer Erkenntnis im Licht der göttlichen Offenbarung handelt.« Die Geschichte wurde dabei nicht verachtet; aber so viele heidnische Stimmen, so viele griechische und lateinische Kirchenväter Thomas auch zitierte, es geschah im Dienst einer zeitlosen Lehre, im Bereich rationaler Beweise, des Naturrechts und der ewigen Schöpfungsordnung, deren Teile nicht mehr als symbolistische Hinweise, sondern als einmalige Werte betrachtet wurden. Die heilsgeschichtliche Entfaltung des Glaubens trat zurück hinter seine immergleiche Einsichtigkeit, die auch den Heiden aller Völker und Zeiten einleuchten muß. Ganz können freilich die Mysterien des Glaubens, Weltschöpfung, Dreieinigkeit, Menschwerdung Christi, nie zum verstehbaren Besitz des

Menschen werden; denn »die menschliche Natur ist nicht unbeweglich wie die göttliche«, sie ist geschichtlich wandelbar. Darum bleibt nach jeder Arbeit immer noch mehr zu tun übrig. Die später vielgerühmte synthetische Kraft des Aquinaten war ihm selbst fragwürdig und wurde auch von manchen Zeitgenossen bestritten; sie war nicht so umfassend, nicht so intuitiv wie die Kraft Anselms von Canterbury; sie war zudem einem problematischen Versuch gewidmet.

Denn wenn schon Aristoteles neben dem Evangelium, warum dann eine Synthese? Standen denn Philosophie und Theologie wirklich auf derselben Ebene? Gegen Thomas und die Dominikaner der theologischen Fakultät stemmten sich vor allem in Paris die Gelehrten der »Artisten«-Fakultät. Diese Averroisten nahmen dem Aristoteles-Kommentator Averroës zwar nicht den Satz ab, Aristoteles wisse alles, was der Mensch wissen könne; aber sie glaubten ihm doch, daß es Stufen des Geistigen gebe, Unterschiede zwischen philosophischem Wissen und theologischem Glauben, zwischen der natürlichen Betrachtung des Natürlichen und den Wundern Gottes. Wenigstens sah der Anführer dieser Averroisten, der Pariser Professor Siger von Brabant, Widersprüche zwischen dem aristotelischen Weltgebäude und der kirchlichen Lehre und schlug sich, was die eigenständige philosophische Fragestellung betraf, entschlossen auf die Seite des neuplatonisch verstandenen Aristoteles. Insbesondere die Ansicht, daß der Intellekt in allen Menschen nur ein einziger und daß der menschliche Wille dem Sternenlauf unterworfen sei, widersprach jedoch der christlichen Lehre von der individuellen Unsterblichkeit und der Freiheit des Menschen, auch von der heilsgeschichtlichen Vorsehung Gottes so radikal, daß Siger 1270 und 1277 kirchlich gemaßregelt, später vermutlich im Gefängnis umgebracht wurde. In den rabiaten Streit wurde auch Thomas von Aquin, der gegen Siger schrieb, hineingezogen; denn er glaubte, philosophisch sei die Schöpfung als Anfang der Zeit und das Ende der Welt, somit die Weltgeschichte als Heilsgeschichte nicht zu beweisen. Die Frage nach der Geschichtlichkeit des Menschen war durch die thomistische Lösung nicht beantwortet und erhob sich von neuem. Es blieb der Erdenrest menschlicher Unzulänglichkeit, die Differenz zwischen dem Wissen der Menschen und der ewigen Wahrheit des Evangeliums.

Lag nicht in dieser Spannung der Grund für die geschichtlichen Schwankungen des Menschenlebens? Konnte man dann aber wie die Dominikaner der bloßen Gelehrsamkeit vertrauen und ihre geschichtliche Beschränktheit geringschätzen? Das war die große Frage der Franziskaner. Sie hatte ihre Wurzel im Streit um Armut und Dienst, um Idee und Institution des Ordens; akut wurde sie erst 1241, als die Schriften Joachims von Fiore zufällig den Franziskanern von Pisa in die Hände fielen. Joachims Wissenschaft war Bibelauslegung gewesen, aber sie hatte nicht allein das gelehrte wörtliche Verständnis gesucht, sondern die Zukunft der Kirche, ihre Krise um 1260, das Auftreten eines neuen Messias und einer Gemeinschaft des Heiligen Geistes vorausgesagt. Die Prophezeiung war schon eingetroffen: Franz von Assisi mit seinen Wundmalen war der neue Messias; sein Testament war das neue, ewige Evangelium; sein Orden war die neue Geistkirche. Nur zwanzig Jahre noch, dann würden die »Spiritualen« des Ordens die ganze Kirche umwandeln. Was die Spiritualen antrieb, war nicht mehr die Macht von Franzens Beispiel; sie waren Gelehrte geworden und lasen in den Büchern; sie wurden von einem konsequenten Gedanken gefesselt, der die Welt utopisch neu entwarf. Stand das dominikanische Studium im Dienst gelehrter Zusammenfassung, so konnte das franziskanische leicht den absoluten Geist beschwören, der alle irdischen Beziehungen vernichtet.

Auch gegen diese Revolution der Bettelmönche wehrten sich die Pariser Professoren voller Entsetzen; sie zu besänftigen, gelang dem größten Franziskaner nach Franz, dem Italiener Bonaventura, der in Paris Schüler Alexanders von Hales, dann Professor und seit 1257 Ordensgeneral der Franziskaner war. Die spiritualistischen Anhänger Joachims mißachteten die Fakten und überspitzten Joachims Lehren; man sah es deutlich, als das Jahr 1260 vergangen und nichts geschehen war. Mit Joachim erwartete auch Bonaventura eine vollkommene Endzeit des Friedens und sah sie positiv durch Franz, negativ durch die Averroisten angekündigt, aber nirgends schon konkret verwirklicht. Die unvollkommenen Institutionen der Menschen ließen sich nicht einfach durch Entwürfe des vollkommenen Geistes abschaffen. Die Kontemplation durfte kein irdisches Nahziel absolutsetzen, sie mußte sich, wie der ehrwürdige Augustin lehrte, auf den unbegreiflichen und fernen Gott richten, der gleichwohl die Geschichte der Menschen lenkt. Wir verstehen freilich seine Führung nicht; Aristoteles und schon gar Averroës helfen uns dabei wenig. Wie Hugo von St. Victor und der Deutsche Symbolismus verband Bonaventura mit der Anerkennung der Geschichte die mystische Andacht und vermied die alles zerreißende Abstraktion. Er blieb konkret, franziskanisch aktiv und ließ die Gedanken nicht im logischen System sich steigern, nur im Schleier symbolistischer Entsprechungen sich verschmelzen; als Zeichen und Beispiele wiesen sie auf Christus, den Herrn der Geschichte hin. Damit war die franziskanische Idee ins Gedankliche übersetzt und blieb doch der Ordenspraxis verbunden; auch dies war eine Synthese, fast eine Neugründung des Franziskanerordens und seiner geschichtlichen Tätigkeit, zugleich war es eine Synthese gegen die thomistische. Für Bonaventura ist Christus die Mitte aller Wissenschaften, der einzige Lehrer für alle. Man braucht keine Kommentare, wenn man den Urtext liest; man braucht nicht die selbstherrliche Philosophie des Tüftlers, der schließlich herausgefunden hat, daß die Diagonale mit der Seite inkommensurabel ist. »Diese Wonne sei sein; mag er sie getrost verspeisen!« Was das aristotelische Denken leistet, ist nur Vorbereitung auf das, was die augustinische Kontemplation erlangt: die Betrachtung der Welt im tätigen Frieden der Liebe.

Mußte sich diese franziskanische Liebe nicht den Dingen der Welt zuwenden, anstatt sich in die Kontemplation zu versenken? Der Oxforder Franziskaner Roger Bacon, seit 1244 in Paris geschult, auch an jüdischer und islamischer Weisheit gebildet, nahm um 1266 auf, was Albertus Magnus begonnen hatte, allerdings mit bissigem Spott über die bloß argumentierenden Vorgänger, die als Theologen den Boden unter den Füßen verloren hätten. Die Grundlage aller Geisteswissenschaft kann eben nicht die dialektische Methode sein, sondern nur die Philologie und Sprachwissenschaft, die den biblischen und philosophischen Texten und ihren schlechten Übersetzungen erst einmal sachverständig die gemeinte Bedeutung abfragt. Die Grundlagen der Naturwissenschaften sind gleichfalls nicht die scholastischen oder naturphilosophischen Spekulationen von Ignoranten, sondern die uns angeborene Mathematik und das Experiment, ferner Perspektive und Optik, die das Wirkliche sehen lehren und von allen mystischen Nebeln reinigen. Das Wirkliche, das sich aus der

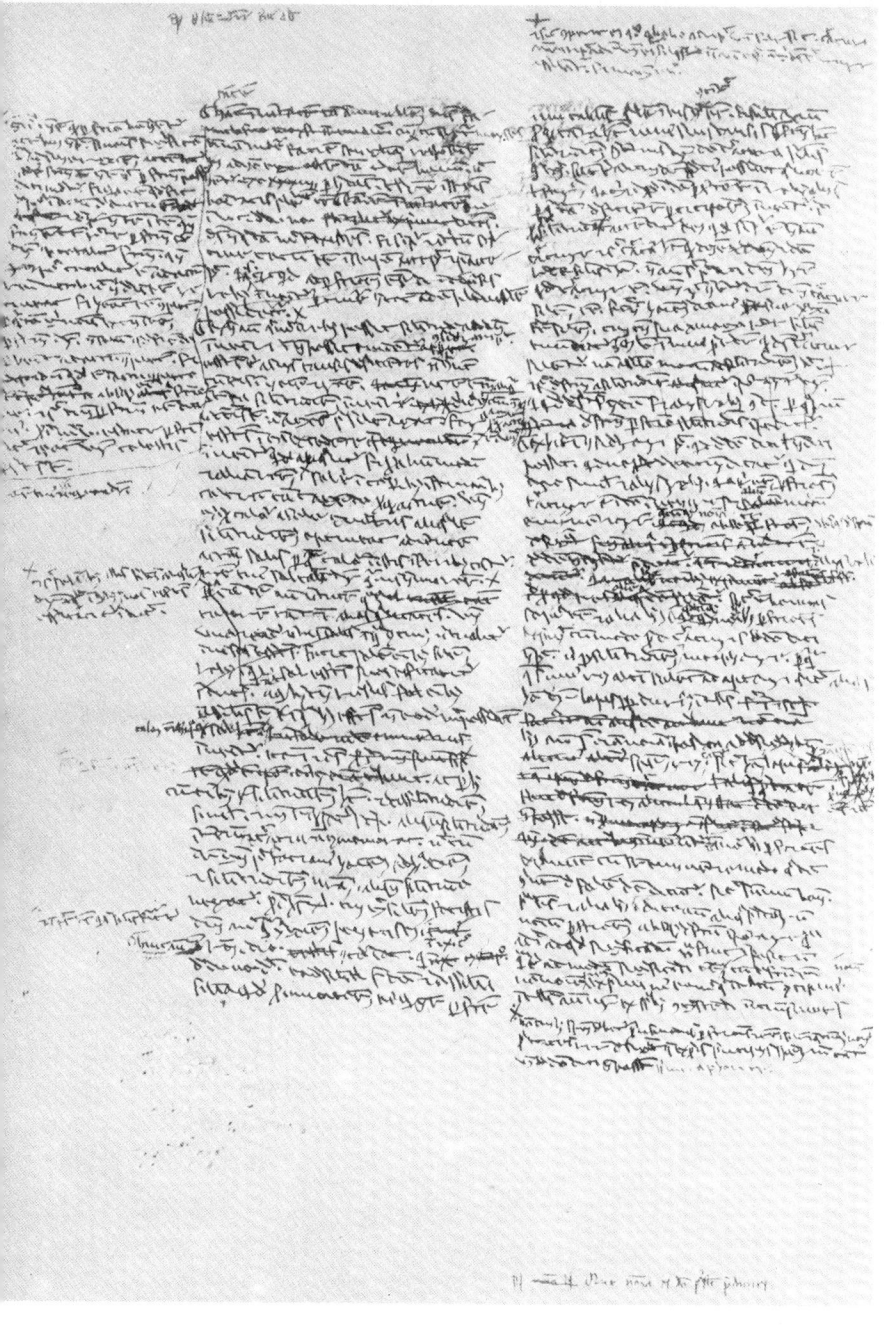

Eine Seite aus der »Summa contra gentiles« des Thomas von Aquino in der Handschrift des Gelehrten
mit eigenhändigen Streichungen und Zusätzen, 1259–1264
Città del Vaticano, Biblioteca Apostolica Vaticana

Die Minne zwischen Riwalin und Blanscheflur, den Eltern Tristans
Ritterschlacht und Verwundung Riwalins, Klage Blanscheflurs und Beratung mit ihrer Hofdame,
Vereinigung der Liebenden
Miniatur in Gottfrieds »Tristan und Isolde«. Handschrift der Straßburger (?) Schule,
erste Hälfte 13. Jahrhundert. München, Bayerische Staatsbibliothek

strengen, spezialistischen Beobachtung von Geist und Natur herausschälen wird, jener Stein der Weisen, den man bald entdecken wird, führt dann endlich zur inneren Erfahrung, zum erleuchteten Glauben und zum rechten Leben. So mündet der ständige Fortschritt der Erkenntnis in der urchristlichen Lebensform und in der Katholizität aller Kreaturen; in Christus, der alles in allem ist, enden die Umwege der Geschichte und der Religionen.

Dann wären es wohl nicht zuerst die Dinge, sondern die Menschen, denen die sehende Liebe gelten müßte; ihretwegen wurde der adlige Katalane Ramón Lull Franziskaner-Tertiar und begann um 1265 seinen leidenschaftlichen Feldzug gegen alle umgrenzten menschlichen und geistigen Institutionen. Der Gedanke der mystischen All-Liebe drängte ihn zur Sarazenenmission, an der er scheiterte und 1316 starb, aber auch zu seiner »Großen Kunst«, die die Welt durch eine All-Wissenschaft vereinen sollte; durch logische Ordnung aller Fakten unter wenigen Grundbegriffen sollte sie die Glaubensgeheimnisse der Weltschöpfung, der Trinität und der Inkarnation allen denkenden Menschen beweisen. »›Sage, Narr, was ist größer, Verschiedenheit oder Einklang?‹ Er antwortete: ›Außerhalb meines Geliebten (nämlich Gottes) ist Verschiedenheit in der Vielheit und Einklang in der Einheit größer; aber in meinem Geliebten sind sie gleich in der Vielheit und in der Einheit.‹ – ›Sage, Narr, warum sprichst du so scharfsinnig?‹ Er antwortete: ›Damit Gelegenheit ist, den Verstand zu der Schönheit meines Geliebten zu erheben und damit mehr Menschen ihn ehren, lieben und ihm dienen.‹ – ›Sage, Narr, was ist diese Welt?‹ Er antwortete: ›Gefängnis der Liebenden und Dienerin meines Geliebten.‹« Noch einmal sollten Geist und Glaube, Gedanke und Wirklichkeit eins werden.

Nichts anderes wollte die hochgotische Baukunst der Kathedralen, die man so oft mit den hochscholastischen Summen eines Thomas und Bonaventura vergleicht und die auch von einer Art Bettelmönchen, von wandernden spezialisierten Bautrupps oder ortsfesten Bauhütten, errichtet wurden. Seit dem zweiten Bau von Chartres, 1194 begonnen und 1226 fast vollendet, sind diese neuen Kirchen wie entsinnlicht, in ihren Proportionen unwahrscheinlich. Die Domkirche von Reims, zwischen 1211 und 1241 gebaut, hebt das Mittelschiff weit über die Seitenschiffe hinauf; in Amiens, wo man 1220 begann und 1236 im wesentlichen fertig war, ist der Chor dreimal so hoch, wie er breit ist. In diesem gestreckten, emporziehenden Innenraum kann sich keine Einzelheit mehr behaupten; die Gesetze der Schwerkraft scheinen aufgehoben zu sein. In einem Rausch des rechnenden Denkens wird die unschöne Wirklichkeit verwandelt; es wird ein Haus gebaut, das keine Wände hat, sondern nur dunkle oder farbige, selbstleuchtende Raumhüllen; ein Haus, das keine Decke hat, sondern wie ein Baldachin vom Himmel herabzuhängen scheint; ein Wunderwerk von zeitloser Schönheit, mit den Hunderten von Bildwerken in endloser Bewegung – und doch bedroht von der Vorläufigkeit, von der Übersteigerung und vom Scheitern. Die Kathedrale von Beauvais, seit 1247 im Bau, sollte noch höher und noch schmaler als die von Amiens werden; 1282 stürzte sie teilweise ein, und noch im 16. Jahrhundert wiederholte sich die Katastrophe, die erste von vielen. Was nicht zusammenbrach, verwitterte; die Baugerüste um hochgotische Kirchen sind selten ganz gefallen, und nicht nur in Köln haben sieben Jahrhunderte am unvollendeten Dom gearbeitet.

Immer höher hinauf hatten die kühnen Systeme der Hochscholastik und Hochgotik den Scheitelpunkt verlegt, in dem sich die verwirrend vielfältigen Möglichkeiten von Glauben und Wissen, Konstruieren und Betrachten, Denken und Tun, Verstehen und Erfahren treffen und klären sollten. Immer häufiger mißlang die Einwölbung und Zusammenfassung, weil sich die ungeordneten Fakten der Geschichte, die häßlichen Kleinigkeiten des Alltags dem hochgemuten Schwung nicht fügten. Ob die Laien der Zeit genauer als die Bettelmönche die Last der hiesigen Umstände abzuschätzen wußten? Oder stand ihnen die gleiche schmerzliche Erfahrung bevor?

Freiheit und Hingabe der Laien

Das Weltbild der Laien, voran des wortführenden Adels, war im frühen 13. Jahrhundert noch durchweg von der ritterlichen Dichtung bestimmt, die sich schon im Jahrhundert zuvor deutlich von der dialektischen wie der kontemplativen geistlichen Haltung getrennt, aber eine ähnlich stilisierte und umfassende Weltdeutung versucht hatte. Wir finden sie noch bei dem deutschen Kaiser Friedrich II. Der Staufer, der seit 1220 seinen durchrationalisierten Staat in Sizilien und Unteritalien schuf, begründete dort in normannischer Tradition auch eine Hofkultur, die so universal war wie der Kaiser selbst. Friedrichs Wißbegier war indes nicht mehr nur ritterlich, sie richtete sich besonders auf die Natur, hinter deren Erscheinungen er das Wesen der Dinge aufspüren wollte; er fragte 1227 nach »jenen Geheimnissen, die dem Ergötzen des Geistes zugleich und der Weisheit dienen«, nicht nach den ethischen Normen ritterlichen Daseins. Unter den Fragen, die der Kaiser seinen Hofgelehrten stellte, waren manche scholastische, die sich indes das Jenseits nach dem Bild der Erde vorstellten, etwa, »was die Engel und Heiligen beständig tun im Angesicht Gottes«. Kontemplation wäre dem Kaiser als langweilig erschienen. Dafür kannte und schätzte er die arabische Wissenschaft, ihren Ahnherrn Aristoteles und ihren Patriarchen Averroës; er ließ sie übersetzen und machte sie seiner 1224 gegründeten Staatsuniversität Neapel zugänglich, noch ehe in Paris der Streit um den Stagiriten entschieden war; der Kaiser stellte auch schon die Frage der Averroisten, nach dem Anfang der Schöpfung und der Unsterblichkeit der Seele.

Aber wichtiger als die Scholastik war ihm die Naturwissenschaft oder vielmehr die Anwendung ihrer Kenntnis, die den Menschen an Stärke der Natur gleichkommen läßt; und dafür verließ sich Friedrich allein auf seine eigene Erfahrung und Beobachtung, nicht auf die Autorität eines Isidor oder selbst eines Aristoteles. Der Kaiser hatte sich eingehend mit der Falkenjagd beschäftigt und darüber ein Buch geschrieben; da konnte er dem Philosophen nicht in allem folgen, »denn selten oder nie hat Aristoteles die Vogeljagd betrieben; wir aber haben sie immer geliebt und geübt«. Der Kaiser fragte nicht aus gelehrter Neugier; er wollte die gewaltigen Falken zähmen und sie verstehen, um sie zu beherrschen. Wissen war ihm Macht, wie in der Natur, so in der Jurisprudenz. Friedrichs Konstitutionen von Melfi, auch sie auf normannischen Mustern fußend, nahmen 1231 das Recht aus der akademischen Schulsphäre heraus und gründeten den ganzen Staatsbau auf die Rechtsidee; mit diesem Gesetzbuch begann im Abendland die Führung der Staatsverwaltung durch Juristen. Verwandte Gedanken mögen um 1220 den Florentiner Accursius bewogen haben, die bisher akademischen Glossen zum römischen Recht in einer *Glossa ordinaria* übersichtlich zusammenzufassen und so für die richterliche Praxis verwendbar zu machen; ähnliches geschah um dieselbe Zeit im Kirchenrecht. Wichtiger als der reine Gedanke wurde seine Einführung in die Praxis. Das war indes kein Sieg des empirischen Denkens; es vollzog sich unter der Herrschaft des reinen Geistes, der über Geschichte und Herkommen triumphieren wollte.

Wie wenig das gelang, zeigte die Dichtung der Zeit, die sich vom Lateinischen zu lösen und eigene Töne zu finden vermochte. Friedrich II. trug dazu bei, als er um 1227 Lieder in der Manier der provenzalischen Trobadors, aber in italienischer Kunstsprache verfaßte und eine Reihe höfischer Dichter, darunter den Bruder des Thomas von Aquin, anregte. Diese Hofpoesie war freilich ein konventionelles Spätprodukt; überwunden wurde die idealisierende Verherrlichung des schönen Scheins, auch das französische Muster, vielmehr in Deutschland, durch Walther von der Vogelweide, der am Ende seines armen, unsteten Lebens in den Dienst Friedrichs II. trat. Walthers politische Dichtung hielt der Wirklichkeit des zerrissenen und ohnmächtigen Deutschen Reiches eine monumentale Vision von Frieden und Recht entgegen; sein Minnesang war realistischer. Er lehnte die Kunsttheorie der hohen Minne zur unerreichbaren Gesellschaftsdame ab und besang die einfache, nicht höfisch verzierte, die wirklich erfüllte Liebe, die sich an Menschen aus Fleisch und Blut wandte, und wären es Bauernmädchen. Die Welt, wie sie ist, ist schöner als alle Fiktionen, und freudig bekannte sich Walther zum Dienst dieser »Frau Welt« mit Sonnenschein und Blütenpracht. Das sind Töne, die wir aus dem Sonnengesang des Franziskus kennen; Walther hat sie im frommen Alter nicht durchgehalten, aber bei Gottfried von Straßburg kehren sie wieder, verändert, weniger weich.

Gottfried war nicht »Herr«, sondern »Meister«, ein Bürgerlicher also, wohlbewandert im theologischen, auch im antikischen Wissen. Sein artistisch gefeiltes, unvollendetes Epos von Tristan und Isolde zeichnete um 1210 ein neues Bild der Minne, die sinnenhaft und unfromm, aber mystisch, dämonisch, tödlich ist. Man braucht Mut, um sich zu dieser Welt zu bekennen, die gesund und verderblich ist, schöne Form und tragische Verwirrung zugleich; man muß ihr Scheitern auf sich nehmen und sie skeptisch sehen, so wie sie ist, nicht auf die Weise Wolframs sublimieren. Dann freilich bekundet sich in alten Formen nicht mehr die adlige Gemeinschaft, nur noch der Einzelne als Besonderer. Manierierte Ritterdichtung gab es weiterhin in Fülle; aber die Ehrlichen spürten den Bruch. Um 1225 schrieb der Sachse Eike von Repgow, der Autor des Rechtsbuchs »Sachsenspiegel«, eine deutsche Weltchronik in Prosa, nüchtern und sachlich – und doch voller romantischer Sehnsucht nach der kindlichen Unschuld vergangener Zeiten. Blicken wir auf die größte künstlerische Leistung Deutschlands in dieser Epoche, auf die Bauplastik in Freiberg, Straßburg, Bamberg, Naumburg: auch wo die Statuen paarweise beisammenstehen, Adam und Eva, Kirche und Synagoge, Maria und Elisabeth, ist jede Figur ein Mensch für sich, keine Verkörperung einer Idee oder Stimmung, sondern ein lebendiger, bewegter Körper, freilich von reiner, altersloser Schönheit und geistvoller Kraft. Über der ausdrucksvollen Gespanntheit dieser Gestalten, die der klassischen Ruhe der Plastiken von Reims ebenbürtig zur Seite trat, lag schon die verhaltene Schwermut des Vergehenden; der Adel dieser Figuren stellte das geistlich-ritterliche Ideal noch einmal dar, als sein Gleichgewicht schon schwankte.

Aber wenn sich auch das Ritterleben als oberflächlich erwies, wurde das geistliche Ideal nicht tiefer und breiter als je durch die neuen Bettelorden fundiert? Wenn die neue Freiheit zur Welterfahrung nur Unbehagen hervorrief, gab es nicht auch die neue Hingabe an Gott? Die zwanzigjährige Landgräfin Elisabeth von Thüringen, eine ungarische Königstochter, bemerkte die Hohlheit des fürstlich-ritterlichen Daseins 1227, als ihr Gemahl beim Kreuzzug gefallen war, und weihte sich dem Dienst an den Armen, vielleicht schon von Franziskanern angeregt, aber doch nicht bereit zum Klosterleben frommer Frauen; sie suchte, zunächst ratlos und ruhelos umherziehend, nach Formen christlichen Wirkens in der Welt, die bisher den Frauen verschlossen waren.

Nun hatten sich seit etwa 1170 im Bistum Lüttich, in Flandern und Brabant, Frauengemeinschaften gebildet, die »Beginen«, die miteinander in Armut und Keuschheit beteten und arbeiteten, die Bibel in der Volkssprache lasen und Kranke pflegen wollten; von den Orden waren sie abgewiesen worden, und so blieben sie in der Welt beisammen. In ihrem Geist gründete Elisabeth das Franziskus-Hospital in Marburg, wo sie im grauen Beginengewand Dienst tat und eine Spitalgenossenschaft um sich sammelte. Aber ein Orden wurde daraus nicht; statt dessen wurde Elisabeth zur Schutzpatronin des Deutschen Ordens, eines 1198 gegründeten geistlichen Ritterordens, der seit 1226 im Baltikum zu missionieren begann und dort einen Staat errichtete, noch in dem alten deutschen Geist, der Herrschaft und Glauben zusammenband. Im Kolonialgebiet mochte sich der männliche Gedanke der Ritterorden noch lange kräftig erhalten; im deutschen Mutterland ergriff ekstatische Erregung weite Kreise, zumal die Frauen, und nicht die Fürstinnen allein. Allenthalben fanden sich Frauen, die von den Klöstern nicht aufgenommen wurden, zu schwärmerischen Gemeinden zusammen, ohne feste Gelübde, ohne wirtschaftliche Sicherung, in engster Berührung mit der Umwelt, in die sie oft wieder zurücksanken. Aus diesen formlosen, oft als ketzerisch verdächtigten Gruppen hoben sich große Einzelne heraus, und mit ihnen führte die Frauenbewegung hinüber zur Mystik.

Die flämische Begine Hadewijch, eine Adlige, vermutlich aus Antwerpen stammend, dichtete vor der Jahrhundertmitte ihre ekstatischen Strophen in der Volkssprache, die ihren kosmischen und apokalyptischen Visionen allerdings nicht genügte. Himmlisches läßt sich nicht in Worte fassen, »das ist, als ob es kein Deutsch dafür gäbe«. Die Sprache wurde zum Stammeln; entschiedener aber als Hildegard von Bingen, die sich nur als Sprachrohr empfunden hatte, strebte Hadewijch als Einzelne zur mystischen Einung mit Gott. Die deutsche, von Elisabeth von Thüringen angeregte Begine Mechthild von Magdeburg tat es ihr darin gleich. Die wahrscheinlich adlige Mechthild begann zwanzigjährig ihr asketisches Dasein, zwar nach dominikanischen Regeln, doch von diesem nun schon herkömmlichen Orden kritisch distanziert; sie starb, uralt und verwittert, in einem Zisterzienserinnenkloster. Um 1250 schrieb sie ihre wohl niederdeutschen Visionen vom »fließenden Licht der Gottheit«, voll starker Gedanken und Empfindungen, der höfischen Minnedichtung ebenso nahe wie den Predigten der Bettelmönche. Edelste Erfüllung des Lebens ist die Hingabe an den himmlischen Bräutigam, die Salomons Hohes Lied besang; aber auch die Welt mit der Klarheit des Sonnenscheins und der Frische des tauigen Morgens ist schön. Mechthild mahnte und warnte die Zeitgenossen energisch, auch die extravaganten Beginen; ihrer zuchtvollen Ekstase fehlte das Süßliche, Weinerliche und Schwüle späterer Mystik. Wenn der Heilige Geist den Seligen vom minnenden Himmelsfluß einschenkt, dann werden sie so berauscht, »daß sie vor Freude singen / Anmutig lachen und springen / In edeler Weise / Und fließen und schwimmen / Und fliegen und klimmen / Von Chor zu Chor / Bis zu des Reiches Spitze empor«. So stehen die Anfänge der Deutschen Mystik zwischen der franziskanischen Tat und der dominikanischen Schau, beiden verpflichtet und doch schon von beiden ebenso geschieden wie von Hildegards Symbolismus. Denn der mystische Weg der gottgleichen Seele weist hinaus über die religiösen und geistigen Bewegungen, über die Gemeinschaften und die Geschichte. Das Geschehende wird noch, maßvoll und geduldig, miteinbezogen, aber es ist schon überwunden.

Die häretische Radikalisierung der Mystik trat vor 1216 in Straßburg, 1245 in Antwerpen, 1270 im schwäbischen Ries zutage, in lokalen, voneinander unabhängigen Laiengemeinschaften von Männern und Frauen, die ganz arm leben und sich völlig entleeren wollten, damit Gott ganz von ihrer Seele Besitz ergreife. Die so Entäußerten leben nach den Weisungen des Geistes und können nichts mehr von sich aus tun; was sie tun, ist keine Sünde mehr, und wäre es Unzucht. Unsittlich waren diese Ketzer freilich eher im Gerede der Leute als in ihren Zielen; aber auch wer apostolisch lebte, war nicht mehr aktiv, sondern erstrebte die Einung mit Gott in der Betrachtung. Wie bei Amalrich von Bène löscht diese Einung alle Sünden aus und macht den Geist zum Herrn über das Fleisch; und danach lebten diese »Brüder und Schwestern vom Freien Geist«. Sie bildeten keine Sekte, keine Hierarchie mehr; die Freiheit des Geistes war auch darüber hinaus. Überall schossen solche Zirkel aus dem Boden, am schnellsten in den Beginengemeinschaften. Der Papst verbot 1274 alle diese nichtregulierten Gruppen; denn solche Laienverbände konnten nicht in die Phalanx der aktiven Bettelmönche eingegliedert werden, wie es die Kurie seit der Jahrhundertmitte den eremitischen, beschaulichen Mönchsgemeinschaften der Augustiner-Eremiten, der Karmeliten, der Wilhelmiten nahelegte. Wenn aber selbst bei diesen reglementierten geistlichen Orden neben der Pflicht zur Tätigkeit die Neigung zur mystischen Spiritualität immer wieder durchschlug, so war bei den Laien mit Verboten erst recht nichts zu bessern. Denn die Hingabe an die Freiheit mystischer Ekstase lag in der Luft.

Daß die verzückte Passivität nichts von missionartischer Tatkraft hielt, mißfiel nicht nur der Kirche. Die erregten Laien hofften nicht alle auf mystische Selbstbefreiung aus der Geschichte; manche deutschen Gruppen erwarteten die Erlösung von einer apokalyptischen Revolution in der Geschichte selbst. Kaiser Friedrich II. galt schon zu seinen Lebzeiten als kirchenfeindlicher Vorbote des Antichrist, ja als der von Joachim von Fiore vorausgesagte leibhaftige Antichrist; umgekehrt priesen ihn 1248 in Schwaben viele als den vollkommenen, paradiesischen Friedenskaiser, der das Heilige Land und die verfallende Papstkirche erretten und das Tausendjährige Reich stiften werde. Das himmlische Jenseits sollte sich auf joachitische Weise in der irdischen Zukunft verkörpern, unberührt vom

Auf und Ab des Geschehens und vom Leben und Sterben der Menschen. So glaubten nach 1250 manche Deutsche und Sizilianer, Friedrich II. sei nicht wirklich gestorben. In Worms, Neuß und Lübeck meinten 1284 jubelnde Massen, nun sei er wiedergekommen und habe die kaiserlose, schreckliche Zeit für immer beendet. Noch viel später träumte man in Deutschland von dem Endkaiser, der nur schlafe und eines Tages den Himmel auf Erden bringen werde.

Aber warum auf die Endzeit und die Initiative eines Endkaisers warten? Stand der Himmel nicht jedem Tätigen offen, zumal über Jerusalem, der Mitte der Welt, der Wiege des Heilands? Während im 13. Jahrhundert die Kreuzzugsbegeisterung der Adligen erlahmte, ließen sich die unteren Schichten noch immer wie im späten 11. Jahrhundert zu raschen Wanderzügen nach Jerusalem begeistern. Nach dem Heiligen Land wollten fanatische Scharen ziehen, wie die rheinischen und französischen Kinder des kläglichen Kinderkreuzzugs von 1212. Auf das Heilige Land verwies jener bettelnde Einsiedler, der seit 1224 im Hennegau und in Flandern auftrat und sich für den 1205 verschollenen Kreuzfahrerkaiser Balduin von Flandern ausgab; vor allem die Armen und Entrechteten in den Städten glaubten an seine messianische Mission, die dem irdischen Treiben der Machtpolitik ein jähes Ende bereiten würde. Nach dem Heiligen Land drängten 1251 Tausende von Hirten und Schäfern der Picardie und Flanderns, die »Pastorellen«; unter Führung eines abtrünnigen Mönches begann dieser Hirtenkreuzzug seinen enthusiastischen Zug zum Paradies mit der blutigen Verfolgung der abtrünnigen Juden und der satten Priester und Mönche. An ihr Ziel kam keine dieser apokalyptischen Bewegungen, die bis ins 14. Jahrhundert fortdauerten; sie gingen alle im Terror unter. Das Heilige Land lag in unerreichbarer Ferne; aber mußte die große Revolution nicht beim Nächstliegenden beginnen, auf den Straßen und Plätzen der heimischen Städte den neuen Himmel und die neue Erde schaffen?

Ekstatische Überwindung des lähmenden Alltags führte auch in Italien fromme Laiengruppen zusammen; auch was sie sagten, waren keine Aufrufe zur apostolischen Tat mehr, sondern stammelnde Kundgaben vom Unbegreiflichen. Da traten 1233 in den Städten Oberitaliens Prediger auf, die keinem Orden angehörten, in phantastischem Aufputz, schwarz gekleidet, mit hoher Mütze, auf Brust und Rücken riesige rote Kreuze. Sie schrien mehr als daß sie sprachen; mit Trompeten peitschten sie die Menge auf, mit Kerzen zogen sie durch die Straßen, das verzückte »Halleluja!«, den Jubelruf der Engel, auf den Lippen. Hinter ihnen her rannte wie von Sinnen das Volk; alte Feinde fielen sich gerührt in die Arme, paradiesischer Friede schien eingekehrt. Rasch bemächtigten sich die Dominikaner dieser Halleluja-Bewegung und zügelten sie; das Weltende war noch nicht da. Aber hatte nicht Joachim von Fiore die große Wende für 1260 vorausgesagt? In Perugia predigte 1260 inmitten der städtischen Parteikämpfe ein Einsiedler, Ranerio Fasani, der sich seit Jahren einsam gegeißelt hatte. Eine himmlische Stimme habe ihm verkündet, daß die Stadt zugrunde gehen werde, wenn sie nicht Buße tue. Wieder folgten Tausende aus allen Ständen dem gotterfüllten Prediger; sie formierten sich zu Laienbruderschaften überall in Oberitalien und bis ins Elsaß und nach Böhmen hin. Um das apokalyptische Unheil abzuwenden, sollten die Laien öffentlich Buße tun, und zwar durch Teilnahme am Leiden Christi, durch

Geißelung bis aufs Blut. Schon tauchten bei diesen »Geißlern« die ersten häretischen Lehren auf: die von Gott gebotene Geißelbuße mache die Laien zu Priestern. Auch hier gelang es den Bettelorden noch einmal, die Bruderschaften zu disziplinieren. Es mißlang bei einer anderen Gruppe, den Apostolikern.

Im entscheidenden Jahr 1260 wurde diese Laienbruderschaft der Apostoliker von einem Laien Gerardo Segarelli aus Parma gegründet. Sie sollte das im Franziskanerorden nicht mehr voll verwirklichte Ideal der Armut praktizieren und damit zum apostolischen Urchristentum zurücklenken, ohne sich an kirchliche Formen und Aufgaben zu binden. Segarelli verkaufte sein Häuschen, verteilte sein Geld an spielende Kinder und predigte am Straßenrand Buße. Was er mit seinen Genossen, Brüdern und Schwestern, zusammenbettelte, verzehrten sie am Straßenrand; waren sie satt, dann ließen sie die Reste liegen und zogen weiter. Der Bischof von Parma lachte nur über die freundliche Narretei, und so fand sie überall in der Toskana Anhang. Die Sache der Apostoliker war allerdings nicht der franziskanische Dienst für andere, sondern nur die eigene Selbstentäußerung, die in der Seele Platz für Gott machen sollte. Seit 1294 wurde die anarchische Sekte verfolgt, Segarelli wurde 1300 verbrannt; aber seine Genossen glaubten nun, vollends entrückt, auch das Dritte Reich Joachims, das franziskanische Zeitalter, sei schon vorüber, und Segarelli sei der Prophet des Vierten Reiches gewesen; sein Bund werde bald von einem Engelpapst gefördert werden. Die Armut schlug um in Plünderung der »fleischlichen« Kirchen, die Askese wurde zur Freiheit der Guten, die keine Enthaltung mehr brauchten; ja, die Unzucht wurde zum Dogma, weil der Mensch zum Gott geworden sei. In einem eigenen Kreuzzug wurden die Apostoliker 1307 ausgerottet, aber sie fanden Nachahmer, Nachfolger und noch im späten 14. Jahrhundert eine rechtgläubige Gegengründung, die eremitischen »Apostelbrüder«. Denn was die Apostoliker im Extrem taten, entsprach einer allgemeinen Tendenz der Zeit und besonders der Laien: Flucht aus der Gegenwart und ihren Ordnungen und Wirrsalen, Flucht vor dem intellektualistischen Menschenbild, Sehnsucht nach dem Unsäglichen und Unmöglichen, nach dem Extrem und dem Ende.

Das also war die Reaktion der Laien, vor allem in Deutschland und Italien, auf die immer abstrakter werdenden Bemühungen der Bettelmönche um eine neue Synthese, besonders in Frankreich. Aber auch mit der Führerstellung Frankreichs war es vorbei. Albertus Magnus, Thomas von Aquin, Bonaventura, Roger Bacon lehrten zwar alle in Paris, waren aber alle keine Franzosen. Nach dem Sieg über die Albigenser und Trobadors schien unter dem ritterlichen König Ludwig IX., dem Heiligen, Frankreich noch einmal das Zentrum der Christenheit zu werden; doch die Kreuzzüge dieses ungekrönten Kaisers wurden bloß mit französischen Rittern geführt, und Ludwigs Tod beschloß 1270 die Epoche der Kreuzzüge überhaupt. Der Biograph des Königs, Jean de Joinville, hielt ein Menschenalter später die versunkene ritterlich-fromme Welt meisterhaft fest; aber mittlerweile war das Heilige Land verlorengegangen, 1307 der Templerorden vom französischen König verfolgt und vernichtet worden. Die Zeit der ritterlichen Synthese war auch in Frankreich vorüber, so wie die Zeit der gelehrten Zusammenfassungen. Nichts ist dafür bezeichnender als das Buch des Pariser Professors Jean de Meun, der ein Anhänger Sigers von Brabant war und um 1270 in seiner Bearbeitung des volkssprachlichen Rosenromans die Ritterdichtung ins Skeptische, ja Zynische umbog. Über achtzehntausend Verse hin, in meisterhafter Sprache und mit enzyklopädischem Rundblick wurden hier Scholastik und Mönchtum, höfische Minne und ritterlicher Adel verhöhnt; die verhüllenden Allegorien dienten nur dem aufreizenden Kult eines erotischen Mysteriums. Liebe ist ein Naturtrieb; ihm soll der Mann folgen, ohne auf die schwächliche, verächtliche Frau zu achten. Das vielumstrittene Buch wurde im Spätmittelalter von Geistlichen und Laien, Adligen und Bürgern oft und intensiv gelesen wie kaum ein zweites.

Hier wurde ein epochaler Markstein gesetzt; hier begann etwas Neues. Seit dem Benediktinerorden waren jahrhundertelang immer neue Gemeinschaften entstanden, die die Nachfolge Christi und die geistige Weltordnung versuchten; damit war es vorbei, als nach 1250 die universalen Mächte Kaisertum und Papsttum versanken, als die Kreuzzüge aufhörten. Es bildeten sich nun keine neuen Körperschaften mehr; zugleich war der Zusammenhang zwischen Religion und Geistesleben gestört. Fortan konnte es im Spätmittelalter nur noch Einzelne geben, die auf Einzelne wirkten, in politischen, sozialen, geographischen Einzelbezirken. Die Selbstvergottung des Individuums war das Ende der religiösen Gemeinschaften und der geistigen Bewegungen; in die Lücke traten die souveränen Territorien und fesselten die Einzelnen an sich.

Spätscholastik und Bürgertum

Die religiösen und geistigen Bewegungen hörten um 1280 nicht schlagartig auf; sie verloren aber bei zunehmender Differenzierung ihre synthetische Kraft, ihre allgemeine Verbreitung und ihre Permanenz. Was folgte, waren kurzlebige, hektische Ausbrüche oder stille Rückzüge ins Intime; dazwischen standen Ruinen. Die Kirche, die im frühen 13. Jahrhundert den religiösen Bewegungen noch Raum gewährt hatte, erstarrte seit 1305 im Avignonesischen Exil unter französischer Vormundschaft; sie konnte nur noch das Gewonnene verteidigen. Die Spätscholastik zehrte vom Schulbetrieb der Universitäten. Die Institution Universität verbreitete und festigte sich nun erst überall im Abendland; sie wurde jetzt durch Stiftungen gesichert, deren berühmteste 1257 Ludwig der Heilige und sein Kaplan Robert de Sorbon armen Theologiestudenten zuwandten. Doch zweifelte schon Robert, der alles »von den Zähnen der Disputation zermahlen« lassen wollte, am Erkenntniswert einer Wissenschaft, die von Ratten und Würmern zernagt werden konnte. Des Disputierens und Schreibens war kein Ende; aber Neues ergab sich kaum noch, wenigstens bei den Dominikanern. Ihre Spätscholastik war, seitdem Thomas von Aquin 1323 heiliggesprochen war, im wesentlichen thomistisch; auch andere Orden schlossen sich der dominikanischen Lehre an. So hatte die Schuldiskussion nur noch Lücken des thomistischen Systems zu füllen und durfte keine neuen Entwürfe mehr wagen. Die Dominikaner konnten im frühen 14. Jahrhundert auch als Ketzer-Inquisitoren die Gegner eliminieren, vor allem die Katharer, die jedoch selbst schon seit langem stagnierten.

Geistliches Gericht
Miniatur in der Dekretalen-Sammlung Papst Gregors IX.
Handschrift der Schule von Bologna (?), 13. Jahrhundert. München, Bayerische Staatsbibliothek

Priester und Ritter
Skulpturen an der Innenseite der Westfassade der Kathedrale von Reims, nach 1250

Weniger leicht taten sich auch jetzt noch die Franziskaner, selbst nach Bonaventuras glättender Wirksamkeit. Die großen Franziskanertheologen des 14. Jahrhunderts waren Engländer aus der Oxforder Schule; in der Nachfolge Roger Bacons begannen sie, besonders Johannes Duns Scotus und Wilhelm Ockham, die hochscholastische Synthese aufzulösen und kritisch nach den Möglichkeiten des Denkens zu fragen. Sie betonten gegenüber dem Allgemeinen das Besondere, gegenüber dem logischen Denken und Erkennen die jeder Erkenntnis verschlossene Andersartigkeit Gottes und die Tendenz des biblischen Gotteswortes, das auf eine Welt jenseits des Menschenwissens hinweist; sie unterstrichen die Fülle der Möglichkeiten und Wunder, aber auch den Willen, die Freiheit und Einzigartigkeit des Menschen, der nicht in der Beschaulichkeit verharren, sondern im Sinne Franzens liebevoll tätig werden muß. Er muß es um so mehr, als sein Denken nichts Abstraktes recht begreift und nur das Einzelne, Einmalige versteht, das im Umkreis seines Tuns liegt. So wurde alles Allgemeine noch einmal wie bei Roscelin zum bloßen Namen; aber dieser neue Nominalismus hatte weitreichende Folgen, nicht nur für die hektische Volksfrömmigkeit des Spätmittelalters, sondern ebenso für das moderne experimentierende und individualistische Denken. Bald schieden sich an den europäischen Universitäten die »alten« Thomisten von den »modernen« Nominalisten, aber in einer verwirrenden Vielfalt von Schulen und Richtungen, die keine Bewegungen mehr waren oder es erst sehr viel später wurden.

Das war kein bloßes »Mönchsgezänk«; denn die beiden Bettelorden standen der Laienwelt nahe genug, um den Nerv der Zeit noch immer zu treffen. Die Predigtmärlein franziskanischer Weltgeschichten, die Wunderberichte der dominikanischen *Legenda aurea* zeugten ebenso dafür wie der franziskanische Spiritualismus in den romanischen und die dominikanische Mystik in den germanischen Ländern. Diese beiden Strömungen brachten allerdings die Bettelorden selbst an den Rand der Ketzerei; sie gründeten keine eigenen, neuen Gemeinschaften, weil die Absage an die irdische Organisation mit zu ihrem Pathos gehörte. Am deutlichsten wurde das bei den Franziskaner-Spiritualen, die auch nach 1260 und nach Bonaventuras Vermittlungsversuch hartnäckig auf ihrer Armut im Sinn der joachitischen Enderwartung bestanden; sie wurden deshalb in Südfrankreich und Italien seit 1280 kirchlich verfolgt. Eben daraus schöpften sie aber neue Hoffnung. Denn die Wahrheit wird immer verfolgt, und selbst Christus wurde gekreuzigt; käme er heute wieder auf die Erde, er würde zum zweitenmal ans Kreuz geschlagen. Gemartert wurden jetzt seine wahren Nachfolger und Jünger; denn die Verfolgten sind die einzig wahren Christen. Der Geist Gottes wird sich in dieser korrupten Welt nie verkörpern; er erweist seine Wahrheit durch seine Ohnmacht, denn nur das Gemeine ist robust. Das franziskanische Armutsideal war hier in eine Höhe getrieben, von der es nicht mehr herabzuziehen, aber ebensowenig in Wirkung zu verwandeln war. Die Spiritualen unterwarfen sich der Kirche nicht mehr, auch wenn sie von der Inquisition als häretische »Fraticellen« verbrannt wurden. Aus der Kirche wurden die Spiritualen 1317 ausgeschlossen – der erste häretische Mönchsorden. Aber auch die Konventualen widersetzten sich im 14. Jahrhundert recht hartnäckig der kirchlichen Tendenz zur Bürokratisierung, Fiskalisierung und Verrechtlichung. Sie wollten die Kirche, in der sie verharrten, zur apostolischen Armut bekehren. Es mißlang, und so blieb es bei der gereizten, verstimmten Atmosphäre.

Anders verliefen die Bemühungen der Dominikaner, die Frauenbewegung vor allem in Deutschland vor der Häresie, besonders vor dem Pantheismus Amalrichs von Bène und der Freigeister zu bewahren. Das Unternehmen, gegen das sich der Orden lange Zeit sträubte und das er erst auf päpstlichen Befehl hin anging, war fast aussichtslos. Zu betreuen waren zum einen die Dominikanerinnenklöster, deren es in Deutschland über siebzig, viele davon mit mehr als hundert Nonnen, gab, und zum anderen die Beginenhäuser, deren man allein in Straßburg (neben sieben Dominikanerinnenklöstern) fünfundachtzig zählte. In diesen Häusern wollte bald jede Begine ihr eigenes begnadetes Jesuserlebnis haben, und wem die Kraft der Kontemplation nicht gegeben war, der erzwang sie durch Fasten, Atemtechnik oder hemmungsloses Schluchzen. Wohnte aber erst einmal Gott in der liebenden Seele, so brauchte sie keine priesterliche Vermittlung mehr und empfand sich selbst als die einzig wahre Kirche Gottes. Die Dominikaner mußten, als sie seit 1290 die Frauen unterrichteten, das scholastische Latein verlassen, um sich verständlich zu machen; sie mußten auch die verflachte Visionsmystik zur Spekulationsmystik vertiefen, die ekstatischen Gefühle in die theologische Systematik einfügen; zur Kontemplation mußte die Aktivität kommen.

Den größten Anteil an dieser Wandlung hatte Meister Eckhart, der Provinzial der sächsischen Dominikanerprovinz, der in Straßburg und Köln seit 1314 vor den Frauen predigte und dabei auch die deutsche Sprache formen half. Seine Sätze, noch zu seinen Lebzeiten der Ketzerei verdächtigt, waren scholastisch scharfsinnig, zugleich mystisch paradox; sie kreisten um die Frage, wie der Abstand zwischen dem reinen Sein Gottes und der kreatürlichen Seele zu überwinden sei; sie gaben die Antwort, daß dazu keine Visionen dienten, nur ein Sein, nämlich die vorbildliche Heiligkeit des Menschen. Sie ist allerdings nur der erste Schritt. Wir kennen die mystischen Stufen Hugos von St. Victor; sie enden bei Eckhart in der völligen Auflösung des Menschen, in seiner geistlich radikalen Armut. Die christliche Haltung in der Welt kann demnach nur eine äußere erste Stufe sein, denn die Welt darf nicht pantheistisch verklärt gesehen werden. Über den Gegensatz zwischen Denken und Tun erhebt sich jedoch endlich die Freiheit des Gläubigen. »Ein Mensch soll in allen seinen Werken seinen Willen Gott zukehren und Gott allein im Auge haben. Und so gehe er voran und hege keine Furcht, so daß er also nicht etwa überlege, ob's auch recht sei, auf daß er nicht etwas falsch mache. Denn wollte ein Maler gleich beim ersten Striche alle (weiteren) Striche bedenken, so würde nichts daraus.«

Die Anklage auf Ketzerei wiederholte sich, aber das dominikanische Wagnis gelang; seit etwa 1350 wandte sich die Deutsche Mystik von der visionären Schwärmerei ab zur praktischen Caritas. Das wurde, vermittelt durch den niederländischen Mystiker Jan van Ruijsbroeck, auch zum Stil der *Devotio moderna*, der nach 1380 von Gert Groote gegründeten neuen Gemeinschaft der »Brüder vom gemeinsamen Leben«. Handarbeit und Dienst für andere, besonders in der Schule, Demut und Herzenseinfalt sollten die Nachfolge Christi tragen, von der Thomas von Kempen schrieb. Diese »Fraterherren« aber gaben dem mittelalterlichen Mönchtum den Abschied; denn sie blieben in der Gemeinschaft der Mitmenschen, aus der sich Franziskaner und Dominikaner inzwischen gern zurückgezogen hatten. Die kleinen isolierten Konventikel der Beginen und der Ketzer vom Freien Geist bestanden freilich bis ins 15. Jahrhundert weiter, teils in büßender Armut, teils in gott-

RELIGIÖSE UND GEISTIGE BEWEGUNGEN IM HOCHMITTELALTER

gleicher Freiheit; der Überschwang der Geißler fand im Pestjahr 1348 und danach wiederholt neue Nahrung in ganz Europa. Auf die tätige Verwirklichung des Evangeliums kam es diesen Gruppen nicht mehr an; das irdische Dasein wurde nicht verworfen, aber auch nicht mehr verändert. Was auf Erden geschah, gehorchte anderen, irdischen Gesetzen; man meinte es an der Macht- und Finanzpolitik der katholischen Kirche selbst zu sehen. Von diesem Glauben an die Wirkungslosigkeit des Glaubens war nur ein kleiner Schritt zu einer ganz neuen Ketzerei, zur Häresie des Unglaubens.

Diese erst im Spätmittelalter auftretende Ketzerei knüpfte an beim Nominalismus der Franziskaner und beim Averroismus der Scholastiker und zog daraus politische Folgerungen. Der Pariser Professor Jean de Jandun und sein Freund Marsilius von Padua vertraten sie um 1324, noch eingekleidet in die Forderung nach der evangelischen und armen Kirche, aber um die Kirche aus der Welt hinauszudrängen und die Erde dem Staat zu übereignen. Die religiösen Folgerungen zog der 1327 verbrannte Bologneser Professor Cecco d'Ascoli, der rundheraus behauptete, Christus sei am Kreuz nicht freiwillig gestorben, denn dieser Tod sei ihm ebenso wie seine Weisheit von der weihnachtlichen Geburtsstunde, vom Lauf der Sterne also, vorherbestimmt gewesen. Ob der Mensch arm oder reich wird, ob ein Fürst eine Schlacht gewinnt oder verliert, das alles hängt nicht von der heilsgeschichtlichen Vorsehung Gottes oder von der Einsicht des Menschen ab, sondern allein von der astrologischen Konstellation. Wozu noch Armutsbewegung und Endzeiterwartung, wozu noch Christentum?

Inmitten solcher Stimmungen hat Ceccos Gegner Dante Alighieri zu Beginn des 14. Jahrhunderts noch einmal das fromme und weltliche Wissen der Zeit zusammengefaßt, in seiner italienischen Volkssprache und in Versen. Seine »Göttliche Komödie« verband noch einmal die Gegensätze der Zeit: die scholastische Gelehrsamkeit, die der Laie Dante von Thomas und Albert kannte; die humanistische Bildung des lateinischen Mittelalters; die höfische Zucht der Trobadors; die volkstümliche Anschaulichkeit. Aber auch Dante, der noch an die Macht des Kaisertums und an die Heiligkeit der armen Kirche glaubte, stand an der Grenze der Zeiten. Er gruppierte die übernatürlichen Einwirkungen auf die Geschichte um ihren Ursprung und um ihr Ziel; unterwegs wirkt nur der Mensch und die Natur. Ursprung und Ende halten das große Spiel zwischen Himmel und Erde zusammen und geben auch dem vergänglichsten Detail die Weihe des Lebendigen; insofern ist Dantes Werk noch einmal eine genuin hochmittelalterliche Synthese, die die Welt nicht ihrem Chaos überläßt und den Fakten nicht durch Theorie oder Mystik ausweicht. Aber eben die Hochschätzung des natürlichen Ablaufs deutet schon auf die Renaissance voraus. Der aus Florenz Verbannte liebte seine Vaterstadt und sein Italien, »die edelste Gegend Europas«; aber er gestand auch, daß er die ganze Welt zum Vaterland habe. Die irdischen Gemeinschaften waren keine bergende Heimat mehr; der Mensch stand allein. Das Einmalig-Endliche hatte ewige Bedeutung, Gott wollte es so; aber deshalb konnte und sollte der Mensch nicht im Allgemeinen bleiben. Das Bild des einzelnen Menschen, seiner Bewegungen und Leidenschaften, seines geschichtlichen Werdens und seines vielfältigen Lebens überstrahlte das Bild der göttlichen Weltordnung und jener religiösen und geistigen Bewegungen, die ihr zu dienen suchten.

Ähnliche Wandlungen kennzeichnen überhaupt die volkssprachlichen Literaturen des 14. Jahrhunderts, in denen das ritterliche Idealbild verblaßte und die bürgerliche Handgreiflichkeit hervortrat. Gleichzeitig verbreitete sich die Kenntnis von fernen Ländern, in die missionierende Mönche, aber auch Kaufleute wie Marco Polo zogen; auch fromme Pilger kamen welterfahren zurück. Die Bürger verschrieben sich dem Gedanken des Nationalstaates, gestalteten durch handwerkliche Tüchtigkeit und kaufmännischen Wagemut ihr irdisches Leben, ihre Rathäuser und Kaufhäuser; sie waren daneben devot und fromm, aber mehr im stillen Kämmerlein oder im Brauch der Gemeinde, auch in ihren Kunstwerken, die ihnen das Göttliche und das Teuflische kraß vor Augen stellten. Am eigenen Leibe aber würden diese Bürger das Wagnis des Valdes und Franziskus nicht wiederholen, denn sie wollten reich, nicht arm werden. Sie schätzten die praktische, didaktische Literatur; aber sie würden auch das reine Denken nicht wie die Vaganten zu ihrer Lebensaufgabe wählen, denn es brachte nichts ein. Die erstarrte Kirche wurde bitter kritisiert, aber für Ordensgründungen und Ketzerbewegungen, die das Leben an die Verwirklichung einer religiösen oder geistigen Idee setzten, fehlten die unbedingten Überzeugungen. Daß aus dieser vitalen, labilen Welt bald neue Abenteurer aufbrachen, Cola di Rienzo und die Humanisten Italiens, die französischen Naturwissenschaftler, die deutschen und italienischen Reformer der Benediktiner und Franziskaner, schließlich die Häretiker, die dem Engländer Wyclif und dem Tschechen Hus folgten, das steht auf einem anderen Blatt, das hier nicht mehr aufzuschlagen ist.

*

Blicken wir noch einmal zurück, so erschreckt uns die lange Strecke Wegs, die an vielen Stationen vorbeiführte: Klösterliche Gemeinschaft inmitten des Chaos; kaiserliche Kultur bei Hofe; Beginn geistlicher Weltordnung; Flucht der Geistlichen aus der Welt; Verinnerlichung des Einzelmenschen; geistige Umwandlung der ganzen Gemeinschaft; Aufspaltung von Leben und Lehre; neue Synthese von Tat und Gedanken; Rückzug in die Extreme des reinen Geistes oder der kalten Macht; Erstarrung des Lebens und Überschwang der Ekstase oder des Leidens; Wendung zum Diesseits und zum Individuum. An jedem Wendepunkt dieses zwischen Weltflucht und Weltbemächtigung pendelnden Weges tauchten neue Gemeinschaften auf, vor allem Mönchsorden und Ketzereien; immer höher hinauf trieben sie die Vergeistigung des Glaubens; durch Auslegung und Geschichtsdenken suchten sie mit den divergierenden Traditionen, durch Aufrufe zur Tat mit den theoretischen Aporien, durch Verdichtung zu Symbolen mit den Abstraktionen fertig zu werden. Sie entbanden dabei das reine Denken; aber sie strebten weiter nach dem handgreiflichen Besitz des Geistes, bis sich die Häresie der Einzelgänger im mystischen Nebel verlor und die Kirche als Anstalt schwer in den Raum zurücksank. Bis dahin gehörten die Todfeinde zusammen und stachelten sich an; deshalb wohl fehlte dieser Epoche die Ruhe, die im Paradies und im Gefängnis herrscht. Immer wieder rang das Zeitalter um das Paradoxe, um die Verwirklichung gemeinsamer Gedanken. Was die Menschen mit dem Einsatz ihres Lebens erreichten, war freilich immer nur Fragment; denn diese Bewegungen wirkten fast nur im geschichtlichen Augenblick ihres Erscheinens; sie waren wie ein Blitz, nicht wie eine Kerze.

Wir vergessen daneben nicht die Unzeitgemäßen, die ihren Dienst trotzdem weitertaten, späte Benediktiner, Dorfkapläne, Hüter vergilbter Gelehrsamkeit und gekünstelter Dichtung; aber sie standen im Schatten der anderen, der Unbedingten. Je intensiver sie eine überzeitliche Idee vertraten, desto reiner verkörperten und verwandelten sie den Geist ihrer Gegenwart; was sie einmal im geschichtlichen Handeln gewannen, ist ein Besitz für immer geworden, auch für die Lauen.

Dem modernen Betrachter mögen die religiösen und geistigen Inhalte dieser Bewegungen fremd geworden sein; ihre Haltung kann ihn nicht gleichgültig lassen. Nicht nur, weil diese freiwilligen Gemeinschaften nahezu alle Möglichkeiten des Menschen erprobten, ein vom Gedanken geformtes Leben mit seinesgleichen zu führen. Wichtiger ist ihre Zuversicht, ohne den Fanatismus derer, die nichts mehr wissen wollen, und ihre Bescheidenheit, ohne die Resignation derer, die nichts mehr tun wollen. Wenn der Mensch das immer wieder unfertige und unbestimmte Wesen ist, dessen Würde und Gestalt erst im freien Hinausgreifen über die banalen Bedingungen seiner Umwelt lebendig wird, dann ist die Geschichte der religiösen und geistigen Bewegungen des Hochmittelalters ein Beitrag zum Selbstverständnis und zur Bildung des Menschen.

A. R. Myers

EUROPA IM 14. JAHRHUNDERT

Päpste in Avignon

Die zweihundert Jahre vom späten 11. bis zum späten 13. Jahrhundert waren für das westliche Christentum im ganzen eine Periode zunehmender Stärkung und Festigung. In vielem zeigte sich im 14. Jahrhundert eine bemerkenswerte Vitalität; hingegen büßten auch nicht wenige der Ideen, die bis dahin vorgeherrscht hatten, ihre Wirkungskraft ein. Die äußeren Formen freilich gewannen bisweilen mit der Verwitterung des geistigen Gehalts an Glanz und Geschlossenheit. Der Aufschwung der Wissenschaften im 12. und 13. Jahrhundert hatte dazu geführt, daß Logik und Recht stärker betont wurden. Ihr Gewicht vermehrte sich noch im 14. Jahrhundert, bis die Logik schließlich überspitzte, ja zersetzende Wirkungen hervorbrachte und die Rechtsformen den Idealen der früheren Zeiten Fesseln anlegten oder sie zu erdrücken begannen. Begeisterte Bekenntnisse, die vordem dynamische Kräfte ausgelöst hatten, wurden durch Alter, Kompromiß und Mißbrauch abgestumpft; sie wirkten kaum noch als einigende Schlachtrufe.

Manches davon wird in der Geschichte des Papsttums im 14. Jahrhundert deutlich sichtbar. Bonifatius VIII. (1294–1303) war brüsk und überheblich; aber sein Beharren auf der Freiheit der Kirche von weltlicher Beeinflussung und Besteuerung und auf dem Autoritätsanspruch des Papsttums gegenüber den weltlichen Herrschern war nur eine Bekräftigung der Position, die Theologen und Kirchenrechtler schon seit Gregors VII. *Dictatus Papae* – bald mit kühnem Nachdruck, bald mit vorsichtiger Zurückhaltung – vertreten und unter Berufung auf Logik und kanonisches Recht begründet hatten. Auf die Spitze getrieben, verloren aber diese Ideen an Werbekraft: das mußte Bonifatius zu seinem Leidwesen erfahren; auch war er den Widerständen nicht gewachsen, auf die er im Frankreich Philipps IV., des Schönen (1285–1314), stieß: der antiklerikalen Haltung und der unverbrüchlichen Treue, die dem Nachfahren des heiligen Ludwig allgemein entgegengebracht wurde. Daß Philipp den Papst in Anagni gefangennahm, fügte dem Prestige des Papsttums einen schweren Schlag zu. Dann starb Bonifatius, vielleicht an den Folgen dieses Schocks; sein Nachfolger Benedikt XI. (1303/04) schlug eine versöhnliche Politik ein, und der nächste Papst, Clemens V. (1305–1314), verdankte seine Wahl dem Einfluß Frankreichs.

Als Clemens V. der Kurie befahl, ihm über die Alpen nach Avignon zu folgen, wurden sogar seine Anhänger stutzig. Gewiß gab es für diesen Entschluß triftige Gründe. Philipp der Schöne drohte noch nachträglich Schritte gegen den verstorbenen Papst Bonifatius VIII. an, und man mußte ihm aus nächster Nähe auf die Finger sehen; Kaiser Heinrich VII. (1308–1313) war gerade dabei, in Italien einzurücken; der Krieg hatte die päpstlichen Staaten zerrüttet und der Armut preisgegeben; der gascognische Papst und die französischen Kardinäle befürworteten die Verlegung des päpstlichen Sitzes nach Frankreich. Dennoch war die Entscheidung ein Zeichen der Schwäche. Es stimmt zwar, daß Avignon ein Kirchenlehen und die Grafschaft, in der es lag, päpstlicher Besitz war; aber beherrscht wurde diese Grafschaft von regionalen Gebilden, die der französischen Krone unterstanden. Clemens V. war nicht imstande, den schändlichen Anschlag Philipps des Schönen auf die Tempelritter zu verhindern; er mußte sogar sein Plazet dazu geben.

Es ist richtig, daß innere und äußere Kämpfe ganz Italien und vor allem die päpstlichen Staaten in ständiger Unruhe hielten. Aber das war offensichtlich nicht der einzige Grund, warum die Päpste mehr als sieben Jahrzehnte in Avignon blieben. Und wenn sich die Päpste dieser Zeit auch oft Mühe gaben, die Sicherheit des gesamten Christentums im Auge zu behalten, was beispielsweise ihre mannigfachen Kreuzzugsprojekte bekunden, so war doch ihre Operationsbasis Avignon, sie waren alle Franzosen, und sie blieben in enger Fühlung mit dem französischen König. Das alles ließ die Feinde Frankreichs, so etwa Eduard III. von England (1327–1377) oder Kaiser Ludwig IV. (1314–1347) und ihre Anhänger, argwöhnen, daß die Päpste die Interessen Frankreichs besorgten, und das wiederum mußte notwendigerweise dem Einfluß des Papsttums auf die internationalen Angelegenheiten Abbruch tun.

In mancher Hinsicht behielt das Papsttum dieser Periode seine frühere Führungsrolle im westlichen Christentum oder versuchte wenigstens, sie zu behalten. Es propagierte weiterhin die Idee der Kreuzzüge: angesichts der wachsenden Türkengefahr und der Hilferufe des Ostreiches hielten die Päpste Kreuzzüge mehr denn je für geboten. Nach dem Fall Akkos (1291) hatte die Kreuzzugsbegeisterung der europäischen Fürsten einen schweren Rückschlag erlitten, und was immer sie beteuern mochten, wurde ihnen in der Praxis das Kriegführen in Europa zusehends wichtiger als jeglicher Kreuzzug im Nahen Osten. Doch ließen die Päpste trotz der immer frostigeren Stimmung in Europa von ihren Kreuzzugsbemühungen nicht ab. Ein schwacher Hoffnungsschimmer leuchtete zu Beginn des Jahrhunderts auf, als die Johanniter 1310 – mit Genehmigung des Papstes – die Insel Rhodos im Ägäischen Meer als Stützpunkt gegen die Türken eroberten. Und als schließlich feststand, daß auf wirksame Hilfe der westeuropäischen Fürsten nicht zu rechnen war, organisierte Papst Clemens VI. (1342–1352) seinen eigenen Kreuzzug. Eine gemeinsame Flotte des Papstes, Venedigs, der Johanniter und des Königs von Cypern entriß 1344 dem türkischen Korsarenführer Omar Bey die Hafenstadt Smyrna; aber schon wenige Jahre später war der Kreuzzug führerlos geworden, und die an ihn geknüpften großen Hoffnungen sanken in sich zusammen; nur Smyrna blieb in den Händen der Johanniter. In der Folgezeit waren die Päpste zu sehr mit ihrer europäischen Politik beschäftigt, als daß sie einen neuen Kreuzzug hätten in Angriff nehmen können; die ottomanische Eroberung Thrakiens und Serbiens und die immer dringlicher werdenden Hilferufe der Ostkaiser änderten daran nichts.

Ein wichtiges Anliegen neben den Kreuzzugsplänen war für die Päpste von Avignon die Bekehrung der Ungläubigen. Sie nahmen Verbindung mit fernöstlichen Herrschern auf, die dem Christentum gewogen schienen, und versuchten, die Heiden zu überzeugen. Wesentliche Anregungen gingen von Ramón Lull aus. Sein Bekehrereifer brachte ihm 1314 den Märtyrertod im Berberland; später wurde er seliggesprochen. Lull wußte, daß Bekehrungsversuche nur wirksam sein konnten, wenn die Missionare die Sprachen der Völker, die zu bekehren sie auszogen, beherrschten; er selbst sprach und lehrte Arabisch. Es gelang ihm, Clemens V. für seine Ideen zu gewinnen, der auf dem Konzil zu Vienne (1312) den Beschluß fassen ließ, sechs Schulen für orientalische Sprachen zu errichten. Papst Johannes XXII. (1316–1334) förderte und ermutigte Missionare, vor allem Franziskaner und Dominikaner; sie erzielten Erfolge in Persien, Turkestan, Indien und China. Indes wurde die christenfreundliche Mongolendynastie in China 1368 gestürzt, und der Aufstieg des fanatisch muslimischen Timur Leng führte zur Eroberung Mittelasiens durch den Islam und zum Niedergang der dort errichteten christlichen Missionen; auch wenn sie auf die Dauer zum Scheitern verurteilt waren, bezeugen diese Versuche den Missionseifer der Päpste von Avignon und ihre freundliche Haltung gegenüber den Ordensbrüdern.

Auch noch andere Erfolge hatte das Papsttum von Avignon zu verzeichnen. Dank der Reorganisation der kirchlichen Zentralverwaltung gelang es ihm, namentlich unter Johannes XXII. und Benedikt XII. (1334–1342), größere Leistungen und eine erfolgreichere Arbeit in den vier großen Abteilungen der Kurie zu erzielen: in der *Camera Apostolica*, dem päpstlichen Finanzministerium, in der Kanzlei, die einem Generalsekretariat entsprach, in der Gerichtsverwaltung und schließlich in der *Poenitentiaria*, zu deren Amtsbereich die Löschung von Kirchenstrafen und die Erteilung von Dispensen und Ablaßbriefen gehörten. Einige Päpste bemühten sich um Reformen auf verschiedenen Gebieten des kirchlichen Lebens: so versuchte Benedikt XII., die großen Mönchsorden zu reorganisieren; einige galten als Förderer der Wissenschaften: Benedikt XII. stiftete die Universität von Grenoble, und Urban V. (1362–1370) betätigte sich als Schirmherr anderer Hochschulen.

Trotz alledem läßt sich nicht leugnen, daß die Zeit von Avignon einen Rückgang der päpstlichen Autorität unter der Christenheit bedeutete. Nie zuvor hatte es eine so starke Zentralisierung innerhalb der Kirche gegeben; um Zentralisierung bemühten sich alle Päpste von Avignon, mochten sie in Charakter und Eigenarten noch so verschieden sein. Eine solche Entwicklung hätte erträglich gemacht werden können, wäre ihr Ziel das Wohl der Kirche gewesen und hätte sie mit einer günstigen Reaktion der gesellschaftlichen Kräfte außerhalb der Kirche rechnen können. Weder das eine noch das andere war der Fall. Clemens V. und seine Nachfolger dehnten das System der päpstlichen Pfründenverleihung auch auf die Benefizien aus, so daß um die Zeit Gregors XI. (1370–1378) die Austeilung fast aller Benefizien, deren Verleihung Geistlichen zustand, entweder zeitweilig oder für immer dem Papst vorbehalten war.

Auflehnung und Protest ergriffen ganz Europa. Überall mehrten sich die Klagen über die Häufung von Kirchenämtern in einer Hand, Vernachlässigung der Pfarreien und

Kirchspiele, Kauf und Verkauf von Benefizien, Übertragung von Präbenden an ständig Abwesende, Pfründenjagd in Avignon, übermäßige kirchengerichtliche Gebühren, endlose Rechtsverfahren vor der Kurie. Ohne Zweifel schossen manche Klagen übers Ziel hinaus. Im ganzen aber liegt genug Material vor, das ihre Berechtigung beweist; man kann sie nicht als unbegründet abtun. Die ungeheure Zunahme der Ernennungen aus päpstlicher Hand ging nicht nur auf das Verlangen zurück, die Ämterbesetzung innerhalb der Kirche zu kontrollieren, sondern vor allem auch auf den ständig wachsenden Bedarf an Mehreinnahmen. Ernennungen zu höheren Ämtern — Bistümern, Abteien — brachten an Gebühren, die an Papst, Kardinäle und Kirchenbeamte zu entrichten waren, viel Geld ein und machten die päpstliche Kurie entsprechend unpopulär.

Das war aber noch lange nicht alles. Da gab es die »Erstlingsfrüchte« der »Annaten«, den ersten Jahresertrag eines neuverliehenen Kirchenamtes, dessen Pflichtabführung unter Johannes XXII. zum System erhoben wurde; da gab es das Zehntel des Kirchenamtseinkommens, das für Kreuzzüge abgezweigt werden mußte, die möglicherweise unterblieben; da gab es Sonderabgaben; da gab es die herrenlose Hinterlassenschaft von Personen, die ohne testamentarische Verfügungen gestorben waren; da gab es das Vermögen der toten Prälaten; da gab es schließlich die »Prokurationen«, Unterhaltsgelder für bischöfliche Visitationsreisen, die jetzt der Papst einstrich, so daß bischöfliche Kontrollbesuche bei Pfarrämtern weitgehend ausfielen. Die Legaten und Abgabeneinnehmer wurden von der unteren Geistlichkeit bezahlt, und Schulden wurden weder erlassen noch vergessen. Zur Eintreibung der Rückstände trugen Kirchenbußen bei, die damit in Verruf kamen. Wegen unbezahlter Schulden an die päpstliche Kasse wurden 1328 an einem einzigen Tag ein Patriarch, fünf Erzbischöfe, dreißig Bischöfe und sechsundvierzig Äbte exkommuniziert. Diese Praxis hatte zur Folge, daß Avignons Habgier der gesamten Christenheit zum Stein des Anstoßes wurde; an einigen Stellen — so beispielshalber in England — kam es zu organisiertem Widerstand.

Was Empörung hervorrief, war nicht nur das drückende Gewicht der Abgabenlasten, sondern auch die Art der Verwendung der aufgebrachten Beträge. Nur ein geringer Teil der päpstlichen Einkünfte diente der Missionsarbeit und der Pflege von Erziehung und Unterricht. Die zunehmende Zentralisierung der kirchlichen Organisation brachte einen wachsenden bürokratischen Apparat hervor, der bezahlt werden mußte. Neu waren Habsucht und Vetternwirtschaft gewiß nicht; aber sie griffen desto mehr um sich, je größer die Kurie wurde. An allen Höfen Westeuropas wurde immer größerer Aufwand getrieben, und die Kurie, namentlich unter Clemens VI., gab dabei den Ton an. Der Papst hatte eine mehr als königliche Hofführung; die Kardinäle unterhielten einen fürstlichen Hofstaat; Festgelage und luxuriöses Gepränge bestimmten den Lebensstil. Petrarca nannte die päpstliche Kurie einen »Lasterpfuhl«; das englische Haus der Gemeinen prangerte in einer Parlamentspetition die »sündige Stadt Avignon« an und fügte hinzu: »Gott hat seine Schäflein dem Papst, unserem Heiligen Vater, zum Nähren und nicht zum Scheren befohlen.«

Aber während sich die Allgemeinheit über Glanz und Pomp der päpstlichen Kurie um so mehr entrüstete, als dieser Aufwand aus Einkünften bestritten wurde, die der Christenheit abgepreßt waren, verschlangen in Wirklichkeit die Kriege den größten Teil der päpstlichen Einnahmen. Die Kreuzzüge gegen die Türken, die sich am ehesten rechtfertigen ließen, waren davon noch die billigsten. Verhältnismäßig wenig kosteten die Päpste auch die Bemühungen um die Niederschlagung von Widerstandsbestrebungen, etwa der franziskanischen Spiritualen oder der Waldenser. Sehr viel kostspieliger waren dagegen die Kriege, die die Päpste führten, um ihre Ansprüche gegen die Kaiser durchzusetzen und ihre Autorität in Italien zu behaupten. Mit diesen Kriegen machte sich das Papsttum in steigendem Maße unbeliebt, nicht nur in Deutschland und Italien, sondern auch in anderen Ländern, wo sich erst recht die Vorstellung verbreitete, mit den Kräften und Potenzen des Christentums werde Mißbrauch getrieben.

Von Reichsträumen zur dynastischen Politik

Bei der ersten Königswahl des 14. Jahrhunderts (1308) setzte sich Papst Clemens V., um irgend etwas gegen die Vormachtstellung Philipps des Schönen zu unternehmen, insgeheim für die Kandidatur Heinrichs von Luxemburg ein. Der Luxemburger mit seiner unbedeutenden Familienerbschaft schien ungefährlich. Kurz nach seiner Wahl erhoben sich jedoch die Böhmen gegen ihren unpopulären König Heinrich von Kärnten und trugen Johann von Luxemburg, dem Sohn des neuen Kaisers, die Hand Elisabeths an, der Schwester König Wenzels III. und Schwägerin Heinrichs. Mit einem Schlag wurde das Haus Luxemburg zur führenden Macht im Reich. Aber Clemens V. lag so viel an der Wiederherstellung der Ordnung in Italien, daß er sogar bereit war, Heinrichs VII. italienische Heerfahrten zu billigen. Heinrich machte sich 1310 mit großen Hoffnungen auf den Weg, erfüllt von reichlich unzeitgemäßen Träumen vom Heiligen Römischen Reich und von der Sendung des Reiches in Italien. Aber sein Besuch löste in Italien Befürchtungen und Widerstand aus. Um einige Illusionen ärmer, sah sich Heinrich in einen Kampf mit Robert von Neapel, dem Schützling des Papstes, hineingezogen. Eine neue Kraftprobe zwischen Papsttum und Kaisertum schien bevorzustehen, als Heinrich 1313 bei Siena dem Fieber erlag.

Seine Herrschaft hatte in Deutschland die Kreise gestärkt, die für eine aristokratische Regierungsform unter der Leitung der Kurfürsten eintraten; immerhin hielt eine einflußreiche Partei noch zu den Habsburgern und zu der von ihnen vertretenen Politik einer starken monarchischen Zentralgewalt. Das Resultat war eine Doppelwahl: einige Kurfürsten entschieden sich für den Habsburger Friedrich den Schönen; die habsburgfeindliche Gegenpartei einigte sich, da der Luxemburger Johann von Böhmen zum Regieren zu jung schien, auf den Bayernherzog Ludwig. Zugute kam die Doppelwahl dem 1316 gewählten neuen Papst Johannes XXII. Er erinnerte sich voller Besorgnis an den Konflikt, der sich zwischen seinem Vorgänger Clemens V. und Kaiser Heinrich VII. aufgetan hatte; ihm lag an einem Interregnum: blieb der Kaiserthron unbesetzt, so hatte der Papst als Reichsvikar freie Hand in Italien, wo ihm mittlerweile Robert von Neapel zu schaffen machte. Indes war Friedrichs des Schönen tatkräftiger Bruder Leopold 1315 bei Morgarten in der Schweiz vernichtend geschlagen und damit die Sache Ludwigs des Bayern entscheidend vorangebracht worden.

Schon 1291 hatten die freien Bauern der Gebirgskantone Schwyz, Uri und Unterwalden, um sich gegen habsburgische Übergriffe zu wehren, einen »ewigen Bund« geschlossen. Natürlich unterstützten sie Ludwig den Bayern gegen die Habsburger; daß die im Kriegshandwerk geübten Ritter 1315 den unberittenen Gebirgsbauern, der »Waldstätte«, unterlagen, erregte nicht nur ganz Europa, sondern sicherte auch die Zukunft des bäuerlichen Trutzbundes, des Kerns der späteren Schweiz. Ludwig und sein bester Bundesgenosse, König Johann von Böhmen, überrumpelten dann 1322 den Gegenkönig. Friedrich von Österreich bei Mühldorf in Bayern; Friedrich erlitt eine schwere Niederlage und geriet in Gefangenschaft.

Nunmehr seiner Macht sicher, behauptete Ludwig der Bayer die kaiserliche Herrschaft sowohl in Deutschland als auch in Italien. Aufs höchste besorgt, verlangte Papst Johannes XXII. 1323, daß Ludwig auf die Kaiserwürde verzichte, und drohte mit Exkommunikation; der Papst nahm für sich das Recht in Anspruch, nicht nur Kaiserwahlen zu bestätigen, sondern auch einen von den Kurfürsten gewählten Kandidaten abzulehnen. Ludwig antwortete mit der Appellation von Sachsenhausen, worin er den Papst beschuldigte, sich Machtbefugnisse anzumaßen, die ihm nicht zuständen, und ihm vorwarf, er sei mit der Mißachtung des Armutsgebots Christi und seiner Jünger der Ketzerei verfallen.

Das war eine Anspielung auf den Zusammenstoß des Papstes mit den Spiritualen, die gerade erst verurteilt worden waren, weil sie sich in ihrem Orden an das Armutsgelübde sowohl der Form als auch der Sache nach hielten. Michael von Cesena, der revoltierende Ordensgeneral der Franziskaner, suchte 1328 Zuflucht am kaiserlichen Hof; ihn begleitete der bereits weithin bekannte Philosoph William von Ockham, auch ein Franziskaner, der am Hofe Ludwigs anfing, sich schriftstellerisch zu politischen Tagesfragen zu äußern. Er wandte sich gegen die extremen Ansprüche des Papsttums und verteidigte die Unabhängigkeit der weltlichen Gewalten. Jedes Argument untermauerte er mit sauberen Gründen und Gegengründen; sein subtiler Skeptizismus übte im 14. Jahrhundert einen stärkeren Einfluß aus als der entschiedenere Radikalismus seines Exilkollegen Marsilius von Padua.

Auf den Verlauf des Kampfes wirkten allerdings ihre philosophischen Theorien, so revolutionär sie auch sein mochten, weniger ein als geistige Beiträge ihrer Vorgänger auf frühere Auseinandersetzungen zwischen Päpsten und Kaisern. Johannes XXII. und Ludwig der Bayer konnten keine gewaltigen Kräfte gegeneinander aufbieten. Deutschland schenkte den Anordnungen und Verfügungen des Papstes nur geringe Beachtung; für die Kirche jedoch war Johannes weiterhin der Papst. Kaiser Ludwig IV. seinerseits versuchte nach dem Vorbild früherer Kaiser, seine Gegner mit einer Italien-Expedition zu treffen; aber obwohl er in Rom gekrönt wurde, hatte sein Vorstoß keinen großen Erfolg. Auf der anderen Seite stand fest, daß Ludwig mit der Abweisung der päpstlichen These, wonach die Wahl des Königs der Römer der Legitimierung durch den Papst bedürfe, Deutschland geschlossen hinter sich hatte. Die Kurfürsten beschlossen 1338 in Rhense eine feierliche Erklärung in diesem Sinne, und wenige Monate später wurde daraus auf dem Reichstag zu Frankfurt unter Zustimmung der Herzoge, Fürsten, Grafen, Ritter und Reichsstädte ein förmliches Reichsgesetz.

Daß Ludwig seinen Sieg nicht besiegeln konnte, lag zu einem erheblichen Teil an seinen politischen Fehlgriffen. Papst Benedikt XII., der versöhnlicher war als sein Vorgänger, war 1337 geneigt, Frieden zu schließen; in entgegengesetztem Sinne wirkten auf ihn Robert von Neapel (1309-1343) und mehr noch Philipp VI. von Frankreich (1328-1350) ein, und die Feindschaft Philipps wollte er sich nicht zuziehen. Gegen die Machtvermehrung des aggressiven Frankreichs erwarteten aber die Fürsten in westlichen deutschen Landen Schutz vom Kaiser. Zunächst schloß Ludwig tatsächlich ein Bündnis gegen Frankreich mit Eduard III. (1338); schon 1341 gab er es jedoch auf und akkordierte sich mit Philipp VI., in der vergeblichen Hoffnung, auch zu einer Verständigung mit dem Papst zu gelangen.

Außerdem wandte Ludwig in Deutschland nicht gerade die geschicktesten Mittel zur Stärkung der dynastischen Position seines Hauses an. Damit setzte er sich der Feindschaft der mächtigen Häuser von Luxemburg und Habsburg aus, die ihre Pläne in Brandenburg und Tirol und schließlich auch noch in Holland und im Hennegau durchkreuzt sahen. Den Luxemburger Johann von Böhmen, der ursprünglich sein wertvollster Verbündeter war, machte er sich zum erbitterten Gegner. Als das Kurkollegium 1346 von Papst Clemens VI. aufgefordert wurde, eine neue Kaiserwahl vorzunehmen, traf Johanns Sohn Karl, Regent von Böhmen, ein geheimes Abkommen mit dem Papst, dem er sich in allen entscheidenden Fragen unterwarf. Von den sieben Kurfürsten wählten ihn fünf zum Kaiser. Er wurde dennoch als Strohpuppe, als »Pfaffenkönig« bekämpft. Die Ereignisse kamen ihm zu Hilfe. Ludwig starb 1347, und sein Sohn wurde nicht zu seinem Nachfolger gewählt, denn das hätte die Verewigung des Streites mit dem Papst bedeutet; außer dem schon gewählten Karl aus dem Hause Luxemburg fand sich nur noch ein Kandidat: Günther von Schwarzburg, der aber kurz darauf verzichtete. So wurde Karl schließlich 1349 als deutscher König von allen akzeptiert und in Aachen gekrönt.

Die Regierungszeit Heinrichs VII. und Ludwigs IV. war die entscheidende Periode des Niedergangs der deutschen Monarchie. Seit Papst Gregor VII. und Kaiser Heinrich IV. im 11. Jahrhundert aneinandergeraten waren, hatten internationale Komplikationen immer wieder die Konsolidierung der Kaisermacht vereitelt. Dennoch gaben die Kaiser trotz wiederholter schwerer Erschütterung ihrer Machtposition die Hoffnung auf den Ausbau der Reichsgewalt nicht so leicht auf, und noch unter Albert von Österreich (1298 bis 1308) behauptete sich der Glaube an die Möglichkeit der Ausweitung des kaiserlichen Machtbereichs. Das war anders geworden: Heinrich VII. mag in Fragen der italienischen Politik konservativ, ja reaktionär gewesen sein; daheim warf er die Reichsinteressen unbesehen über Bord und benutzte die Monarchie nur noch für die Mehrung seiner Hausmacht. Ludwig der Bayer hielt es genauso: sofern deutsche Reichsinteressen während seiner Regierungszeit überhaupt noch zur Geltung kamen, wurden sie, wenn auch wenig konsequent, von den Fürsten, nicht vom Kaiser verteidigt. Um 1349 war deutlich sichtbar geworden, daß der monarchische Absolutismus nicht wiederbelebt werden konnte; Deutschland war unter die Herrschaft der fürstlichen Stände geraten.

Der unritterliche, geschäftsmännische Charakter Karls IV. fügte sich in diese neue Situation mit Leichtigkeit ein. Er wäre der letzte gewesen, sich an Luftgebilde zu halten und darüber das Wesen der Sache zu vergessen; er verzichtete kurzerhand auf alle Reichspläne in Italien und nahm die päpstliche Bestätigung seiner Wahl entgegen. Nachdem somit feststand, daß das Papsttum in Italien die Kaiser nicht mehr zu fürchten brauchte und daß die selbständige Macht des Kaisertums zur leeren Hülle geworden war, hatten die Päpste nichts mehr dagegen, den Kaisertitel in deutschen Händen zu belassen; das war jedenfalls die beste Garantie dafür, daß die Kaiserwürde nicht einem expansionswütigen Herrscher wie dem König von Frankreich anheimfallen würde, der mächtig genug sein könnte, sie dem Papsttum wieder bedrohlich werden zu lassen. So fanden sich die Päpste fortan damit ab, daß deutsche Reichstage und Reichsgesetze die päpstliche Oberhoheit verneinten und formale Konsequenzen daraus zogen; im stillen schwand der jahrhundertealte Wettstreit zwischen Kaisertum und Papsttum allmählich dahin. Die beiden Italien-Expeditionen Karls IV. – das erstemal mit päpstlicher Genehmigung zur Krönung in Rom, das zweitemal auf Ersuchen des Papstes – unterstrichen nur noch die Trennung zwischen Deutschland und Italien und die friedlichen Beziehungen von Papst und Kaiser.

Der Weg für eine verfassungsmäßige Regelung in Deutschland auf der Grundlage der Anerkennung der neuen Gegebenheiten war geebnet. Nun wurde 1356 die berühmte Goldene Bulle erlassen: sie schloß päpstliche Ansprüche, ohne einen Frontalangriff auf das Papsttum, aus, einfach dadurch, daß ein Verfahren festgelegt wurde, in dem für den Papst kein Platz blieb. Unmißverständlich wurden die sieben Kurfürsten als Wahlkollegium bezeichnet und ihre Rechte und Pflichten definiert. Die Goldene Bulle vermehrte nicht nur die Macht der Kurfürsten, indem sie ihnen eine gesicherte Rolle bei der Wahl des Kaisers zuwies, sondern sie festigte auch mit dem Verbot künftiger Teilungen der kurfürstlichen Gebiete ihre territoriale Position. Da sie den Machtbereich der Kurfürsten erweiterte, konnte sie nicht gleichzeitig Macht und Reichtum des Kaisers erhöhen. Sie versah gleichsam mit dem offiziellen Siegel Entwicklungstendenzen, die seit langem wirksam waren. Deutschland sollte nicht ein Einheitsstaat unter einer starken Monarchie sein, sondern der lose Zusammenschluß nahezu unabhängiger Fürsten und Städte; ihre private Politik und ihre privaten Kriege sollten auch weiterhin ihre zentrale Interessensphäre sein.

Einige Folgewirkungen dieser verfassungsmäßigen Regelung warfen schon vor dem Ende des Jahrhunderts ihre Schatten voraus. Zunächst einmal zeigten die Grenzgebiete Deutschlands die deutliche Tendenz, sich abzusondern und ein eigenes Dasein zu führen. Die Niederlande bildeten allmählich eine Vereinigung von Provinzen, die durch Nachbarschaftsbande und gemeinsame Existenzbedingungen, namentlich Schiffahrts- und Handelsinteressen, zusammengeführt wurden. In der Mehrzahl dieser Provinzen hatten die organisierten Stände – Adel, Geistlichkeit, Städte – Wurzeln geschlagen, und die Vorrechte, die sie den fürstlichen Gebietern abringen konnten, wie etwa die Brabant-Verfassung des »Frohen Einzugs« *(blijde inkomst)* von 1356, erhöhten ihr Selbstgefühl und ihren Unabhängigkeitssinn.

Weg vom deutschen Staatsgebilde strebten auch die habsburgischen Lande im Südosten, mit ihrer ganz anderen Sozialstruktur und Lebensweise. Vor allem aber hatten die Waldstättenkantone der Schweiz mit dem Morgarten-Sieg von 1315 nicht nur ihre Unabhängigkeit bewahrt, sondern sich auch eine Grundlage erkämpft, von der aus sie ihre Eidgenossenschaft durch Bündnisse ausweiten konnten: bald kamen Luzern, Bern und

Karl IV. und sein Sohn Wenzel zu seiten des heiligen Veit
Steinskulpturen von Peter Parler und seiner Werkstatt am Altstädter Brückenturm in Prag, um 1378

iuramento ad elecionem procedant, n[ec] amodo de iamdicta Ciuitate frankenf[urt] separent nisi prius maior pars ipor[um] temp[or]ale caput mundo elegerit, seu populo xpiano Regem uidelz Roman[um] i[n] Cesarem promouendu[m]. Quod si facere distulerint infra triginta dies, a die prestiti iuramenti prefati continuo nu[m]erandos, extu[n]c tra[n]sactis eisdem trigi[n]ta diebus amodo panem manducent et aquam, et nullate[nus] Ciuitate exeant antedicta[m], nisi prius per ipos ul in ma iorem partem ipor[um] Rector[em] seu temp[or]ale caput fideliu[m] electum fuerit ut prefertur.

Die Goldene Bulle
Eine Seite in dem von Kaiser Karl IV. erlassenen Reichsgesetz
mit den Bestimmungen zum Mehrheitsprinzip bei der Wahl des deutschen Königs, 1356
Wien, Haus-, Hof- und Staatsarchiv

Zürich hinzu. Der »Pfaffenbrief« von 1370 mit seinen für alle Eidgenossen bindenden Bestimmungen gab ihnen ein gewisses Maß an innerer Einheit, die der Pakt von Sempach 1393 mit einer gemeinsamen Wehrverfassung untermauerte. Bei Sempach hatte 1386 Herzog Leopold III. von Österreich seine Kräfte mit denen der Schweizer messen wollen; seine Ritter wurden von den Gebirgsbauern geschlagen, und er selbst fiel im Kampf. Die Schweizer hatten ihre Solidarität und Unabhängigkeit gegen die Habsburger behauptet.

Mit der neuen Verfassungsentwicklung erhielten Macht und Machtstreben der deutschen Fürsten neuen Auftrieb. Die Umstände drängten sie dazu, sich um die Konsolidierung ihres Besitzes zu bemühen und aus ihren Ländern größere Einkünfte herauszuschlagen. Der Steuerdruck beschleunigte den Aufstieg der Ständevertretungen, ein charakteristisches Merkmal der deutschen Fürstenstaaten in dieser Zeit: da die Fürsten ihre Herrschaft über die Städte, in denen sie eine besonders ergiebige Einnahmequelle sahen, zu sichern und auszudehnen suchten, schlossen sich die Städte, wo es sich machen ließ, zur Verteidigung ihrer Rechte in Städtebünden zusammen. So gründeten die schwäbischen Städte 1376 einen Bund zur Wahrung ihrer Unabhängigkeit, und er wehrte sich wirkungsvoll sowohl gegen den Kaiser als auch gegen dessen fürstliche Verbündete. Der Bund der Hanse war zwar älter, aber seine Macht wuchs sichtbar gegen Ausgang des 14. Jahrhunderts; er trat gegenüber Dänemark, Norwegen, Schweden, England und dem Deutschen Orden als praktisch selbständige Macht auf, nicht ohne Erfolg.

Die Klasse, die unter dem Zerfall der monarchischen Macht am meisten litt, war das Bauerntum. Zur Finanzierung der Fürsten und ihrer Beamten wurden die Bauern schwerer besteuert; Kriege und Unruhen fügten ihnen den größten Schaden zu. Die am Ende des Jahrhunderts deutlich zunehmende Unzufriedenheit unter den deutschen Bauern ließ Schlimmes ahnen.

Italienische Wirren

Für Italien hatte der Wandel im Verhältnis von Kaisertum und Papsttum gewichtige Konsequenzen. Zum erstenmal in ihrer Geschichte erlebte die Halbinsel einen längeren Zeitraum ohne Papst und Kaiser. Nach der vergeblichen Italien-Fahrt Heinrichs VII. kamen die Kaiser nur noch gelegentlich und für kurze Zeit zu Besuch: entweder – wie Ludwig IV. – um dem Papst Ungelegenheiten zu bereiten oder – wie Karl IV. – um gekrönt zu werden, um sich durch Verkauf von Titeln Geldmittel zu beschaffen oder, um dem Papst einen Gefallen zu tun. Die französischen Päpste von Avignon hatten mit Italien nicht wenig Sorgen: sie mußten den Kaiser fernhalten, die Anjou in Neapel stützen oder unter Druck setzen, die Ordnung in den päpstlichen Staaten aufrechterhalten und ihnen Geld abnehmen, sich über die Rückkehr nach Rom Gedanken machen; trotz dieser ständigen Beschäftigung mit Italien blieben sie, von einem oder zwei Stippvisiten abgesehen, über sieben Jahrzehnte in der Fremde; das unterschied sie von ihren Vorgängern, die nie für längere Zeit außer Landes gegangen waren.

Mehr als je zuvor war Italien sich selbst überlassen; den Frieden brachte ihm das nicht. Die politische Landkarte des Landes war seit langem ein unbeständiges Nebeneinander verschiedenartiger Staatsgebilde mit stark partikularistischen Tendenzen, die zumeist durch Kriege und innere Zwistigkeiten in Spannung und Unfrieden gehalten wurden. Zwar schien das Königreich Neapel durch seine Größe, seine traditionsreiche Monarchie und sein Bündnis mit dem Papsttum dazu bestimmt, als stabilisierender Faktor zu wirken; aber die Natur hatte es arm gemacht, die Steuerlast war drückend, ein unsteter, streitsüchtiger Adel lähmte die aufbauwilligen Kräfte, das handeltreibende Bürgertum war schwach, und die Existenz der Staatsgewalt hing von unverläßlichen Söldnern ab.

Zu Beginn des Jahrhunderts wurde das nördliche Italien von relativem Wohlstand begünstigt; es zählte nicht wenige Städte, die auf ihre Unabhängigkeit und Selbstverwaltungstradition stolz waren. Indes hatten die vielen Kriege, die sie gegeneinander führten, und zahllose innere Fehden die Stadtrepubliken so zerklüftet, daß die Macht vielerorts an Tyrannen, *signori*, gefallen war, die mit eiserner Faust, wenn auch keineswegs unparteiisch, für Ordnung sorgten. Ohne in Recht oder Tradition verwurzelt zu sein, waren die *signori* von zügellosem Ehrgeiz beseelt, der nie und nirgends haltmachte. Daraus ging ein anderes Merkmal des Jahrhunderts hervor: die Machtentfaltung einiger weniger Staaten auf Kosten der anderen.

Allerdings gehörten nicht nur Staaten der Signorie zu den größten Machtgebilden. So war Venedig eine festgefügte aristokratische Republik, deren Stabilität nach der Verschwörung von Tiepolo 1310 dadurch zementiert wurde, daß der neue Rat der Zehn gleichsam als geheimer »Wohlfahrtsausschuß« regierte. Aber schon die Expansionslust der anderen hätte Venedig gezwungen, um der eigenen Verteidigung willen aggressiv zu werden, hätte es nicht ohnehin den Ehrgeiz entwickelt, die Po-Mündungen und damit alle östlichen Seewege der Lombardei unter seine Kontrolle zu bringen. Trotz manchen Niederlagen versuchte denn auch Venedig wiederholt, sein Herrschaftsgebiet zu halten und in der Lombardei und Dalmatien auszudehnen. Auch Florenz, das gelegentlich strauchelte und sich Despoten (unter anderen 1342/43 dem Feldherrn Walter de Brienne, »Herzog von Athen«) unterwarf, wahrte bei aller Turbulenz seiner Politik im großen und ganzen der republikanischen Regierungsform die Treue; seit 1308 war der streitbare halbfeudale Adel von der Staatsmacht ausgeschlossen. Und doch eroberte Florenz nach und nach große Teile der Toskana: es bemächtigte sich wichtiger Städte wie Pistoia, Volterra und Arezzo und warf lüsterne Blicke auf Lucca und Pisa, die es später ebenfalls annektieren sollte.

Die Lebenskraft der republikanischen Einrichtungen in Venedig und Florenz – und in geringerem Maße auch in Genua und toskanischen Städten wie Lucca und Siena – hob sich deutlich ab vom ausgeprägten Zug zur Signorie in den meisten übrigen Städten Norditaliens. Das entsprach einer unterschiedlichen gesellschaftlichen Schichtung. Zu Beginn des Jahrhunderts waren Venedig und Genua, Florenz und Lucca blühende Handels- und Industriezentren. Und obgleich das 14. Jahrhundert für Italien insgesamt eine Zeit wirtschaftlichen Niedergangs war, die Bevölkerung und die landwirtschaftliche und gewerbliche Erzeugung schrumpften, die Städte vom Schwarzen Tod aufs grausamste heimgesucht wurden und dieToskana und Florenz besonders schwer getroffen waren, beherrschten immer noch reiche Kaufleute und Bankiers die florentinische Gesellschaft und die Verwaltungsorganisation der florentinischen Städte. Für Städte wie Verona, Ferrara oder Mailand galt das lange nicht im selben Maße.

Einige *signori* wie die Este in Ferrara oder die Della Scala in Verona konnten sich am Anfang des Jahrhunderts lokale Erfolge verschaffen. Nicht für lange: am Ende fiel die Herrschaft über die Lombardei den Visconti von Mailand zu. Um 1316, als Johannes XXII. zum Papst gewählt wurde, hatten die Della Scala und Visconti ihre Machtpositionen so stark ausgebaut, daß der Papst sich arg bedrängt sah. Seine Politik, die auf die Wiederherstellung und Erweiterung der päpstlichen Vormachtstellung in Italien ausging, brachte Kriege, Söldnerregiment und ausländische Intervention mit sich. Das Ziel war die Zerschlagung der neuen Staaten, deren Expansion gleichermaßen die Anhänger des Papsttums und die päpstlichen Privilegien bedrohte. Gegen sie wurden sämtliche Mittel aufgeboten: von Kreuzzugsaufrufen und Bannflüchen bis zur Ernennung König Roberts von Neapel zum päpstlichen Vikar. Die gefährdeten *signori* widersetzten sich mit Entschlossenheit und Energie: bald riefen sie Kaiser Ludwig den Bayern zu Hilfe, bald vertrieben sie den päpstlichen Bundesgenossen Johann von Böhmen; als Johannes XXII. 1334 starb, zeigte sich, daß seine Aktion gescheitert war. Der wütende Kampf hatte dazu geführt, daß in der Lombardei kaum noch eine freie Gemeinde übrigblieb und daß die Visconti einen großen Teil der lombardischen Ebene in der Hand hatten. Bald, 1343, starb auch des Papstes glühendster Anhänger, Robert von Neapel, und sein Königreich wurde im Gefolge der Eheabenteuer seiner Erbin, Königin Joanna I. (1343—1382), zum Schauplatz eines dreißigjährigen Bürgerkrieges mit wiederholten Interventionen des Auslands.

Die Wirren in Nord- und Süditalien bedeuteten nicht etwa Ruhe und Frieden für die päpstlichen Staaten. Im Gegenteil: sie wurden zum Spielball unaufhörlicher Fehden des Adels; Rom verarmte, weil die Päpste nicht da waren, die ihm früher Reichtum und große Geschäftsumsätze beschert hatten. In dieser trostlosen Lage sehnten sich manche Römer nach der Wiedererweckung der glorreichen Vergangenheit. Als Petrarca 1341 den Poetenlorbeer erhielt, glaubte man an den Anbruch eines neuen Zeitalters; und 1347 riß Cola di Rienzo, ein beredter und gelehrter Visionär, die Macht an sich. Er träumte von der Wiedergeburt der alten Republik, von einer italienischen Föderation und von einem Reich des Friedens, der Gerechtigkeit und der Freiheit, an dessen Spitze er selbst stände. In einer Welt der Konflikte und Gegensätze war sein Traum erschütternd wirklichkeitsfremd. Der Träumer verlor mehr und mehr sein seelisches Gleichgewicht. Der Papst kehrte sich gegen ihn, und die Römer, die er vergöttert hatte, brachten ihn 1354 ums Leben.

Schon vorher hatte Papst Innozenz VI. die wilde Anarchie und die Raubzüge der Adligen in seiner ureigensten Domäne zum Anlaß einer Strafexpedition genommen. Er entsandte den kriegerischen Kardinal Albornoz zur Wiederherstellung der Ordnung und der Autorität des Papsttums in die päpstlichen Staaten. Mit Geld und Soldaten reichlich versehen, überraschte der staatsmännische Legat Italien mit dem Blitzestempo, in dem er im gesamten Patrimonium Petri und Umbrien wieder geordnete Verhältnisse schaffte. Angesichts dieses schlagartigen Erfolges dachte Papst Urban V. an die Rückkehr nach Italien. Aber Albornoz war auf seinem Siegesmarsch nördlich bis Bologna vorgedrungen: das war ein

Alarmzeichen für die Visconti, die auf die Chance gehofft hatten, in dieser Richtung vorstoßen zu können. Der Papst organisierte einen Kampfbund gegen sie; das bedeutete Krieg. Albornoz war inzwischen gestorben, und ein neuer, unfähiger Legat verhinderte nicht nur die Lieferung von Lebensmitteln an das mit dem Papst verbündete Florenz, sondern erlaubte auch noch den päpstlichen Söldnern, florentinische Ländereien zu verwüsten. Florenz, wutentbrannt, verbündete sich daraufhin mit den Visconti und stachelte die päpstlichen Staaten zum Aufstand auf. Die Rückkehr des Papstes wurde um so dringlicher; die heilige Katharina von Siena setzte ihr ganzes Prestige dafür ein. Die Entscheidung fiel 1377 unter dem neuen Papst Gregor XI. (1370–1378). Seine ungezähmt brutalen Söldner erfochten den Sieg über Florenz ungefähr um die Zeit, da Papst Gregor starb.

In Florenz löste der Krieg eine Revolution aus, die auf dem Nährboden scharfer Klassen- und Parteiengegensätze und wachsender Unzufriedenheit schon lange herangereift hatte. Die wütenden Arbeiter stürzten die regierenden Bankiers und bemächtigten sich der Staatsgewalt; sie konnten aber weder Arbeitsplätze noch Lebensmittel beschaffen noch auch den florentinischen Handel aufleben lassen. Die Folge war eine Gegenrevolution (1382), die einem kleinen Häuflein reicher Oligarchen die Macht wiedergab. Erfolgreich konnte Florenz, das auf Handel und Bankgeschäfte angewiesen war, von Arbeitern und kleinen Ladenbesitzern kaum regiert werden. Nach der Revolution wurde seine Regierung noch oligarchischer als zuvor.

Frankreich und der Hundertjährige Krieg

Ebenso wie Italien sollte sich Frankreich des 14. Jahrhunderts als einer Zeit des Krieges und der Verwüstung erinnern. Trotzdem waren die Geschicke der beiden Länder sehr verschieden. Zu Beginn des Jahrhunderts, als in Italien heftig gekämpft wurde, herrschte in Frankreich Frieden. Und während Italien in zahlreiche Staaten zerfiel, von denen viele entweder dem Papst oder dem Kaiser oder beiden umschichtig, häufig aber auch nur auf dem Papier Gehorsam schuldeten, kannte Frankreich bereits gemeinsame Bindungen an den König, der »in seinem Reich Kaiser« war. Gegen Ende des Jahrhunderts hatten sich Italiens sporadische Einheitshoffnungen zerschlagen; dagegen hatte Frankreich trotz inneren Wirren und zum Teil auch dank ihnen ein deutlicheres Einheitsbewußtsein und ein festeres Treueverhältnis zum König entwickelt.

Als das Jahrhundert noch jung war, hatte »die Monarchie« schon beachtliche Schritte in der Richtung auf Zentralisierung und königliche Alleinherrschaft gemacht. Im Verlauf des 13. Jahrhunderts hatten die Minister des Königs von Frankreich viel dazu getan, die Unabhängigkeit der Feudalen einzuschränken und die Sphäre der königlichen Eingriffe auszuweiten; sie hatten die Zentralverwaltung zu festgegliederten, ressortmäßig organisierten Ämtern ausgebaut; da gab es für die königlichen Finanzen die Rechnungskammer, für Sekretariatsarbeiten die Kanzlei, als obersten Gerichtshof das Parlament von Paris, als Ratgeberkollegium für Fragen der Politik und Verwaltung den königlichen Rat. So groß war die Macht der Krone, daß Philipp der Schöne der Christenheit als der König mit den größten Herrschaftsbefugnissen galt. Er brachte es fertig, Gebietserweiterungen auf Kosten des Reichs vorzunehmen, zwei mächtige und reiche Domänen, die Gascogne und Flandern, vorübergehend zu erobern und sich vor allem dem Papst zu einer Zeit zu widersetzen, da das Papsttum stärker war und größere Ansprüche anmeldete als je zuvor. Zwar mußte der König, um sich gegen Bonifatius VIII. durchzusetzen, an die aktive Mitwirkung der führenden Klassen im Lande appellieren und Geistlichkeit, Adel und Bürgertum zu Ständetagen zusammenholen, die zu Vorläufern der späteren Generalstände werden sollten; bezeichnend aber war, daß sich die Werbekraft der Krone im Kampf zwischen König und Papst als stärker erwies – auch der Geistlichkeit gegenüber – denn das Prestige des Papstes.

Die Kehrseite der Medaille waren die gewaltigen Kosten der Kriege, die Philipp führte. Um sie zu decken, verübte er seinen widerrechtlichen Anschlag auf die Templer und erhöhte Steuern und Abgaben in einem Maße, das am Ende seiner Regierungszeit mancherorts Widerstand hervorrief. Aber er setzte durch, was er wollte: der Templerorden wurde aufgelöst und enteignet – und der Papst gezwungen, dabei mitzutun. Die Widerstandsregungen der Spätzeit blieben zersplittert, lokal und größtenteils auf feudale Kreise beschränkt; die Protestbewegung ebbte bald ab, ohne große Wirkungen zu erzielen. Der königlichen Gewalt wurden keine Fesseln angelegt, und die Kampfbünde, die in den Provinzen ins Leben gerufen worden waren, hätten sich bald wieder aufgelöst, wäre nicht die Frage der Thronfolge akut geworden.

Bis dahin hatte jeder Kapetingerkönig einen Sohn hinterlassen, der seine Stelle einnehmen konnte. Aber Philipps IV. drei Söhne hatten (außer Knaben, die sie nicht überlebten) nur Töchter in die Welt gesetzt. Als der älteste Sohn, Ludwig X., 1316 starb, ließ sich sein Bruder Philipp V. (1316–1322) zum König ausrufen; Ludwigs kleine Tochter Jeanne wurde um ihr Erbrecht gebracht (und später mit dem Königreich Navarra abgefunden). Eine Versammlung von Prälaten, Magnaten, Pariser Bürgern und Doktoren der Universität Paris verkündete den Grundsatz, daß eine Frau die Krone Frankreichs nicht erben dürfe, und diese Entscheidung wurde vom Königreich akzeptiert. Als Philipp wiederum nur drei Töchter hinterließ, wurde dies Prinzip beibehalten, und den Thron bestieg als Karl IV. (1322–1328) der jüngste der Brüder. Auch er hatte nur Töchter, aber als er starb, war die Vorstellung von einer Frau auf dem französischen Thron bereits begraben. Fraglich blieb allerdings noch, ob sich die Thronfolge überhaupt in der weiblichen Linie vererben dürfe oder ob nur die männlichen Nachkommen männlicher Angehöriger des Königshauses thronberechtigt seien. Eduard III. von England behauptete, der legitime Thronerbe zu sein, denn seine Mutter Isabella war die Schwester der drei letzten Könige von Frankreich und seine Großmutter Marguerite die Schwester Philipps des Schönen; das Land wehrte sich jedoch instinktiv gegen einen fremden Herrscher, und eine Versammlung der französischen Magnaten sprach sich, ohne zu zögern, für Philipp von Valois aus, den Sohn des jüngeren Bruders Philipps des Schönen.

Um diese Zeit war Eduard III. noch ein Jüngling, bevormundet von einer schwachen Regierung und kaum in der Lage, für seine französischen Thronansprüche einzutreten. Er huldigte Philipp VI. 1329 und gab auch noch 1331 zu, daß es sich um einen Lehnseid mit eindeutigen Vasallenverpflichtungen gehandelt habe. Es dauerte jedoch nicht lange, bis die beiden Länder in einen Krieg gegeneinander hineinschlitterten. Eduard III. brauchte einen militärischen Erfolg, um sich eine starke Position in England zu verschaffen, und Kriegsspiele waren schon von Kindheit an seine Lieblingsbeschäftigung. Der alte Streit um die Gascogne hatte sich verschärft; in Flandern, das für beide Länder lebenswichtig war, waren Eduard III. und Philipp VI. heftig aneinandergeraten; Eduard hatte einem führenden französischen Rebellen, Robert von Artois, Asyl gewährt; Philipp wiederum hatte den Schotten zu einem Zeitpunkt seine Unterstützung geliehen, da Eduard den schottischen Widerstand schon fast niedergeschlagen zu haben glaubte. Im November 1337 begannen die Feindseligkeiten.

Im Vergleich zu Frankreich war England klein und schwach. Aber über die Gascogne konnte es bequem in Frankreich eindringen; Flandern war ein Bundesgenosse Englands, und auf die Bretagne konnte sich Philipp VI. nicht verlassen. Überdies waren seine finanziellen Reserven unzureichend und sein Heer altmodisch. Seine Kavallerie kannte keine Disziplin, und seine Infanterie bestand hauptsächlich aus fremden Söldnern. Dagegen hatte das englische Parlament Eduard für einen volkstümlichen Krieg beträchtliche Mittel bewilligt, und sein Heer war in verhältnismäßig guter Verfassung. Der kriegstüchtigste Teil setzte sich aus gepanzerten Reitern, leichter Reiterei und mit langen Bogen ausgerüsteten Schützen zusammen; sie wurden von bewährten Heerführern oder prominenten Feudalherren auf Grund vertraglicher Bindungen gegen Bezahlung gestellt. Hinzu kamen von Musterungskommissionen in den einzelnen Grafschaftsbezirken ausgehobene Bogenschützen.

Einige Jahre vergingen, ehe Eduard seine militärische Überlegenheit demonstrieren konnte. Nach einem fruchtlosen Feldzug in Flandern, in dem er sich, um die Bedenken der ihm verbündeten flämischen Städte zu zerstreuen, den französischen Königstitel zulegte, erzielte er größere Erfolge in einem Erbfolgekrieg in der Bretagne, der 1341 begann. Die sensationellsten englischen Siege wurden in »Reiterzügen« *(chevauchées)* erfochten, die nichts anderes waren als erbarmungslose Brandschatzungsexpeditionen kreuz und quer durch französisches Gebiet. Die »Reiterzüge« erfreuten sich großer Beliebtheit bei englischen Aristokraten und sonstigen Feldhauptleuten: hier gab es, wonach es sie gelüstete, Gefechte und Abenteuer, dazu aber auch noch die Gelegenheit, Schätze zu erbeuten und Lösegeld einzuheimsen. Auf einem dieser Reiterausflüge im Norden Frankreichs errang Eduard 1346 den überwältigenden Sieg von Crécy, auf den die Belagerung und Einnahme der Hafenstadt Calais folgte. Aber die Belagerung von Calais dauerte fast ein ganzes Jahr, und als sie zu Ende war, waren beide Seiten so erschöpft, daß sie einen Waffenstillstand vereinbarten, der bis 1351 in Kraft blieb. Bevor er abgelaufen war, starb 1350 Philipp VI.

So verhängnisvoll der Krieg mit England auch war, ganz ohne positive Ergebnisse war Philipps Regierungszeit nicht ausgegangen. Er hatte dem mittellosen König von Mallorca das Lehen Montpellier abgekauft. Wichtiger noch: er hatte 1349 für seinen Enkel, den späteren Karl V. (1364–1380), die Erbrechte der Dauphiné erstanden; eine Generation später sollte dieser neue Besitz die Grenze des Königreichs Frankreich bis an die Alpen vorschieben. Im Innern setzten Philipp und seine Ratgeber das Werk der Kapetinger fort: die bürokratische Organisation und der Verwaltungsaufbau wurden wesentlich verbessert. Der Krieg mit England verlangte indes die Vermehrung der Steuern und Abgaben, namentlich der Lasten des Salzmonopols und der Zehnten, die die Geistlichkeit Jahr für Jahr aufzubringen hatte; aus der drückenden finanziellen Belastung ergab sich die wachsende Bedeutung der Provinzialstände und der Generalstände, denn ihnen mußte immer häufiger die Bewilligung von Mitteln für die Kriegführung abgerungen werden. Die Kriegsverwüstungen hatten bereits dem Wohlstand Frankreichs ungeheuren Schaden zugefügt. Das Land brauchte dringend Frieden und eine gute Regierung.

Vom neuen König, Johann II. (1350-1364), wurde ihm weder das eine noch das andere beschert. Weniger tüchtig, wenn auch ritterlicher als sein Vater, zeigte er sich bald dumm, störrisch und habgierig; seine Fehlbeurteilung von Menschen wurde zur Katastrophe. Das belastete namentlich sein Verhältnis zu Karl dem Bösen, dem gefährlichen König von Navarra (1349-1387), Sohn der von der Thronfolge ausgeschlossenen französischen Königstochter Jeanne und väterlicherseits Enkel des jüngsten Bruders Philipps des Schönen. Diesen bösen Geist Frankreichs, der mit Eduard über eine Teilung des Königreichs zwischen England und Navarra verhandelte, hatte König Johann zu seinem Schwiegersohn gemacht. Als der Krieg mit England von neuem einsetzte, beschwor Johann mit seiner militärischen Unfähigkeit neues Unheil über das Land herauf. England setzte seine Raubzüge fort. Eduards ältester Sohn, der »Schwarze Prinz«, hatte 1356 einen solchen Raubzug an der Loire gerade zu Ende geführt und war auf dem Rückweg nach Bordeaux, als ihn Johann mit einem viel größeren Heer bei Poitiers abfing; aber das große französische Heer wurde vom englischen Prinzen überwältigt und König Johann gefangengenommen.

Der schwere Schlag veranlaßte den jungen Dauphin Karl, der während der Gefangenschaft seines Vaters die Regentschaft führte, die Generalstände des Languedoil nach Paris und die des Languedoc nach Toulouse einzuberufen. Die südlichen Stände bewilligten Steuern unter der Bedingung, daß sie unter ihrer Aufsicht erhoben und ausgegeben würden; die nördlichen Stände gingen viel weiter: unter der Führung des Pariser Kaufmanns Etienne Marcel verlangten sie die Durchführung eines Reformprogramms, das auf eine ständische Kontrolle der Regierung hinauslief. Karl der Böse schlug sich auf ihre Seite, und der Dauphin sah sich zu beträchtlichen Zugeständnissen gezwungen. Die Stimmung schlug jedoch bald zugunsten des Dauphins um; die Treuegefühle der Franzosen galten der Monarchie, nicht den Generalständen. Frühzeitig schon ließen Adel und Geistlichkeit die Reformanhänger im Stich, und sogar unter dem dritten Stand fand Marcel außerhalb von Paris nur wenig Unterstützung. Durch seine Verhandlung mit den Engländern trug Karl der Böse dazu bei, die Vorkämpfer der Reform in Verruf zu bringen. Die Folge war die Ermordung Marcels und die Hinrichtung seiner bedeutendsten Freunde. Die Monarchie war wiederhergestellt.

Nun hatte der Dauphin zwar die Treuegefühle der Franzosen für sich, aber weder Soldaten noch Geld. Vernünftigerweise mieden jetzt die französischen Truppen die offene Feldschlacht und zogen sich in befestigte Städte zurück, für deren Einnahme den Engländern Kraft und Zeit fehlten. Ein großer »Reiterzug«, den die Engländer 1359 unternahmen, verlief ohne Resultat. Im folgenden Jahr schlossen sie Frieden in Brétigny und Calais. Eduard III. verzichtete auf die Krone Frankreichs, während sich die Franzosen verpflichteten, drei Millionen Goldtaler als Lösegeld für Johann II. zu zahlen, und den Engländern die souveränen Rechte am Herzogtum Aquitanien und an Ponthieu und Calais abtraten. König Johann wurde freigelassen und belehnte seinen jüngsten Sohn Philipp zum Lohn für die bei Poitiers bewiesene Tapferkeit mit dem Herzogtum Burgund; für Frankreich sollten daraus gravierende Konsequenzen erwachsen. Indes entfloh einer der französischen Königssöhne, die als Geisel für das noch nicht bezahlte Lösegeld in englischem Gewahrsam gehalten wurden, worauf es der ritterliche König als Ehrensache ansah, in die Gefangenschaft nach England zurückzukehren. Er starb 1364 in London.

Karl V. war ganz anders als sein Vater: unritterlich, körperlich schwach, für einen Prinzen recht gelehrt, ein Verehrer von Ordnung und Repräsentation, arbeitsam, aufgeklärt, mitleidvoll, zugleich aber raffgierig und verschlagen; in seiner Politik verließ er sich nur zu häufig auf List und Tücke. Dennoch war er einer der erfolgreichsten Könige Frankreichs. Es gelang ihm, sein Land aus dem Unglück herauszuführen und wieder zum ersten Staat Europas zu machen. Zuallererst ging er daran, Karl den Bösen zu bezwingen, in der Bretagne Frieden zu stiften und die vielen »Freischaren« loszuwerden, die das Königreich verwüsteten; er schob diese Landsknechtsmeute nach Kastilien ab, wo sie seinem Bundesgenossen Heinrich von Trastamara gegen dessen Halbbruder König Peter den Grausamen (1350—1369) Beistand leisten sollte. Mit Hilfe des Schwarzen Prinzen erfocht Peter der Grausame einen durchschlagenden Sieg; aber der Feldzug hatte die Gesundheit des Prinzen untergraben, und Peter wurde bald getötet.

Kastilien war jetzt ein begeisterter Bundesgenosse Frankreichs, und seine Flotte tat sich mit der Flotte Frankreichs zusammen, um den Engländern die Seeherrschaft zu entreißen. Karl V. hatte dafür gesorgt, daß die wichtigsten Städte und Schlösser befestigt wurden, hatte das Heer reformiert und an dessen Spitze tüchtige Generale, darunter den berühmten Bertrand du Guesclin, gestellt. Als sich der unzufriedene Adel der Gascogne über die Steuern beschwerte, die der Schwarze Prinz verhängt hatte, um seine Spanien-Feldzüge zu finanzieren, fühlte sich König Karl stark genug, den englischen Heerführer und Thronfolger zur Rechenschaft zu ziehen, und lud ihn nach Paris vor. Der Schwarze Prinz sah darin eine ehrenrührige Herausforderung. Der Krieg kam 1369 von neuem in Gang.

Aber diesmal fiel der Sieg den Franzosen zu. Zugute kamen ihnen die frankreichfreundliche Stimmung in den umkämpften Gebieten, die von Karl V. durchgeführte Heeresreform, eine wirksamere Strategie zur Abwehr der englischen »Reiterzüge« und ein großer Sieg der vereinten französisch-kastilischen Flotte vor La Rochelle. Die Franzosen rieben die Widerstandskraft der Engländer auf und konnten all ihre Angriffe abwehren. Als 1375 ein zweijähriger Waffenstillstand zustande kam, hielten die Engländer nur noch Calais, Brest und einen schmalen Küstenstreifen zwischen Bordeaux und Bayonne besetzt. Im folgenden Jahr starb der Schwarze Prinz, und 1377 folgte ihm sein Vater, Eduard III., ins Grab. Auf den englischen Thron kam ein Kind, und England war nicht imstande, die Offensive gegen Frankreich erneut aufzunehmen.

König Karl benutzte seinen Erfolg dazu, gefährliche Vasallen loszuwerden, in erster Linie Karl den Bösen, der sich wieder mit den Engländern verbündet und dann den Versuch unternommen hatte, den französischen König zu vergiften. Karl V. und sein Bundesgenosse Heinrich von Kastilien besetzten 1378 sämtliche Ländereien Karls des Bösen; er starb völlig ruiniert 1387. Anschließend bemühte sich Karl V. um Frieden mit England, scheiterte aber an der Frage der Oberhoheit. Seine letzte bedeutende Äußerung war die Parteinahme für den französischen Papst im Kirchenschisma, das 1378 angefangen hatte.

Seine Regierungszeit hatte Frankreich Ordnung und geregelte Verwaltung wiedergegeben und militärische Erfolge gebracht. Die mißbräuchliche Ausnutzung der Steuerfreiheit der Geistlichkeit und der feudalen Vorrechte war abgestellt worden, und die Städte fanden freundliche Behandlung. Aber der Krieg und die prunkhafte Hofführung vermehrten die Steuerlast, die ein ausgepowertes und entvölkertes Land schwerlich bewältigen konnte. Viele mißmutige Franzosen warteten auf die Behebung ihrer Nöte unter dem Nachfolger Karls V.

Unglücklicherweise war Karl VI. (1380–1422), der Thronerbe, erst elf Jahre alt, als sein Vater starb. Sein Fluch waren – wie bei seinem englischen Anverwandten Richard II. (dem Sohn des Schwarzen Prinzen) – überzählige Onkel, die einander befehdeten und sonst jede Gelegenheit benutzten, dem Land Geld abzupressen. Karl V. hatte auf seinem Totenbett eine Senkung der Steuerlast versprochen; die neue Regierung löste das Versprechen nicht ein. In Rouen, in Paris und im Languedoc brachen Aufstände aus; sie wurden schonungslos niedergeworfen. Aufrührerische Regungen galten als unverzeihlich; gegen Untertanen, die Widerstand leisteten, durfte ohne Nachsicht mit Gewalt oder Betrug vorgegangen werden. So wurde mit den Stadtbewohnern Flanderns verfahren: sie hatten sich gegen ihren Grafen, dessen Erbe Herzog Philipp von Burgund, ein Onkel des Königs, war, aufgelehnt und wurden grausam unterdrückt. Von diesem Erfolg in Flandern abgesehen, war die Außenpolitik der Königsonkel so unrühmlich, besonders gegenüber England und Neapel, so kostspielig, fruchtlos und lähmend, daß allgemeine Freude herrschte, als sich Karl VI. 1388 für volljährig erklärte.

Der neue König, der gutmütig und willensschwach war, geriet unter den Einfluß seines Bruders Ludwig, Herzog der Touraine (später von Orleans). Das Land hätte dringend eine sparsame Wirtschaft gebraucht; statt dessen veranstaltete Ludwig am königlichen Hof wahre Verschwendungsorgien, wie sie Frankreich noch nie erlebt hatte. Die Außenpolitik war ebenso ruinös wie das Hofleben. Das zügellose Leben und die außenpolitischen Enttäuschungen trieben den König in einen seelischen Zusammenbruch hinein. Ab 1392 kamen immer häufiger Wahnsinnsausbrüche, und schließlich war er nur noch selten bei klarem Bewußtsein. Der Verfall Karls VI. brachte seine beiden überlebenden Onkel, die Herzoge von Burgund und Berry, wieder an die Macht; die Zwistigkeiten zwischen dem Herzog von Burgund und dem Königsbruder Ludwig trieben Frankreich in wenigen Jahrzehnten bis an den Rand des Abgrunds.

Britische Inseln: Kämpfe um Krone und Parlament

In England war das 13. Jahrhundert mit der Herrschaft eines großen Königs zu Ende gegangen. Eduard I. (1272–1307) hatte Sinn für Ordnung und System gezeigt, und was Rechtsordnung und Organisation anging, war seine Regierungszeit zu einem Meilenstein geworden. Seinem Vater hatte man vorgeworfen, die Rechte der Krone preisgegeben zu haben. Diesem Vorwurf wollte er sich nicht aussetzen, und da er die legalistische Haltung teilte, die in der Luft lag, schöpfte er bis zum äußersten jeden Rechtsanspruch aus, den er geltend machen konnte. Das löste nicht nur – in seinen späten Jahren – eine schwere Verstimmung im Lande aus, sondern verstrickte ihn auch in eine Außenpolitik, die sich die Krone kaum leisten konnte. Namentlich war das in Schottland der Fall: er wollte unbedingt auf seinem Recht – wie er es auffaßte – bestehen und brach damit einen gewaltigen Kampf um die Unabhängigkeit des Landes vom Zaun.

Seinem Sohn Eduard II. (1307–1327) fiel infolgedessen ein schweres Erbe zu. Eduard I. hatte eine beträchtliche Schuldenlast hinterlassen; seine Politik konnte ohne Prestigeverlust nicht aufgegeben, aber auch nicht mit Aussicht auf Erfolg fortgesetzt werden. Dem Gedenken der Menschen hatte er sich, auch wenn man über seine autokratische Art klagte, als bedeutender König eingeprägt; keinem Nachfolger konnte es leichtfallen, ihm nachzueifern. Nun erwies sich aber sein Nachfolger – schmerzlicher konnte der Kontrast nicht ausfallen – als besonders schwach. Eduard II. als Athlet war ein schöner und stattlicher Mann, was für einen König im 14. Jahrhundert gewiß ein Vorzug war: zugleich aber war er mit fatalen Charakterfehlern behaftet. In einem Zeitalter, in dem ein Land nur gut regiert sein konnte, wenn sich der König auf sein Geschäft verstand, war er von einer unüberwindlichen Faulheit. Im Angesicht einer übermächtigen Aristokratie gab er sich Liebhabereien hin, die ganz und gar unaristokratisch waren: statt sich mit Kriegführung und Jagd zu beschäftigen, vergnügte er sich mit Rudern oder Theaterspielen, was als verächtlich galt. Zu alledem entwickelte er eine ungezügelte Leidenschaft für schöne junge Männer; diese Schwäche verleitete ihn dazu, die jeweiligen Günstlinge, die von allen gehaßt wurden, mit greifbaren Beweisen seiner Zuneigung zu überhäufen und den Magnaten, die sich als seine natürlichen Gefährten und Ratgeber betrachteten, die kalte Schulter zu zeigen.

Die Barone wehrten sich ihrer Haut: 1311, drei Jahre nach seinem Regierungsantritt, mußte der König Verfügungen über sich ergehen lassen, die alle Bereiche der königlichen Regierung bis ins einzelne regelten. Im schottischen Krieg ging es von Jahr zu Jahr schlechter, und 1314 erlitten die Engländer eine vernichtende Niederlage bei Bannockburn. Die Unabhängigkeit Schottlands war gesichert. Die Schotten drehten nun den Spieß um; sie plünderten die nördlichen Bezirke Englands und richteten Verheerungen in Irland an. Sogar die extremen Gegner des Königs verloren an Ansehen, denn auch sie konnten gegen diese Überfälle, deren Wirkungen durch die Folgen einer dreijährigen Hungersnot und an Anarchie grenzende innere Wirren verschärft wurden, nichts ausrichten. Die extreme Partei unter Thomas von Lancaster, einem Vetter des Königs, die sich 1311 durchgesetzt hatte, wurde 1318 von einer gemäßigten Magnatengruppe gestürzt. Ihre Herrschaft war von kurzer Dauer. Als seinem neuen Günstling Hugh Despenser 1322 Gefahr drohte, raffte sich der König dazu auf, gegen seine Feinde energisch vorzugehen. Er bezwang einen nach dem anderen und ließ viele hinrichten, darunter auch Thomas von Lancaster.

Die siegreichen Königstreuen wollten nun beweisen, daß sie tüchtiger seien als ihre Gegner. Im Schatzamt, in der Staatskanzlei und im königlichen Haushalt wurden wichtige Reformen durchgeführt. Doch konnten Verbesserungen im zentralen bürokratischen Apparat den Haß nicht beschwichtigen, den sich die Regierenden mit anderen Dingen zuzogen. Die Despensers waren habgierig und bedienten sich des Königs, um sich zu bereichern. Namentlich in Südwales machten sie sich damit die mächtigen Herren der Grenzmarken zu gefährlichen Feinden. Im Lande herrschten weiterhin chaotische Zustände; das galt erst recht für die nördlichen Bezirke, wo die Schotten ihre Raubzüge fortsetzten. Außenpolitisch – vor allem Schottland und Frankreich gegenüber – erntete die Regierung nur Mißerfolge. Aufgebracht über die verfahrene Lage, ließ sich Königin Isabella als Friedensstifterin zu ihrem Bruder Karl IV. nach Frankreich entsenden; der einfältige König ließ sie ziehen, und anschließend durfte auch sein ältester Sohn Eduard die Reise nach Frankreich antreten. Isabella machte bald gemeinsame Sache mit den Aristokraten, die in Frankreich im Exil lebten; ihre Hauptstütze – und ihr Geliebter – wurde Roger Mortimer, ein großer Feudalherr aus der walisischen Grenzmark. Mit seiner Hilfe wagte sie – im Namen des jungen Eduard – einen bewaffneten Einfall in England. Wie schmal die Grundlage war, auf die sich die Regierung Eduards II. stützte, zeigte sich sehr schnell: binnen wenigen Wochen brach sie zusammen. Die Minister und Günstlinge des Königs wurden ermordet. Der König mußte unter schwerem Druck zugunsten seines ältesten Sohnes abdanken. Als Fünfzehnjähriger kam Eduard III. (1327–1377) auf den Thron.

Dem abgesetzten König wurde lebenslängliche Haft zudiktiert. Die brutale Behandlung, die ihm zuteil wurde, brachte ihm nicht den Tod, und solange er noch lebte, fühlten sich Isabella und Mortimer nicht sicher. Sie ließen ihn umbringen. Das trug ihnen noch mehr Haß ein. Um für die Unterdrückung aller Oppositionsregungen im Innern die Hände frei zu haben, mußten sie mit dem Schottenkönig Robert Bruce (1306–1329) und mit Frankreich Frieden schließen, was heftige Empörung auslöste. Schließlich brachte ihre Willkürherrschaft den jungen König und den Adel dazu, gemeinsam zu handeln. Die verhaßte Regierung wurde 1330 gestürzt. Jetzt erst konnte Eduard III. die Regierung wirklich antreten.

Das entscheidende Erlebnis, das die Politik Eduards III. bestimmte, war die Absetzung und Ermordung seines Vaters: die unheilvollen Ereignisse von 1326/27 durften sich nie und nimmer wiederholen. Darum mußten alle Zwistigkeiten im Innern vermieden und alle einflußreichen Kreise und Gruppen, in erster Linie der Adel, in einem gemeinsamen Unterfangen zusammengebracht werden. Eduard verdankte die Macht einem Bündnis mit Heinrich von Lancaster, dem Bruder des größten Widersachers seines Vaters; mit der Zeit begnadigte er die Erben der einstigen Hochverräter und gab ihnen ihre Ländereien und Ämter wieder. Er band den Adel an sich, indem er die Ideale des Rittertums verkündete, die Legenden von König Artus und seiner Tafelrunde belebte, mit einer galanten Geste den Hosenbandorden stiftete und die Nachfahren der alten Ritter in neue Kriegsabenteuer hineinzog. Zuerst wurde in Schottland Krieg geführt: Eduard Balliol und andere große Herren, die Robert Bruce entrechtet hatte, sollten wiedereingesetzt werden und sich dafür mit Schlössern und Gütern erkenntlich zeigen. Dann drängten sich ab 1336 die ungleich größeren Kämpfe in Frankreich in den Vordergrund. Die Magnaten hatten nun reichlich Gelegenheit, im führenden christlichen Königreich Heldentaten zu vollbringen, in einem viel reicheren und schöneren Land als Schottland Beute zu machen und Lösegelder einzutreiben.

Ein Menschenalter lang brachte der Krieg mit Frankreich nicht nur militärische Siege, sondern auch Prestigegewinne für den König und Einigkeit im Innern. Die Erben der Widersacher Eduards II. dienten als Truppenführer in den königlichen Armeen, und des Königs Sinn für Pracht und Schaustellung, für Turniere, Festgelage und Jagdveranstaltungen befriedigte den Hunger der Aristokratie nach farbigem Gepränge und standesgemäßen Vergnügungen. Dafür mußte freilich der König gewichtige Zugeständnisse machen: er konnte einen erfolgreichen Krieg im Ausland nicht führen, ohne allen ernsten Konflikten im Inland auszuweichen; das unterstrich 1341 ein krisenhafter Zusammenstoß, bei dem sich die Magnaten unmißverständlich auf die Verfügungen von 1311 beriefen. Fürderhin mußte Eduard von vornherein nachgeben, wenn mächtige Klassen auf bestimmten Forderungen bestanden. Bei der Auswahl der Minister und Ratgeber berücksichtigte er grundsätzlich die Wünsche und Vorurteile der Aristokratie; der als Parlament geltende erweiterte Rat, der zu Zeiten Eduards I. im wesentlichen als Regierungswerkzeug des Königs gedient hatte, wurde jetzt von den Magnaten beherrscht. Immer häufiger mußte der König das Parlament um Geldmittel für den Krieg angehen, denn die Parlamentsmitglieder, insbesondere die Gemeindevertreter der Landbezirke und Städte, wünschten nicht, daß er sich anderweitig zusätzliche Mittel beschaffe. Angesichts der wiederholten Geldforderungen der Krone mußten sich Ritter und Bürger immer wieder miteinander verständigen, so daß sie am Ende nicht nur eine gemeinsame Körperschaft, das »Haus der Gemeinden«, bildeten, sondern am Ausgang der Regierungszeit Eduards III. auch eine Regelung durchsetzten, die es der Regierung untersagte, sich um außerordentliche Einnahmen auf anderen Wegen als über das Parlament zu bemühen.

Solche Konzessionen an das Parlament schienen, auch wenn sie widerwillig gemacht wurden, lohnend, solange damit Erfolge in Frankreich erzielt werden konnten; auf die Dauer ließen sich aber neue Erfolge nicht heimbringen: dazu reichten die Kräfte des englischen Staates nicht. Aber der Vertrag von Brétigny und Calais hatte England einen so strahlenden Erfolg bescheinigt, daß die Engländer, als nach 1369 schwere Rückschläge einsetzten, nicht glauben wollten, sie seien in ehrlichem Gefecht geschlagen worden. Sie suchten die Erklärung im Versagen der Führung und in Korruption. Dank den Zugeständnissen, die ihnen der König Jahrzehnte früher eingeräumt hatte, konnten Magnaten und Gemeinden ihre Kritik von einer viel günstigeren Ausgangsposition aus üben. Überdies fanden die Oppositionsgruppen, da Eduard III. seine Söhne mit Töchtern aus reichen und mächtigen Häusern verheiratet hatte, in der Königsfamilie selbst die unabhängigen und unerschrockenen Führer, die sie brauchten. Eduard, einst leuchtendes Vorbild des Rittertums, war vorzeitig senil geworden; er ließ sich von einer unbedeutenden Mätresse gängeln und konnte

Ein Ritter der Stadt Prato
Miniatur in einer Huldigungsadresse der Stadt an König Robert von Neapel, 1335–1340
London, British Museum

Richard II. von England mit seinen Schutzheiligen im Gebet
Aus dem linken Flügel des Wilton-Diptychons, 1380–1390
London, National Gallery

weder der verschiedenen Richtungen Herr werden, die um Einfluß auf die Regierung kämpften, noch die Angriffe des Parlaments auf seine Minister und Freunde abwehren. Als er starb, fiel der Thron an seinen zehnjährigen Enkel Richard II. (1377–1399). Unter dem Regentschaftsrat, in dem verschiedene Parteien miteinander stritten, verschlechterte sich die Kriegslage immer mehr. Die militärischen Operationen in Frankreich, zu denen auch noch der Seekrieg und die ständigen Kämpfe gegen die Schotten kamen, zogen neue finanzielle Belastungen der Bevölkerung nach sich. Eine Kopfsteuer wurde eingeführt, die so ungerecht eingetrieben wurde, daß sie 1381 einen Bauernaufstand auslöste. Außer dem vierzehnjährigen König, der mutig und der Lage gewachsen schien, zeigten sich im Verlauf des Aufstands so gut wie alle Angehörigen der Regierung und der herrschenden Klassen untätig und kampfunlustig.

Diese Erfahrung mag Richard II. die Gefahren der aristokratischen Mißwirtschaft klar vor Augen geführt haben. Überzeugt davon, daß Gott ihn – trotz der Machenschaften seines Oheims Johann von Gent, des Herzogs von Lancaster – auf den Thron gebracht habe, hatte er sich schon als leicht beeinflußbarer Halbwüchsiger an die dem König gezollte Ehrerbietung gewöhnt; da er regierender Monarch sein wollte, aber körperlich zu schwach war, um gleich Vater und Großvater Kriegslorbeeren zu ernten, legte er bewußt gesteigerten Wert auf Königswürde und königliche Vorrechte und forderte sie taktlos und ungeschickt. Schon binnen wenigen Jahren hatte er Magnaten und Gemeindevertreter im »Erbarmungslosen Parlament« von 1388 zu entschlossenem Widerstand gereizt, an dessen Spitze sich sein Onkel Thomas von Gloucester stellte; alle seine Freunde wurden ermordet, gefangengesetzt, verbannt oder um Hab und Gut gebracht. Sieben Jahre lang lebte der König von Rachegelüsten; dabei baute er ein Privatheer auf und versuchte, den Papst und den König von Frankreich als Bundesgenossen zu gewinnen. Dann schlug er auf seine Feinde los und hatte Spaß daran, sie nach der Methode verurteilen zu lassen, die 1388 gegen seine Freunde angewandt worden war. Der Erfolg ließ ihn glauben, daß sein königliches Vorrecht genügen müsse, noch brutalere Maßnahmen gegen Personen von Rang und Einfluß zu rechtfertigen; unter den ausersehenen Opfern war auch der älteste Sohn und Erbe Johanns von Gent, Heinrich von Lancaster (später Heinrich IV.), der mächtigste Magnat im Lande. Damit erschütterte Richard das Fundament seines Herrschaftsgebäudes, das sofort zusammenstürzte, als Heinrich von Lancaster 1399 rebellierte und seinen Anspruch auf den Thron anmeldete. In das System der autokratischen Monarchie schlug die Absetzung Richards II. eine große Bresche.

Bei allen Schwierigkeiten war Richard II. eine nicht ganz so prekäre Rolle zugefallen wie den schottischen Königen. Die Folgen der zähen Kämpfe mit England waren Armut, Fehden und Gewalt; daß David II. aus dem Hause Bruce (1329–1371) lange Zeit als Minderjähriger den Thron innehatte, machte die Dinge nicht besser. Dadurch vermehrte sich die Übermacht der ungestümen Stammeshäuptlinge und Grundherren; ihre Tapferkeit und Kampfeslust trugen zwar zur Erhaltung der Unabhängigkeit Schottlands bei, aber ihre unaufhörlichen Fehden und ihr unersättlicher Land- und Machthunger machten jede Hoffnung auf inneren Frieden zunichte. Das größte dieser Herrengeschlechter war das Haus Douglas.

Als Eduard III. im vierten Jahrzehnt des 14. Jahrhunderts in Schottland einfiel, wurde die Situation so bedenklich, daß der junge König David zur Sicherheit nach Frankreich gebracht werden mußte. Er konnte zwar 1341 zurückkehren, geriet aber 1346, als er den Franzosen mit einem Einfall in England zu Hilfe zu kommen suchte, bei Neville's Cross in englische Gefangenschaft. Die Engländer ließen ihn erst frei (1357), nachdem er sich verpflichtet hatte, ein erdrückendes Lösegeld zu zahlen, und er verbrachte den Rest seines Lebens damit, diese Schuld zu tilgen und sich mit den unbotmäßigen Vasallen auseinanderzusetzen, die das Königtum terrorisierten. Er starb 1371, ohne Kinder zu hinterlassen, und an seine Stelle trat der Sohn seiner Schwester, Robert II. Stewart (1371–1390), der Träger des erblichen Hofmeisteramtes *(stewardship)*.

Es fiel Robert nicht leicht, sich gegen die Vasallen zu behaupten; am widerspenstigsten führte sich das Geschlecht der Douglas auf, das sich 1388 mit einem unvergeßlichen Sieg über England Ruhm und Glanz gesichert hatte. Noch geringere Macht hatte sein Sohn und Nachfolger Robert III. (1390–1406), ein entschlußloser Krüppel. Auf ihn drückten nicht nur die großen Lords, sondern auch sein ehrgeiziger Bruder, der anscheinend Roberts ältesten Sohn ermorden ließ. Der König wollte nun seinen einzigen überlebenden Sohn Jakob in Frankreich in Sicherheit bringen und starb plötzlich, als Jakob unterwegs den Engländern in die Hände fiel.

Trotz allen Wirren gab es auch in dieser Periode der schottischen Geschichte mäßige Fortschritte auf dem Wege zum Verfassungsstaat und einigen kulturellen Aufschwung. Die Vertreter der Städte wurden zur Teilnahme an Parlamentstagungen aufgefordert, und einige wohnten auch tatsächlich neben Beauftragten der Geistlichkeit den Beratungen bei. Allerdings wurde 1367 ein besonderer Ausschuß mit der Ausübung der Rechte des Parlaments beauftragt, und die übrigen Parlamentsmitglieder – Barone, Prälaten und Bürger – zogen zur Erntearbeit nach Hause. Das wiederholte sich mit der Zeit immer häufiger; dem Ausschuß überließ das Parlament aus freien Stücken seine sämtlichen Befugnisse, bisweilen sogar das Recht der Mittelbewilligung. Ruhmvoller war die Entwicklung einer schottischen Literatur im nordenglischen Dialekt; John Barnours *Bruce*, ein Epos des Aufbegehrens gegen ein ungerechtes Schicksal, fand wie das Rolandslied in Frankreich allgemeinen Anklang als große nationale Dichtung.

Für Irland war Robert Bruce, den Schottland als Heros feierte, ein Unglück. Nach dem Sieg von Bannockburn legte sein Bruder Eduard Bruce Irland in Schutt und Asche; unter seiner Herrschaft brachen über das Land Raub, Hunger und Mord herein. Als er 1381 starb, schrieb ein irischer Chronist: »Keine größere Wohltat ist den Menschen von ganz Erin seit der Entstehung der Welt widerfahren.« Von den Folgewirkungen der Bruce-Heimsuchung sollte sich die anglo-normannische Herrschaft in Irland nicht mehr erholen. Die Einschmelzung der einstigen englischen Eroberer schritt so rasch fort, daß Lionel von Clarence, der englische Gouverneur, 1366 das »Gesetz von Kilkenny« veranlaßte, womit jede Vermischung von Engländern und Iren (Mischehen, Pflegekinder und ähnliches), ferner in den englischen Bezirken die Benutzung der gälischen Sprache und Rechtsprechung nach irischem *brehon*-Recht verboten wurden. Aber die Verbote versagten, die englischirischen Barone wurden immer mehr zu bewußten Iren, und die Zone mit englischer

Verwaltung, das »englische Gehege«, schrumpfte stetig zusammen. Auf Richard II. machte die akute Krisensituation in Irland einen so großen Eindruck, daß er das Land zweimal besuchte, 1394 und 1399; während seines zweiten Besuches fiel Heinrich von Lancaster in England ein, und Richard mußte vorzeitig heimkehren. Damit endeten zunächst für ein Jahrhundert die englischen Versuche, Irland zu »befrieden« oder direkter englischer Herrschaft zu unterwerfen.

Pyrenäen-Kontraste

Gegen Ende des 13. Jahrhunderts hatten sich die Königreiche der Pyrenäenhalbinsel weitgehend gefestigt. Freilich blieb die Tatsache, daß die Gebirgszüge die Landschaft in relativ isolierte Teile gliederten. Die staatliche Sonderung und der lang währende wütende Kampf gegen die Araber hatten – vor allem in Kastilien – eine kriegerische Aristokratie gestärkt. Das ganze 14. Jahrhundert hindurch mußten daher die Könige gegen eine mächtige Adelsschicht ankämpfen; in den einzelnen Königreichen nahm diese Auseinandersetzung allerdings verschiedene Formen an.

Im Königreich Aragon hatte die Rolle Kataloniens im Seeverkehr Reichtum und Gewicht der Städte, in erster Linie Barcelonas, vermehrt und das ehrgeizige Streben der Könige nach Beherrschung des Mittelmeers angespornt. Die Städte waren gerade zu der Zeit mächtiger geworden, da die Könige ihr Geld brauchten. Dadurch wurde die Entstehung der einflußreichen Ständeversammlungen, der Cortes, in Aragon und den ihm angegliederten Territorien Katalonien und Valencia gefordert. Eine entscheidende Schwäche der Cortes sollte später deutlich zutage treten: die Mittel, die sie den Königen bewilligten, mußten von den Städten aufgebracht werden, da die Verpflichtungen des Adels und der Ritterschaft durch persönliche Dienste abgegolten wurden. Außerdem entsprach die Vertretung der Städte eher der des dritten Standes in Frankreich als etwa der Vertretung der Gemeinden in den Grafschaftsbezirken Englands; und obgleich der Zuständigkeitsbereich der Städte in der Regel über die Stadtmauern hinausgriff, fanden die Stadtbürger in den Cortes nicht die Unterstützung der Ritter; es entstand kein gemeinsames Unterhaus.

Immerhin waren die Befugnisse der Cortes von Aragon im 14. Jahrhundert recht eindrucksvoll. Weder in Katalonien noch im eigentlichen Aragon konnte ein Gesetz ohne die Zustimmung der Cortes Rechtskraft erlangen; die Cortes konnten den Königen die förmliche Anerkennung mancher wesentlichen Rechte abringen, die über die Befugnisse des englischen Parlaments zur selben Zeit weit hinausgingen. Im Kampf um solche Rechte spielten die Beauftragten der Städte eine bedeutende Rolle. Nach dem *Privilegio de la Unión* von 1288 durften die Cortes einen König absetzen, der ihre Rechte verletzte; die Cortes Aragons durften einen Ausschuß berufen, der in der Zeit zwischen den Cortes-Tagungen die Verwendung der von ihnen bewilligten Mittel zu beaufsichtigen und über den Vollzug der von ihnen beschlossenen Gesetze zu wachen hatte.

Der erste König von Aragon im 14. Jahrhundert, Jakob II. (1291-1327), brachte es fertig, sich über einige der extremen Bestimmungen des *Privilegio de la Unión* hinwegzusetzen, weil er seinen Untertanen ein größeres Maß an Recht und Ordnung gewährte und die zentrale und lokale Verwaltung wie auch die Gerichte ausbaute. Bis auf die Teileroberung Sardiniens war seine Außenpolitik nicht sehr ergebnisreich, aber es war ihm gelungen, der Krone größere Autorität im Innern zu verschaffen. Dieses Mehr an Prestige wurde von seinem Sohn Alfons IV. (1327-1336) wieder verschlissen: seine Herrschaft stand im Zeichen der Wirren, die seine zweite Frau mit ihren Bemühungen, den Thron für ihre Söhne zu erobern, heraufbeschworen hatte. Dennoch folgte ihm der legitime Thronerbe Peter IV. (1336-1387), der sich als eine gebieterische Gestalt erwies.

Peter IV. annektierte das Königreich Mallorca und erwarb das katalonische Herzogtum Athen. Folgenreicher noch als seine Kriege war sein entscheidender Sieg über den aufsässigen Adel Aragons und Valencias. Als er unter Mißachtung des Gesetzes seine Tochter als Erbin einsetzen wollte, begann ein schwerer Kampf, der nach vielen Rückschlägen 1348 mit dem Sieg des Königs endete. Peter IV. widerrief das *Privilegio de la Unión* und verhängte grausame Strafen über seine führenden Widersacher; klugerweise verzichtete er jedoch darauf, die alten Freiheitsgarantien anzutasten. Er erweiterte sogar die Befugnisse des *justizia mayor*, dessen Aufgabe es war, jede Verletzung verbriefter Rechte zu verhindern und jeden Angeklagten, solange er nicht gesetzlich verurteilt war, zu schützen. Als dieser kraftvolle, grausame und skrupellose König starb, hatte er allerdings allen Anhang verloren; trotzdem hinterließ er die Monarchie machtvoller, als er sie vorgefunden hatte. Sein Sohn Johann I. (1387-1395) konnte sogar daran denken, das Königreich Sizilien durch Heirat zu erwerben.

Von der Achtung für Recht und verfassungsmäßig gesicherte Freiheit, die die aragonische Föderation kennzeichnete, hob sich sichtbar das anarchische Durcheinander in dem nur lose zusammengefügten Königreich Kastilien ab. Die durch natürliche Barrieren und einschneidende Klimaunterschiede bedingte Uneinigkeit vervielfachte die Machtansprüche der widerspenstigen Feudalherren und der allzu stürmischen Kirchenführer; die langen Kriege der Reconquista hatten diese Ansprüche groß und größer werden lassen. Eine gewisse Rechtsgrundlage fand die Neigung des Adels zu nackter Gewalt darin, daß Privatkriege als erlaubt galten und Lehnsverpflichtungen nicht anerkannt wurden; das machte es für den König nicht einfacher, das Land zu regieren. Die Städte waren zu schwach und zu sehr auf lokale Interessen bedacht, als daß sie der Monarchie im Kampf gegen Adel und Prälaten hätten wirksam beistehen können; die Risse im Staatsgefüge wurden dadurch vertieft, daß sich verschiedene Rechtssysteme – germanischen, königlichen, regionalen, ständischen oder kommunalen Ursprungs – überschnitten und daß das Königreich zahlenmäßig starke Gemeinschaften von Muslimen und Juden beherbergte. Es gab zwar die Institution der Cortes, aber ihr fehlte die Organisation, die den Cortes Aragons ihre Aktionsfähigkeit sicherte; eine Gemeinsamkeit der Interessen bestand um so weniger, als Adel und Geistlichkeit volle Steuerfreiheit genossen.

In der Praxis war deswegen die theoretisch starke kastilische Monarchie ungewöhnlich schwach: ihr standen übermächtige Untertanen gegenüber; sie stieß oft auf Gehorsamsverweigerung der Provinzen; politische Mißgriffe lähmten ihre zersplitterten Energien. Ferdinand IV. (1295–1312) hatte die Regierung als Minderjähriger inmitten wütender Richtungskämpfe angetreten; er hinterließ die Regierung einem einjährigen Sohn, Alfons XI. Die lange Zeit der Minderjährigkeit des neuen Königs machte Kastilien zur Beute der Adelsfehden und der arabischen Vorstöße. Als Alfons älter wurde, erwies er sich als ungewöhnlich begabt und tüchtig. Er unterwarf den Adel, schlug die Araber zurück, führte eine strengere Aufsicht über die Städte ein, beschaffte zusätzliche Mittel mit Hilfe einer Umsatzsteuer und vereinheitlichte die Gesetze im *Ordenamiento de Alcalá* von 1348.

Nach seinem Tode rief die ungezähmte Brutalität und Gewaltsucht seines Sohnes Peter des Grausamen (1350–1369) Aufstände hervor. Sie führten schließlich dazu, daß Peters Halbbruder Heinrich von Trastamara Thronansprüche geltend machte und dabei von Aragon und Frankreich unterstützt wurde. Den König retteten sein Bündnis mit dem Schwarzen Prinzen und der Sieg von Nájera (1367); da er aber anschließend Hinrichtungsorgien veranstaltete und seine Schulden an den Schwarzen Prinzen nicht bezahlte, verlor er seinen einzigen Bundesgenossen. Er wurde von seinem Halbbruder besiegt und getötet. Gegen Heinrich (1369–1379), den Frankreich protegierte, wandten sich indes nicht nur Portugal und England, sondern auch sein früherer Verbündeter Aragon. Um sich auf dem schwankenden Thron zu behaupten, mußte er die Adligen mit üppigen Ländereien und Einkünften beschenken. Die Krone wurde weiter geschwächt.

Unter dem tüchtigen Regiment Johanns I. (1379–1390) konnte die Krone zwar einiges zurückgewinnen, aber nach Johanns Tod kam wieder eine längere Zeit der Herrschaft eines Minderjährigen und damit eine noch schlimmere Anarchie. In den Jugendjahren Heinrichs III. (1390–1406) führten die Adligen von neuem Kriege gegeneinander, die den Menschen Not und Elend brachten. Aus Heinrich wurde ein charakterfester Herrscher: er hielt die Adligen in Schach, wehrte einen portugiesischen Angriff ab und vernichtete die marokkanischen Seeräuber. Aber er hatte keine kräftige Konstitution; er starb 1407, noch nicht dreißig Jahre alt, mitten in Vorbereitungen zu einem Einfall in Granada. Die Lösung der brennenden Fragen, Sicherung von Ordnung und Einheit und Vertreibung der Araber aus Spanien, blieb späteren Generationen vorbehalten.

Ein geruhsameres und freundlicheres Schicksal war Portugal beschieden. Es erfreute sich einer Einheit, die Kastilien nicht erlangen konnte; das Land war fruchtbarer; den atlantischen Winden verdankte es ein gleichmäßigeres Klima. An den Mündungen der großen Flüsse Douro und Tejo hatte die Natur in Oporto und Lissabon vorzügliche Häfen für das fruchtbare Hinterland und für die Seefahrt geschaffen, deren Schiffe das Mittelmeer und den Atlantik bis nach Flandern und England befuhren. Mit einer Ausnahme konnten Portugals Könige im 14. Jahrhundert den Wohlstand des Landes heben und die Monarchie stärken. Der erste König des Jahrhunderts, Diniz (1279–1325), kümmerte sich um die friedliche Entfaltung des Landes und hatte so große Erfolge in der Land- und Forstwirtschaft, im Bergbau, in der Fischerei und Schiffahrt, daß er den Grund legte für Portugals große Unternehmungen im 15. Jahrhundert. Er war ein Dichter, und in seiner Regierungszeit entwickelte sich der portugiesische Dialekt zu einer nationalen Schriftsprache mit eigener Literatur. Sein Sohn Alfons IV. (1325–1357) war angriffslustiger; aber sowohl er als auch sein Sohn Peter I. (1357–1367) führten die gute Arbeit der Regierungszeit Diniz' fort; sie kodifizierten die Gesetze, regelten die Beziehungen zwischen Staat und Kirche, reorganisierten die Verwaltung und förderten das Wachstum der Städte.

Rückschläge kamen unter Ferdinand I. (1367–1383). Er war verschwenderisch, unbeständig und untüchtig und forderte bald kastilische Einfälle heraus; fast wurde Portugal überwältigt. Nach Ferdinands Tod weigerten sich die Portugiesen allerdings, die Herrschaft Kastiliens hinzunehmen, und ihre Cortes wählten Ferdinands illegitimen Sohn Johann (1385–1433) zum König. Sein Regierungsantritt stand im Zeichen eines glänzenden Sieges über das kastilische Heer bei Aljubarotta. Das war der Beginn einer langen und weisen Herrschaft, die so erfolgreich war, daß sie dem König das Prädikat des »Großen« eintrug.

Aber sogar den blühenden Wohlstand Portugals stellte das kleine arabische Königreich Granada in den Schatten. Dank der Schwäche Kastiliens und den Bruderkriegen der christlichen Staaten vor dem Untergang bewahrt, konnte die Nasridendynastie in Ruhe regieren. Unter ihrer segensreichen Herrschaft, von der als unvergängliches Denkmal der Alhambra-Palast bleibt, wurde das ganze Genil-Tal ein üppiger Garten. Granada erlebte seinen Altweibersommer.

Skandinavische Union?

Wenn die Länder Skandinaviens auch in vielem anders waren als die iberischen, so gab es doch zwischen ihnen manche Berührungspunkte. Alle gehörten sie der Gemeinschaft des Christentums an, die im Alltag immer noch ein wirksames Bindeglied war: für die heilige Birgitta von Schweden war es 1341 etwas Selbstverständliches, eine Pilgerfahrt nach Spanien zum Schrein des heiligen Jakobus von Compostela zu unternehmen. Wie in Kastilien und Aragon war auch in Skandinavien der Kampf des Adels um die Beherrschung der Monarchie und die Behauptung seiner Selbständigkeit und Unabhängigkeit im lokalen Rahmen eins der zentralen Themen des Jahrhunderts.

Skandinavien – das galt vor allem für Norwegen und Schweden – lag im 14. Jahrhundert noch abseits der Hauptzentren der westlichen Kultur, und die Verkehrsverbindungen in den skandinavischen Ländern – nur Dänemark war eine Ausnahme – ließen viel zu wünschen übrig. Darum blieb die Gesellschaftsstruktur Skandinaviens – wiederum bis auf Dänemark – in hohem Maße konservativ. Der Feudalismus war hier später emporgekommen als in den südlicheren Ländern Westeuropas; noch waren die bürokratischen Tendenzen im Staatsgebilde schwach. Doch gab es Bestrebungen, das Staatsganze fester zusammenzufügen. Im großen und ganzen weiteten die Adligen ihre Herrschaft über die Bauernschaft aus. Die größten Adelsgeschlechter gingen nicht nur eheliche Verbindungen mit dem skandinavischen Adel jenseits der Landesgrenzen ein, sondern erwarben auch Grundbesitz in ganz Skandinavien. Über die Grenzen hinweg wuchs das Bewußtsein der Klassensolidarität des Adels. Den Königen kam die Intensivierung des Handels mit den wirtschaftlich erstarkenden europäischen Ländern nur in begrenztem Umfang zugute, denn ihre Gläubiger, in erster Linie der Hansebund der norddeutschen Städte, steckten die meisten Gewinne ein und brachten allmählich den Handel und die Fischerei Skandinaviens unter ihre Kontrolle. Für die skandinavischen Monarchen war das 14. Jahrhundert eine Zeit der Ohnmacht.

Erik V. von Dänemark wurde, von der Kirche und vom Adel besiegt, 1286 ermordet, und auf den Thron kam ein Säugling, Erik VI. (1286–1319). Damit begann eine Kette von Kriegen, die dem Adel in allen drei Königreichen zugute kamen. Erik VI. wehrte sich tapfer, nahm sich aber zuviel vor, und als er kinderlos starb, diktierte der Adel seinem aufsässigen Bruder Christoph die Bedingungen, unter denen er König werden durfte. Er war der erste dänische König, der bei seiner Wahl Kapitulationsartikel beeiden mußte, mit denen er sich einem alljährlich zusammentretenden Parlament aus Adligen und Prälaten unterwarf. Sein Versuch, neue Steuern zu erheben, führte zum Bürgerkrieg, der ihn aus dem Land trieb. Er hatte, als er 1332 starb, alles Krongut verloren. Acht Jahre lang gab es überhaupt keinen König.

Erst 1340 wurde Waldemar IV. (1340–1375), Eriks einzig überlebender Sohn, aus Deutschland zurückgerufen. Der neue König zeichnete sich durch staatsmännische Eigenschaften und unbezwingbare Beharrlichkeit aus; er erhielt den Beinamen *Atterdag*, weil er zu sagen pflegte: »Morgen kommt noch ein anderer Tag.« Mit Hilfe der Kirche kam er nach und nach zu Vereinbarungen mit seinen schlimmsten Rivalen und eroberte für die Krone sogar einige der verlorenen Einnahmequellen zurück. Aber auch er konnte die Umstände nicht bezwingen. Er versuchte, sein unzureichendes Einkommen durch Erhebung von Zöllen im Sund zu erhöhen, was ihn in einen Konflikt mit der mächtigen Hanse brachte, und seine ungetreuen Adligen schlugen sich auf die Seite des Feindes. Auf die früheren Erfolge folgte eine schwere Niederlage; im Frieden von Stralsund (1370) erreichte die Hanse niedrigere Zölle und vollen Schutz für ihren Handel. Für die Dauer von sechzehn Jahren trat Dänemark der Hanse die wichtigsten Städte in Schonen und zwei Drittel der Einkünfte des Bezirks ab. Dänische Könige durften hinfort nur mit Zustimmung der Hanse gewählt werden.

Fast ebenso gefahrenreich war das Jahrhundert für die anderen skandinavischen Monarchien. Der Versuch Hákons V. von Norwegen (1299–1319), alle Lehen wieder an sich zu ziehen, scheiterte; nach seinem Tode konnte sich der Adel von neuem der Herrschaft bemächtigen, denn sein Nachfolger Magnus II. (1319–1363), Sohn seiner Tochter Ingeborg und eines schwedischen Herzogs, war noch ein Kind. In Schweden versuchte König Birger (1290–1318), seine Machtstellung dadurch zu festigen, daß er 1317 seine rebellischen Brüder gefangennahm und ums Leben brachte; aber der Sohn eines der Ermordeten war der neue norwegische König Magnus, und mit norwegischer Hilfe vertrieben die schwedischen Adligen König Birger und erhoben Magnus auch auf den schwedischen Thron. Nachdem er volljährig geworden war, kümmerte er sich tatsächlich um schwedischen Interessen. Er führte 1347 die Kodifizierung des vielgestaltigen Rechts für ganz Schweden durch und festigte damit die Einheit des Landes. Er erkannte, daß Schweden die dänische Provinz Schonen mit ihrer Fischereiwirtschaft als westlichen Zugang zur See brauchte, und kaufte sie 1333 dem Grafen von Holstein ab. Der Kaufpreis überstieg jedoch seine schwachen finanziellen Kräfte. Der Adel empörte sich über die dafür erhobenen

Steuern, Waldemar Atterdag von Dänemark wollte Schonen für sich haben, und die heilige Birgitta unterstützte den Adel gegen Magnus. Die Adligen erhoben sich 1363 und machten Magnus' Neffen Albrecht von Mecklenburg zum König. Magnus wurde 1365 gefangengenommen und zog es vor, sich nach Norwegen zurückzuziehen.

In der Regierungszeit Albrechts (1363–1389) sank die Königsmacht auf ihren tiefsten Stand; der König mußte das Regieren dem Rat der Adligen überlassen. Unterdes zeichnete sich am Horizont ein neuer Stern ab: in Norwegen hatte 1363 der neue König Håkon VI. Waldemar Atterdags Tochter, Margarete, geheiratet; ebenso ehrgeizig und zielbewußt wie ihr Vater, war sie geschickter und diplomatischer im Umgang mit Menschen und hatte mehr staatsmännischen Sinn fürs Manipulieren widerstreitender Interessen. Sie erreichte, daß ihr Sohn Olaf, als Atterdags Enkelkind seit 1376 auf dem dänischen Thron, 1380 unter ihrer Regentschaft auch König von Norwegen wurde. Als der Schwedenkönig Albrecht 1386 den Kampf gegen den mächtigsten Feudalherrn im Land aufnahm, wurde Olaf vom schwedischen Adel zu Hilfe gerufen, starb aber schon im folgenden Jahr. Dennoch gelang es Margarete, Albrecht zu stürzen und 1389 auch gefangenzunehmen.

Jetzt ging sie daran, eine dauerhafte Vereinigung der drei Königreiche zu verwirklichen. Sie brachte es zuwege, ihren (und Albrechts) siebenjährigen Großneffen Erich von Pommern (Erik XIII.) zum König aller drei Länder ausrufen zu lassen, und 1397 wurde der Fünfzehnjährige in Kalmar im Beisein der großen Adelsherren aus allen skandinavischen Bezirken als König ganz Skandinaviens gekrönt. Eine Unionsakte schrieb eine gemeinsame Thronfolgeregelung und ein Dauerbündnis der drei Länder vor, wiewohl jeder der drei Staaten seine eigenen Gesetze behalten sollte. Margarete blieb weiter an der Regierung: Erik XIII. war ihr gelehriger Schüler. Als das reichste und am weitesten ausgebaute der drei Königreiche wurde Dänemark zum Zentrum der Regierungsgewalt. Dänen besetzten alle freien Bischofssitze und fast alle norwegischen und schwedischen Regierungsämter; in beträchtlichem Umfang wurde daneben auf deutsche Einwanderer zurückgegriffen, die als loyal und tüchtig galten. Margarete setzte die von ihrem Vater begonnene Politik der Rückeroberung der Güter, Schlösser und Lehen fort, die der Krone in den Jahrzehnten zuvor genommen worden waren. Als sie 1412 starb, schienen die Macht der Krone und die Union der drei Länder gesichert zu sein.

Doch hatten sich die Norweger mit der Union nie abgefunden, und die Schweden fanden immer mehr an ihr auszusetzen. Ein Menschenalter nach Margaretes Tod brachten Aufstände in Schweden und Norwegen Erik XIII. zu Fall. Die Kalmarer Union war zerbrochen, und der Adel saß wieder fest im Sattel.

Osten und Südosten am Vorabend des Türkeneinbruchs

Schneller als in Skandinavien breitete sich die lateinische Zivilisation im Osten Mitteleuropas aus. An den südlichen Gestaden der Ostsee war die Herrschaft der Deutschordensritter und des Bundes der Hansestädte ein Sieg für die Kultur des Abendlandes.

Mit ihr kamen zwei wesentliche Bestandteile der westlichen Daseinsform ins Land: die Feudalherren und die handeltreibenden freien Städte. In Polen, Böhmen und Ungarn brachte der Prozeß der Zivilisierung im Sinne des christlichen Abendlandes die Königsgewalt und die Aristokratie nach westlichem Modell mit sich, förderte zugleich aber auch die Entwicklung der Nationalkulturen, der slawischen ebenso wie der magyarischen. Obgleich sie ihre eigenen nationalen Einrichtungen entwickelten, schlossen sich diese Länder im 14. Jahrhundert enger an den Westen an. Ihre Religion war das katholische Christentum, ihre Zivilisation wurde zunehmend lateinisch und westlich, und sie unterlagen in höherem Maße dem Einfluß des französischen Rittertums, der französischen Kunst und der abendländischen Frömmigkeit.

Das 14. Jahrhundert war die Zeit der höchsten Blüte des Deutschen Ordens. Er bemächtigte sich 1309 Pommerellens und schnitt damit Polen vom Zugang zur See ab; um 1310 beherrschte er die gesamte südöstliche Ostseeküste: Pommerellen, Preußen, die Küstenbezirke Samogitiens, Kurland und Livland. Was die Polen mit erbittertem Kampf und religiöser Inbrunst nicht erreicht hatten, erreichten die Ordensritter mit dem Bau von Festungen, mit der Beherrschung der Seeschiffahrt, mit Methode und Disziplin.

Dem Orden standen aber weiterhin zwei starke und böse Feinde entgegen, die Polen und die Litauer. Obgleich die litauischen Bauern zumeist dem griechisch-orthodoxen Glauben anhingen, war die herrschende Klasse Litauens zu Beginn des 14. Jahrhunderts noch überwiegend heidnisch, was dem Deutschen Orden den Vorwand zu brutal rücksichtslosem Vorgehen lieferte. Sein Ziel war die Ausrottung der Litauer geworden; zur Vergeltung wurden gefangengenommene Ordensritter von den Litauern in voller Rüstung verbrannt. Der Orden ging zunächst auf die Eroberung der Inlandsbezirke Samogitiens aus und rückte von dort gegen das eigentliche Litauen vor. Zu Hilfe kamen ihm Kreuzfahrerscharen aus allen Ländern, denn auf Kreuzzüge in Preußen auszuziehen war die Rittermode Europas geworden.

Ungeachtet eines grimmigen Bauernaufstands in Livland (1343), dem Schwarzen Tod trotzend, schob sich der Orden immer weiter vor. Er konnte 1346 sein Herrschaftsgebiet im Norden abrunden, indem er den Dänen Estland abkaufte. Unter dem Hochmeister Winrich von Kniprode (1351–1382) erreichte der Orden den Höhepunkt seiner Machtentfaltung. Mit Hilfe seßhaft werdender deutscher Adliger, freier deutscher Bauern und sechzig blühender deutscher Städte wurde Preußen weitgehend germanisiert. Aber zwei Jahre nach Winrichs Tod bekehrte sich Jagiello, der Großfürst von Litauen, zum katholischen Christentum und heiratete die polnische Thronfolgerin Jadwiga. Die Christianisierung Litauens konnte nicht mehr das Ziel des Deutschen Ordens oder der Antrieb zu Kreuzzügen sein; dem Deutschen Orden aber war ein beängstigend gefährlicher Feind erstanden.

Die Ausbreitung der Ordensherrschaft war durch die Uneinigkeit Polens begünstigt worden. Der Tod des letzten Böhmenkönigs aus der Přemyslidendynastie, Wenzels III. (1305/06), der das südliche Polen beherrscht hatte, gab Wladislaw I. (1306–1333) die Chance, Polen zu einigen. Obgleich er Pommerellen an den Deutschen Orden abgeben mußte, besiegte er die Deutschen von Posen und Klein-Polen und behauptete sich gegen die Ansprüche König Johanns von Böhmen. Er war 1320 stark genug, sich als König von Polen krönen zu lassen.

Hatte sich Wladislaw I. durch seine Hartnäckigkeit ausgezeichnet, so zeigte sich sein Sohn Kasimir III. (»der Große«, 1333–1370) als der listenreichere Staatsmann: er hielt es für richtiger, mit den Deutschordensrittern und mit König Johann Frieden zu schließen, um Polen einigen und gegen die weniger gefährlichen östlichen Mächte vorrücken zu können. Er fand sich also mit dem Verlust Pommerellens und Schlesiens ab, nahm aber dafür den Litauern das ruthenische Galizien ab.

Unter ihm erlebte Polen einen allgemeinen wirtschaftlichen Aufstieg, der sich in allen Teilen der Gesellschaft auswirkte. Der ländliche Kleinadel profitierte am meisten; künftighin sollten alle Personen adliger Abstammung als Angehörige der *szlachta* in den Genuß gleicher Vorrechte kommen. Die Bauern standen unter dem Schutz des königlichen Hofes. Begünstigt wurde die Einwanderung von Juden, die in anderen Reichen verfolgt wurden. Die Städte wurden eifrig gefördert, aber dem Verbot unterworfen, sich bei Rechtsstreitigkeiten an deutsche Städte zu halten. In der Pflege des Rittertums, des Bauwesens und der Wissenschaften folgte Kasimir westlichen Vorbildern; in Krakau stiftete er eine polnische Universität. Zugleich wirkte er auf die Vereinheitlichung des Landes hin; die Verwaltung wurde in jedem Bezirk einem königlichen Gouverneur *(starosta)* unterstellt, das geltende Recht in einem systematisierten Kodex zusammengefaßt.

Hatte Kasimir für den Wohlstand Polens viel Positives getan, so schadete er, ohne es zu ahnen, dem Land und der Monarchie mit seinem dynastischen Plan. Da er keinen Sohn hatte, vererbte er die Krone seinem Schwiegersohn Ludwig dem Großen von Ungarn (1370–1382), der aber wiederum nur Töchter hinterließ. Traditionell galt in Polen der Grundsatz der männlichen Thronfolge. Um trotzdem einer seiner Töchter den polnischen Thron verschaffen zu können, mußte Ludwig 1374 der Schlachta Steuerfreiheit und den Provinzen die Besetzung aller Beamtenposten mit Einheimischen zusichern. Die Schlachta erhielt damit eine besonders bevorzugte Position – zum Schaden der Krone und ihrer Finanzen. Mit der gesicherten Erbschaft war allerdings Ludwigs Tochter Jadwiga zur idealen Partie für den litauischen Großfürsten Jagiello geworden, der um der polnischen Heirat willen sogar zum Katholizismus übertrat. Aus den bis dahin getrennten Nachbarländern wurde ein großer und mächtiger Staat, der es nun auch mit dem Deutschen Orden aufnehmen konnte. Aber im Endergebnis ebneten die Zugeständnisse, zu denen sich Ludwig der Große hatte 1374 bequemen müssen, den Weg für eine Wahlmonarchie.

Noch mehr als in Polen machte sich der Einfluß des christlichen Abendlandes in Böhmen geltend. Die deutsche Einwanderung und die Politik der Přemyslidenkönige hatten bereits die Grundlagen einer feudalen Ordnung geschaffen und das Land zweisprachig gemacht. Als Wenzel III., der letzte Přemyslide, 1306 ohne männliche Erben starb, zog unter der schwachen Regierung seines Schwagers Heinrich von Kärnten eine Zeit der Wirren herauf. Heinrich wurde 1310 abgesetzt und die Krone Böhmens Johann von Luxemburg angeboten. Er war der Sohn Kaiser Heinrichs VII. und hatte Wenzels jüngste Schwester Elisabeth geheiratet.

Weil er die Deutschen begünstigte, geriet Johann bald in Konflikt mit dem tschechischen Adel. Im Gefolge eines Bürgerkrieges mußte er sich 1318 verpflichten, nur noch Tschechen in Staatsämter zu berufen. Nach dieser Niederlage lebte er meistens außerhalb Böhmens, auch wenn er der böhmischen Krone zu Eger, der Oberlausitz und fast ganz Schlesien verhalf. Er, der blinde Ritter, fiel 1346 als Verbündeter der Franzosen auf dem Schlachtfeld von Crécy. Das war das Sinnbild seines ganzen Lebens: er war ein glanzvoller, unbekümmerter, leichtfertiger Jünger des Rittertums, ganz der französischen Kultur seiner Kindheit und Jugend verhaftet. Seinen ältesten Sohn Wenzel hatte er in Paris erziehen lassen, wo aus Wenzel Karl wurde. Der künftige Kaiser wurde in Paris, ohne Böhmen vergessen zu können, ein begeisterter Verehrer der französischen Kultur; in dieser Zeit entstand aber auch sein enges Verhältnis zur päpstlichen Kurie in Avignon. Solche Bande sind wichtig; sie erwiesen sich als nützlich nach 1338, da Karl die Regentschaft in Böhmen – Johann war seit 1340 völlig erblindet – antreten mußte.

Karl I. von Böhmen (1346–1378) – Karl IV. als Kaiser des Heiligen Römischen Reiches – war das extreme Gegenteil seines Vaters: ein Verstandesmensch, praktisch, kalt, verschlagen, unritterlich; er hing an Böhmen und bewunderte die Werke Frankreichs. Böhmen brachte er Frieden, Gerechtigkeit und Wohlstand. Vor ihm waren die Städte Böhmens hauptsächlich Niederlassungsstätten für Deutsche; seine Neustadt in Prag öffnete Karl den Tschechen von Anfang an. Dort gründete er 1348 die Universität Prag, die erste Hochschule östlich des Rheins und nördlich der Alpen, die bald zum geistigen Mittelpunkt Böhmens und ganz Mitteleuropas wurde. Er war ein großer Bauherr und ein Förderer der Künste, vor allem der französischen Gotik.

König Karls ständig wachsender Geldbedarf beschleunigte den Aufstieg der Ständevertretungen, die einen immer größeren Einfluß auf die Staatsgeschäfte erhielten und zum Sprachrohr tschechischer Haltungen wurden. Seine guten Beziehungen zu Avignon benutzte Karl dazu, die böhmische Kirche von Deutschland unabhängig zu machen; er erhob Prag zum Erzbistum mit den böhmischen Landen als Kirchenprovinz. Mit seinem ersten Erzbischof bemühte er sich um Reformen in der böhmischen Kirche, die als Eigentümerin der Hälfte des gesamten Grundbesitzes Böhmens ungeheuer reich und ob des luxuriösen Wohllebens und der Sittenlosigkeit ihrer Mönche und Geistlichen verrufen war. Diese Bemühungen waren zu bescheiden und kamen zu spät. Viel größere Wirkungen erzielten die Ankläger der Kirche: Konrad von Waldhausen (gestorben 1369) mit seinen deutschen, Milič von Kremsier (gestorben 1374) und Thomas von Stitny (gestorben 1401) mit ihren tschechischen Predigten. Sie weckten eine leidenschaftliche religiöse Bewegung, die sich bald mit dem wachsenden tschechischen Nationalismus verbündete. Die Folgen dieser Bewegung hätten den kühlen und frömmelnden König Karl in Erstaunen versetzt.

Gleich Böhmen und Polen gewann auch Ungarn im 14. Jahrhundert Einigkeit und Macht wieder; ebenso erfuhr es den zunehmenden Einfluß der westlichen Kultur. Der Tod Andreas' III., des letzten Königs aus dem Arpadengeschlecht, lieferte das Land ab 1301 dem Bürgerkrieg und den Machtgelüsten der großen Magnaten aus. Zu guter Letzt beschloß ein Adelstag 1307, Karl Robert von Anjou als König Karl I. (1308–1342) auf den Thron zu heben. Er brauchte fünfzehn Jahre, um die Macht der Magnaten, die Ungarn untereinander aufgeteilt hatten, zu brechen, und er griff dabei wirklich durch. Er reorganisierte die königlichen Domänen und erhöhte ihre Produktivität durch Ansiedlung von Einwanderern und sorgsame Bodenbebauung, so daß er zum reichsten Grundbesitzer des Landes wurde. Er förderte die Städte, indem er die Binnenzölle abschaffte und Handelsverträge mit den Nachbarländern schloß. Er stellte die Münzprägung auf eine neue Grundlage und führte seiner Kasse ein Drittel der Kirchenzehnten zu, so daß die Monarchie nicht mehr vom Landtag abhing. Für die Zwecke der lokalen Verwaltung schuf er Bezirksgerichte, für das gesamte Königreich eine königliche Gerichtskammer. Außerdem baute er das Heer um.

Die Früchte dieser Wiedergeburt des Landes erntete Karls Sohn Ludwig der Große (1342–1382), der die Kultur des französischen Rittertums nach Ungarn brachte. Ludwig galt als gerechter König. Ihm verdankte Ungarn seine erste Universität. Er sammelte Handschriften im modischen französischen Stil. Gleich seinem Vater baute er gotische Kirchen. Er förderte den französischen Ritterkult im höfischen Leben und in der Literatur. Für seine Außenpolitik war wichtig, daß er sein Herrschaftsgebiet nach Süden ausdehnte: der Republik Venedig nahm er Dalmatien weg und eroberte damit den Zugang zur See. Als in Serbien der große Zar Stefan Dušan starb, annektierte Ludwig Belgrad und das nördliche Bulgarien und wurde zum Lehnsoberherrn Bosniens und der Walachei. König von Polen wurde er, wie gesagt, 1370. Im letzten Jahrzehnt seiner Regierungszeit stellte der König von Ungarn und Polen die größte Macht in Osteuropa dar.

Wie viele seiner Zeitgenossen war er indes merkwürdig blind gegenüber der Gefahr des Vordringens der Türken. Schon 1353 hatten sich die osmanischen Türken mit der Besetzung Gallipolis, des Schlüssels zu den Dardanellen, einen europäischen Stützpunkt gesichert. Danach fiel es ihnen nicht schwer, Thrakien zu überwältigen. Eine Zeitlang behinderte das Serbische Reich ihren Vormarsch, aber 1371 vernichteten sie das serbische Heer an der Maritza. Dann unterwarf sich dem Sultan ganz Makedonien (bis auf Saloniki); der bulgarische Zar und der byzantinische Kaiser wurden türkische Vasallen. Der serbische Herrscher Lazar I. versuchte noch einmal, den Widerstand zu organisieren, wurde aber 1389 bei Kosovo besiegt und gefangengenommen.

Da erst erkannte Ludwigs Nachfolger in Ungarn, Sigismund von Luxemburg (1387–1437), die Alarmzeichen und rief zum Kreuzzug auf. Dem Appell Ungarns und dem Drängen der Kirche folgte ein Aufgebot von Rittern aus Italien, Deutschland, England und – vor allem – Frankreich: die Türken sollten aus Europa hinausgedrängt werden. Durch einige kleinere Erfolge ermutigt, belagerten die christlichen Verbündeten Nikopolis an der Donau. Zur Befreiung der Stadt führte Sultan Bajazet 1396 sein Heer herbei. Strategisch wie taktisch war er den Kreuzfahrern bei weitem überlegen; die Schlacht endete mit einer vernichtenden Niederlage für den Westen. Sigismund gelang es gerade noch, in einem Boot donauabwärts zu entkommen; zahlreiche führende Kreuzfahrer fielen in die Hände der Türken und mußten losgekauft werden. Dann besiegten die Türken Bosnien, bedrohten sogar schon Konstantinopel und wären bald in Ungarn eingefallen.

Dann aber wurden sie von einem viel gewaltigeren Gegner abgelenkt, wie ihm Bajazet noch nicht begegnet war: dem schrecklichen Timur Leng, dem Eroberer Indiens, Persiens,

Handelsprivileg Kasimirs III. von Polen für die Nürnberger Kaufleute
Urkunde aus dem Jahr 1365
München, Bayerisches Hauptstaatsarchiv, Allgemeines Staatsarchiv

Bankett bei König Karl V. aus Anlaß des Besuchs Kaiser Karls IV. und seines Sohnes Wenzel in Paris
Miniatur in den »Grandes Chroniques de France«, um 1380
Paris, Bibliothèque Nationale

Syriens und Armeniens. Das war nur ein Aufschub: um die Mitte des folgenden Jahrhunderts sollte Ungarn um der nackten Existenz willen in den Kampf gegen die Türken hineingezwungen werden.

Schisma und Konzilbewegung

Dem Widerstand Europas gegen die Türken fehlte am Ausgang des 14. Jahrhunderts die wirksame Hilfe des Papsttums: als politischer Faktor war die Kirche durch das große Schisma lahmgelegt. Der Bruch hatte sich schon lange abgezeichnet. Gleichwohl kam die offene Spaltung (1378) fast zufällig.

Zu der Zeit, da die Päpste in Avignon residierten, schien das Papsttum weniger universal als früher zur römischen Zeit. Die französischen Bindungen der Päpste und Kardinäle hatten in England und Deutschland Mißtrauen aufkommen lassen. Rom und Italien waren verärgert, denn für sie bedeutete die Abwesenheit des Papstes fühlbare Einbußen an Ansehen und Einkünften; ihr Zorn wuchs in dem Maße, wie sich die Päpste von Avignon in die italienische Politik einmischten. Gerade weil die Mißstimmung in Italien so gefährlich geworden war, mußte sich Gregor XI. 1377 entschließen, nach Rom zurückzukehren; aber die französischen Kardinäle, die zahlenmäßig überwogen, waren sichtlich abgeneigt, Avignon zu verlassen, und die französische Regierung wollte sie nicht gern ziehen lassen.

Gregor XI. starb 1378 in Rom, als er dabei war, die Rückkehr nach Avignon ernsthaft zu erwägen; in Rom mußte die Wahl des neuen Papstes vorgenommen werden. Stürmische Ausbrüche der Massenstimmung setzten die Kardinäle unter schweren Druck: die Römer waren entschlossen, die Rückkehr der Kurie nach Avignon zu verhindern, und forderten einen wenn nicht gar römischen, so doch wenigstens italienischen Papst. Dennoch wurden die Wahlvorschriften korrekt befolgt; die Kardinäle erklärten mit Nachdruck und Beharrlichkeit, sie hätten ihre Stimmen in voller Freiheit abgegeben. Aber der neue Papst, Urban VI. (1378-1389), zeigte sich, kaum daß er gewählt worden war, launisch, gewalttätig und grausam. Bald bereuten viele Kardinäle ihre Wahlentscheidung. Sie schlichen sich aus Rom fort und traten in Fondi zu einer Sitzung zusammen. Dreizehn Kardinäle erklärten die Wahl Urbans für ungültig und beschlossen, einen anderen Papst zu bestimmen. Ihre Wahl fiel auf Robert von Genf, den tüchtigsten aus ihrer Mitte, der sein Amt als Clemens VII. (1378-1394) antrat. Beide Parteien stellten Heere auf; doch als Clemens VII. sah, daß er es nicht schaffte, seinen Gegner abzusetzen, schiffte er sich nach Avignon ein.

Die einzelnen Länder trafen ihre Entscheidung weniger aus rechtlichen als aus politischen Erwägungen. England, fast das gesamte Reich, Skandinavien, Polen, Böhmen und Ungarn hielten zu Urban. Italien war gespalten. Frankreich (aber nicht die Gascogne und auch nicht Flandern) begrüßte Clemens VII. mit Begeisterung und forderte die anderen Staaten auf, sich ihm anzuschließen. Nacheinander entschieden sich Schottland, Navarra, Kastilien und Aragon für Clemens VII.

Zu Anfang versuchten noch beide Parteien, Anhänger mit Argumenten zu gewinnen; als aber die gewünschten Resultate ausblieben, griffen sie zur Gewalt. Urbans wachsende

Zügellosigkeit, die an Wahnsinn grenzte, brachte ihn um Unterstützung in Italien; das einzige nennenswerte Ergebnis seiner Kreuzzüge gegen Clemens war, daß sich Portugal erneut entschloß, auf seiner Seite zu bleiben. Die sich zuspitzenden Konflikte schürten den gegenseitigen Haß so sehr, daß die Kardinäle in Rom und Avignon nach dem Tod der beiden Päpste an der Spaltung festhielten: für beide wurden Nachfolger gewählt: für Urban VI. Bonifatius IX. (1389), für Clemens VII. Benedikt XIII. (1394). Das rief unter der lateinischen Christenheit weit und breit Erbitterung hervor. Das Schisma lastete schwer auf Geistlichen und Laien in Westeuropa, denn jeder Papst suchte die Tätigkeit der Kirche in vollem Umfang, als sei sie nicht geteilt, aufrechtzuerhalten und wollte zugleich auch noch den Krieg gegen die andere Partei führen, während er doch bestenfalls nur über die Hälfte der Kirche, ihrer Einrichtungen und ihrer Einkünfte verfügte. Außerdem war das Bekenntnis zur Einheit des Christentums noch lebendig, und auch aus diesem Grund rief die Fortdauer der Spaltung bei vielen Mißbehagen und Sorge hervor. Was geschähe, wenn sich das Schisma — wie die Trennung der römischen und der griechischen Kirche — verewigte?

Wie aber sollte die Spaltung beigelegt werden? Nach und nach wurden mancherlei Lösungsvorschläge gemacht, vor allem aus den Reihen der Pariser Universitätstheologen. Das kanonische Recht, das eigene Gesetz der Kirche, schrieb für den Fall einer gegen den Papst erhobenen Anklage wegen Ketzerei vor, daß die Untersuchung und Aburteilung in den Händen eines ökumenischen Konzils liegen sollte. War aber beharrliches Festhalten am Schisma nicht gleichbedeutend mit Ketzerei? Überdies könnte ein Konzil, das sich mit dem Schisma zu beschäftigen hätte, auch Reformen einführen und einen Umbau der Kirchenverfassung beschließen, um eine Wiederholung des Unheils unmöglich zu machen. An der Universität Paris wurden solche Überlegungen von manchen gelehrten Doktoren angestellt; einige von ihnen — Jean Gerson, Pierre d'Ailly und Jean Petit — genossen hohes Ansehen.

Wer aber war befugt, ein ökumenisches Konzil einzuberufen, sofern sich die beiden Päpste nicht darauf einigten? Das Problem war schwierig und Übereinstimmung kaum zu erzielen. Andere Pläne kamen auf. Manche befürworteten den »Weg des Kompromisses«, also Schlichtung; aber auch in dieser Richtung erschien den meisten eine Einigung als wenig wahrscheinlich. Ein dritter Plan, der immer größere Zustimmung fand, der »Weg der Zession«, sah die Abdankung der beiden Päpste vor. Beide sollten freiwillig abtreten und die beiden Kardinalskollegien gemeinsam einen Papst wählen, dessen legitime Stellung unanfechtbar wäre. Verweigerte einer der beiden Päpste den Rücktritt, so wäre es für die Gläubigen Rechtens, ihm den Gehorsam aufzukündigen.

Der »Weg der Zession« fand nach der Wahl Benedikts XIII. besonders warme Unterstützung in Frankreich, namentlich bei der Universität Paris und beim Herzog von Burgund. Die französische Regierung gab sich Mühe, andere Länder — sowohl »urbanistischer« als auch »clementistischer« Observanz — zu ihrem Standpunkt zu bekehren, fand jedoch nur geringen Widerhall. Trotzdem trat 1398 ein großes Konzil der französischen Kirche in Paris zusammen und beschloß, die Gläubigen von der Gehorsamspflicht gegenüber Benedikt XIII. zu entbinden. Dieser Kurs fand fürs erste beträchtlichen Anklang.

Aber Benedikt war hartnäckig und geschickt, und 1403 war die Stimmung zu seinen Gunsten umgeschlagen. Herzog Ludwig von Orléans, Bruder des Königs und Hauptgegner des Herzogs von Burgund, forderte die Wiederverkündung der Gehorsamspflicht und redete dem geisteskranken Karl VI. in einem seiner lichten Augenblicke ein, daß die große Mehrheit der französischen Geistlichkeit dafür eintrete. Benedikt, so hieß es, habe dem Herzog von Orléans zugesagt, er werde im Falle des Todes, Verzichts oder Sturzes des Gegenpapstes zurücktreten; das war, wie sich später herausstellte, nichts als ein diplomatisches Manöver. Benedikt unternahm allerdings einige Schritte zur Aufnahme von Verhandlungen, aber Bonifatius IX. starb schon 1404, und sein Nachfolger Innozenz VII. war zum Verhandeln zu alt und zu sehr damit beschäftigt, die Republikaner in Rom zu bekämpfen; er mochte wohl auch keine Neigung zu Kompromissen verspüren, da Benedikt eben dabei war, ein Heer gegen ihn aufzustellen.

Bessere Verständigungsaussichten zeigten sich 1406. Innozenz war gestorben, und sein Nachfolger Gregor XII., der als rechtschaffen und aufrichtig galt, hatte wie alle Kardinäle geschworen, als Papst abzudanken, wenn auch der Gegenpapst zurückträte, und auf jeden Fall in den ersten fünfzehn Monaten nach der Wahl keine neuen Kardinäle zu ernennen; bei seiner Wahl hatte er seinen dringenden Wunsch nach Einheit beteuert. Als aber Benedikt XIII. ein Treffen auf Genueser Gebiet vorschlug, lehnte es Gregor XII. ab, sich zum Treffpunkt zu begeben, obgleich ihm freies Geleit zugesichert wurde. Zum Frühjahr 1408 hatte das Verhalten der beiden Päpste die Empörung allgemein werden lassen, und im Mai 1408 verkündete Frankreich seine Neutralität: die Untertanen Karls VI. durften weder dem einen noch dem anderen Papst Gehorsam erweisen. Im selben Monat ernannte Gregor XII. vier neue Kardinäle.

Mit der Begründung, daß er damit seinen Eid gebrochen habe, verließen ihn acht Kardinäle. Sie gingen nach Pisa, wo sich auch viele Beamte der Kurie und sechs Kardinäle Benedikts XIII. einfanden. Gemeinsam erließen die Kardinäle der beiden Kollegien ein Manifest, in dem sie sich zum »Weg der Zession und des Generalkonzils« bekannten. Nun waren die beiden Päpste klug genug, ihrerseits ökumenische Konzilien einzuberufen. Die weitere Entwicklung hing von der Reaktion der Staaten auf die dreifache Konzileinladung ab. Zum Schaden der Kircheneinheit hatten die Kardinäle, auch wenn sie über eine größere Gefolgschaft als jeder der beiden Päpste verfügten, keinen entscheidenden Einfluß auf die überwältigende Mehrheit der katholischen Christen: Kastilien, Aragon und Schottland nahmen Partei für Benedikt, während auf der anderen Seite Neapel, die meisten päpstlichen Staaten, Venedig, Ungarn, Carlo Malatesta von Rimini und die Pfalz für Gregor eintraten.

Das von den Kardinälen nach Pisa einberufene und gut beschickte Konzil zeigte sich entschlußfreudig: es beschloß die Absetzung der beiden Päpste und übertrug die Papstwürde auf einen neuen Mann, Alexander V. Freilich war das Schisma damit nicht beendet: anstelle zweier Päpste gab es jetzt drei. Im Namen Alexanders V. vertrieb der kriegseifrige Kardinal Baldassare Cossa den König von Neapel aus Rom, und als Alexander 1410 starb, überredete er das heilige Kollegium in Rom, ihn selbst zum Papst zu wählen. Er nannte sich Johannes XXIII.

Es besteht allgemeine Übereinstimmung darüber, daß eine anstößigere Wahl nicht hätte getroffen werden können. Johannes, der ein tüchtiger Organisator und Heerführer war, hatte sich seine ersten Lorbeeren als Seeräuber verdient; an Fähigkeiten konnte er sich gerade noch mit den kleinen italienischen Tyrannen seiner Zeit messen; die meisten übertraf er allerdings an Schläue und Verderbtheit. Er machte kaum einen Hehl daraus, daß ihm Einheit und Reform der Kirche gleichgültig waren; das trug dazu bei, daß allenthalben das Verlangen nach einem neuen Konzil laut wurde, das eine unparteiische Lösung der Krise finden sollte. Viele wandten sich hilfesuchend an den neugewählten Kaiser Sigismund, der sich nur zu gern – das entsprach seinem Charakter – in den Streit hineinziehen ließ. Lag es nicht nahe, mit der Einberufung des Konzils in einer Zeit der schwersten Bedrängnis der Kirche dem Beispiel Konstantins zu folgen und den Ruhm des Reiches neu erstrahlen zu lassen? Die Ereignisse spielten Sigismund in die Hand: der König von Neapel hatte Rom genommen, und Papst Johannes floh schutzflehend zum Kaiser, der ihn sofort und ohne Umstände nötigte, zum November 1414 ein Konzil nach Konstanz einzuberufen.

Als das Konzil zusammentrat, war es nur spärlich besucht; aber im neuen Jahr trafen viele Delegierte ein, und es ergab sich sogleich, daß das Konzil in weitem Umkreis begrüßt wurde, ja daß fast alle seine Mitglieder die Einheit der Kirche über alles stellten. Johannes erschrak und bemühte sich um eine für seine Sache günstige Verfahrensordnung. Aber das Konzil beschloß, die Abstimmung nach »Nationen« vorzunehmen und die Italiener, Deutschen, Franzosen und Engländer ihr eigenes Wahlverfahren bestimmen zu lassen. Nun versuchte Johannes, das Konzil durch seine Abreise zu sprengen; er grub sich aber nur sein eigenes Grab. Das Konzil erklärte, seine Machtbefugnisse stammten unmittelbar von Gott und alle Gläubigen seien ihm in Fragen des Glaubens, der Beilegung des Schismas und der Kirchenreform zu Gehorsam verpflichtet. Johannes wurde verfolgt, festgenommen und unter Anklage gestellt. Nach sorgfältiger Untersuchung wurden auf Grund zahlreicher Zeugenaussagen von den siebzig gegen ihn erhobenen Beschuldigungen vierundfünfzig für erwiesen erklärt; im Mai 1415 verfügte das Konzil seine Absetzung. Papst Gregor XII. zog die Konsequenzen und dankte im Juli ab. In der Schwebe blieb die Beseitigung Benedikts XIII. Im Juli begab sich Kaiser Sigismund nach Perpignan, um mit ihm zu verhandeln. Er kehrte erst im Januar 1417 zurück.

Das Ergebnis seiner Reisen war nicht eindeutig. Er hatte zwar erreicht, daß die meisten Anhänger Benedikts, Kastilien, Aragon, Navarra und Foix, den Konzilbeschlüssen beitraten; aber die Wiederaufnahme des Krieges zwischen England und Frankreich im Sommer 1415 hatte das Konzil in eine schwierige Situation versetzt und Sigismund veranlaßt, sich um eine Verständigung zu bemühen, und da die englische Diplomatie geschickter war als die französische, kam er als Bundesgenosse Englands wieder. Das schwächte seinen Einfluß in Konstanz, wo sich erhebliche Spannungen zeigten: zwischen Franzosen und Spaniern auf der einen, Engländern und Deutschen auf der anderen Seite. Damit schien ein anderer Zwiespalt zusammenzufallen: zwischen den Kurialisten, die eine Papstwahl vor der Behandlung der Reformfrage forderten, und den Reformanhängern, die auf einer Reform vor der Wahl bestanden.

Eine erbitterte Auseinandersetzung zwischen der englisch-deutschen Partei, die von den Anhängern Burgunds unterstützt wurde, und den drei lateinischen »Nationen«, um die sich die Kardinäle scharten, schien unausweichlich. Da starb im September 1417 der überaus gewandte Führer der englischen Delegation. An seine Stelle trat der ehrgeizige Onkel Heinrichs V., Heinrich von Beaufort, Bischof von Winchester, der sich sofort mit aller Macht für frühe Wahlen einsetzte und einen raschen Erfolg davontrug. Ein neues Dekret, das unter der Kurzbezeichnung *Frequens* in die Geschichte eingehen sollte, sicherte die periodische Einberufung des Konzils, worauf mit den Vorbereitungen für die sofortige Wahl eines neuen Papstes begonnen wurde. Die Wahl fiel am St.-Martinstag 1417 auf Otto Colonna, der den Namen Martin V. annahm.

Der neue Papst bemühte sich, die vielen Reformideen, die vorgebracht worden waren, auf einen gemeinsamen Nenner zu bringen, aber nur ganz wenige Vorschläge fanden allseitige Zustimmung. Fast allen Konzilmitgliedern ging es nur noch darum, möglichst bald nach Hause zu kommen. Die sieben Reformbeschlüsse, die im März zustande kamen, hatten kaum mehr als die Anerkennung bereits geltenden Rechts zum Inhalt. Mit den lateinischen »Nationen« und mit den Deutschen wurden Reformkonkordate abgeschlossen; sie waren jedoch befristet und sind nie wirksam geworden. Unbefristet sollte das englische Konkordat gelten; aber es bezog sich nur auf Nebensächliches und geriet bald in Vergessenheit. Mit dem Versprechen, das nächste Konzil fünf Jahre später in Pavia abzuhalten, schloß Martin V. die Konstanzer Beratungen im April 1418.

Trotz großen Schwierigkeiten hatte das Konzil ausgeharrt und das Schisma geheilt. Eine Reform der Kirche hatte es nicht zuwege gebracht; freilich lag das im wesentlichen an politischen Einflüssen. Schon die Zusammensetzung des Konzils und seine Verfahrensordnung hatten das große Gewicht der einzelnen christlichen Staaten hervortreten lassen. Ihre Herrscher waren der Wirren des Schismas müde; ihm wurde ein Ende bereitet. Sie hatten einen größeren Einfluß auf die Kirche in ihren Herrschaftsbereichen und auf die päpstliche Finanzpolitik angestrebt; dies Ziel wurde weitgehend verwirklicht. Was dagegen die allgemeine Reform anging, waren sie lau und uneinig; trotz weitverbreiteten Reformsehnsüchten wurden keine echten Reformen in Angriff genommen.

Politische Auflehnung gegen das Papalsystem

In der Hauptsache war der Zivilisationsaufschwung in Westeuropa das Werk der Kirche, innerhalb der Kirche aber das Werk der Geistlichkeit. Seit der Mitte des 11. Jahrhunderts war der Mittelpunkt der Organisation und Lebensordnung der Geistlichkeit die reorganisierte päpstliche Gewalt; deswegen sprachen sich die gelehrten Schriftsteller des 12. und 13. Jahrhunderts vorwiegend für eine Verstärkung der Macht der Geistlichkeit und namentlich des Papsttums aus; das galt für Kirchenrecht und Theologie ebenso wie für die Hauptrichtung des politischen Denkens. Gegen Ende des 13. Jahrhunderts konnte ein Papalist wie Gilles von Rom (Aegidius Romanus, 1243–1316) die These vertreten, daß die weltlichen

Herrscher keine legitime Herrschaftsgewalt ausüben könnten, wenn sie nicht gefügige Diener der Kirche seien, deren Machtvollkommenheit der Papst als Stellvertreter Gottes verkörpere. Noch zwei Jahrzehnte später konnte ein anderer Papalist, Agostino Trionfo, lehren, alle weltlichen Herrscher seien Beauftragte und Untergebene des allzuständigen Papstes, von dem sich die Rechte und das Besitztum aller Christen herleiteten.

Aber es hatte auch schon eine unmißverständliche Reaktion auf solche Theorien und auf die politischen Ansprüche der zeitgenössischen Päpste gegeben. Besonders deutlich war diese ältere Kritik an den Ansprüchen des Papalsystems in Dantes Flugschrift *De Monarchia* zum Ausdruck gekommen, die um 1312 als Parteinahme für Kaiser Heinrich VII. entstanden sein muß. Dante bestritt den Anspruch des Papstes auf Allzuständigkeit und alleinige Führung des Christentums und berief sich sowohl auf kanonisches Recht und allegorische Auslegungen der Heiligen Schrift als auch auf die scholastische Unterscheidung der beiden Zwecke des menschlichen Daseins, Frieden im Zeitlichen und Heil in der Ewigkeit, mit ihren voneinander unabhängigen Lenkungsorganen, Kaisertum und Papsttum. Dante übernahm aber noch die Voraussetzungen und Methoden seiner Gegner und machte sich damit unvermeidlich zum Fürsprecher einer Sache, die intellektuell auf schwachen Füßen stand.

Radikalerer und kräftigerer Widerspruch gegen die Theorien der Papalisten wurde hörbar, als für Philipp den Schönen in seinem Konflikt mit Bonifatius VIII. Stellung bezogen wurde. Die wichtigste Arbeit in dieser Richtung war die Schrift des Dominikaners Johannes von Paris (1260–1306) *De potestate regia et papali* (1302/03). Anders als bei Dante oder den Papalisten galten hier allegorische Bibeldeutungen nicht mehr als beweiskräftige Argumente. Nach Ansicht des französischen Dominikaners stammte das weltliche Besitztum der Kirche aus Zuwendungen weltlicher Gewalten und sollte es der Geistlichkeit lediglich ermöglichen, ihre seelsorgerische Arbeit zu tun; infolgedessen könne die rechtliche Aufsicht über Besitz und Eigentum auch nur bei weltlichen Herrschaftsorganen liegen. Die geistliche Autorität sei überhaupt keine gesetzliche Macht und Zwangsausübung ausschließlich Sache des weltlichen Armes. Im Primat des Papstes sah Johannes von Paris nur eine administrative Regelung; nur die Kirche als Kollektivgebilde sei Trägerin der geistlichen Autorität. Demnach konnte es für ihn nicht zweifelhaft sein, daß der Papst vom ökumenischen Konzil abgesetzt werden durfte; dem sollte in der Verfassung der Kirche die Stellung des Kollegiums der Kardinäle als Vertretungskörperschaft entsprechen.

Begabter und noch radikaler waren die Traktate, in denen Kaiser Ludwig IV. gegen Papst Johann XXII. verteidigt wurde. Mit Johannes von Jandun (um 1280–1328) vollendete 1324 Marsilius von Padua (etwa 1270–1342/43) die große Abhandlung *Defensor pacis*. Mit Hinweisen auf die *Politeia* des Aristoteles und auf die ihm wohlvertraute Praxis der lombardischen Stadtstaaten entwickelte Marsilius die These, daß die Quelle aller Macht in der Kirche wie im Staat die Gesamtheit der Staatsbürger und Gläubigen sei und daß der Exekutivgewalt die Oberhoheit über alle und alles – auch über die Geistlichkeit – zustehe. Die Vorherrschaft des Papstes und das kanonische Recht seien eine Verfälschung des Evangeliums und bedrohten den Frieden der Christenheit. Die Priester hätten kein Recht, Zwang auszuüben, keine Exkommunikations- und Interdiktbefugnisse, und könnten weder Besitz noch Eigentum haben. Für die Universalkirche, ihre Lehren und Riten sei die rechte Autorität das aus Priestern und Laien zusammengesetzte und von Staatsbürgereinheiten gewählte Generalkonzil.

Für Marsilius' Zeitgenossen war dieser umfassende Radikalismus zu neuartig: sie waren weniger beeindruckt als abgestoßen. Viel schneller setzten sich die zahlreichen Werke des Franziskaners William von Ockham, eines Exilgenossen des Marsilius, durch, deren tastend-zweiflerische Haltung damals schon und lange danach eine nachhaltige Wirkung ausübte. William von Ockham leugnete die Allmacht des Papstes und behauptete die Selbständigkeit der weltlichen Gewalt. Aber er wollte das Dogma nicht angreifen, und sein vorsichtiger, zurückhaltender Skeptizismus zersetzte die ererbten Lehren unmittelbarer und wirksamer, als es die kategorischen Behauptungen des Marsilius vermochten.

Auf dem Nährboden der innerkirchlichen Mißstände und Wirren erwuchsen aus dieser Kritik am Papsttum in der zweiten Hälfte des Jahrhunderts sehr viel massivere Angriffe, darunter die aufrüttelnden Schriften über die Herrschaftsordnung aus der Feder des Oxforder Kirchengelehrten John Wyclif (um 1330–1384). Herrschaft, lehrte Wyclif, sei durch Recht legitimierter Besitz; während aber Besitz in der Sphäre der offensichtlich unvollkommenen weltlichen Reiche nicht gerechtfertigt zu werden brauche, könne Besitz in der Kirche, die eine vollkommene Gesellschaft sein solle, nur durch persönliche Rechtschaffenheit legitimiert werden. Da die Hierarchie sündig und durch weltliche Gier korrumpiert worden sei, habe sie das Recht eingebüßt, Macht auszuüben und das ihr überlassene Eigentum zu besitzen. In England wurden Wyclifs Ideen von Königtum und Kirche zu unterirdischem Dasein verurteilt. Dafür verpflanzten sie sich nach Böhmen, wo der gewaltige Eindruck, den sie auf den Reformator und nationalen Führer Jan Hus machten, explosive Ergebnisse zeitigen sollte.

Bei den meisten Zeitgenossen stießen Wyclifs revolutionäre Ideen auf entschiedene Ablehnung. Aber auf die traditionelle Ergebenheit und Unterwürfigkeit der Gläubigen wirkte als zusätzliches Lösungsmittel das große Schisma ein, das die mächtigen organisatorischen Bande des Papsttums und der Kirche fast schlagartig zerriß. Am Ende sollten davon die Kräfte des Königtums und des Nationalismus profitieren; unmittelbar und akut wurde damit aber das Problem der Autorität in der Kirche aufgeworfen. Schon 1381 vertrat Heinrich von Langenstein (1325–1397) in seinem *Concilium pacis* die Auffassung, daß ein ökumenisches Konzil dem Papst übergeordnet, daß es unfehlbar sei und daß es von weltlichen Herrschern einberufen werden könne. Für den Augenblick wurde dieser Gedankengang nicht weiter verfolgt: man war dabei, den »Weg der Zession« zu beschreiben; das Generalkonzil als bestes Heilmittel gegen das Schisma bemächtigte sich jedoch bald des Denkens der Kirchengelehrten.

Vor allem erwärmten sich für diesen Gedanken konservative Denker, die an die sichtbare Kirche, an ihre Einheit und an das Papsttum glaubten. Dabei gab es gewiß Akzentunterschiede zwischen den gemäßigteren Denkern Jean Gerson (1363–1429) und Francesco Zabarella (1339–1417), dem entschiedeneren Pierre d'Ailly (1350–1420) und dem eifrigen Verfechter der Kirchenreform Dietrich von Nieheim (1340–1418). Einig waren sie sich aber alle darüber, daß die Kirche als Ganzes, vertreten durch ihr ökumenisches Konzil, die eigentliche und entscheidende Quelle der von Gott gesetzten Autorität sei und das Recht habe, den Papst abzusetzen und mit ihren Anordnungen seine übergroße Macht zu begrenzen. Da das kanonische Recht und alle bekannten Präzedenzfälle für den Papst zu sprechen schienen, beriefen sich die Vorkämpfer der Konzilvorrechte auf das Naturrecht: positives Recht sei nur gültig, wenn es mit dem Naturrecht übereinstimme; sei aber der Papst nach dem Naturrecht wesensmäßig nicht der Herr der Kirche, sondern ihr Diener, so dürfe die Kirche ihn im Notfall seiner Würde entkleiden und sein Amt neu organisieren; die oberste Macht gehe von der christlichen Gemeinschaft aus, und jede Regierung müsse auf der Zustimmung der Regierten beruhen.

Stände und Königsmacht

Nicht nur der Einfluß älterer Autoren wie Johannes von Paris und Marsilius von Padua, nicht nur das Zwingende des innerkirchlichen Geschehens hatte in die konzilfreundliche Geisteshaltung politische Elemente hineingetragen; in derselben Richtung wirkte auch die staatliche und gesellschaftliche Entwicklung: immer häufiger wurde die Regierungsgewalt auf der Grundlage von Beratungen mit den Regierten im Rahmen der Ständeversammlungen ausgeübt. Vertretungsinstitutionen westeuropäischer Art, wie sie für die Länder des lateinischen Christentums charakteristisch sind, entfalteten ihre größte Lebenskraft und Standhaftigkeit im 14. und 15. Jahrhundert. Sichtbar traten sie zum erstenmal im 12. Jahrhundert im spanischen Königreich León hervor; bis zum Ende des 14. Jahrhunderts hatten sie bereits im Gesamtbereich des lateinischen Christentums bis auf Randgebiete wie Polen und Skandinavien Wurzeln geschlagen, und auch diese periphere Zone sollten sie im folgenden Jahrhundert erfassen.

Wollte man genau erklären, warum die Repräsentation der Stände gerade um diese Zeit erblühte, so müßte man nicht nur die Besonderheiten der Parlamentsgeschichte in jedem der zahlreichen Königreiche und jeder der noch zahlreicheren Provinzen der lateinisch-christlichen Staaten darstellen, sondern auch die besondere Eigenart der Entwicklung in jedem europäischen Gemeinwesen berücksichtigen: seit eh und je bestand Europa aus verschiedenartigen Gebilden selbständiger Prägung. Nur einige gemeinsame Elemente des kulturellen und politischen Werdens Westeuropas lassen sich hier hervorheben.

In der modernen europäischen und amerikanischen Welt finden sich Institutionen des Repräsentativsystems sehr oft in Symbiose mit der republikanischen Staatsform. Im Europa des 13. und 14. Jahrhunderts entstanden sie in der Regel in Monarchien, in denen der Fürst, der die Einheit des Staates vertrat, und die Stände, die die mannigfaltigen Interessen innerhalb des Staates vertraten, einander feindlich gegenüberstanden und dennoch mit Notwendigkeit einen einheitlichen organischen Körper bildeten. Schon frühzeitig hatte unter den germanischen Völkern die Ansicht Anklang gefunden, daß der König kein absoluter Herrscher sei, der mit den Untertanen nach eigenem Gutdünken verfahren dürfe, sondern lediglich der Hüter der Bräuche und Sitten; die Lehnspflichten banden die Untertanen

Der Papst im Rat geistlicher und weltlicher Würdenträger
Miniatur in einer spanischen Ausgabe des »Decretum Gratiani«, Ende 14. Jahrhundert
London, British Museum

Schwertleite des heiligen Martin
Aus einem Wandgemälde von Simone Martini in San Francesco in Assisi, zweites Viertel 14. Jahrhundert

nur unter der Voraussetzung, daß auch der König seine Pflichten erfüllte. Gefestigt wurde diese Auffassung durch die zunehmend akzeptierte Vorstellung von der Kirche als Interpretin des göttlichen Gesetzes und des Naturrechts, nach deren Geboten der König regieren müsse.

Nun hatte die Feudalordnung die Gegenseitigkeit der Rechte und Pflichten von Lehnsherr und Vasall in den Mittelpunkt gerückt. Und wenngleich die Konsolidierung Europas im 12. und 13. Jahrhundert die Entwicklung der königlichen Verwaltung und königlichen Justiz förderte, so erwuchs daraus nicht unbedingt ein Übergewicht der Königsmacht. Solange das Nebeneinanderbestehen gesonderter und miteinander rivalisierender Staaten den Charakter der gesellschaftlichen Kultur bestimmte, brachte die Verselbständigung der königlichen Gewalt immer längere und kostspieligere Kriege mit sich und unterwarf das Königtum dem unausweichlichen Zwang, sich immer höhere Einnahmen zu verschaffen. Diese Not brach über die Monarchen in einem so stürmischen Tempo herein, daß sie nicht mehr dazu kamen, die herkömmlichen Vorstellungen zu verdrängen, denen zufolge den Untertanen oder doch mindestens den Prälaten und Magnaten das unverbrüchliche Recht zustand, zur Inanspruchnahme ihrer Finanzkraft durch den Monarchen ja oder nein zu sagen.

In den einzelnen Gesellschaftsschichten – unter Adligen, Geistlichen, Stadtbürgern – wuchs im 13. und 14. Jahrhundert der Gemeinschaftssinn, das Bewußtsein der Gruppensolidarität. Der Kasten- oder Klassenstolz machte sich um so stärker bemerkbar, je mehr es diesen Schichten gelang, gesetzlich verbriefte oder im Gewohnheitsrecht verankerte Gruppenprivilegien zu erringen. Unter diesen Umständen konnten die Monarchen ihr Verlangen nach Mehreinnahmen und aktiverer Mitwirkung und Mitberatung der mächtigeren gesellschaftlichen Gruppierungen nur auf die Weise zur Geltung bringen, daß sie ihre politisch und wirtschaftlich gewichtigen Untertanen zu Versammlungen zusammentreten ließen oder, wenn diese Untertanen dafür zu zahlreich waren, ihre Vertreter zu Tagungen zusammenholten.

Die im 14. Jahrhundert meistverbreitete Regelung war die Aufteilung der Stände in drei Häuser oder Kammern, gewöhnlich die Vertretungen der Geistlichen, der Adligen und der Städte. Manchmal gab es vier Kammern: in Aragon tagten die Ritter getrennt von den Magnaten, und in Tirol bildete sich allmählich eine Bauernkammer heraus. Häufig vertraten die Abgesandten der Städte auch die Landbevölkerung der näheren Umgebung; anderseits herrschte in der stark aristokratisch gefärbten Gesellschaft des 14. Jahrhunderts nicht selten die Auffassung vor, daß die Adligen berufen seien, die Interessen der Gesamtbevölkerung mit Ausnahme nur der bevorrechteten Gruppen – der Geistlichkeit oder der freien Städte – wahrzunehmen. Bisweilen tagte das Parlament in zwei Kammern: das war in einigen der französischen Provinzialstände der Fall, wo die herrschenden Klassen ein gemeinsames Oberhaus und die Gemeinen ein Unterhaus bildeten; mitunter gab es aber auch nur eine einzige Kammer für alle Stände: das galt für Schottland, das Languedoc, Neapel.

Sehr verschieden waren die Befugnisse der Ständeversammlungen; fast überall aber hatten sie das Recht, Steuern zu bewilligen oder zu verweigern und dem Monarchen

Petitionen oder Beschwerden zu unterbreiten. In vielen Fällen wurde die Bewilligung der Geldmittel von einer Behebung der beklagten Mißstände abhängig gemacht; in vielen Fällen sahen die Stände darauf, daß die Gesetze genau ihren Wünschen entsprächen: sie formulierten eigene Gesetzentwürfe, die zum Inkrafttreten nur der Zustimmung des Königs bedurften. In Aragon konnte im 14. Jahrhundert kein Gesetz ohne die Zustimmung der Cortes verabschiedet werden; außerdem schloß jede Parlamentstagung mit einer offiziellen Zusammenkunft mit dem König, wobei die während der Sitzungsperiode beschlossenen Maßnahmen feierlich verkündet wurden.

Zur Gesetzgebung und Steuerbewilligung kamen bei den Cortes Aragons und bei manchen deutschen Landtagen auch die Funktionen eines obersten Gerichtshofes: die Ständeversammlung saß zu Gericht über Rechtsverletzungen des Königs, seiner Amtsträger oder der Stände – sei es in ihren Beziehungen zueinander, sei es gegenüber Einzelpersonen oder Personengruppen aller Rangklassen; es war ihr gutes Recht, zu verlangen, daß der Gerechtigkeit Genüge getan werde. Die meisten Parlamente äußerten ihre Ansichten über Krieg und Frieden, Verträge und Bündnisse. Sie bestanden häufig auf ihrem Recht, für einen unmündigen Fürsten einen Regenten zu berufen, die Thronfolge zu bestimmen, die Voraussetzungen des Regierungsantritts eines neuen Herrschers festzulegen oder sogar – wie in Pommern und Aragon – einen neuen Monarchen zu wählen, falls der alte seine Versprechungen nicht gehalten oder den Untertanen Unrecht zugefügt hatte.

Prunkendes Rittertum

Den regierenden Fürsten gegenüber kühn und wagemutig aufzutreten fiel den Ständeversammlungen deswegen leicht, weil ihre tragenden Stützen die kriegstüchtigen Aristokraten waren, die sich selbst mit Waffen und Rüstung versahen und bei aller Anerkennung der Lehnsverpflichtungen auf ihre Ehre und ihre Rechte pochten; mit ihnen mußten die Monarchen rechnen, denn sie bildeten das Rückgrat der Heere, ohne die kein Monarch etwas ausrichten konnte.

Obgleich die Aristokratie im 14. Jahrhundert noch ebenso kriegerisch war wie im 12., hatten sich ihre Vorstellungen und Anschauungen nicht unwesentlich gewandelt. Als Ideale des 12. Jahrhunderts hatten die *Chansons de Geste* ungestüme Mannhaftigkeit, rücksichtslosen und starrköpfigen Mut, fanatischen Unabhängigkeitsdrang und ehrliche Gläubigkeit besungen. Die Kirche hatte es als Pflicht der Ritter hingestellt, einer christlichen Sache mit der Waffe zu dienen, sich für christliche Zwecke zu schlagen. Aber Mönche wie Bernhard von Clairvaux betonten die Tugenden der Selbstzucht und Selbstbeherrschung, der Rechtlichkeit im Verkehr mit anderen, der Hilfs- und Schutzbereitschaft gegenüber Witwen, Kindern und Bedrückten. Von den Minnesängern kamen die Ideale der höfischen Liebe; dazu gehörte eine gewisse Verfeinerung der Sitten, eine Verhaltensweise, die sich im Begriff Courtoisie niedergeschlagen hat. Diese Regungen und Einflüsse hatten sich bis zum 14. Jahrhundert ineinander verflochten und hatten ein Rittertum hervorgebracht, das weit mehr differenziert und vergeistigt war als das des 12. Jahrhunderts, aber zugleich auch strikteren, veräußerlichenden Formen unterworfen.

Gewiß gab es auch jetzt noch große Ritter wie Jean Boucicault oder Heinrich von Lancaster, die ihrem Ideal aufrichtig ergeben blieben und es im täglichen Leben zu praktizieren suchten. Aber für Adlige von gröberem Zuschnitt war das Rittertum zum bloßen Vorschriftenkatalog, zu einem Wegweiser für die Wahrung von Form und Haltung geworden, normalen Durchschnittsfähigkeiten durchaus angepaßt. In der Befolgung solcher Vorschriften rückte das lateinische Christentum, das politisch in Nationalstaaten zu zerfallen drohte, enger zusammen. Mit manchen lokalen Variationen verbreitete sich derselbe Verhaltenskodex der Ritterlichkeit über ganz Europa, bis er schließlich überall galt: von England bis Polen und von Skandinavien bis Spanien.

Darum richtete sich der Ritter des 14. Jahrhunderts mehr als sein Vorgänger im 12. nach genau festgelegten Konventionen. Er wurde erst als Page, dann als Schildknappe im Adelshaushalt eines Freundes oder Schirmherrn seines Vaters ausgebildet und erhielt angemessenen Unterricht in der Reitkunst, in Kriegsübungen und in höfischem Benehmen. Zunehmend wurde von ihm – ein wichtiger Fortschritt! – erwartet, daß er sich auch einige Bildungsrudimente aneigne. Im allgemeinen gehörte es sich für den jungen Ritter, am Kampf gegen die Ungläubigen – in Spanien, in Preußen oder im Nahen Osten – teilzunehmen, und sei es auch nur für kurze Zeit.

Der junge Adlige focht in Turnieren, die weniger barbarisch waren als im Jahrhundert zuvor. Damals wurde in Turnieren auf Leben und Tod, oft im Gruppengefecht, gekämpft; das Turnier war fast wie eine Schlacht und endete tödlich oder mit schweren Verstümmelungen. Das hatte sich geändert: das Turnier war zum stilisierten Waffengang geworden, in dem nur einzelne einander gegenübertraten, nach Vorschrift, oft mit stumpfen Waffen. Dieser Zweikampf wurde immer mehr zur Schaustellung mit Pomp und Prunk, großem Aufgebot an Heraldik, dekorativem Blendwerk, glanzvoll ausstaffierten Schildknappen und Herolden, Geschenken für die Bedienten, geschmückten Zuschauertribünen für Personen von Rang und Ansehen. Bisweilen ging das Turnier mit stilgerechten konventionellen Liebesbezeigungen gegenüber vornehmen Zuschauerinnen einher; auf jeden Fall mußte den anwesenden Damen mit überschwenglicher Höflichkeit gehuldigt werden.

Im echten Krieg zog der ritterliche Krieger den Zweikampf an einer vereinbarten Stelle oder den berittenen Angriff im verwegenen Ansturm vor. Der gefangene Feind wurde, sofern er ein Adliger war, mit erlesener Höflichkeit behandelt, aber nur gegen Zahlung eines seinem Rang angemessenen Lösegeldes freigelassen. Die Behandlung, die der Schwarze Prinz dem Franzosenkönig Johann II. bei seiner Gefangennahme in Poitiers 1356 zuteil werden ließ, entsprach aufs genaueste dem geltenden Kodex; die aristokratische Gesellschaft fand, daß sich beide rührend schicklich verhalten hätten.

Besonders charakteristisch für das Rittertum des 14. Jahrhunderts waren äußeres Gepränge, Drang zum Hofleben und Klassendünkel. Das Verlangen nach Prunk und Schaustellung wurde vom Turnier allein nicht mehr befriedigt; Froissarts »Chroniken« schildern die unzähligen Gelegenheiten, die der König der Ritter immer wieder benutzte, um den schillernden Glanz aufleuchten zu lassen: Prozessionen, Gastmähler, Bälle, Jagdveranstaltungen. Der Kodex der Rittersitte schrieb die großzügigste Freigebigkeit vor, aber Ritter sein kostete mehr als je zuvor, zumal die Rüstung mit der größeren Zahl getriebener Harnischplatten, die den Kettenpanzer verstärkten, ständig teurer wurde.

Dem gesteigerten Bedürfnis nach prunkhafter Repräsentation konnten am ehesten noch die regierenden Fürsten Geltung verschaffen. In zunehmendem Maße wurden die Zeremonien des Rittertumskults an die Höfe verlegt. Auf die Stiftung des Hosenbandordens folgte die Gründung weiterer Orden, die nicht mehr wie früher (etwa die Johanniter und Templer) wohltätigen Zwecken im internationalen Rahmen dienten, sondern primär dazu, den Ruhm des königlichen Stifters und den Glanz des nationalen Hofes, den der Orden zum Schauplatz hatte, zu mehren. Ähnlich wurde der Hof zur Organisationsbasis der immer ausgiebigeren Wappenkunde, was im folgenden Jahrhundert noch deutlicher hervortreten sollte.

Auf diese Weise band das Rittertum den monarchischen Herrscher und die Aristokratie enger aneinander. Damit vertiefte es die Kluft zwischen Monarchie und Adel auf der einen, der Masse der Nichtadligen auf der anderen Seite. Für die ritterlichen Adligen waren die Bauern die Zielscheibe von Spott und Hohn; weder sie noch ihre Frauen und Töchter zählten zum Geltungsbereich der ritterlichen Tugenden Höflichkeit, Barmherzigkeit und Großzügigkeit. Man richtete sein Verhalten nach dem Kodex der Rittersitte aus, wenn es sich um andere Ritter und ihre Damen handelte, nicht um ungeschlachte Bauern.

Dennoch hat das Ritterwesen zur Kultur Westeuropas Wichtiges beigesteuert. Es lehrte Ehrenhaftigkeit, loyales Verhalten, *fair play*, höfliches Benehmen. Daß seine Gebote in einem immer weiteren Umkreis galten, bedeutete, daß sich auch immer mehr Adlige und Ritter wenigstens in ihrem äußeren Verhalten nach ihnen richten mußten. In diesem Sinne förderte das Rittertum die Verbreitung verfeinerter Sitten und guter Manieren und trug dazu bei, daß eine noch vor kurzem halbbarbarische Aristokratie in beschleunigtem Tempo vom Zivilisierungsprozeß erfaßt wurde.

Weltliche Bildung

Der zivilisierende Einfluß der Rittersitte hing eng mit einem anderen Wesenszug des 14. Jahrhunderts zusammen: der Ausbreitung der Bildung, namentlich unter den herrschenden Klassen der Laiengesellschaft. Beim Ritter des 12. Jahrhunderts hatte niemand Bildung erwartet; wem daran lag, lesen zu lernen, der wurde *clerc*, Geistlicher oder Kanzlist. Gewiß gab es auch noch im 14. Jahrhundert und später Adlige und Ritter, die nicht lesen konnten; aber Chaucers Schildknappe und Ritter lassen uns ahnen, daß allmählich auch das Lesenkönnen zu einem Element des ersehnten Ideals wurde.

Erstrebenswert war normalerweise allerdings nicht das Wissen des Geistlichen, das Latein, Grammatik und Logik umfaßte; es ging darum, Französisch und die eigene Umgangssprache lesen zu können. Französisch war besonders wichtig. Unter den Volksdialekten des 13. Jahrhunderts war es führend geworden. In Frankreich hatten die großen Zyklen des

EUROPA UM 1400

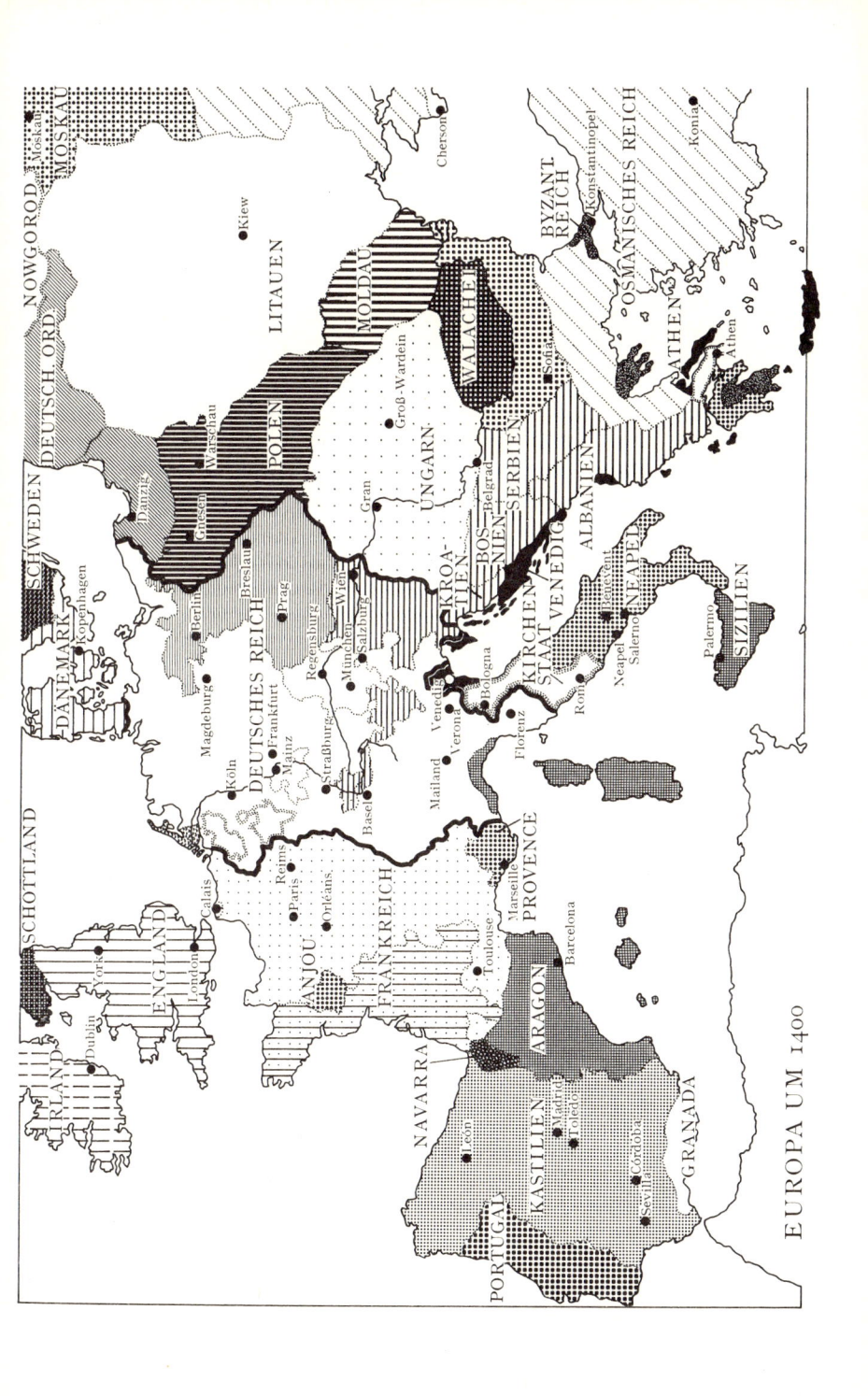

Epos und der Romanze ihre höchstentwickelte Form gefunden: der Zyklus von Karl dem Großen, die Geschichten von Artus und seiner Tafelrunde, die Legenden von Alexander und den Römern. Der größten Beliebtheit erfreuten sich im 14. Jahrhundert die Artus-Erzählungen; in ihnen verflocht sich vieles, was die ritterliche Gesellschaft anzog: das Thema der höfischen Liebe, wunderliche und wundersame Abenteuer, kriegerische Heldentaten im Sinne des ritterlichen Kodex, schließlich die im 13. Jahrhundert eingefügte Gralssage, die der mystischen Frömmigkeit des 14. Jahrhunderts erst recht zusagte. Dazu hatten die Franzosen andere dichterische Formen entwickelt, die auf die aristokratische Gesellschaft Eindruck machten: ausgesponnene Allegorien wie den *Roman de la Rose*, der auch im 14. Jahrhundert volkstümlich blieb; Lehrgedichte, die religiöse Lehren, Etikette- und Hygienevorschriften und Allgemeinwissen popularisierten; neue Typen des Gedichts, das Lai, die Ballade, das Ringelgedicht. Französisch wurde weit über Frankreichs Grenzen hinaus wichtig, und man lernte es sogar in entlegenen Ländern wie Böhmen, Polen oder Ungarn.

Vielerlei Konsequenzen erwuchsen aus der Verbreitung des Lesens. Beeinflußt wurde die dichterische Form, denn die Tage des fahrenden Spielmanns, der die Zuhörer mit Singsang erfreute, waren gezählt, und Gedichte wurden jetzt zum Lesen im stillen Kämmerlein oder zum Vorlesen im kleineren Kreis geschrieben. Je mehr Menschen lesen konnten, um so kräftiger entwickelte sich Prosa mit einer Vielfalt von Formen: die französische Literatur bereicherten Chroniken wie die von Jean le Bel und Jean Froissart, Erzählungen über erstaunliche Vorkommnisse und ferne Länder wie Sir John Mandevilles Reiseberichte, belehrende Bücher über Gewohnheitsrecht und Güterbewirtschaftung.

Daß jetzt nicht nur Geistliche lesen konnten, trug zur Entstehung literarischer Werke auch in anderen Volksdialekten bei. Am Ende des 13. Jahrhunderts verfaßte König Jakob I. von Aragon die Chronik seiner Regierungszeit auf Katalanisch, und unmittelbar nach dem Ende des 14. schrieb König Jakob I. von Schottland die Geschichte seines Liebeswerbens um die Königin auf Nordenglisch. Dante schrieb nicht nur sein größtes Werk auf Italienisch, sondern verteidigte auch in einer besonderen Abhandlung die Daseinsberechtigung der »Volkssprache«. Von gewaltigem Einfluß war Petrarcas italienische Dichtung mit der verinnerlichten Behandlung der Laura-Liebe, der ich-bezogenen Würdigung des vergänglichen Augenblicks und der lyrischen Gestaltung eines ästhetischen Naturempfindens. Auch Petrarcas Freund und Bewunderer Boccaccio schrieb sein bedeutendstes Werk auf Italienisch; der *Decamerone* schilderte das Leben des italienischen Alltags mit einer Lebendigkeit, Farbenfreudigkeit und Schärfe der Detailbeobachtung, von der gerade im 14. Jahrhundert eine besondere Anziehungskraft ausging.

Petrarcas Bildung stellte, wiewohl er Geistlicher war, keineswegs ein typisches Produkt der kirchlichen Erziehung seiner Zeit dar. Freilich hatten sich Geistliche wie John of Salisbury schon im 12. Jahrhundert für die Literatur der Antike interessiert, aber doch nur aus zutiefst christlichen Motiven. Für Mönche des 14. Jahrhunderts wie Robert Holcot oder Thomas Waley in England war die Antike nur als möglicher Beitrag zu christlicher Apologetik von Bedeutung. Umgekehrt bemühte sich Petrarca um das Verständnis der Philosophie, des Stils, der Gedankenführung und der Lebensanschauung des klassischen Altertums im Hinblick auf ihren eigenständigen Wert. Daß sich Petrarca und Boccaccio in den Geist der Antike versenkten, mag gewiß nur ein frühes Lebenszeichen der Renaissance gewesen sein; indes mußte die Wiedererweckung des Interesses an der Zivilisation Griechenlands und Roms in Italien in der Tat auf einen fruchtbareren Boden fallen als in Frankreich oder England. Was wesentlich dazu beitrug, war die Tatsache, daß sich in Italien viel zahlreichere Laien die Kunst des Lesens angeeignet hatten.

Lesekundiger wurde in diesem Zeitalter nicht nur der Adel. In dem Maße, wie die königliche Verwaltung in den Monarchien größer und vielgestaltiger wurde, wuchs der Bedarf an Staatsbediensteten, die zum allergrößten Teil keine Analphabeten mehr sein durften. Außer in Italien mußten sie, weil Erziehung und Tradition kirchlich waren, wenigstens formal Geistliche sein, und wo die weltlichen Herrscher genug Einfluß hatten, sorgten sie dafür, daß ihre Bediensteten auch aus kirchlichen Pfründen besoldet wurden. In Wirklichkeit war der geistliche Charakter dieser Pseudokleriker oft nur noch Formsache; wenn sie, was häufig der Fall war, nur die niederen Weihen empfangen hatten, hatten sie die Möglichkeit, eine Ehe einzugehen und legal eine Familie zu gründen, und manche von ihnen machten davon Gebrauch.

Aber nicht nur die weltlichen Herrscher brauchten des Lesens und Schreibens kundige Bedienstete; das galt genauso für Bischöfe und Äbte und außerhalb der Kirche für viele Grundherren. Es gab viele neue Posten und eine immer größere Nachfrage nach Menschen, die lesen und schreiben konnten. Da die verschiedenen nebeneinanderbestehenden Rechtssysteme immer komplizierter wurden und eine eigene Fachtechnik entwickelten, erhöhte sich – zumal der Umfang der Rechtsstreitigkeiten mit dem höheren Zivilisationsgrad zunahm – der Bedarf an Rechtskundigen für die Posten von Richtern, Rechtsvertretern, Kanzlei- und Registraturbeamten. Es konnte sich dabei um Geistliche handeln, die häufig ihre Ausbildung als Kirchenrechtler an Universitäten erhielten, oder um Laien, die – wie englische Zivilrechtler in den Londoner Inns of Court – ihre Fachkenntnisse in entsprechenden weltlichen Institutionen erwarben. Mit der wachsenden Zahl der Rechtskundigen stieg in der europäischen Gesellschaft der Anteil der mehr oder minder spezialisierten, an gewisse Bildungsvoraussetzungen geknüpften Berufe.

Auch in den oberen Gesellschaftsschichten der Städte zogen die Anfangsgründe der Bildung größere Kreise. Vor allem in den führenden Städten Italiens wie Florenz und Venedig machten die bedeutenderen Kaufleute Geschäfte in größerem Rahmen und wurden auf diese Weise – oft mit weitreichenden Konsequenzen – in internationale Angelegenheiten hineingezogen. Sie hatten die Mittel – und Anlaß genug –, sich eine bessere Bildung anzueignen und mit größerem Wissen und Verständnis an Staatsgeschäften und kulturellen Problemen Anteil zu nehmen. Die aus dem 14.Jahrhundert stammende Literatur in der italienischen Volkssprache umfaßt beachtliche Chroniken florentinischer Kaufleute: die Aufzeichnungen von Villani offenbaren die Weite des Horizonts eines übernationalen Christentums, die von Compagni klugen Weitblick in der Wahrnehmung weitläufiger lokaler Interessen; der Briefwechsel des Großkaufmanns Francesco di Marco Datini bezeugt weitverzweigte Handelsbeziehungen, die von England bis zum Schwarzen Meer reichten.

Vielleicht konnte Florenz im folgenden Jahrhundert gerade deswegen zur ersten großen Entfaltungsstätte der Renaissance werden, weil die Kultur seiner Kaufleute so entwickelt und vielseitig war. Weil sie Bildung hatten, auf Florenz und seine internationale Bedeutung stolz waren und in den klerikalen, monarchischen und aristokratischen Traditionen Europas kein zeitgerechtes Vorbild fanden, suchten sie die Sinngebung ihrer kulturellen Position in der Geschichte der Stadtstaaten der Antike und entnahmen der Literatur Roms und Athens und der von ihrem Geist beflügelten Kunst eine Fülle von Anregungen.

Daß die Kaufmannschaft Bildung zu erwerben begann, war keine ausschließlich italienische, sondern eine allgemein europäische Erscheinung von so großer Reichweite, daß ihre Ausstrahlungen das Wesen der europäischen Literatur und verwandte Aspekte des kulturellen Lebens beeinflußten. Viele der Bücher, die Allgemeinwissen und lebenskundliche Fragen behandelten, waren offensichtlich auf aufstiegsfreudige Kaufleute oder ihre Frauen und Töchter zugeschnitten, und bestimmte Literaturgattungen – Satiren und realistische Darstellungen des städtischen Lebens – schienen sich vor allem an eine großbürgerliche Leserschaft zu wenden. In den Städten entstand das religiöse Schauspiel, namentlich in der Form von Mysterienspielen; in den Zünften nährte es den Bürgerstolz, förderte den Drang zur Bildung und spornte zum Nacheifern an. Die Städte, vornehmlich in England, den Niederlanden und Deutschland, erzielten bemerkenswerte Fortschritte im Schulwesen.

Allmählich zog die Ausbreitung des Lesens in der Stadt wichtige wirtschaftliche und gesellschaftliche Folgen nach sich. Der Kaufmann des 11. Jahrhunderts hatte unter dem Zwang gestanden, seine Ware persönlich an den Kunden heranbringen zu müssen, so entfernt das Ziel und so beschwerlich die See- oder Landreise zum Markt auch sein mochte. Nun gab es im 14. Jahrhundert viel mehr Lese- und Schreibkundige, und die großen Kaufleute konnten zu Hause bleiben, ihre Unternehmungen vom Kontor aus leiten und die Märkte von Gehilfen und Agenten aufsuchen lassen; für die Aufgaben der Geschäftsführung und Aufsicht leisteten schriftliche Instruktionen, Briefe und Geschäftsbücher ihre neuartigen guten Dienste. Der Bildungsanstieg der städtischen Bevölkerung ermöglichte organisatorische Verbesserungen, namentlich in den höherentwickelten städtischen Geschäftszentren Norditaliens und Süddeutschlands. Handelskompanien wurden gegründet, die auch Kreditgeschäfte und sonstige finanzielle Transaktionen besorgten, und die überseeische Warenbeförderung übernahmen selbständige Reeder.

Wirtschaft im Niedergang?

Die Ausbreitung der Bildung im Großbürgertum hing, so paradox es zunächst anmuten mag, mit schweren Rückschlägen in der Entwicklung des europäischen Handels zusammen. Was darüber bekannt ist, ist allerdings so uneinheitlich und äußerlich widerspruchsvoll, daß man sich vor vereinfachenden Feststellungen hüten muß. Immerhin gibt es genug Anzeichen dafür, daß der bemerkenswerte wirtschaftliche Aufschwung, den Westeuropa seit der zweiten Hälfte des 12. Jahrhunderts genommen hatte, um etwa 1320 aus verschiedenen

Anlässen ins Stocken geriet. Die Bevölkerungsvermehrung kam zum Stillstand, die landwirtschaftlich genutzte Fläche dehnte sich nicht weiter aus, und bei vielen Waren zeigte der internationale Handel einen sichtbaren Rückgang. Ab Mitte des Jahrhunderts führten Hungersnöte, Kriege und Seuchen dazu, daß die Felder in vielen Gegenden nicht mehr beackert wurden, die gesamte gewerbliche Erzeugung zurückging und die Städte zu schrumpfen begannen.

Wo das wirtschaftliche Siechtum das städtische Leben traf, blieben weitreichende gesellschaftliche Folgewirkungen nicht aus. Die Aussichten, mit Unternehmungsgeist große Vermögen zusammenzuscharren, waren geringer geworden. Instinktiv dachten Kaufleute und Gewerbetreibende eher daran, sich vor Verlusten zu schützen, als nach schnellem Aufstieg zu haschen, der kaum noch erreichbar schien. Das Sicherungsbedürfnis führte zu strafferer und dichterer Organisation: einerseits schlossen sich Großkaufleute zu umfassenden Handelskompanien zusammen, anderseits erstarkten die Zünfte, die Gewerbe, Handwerk und Handel reglementierten, fremde Eindringlinge mit Strafen belegten und die verfügbaren Beschäftigungs- und Gewinnmöglichkeiten zu strecken suchten. Diese Tendenz zum Monopol bewirkte eine weitere Streuung, aber auch ein mäßigeres Gesamtniveau des Wohlstands unter den herrschenden Elementen; wer daran teilhatte, klammerte sich mehr, als es frühere Generationen getan hatten, an die Sicherheit des Erreichten und die Annehmlichkeiten einer garantierten sozialen Position.

In England strebten die wohlhabenden Kaufleute danach, zur Gentry zu werden. In der weniger geschmeidigen und weniger zusammenhängenden Gesellschaft Deutschlands wurden sie zu Rentnern. In beiden Fällen zeigte sich bei wohlhabenden Kaufleuten die Tendenz, zu einem »bürgerlichen Adel« zu werden; man versuchte, die Kultur der Aristokratie zu übernehmen, indem man für Gepränge und Lebensgenüsse Geld ausgab und sich um Bildung bemühte. Kaufleute, die mit dem Stadtleben verbunden blieben, gaben ihrer Bedeutung und ihrem Kollektivstolz einen monumentalen Ausdruck: sie bauten Kirchen für die Gemeinde und Domaltäre für die Zunft oder ließen eindrucksvolle Bauwerke für die Stadtregierung errichten. Der Dogenpalast in Venedig, die Rathäuser von Stralsund und Hannover sind typische Sinnbilder zur Schau gestellten bürgerlichen Wohlstands und Machtwillens.

In der Stadt konnten die herrschenden Klassen die Konsequenzen des wirtschaftlichen Rückgangs besser abwehren als auf dem flachen Lande: Kaufleute und Handwerker waren besser organisiert als der ländliche Kleinadel. Freilich besiegelte die bessere Organisation nicht selten den Untergang; so beschleunigten die Schutzmaßnahmen, mit denen die englischen Tuchmacherstädte ihre Existenz zu behaupten suchten, nur die Abwanderung des Gewerbes in ländliche Bezirke. Zu gleicher Zeit konzentrierten sich bestimmte Produktionszweige in einigen größeren Städten, so beispielsweise in London die Herstellung von Kunsterzeugnissen aus Alabaster sowohl für den Inlandsbedarf als auch für die europäischen Märkte. Kennzeichnend für das städtische Handwerk waren oft technische Fertigkeiten und Qualitätsarbeit. Die Grundherren deckten infolgedessen einen großen Teil ihres Bedarfs an gewerblichen Erzeugnissen nicht mehr aus der Eigenproduktion der Gutswirtschaft, sondern kauften, was sie brauchten, von fahrenden Handelsleuten, auf Märkten und Messen

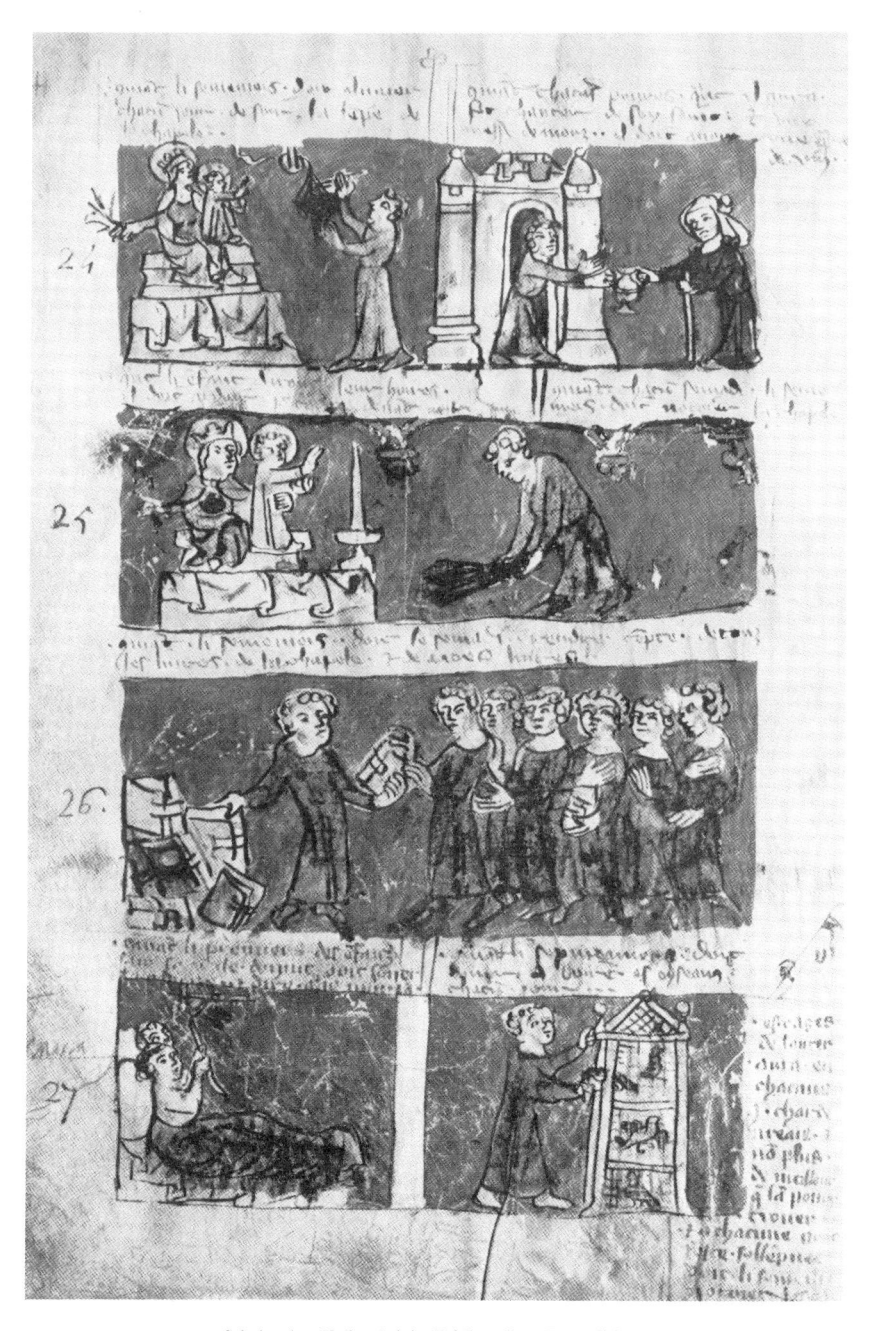

Schüler eines Kollegs bei der Erfüllung ihrer Tagespflichten
Morgenandacht, Almosenspende, Reinemachen, Bücherausgabe, Wecken, Vogelfüttern
Kolorierte Zeichnungen in dem Statutenbuch
des von Jean de Hubant in Paris gegründeten Kollegs Ave Maria, 1387. Paris, Archives Nationales

Schneiderwerkstatt
Miniatur in dem Hausbuch der veronesischen Familie Cerruti, Ende 14. Jahrhundert
Wien, Österreichische Nationalbibliothek

oder direkt in den städtischen Werkstätten. Der Geldbedarf des flachen Landes nahm spürbar zu.

In der expandierenden Wirtschaft des 13. Jahrhunderts hatte die wachsende Geldknappheit manche Grundherren dazu verleitet, Naturalabgaben und Fronden in Barzahlungsverpflichtungen umzuwandeln. In manchen Gegenden, unter anderem in England, suchten viele Grundherren ihren Bauern größere Frondienste aufzuerlegen, um für den Markt produzieren und Gewinne in klingender Münze erzielen zu können. Im 14. Jahrhundert setzten die Rückschläge ein; mit den schweren Hungersnöten der Jahre 1315–1317 hatte vermutlich das Abflauen des Bevölkerungszuwachses angefangen. Dann kam der Schwarze Tod, der sich zwischen 1347 und 1351 von einem Ende Europas zum andern verbreitete; im Gefolge der Seuche schrumpfte die Bevölkerung Westeuropas binnen fünfzig Jahren um ein Drittel oder sogar um die Hälfte zusammen. In Frankreich folgten die furchtbaren Verwüstungen des Hundertjährigen Krieges, die aus dem reichsten Land Europas das ärmste machten. Vom Jahreseinkommen des Bischofs von Chartres, das hauptsächlich aus Pachtzinsen bestand, hieß es (allerdings in einem Steuernachlaßgesuch an den Papst!), es sei von zehntausend auf sieben Livres gesunken.

Diese Heimsuchungen verringerten die Bauernbevölkerung so einschneidend, daß es in der zweiten Jahrhunderthälfte oft an landwirtschaftlichen Arbeitskräften mangelte; die Knappheit wurde dadurch verschärft, daß viele Bauern, von günstigeren Aussichten angelockt, in die Städte flohen. Mit allen Mitteln versuchten die herrschenden Klassen, ihren verbrieften Ansprüchen und Forderungen den Bauern gegenüber Geltung zu verschaffen oder von ihnen gar noch größere Leistungen zu verlangen. Immer mehr Zündstoff wurde zusammengetragen; er flammte in Bauernaufständen in verschiedenen Ländern empor: in Frankreich 1358 und 1382, in England 1381.

Am Ende des Jahrhunderts gab es allerdings Anzeichen dafür, daß die einheitliche Haltung der Grundherren einer regionalen Differenzierung wich. In Polen und im ostelbischen Deutschland, wo Getreidebau und Großgüter überwogen, wurden bei Anwendung einer arbeitsextensiven Agrartechnik unzählige Arbeitskräfte benötigt. Da die Aristokratie hier über beträchtliche politische Macht verfügte, konnten die Grundherren auch von den bis dahin freien Bauern Arbeitsleistungen auf ihren Großgütern fordern. Später, im 15. Jahrhundert, führte das zu großen Bauernaufständen; mit ihrer Niederschlagung wurde indes die Bahn frei für den Siegeszug der Leibeigenschaft, die erst mit dem 19. Jahrhundert ihr Ende finden sollte.

Anders in Westeuropa: auf die Agrarkrise des 14. Jahrhunderts reagierten hier die Grundherren zumeist damit, daß sie auf die zentrale einheitliche Leitung ihrer Domänen und auf die Eigenbewirtschaftung des Herrschaftsgutes verzichteten; das heißt: sie wurden in der Tendenz zu Rentenbeziehern. In Frankreich hatte das zur Folge, daß sich viele Bauern praktisch in selbständige Hofbesitzer verwandelten; allerdings blieben sie mit vielerlei Abgaben und Dienstleistungen belastet, die um so anstößiger schienen, als sie nach und nach als Brandmale einer überholten Sklaverei empfunden wurden. Ungleichförmiger war die Entwicklung in Westdeutschland: mit dem Niedergang der Kaisermacht erstarkten manche Fürsten auf Kosten anderer; wo das der Fall war, hatten sie auch eher die Möglichkeit, ihre politische Herrschaft zu nutzen, um die Bauern einem wirksameren wirtschaftlichen Zwang zu unterwerfen.

Wieder anders verlief die Entwicklung in England. Nach dem ersten Einbruch des Schwarzen Todes 1348/49 und nach dem Bauernaufstand von 1381 versuchten manche Grundherren, gegen die Bauern mit schweren Repressalien vorzugehen. Bald aber setzte sich weit und breit die Tendenz durch, das Herrschaftsgut zu verpachten und die Bauern dazu zu bringen, Fronden mit Geldzahlungen abzulösen. Dort, wo die Grundherren die Bewirtschaftung des Herrschaftsgutes in eigener Regie behielten, züchteten sie Rinder und Schafe, denn die Nachfrage nach Fleisch und Wolle wuchs fortgesetzt. Da die Viehzucht keinen großen Arbeitsaufwand erforderte, begegnete weder der Übergang vom Ackerbau zur Viehwirtschaft noch das Bauernlegen großen Schwierigkeiten.

Schon diese Unterschiede weisen darauf hin, daß sich die europäische Wirtschaft im 14. Jahrhundert durchaus nicht einheitlich entwickelte. Allerdings beziehen sich die meisten überlieferten Nachrichten über Verfalls- und Niedergangserscheinungen auf England, Frankreich und die Niederlande. Über die Landwirtschaft Spaniens, Italiens und Skandinaviens in dieser Periode ist bis jetzt wenig bekannt, und neue Erkenntnisse könnten das Gesamtbild korrigieren. In Holland, in dessen Landwirtschaft die Rinderzucht eine große Rolle spielte, stand der agrarische Aufschwung unmittelbar bevor. Der unverkennbare wirtschaftliche Niedergang Frankreichs war vielleicht nichts anderes als eine besonders gravierende Folgewirkung des Hundertjährigen Krieges.

Anzeichen eines schrumpfenden Wirtschaftsvolumens beweisen nicht unbedingt einen allgemeinen wirtschaftlichen Verfall; es kommt auch noch darauf an, mit welchen Maßstäben gesellschaftlicher Fortschritt gemessen wird. Dem Bevölkerungsrückgang, dem sinkenden Einkommen der agrarischen Oberschicht und dem Niedergang bestimmter Städte stehen andere Faktoren gegenüber: Vermehrung der Handwerker in Stadt und Land, größere Vielfalt der handwerklichen Berufszweige, Aufstieg ländlicher Industrien wie der Tuchmacherei mit entsprechend wachsendem Reichtum des Tuch- und Wollhandels, schließlich beschleunigter Übergang zur Geldwirtschaft, belegt durch das gewaltig gesteigerte Aufkommen der in bar erhobenen Steuern. Auch dem Rückgang des Außenhandels zwischen bestimmten Regionen läßt sich anderes entgegenhalten: größere Vielfalt des Warensortiments im internationalen Handelsverkehr, Ausdehnung des europäischen Handelsnetzes, stärkere Einbeziehung von Randgebieten wie Skandinavien, Polen, Böhmen und Ungarn in den europäischen Wirtschaftszusammenhang. Zum Teil war der Aufschwung des Hansebundes der norddeutschen Städte das Ergebnis dieser engeren wirtschaftlichen Verflechtung.

Bauern und Kleinbürger

Einheitlich waren auch die Schicksale der Bauern nicht. In mancher Hinsicht und in verschiedenen Regionen waren ihnen die Zeitläufte abhold. Bleibt man dabei stehen, so gewahrt man ein bedrückend düsteres Bild ohne Lichtblick. Auf den Bauern hatte im 13. Jahrhundert die rapide Zunahme der Bevölkerung in den meisten Teilen Westeuropas besonders schwer gelastet. Der Kampf um den Boden, über den zumeist die Grundherren verfügten, wurde schärfer; Bauern, die wenig oder gar kein Land hatten, mußten einander die Arbeitsplätze auf den Gütern der großen Herren streitig machen, und die Grundherren nutzten das aus, um ihnen mehr Arbeit abzupressen und sie schlechter zu bezahlen. Die agrarische Hochkonjunktur hatte Mehrerzeugung für den Markt zur Folge; da aber viele Bauern nur wenig kaufen konnten, entstand zu Beginn des 14. Jahrhunderts eine Überproduktion an Getreide; den unterernährten Bauern blieb wenig Widerstandskraft.

Es gab genug Gründe für eine Landwirtschaftskrise; ausgelöst wurde sie offenbar durch die Mißernten der Jahre 1315-1317, in denen viele Bauern Hungers starben. In einigen Teilen Europas versuchten die Grundherren, das Absinken der Erträge durch neue Fronden und erhöhte Naturalabgaben aufzuhalten. In Flandern führte 1332 die versuchte Wiedereinführung der Leibeigenschaft zu einem wütenden Bauernaufstand; der Graf von Flandern und der König von Frankreich unterdrückten ihn mit noch größerer Wut. In Norditalien wollten die in den Städten lebenden Grundherren zu ihren eigenen und der Städte Gunsten den Bauern der umliegenden Dörfer zusätzliche Lasten auferlegen. In Frankreich litten die Bauern im Hundertjährigen Krieg bittere Not infolge der Einfälle der Engländer und der Raubzüge der Söldnerscharen. Sie erhoben sich in der »Jacquerie« von 1358; ihr Aufstand wurde mit einer Brutalität niedergeschlagen, der gegenüber alle Gewalttaten der Bauern verblaßten. Nach Berichten der Chronisten sind dabei zwanzigtausend Bauern ums Leben gekommen.

Dazu kamen die Verheerungen, die der Schwarze Tod anrichtete. Auf den Handelswegen aus dem Osten eingeschleppt und von Ratten und Flöhen verbreitet, überfiel er die Länder Osteuropas zwischen 1348 und 1350 und kehrte in der zweiten Jahrhunderthälfte in Abständen wieder. Der ersten Heimsuchung fiel ein erheblicher Teil – vielleicht ein Drittel – der Bevölkerung zum Opfer. Daß kerngesunde Menschen von der Seuche in wenigen Stunden hinweggerafft wurden, löste Panik und Wahnerscheinungen aus. Juden wurden in Massen niedergemetzelt, weil sie, um die Pest zu verbreiten, Brunnen vergiftet haben sollten. Scharen halbnackter Geißler zogen durch die Städte und Dörfer Deutschlands und anderer Länder, um in irrer Selbstzüchtigung Buße zu tun. Die Zahl der Todesfälle war so groß, daß aus dem Bevölkerungsüberschuß vielfach Knappheit an Arbeitskräften wurde. In mehreren Ländern folgten Versuche der Grundherren, die Bauern von neuem zu versklaven oder halbvergessene Frondienste und Abgaben wiedereinzuführen; mancherorts – so in England und Dänemark – antworteten die Bauern mit Aufständen. Die Ideen des Rittertums förderten eine gewisse Selbsteinkehr: so manchem Adligen wurde die Tiefe der Kluft und der Interessengegensätze zwischen Adel und Bauerntum bewußt.

In dieser Perspektive erscheint das Schicksal der europäischen Bauern im 14. Jahrhundert als ununterbrochene Abfolge von wirtschaftlichen Nöten, Seuchen, Kriegen und verschärfter Ausbeutung. In Wirklichkeit hatte das Bild auch andere Seiten. Auch wenn die Grundherren der Agrarkrise in vielen Gegenden zunächst nur neue Versklavungsversuche entgegenzusetzen wußten, fanden sie in der Regel eine Lösung des Problems nur, wenn sie gutsherrliches Land verpachteten. Vom Schicksal begünstigte, verständigere oder skrupellosere Bauern erhielten damit die Möglichkeit, ihren Landbesitz auszudehnen, ihre Wirtschaft der neuen Situation anzupassen, alte rechtliche und wirtschaftliche Fesseln zu zerreißen und ihre wirtschaftliche Position zu festigen. In England begann der Aufstieg der Freisassen, und bald unterschied sich ihre wohlhabende Oberschicht, was Wohlstand und gesellschaftliche Position anging, kaum noch von der unteren Schicht der Ritter.

In unserer Zeit heißt es bei P. T. Bauer und B. S. Yamey über die Wirtschaft unterentwickelter Länder: »Die Vergrößerung der Reichweite wirksamer freier Auswahl ist das wichtigste Ziel der wirtschaftlichen Entwicklung und zugleich der beste Maßstab, an dem sich messen läßt, ob das Ziel erreicht worden ist.« Legt man diesen Maßstab an das 14. Jahrhundert an, so erscheint es als ein Zeitalter, in dem viele Bauern wirtschaftlich aufsteigen konnten: dank höherem Einkommen und verschiedenen Beschäftigungsmöglichkeiten konnten sie auch zwischen mehr Waren eine freie Wahl treffen.

Gewiß bedeutete die zunehmende Mobilität der Bauernbevölkerung, daß die einen ihr Land verloren, während die anderen neues erwerben konnten; aber die Verknappung auf dem ländlichen Arbeitsmarkt nach dem Schwarzen Tod brachte höhere Löhne für die Überlebenden, auch wenn sich die herrschenden Klassen alle Mühe gaben, die Löhne auf dem Niveau zu halten, auf dem sie sich vor der Seuche bewegt hatten. Die zunehmende Nachfrage nach größeren Warenmengen und bunterem Warensortiment ließ neue Gewerbe entstehen; auch in den Dörfern eröffneten sich Beschäftigungsaussichten in mehr Berufen als zuvor: gebraucht wurden Stellmacher, Grobschmiede, Lohgerber, Böttcher, Töpfer, Müller, Bäcker, Stroh- und Ziegeldachdecker, Zimmerer. Manche Techniken — zum Beispiel Ziegelbrennerei — fanden weitere Verbreitung, andere — wie die Zimmererkunst — wurden verbessert.

Da in England die Walkerei mehr beansprucht wurde, verlagerte sich die Tuchmacherei auf das flache Land; es gab neue Arbeit für die Landleute: Kämmen, Krempeln und Spinnen der Wolle für die Frauen; Weben, Walken, Färben, Zurichten des Gewebes für die Männer. Größerer Bedarf an Metallen wie Eisen und Kupfer — sei es für alltägliche Geräte und Werkzeuge wie Töpfe und Pflüge, sei es für Kanonen, die in die Kriegführung eindrangen — bedeutete vermehrten Auftrieb für den Bergbau in verschiedenen Ländern; in der vordersten Reihe standen Schweden, Deutschland, Österreich, Böhmen, Lothringen, die Dauphiné, Ungarn; das trug überall, vor allem aber in Schweden, zur wirtschaftlichen Unabhängigkeit und politischen Bedeutung der Bergleute bei.

Nicht minder buntscheckig waren die Schicksale der unteren Schichten in der Stadt. Unter den schweren Schlägen der Seuche litten sie noch mehr als die Bauern: die überfüllten, vollgestopften Häuser, die engen Gassen und sanitätswidrigen Zustände der mittelalterlichen Städte schufen ideale Voraussetzungen für galoppierende Epidemien. Nach manchen Berechnungen hinterließ die durchschnittliche Londoner Kaufmannsfamilie in dieser Periode nur einen einzigen männlichen Abkömmling; trotz frühen und häufigen Heiraten starben die meisten Kaufmannsfamilien in der männlichen Linie nach kaum mehr als zwei Generationen aus. Galt das schon für die herrschende Klasse, so mußte das Leben der unteren Schichten noch viel gefahrenreicher sein: sie waren in der Regel unterernährt, hatten kaum die Möglichkeit, der Seuche zu entfliehen, und waren auf Wasser angewiesen, das von Kloaken verpestet wurde; Unrat wurde auf die Straße geworfen und nährte Ratten und Ungeziefer, die Krankheitskeime weitertrugen.

Die Kaufmannsaristokratie, die die Städte beherrschte, wurde immer exklusiver. Das wurde allerdings nicht überall so deutlich demonstriert wie in Venedig, wo der Große Rat die künftige Mitgliedschaft schon 1297 auf die in seiner Mitte bereits vertretenen Kaufmannsfamilien beschränkt hatte. Größere Verbreitung fanden die komplizierteren Techniken des Herrschaftsmonopols, die Großkaufleute in englischen und deutschen Städten ersonnen hatten: Kooptation, Verbot des Grundstückserwerbs, unerschwingliche Zunftbeiträge. In den größeren Städten wuchs die Unzufriedenheit, namentlich in Flandern und Norditalien, wo die Unterschiede in der Lebenshaltung zwischen Reichen und Armen exorbitant geworden waren.

Daß mehr Qualitätsware auf entlegenen Märkten abgesetzt wurde, versprach zwar größeren Reichtum, brachte aber auch Absatzstockungen und Arbeitslosigkeit mit sich. In den flämischen Städten entbrannten heftige Machtkämpfe nicht nur zwischen Patriziern auf der einen und kleinen Meistern oder Arbeitern auf der anderen Seite, sondern auch zwischen den Tuchmachern und anderen Zünften. In Italien führte die Auflehnung der Armen gegen die Reichen zu Revolten in mehreren Städten; am bedeutendsten war der Aufstand der Ciompi in Florenz 1378. In anderen Ländern fanden Unruhen anderen Ursprungs lebhaften Widerhall in den unteren Bevölkerungsschichten der größeren städtischen Zentren: der französischen Jacquerie von 1358 erstand ein Bundesgenosse in Étienne Marcel, dem Führer des dritten Standes in Paris, und der englische Bauernaufstand von 1381 wurde in seinen Anfängen von vielen Angehörigen der unteren Stände Londons unterstützt. Nur selten waren Revolten der kleinen Leute so erfolgreich wie 1382 in Lüttich; gewöhnlich wurden sie niedergeschlagen und die arbeitenden Massen von den Stadtbehörden von neuem an die Kandare genommen.

Auch dies Bild zeigt indes einige andere Aspekte. In manchen Ländern – so in England – gelang es den kleinen Handwerksleuten hin und wieder, sich einen Anteil an der Stadtregierung, wenn auch keinen übermächtigen, zu erkämpfen. Und gewiß wehrten sich nicht nur die großen Kaufleute mit Reglementierung und Wettbewerbsbeschränkungen gegen wirtschaftlichen Abstieg. Überall erstarkten die Zünfte, und überall führten sie strikte Vorschriften zur Fernhaltung der Konkurrenz, zur Sicherung einer Monopolstellung für ihre Mitglieder und zur Ausschaltung von Preisunterbietung und Kundenfang ein. Den Mitgliedern der Zünfte wurden in gewissen Grenzen Lebensunterhalt und gesellschaftliche Position garantiert, und die Nachfrage nach einem vielfältigeren und qualitativ besseren Warenangebot verhieß bescheidene Vergrößerungsaussichten. Sogar in London, das an Einwohnerzahl und Wohlstand hinter anderen Städten zurückblieb, waren Besucher durch Zahl und Reichtum der Gold- und Silberschmiede beeindruckt.

Mitunter kamen auch den unteren Schichten die Reformmaßnahmen der Stadtbehörden zugute: Ordnung und Sicherheit, verbesserte Wasserversorgung, sanitäre Anlagen, Straßensäuberung und Straßenbeleuchtung, Versorgung der Märkte, Schulen und Krankenhäuser. Auch den Benachteiligten ermöglichte die Verfeinerung der Lebensart der europäischen

Gesellschaft die Teilnahme an Lebensgenüssen, die das Leben erträglicher machten: jeder konnte sich an den großen prunkvollen Straßenprozessionen erfreuen und als Zuschauer die von den Zünften aufgeführten Mysterienspiele genießen, und es gab auch noch große Feste anläßlich der Kirchenfeiertage wie das Mittsommerfest am Vorabend des Johannistages. Das flache Land war für die kleinen Leute der Stadt noch nicht – wie später im 19. Jahrhundert – in unerreichbare Ferne gerückt, und im übrigen galt der Grundsatz »Stadtluft macht frei«.

Nach heutigen Maßstäben mag das Leben der kleinen Leute im 14. Jahrhundert kurz und primitiv gewesen sein; doch war es meistens sicherer, angenehmer und bequemer als im 12. Jahrhundert. Zu den heftigen Konflikten und Zusammenstößen der flämischen und norditalienischen Städte gab es kein Gegenstück in England oder im Bereich der Hanse.

Die Bauern und die städtischen Kleinbürger verband manches Gemeinsame mit anderen Lebensbereichen Europas im 14. Jahrhundert. Noch herrschte die Einheit eines universalen Glaubens und einer verbindlichen Zivilisation, die ständigen Austausch und ständiges Aufeinanderwirken von Ideen, Institutionen, Bewegungen und Bräuchen mit sich brachte. Innerhalb dieser grundlegenden Einheit gab es aber auch Verschiedenartigkeit und Vielfalt, mancherlei Unterschiede nicht nur von Land zu Land, zwischen Nord und Süd, Ost und West, sondern auch innerhalb der einzelnen Länder. Von der bunten und wechselvollen Szenerie der Zeit gilt, was William Langland, ein großer englischer Dichter des Jahrhunderts, in dem Stabreimgedicht *Vision of Piers Plowman* festzuhalten wußte:

> Ein fein' Feld voller Volk fand ich da bei ihnen:
> Menschen aller Maße, mindere und reiche,
> Am Werk und im Wandern, wie die Welt es wohl wünscht.

UNIVERSALGESCHICHTE
IN STICHWORTEN

NAMEN- UND SACHREGISTER

QUELLENVERZEICHNIS
DER ABBILDUNGEN

UNIVERSALGESCHICHTE IN STICHWORTEN

510—519

Der Merowinger *Chlodwig I.*, König der Franken, stirbt (27. 11. 511); er hatte erstmals die fränkischen Stämme zu einem Reich geeint; die Herrschaft wird unter seine vier Söhne geteilt. *Sigismund*, König der Burgunder und Konvertit vom Arianismus zum Katholizismus, sucht sich Byzanz anzunähern und erregt damit den Zorn seines Schwiegervaters *Theoderichs des Großen* (517). *Iustinus I.*, seit dem Vorjahr oströmischer Kaiser, schließt Frieden mit Papst *Hormisdas* und beendet so das Schisma der Kirche (519). Im Dokument »regula fidei« wird das römische Dogma voll anerkannt; *Iustinus* sucht Annäherung an *Theoderich* und ernennt *Eutharich*, den Gemahl der Tochter *Theoderichs*, *Amalaswintha*, zum Konsul; *Theoderich* stimmt dem Kirchenfrieden zu.
Byzanz: siehe Band IV, S. 667.

520—529

Chlothar I., *Chlodomer* und *Childebert I.*, Könige im Frankenreich, überfallen Burgund (523), während König *Sigismund* durch das Zerwürfnis mit *Theoderich dem Großen* und dessen Kriegsvorbereitungen aufs äußerste bedroht ist; *Sigismund* und sein Bruder *Godomar* werden von den Franken geschlagen, können jedoch entkommen. *Sigismund* wird an den Frankenkönig *Chlodomer* verraten und gefangengenommen; die Herrschaft tritt dessen Bruder *Godomar* an. Im Vandalenreich besteigt *Hilderich*, Enkel des Reichsgründers *Geiserich*, den Thron (6. 5. 523). *Godomar*, König der Burgunder, schlägt die Franken unter König *Chlodomer* bei Véseronce, *Chlodomer* fällt. *Chlodomers* Herrschaftsgebiet in Aquitanien teilen, nachdem seine Erben umgebracht worden sind, seine Brüder *Childebert I.* und *Chlothar I.* unter sich auf (524). *Boëthius*, vornehmer Römer und einst an *Theoderichs des Großen* Hof, wird des Hochverrats angeklagt und auf *Theoderichs* Geheiß ungehört in Pavia hingerichtet (524). Papst *Johannes I.* wird von *Theoderich* nach Byzanz entsandt, um Kaiser *Iustinus I.* zur Einstellung der Maßnahmen gegen die Arianer in seinem Reich zu veranlassen (525). Er kehrt von seiner Mission zurück, nachdem er *Iustinus I.* gekrönt hat; unzufrieden mit dem Erreichten, läßt *Theoderich* den Papst ins Gefängnis werfen, der nach wenigen Tagen stirbt (18. 5. 526). *Theoderich der Große* stirbt (30. 8. 526); sein zehnjähriger Enkel *Athalarich* tritt unter der Regentschaft seiner Mutter *Amalaswintha* die Nachfolge an. *Iustinus I.* stirbt (1. 8. 527); Nachfolger wird sein Neffe *Justinian I.*, dessen Gemahlin *Theodora* großen Einfluß auf ihn ausübt. Die Hochschule in Athen wird als heidnisches Überbleibsel von Kaiser *Justinian I.* geschlossen (529); *Benedikt von Nursia* begründet Monte Cassino, das Mutterkloster des Benediktinerordens (529).
Byzanz: siehe Band IV.

530—539

Godomar, König der Burgunder, hat sich mit *Amalaswintha*, Tochter *Theoderichs des Großen* und Regentin der Ostgoten, zum Schutz gegen die Franken verbündet; *Amalaswintha* läßt das von ihrem Vater besetzte burgundische Gebiet wieder räumen (530). Der Vandale *Hilderich* hat durch seine Unterwürfigkeit gegenüber Rom und Byzanz wie durch seine Unfähigkeit, die Mauren im Zaum zu halten, die Anführer der Vandalen gegen sich aufgebracht; sie scharen sich um *Gelimer*, Urenkel des Reichsgründers *Geiserich*, der *Hilderich* stürzt (19. 5. 530). *Bonifatius II.*, ein in Rom geborener Gote, wird Papst (22. 9. 530); *Theuderich I.*, König der Ostfranken, unternimmt einen Feldzug gegen die Thüringer, an dem sich auch *Chlothar I.*, König im salischen Kernland, beteiligt; dieser erste Angriff schlägt fehl (531). *Amalarich*, König der Westgoten, selbst Arianer, sucht durch Mißhandlungen seine Gemahlin *Chrodechildis*, Tochter *Chlodwigs I.*, vom katholischen Glauben abzubringen; deren Bruder König *Childebert I.*, überzieht ihn dafür mit Krieg und schlägt ihn bei Narbonne (531); während *Childebert* sich zurückzieht, ohne den Sieg zu nutzen, stirbt *Amalarich* in Barcelona; mit ihm erlischt das Geschlecht *Alarichs*. *Chlothar I.* und *Childebert I.*, Könige der Franken, greifen noch einmal das Burgunderreich an; sein König *Godomar* wird bei Autun vernichtend geschlagen; Burgund fällt den Franken zu (532). *Belisar* schifft sich mit etwa 20 000 Mann zu Byzanz ein (Ende Juni); nach der Landung in Nordafrika (Anf. Sept.) marschiert er auf Karthago, wo es beim zehnten Meilenstein (»ad decimum«) vor der Stadt zur Schlacht kommt, *Gelimer* wird geschlagen (13. 9.), *Belisar* zieht in Karthago ein (15. 9.). In einer neuen Schlacht (bei Tricamarum) werden die Vandalen wieder besiegt, *Gelimer* entflieht; das Vandalenreich ist zerschlagen (Mitte Dez. 533). Papst *Johannes II.* besteigt den Stuhl Petri, nachdem er den heidnischen Namen *Mercurius* abgelegt hat; er ist der erste Papst, der einen neuen Namen annimmt (2. 1. 533). König *Theuderich I.* führt mit Unterstützung *Chlothars I.* und wohl auch mit sächsischer Hilfe die Franken nochmals gegen Thüringen; eine Schlacht in der Unstrutgegend (534) besiegelt das Schicksal Thüringens, das bis zur Mitte des 11. Jahrhunderts keine Rolle mehr spielt. Burgund wird unter den fränkischen Königen *Chlothar I.* und *Childebert I.* und ihrem Neffen *Theudebert I.* aufgeteilt (534). *Athalarich,* König der Ostgoten, stirbt (2. 10.); seine Mutter *Amalaswintha* läßt sich zur Königin ausrufen; die dadurch ausgelöste Unruhe sucht *Amalaswintha* zu dämpfen, indem sie ihren Vetter *Theodahad* zum Regenten bestellt. Er reißt jedoch mit Hilfe des ostgotischen Adels die Herrschaft an sich und setzt *Amalaswintha* gefangen (Nov. 534). *Gelimer,* letzter Vandalenkönig, hat sich in eine Bergfeste geflüchtet, wo er sich den Belagerern unter *Belisar* ergibt (etwa April 534); bei seiner Rückkehr nach Byzanz führt ihn *Belisar* im Triumphzug mit. *Amalaswintha* wird im Bade ermordet (30. 4. 535), wohl auf Betreiben des neuen Königs *Theodahad; Justinian I.* tritt als ihr Rächer auf; *Theodahad* sendet Papst *Agapet I.* zu *Justinian;* dennoch rüstet der Kaiser zum Krieg; *Belisar* erhält den Oberbefehl, besetzt Sizilien (535) und erobert Neapel. Die Ostgoten setzen nun *Theodahad* ab und erheben *Witiges,* einen Heerführer *Theoderichs,* zum König. Vor dem anrückenden *Belisar* zieht *Witiges* nach Norden ab; *Belisar* erobert Rom (9. 12. 536); die byzantinische Herrschaft in Italien beginnt. *Witiges* führt das gotische Heer wieder nach Süden und nimmt die Belagerung des von *Belisar* besetzten Roms auf (Febr. 537). Er muß die Belagerung ergebnislos abbrechen (März 538), nachdem in seinem Rücken byzantinische Truppen Ravenna bedrohen. Inzwischen dringen fränkische Heerhaufen unter *Theudebert I.* ins Ostgotenreich ein und schlagen sich mit den byzantinischen Truppen und den von ihnen bedrängten Goten; *Witiges* muß sich nach Ravenna zurückziehen und wird dort von den Byzantinern belagert; die Ostgoten, von kriegerischen Mißerfolgen und Hungersnot zermürbt, geben *Witiges* preis und tragen dem byzantinischen Heerführer *Belisar* die Herrschaft an (539); *Belisar* geht zum Schein darauf ein und kann Ravenna ungehindert einnehmen.

Byzanz: siehe Band IV.

540—549

Justinian I., in Kämpfe mit den Persern verwickelt, ruft *Belisar* zurück, der das Königspaar *Witiges* und *Mataswintha* sowie den Kronschatz der Ostgoten mit nach Byzanz nimmt (540). Die Ostgoten erheben den Adligen *Baldwila (Totila)* zum König, der *Theoderichs des Großen* Politik fortsetzt, indem er die einheimische Bevölkerung zu gewinnen sucht und besonders das von Byzanz unterdrückte Landvolk der Gotenherrschaft geneigt macht; zugleich vertritt er energisch seinen Herrschaftsanspruch gegenüber Byzanz.

Totila erobert große Teile Süditaliens mit Neapel zurück (543). *Justinian I.* entsendet daraufhin *Belisar* aufs neue nach Italien (544), der sich, von Byzanz ungenügend mit Truppen und Ausrüstung versehen, nur schwer behaupten kann. *Totila* zieht zur Belagerung vor Rom (545) und nimmt es durch List (546); *Justinian I.* weist *Totilas* Herrschaftsansprüche zurück, bestärkt von den nach Byzanz emigrierten, gotenfeindlichen italischen Großgrundbesitzern und von *Mataswintha,* der in Byzanz lebenden Witwe des Gotenkönigs *Witiges. Belisars* Truppen haben sich wieder in Rom festgesetzt (547). *Theudebert I.,* König im Ostteil des Frankenreiches, stirbt (548). *Belisar* wird nach Byzanz zurückgerufen, die gotische Herrschaft festigt sich weiter (548). Die Ostgoten unter *Totila* können noch einmal Rom einnehmen, erobern zudem noch eine Anzahl wichtiger Hafenplätze (549).

Byzanz: siehe Band IV.

550—559

Justinian entsendet seinen Feldherrn *Narses* zur endgültigen Niederwerfung der Ostgoten nach Italien, während *Totila* mit einer Flotte Sizilien erobert hat und auf Sardinien und Korsika erscheint; ein Seesieg der Byzantiner bei Sena Gallica macht die gotischen Erfolge zunichte; *Narses* nimmt Ravenna und zieht nach Süden. Bei Tadinae kommt es zur Schlacht, in der *Totila* fällt (551); auch das von einer schwachen gotischen Garnison verteidigte Rom wird genommen; in Pavia wählen die Ostgoten noch einmal einen König, den Heerführer *Teja,* der sich bis Kampanien durchschlägt und nach tapferem Kampf am Fuß des Vesuv fällt (1. 10. 552). *Prokopios,* Geheimschreiber im Stabe des byzantinischen Feldherrn *Belisar,* beschreibt in seinem Geschichtswerk Kampf und Untergang des Vandalen- und des Ostgotenreiches. Fränkisch-alemannische Heerhaufen fallen, das Ende des Ostgotenreiches nutzend, in Italien ein. Sie werden aber von den kaiserlichen Truppen unter *Narses* bald wieder vertrieben (554), nachdem Seuchen in dem verwüsteten Land viele Opfer unter den Franken gefordert haben; *Justinian I.* ernennt *Narses* zum Exarchen in Italien. In Spanien landet eine byzantinische Expedition und unterstützt den (551 erhobenen) Gegenkönig *Athanagild,* sie erobert den Süden zwischen Cartagena und Cádiz und stößt bis Córdoba vor; *Athanagild* wird Alleinherrscher (555).

Byzanz: siehe Band IV.

560—569

Chlothar I., König der Franken, unter dem 558 das Frankenreich noch einmal vereinigt wurde, stirbt (561). Das Reich wird erneut unter seine Söhne geteilt; *Charibert* erhält ein Gebiet im Westen mit Paris, *Guntchramn* Burgund, *Sigibert I.* den östlichen Teil (Austrien) und *Chilperich I.* im übrigen Westen, das alte salische Franken, mit Soissons. *Albuin,* der Schwiegersohn des Frankenkönigs *Chlothar I.* und Sieger über die Gepiden, wird König der Langobarden (561). Die Awaren fallen zum ersten Male ins Frankenreich ein, in der Nähe von Regensburg schlägt *Sigibert I.* sie zurück (562). Der irische Mönch *Columba* gründet auf der Insel Iona vor der schottischen Küste ein Kloster, das zum Ausgangspunkt der Missionierung Schottlands wird (563). *Columba* beginnt seine Mission unter den Pikten (565). *Charibert,* Sohn *Chlothars I.* und Frankenkönig in Paris, stirbt; sein Herrschaftsgebiet fällt an seinen Bruder *Chilperich I.*, der damit das Gebiet im Westen (Neustrien) zusammenfaßt; die so entstandene Gliederung des Frankenreiches in Austrien, Neustrien und Burgund bleibt für die Zukunft maßgebend (567). *Radegunde,* einstige Gemahlin König *Chlothars I.*, gründet das Kloster Sainte-Croix zu Tours (567). *Athanagild,* König der Westgoten, der seine Töchter *Brunhilde* und *Gailswintha* mit den Frankenkönigen *Chilperich I.* und *Sigibert* vermählt hat, stirbt; um die Nachfolge kommt es zum Streit (567). *Leowigild* wird König der Westgoten; er vermählt sich mit *Athanagilds* Witwe *Goeswintha* (568). Die Langobarden unter ihrem König *Albuin* rücken vor den von Osten vordringenden Awaren, denen sie Pannonien preisgeben, nach Süden ab; sie erobern Nord- und Mittelitalien bis auf Rom und Ravenna und nehmen Mailand (4. 9. 569).

Byzanz: siehe Band IV.

570—579

Die Langobarden erobern Pavia (572), das *Albuin* zur Hauptstadt seines Reiches erhebt; er wird ermordet (573?), das Reich löst sich in zahlreiche Herzogtümer auf. *Chilperich I.* läßt seine Gemahlin *Gailswintha* ermorden, um seine Konkubine *Fredegunde* zu heiraten; *Brunhilde,* *Gailswinthas* Schwester und Gemahlin *Sigiberts I.*, treibt zur Blutrache an. *Sigibert I.* wendet sich gegen seinen Bruder *Chilperich I.*, die Ermordung *Gailswinthas* zu rächen. Er erobert Paris, wird aber auf Anstiften *Fredegundes* in der Pfalz von Vitry ermordet, *Brunhilde* gerät in Gefangenschaft; die Nachfolge im Osten tritt *Sigiberts* Sohn *Childebert II.* an (575). Gegen *Leowigild,* König der Westgoten, empört sich sein Sohn *Hermenigild,* den er zum Mitregenten erhoben hat (572), der aber inzwischen zum Katholizismus übergetreten ist.

Byzanz: siehe Band IV.

580—589

Chilperich I. wird in Chelles, unweit Paris, ermordet; sein Sohn, der spätere König *Chlothar II.*, ist noch kein halbes Jahr alt; *Brunhilde,* seine Gegenspielerin, seit 576 im Westen festgehalten, kehrt wieder in den Osten des Reiches zurück, wo sie sich zusammen mit ihrem Sohn *Childebert II.* mit dem aufsässigen Adel auseinanderzusetzen hat (584). Die Langobarden wählen angesichts der Bedrohung durch das byzantinische Exarchat und König *Childebert II.* von Austrien *Authari* zu ihrem König, der das Reich wieder zusammenfaßt (584). *Leowigild,* König der Westgoten, unterwirft die Sueben in Galicien und drängt den fränkischen Einfluß in Nordspanien zurück; er wirft die Empörung seines Sohnes *Hermenigild* nieder und läßt ihn in Tarragona hinrichten (585). *Authari,* König der Langobarden, schließt mit dem byzantinischen Exarchen *Smaragdus* einen dreijährigen Waffenstillstand (585). *Leowigild* hat als König der Westgoten den Byzantinern die meisten ihrer Eroberungen in Südspanien einschließlich Córdobas wieder entrissen, das alte Eheverbot zwischen Goten und Romanen aufgehoben und sein Reich gefestigt; er stirbt in Toledo (586). Ihm folgt sein Sohn *Rekkared;* er tritt zum Katholizismus über (587).

Byzanz: siehe Band IV.

590—599

Gregor I. (der spätere *Gregor der Große*) wird gegen seinen Willen zum Papst gewählt (3. 9. 590). *Authari,* König der Langobarden, hat sich mit der Bayernprinzessin *Theudelinde* vermählt. Er hat sich der Franken unter *Childebert II.* zu erwehren, der sich mit dem byzantinischen Exarchen verbündet hat; während der Verhandlungen über einen Frieden mit *Childebert* stirbt er in Pavia (5. 9. 590); sein Nachfolger *Agilulf,* der nun *Theudelinde* heiratet, schließt den Frieden und erkennt die fränkische Oberhoheit an; Byzanz, nun isoliert, muß sich mit dem Fortbestehen des Langobardenreiches abfinden. Der Ire *Columban* trifft in Burgund ein (um 590), wo er seine Mission beginnt und mehrere Klöster gründet. Der fünfundzwanzigjährige *Muhammad,* aus ärmlichen Verhältnissen stammend, heiratet die reiche Kaufmannswitwe *Chadidscha,* in deren Haus er vorher gedient hat, und wird sozial unabhängig (594). *Childebert II.,* König im Osten des Frankenreiches, stirbt; *Brunhilde* übernimmt nach dem Tode ihres Sohnes *Childebert II.* (596) die Regentschaft für dessen Söhne, von denen *Theudebert II.* König in Austrien, *Theuderich II.* König von Burgund wird. *Fredegunde,* Witwe des ermordeten *Chilperich I.,* nutzt die nach dem Tode *Childeberts II.* im Osten entstandenen Wirren und führt ein Heer gegen *Brunhilde* und ihre Enkel; *Fredegundes* Tod bringt das Ende des Krieges (597). *Augustin* wird von Papst *Gregor I.* zur Mission nach England entsandt und mit seinen Mönchen von König *Ethelbert* von Kent freundlich empfangen (597). *Ethelbert* nimmt die Taufe und fördert die Mission.

Byzanz: siehe Band IV.

600—609

Papst *Gregor I.* ordnet das Kirchenwesen; er beginnt mit der Mission unter den Angelsachsen (um 600). Papst *Gregor* läßt in einem »Antiphonar« die unter vielfältigen Einflüssen entstandene einstimmige Musik des Christentums — den »Gregorianischen Gesang« — zusammenfassen. *Isidorus* wird Erzbischof von Sevilla, er läßt antike Schriften sammeln und verfaßt eine

Enzyklopädie des Wissens seiner Zeit. *Augustin*, Bischof und Missionar in Canterbury, wird von Papst *Gregor I.* zum Erzbischof und Metropoliten der Kirche in England ernannt (601). In Arles wird mit dem Bau der Kathedrale begonnen (um 600). *Columban* wird von einer fränkischen Synode wegen seines Festhaltens an den Gebräuchen der irischen Kirche angeklagt (602). Die Langobarden nehmen Mantua und Cremona (603). Die »Crwth«, ein harfenähnliches Streichinstrument der keltischen Barden, wird 909 von *Venantius Fortunatus* erwähnt; aus ihr entwickelten sich die späteren Streichinstrumente.

Byzanz: siehe Band IV.

610—619

Frankenreiche, Papsttum, der Westen: *Columban* wird von den seiner Anklagen gegen *Brunhilde* und *Theuderich II.* wegen ergrimmten Merowingern verhaftet; er verläßt Burgund und zieht zur Missionierung weiter zu den Alemannen (610). Die Westgoten vertreiben die Byzantiner aus Südostspanien; Byzanz hält nur noch ein Stück der spanischen Südwestküste (612). *Arnulf* wird Bischof von Metz (612); er ist der Stammvater der Arnulfinger und Karolinger. Der irische Mönch *Gallus* läßt sich als Einsiedler unter den Alemannen nieder (613); aus seiner Zelle entstehen später Kloster und Stadt St. Gallen. Nach dem Tode *Theuderichs II.*, ihres Enkels (613), will *Brunhilde* dessen Sohn *Sigibert* zum König im Osten des Frankenreiches erheben; da ruft der Adel unter Führung des Hausmeiers *Pippin ›des Älteren‹* und *Arnulfs Chlothar II.*, den König im Westen, herbei; *Brunhilde* wird gestürzt, an *Chlothar* ausgeliefert und von ihm zu Tode geschleift; *Chlothar II.*, der Sohn von *Brunhildes* ermordetem Gegenspieler, wird zum König im gesamten Frankenreich erhoben. Er muß aber das »edictum Chlotarii« unterzeichnen (18. 10. 614), das die Königsgewalt gegenüber dem Adel einschränkt. *Columban* stirbt im von ihm gegründeten Kloster Bobbio in der Lombardei (23. 11. 615). Der junge Prinz *Oswald* von Northumbrien findet als Flüchtling im Kloster Iona Aufnahme und wird von den irischen Mönchen zum Christentum bekehrt. *Chlothar II.*, König des Westreiches (Neustrien), erreicht die Wiedervereinigung des Frankenreiches (618); jeder der drei Reichsteile Austrien, Neustrien und Burgund wird von einem Hausmeier (»majordomus«) als Vorstand der Hofhaltung verwaltet.

Byzanz: Gegen die Schreckensherrschaft des byzantinischen Kaisers *Phokas* erhebt sich *Herakleios*, Exarch von Karthago; er beseitigt dessen Regiment und empfängt die Kaiserkrone (5. 10. 610). Die Byzantiner erobern Caesarea von den Persern zurück (611). Dennoch breitet sich die persische Eroberung über Vorderasien aus. Die Byzantiner werden bei Antiocheia von den Persern geschlagen; die Perser erobern Damaskus (613). Die Perser marschieren in Kilikien ein, nehmen Tarsos und erstürmen und plündern Jerusalem (614). Sie dringen wieder in Kleinasien ein und stoßen bis zum Bosporus vor; gleichzeitig verstärkt sich im Norden der Druck der Awaren und Slawen gegen Byzanz (615). Die Awaren plündern die Vorstädte von Konstantinopel (Juni); *Herakleios* erkauft einen Frieden (619); die Perser treten zur Eroberung Ägyptens an.

Islam: *Muhammad* verkündet die Lehre von Allah, dem alleinigen Gott (um 610).

620—629

Frankenreiche, Papsttum, der Westen: *Chlothar II.* gibt auf Betreiben *Pippins des Älteren* die Herrschaft im Osten des Reiches seinem Sohn *Dagobert I.*: Stellung des Königs und Reichseinheit sind wiederum zugunsten der Macht der Hausmeier und des Adels geschwächt (625). *Samo*, ein fränkischer Kaufherr, vernichtet mit westslawischen Stämmen die Oberherrschaft der durch den byzantinischen Sieg geschwächten Awaren (626) und macht sich zum König eines Slawenreiches, das sich zeitweilig von Südböhmen bis in die Magdeburger Gegend erstreckt. *Dagobert I.*, seit 625 schon König des Ostreiches, tritt nach dem Tode seines Vaters *Chlothars II.* die Herrschaft auch im Westen an (629). Die Westgoten vertreiben die Byzantiner aus ihren letzten Stützpunkten an der Südwestküste Spaniens.

Byzanz: *Herakleios* bricht zum Krieg gegen die Perser auf (5. 4. 622); die Byzantiner stoßen nach Armenien durch, wo die Perser geschlagen werden; Kleinasien ist wieder byzantinisch. Bei einem neuen Vorstoß gegen die Perser (März 623) fällt Ganzak, der Feuertempel *Zarathustras* wird zur Vergeltung für die Plünderung Jerusalems zerstört. Die Awaren erscheinen vor Konstantinopel (27. 7. 626) und schließen die Stadt ein; die byzantinische Flotte vernichtet die Slawenflotte endgültig (10. 8.), auch zu Lande werden die Awaren zurückgeschlagen. Die Perser werden wieder aus Kleinasien vertrieben. *Herakleios* zieht aufs neue gegen die Perser (Herbst 627); bei Ninive schlägt er (Anf. Dez.) die Perser vernichtend. Er dringt weiter südwärts vor; die persische Macht zerfällt (628). Ein Jahr später wird Jerusalem besetzt.

Islam: *Muhammad* wandert von Mekka nach Medina aus (15.6.622): die »Hidschra« wird zum Ausgangspunkt der Zeitrechnung des Islams. *Muhammad* heiratet die zehnjährige *A'ischa*, die seine Lieblingsfrau wird (624). Medina wird vergeblich von *Muhammad*-feindlichen Mekkanern belagert (627). *Muhammad* tritt die »kleine Pilgerfahrt« nach Mekka an (629).

630—639

Frankenreiche, Papsttum, der Westen: *Sigibert III.* (Austrien) und *Chlodwig II.* (Neustrien und Burgund) sind nach dem Tode ihres Vaters *Dagobert I.* nur noch Scheinkönige gegenüber der erstarkenden Macht der Hausmeier. Die Westgoten beschließen auf der Synode von Toledo (633), am Wahlkönigtum festzuhalten; nur Goten sind wählbar; das Fehlen der Kontinuität eines Königshauses führt zum fortschreitenden Verfall der Königsmacht (633).

Byzanz: *Herakleios* läßt in der Hagia Sophia die »Ekthesis« anschlagen, ein Edikt, das die »monotheletische« Lehre von den zwei Naturen, aber dem einen Willen Christi verkündet (638).

Islam: *Muhammad* erscheint mit einem Heer vor Mekka und nimmt die Stadt gegen geringen Widerstand ein (11. 1. 630); Stadt und Ka'ba werden vom Götzendienst gereinigt, der Islam behauptet sich siegreich in Arabien. *Muhammad* stirbt in Medina (632), ebenso seine jüngste Tochter *Fātima*, die als Gattin des Kalifen *Alī* Ahnfrau der Nachkommen des Propheten wird. *Abū Bakr*, Vater der *A'ischa*, wird erster Kalif. Medina wird Sitz des Kalifen. Nach *Abū Bakrs* Tod (634) wird *'Umar I.* neuer Kalif; er leitet die Eroberung Syriens, Ägyptens und Persiens ein. Die Araber unter *'Umar* fallen in byzantinisches Gebiet ein (634). Damaskus, von den Muslimen erobert, wird Sitz des Kalifen (635). Die Araber schlagen die Byzantiner am Jarmūk (20. 8. 636); mit Antiocheia fällt bald ganz Syrien den Arabern zu, wenig später auch Jerusalem und Teile Syriens (637). Das neugegründete Basra wird Umschlagplatz für den Handel mit Indien. Edessa, Hauptsitz christlich-syrischer Gelehrsamkeit, wird von den Arabern erobert (639), die auch das byzantinische Mesopotamien besetzen und unter *'Amr ibn al-'Ās* in Ägypten eindringen.

640–649

Frankenreiche, Papsttum, der Westen: *Grimoald*, der Sohn *Pippins des Älteren*, wird Hausmeier in Austrien; sein Streben gilt ebenso der Mehrung seiner Macht wie der Lösung Austriens von Neustrien (642). *Rothari*, König der Langobarden, läßt zum ersten Male die langobardische Volksrecht aufzeichnen (»Edictus Rotharii«, 643). Papst *Martin I.* besteigt ohne Genehmigung des Exarchen den Stuhl Petri (5. 7. 649), womit er *Constans II.* gegen sich aufbringt; *Martin* hält eine Synode im Lateran, die die von Byzanz vertretene Theologie ablehnt (Okt.); *Constans* entsendet *Olympios*, den Exarchen von Ravenna, um *Martin* zu verhaften. *Olympios* stellt sich jedoch gegen *Constans* und sucht in Italien die Macht zu übernehmen.

Byzanz: *Herakleios* stirbt (11. 2. 641) und hinterläßt die Regierung als Samtherrschaft seinen Söhnen *Konstantin III.* und *Heraklonas*. *Konstantin* stirbt (25. 5.), *Heraklonas* tritt mit seiner Mutter *Martina* die Alleinherrschaft an, doch werden beide gestürzt, verstümmelt und verbannt (Sept.); *Constans II.* tritt die Regierung an; der Krieg mit den Arabern wird mit einem von *Martina* vorbereiteten Frieden beendet (Nov.). Die Byzantiner räumen gemäß einem Vertrag mit den Muslimen Alexandreia (12. 9. 642).

Islam: Die Araber fallen über Mesopotamien in Armenien ein und erobern die Festung Dwin (Okt. 640), besetzen die Pentapolis und nehmen Tripolis an der Syrte (643). Der Kalif *'Umar I.* wird ermordet (Nov. 644); neuer Kalif wird *'Uthmān*; er setzt seinen Feldherrn *'Amr* ab, was Byzanz zu einer Gegenoffensive ermutigt. Ägypten gelangt endgültig unter arabische Herrschaft (646). Die Araber unter *Mu'āwija*, Statthalter in Syrien, fallen in Kappadokien ein und nehmen Caesarea (647). *Mu'āwija* läßt eine Flotte bauen und nimmt den Seekrieg gegen Byzanz auf (649).

650–659

Frankenreiche, Papsttum, der Westen: Papst *Eugen I.* stirbt, als ihm die Deportation durch die Byzantiner droht (2. 6. 657); Nachfolger wird *Vitalianus* (30. 7.), der sich Byzanz gegenüber nachgiebig zeigt.

Byzanz: Dreijähriger Waffenstillstand mit den Arabern (650). *Constans II.* läßt Papst *Martin I.* durch den neuernannten Exarchen *Theodoros Kalliopa* verhaften und nach Konstantinopel bringen (18. 6. 653), wo *Martin* des Hochverrats angeklagt und verurteilt wird (20. 12.). Auf des Kaisers Gebot hin wird in Rom Papst *Eugen I.* gewählt (10. 8. 654). *Constans II.* krönt seinen Sohn *Konstantin IV.* zum Mitregenten (Ostern 654). Unter Führung *Constans' II.* liefern die Byzantiner den Arabern eine Seeschlacht und werden geschlagen (655).

Islam: Der Kalif *'Uthmān* wird ermordet (17. 6. 656). Während *'Alī*, Schwiegersohn des Propheten, in Medina zum Kalifen erhoben wird, ruft *Mu'āwija* in Syrien zur Rache für *'Uthmān* auf; *'Alī* erringt einen Sieg in der »Kamelschlacht« bei Basra (9. 12.). Ein Teil der Anhänger des Kalifen *'Alī*, die Chāridschiten, sagt sich von ihm los und wird bald darauf von *'Alīs* Truppen niedergemetzelt (17. 7. 658); *Mu'āwija* kann sich nun in den Besitz Ägyptens setzen, muß sich aber durch einen Friedensschluß mit den Byzantinern den Rücken frei machen (659).

660–669

Frankenreiche, Papsttum, der Westen: Königin *Balthildis*, die Gemahlin *Chlodwigs II.*, gründet die Benediktinerabtei Corbie (662). Die Synode von Streaneshalch, 664 von König *Oswy* von Northumbrien einberufen, bringt eine Wende in der Auseinandersetzungen zwischen irisch-schottischem und römisch-katholischem Christentum; *Oswy* und die Synode entscheiden sich für »die Ansicht der ganzen katholischen Welt«.

Byzanz: *Constans II.* beginnt Krieg gegen die Langobarden, muß aber nach Anfangserfolgen aufgeben (663); er besucht Rom (5. 7.), wo er Papst *Vitalianus* beschenkt, aber kostbare Kunstwerke entführt. *Constans II.* verfügt die Trennung der Landeskirche im Exarchat Ravenna von Rom (1. 3. 666). In einer Verschwörung am Hof in Syrakus wird *Constans* im Bad ermordet (15. 9. 668); die Verschwörung wird niedergeschlagen; *Constans'* Sohn *Konstantin IV.* besteigt den Thron.

Islam: Der Kalif *'Ali* wird von einem Chāridschiten ermordet (24. 1. 661), damit findet der Bürgerkrieg rasch ein Ende; mit dem Kalifat *Mu'āwijas* beginnt die Herrschaft der *Umajjaden*-Dynastie. Die Araber fallen in Chalkedon ein und bedrohen Konstantinopel 667; erster Vorstoß gegen Sizilien.

670–679

Frankenreiche, Papsttum, der Westen: *Theodor*, Erzbischof von Canterbury, leitet die Synode von Hertford, die erste Synode Südenglands (673). *Pippin der Mittlere*, der Enkel *Arnulfs* von Metz, schart in Austrien Anhänger um sich und tritt den Herrschaftsansprüchen Neustriens entgegen (678).

Byzanz: Die Araber müssen ihre vergeblichen Flottenangriffe auf Konstantinopel einstellen; *Konstantin IV.* gewährt dem Kalifen *Mu'āwija* gegen jährliche Geldzahlungen einen dreißigjährigen Frieden (678); *Konstantin* rüstet zum Kampf gegen die auf dem Balkan vorgedrungenen Bulgaren.

Islam: Die Araber erobern die Halbinsel Kyzikos, von wo aus sie Konstantinopel unmittelbar bedrohen (670). Smyrna und die Küsten Lykiens und Kilikiens werden besetzt (672). Die Araber erscheinen zum erstenmal mit einer großen Flotte vor Konstantinopel (Frühjahr 674).

680–689

Frankenreiche, Papsttum, der Westen: Papst *Leo II.* kann, nachdem Byzanz endlich die Bestätigung erteilt hat, den Stuhl Petri besteigen (17. 8. 682). *Benedikt II.* wird Papst (26. 6. 684); der Kaiser verzichtet erstmals auf sein Recht der Bestätigung der Wahl, das er dem Exarchen von Ravenna überträgt. *Pippin der Mittlere* muß eine neue Niederlage durch Neustrien hinnehmen (686). Sussex bekennt sich als letztes Reich der Angelsachsen zum Christentum (686). *Pippin der Mittlere* schlägt Neustriens Hausmeier *Berthar* bei Tertry entscheidend (687) und tritt an die Spitze des Frankenreiches, wenn auch noch *Theuderich III.* die Krone trägt. Der Schwerpunkt des Reiches verlagert sich von Paris nach Metz. *Pippin der Mittlere* nimmt den Titel Hausmeier auch für Neustrien an und regiert das Frankenreich als »princeps regiminis« (688); in Neustrien wird *Berthar* ermordet. *Pippin* schlägt den Friesen-Herzog *Radbod* bei Wijkbij-Duurstede (689); Westfriesland kommt zum Frankenreich.

Byzanz: *Konstantin IV.* geht mit Flotte und Heer gegen die Bulgaren vor, wird aber zurückgeschlagen (680). Das sechste ökumenische Konzil wird von *Konstantin IV.* einberufen, um den theologischen Streit zu schlichten (7. 11. 680); Papst *Agathon* sendet Legaten. *Konstantin IV.* schließt mit den Bulgaren Frieden und verpflichtet sich zu jährlichen Zahlungen (681). Kaiser und Papst verdammen die Lehre der Monotheleten; Papst *Honorius I.* wird als Ketzer verurteilt; der theologische Streit ist beigelegt, aber der päpstliche Anspruch auf unfehlbare Lehrautorität erschüttert (681). Erfolgreicher Feldzug gegen die Slawen bis nach Thessalonike (688), die Slawenstämme müssen die Oberhoheit des Kaisers anerkennen; viele Slawen werden als »Stratioten« auf Soldatengüter in die von den Arabern verwüsteten Gebiete umgesiedelt.

Islam: Kalif *Mu'āwija* stirbt (18. 4. 680); gegen seinen Sohn *Jazid* erhebt sich *'Alīs* Sohn *Husain*, der im Kampf fällt (10. 10.); er wird zum großen Märtyrer der Schī'a. Der Aufstand in Kūfa unter *Muchtār* zur »Rache für Husain« gegen das Kalifat bricht zusammen (687).

690–699

Frankenreiche, Papsttum, der Westen: *Willibrord*, Benediktinermönch aus Northumbrien, beginnt unter *Pippins des Mittleren* Schutz die Mission unter den Friesen (690). *Willibrord* wird auf Wunsch *Pippins* von Papst *Sergius I.* in Rom zum Erzbischof geweiht (695). Das Bistum Utrecht gegründet, *Willibrord* wird von *Pippin* als Bischof eingesetzt (696).

Byzanz: Neue Auseinandersetzungen zwischen Byzanz und Arabern; der byzantinische Teil Armeniens unterstellt sich wieder dem Kalifat (691). Unter *Justinian II.* wird in Konstantinopel ein Konzil, das »Quinisextum«, abgehalten (692). Papst *Sergius I.* verwirft sämtliche Beschlüsse; die daraufhin von *Justinian* befohlene Festnahme *Sergius'* wird mit Waffengewalt vereitelt. *Justinian II.* wird verbannt und *Leontios*, der Stratege des Themas Hellas, zum Kaiser erhoben (Jahreswende 695). Die Araber besetzen Karthago; Kaiser *Leontios* entsendet eine Flotte, die die Araber noch einmal zurückwerfen kann (697). Karthago und Nordafrika fallen endgültig den Arabern zu (698). Daraufhin empört sich die Flotte gegen *Leontios* und erhebt *Apsimaros* als *Tiberios II.* zum Kaiser.

Islam: *'Abd al-Malik* baut die Moschee des Felsendomes zu Jerusalem aus (691). Mekka wird von den Truppen des Kalifen unter *Haddschādsch ibn Jūsuf* gestürmt, mit dem Ende des Gegenkalifats ist der Weg zur Wiederherstellung der arabischen Einheit frei (692). *'Abd al-Malik* prägt die ersten arabischen Münzen (693).

700–709

Frankenreiche, Papsttum, der Westen: Auf einer englischen Synode in Northumbrien gewinnt die Opposition gegen *Wilfrid*, Erzbischof von York, die Oberhand (702). *Wilfrid* wendet sich an Papst *Johannes VI.*, der den Synodenbeschluß verwirft und *Wilfrid* in seinem Amt bestätigt (703); mit dieser Anrufung des Papstes als der höchsten Autorität schafft *Wilfrid* einen Präzedenzfall.

Byzanz: *Justinian II.* verbündet sich mit dem Bulgarenchan *Tervel* und erscheint mit einem bulgarisch-slawischen Heer vor Konstantinopel (Herbst 705); durch List gelangt er in die Stadt und besteigt abermals den Thron. Der Kaiser übt blutige Rache.

UNIVERSALGESCHICHTE IN STICHWORTEN 627

Islam: Unter *Mūsa ibn Nusair* Abschluß der arabischen Eroberung Nordafrikas bis an die Atlantikküste (708). Die Araber erobern das befestigte Tyana im Grenzgebiet Kappadokiens (709).

710–719

Frankenreiche, Papsttum, der Westen: *Pippin der Mittlere* stirbt (16. 12. 714); seine Witwe *Plektrudis* übernimmt die Regentschaft für *Dagobert III.* und ihren Enkel *Theudebald*, dessen Vater *Grimoald* ermordet wurde; *Karl Martell*, *Pippins* und der Nebenfrau *Alpheid* Sohn, wird in Austrien zum Hausmeier gewählt; *Plektrudis* läßt *Karl Martell* gefangensetzen, der aber entkommen kann (715). Papst *Konstantin* stirbt (9. 4.); zum neuen Papst wird *Gregor II.* gewählt (19. 5. 715). Die Neustrier unter *Chilperich II.*, den *Plektrudis* anerkennen muß, marschieren auf Köln; *Karl Martell* schlägt sie am Amblève (716); entscheidende Niederlage der Neustrier bei Vincy (717); *Karl Martell* erklärt *Chilperich II.* für abgesetzt und ernennt *Chlothar IV.*, angeblich Sohn *Theuderichs III.*, zum König. *Bonifatius* beginnt seine Mission auf friesischem Boden (718). *Chlothar IV.* stirbt; *Karl Martell* erkennt *Chilperich II.* wieder an (719).

Byzanz: *Justinian II.* sucht den Konflikt mit Rom zu lösen; auf seine Einladung hin erscheint Papst *Konstantin* in Konstantinopel (710). Der Armenier *Philippikos Bardanes* wird zum Kaiser ausgerufen; er erscheint mit der Flotte vor Konstantinopel (711), *Justinian* wird ermordet; der neue Kaiser erhebt den Monotheletismus wieder zur rechten Lehre; Papst *Konstantin* erkennt daraufhin den Kaiser nicht an. Der Bulgarenchan *Tervel* schwingt sich zum Rächer des ermordeten *Justinian II.* auf, seine plündernden und mordenden Horden ziehen durch Thrakien bis vor Konstantinopel (712). *Philippikos* bringt Truppen aus dem Thema Opsikion heran, die aber meutern; *Philippikos* wird gestürzt und geblendet (3. 6. 713); der Beamte *Artemios* besteigt als *Anastasios II.* den Thron. Die Truppen des Themas Opsikion rebellieren abermals und rufen den widerstrebenden Steuerbeamten *Theodosios III.* zum Kaiser aus (715); es kommt zum Bürgerkrieg, in dem sich die Opsikianer mit Hilfe der in ihrem Thema ansässigen Gotennachkommen durchsetzen; *Anastasios* zieht sich als Mönch zurück. *Leon*, Stratege des Themas Anatolikon, erhebt sich gegen *Theodosios III.*, durch ein Abkommen mit den Arabern gedeckt; *Theodosios* wird Mönch; *Leon* läßt sich in der Hagia Sophia als *Leon III.* krönen (717). Die Araber greifen Konstantinopel erfolglos an. *Leon* gewinnt den Bulgarenchan *Tervel* als Bundesgenossen gegen die Araber, die, von einer Seuche geschwächt und von den Bulgaren wiederholt geschlagen, die Belagerung aufheben (15. 8. 718).

Islam: Die Araber nehmen Septem (das heutige Ceuta) und halten damit die gesamte nordafrikanische Küste. Ein arabischer Heerführer, *Tāriq*, unternimmt einen Beutezug nach Spanien; er besiegt die Westgoten unter König *Roderich* bei Jerez de la Frontera (19.–25.7.711). *Mūsa ibn Nusair*, der Statthalter in Nordafrika, vollendet die arabische Eroberung Südspaniens im nächsten Jahr. Er erobert Barcelona und stößt über die Pyrenäen vor (713); Spanien außer dem christlichen Asturien im Norden und Septimanien sind in arabischer Hand; *Mūsa* wird abberufen.

720–729

Frankenreiche, Papsttum, der Westen: *Chilperich II.* stirbt; *Karl Martell* ist Hausmeier und Herr des ganzen Frankenreiches (720). *Odo*, Herzog von Aquitanien, schlägt die Araber bei Toulouse und treibt sie zurück (721). Papst *Gregor II.* tritt mit *Karl Martell* in Verbindung: erste Hinwendung Roms zum Frankenreich (722). *Bonifatius* fährt zum zweitenmal nach Rom und wird von Papst *Gregor II.* zum Bischof geweiht (30. 11. 722); er leistet dem Papst — das hatten bisher nur die dem Papst unmittelbar unterstehenden Bischöfe Italiens getan — einen Gehorsameid und bindet damit sich und seine Mission an den Stuhl Petri. Auf der Insel Reichenau im Bodensee wird eine Benediktinerabtei gegründet (724), die später zu einem Mittelpunkt karolingisch-ottonischer Kunst wird.

Byzanz: *Leon III.* und sein Sohn *Konstantin* veröffentlichen die »Ekloge«, eine Sammlung des byzantinischen Rechts (726, oder erst 740/41?); *Leon* tritt erstmals öffentlich gegen die Bilderverehrung auf; hierüber folgt bald ein scharfer Briefwechsel mit Papst *Gregor II.*

Islam: *'Umar II.* bestätigt in einer Steuerreform die Steuerfreiheit aller Gläubigen (720). Die Araber erobern von Spanien aus Narbonne und belagern Toulouse (720). Kalif *Jazīd II.* läßt aus allen christlichen Kirchen in seinem Reich die Bilder entfernen (723). Die Araber fallen wieder in Südfrankreich ein, erobern Carcassonne, zerstören Autun (725). *Hasan al-Basrī*, der bedeutendste Mystiker des frühen Islams, stirbt (728).

730–739

Frankenreiche, Papsttum, der Westen: *Bonifatius* wird von Papst *Gregor III.* zum Erzbischof und Metropoliten Germaniens erhoben (732). Die Franken unter *Karl Martell* unterwerfen Aquitanien und Südburgund (735). *Beda*, ein gelehrter Mönch aus Northumberland, stirbt in Jarrow (26. 5. 735), sein Hauptwerk ist eine Geschichte Englands, die bis ins Jahr 731 geführt ist. Der Frankenkönig *Theuderich IV.* stirbt (737); der Hausmeier *Karl Martell* regiert nun ohne einen König. *Liutprand*, König der Langobarden, unterstützt dessen Kampf gegen die Araber, die bei seinem Anrücken die Provence räumen (738). Papst *Gregor*, von den Langobarden bedrängt, wendet sich um Hilfe an *Karl Martell*; *Karl*, mit *Liutprand* versippt und befreundet, greift jedoch nicht ein; *Liutprand* zieht wieder ab (739). *Willibrord*, Bischof von Utrecht und erfolgreicher Missionar der

Friesen, stirbt in dem von ihm begründeten Kloster Echternach (7. 11. 739). *Bonifatius* wird nach seinem dritten Besuch in Rom von Papst *Gregor III.* die Erzbischofswürde verliehen (739); er legt die Rechte der bayerischen Diözesen Passau, Regensburg, Freising und Salzburg fest.

Byzanz: *Leon III.* entfesselt mit einem Edikt den »Ikonoklasmus« (Bilderstreit, 730). Papst *Gregor II.* widersetzt sich entschieden, stirbt aber (11. 2. 731); sein Nachfolger *Gregor III.* (18. 3.) verdammt den Ikonoklasmus. *Leon III.* vermählt seinen Sohn *Konstantin (V.)* mit einer Tochter des Khagans der Chazaren und bekräftigt damit das Bündnis (733).

Islam: Die Araber schlagen *Odo* von Aquitanien bei Bordeaux und brennen die Stadt nieder; *Odo* ruft *Karl Martell* zu Hilfe. *Karl* tritt ihnen mit einem Reichsaufgebot bei Poitiers entgegen, ihre Angriffe scheitern an der Abwehr der Christen; nach dem Verlust des Anführers ziehen sie in der Nacht ab (Okt. 732 oder 733?). Die Araber besetzen auf einem Beutezug Avignon, ziehen sich aber rasch wieder zurück (737).

740—749

Frankenreiche, Papsttum, der Westen: *Karl Martell* stirbt (22. 10. 741), als Hausmeier erhalten seine Söhne *Karlmann* Austrien, *Pippin der Kleine* Neustrien. In Erfurt errichtet *Bonifatius* ein Bistum (741, 755 an Mainz), ebenso in Würzburg. Der Langobardenkönig *Liutprand* unterwirft Spoleto und Benevent, die sich mit Papst *Gregor III.* gegen ihn verbündet hatten; mit Papst *Zacharias* schließt er einen zwanzigjährigen Frieden (742). *Pippin* und *Karlmann* setzen, um den Schein der Legalität zu wahren, den Merowingerabkömmling *Childerich III.* zum König ein. Herzog *Odilo* von Bayern sucht im Einverständnis mit Papst *Zacharias* die Frankenherrschaft abzuschütteln, wird aber am Lech von *Karlmann* und *Pippin* geschlagen; er behält sein Herzogtum, verliert aber den Nordmark (743). Auf dem »concilium Germanicum«, der ersten deutschen Synode, ordnet *Bonifatius* mit *Karlmann* die Kirchenverhältnisse in Austrien; er läßt die Bischöfe Gehorsam gegenüber dem Papst schwören. *Bonifatius* ordnet mit *Pippin dem Kleinen* auf der Synode von Soissons die Kirchenverhältnisse in Neustrien (744). *Sturmi*, ein Schüler des *Bonifatius*, gründet die Benediktinerabtei Fulda (744) und wird deren erster Abt. Die aufsässigen Alemannen unterliegen *Karlmann* bei Cannstatt (746). Der siebenjährige *Tassilo III.* wird von *Pippin* unter dessen Vormundschaft wieder in sein bayerisches Herzogtum eingesetzt (749).

Byzanz: *Leon III.* schlägt bei Akroinon die Araber (740); fortan hören deren Einfälle in Kleinasien auf. *Konstantin V. Kopronymos* zieht gegen die Araber (Juni 742); beim Durchmarsch durch das Thema Opsikion wird er von dem dortigen Befehlshaber *Artabasdos*, einem Bilderverehrer, angegriffen und geschlagen; *Artabasdos* läßt sich zum Kaiser ausrufen und zieht in Konstantinopel ein; *Konstantin V.* flieht und rüstet zum Gegenschlag. *Artabasdos* wird bei Sardes geschlagen (Mai 743); nach seinem Einzug in die Hauptstadt (2. 11.) hält *Konstantin V.* blutiges Strafgericht, *Artabasdos* wird geblendet. Die Byzantiner vernichten eine arabische Flotte vor Cypern (747).

Islam: *Abū Muslim* sammelt die schī'itische Opposition um das Zentrum Chorasan (746). Kalif *Marwān II.* kann nach Unterdrückung eines Chāriditenaufstandes im Irak noch einmal die Einheit des Kalifats wiederherstellen (747). Die Schī'iten von Chorasan erheben sich jedoch unter dem Banner der Abbasiden gegen ihn (9. 6. 747). *Abū Muslim* besetzt Nischāpūr (Juni 748). Die Anhänger der Abbasiden siegen in der Schlacht von Dschabalq bei Isfahān (18. 3. 749); sie nehmen Kūfa (2. 9.), wo sie *Abū 'l-'Abbās* huldigen (28. 9.).

750—759

Frankenreiche, Papsttum, der Westen: *Pippin der Kleine* setzt mit Billigung des Papstes *Zacharias* den letzten Merowinger *Childerich III.* ab und läßt sich selbst in Soissons zum König der Franken »dei gratia« krönen (Jahresende 751, Anfang 752?). Die Langobarden unter König *Aistulf* erobern Teile des Exarchats Ravenna zurück (751); mit der Eroberung Ravennas (753) endet die byzantinische Herrschaft in Mittelitalien; Venedig tritt als Handelspartner die Nachfolge Ravennas an. Papst *Stephan II.* erscheint bei König *Pippin*, um Hilfe gegen den Langobardenkönig *Aistulf* zu erbitten (6. 1. 754); auf dem Reichstag zu Quierzy (14. 4.) macht *Pippin* dem Papst territoriale Versprechungen in Mittelitalien (Ostern) — die »Pippinsche Schenkung« wird in den folgenden Jahren erweitert und legt den Grund zum Kirchenstaat; *Pippin* läßt sich mit seinen Söhnen in St. Denis vom Papst nochmals salben (28. 7.) und die Würde eines »patricius Romanorum« übertragen. Hierauf zieht *Pippin* nach Italien gegen *Aistulf*, der sich, in Pavia belagert, *Pippin* und dem Papst (Okt.) unterwirft, aber nach *Pippins* Abzug wieder erhebt. *Bonifatius* wird mit seinen Begleitern von heidnischen Friesen bei Dokkum erschlagen (5. 7. 754); sein Leichnam wird in Fulda beigesetzt. *Aistulf* rückt androhungen seinen Zusagen vor Rom und belagert Papst *Stephan II.* (756); daraufhin zieht *Pippin* noch einmal nach Italien, *Aistulf* muß die fränkische Oberhoheit anerkennen und das Exarchat von Ravenna und andere eroberte byzantinische Gebiete dem Papst übergeben; Forderungen Kaiser *Konstantins V.*, diese Gebiete an Byzanz zurückzugeben, weist *Pippin* zurück. *Tassilo III.* tritt die Regierung in Bayern an (757); auf der Pfalz von Compiègne leistet er *Pippin* den Vasalleneid. Siegreicher Feldzug *Pippins* gegen die sich der Missionierung widersetzenden Sachsen (758). *Pippin* erobert den letzten Waffenplatz der Araber, Narbonne (759); Septimanien wird dem Frankenreich einverleibt.

Byzanz: Kaiser *Konstantin V.* dringt in Armenien und Mesopotamien ein, Melitene und Theodosiopolis werden besetzt (752). Der Beschluß der Synode von

Hiereia (10. 2.—8. 8. 754), alle Bilder religiösen Inhalts zu vernichten, löst einen neuen Bildersturm aus.

Islam: Kalif *Marwān II.* wird von den Anhängern der Abbasiden am Großen Zāb entscheidend geschlagen (25. 1. 750); *Marwān*, der letzte Umajjade, wird ermordet (Aug.); unter dem Kalifat des *Abū 'l-'Abbās* beginnt die Zurückdrängung der Araber. Die Abbasiden vernichten am Talas eine gegen Zentralasien gerichtete chinesische Expedition (751): die Chinesen kommen nie mehr wieder. *al-Mansūr* wird Kalif (754); die Abbasiden lösen sich von der radikalen Schī'a. *'Abd ar-Rahmān* begründet als Emir von Córdoba die spanische Umajjadendynastie (755).

760—769

Frankenreiche, Papsttum, der Westen: *Pippin* besiegt Herzog *Waifar* von Aquitanien (760); *Waifar* leistet noch acht Jahre erbitterten Widerstand. *Tassilo III.* verläßt das Heer *Pippins* auf einem Feldzug gegen *Waifar* (763) und schließt sich dem Langobardenkönig *Desiderius* an, der *Tassilos* Politik der Lösung Bayerns vom Frankenreich unterstützt und ihm seine Tochter *Liutbirga* zur Frau gibt (766). *Waifar* wird ermordet; nun wird auch Aquitanien dem Frankenreich einverleibt, dessen Grenzen sich damit bis an die Pyrenäen vorschieben (768). Eine römische Synode unter *Stephan III.* bestimmt, daß nur Kardinalpriester zum Papst gewählt werden können (769).

Byzanz: *Konstantin V.* geht zu Wasser und zu Land gegen die Bulgaren vor; an der Schwarzmeerküste bei Anchialos bereitet er ihnen eine vernichtende Niederlage (30. 6. 763).

Islam: Bagdad wird neugegründet und Hauptstadt der Abbasiden (762). Der Kalif *al-Mansūr* wirft Aufstände der Aliden nieder (763).

770—779

Frankenreiche, Papsttum, der Westen: König *Karl* sucht die Freundschaft der Langobarden und heiratet eine Tochter des *Desiderius* (770). Sein Bruder *Karlmann* stirbt (4. 12. 771); *Karl* übernimmt dessen Gebiet und vereinigt damit wieder das ganze Frankenreich unter einer Krone. Nun ergreift er Partei für den Papst gegen die Langobarden und schickt seine Gemahlin ihrem Vater zurück. Der neue Papst *Hadrian I.* (seit 1. 2. 772) wird von *Desiderius* bedrängt, der für die Rechte der Kinder *Karlmanns* gegenüber *Karl* eintritt. *Karl* zieht gegen die Sachsen und zerstört die sächsische Grenzfeste Eresburg und das benachbarte Heiligtum der Irminsul (772): der dreißigjährige Kampf zur Unterwerfung und Christianisierung der Sachsen beginnt. Auf die Hilferufe Papst *Hadrians I.* hin zieht *Karl* nach Oberitalien (773). Er belagert und nimmt Pavia, *Desiderius* muß auf sein Königtum verzichten (Juni 774); *Karl* wird mit der eisernen Krone der Langobarden gekrönt. In der Peterskirche in Rom erneuert er die Pippinsche Schenkung von 754 und verleiht Papst *Hadrian I.* das »Patrimonium Petri« (Ostern 774). Die Sachsen fallen in Hessen ein und zerstören Fritzlar (774). *Karl* nimmt den Krieg gegen die Sachsen wieder auf, die Hohensyburg wird erobert (775). Reichstag zu Paderborn (777); die Sachsen müssen sich in Scharen der Taufe unterziehen. In Aachen beginnt *Karl* den großangelegten Neubau einer Pfalz (777). *Karl* nutzt Wirren unter den Arabern in Spanien und erobert Pamplona, belagert Saragossa; auf dem Rückmarsch fällt *Hruodland (Roland)*, Markgraf der Bretagne, im Kampf gegen die Waskonen (Basken) im Tal von Roncesvalles (15. 8. 778), an die spanischen Eroberungen *Karls* gehen wieder an die Araber verloren. Die Sachsen stoßen unter Führung des Westfalen *Widukind* gegen die Franken bis Koblenz vor. Sieg *Karls* über *Widukind* (779).

Byzanz: Feldzug *Konstantins* gegen die Bulgaren (Frühj. 773). *Konstantin* stirbt auf dem Feldzug (14. 9. 775); sein Sohn *Leon IV.* tritt die Nachfolge an; er hält am Verbot der Bilderverehrung fest, ohne sie aber zu verfolgen. *Leon* krönt seinen Sohn *Konstantin (VI.)* zum Mitkaiser (24. 4. 776) und unterdrückt die Rebellion seiner Stiefbrüder. *Leon* fällt in Syrien ein; bei Germanikeia erringt er einen Sieg über die Araber (778).

780—789

Frankenreiche, Papsttum, der Westen: *Karl* reist abermals nach Rom; von Papst *Hadrian I.* läßt er seinen Sohn *Karlmann* auf den Namen *Pippin* taufen und zum König der Langobarden salben (781); die Beziehungen *Karls* zum Papst und der Umfang der dem Papst unterstellten Gebiete werden geregelt. Der Angelsachse *Alkwin* tritt in den Dienst *Karls*. An dessen Hofe erscheint eine Gesandtschaft der Kaiserin *Eirene* und hält um die Hand *Rotruds*, *Karls* ältester Tochter, für *Eirenes* Sohn *Konstantin VI.* an (781); *Karl* gibt seine Zusage. Die Sachsen unter *Widukind* vernichten die Truppen einer fränkischen Strafexpedition (782); *Karl* läßt in Verden an der Aller Tausende sächsischer Geiseln hinrichten; die »Capitulatio de partibus Saxoniae« (782 oder erst 785?) droht den Sachsen schärfste Strafen für kirchliche Vergehen an. *Widukind* unterwirft sich *Karl* und wird in Attigny getauft (785). *Adalgis*, Sohn des *Desiderius*, muß für sein Herzogtum Benevent die fränkische Oberhoheit anerkennen (787); der mit *Adalgis*, seinem Schwager, verbündete Bayernherzog *Tassilo III.* wird auf dem Lechfeld geschlagen und unterwirft sich. Die Verlobung *Rotruds* mit *Konstantin VI.* aufgelöst. Auf dem Reichstag von Ingelheim geht *Tassilo III.* seines Herzogtums verlustig (788); damit ist das letzte Stammesherzogtum in *Karls* Reich beseitigt. *Karl* bekriegt die slawischen Liutizen (789); er zwingt die Liutizenfürsten zur Stellung von Geiseln und zum Treuegelöbnis. *Karl* erläßt die »Ammonitio generalis« (789): überall sollen Schulen errichtet, jeder Priester soll von den Bischöfen in Theologie geprüft werden.

Byzanz: *Leon IV.*, der *Chazar*, stirbt (8. 9. 780); seine Gemahlin *Eirene* aus dem bilderfreundlichen Athen tritt für ihren Sohn *Konstantin VI.* die Regentschaft an. Die Bulgaren dringen bis an den Bosporus vor; die Araber nehmen Chrysopolis (782). Der byzantinische Patricius *Staurakios* zieht gegen die Slawen in Griechenland und auf dem Peloponnes, die Tributpflicht und byzantinische Oberhoheit anerkennen müssen (783). Ein Konzil wird von *Eirene* und dem Patriarchen einberufen (31. 7. 786), aber von den bilderfeindlichen Truppen der Hauptstadt gesprengt, die *Eirene* durch bilderfreundliche Truppen aus Thrakien ersetzt. Das siebente ökumenische Konzil von Nicaea verurteilt die ikonoklastische Synode von 754 zugunsten der Bilderverehrung (24. 9.—13. 10. 787); Papst *Hadrian I.* anerkennt den Beschluß.

Islam: Die Araber unter *Hārūn ar-Raschīd* dringen plündernd in das Reich von Byzanz ein (781). In Córdoba Baubeginn der Umajjadenmoschee (785). Der Kalif *al-Hādī* wird ermordet (15. 9. 786); sein Bruder *Hārūn ar-Raschīd* tritt das Kalifat an.

790—799

Frankenreiche, Papsttum, der Westen: Feldzug *Karls* gegen die Awaren zwischen Enns und Raab (791). *Karl* läßt in den »libri Carolini« (791) die Stellung des Reiches im Bilderstreit festlegen; er tritt dem Papst ebenso wie dem byzantinischen Kaiser als Oberhaupt der Kirche gegenüber. *Alkwin* wird Abt von St. Martin in Tours (793). *Wilhelm*, Graf von Toulouse, wird am Orbieu von den Südfrankreich bedrängenden Arabern besiegt. Normannen aus dem skandinavischen Raum landen auf Lindisfarne; Beginn der normannischen Fahrten und Staatengründungen (793). *Karl* leitet die Synode von Frankfurt am Main (»Gegensynode von Frankfurt«, 794), zu der auch *Hadrians I.* Legaten erscheinen; die Synode verwirft die Beschlüsse des nicaeanischen Konzils von 787 und wendet sich gegen Bilderverehrung wie gegen Bilderzerstörung. Paderborn wird von *Karl* zum Bischofssitz erhoben (795). Papst *Hadrian I.* stirbt (25. 12. 795); Nachfolger wird Papst *Leo III.* (26. 12.), der dem Kaiser als »patricius Romanorum« die Schlüssel zum Grabe *Petri* und das römische Banner übersendet und damit die königliche Oberhoheit anerkennt. Die Hauptburg der Awaren, der »Ring« in der Puszta, wird von den Franken unter *Karls* Sohn *Pippin* zerstört (796), der Awarenschatz erbeutet, der Awarenherzog *Zodan* nimmt in Aachen die Taufe. *Karl* erläßt sein »capitulare Saxonicum«, in dem das sächsische Recht dem fränkischen angeglichen wird (797).

Byzanz: *Eirene* verlangt vom Heer einen Treueid (Frühj. 790), den die Truppen in Kleinasien der bilderfreundlichen Kaiserin verweigert hatten; *Eirene* muß abtreten, *Konstantin VI.* wird Alleinherrscher (Okt.). Die Bulgaren bringen den Byzantinern eine Niederlage bei (792), Byzanz muß seine Tributzahlungen wieder aufnehmen. *Konstantin VI.* wird auf Geheiß seiner Mutter *Eirene* geblendet (15. 8. 797), die nun als erste Frau allein und in eignem Namen das Reich regiert.

800—809

Frankenreiche, Papsttum, der Westen: Papst *Leo III.* kehrt unter dem Schutz des Reiches nach Rom zurück; *Karl* reist ebenfalls nach Rom und wird von *Leo* in der Peterskirche zum »imperator Romanorum« gekrönt (25. 12.); die Annahme des Titels beschwört Auseinandersetzungen mit Byzanz herauf; *Karls* Siegel verkündet die »renovatio Romani imperii« *Konstantins des Großen*. Seine Gesandten verhandeln am Hof der Kaiserin *Eirene* ergebnislos über die neue Lage (801). *Ludwig der Fromme* beginnt den Feldzug gegen die Araber in Spanien (801). *Karl der Große* läßt sich von allen Franken den Treueeid schwören (802). *Ludwig* erobert Barcelona, das Hauptstadt der neubegründeten spanischen Mark wird (803). Im Diedenhofener Kapitular läßt *Karl* die Reichsgrenze gegenüber den Slawen festlegen (805). *Karl der Große* verfügt in dem Kapitular »Divisio regnorum« die Reichsteilung nach seinem Tode (806). *Karl*, sein ältester Sohn, unterwirft die Wenden zwischen Saale und Elbe (806). Venedig und Dalmatien, im Kampf mit Byzanz, huldigen Kaiser *Karl* (806). *Karl der Große* läßt Itzehoe als Festung zur Sicherung des rechtselbischen Gebiets gegen die Dänen anlegen (809).

Byzanz: *Eirene* wird von dem Großschatzmeister *Nikephoros* gestürzt (31. 10. 802), der selbst Kaiser wird; *Eirene* wird verbannt. Die Bulgaren in Pannonien haben nach der Zerschlagung der awarischen Macht durch *Karl den Großen* das awarische Joch abgeschüttelt; ihr Stammesfürst *Krum* wird Herrscher eines Bulgarenreiches, das neue Gefahr für Byzanz heraufbeschwört (802). Venedig erhebt sich gegen Byzanz (803). Die Bulgaren unter *Krum* vernichten die Byzantinerfeste Serdica (Frühj. 809); *Nikephoros I.* stößt beim Gegenschlag tief ins Bulgarenreich hinein, Serdica wird wiederaufgebaut.

Islam: Die Muslime unter *Hārūn ar-Raschīd* bedrängen Byzanz (806), sie nehmen Tyana und stoßen bis Ankyra vor. *Hārūn ar-Raschīd* stirbt (809); unter ihm erlebte das Kalifat eine Hochblüte. Sein Sohn *al-Amīn* folgt als Kalif, der arabische Einfluß in der islamischen Herrschaft erlischt.

810—819

Frankenreiche, Papsttum, der Westen: *Karl*, der Sohn Kaiser *Karls*, stirbt (4. 12. 811); *Ludwig* ist nun einziger Thronerbe. Friede mit den Dänen (811). Kaiser *Karl* handelt im Vertrag von Aachen mit dem byzantinischen Kaiser *Michael I.* die Herrschaftsverhältnisse aus (812): Venedig und die Küste Dalmatiens bleiben bei Byzanz; *Karl*, von *Michael* als Imperator und Basileus gegrüßt, bezeichnet sich als »imperator Romanum gubernans imperium«; Unterscheidung eines östlichen und eines westlichen Kaiserreichs. Kaiser *Karl* designiert seinen Sohn *Ludwig* zum Mitkaiser und Nachfolger, er krönt ihn und seinen Enkel *Bernhard*, seit dem Vorjahr König der Langobarden, eigenhändig (11.11.813). *Karl der Große* stirbt in Aachen (28. 1. 814); der sittenstrenge *Ludwig I. der Fromme* folgt ihm auf dem Thron; er schickt *Karls* Töchter ins Kloster; bei Auseinandersetzungen mit dem Adel wird sein Oheim *Adalhard*, Abt von Corbie, verbannt. *Benedikt* von Aniane wird von Kaiser *Ludwig* zum Abt von Maursmünster berufen (814), *Ludwig I.* gründet für ihn die Abtei Kornelimünster (815). Abt *Adalhard* von Corbie und Graf *Wala*, Vettern *Karls des Großen*, gründen ein Kloster im Solling (815), das 822 nach Corvey verlegt wird. *Ludwig I.* läßt sich in Reims von Papst *Stephan IV.* krönen (Okt. 816). Auf der Reichsversammlung in Aachen (816/817) wird über die Klosterreform beschlossen; *Benedikt* von Aniane wird zum Oberaufseher der Klöster bestellt, *Ebo*, deutscher Bauernsohn, wird Erzbischof von Reims. Auf dem Reichstag von Aachen regelt Kaiser *Ludwig* in der »Ordinatio imperii« die Nachfolge: der älteste Sohn, *Lothar I.*, wird zum Mitkaiser und zu späterer Vorherrschaft über seine Brüder bestimmt, *Bernhard* rebelliert; dem neugewählten *Paschalis I.* (25. 1.) bestätigt der Kaiser im »Pactum Hludovicianum« den päpstlichen Territorialbesitz (817). *Bernhard* wird verurteilt und geblendet, er stirbt (17. 4. 818). *Lothar I.* tritt die ihm im Vorjahr zugesicherte Herrschaft in Italien an, *Irmingard*, seine Gemahlin, stirbt (3. 10.); er heiratet *Judith*, die Tochter des schwäbischen Grafen *Welf* (Febr. 819).

Byzanz: *Nikephoros I.* zieht abermals gegen die Bulgaren (Frühj. 811); das Byzantinerheer wird niedergemacht, *Nikephoros* fällt (26. 7.); sein Sohn *Staurakios* entkommt und wird in Adrianopel zum Kaiser erhoben; Heer und Senat rufen in Konstantinopel *Michael Rhangabe* zum Kaiser aus, *Staurakios* stirbt bald darauf. Die Bulgaren unter *Krum* besetzen Mesembria (Anf. Nov. 812); die beiden Heere begegnen sich unweit Adrianopel (Mitte Juni 813); eine byzantinische Niederlage (22. 6.) bringt den Sturz *Michaels I.*; *Leon der Armenier* wird zum Kaiser ausgerufen (11. 7.). *Krum* belagert Adrianopel und erscheint vor Konstantinopel, wird aber bei Mesembria besiegt (Herbst). Die Bulgaren stoßen abermals bis nach Konstantinopel vor (Frühj. 814); mit ihrem neuen Chan *Omurtag* schließt Kaiser *Leon V.* einen dreißigjährigen Frieden.

Islam: Gegen den Kalifen *al-Amīn* zieht sein Bruder *al-Ma'mūn* von Chorasan und verdrängt ihn (813); *al-Ma'mūn* hat sich mit den Aliden verständigt. Der Perser *Bābak al-Khurramī* und seine sozial inspirierte Sekte legen zwanzig Jahre lang die Macht des Kalifats in Äserbaidschān und bis Westpersien hinein lahm (816).

820—829

Frankenreiche, Papsttum, der Westen: *Ludwig I.* erhebt den Karolinger *Bernhard* zum Grafen von Barcelona, Regenten Septimaniens und der spanischen Mark (820). Auf der Synode von Attigny leistet er öffentlich Buße für die 817 an seinem Neffen *Bernhard* begangene Untat (822). *Hrabanus Maurus*, Schüler *Alkwins*, wird Abt von Fulda. *Lothar I.*, *Ludwigs* ältester Sohn, wird von Papst *Paschalis I.* zum Kaiser gekrönt (5. 4. 823). *Ebo*, Erzbischof von Reims und päpstlicher Legat für den Norden, reist ins Dänenland: Beginn der nordischen Mission (823). *Lothar I.* sichert sich in der »Constitutio Romana« Rechte über Kirchenstaat und Papstwahl (824). Aufstand gegen die Franken in der spanischen Mark, in die Muslime eingedrungen sind (826); *Bernhard* von Septimanien schlägt sie vor Barcelona (827). Bulgareneinfall in Oberitalien (827). *Gregor IV.* Papst (Okt. 827). Fränkische Schiffe überfallen die nordafrikanische Küste (828). Auf dem Reichstag in Worms (829) vergibt *Ludwig* Schwaben, das Elsaß und Teile von Burgund an seinen Sohn *Karl den Kahlen*; *Lothar I.*, dem diese Gebiete zugesprochen waren, rebelliert; *Ludwig* schickt ihn nach Italien zurück.

Byzanz: *Leon V.* wird wegen seiner ikonoklastischen Politik von Anhängern des Amoriers *Michael* am Altar der Hagia Sophia ermordet (25. 12. 820); *Michael II.*, *der Stammler*, besteigt den Thron. Gegen ihn sammelt *Thomas*, ein Slawe aus Kleinasien, eine Aufstandsbewegung; *Thomas* wird in Antiocheia zum Kaiser ausgerufen, die Flotte geht zu ihm über; Belagerung Konstantinopels (Dez. 821), die *Thomas* aber aufheben muß (Frühj. 823); die Aufstandsbewegung wird zerschlagen, *Thomas* hingerichtet (Okt.), seine Truppen werden vor Konstantinopel aufgerieben, zumal der Bulgarenchan *Omurtag Michael II.* zu Hilfe gekommen ist. Araber aus Nordafrika erscheinen auf Sizilien (827); ohne Flotte ist Byzanz machtlos.

Islam: Chorasan erlangt unter den Tāhiriden eine nahezu selbständige Stellung (821). Der Kalif *al-Ma'mūn*, der sich mit der Lehre der Mu'taziliden befreundet hat, verkündet mit der »mihna« den Glauben an die Geschaffenheit des Korans (827).

830—839

Frankenreiche, Papsttum, der Westen: *Bernhard*, Graf von Barcelona, Günstling *Judiths* und Erzieher *Karls des Kahlen*, erregt den lange schon mit *Judith* unzufriedenen Adel, den *Lothar* aus Italien zurückruft; es kommt zur Rebellion gegen *Ludwig*, der sich auch dessen zweiter Sohn *Pippin* anschließt; *Judith* wird ins Kloster gebracht, *Bernhard* flieht zurück nach Septimanien; eine Adelsversammlung in Compiègne (830) bestätigt *Lothar* als Kaiser, doch wird der Adel rasch unzufrieden mit ihm, eine Versammlung in Nimwegen (Okt.) bestätigt *Ludwig* als Kaiser und ruft *Judith* zurück. Der Reichstag zu Aachen bestätigt den Kaiser noch einmal (831). Hamburg wird Bistum (831), *Ansgar* wird dessen erster Bischof; drei Jahre später wird Hamburg Erzbistum. *Bernhard* wird von Kaiser *Ludwig* seiner Ämter enthoben; *Ludwig* nimmt seinem Sohn *Pippin* Aquitanien, um es seinem und

Judiths Sohn *Karl* zu geben (832). *Pippin* und *Ludwig der Deutsche* empören sich abermals gegen ihren Vater, auch *Lothar* kehrt aus Italien zurück; bei Colmar geht *Ludwigs* Heer zu *Lothar* über (29. 6. 833), *Ludwig*, *Judith* und *Karl* ergeben sich: *Ludwig* muß vor *Lothar* und den Großen Kirchenbuße tun und wird für regierungsunfähig erklärt (Okt.). *Einhard* schließt seine »vita Caroli Magni« ab (wahrscheinlich um 833). Streit unter den Kaisersöhnen; in Saint-Denis wird Kaiser *Ludwig* wieder eingesetzt (1. 3. 834); *Lothar* wird auf sein italienisches Königtum beschränkt. Raubzüge der Normannen in Friesland und im Loiregebiet (834). Eine Reichsversammlung in Diedenhofen (835) verwirft Kaiser *Ludwigs* Absetzung, in Metz wird *Ludwig* feierlich als Kaiser geehrt. Die Normannen setzen sich auf der Insel Noirmoutier vor der Loiremündung fest (836). Kaiser *Ludwig* bestimmt *Karl den Kahlen* zum König im Westen des Frankenreiches (837). *Pippin* stirbt (13. 12. 838); *Ludwig* teilt das Reich bis auf Bayern neu unter *Lothar* und *Karl* auf (838); *Ludwig der Deutsche*, der weiterhin auf Bayern beschränkt bleibt, rebelliert.

Islam: *Ma'mūn* nimmt den Kleinkrieg gegen Byzanz wieder auf (830). Die Araber dringen gegen byzantinischen Widerstand auf Sizilien weiter vor und nehmen Palermo (831). Muslime plündern Marseille (838) und beginnen, sich in Süditalien festzusetzen. Feldzug des Kalifen *Mu'tasim* gegen Byzanz, dessen Heer bei Dazimon geschlagen wird (22. 7. 838), die Muslime besetzen Ankyra; *Mu'tasim* nimmt mit Amorium die wichtigste Festung im Thema Anatolikon (12. 8.); Byzanz sendet Hilferufe ins Abendland.

840–849

Frankenreiche, Papsttum, der Westen: Kaiser *Ludwig* führt einen Feldzug gegen *Ludwig den Deutschen* und stirbt, bevor er die Zustände im Reich ordnen kann, bei Ingelheim (20. 6. 840); *Lothar* verlangt nun die volle kaiserliche Oberhoheit: Bruderkrieg zwischen *Lothar* und dem mit *Karl dem Kahlen* verbündeten *Ludwig dem Deutschen*. Kaiser *Lothar I.* wird in der Schlacht von Fontenoy entscheidend geschlagen (25. 6. 841). In den »Straßburger Eiden« beschwören *Karl* und *Ludwig* ihr Bündnis gegen den Kaiser (14. 2. 842); die Eide werden von *Karl* in althochdeutscher, von *Ludwig* in altfranzösischer Sprache gesprochen. Die Sachsen erheben sich noch einmal gegen die Franken, werden aber von *Ludwig dem Deutschen* besiegt (842). Vertrag von Verdun (10. 8. 843): *Lothar I.* erhält das Mittelreich von Friesland bis zur Küste der Provence und Italien mit der damit verbundenen Kaiserwürde, *Karl der Kahle* Westfranken, *Ludwig der Deutsche* Ostfranken; *Ludwig II.* wird von Papst *Sergius II.* zum König der Langobarden gekrönt (15. 6. 844). *Karl der Kahle* zieht gegen die Aquitanier, die *Pippin*, Enkel *Ludwigs des Frommen*, zu ihrem König erhoben haben; er belagert Toulouse; *Bernhard*, Graf von Barcelona, der sich dem Aufstand angeschlossen hat, wird gefangengenommen und hingerichtet (Mai 844). *Karl* wird von *Pippin*, der Toulouse entsetzt hat, geschlagen und muß in Saint-Benoît-sur-Loire dessen Herrschaft anerkennen (845). Die Normannen plündern Paris (845) und zerstören Hamburg (845); das Erzbistum Hamburg wird zwei Jahre später mit dem Bistum Bremen zum neuen Erzbistum mit Sitz in Bremen vereinigt. *Hinkmar*, aus fränkischem Adel, wird Erzbischof von Reims (845) und ein energischer Berater *Karls des Kahlen*. *Ludwig der Deutsche* setzt nach einem Feldzug den Christen *Rastislaw* in Mähren als Herzog ein (846). Die Araber landen in Ostia und plündern in Rom (Aug. 846), Papst *Leo IV.* läßt das Vatikanviertel, die »Leostadt«, befestigen (847). *Hrabanus Maurus* wird Erzbischof von Mainz (847). *Ludwig II.* erobert Benevent von den Arabern zurück (847), das aber wieder verlorengeht (849).

Byzanz: Eine Synode proklamiert die Bilderverehrung (März 843); dieser Akt — die griechische Kirche feiert ihn heute noch als »Fest der Rechtgläubigkeit« — bezeichnet das Ende des Ikonoklasmus; die byzantinische Kirche bleibt seitdem Staatskirche.

Islam: Dem Kalifen *al-Mu'tasim*, der den Regierungssitz nach Samarrā verlegt hat und die türkischen Söldnertruppen einführte, folgt sein Sohn *al-Wāthiq* (842); unter ihm führt der Anführer dieser Leibgarde erstmals den Titel »Sultan«. Ein muslimisches Heer plündert Arles (842). *Wāthiq* muß sich mit Byzanz verständigen (845).

850–859

Frankenreiche, Papsttum, der Westen: König *Ludwig II.* wird von Papst *Leo IV.* zum Kaiser gekrönt (6. 4. 850). Die Normannen haben sich an Seine- und Loiremündung festgesetzt und erheben in Friesland Tribut (850). *Karl der Kahle* erkennt die Bretagne als selbständiges Lehen an (851). Der Ire *Johannes Scotus Eriugena*, Leiter der Hofschule in Paris, schreibt sein Werk über die Vorherbestimmungslehre, »De divina praedestinatione« (um 851). Der Sachsenfürst *Liudolf* gründet eine Abtei (852), die 856 nach Gandersheim verlegt wird. *Lothar* teilt sein Reich unter seine Söhne und zieht sich in das Kloster Prüm zurück, wo er bald darauf stirbt (29. 9. 855); *Ludwig II.* behält Italien und die Kaiserkrone, *Lothar II.* wird König im Nordteil (»Lotharingien«), *Karl* im Südteil (Burgund).

Byzanz: Eine byzantinische Flotte erscheint vor der ägyptischen Küste, Damiette wird genommen und niedergebrannt; die Araber in Ägypten beginnen mit dem Aufbau einer Flotte (853). *Michael III.* macht sich mit Hilfe *Bardas'*, des Bruders seiner Mutter *Theodora*, zum Alleinherrscher; *Theodora* muß sich zurückziehen. Ein Feldzug gegen die Muslime stößt bis in die Gegend von Samosata und Amida vor (856). *Michael III.* erhebt den Gelehrten *Photios* zum Patriarchen von Konstantinopel (25. 12. 858); Papst *Nikolaus I.* verweigert *Photios* wegen dessen unkanonischer Erhebung die Anerkennung. *Michael* und *Bardas* stoßen bis in das Gebiet von Samosata vor; byzantinische Schiffe erscheinen wieder vor Damiette (859).

860–869

Frankenreiche, Papsttum, der Westen: *Ludwig der Deutsche* verzichtet in einem Vertrag mit *Karl dem Kahlen* auf seine Ansprüche auf Aquitanien (7.6.860). *Lothar II.* läßt sich in Aachen mit Zustimmung fränkischer Geistlicher mit seiner Konkubine *Waldrada* trauen, seine verstoßene Gemahlin *Theutberga* wendet sich an Papst *Nikolaus I.* (862). Die Normannen dringen rheinaufwärts vor, lagern bei Neuß, zerstören Xanten (863). *Waldrada* wird von Papst *Nikolaus I.* exkommuniziert (865); in diesem Ehestreit bedient sich der Papst erstmals der 852 in Westfranken aufgetauchten »pseudoisidorischen Dekretalen«. *Lothar II.* kommt in Monte Cassino mit dem neuen Papst *Hadrian II.* zusammen; auf der Heimreise stirbt er in Piacenza (8.8.869); *Karl der Kahle* läßt sich in Metz von Erzbischof *Hinkmar* krönen (9.9.); *Hadrians* Einspruch wird von *Hinkmar* abgewiesen, der Papst verspricht schließlich *Karl* die Kaiserkrone. Papst *Hadrian II.* verdammt auf einer Synode in Rom (869) die Beschlüsse des *Photios* von 865; auf Einladung des Kaisers *Basileios I.* kann *Hadrian* auf dem achten ökumenischen Konzil in Konstantinopel das Schisma zwischen Ost- und Westrom nach außen einmal abwenden.

Byzanz: Die warägischen Rus verheeren die Umgebung Konstantinopels (860); *Michael III.* leitet mit dem Patriarchen *Photios* die Verteidigung. Zwei Jahre später haben sich die Waräger unter ihrem Anführer *Rjurik* in Nowgorod festgesetzt. Auf *Rastislaws*, des mährischen Herzogs, Bitten hin entsendet *Michael III.* die Missionare *Kyrillos* und *Methodios* nach Pannonien und Mähren (864 oder 863?); die Bulgaren empfangen das Christentum aus Konstantinopel, wo ihr Fürst *Boris* getauft wird und den Namen *Michael* annimmt. Der Kirchenstreit zwischen Rom und Byzanz hat sich vertieft, vor allem nachdem sich *Boris-Michael* Rom zugewendet hat; eine Synode in Konstantinopel verwirft die Glaubensformel der Frankfurter Synode von 794 und erklärt Papst *Nikolaus I.* für abgesetzt (865). *Basileios*, ein Günstling *Michaels III.*, räumt *Bardas*, *Michaels* Oheim, aus dem Wege (21.4.); *Michael* erhebt ihn zum Mitkaiser (26.5.866), wird aber nachts in der Trunkenheit ermordet (23./24.9.867); *Basileios* besteigt den Thron und *Photios* ins Kloster. Die Beziehungen zu Rom werden wiederaufgenommen.

Islam: Muslimische Truppen des Emirats von Melitene dringen bis ans Schwarze Meer vor, wo sie Amisos besetzen; der byzantinische Gegenschlag vernichtet sie (3.9.863); es ist der Auftakt zur byzantinischen Offensive in Asien. *Ahmad ibn Tūlūn* wird Statthalter in Ägypten (868); unter den Tülüniden erhält das Land weitgehende Selbständigkeit. Negersklaven im Südirak erheben sich und werden erst nach vierzehn Jahren niedergeschlagen (869).

870–879

Frankenreiche, Papsttum, der Westen: Im Vertrag von Mersen (9.8.870) erhält *Ludwig der Deutsche* die Osthälfte Lothringens und den Großteil Frieslands, *Karl* die Westhälfte. *Rastislaw*, Herzog von Mähren, wird von seinem Neffen *Swatopluk* gestürzt und nach Bayern an *Ludwigs* Sohn *Karlmann* ausgeliefert (870). *Methodios*, Missionar in Mähren, wird von Papst *Hadrian II.* zum Erzbischof der Slawen geweiht (870), was die Hinwendung der slawischen Kirche zu Byzanz fördert. Kaiser *Ludwig II.* nimmt den Arabern Bari ab (871). *Otfrid*, Mönch in Weißenburg, beendet seinen »Krist«, eine Evangeliendichtung in rheinfränkischer Mundart (um 871). *Karl II.*, *der Kahle*, erhebt seinen Schwager *Boso* zum Grafen von Vienne (871). Benevent lehnt sich gegen *Ludwig II.* auf und unterstellt sich byzantinischem Schutz (873). Nach Kaiser *Ludwigs II.* Tod (12.8.875) eilt *Karl II.*, *der Kahle*, nach Italien und läßt sich vom Papst *Johannes VIII.* zum Kaiser krönen (25.12.), die westfränkische Synode von Ponthion huldigt dem neuen Kaiser (Juni). König *Ludwig II.*, *der Deutsche*, stirbt (28.8.876); das Ostfrankenreich wird unter seine Söhne geteilt; *Karl II.*, *der Kahle*, von Westfranken sucht sich des ostfränkischen Teils Lothringens bis zum Rhein zu bemächtigen, wird aber von *Ludwig III.* bei Andernach entscheidend geschlagen (8.10.). *Boso*, Graf von Vienne, erhält die Herrschaft in Italien und den Herzogstitel (876). *Karl* zieht wieder nach Italien, um dem bedrängten *Johannes VIII.* zu Hilfe zu kommen; *Karlmann* zieht ihm entgegen, *Karl* weicht aus und stirbt auf dem Rückmarsch (6.10.877); sein Sohn *Ludwig II.* tritt die Herrschaft in Westfranken an; er wird von Erzbischof *Hinkmar* gekrönt (8.12.). Papst *Johannes VIII.* flieht ins Westfrankenreich, wo er *Ludwigs II.* Königskrönung wiederholt (Sept. 878). *Boso* läßt sich zum König von Niederburgund erheben (879).

Byzanz: Die bulgarische Kirche wird gegen den Widerspruch der Legaten *Hadrians II.* dem byzantinischen Patriarchen unterstellt (870). *Photios*, von Kaiser *Basileios* zurückgerufen, besteigt wieder den Patriarchenthron (877). Das byzantinische Syrakus wird nach langem Kampf von den Arabern genommen (878).

Osteuropa: *Swatopluk*, Herzog von Mähren, überfällt verräterisch ein bayerisches Heer und reibt es auf; die mährische Expansion führt nach dem Verfall der karolingischen Herrschaft zum Zusammenschluß west- und südslawischer Stämme in einem mährischen Reich (871).

Islam: Araber aus Süditalien besetzen Malta (870). Die Kämpfe um das Kalifat erlauben es *Ja'qūb as-Saffār*, von afghanischem Boden aus seine Herrschaft auszudehnen (873); er beendet das Regiment der Tāhiriden in Chorasan. *Ja'qūb al-Kindī*, der erste arabische Philosoph, stirbt (873); in seinem Denken sind griechische Traditionen verarbeitet. Dem Sāmāniden wird vom Kalifen *Mu'tamid* die Statthalterschaft in Buchārā übertragen (875). *Muslim ibn al-Hajjāj* stirbt

(875); seine Sammlung islamischer Überlieferung zeigt ebenso wie die des *Buchārī* (gest. 870) den Beginn kritischer und systematisierender Arbeit. *Ahmad ibn Tūlūn* reißt die Statthalterschaft in Damaskus an sich (877).

880—889

Frankenreiche, Papsttum, der Westen: Im Vertrag von Ribemont (880) legen *Ludwig III.* und *Karlmann* die Teilung des Westfrankenreiches fest. Sachsenherzog *Brun* fällt bei der Abwehr dänischer Normannen (2. 2. 880). *Karl III.*, *der Dicke*, und die Söhne *Ludwigs des Stammlers* ziehen gegen *Boso* von Vienne. *Karl III.* wird in Rom von Papst *Johannes VIII.* als erster ostfränkischer Karolinger zum Kaiser gekrönt (12. 2. 881). *Ludwig III.*, westfränkischer König, besiegt die Normannen bei Saucourt (3. 8. 881); im »Ludwigslied« besingt ein Geistlicher den Sieg. Die Ungarn fallen in die bayerische Ostmark ein, bei Wien kommt es zu einem Treffen (881). Nach dem Tod *Ludwigs III.* (882) wird *Karlmann*, sein Bruder, König in ganz Westfranken. Vienne muß sich ergeben, doch zwingen Normanneneinfälle die Karolinger zum Abzug (882); *Boso* kann seine Königsherrschaft in Niederburgund ausbauen. Papst *Johannes VIII.* wird ermordet (26. 12. 882). Die Normannen plündern Köln, Aachen, Trier (882). Herzog *Wido* von Spoleto bedroht den Kirchenstaat und unterhält Beziehungen zu Byzanz; als *Karl III.* gegen ihn vorgeht, entflieht er zu den Arabern (883). *Notker der Stammler*, Mönch in St. Gallen, wird von *Karl III.* bei dessen Besuch im Kloster zu seinem Buch über *Karl den Großen*, »De gestis Karoli Magni«, angeregt (883). *Karl III.* gewinnt die Herrschaft auch über das Westfrankenreich (885); das Reich *Karls des Großen* ist — bis auf Niederburgund — noch einmal vereinigt. Die Normannen belagern Paris; *Karl* entsetzt die Stadt und erkauft den Abzug der Normannen (885). Markgraf *Wido* von Kärnten marschiert gegen Tribur, wo die Fürsten zu einem Reichstag versammelt sind: *Karl* wird zur Abdankung gezwungen (Nov. 887); die ostfränkischen Großen wählen *Arnulf* in Frankfurt am Main zum König. *Boso* stirbt (11. 1. 887), sein minderjähriger Sohn wird 900 als *Ludwig III.* König von Italien. *Odo*, Graf von Paris, wird in Compiègne zum westfränkischen König erhoben (888). *Wido*, Herzog von Spoleto, schlägt *Berengar* von Friaul und läßt sich von italienischen Bischöfen in Pavia zum König von Italien krönen (Febr. 889), König *Arnulf* versagt ihm aber die Anerkennung; Papst *Stephan V.* adoptiert *Wido*, um sich seiner Hilfe gegen *Berengar* zu versichern.

Islam: Der Negersklaven-Aufstand im Südirak endgültig niedergeworfen (883).

890—899

Frankenreiche, Papsttum, der Westen: *Arnulf* erringt in der Schlacht bei Löwen einen glänzenden Sieg über die Normannen (1. 9. 891), die fortan das Ostfrankenreich verschonen. *Wido* läßt sich von Papst *Stephan V.* in Rom zum Kaiser krönen (21. 2. 891). Endlich greift König *Arnulf* in Italien ein und entsendet seinen unehelichen Sohn *Zwentibold* gegen *Wido*, doch kehrt dieser erfolglos zurück (893). Nun zieht *Arnulf* selbst nach Oberitalien, ohne jedoch etwas auszurichten; *Wido* stirbt (Dez. 894), sein Sohn *Lambert* und *Berengar I.* von Friaul verbünden sich (Okt./Nov.) und teilen sich die Lombardei. *Arnulf* zieht abermals nach Italien (895), um in den Streit zwischen *Berengar*, der sich 888 zum König von Italien gemacht hat und nach der Kaiserkrone strebt, und anderen Großen des Landes einzugreifen. *Zwentibold* erhält im selben Jahr Lothringen als Königtum. *Arnulf* läßt sich von Papst *Formosus* zum Kaiser krönen (22. 2. 896), muß jedoch krank nach Deutschland zurückkehren. Der neue Papst *Stephan VI.* läßt die Leiche des *Formosus* aus dem Grab holen und eine Synode in Sankt Peter Gericht über den Toten halten. Die »Leichensynode von Rom« erregt die Römer, *Stephan* wird in den Kerker geworfen (Aug. 897) und erwürgt. Als Schützling *Lamberts* erlangt *Johannes IX.* die Papstwürde (Jan. 898). *Berengar* wird von nach Oberitalien einbrechenden Ungarn an der Brenta geschlagen (899). Kaiser *Arnulf* stirbt in Regensburg (8. 12. 899); ihm folgt sein Sohn *Ludwig das Kind*.

Osteuropa: *Symeon*, Sohn des *Boris-Michael*, gelangt im Bulgarenreich zur Herrschaft (893). *Swatopluk*, Herzog von Mähren, stirbt (894). *Symeon* fällt mit seinen Bulgaren in byzantinisches Gebiet ein und schlägt die byzantinischen Truppen (894); Byzanz wendet sich um Hilfe an die Ungarn, die jenseits der Donau aufgetaucht sind. Die Ungarn, dem Ruf Kaiser *Leons VI.* folgend, fallen in Nordbulgarien ein (895). *Symeon* schließt Waffenruhe mit Byzanz und ruft seinerseits die Petschenegen gegen die Ungarn zu Hilfe; die Ungarn werden zurückgetrieben. *Symeon* überfällt wieder Byzanz, das sich nach einer schweren Niederlage bei Bulgarophygon den Frieden mit jährlichen Zahlungen erkaufen muß (896). Die Petschenegen, die sich am Dnjepr niedergelassen haben, überfallen die Ungarn, die unter Führung *Arpads* in das heutige Ungarn ziehen (897).

Islam: *Hamdān Qarmat* tritt in der Gegend von Kūfa auf (um 890); von ihm geht die Sekte der *Qarmaten* aus.

900—909

Frankenreiche, Papsttum, der Westen: *Ludwig IV. das Kind*, der Sohn *Arnulfs*, wird unter dem Einfluß Erzbischofs *Hatto I.* von Mainz zum König von Ostfranken gewählt und in Forchheim gekrönt (Jan. 900); *Hatto* leitet zusammen mit Bischof *Salomon III.* von Konstanz die Geschicke des Reiches für den siebenjährigen *Ludwig*. *Zwentibold* fällt im Kampf um Lothringen an der Maas (13. 8. 900). *Ludwig III.*, Sohn *Bosos* von Vienne, wird in Pavia zum König von Italien erhoben (900). *Ludwig das Kind* wird in Rom von Papst *Benedikt IV.* zum Kaiser gekrönt und nimmt den Kampf gegen *Berengar* von Friaul auf (901). *Sergius III.* wird Papst (29. 1. 904); es beginnt das Regiment des »Senators« *Theophylakt*, seiner Frau *Theodora* und ihrer Töchter *Marozia* und *Theodora*. *Ludwig III.* wird in Verona von *Berengar* geblendet (905) — er trägt den Beinamen »der Blinde« — und zieht sich aus Italien zurück, wo *Berengar* weiterhin herrscht. Die Ungarn fallen in die pannonische Ostmark des Frankenreiches ein (906). Pannonien geht verloren, die Reichsgrenze verläuft wieder an der Enns. *Arnulf*, Sohn Markgraf *Liutpolds*, schlägt die Ungarn ostwärts Freising an der Rott (909). Herzog *Heinrich* von Sachsen vermählt sich mit *Mathilde*, der Tochter des sächsischen Grafen *Dietrich* aus dem Geschlecht *Widukinds* (909).

Byzanz: Kaiser *Leon VI.* wendet sich in einem Streit mit der Kirche an Rom und findet die Unterstützung von Papst *Sergius III.*; er besetzt das Patriarchat um (Febr. 907). Eine byzantinische Flotte erringt im Ägäischen Meer einen Seesieg über die Araber (Okt. 908).

Osteuropa: Die Ungarn fallen in Mähren ein und zerschlagen die Reste des Reiches *Swatopluks* (907). *Oleg*, Herrscher von Kiew, erscheint vor Konstantinopel, um für die russischen Kaufleute Privilegien zu erzwingen (907).

Islam: Auf Sizilien erobern die Araber Taormina, den letzten Stützpunkt der Byzantiner (1. 8. 902). Chorasan geht von den Saffāriden an die Sāmāniden über (903). Eine arabische Flotte besetzt Attaleia und belagert Thessalonike, das verwüstet wird (904). Das Kalifat *al-Muqtafīs* ist vom Kampf mit der Geheimsekte der Qarmaten bestimmt; ihm folgt sein Bruder *al-Muqtadir* (908). *Abū 'Abdallāh* vertreibt den letzten Aghlabiden und entzieht Nordafrika endgültig dem abbasidischen Einfluß (909).

910–919

Frankenreiche, Papsttum, der Westen: *Ludwig IV., das Kind*, stirbt (24. 9. 911); mit ihm erlischt das Geschlecht der Karolinger im ostfränkischen Reich; der Frankenherzog *Konrad I.* wird auf dem Reichstag in Forchheim zum König gewählt (8. 11.). *Reginar*, Graf vom Hasbengau, hat sich zum mächtigsten Mann Lothringens aufgeschwungen; er führt, mit *Konrad* verfeindet, das Land dem Westreich zu (um 911). *Otto der Erlauchte*, Herzog von Sachsen, stirbt; sein Sohn und Nachfolger *Heinrich* kämpft gegen *Konrad I.* (um Thüringen?) (912). *Arnulf* besiegt die Ungarn am Inn bei Ötting und schwingt sich zum Herzog von Bayern auf (913). In einem Konflikt mit *Konrad I.* wird er von ihm aus seiner Residenz Regensburg vertrieben (914). *Johannes X.* wird Papst (März 914). *Eberhard, Konrads* Bruder, wird von *Heinrich* von Sachsen bei Stadtberge geschlagen; *Konrad*, im Süden des Reiches arg bedrängt, verständigt sich mit *Heinrich* (915). Papst *Johannes X.* und *Theophylakt* ziehen gegen die Araber in Süditalien, schlagen sie am Garigliano (Aug. 915); der Papst krönt *Berengar I.* von Friaul zum Kaiser (Jahresende). Auf der Synode von Hohenaltheim stimmt der Klerus des Reiches — in Anwesenheit eines päpstlichen Legaten — einhellig für die Vorrechte der Krone gegenüber den Stammesherzögen (20. 9. 916). *Arnulf* von Bayern, vorgeladen, erscheint nicht und entweicht zu den Ungarn; *Erchanger* und *Berchtold*, schwäbische »Kammerboten«, die den Bischof *Salomon III.* von Konstanz, Berater und Freund des Königs, gefangengesetzt haben, stellen sich und werden zu lebenslänglicher Klosterhaft verurteilt. *Konrad I.* läßt sie bald darauf enthaupten (21. 1. 917). Er ernennt seinen Kaplan *Unni* zum Bischof in Bremen (918). König *Konrad I.* zieht gegen *Arnulf*, der mit Hilfe der Ungarn nach Bayern zurückgekehrt ist; in der Schlacht verwundet, stirbt *Konrad* (23. 12. 918), nachdem er seinen einstigen Widersacher *Heinrich* von Sachsen zum Nachfolger designiert hat, und wird in Fulda beigesetzt. *Heinrich I.* wird in Fritzlar zum König gewählt (14. 4. 919). *Burchard I.*, der sich nach *Erchangers* und *Berchtolds* Tod zum Herzog von Schwaben aufgeschwungen hat, besiegt *Rudolf II.* von Hochburgund bei Winterthur (919); *Burchard* unterwirft sich König *Heinrich I.* und erlangt seine Anerkennung. Bischof *Salomon* von Konstanz stirbt (5. 1. 919); unter ihm erlebte das Kloster St. Gallen, dessen Abt er war, seine Blütezeit.

Byzanz: Eine byzantinische Flotte erobert Cypern zurück und besetzt von dort aus Laodikeia (910). Sie wird auf dem Rückmarsch von den Arabern, die inzwischen Cypern wieder genommen haben, bei Samos vernichtet (Okt. 911). *Leon VI.* krönt seinen Sohn *Konstantin* zum Mitkaiser (9. 6. 911). Unter ihm ist die Neubearbeitung des »Codex Iustinianus« mit der Veröffentlichung der »Basiliká« abgeschlossen worden; sein Bruder *Alexander* führt für den sechsjährigen *Konstantin VII.* die Regentschaft; er stellt die Zahlungen an die Bulgaren ein, stirbt aber kurz darauf (6. 6. 913); *Symeon* nutzt dies als Vorwand und zieht vor Konstantinopel; nach Verhandlungen erhält *Symeon* die Kaiserkrone als »Basileus« der Bulgaren und zieht wieder ab. *Symeon* wird die Kaiserwürde abgesprochen. *Romanos Lakapenos*, Oberbefehlshaber der byzantinischen Flotte, schwingt sich zum Regenten auf; *Konstantin VII.* vermählt sich mit dessen Tochter *Helene* (Mai 919).

Osteuropa: *Oleg*, Herrscher des Kiewer Reiches, schließt einen Handelsvertrag mit Byzanz (Sept. 911). *Symeon* verheert byzantinisches Gebiet und nimmt Adrianopel (Sept. 914). Ein Heer von ihm bei Acheloos vernichtend geschlagen (20. 8. 917), ein weiterer Sieg folgt; *Symeon* ist im Besitz der Balkanhalbinsel. Er dringt in Nordgriechenland ein und stößt bis zum Golf von Korinth vor (918).

Islam: *'Ubaidallāh* wird von *Abū 'Abdallāh* zum Herrscher in Nordafrika erhoben und nimmt den Kalifentitel an (910). *'Abd ar-Rahmān III.* tritt in Córdoba das Emirat an (912).

920—929

Reich, Papsttum, der Westen: *Giselbert* von Lothringen läßt sich zum König erheben; gegen *Karl den Einfältigen* von Westfranken sucht er Rückhalt bei *Heinrich I.* (920). *Heinrich I.* zieht gegen *Arnulf* von Bayern, der den Vasalleneid leistet und Sonderrechte erhält. *Heinrich* schließt mit *Karl III.* von Westfranken bei Bonn einen Freundschaftsvertrag (7. 11. 921), der westfränkische Karolinger erkennt das ostfränkische Königtum an. *Rudolf II.* von Hochburgund, von Markgraf *Adalbert* von Ivrea gegen *Berengar I.* gerufen, läßt sich zum König von Italien wählen (Jan. 922) und in Pavia krönen. Gegen *Karl den Einfältigen* erhebt sich der westfränkische Adel mit *Robert* von Franzien, *Rudolf*, Herzog von Burgund, *Giselbert* von Lothringen (922); *Robert* wird in Reims zum König gekrönt. *Karl* zieht gegen die Aufrührer und siegt bei Soissons, *Robert* fällt (15. 6. 923); doch gerät *Karl* in die Hände der Aufrührer und wird eingekerkert; *Rudolf* wird zum König erhoben. *Giselbert* schließt sich nach *Karls* Sturz wieder dem deutschen König an. *Rudolf II.* von Burgund schlägt bei Fiorenzuola (17. 7. 923) *Berengar*, der in Verona ermordet wird (7. 4. 924); seine Partei ruft *Hugo*, Graf von Arles, herbei. *Giselbert* wird in seinem Herzogtum Lothringen bestätigt und erkennt *Heinrichs* Oberhoheit an. *Burchard I.* vereinigt das Elsaß mit seinem Herzogtum Schwaben (925). *Heinrich I.* erlangt von den Ungarn, die in ständigen Raubzügen das Land verheeren, einen neunjährigen Waffenstillstand, muß aber dafür jährlich Tribut zahlen (926 oder 924?). *Burchard I.*, der in Italien *Rudolf II.* von Burgund unterstützt, wird bei Ivrea von Lombarden ermordet (29. 4. 926). *Hugo*, Graf von Arles, wird in Pavia zum König gewählt (7. 7.); der Konradiner *Hermann I.* erhält das Herzogtum Schwaben. *Heinrich I.* vermählt seine Tochter *Gerberga* mit *Giselbert* von Lothringen (928). Er zieht gegen die slawischen Heveller und nimmt deren Hauptfeste Brennabor (Brandenburg, 928); er gründet die Burg Meißen, die als Mittelpunkt der Mark Meißen später den Kern Kursachsens bildet (929).

Byzanz: *Romanos Lakapenos* wird von *Konstantin VII.* zum Mitkaiser erhoben (17. 12. 920). Er erläßt ein Dekret zur Sicherung des bäuerlichen Kleingrundbesitzes (April 922).

Osteuropa: *Symeon* verheert die byzantinischen Grenzgebiete und besetzt abermals Adrianopel (923); mit Heeresmacht erscheint er vor Konstantinopel; in Verhandlungen mit *Romanos* kommt es zur Verständigung (Herbst 924); *Symeon* wird als Zar der Bulgaren anerkannt. Nach seinem Tod (27. 5. 927) hält sein Sohn und Nachfolger *Peter* Frieden mit Byzanz, er vermählt sich mit *Maria Lakapene*, der Enkelin Kaiser *Romanos'* I.

Islam: '*Abd ar-Rahmān III.*, der Emir von Córdoba, unter dem das spanische Umajjadenreich den Höhepunkt seiner Macht und seiner Kultur erreicht, nimmt den Titel eines Kalifen und Beherrschers der Gläubigen an (929).

930—939

Reich, Papsttum, der Westen: *Heinrich I.* unterwirft die Böhmen und erscheint vor Prag (930). In Rom läßt *Marozia* ihren Sohn als *Johannes XI.* zum Papst erheben (März 931). *Heinrich I.* verweigert den Ungarn den Tribut (932) und läßt die Ostgrenze befestigen; in der Schlacht bei Riade, auf dem Ried an der Unstrut oder der Saale, schlägt er die Ungarn vernichtend (15. 3. 933). *Heinrich I.* unterwirft den Herrscher von Haithabu, König *Knuba*, der das Christentum annehmen muß und tributpflichtig wird (935). Beim Königstreffen in Ivois (935) kommt *Heinrich I.* mit den Königen *Rudolf* von Frankreich und *Rudolf II.* von Hochburgund zusammen, ein Freundschaftsbund wird besiegelt; *Heinrichs* Stellung und sein Anspruch auf Lothringen werden anerkannt; *Arnulf* von Bayern bestimmt seinen Sohn *Eberhard* zum Nachfolger im »bayerischen Königreich«. *Wenzel I., der Heilige*, Herzog von Böhmen, wird von seinem Bruder *Boleslaw I.* ermordet (935). *Hugo der Große*, Herzog von Franzien, und andere Große wählen *Ludwig IV.*, den aus England heimgekehrten Sohn *Karls des Einfältigen*, der zu Laon zum König gekrönt wird (19. 6. 936). König *Heinrich I.* designiert auf dem Hoftag zu Erfurt seinen Sohn *Otto* zu seinem Nachfolger; er stirbt bald darauf in Memleben (2. 7. 936) und wird in Quedlinburg beigesetzt. *Otto I., der Große*, wird im Münster zu Aachen zum König gekrönt und auf den Thron *Karls des Großen* erhoben (8. 8. 936). Er setzt den sächsischen Herzog *Hermann Billung* zum Markgrafen über Ostholstein, Mecklenburg und Teile Brandenburgs ein (936); unter den dort ansässigen Obotriten beginnt die christliche Mission. *Otto der Große* setzt *Gero* als Markgrafen über die Ostmark ein (937), das von Liutizen und Wenden besiedelte Gebiet zwischen Vorpommern und dem Erzgebirge. Nach dem Tod *Arnulfs* von Bayern (14. 7. 937) weigert sich sein Sohn und Nachfolger *Eberhard*, dem König die alleinige Hoheit über die Kirche von Bayern zu überlassen. Die Herzöge empören sich gegen die Stärkung der Königsmacht *Ottos*, *Thankmar*, dessen Halbbruder, und *Eberhard*, Frankenherzog und Bruder König *Konrads I.*, verbünden sich gegen *Otto*; *Eberhard* kann dessen jüngeren Bruder *Heinrich* gefangennehmen; *Thankmar* wird ermordet (28. 7. 938); durch Freilassung *Heinrichs* erlangt *Eberhard Ottos* Verzeihung; Herzog *Eberhard* von Bayern wird verjagt, zu seinem Nachfolger wird sein Oheim *Berchtold* bestellt, der König *Otto* die geforderten Rechte über die bayerische Kirche abtritt. König *Ludwig IV.* von Frankreich sucht die deutschen Auseinandersetzungen zur Eroberung Lothringens zu nutzen; der Gegenstoß der Deutschen führt bis vor Paris (938). *Eberhard* von Franken verbündet sich mit *Ottos* Bruder *Heinrich* und *Giselbert* von Lothringen; sie ziehen gegen den König, der ihr Heer beim Rheinübergang unweit Xanten schlägt; ein neues Heer der Aufrührer wird von *Otto* mit Hilfe Herzog *Hermanns* von Schwaben bei Andernach vernichtet, *Eberhard* wird von Verwandten erschlagen, *Giselbert* ertrinkt im Rhein (2. 10. 939).

Heinrich erlangt bald darauf Verzeihung von seinem königlichen Bruder. Das Herzogtum Franken fällt an das Reich.

Byzanz: Die Byzantiner stoßen gegen Mesopotamien vor und besetzen vorübergehend Melitene (931). Sie besetzen abermals Mesopotamien und nehmen Melitene endgültig (19. 5. 934). *Romanos I.* erläßt neue Maßnahmen zur Sicherung der kleineren Bauern- und Soldatengüter (Sept. 934).

Islam: Die Qarmaten bedrohen die Städte im Irak; auf einem Streifzug gegen Mekka verwüsten sie die heilige Stadt und die Ka'ba und entführen für Jahrzehnte den heiligen Stein (930). *Saif ad-Daula*, Emir von Mossul und Aleppo, fügt Byzanz in der oberen Euphratgegend eine Niederlage zu (Sept. 938).

940—949

Reich, Papsttum, der Westen: *Ludwig IV.* von Frankreich vermählt sich mit *Gerberga*, der Witwe *Giselberts* von Lothringen, und erhebt Anspruch auf Lothringen; *Otto* zieht gegen Frankreich, wo ihm *Hugo der Große*, Herzog von Franzien und Schwager *Ottos*, huldigt (940). *Heinrich* empört sich noch einmal gegen seinen Bruder und gerät in Gefangenschaft, *Otto* vergibt ihm (941). Lothringen wird von *Ludwig* endgültig als zum Herrschaftsbereich *Ottos des Großen* gehörend anerkannt (942). *Konrad der Rote*, Graf von Worms, erhält Lothringen (944). *Hugo* von Franzien setzt König *Ludwig IV.* von Frankreich gefangen (945). *Otto der Große* zieht zur Unterstützung seines Schwagers *Ludwig IV.* abermals nach Frankreich; Reims wird genommen, *Otto* sucht zwischen *Ludwig IV.* und *Hugo* zu vermitteln. *Otto* gründet das Bistum Havelberg, es wird dem Erzbistum Magdeburg unterstellt (946). Nach dem Tod *Berchtolds* ernennt *Otto* seinen Bruder *Heinrich* zum neuen Herzog von Bayern (947). Auf der Pfalz von Ingelheim beruft er eine Synode ein, wo in Anwesenheit eines päpstlichen Legaten *Ludwig IV.* Klage gegen *Hugo* führt, *Hugo* wird exkommuniziert (Juni 948). Die Synode von Ingelheim (948) beschließt die Gründung von Bistümern im wagrischen und hevellischen Land; so entstehen die Bistümer Oldenburg und Brandenburg.

Byzanz: Die Byzantiner stoßen nach Mesopotamien vor; Amida und Nisibis werden genommen (943). Auf ihrem Feldzug zwingen sie die Stadt Edessa zur Herausgabe des Bildes Christi; Konstantinopel holt das Bild feierlich ein (15. 8. 944). *Romanos' I.* Söhne *Stephan* und *Konstantin* suchen sich der Herrschaft zu bemächtigen, lassen ihren Vater *Romanos* festnehmen und deportieren (16. 12. 944). Kaiser *Konstantin VII. Porphyrogennetos* setzt die Empörer fest und verbannt sie (27. 1. 945); er übernimmt selbständig die Regierung; sein Sohn *Romanos (II.)* erhält die Kaiserwürde (6. 4.). Vergeblicher Feldzug gegen die Piraten auf Kreta; die Feldzüge in Mesopotamien werden fortgesetzt, Germanikeia wird erobert (949).

Osteuropa: Die Russen überfallen Byzanz und verheeren die asiatische Küste des Bosporus (Juni 941); sie werden von den Byzantinern vertrieben, ihre Flotte wird vernichtet.

Islam: *Saif ad-Daula* fällt in byzantinisches Gebiet ein und stößt bis in die Gegend von Koloneia vor; die mit dem Tode des Kalifen *ar-Rādī* ausbrechenden Wirren veranlassen ihn zum Rückmarsch (940). Kalif *al-Mustakfī* verleiht dem Būjiden *Mu'izz ad-Daula* den Titel eines »Emirs der Emire« (946); in der Praxis übt der Būjide die Macht aus, der Kalif bleibt auf die geistliche Autorität beschränkt (945).

950—959

Reich, Papsttum, der Westen: *Otto der Große* besiegt die Böhmen unter ihrem Herzog *Boleslaw I.* (950). *Hugo der Große* unterwirft sich dem König *Ludwig IV.* und erkennt dessen Oberhoheit an. *Otto* zieht zum ersten Male nach Italien; *Berengar II.* von Ivrea hat nach dem Tod *Hugos* von Italien und dessen Sohnes, *Lothar*, die Krone Italiens genommen (15. 12. 950) und *Lothars* Witwe *Adelheid* gefangengesetzt; *Adelheid*, die sich an *Otto* um Hilfe gewandt hatte, wird befreit, *Berengar* auf seine Bergfesten zurückgedrängt (951). *Otto* läßt sich in Pavia als Nachfolger der Karolinger zum König der Langobarden ausrufen und vermählt sich mit *Adelheid* (951). Zum Reichstag auf dem Lechfeld bei Augsburg müssen *Berengar II.* von Ivrea und sein Sohn *Adalbert* erscheinen und sich *Otto* unterwerfen, der sie daraufhin mit dem Königreich Italien ohne dessen östlichen Teil (bis zur Etsch) belehnt, während die Mark Verona zu Bayern kommt (7.—9. 8. 952). *Liudolf*, *Ottos* Sohn, Herzog von Schwaben, erhebt sich gegen seinen Vater. *Otto* ernennt *Hermann Billung* zu seinem Stellvertreter in Sachsen (953). Ein neuer Ungarneinfall bringt die Wende im »Liudolfingischen Aufstand«; der Aufrührer *Konrad der Rote* unterwirft sich, sein Herzogtum Lothringen erhält *Brun*, der Erzbischof von Köln und *Ottos* Bruder (954). *Heinrich I.*, Herzog von Bayern, stirbt; das Herzogtum geht an seinen Sohn *Heinrich II.*, den *Zänker* (955). Die Ungarn belagern Augsburg; *Otto* erscheint mit einem Aufgebot aller deutschen Stämme außer den Sachsen und schlägt sie in der Schlacht auf dem Lechfeld vernichtend, *Konrad der Rote*, der zur Entscheidung beigetragen hat, fällt (10. 8. 955). Nach dem Sieg setzt die deutsche Kolonisation im Südosten Europas wieder ein; die bayerische Ostmark wiederhergestellt. *Otto* wirft mit Markgraf *Gero* und den Sachsen unter *Hermann Billung* in der Schlacht an der Recknitz einen Aufstand der Slawen in Mecklenburg nieder (955). *Otto der Große* sendet seinen Sohn *Liudolf* nach Italien, um den rebellierenden König *Berengar II.* zu unterwerfen (956). *Liudolf* besiegt ihn, stirbt aber in Italien (957).

Byzanz: Der Thronfolger *Romanos II.* heiratet *Anastaso*, die als Kaiserin den Namen *Theophano* erhält (um 956). Die Ungarn werden aus Thrakien verjagt (958). *Konstantin VII. Porphyrogennetos* stirbt (9. 11. 959); sein Sohn *Romanos II.* besteigt den Thron. Neuer

Angriff auf Mesopotamien, *Johannes Tzimiskes* nimmt nach harter Schlacht Samosata wieder ein (959).
Osteuropa: *Olga*, die Witwe *Igors I.* und Regentin der Russen, hat die Taufe angenommen und erscheint zu einem Staatsbesuch in Konstantinopel (Herbst 957).
Islam: *Saif ad-Daula* schlägt die Byzantiner in Mesopotamien zurück, Germanikeia wird wiedererobert (953).

960—969

Reich, Papsttum, der Westen: Markgraf *Gero* stiftet das Nonnenkloster Gernrode (960). *Adalbert*, Mönch in Trier, wird auf *Olgas* Bitten von *Otto* als Missionar nach Rußland entsandt (961). *Otto der Große* zieht zum zweitenmal nach Italien, veranlaßt durch Hilferufe wegen des grausamen Regiments *Berengars II.* (961). In Rom läßt er sich von Papst *Johannes XII.* zum Kaiser krönen (2. 2. 962) und erneuert Schenkungsversprechen seiner Vorgänger (»privilegium Ottonianum«, 13. 2.). Während der Kaiser gegen *Berengar II.* zieht, verschwört sich *Johannes XII.* mit *Berengars* Sohn *Adalbert* gegen ihn. *Siegfried*, Graf aus dem Moselgau, erwirbt die Lützelburg (12. 4. 963); er wird Ahnherr des Hauses Luxemburg. Kaiser *Otto* nimmt *Berengar* gefangen und verbannt ihn nach Bamberg. *Otto* läßt den inzwischen mit *Berengars* Sohn *Adalbert* geflohenen *Johannes XII.* absetzen (6. 9. 963) und als neuen Papst *Leo VIII.* wählen (4. 12.); nachdem der Kaiser wieder abgezogen ist, kehrt *Johannes XII.* nach Rom zurück und übt blutige Rache, *Leo VIII.* kann entfliehen. Markgraf *Gero* unterwirft die Wenden in der (Nieder-) Lausitz und gliedert das Gebiet seiner Mark ein (963); er bezwingt *Miseko I.* von Polen, das Land zwischen Oder und Warthe wird zinspflichtig. Die Römer wählen eigenmächtig einen neuen Papst, *Benedikt V.* (22. 5. 964); Kaiser *Otto* rückt wieder in Rom ein, verbannt *Benedikt V.* (23. 6.) und setzt *Leo VIII.* wieder ein. Nach Deutschland zurückgekehrt, erreicht *Otto* die Nachricht vom Tode Papst *Leos VIII.* (1. 3. 965); mit *Ottos* Zustimmung wird *Johannes XIII.* zum neuen Papst gewählt (1. 10.). Nach *Geros* Tode wird seine Mark aufgeteilt: die Nordmark, die spätere Mark Brandenburg, die Ostmark, das Gebiet um die 'Niederlausitz, und die Mark Meißen. *Otto der Große* zieht zum drittenmal nach Italien, um dem von einer Gegenpartei vertriebenen Papst *Johannes XIII.* zu Hilfe zu kommen (966). *Ottos* Tochter *Mathilde* wird erste Äbtissin von Quedlinburg. Auf dem Reichstag von Ravenna (967) verwirklicht *Otto* einen Teil der im »privilegium Ottonianum« versprochenen Schenkungen an den Papst, der jedoch die Herrschaft Ravenna sogleich der Kaiserin *Adelheid* »auf Lebenszeit« verleihen muß. *Otto* erscheint in Kampanien, wo ihm langobardische Fürsten mit ihren Städten — Benevent, Capua, Salerno — huldigen (967). Feldzüge gegen die byzantinische Herrschaft in Kalabrien und Apulien folgen, da Byzanz die Oberhoheit über die langobardischen Fürstentümer beansprucht. Am Weihnachtsfest 967 läßt Kaiser *Otto* seinen zwölfjährigen Sohn *Otto II.* von Papst *Johannes XIII.* zum Kaiser krönen. Auf der Synode von Ravenna (968) regelt *Otto der Große* mit Papst *Johannes XIII.* die kirchliche Gliederung der slawisch besiedelten Reichsgebiete: Stiftung des Erzbistums Magdeburg; zu dieser Zeit etwa entsteht auch das Bistum Posen. *Otto* entsendet *Liutprand* von Cremona zu *Nikephoros II. Phokas* (968), um durch die Vermählung einer byzantinischen Prinzessin mit seinem Sohn *Otto* den Streit über Italien beizulegen. *Adalbert* wird von *Otto dem Großen* zum Erzbischof von Magdeburg erhoben (968).

Byzanz: *Nikephoros Phokas* führt die byzantinische Flotte gegen Kreta (Sommer 960); Kreta wird wieder byzantinisch (März 961). *Nikephoros Phokas* nimmt in Asien den Kampf mit *Saif ad-Daula* auf, er erobert Germanikeia; nach harter Belagerung ergibt sich ihm Aleppo, die Hauptstadt der Hamdäniden (Dez. 962). Die Witwe des Kaisers *Romanos II.*, *Theophano*, tritt für die Söhne *Basileios II.* und *Konstantin VII.* die Regentschaft an; im Einvernehmen mit ihr läßt sich *Nikephoros Phokas* zum Kaiser ausrufen, zieht in Konstantinopel ein (14. 8. 963) und wird in der Hagia Sophia gekrönt (16. 8.); er vermählt sich mit *Theophano* (20. 9.). Ein Gesetz soll der Mehrung des weithin unproduktiven kirchlichen Grundbesitzes steuern (964). Der Kaiser führt den Kampf gegen die Muslime in Kilikien fort; Tarsos und Mopsuestia werden genommen (Sommer 965), Cypern wiedererobert. Auf einem Feldzug nach Syrien wird Antiocheia vergeblich belagert (Okt. 966). Endlich gelingt der Sturm (28. 10. 969), die dreihundertjährige Muslimherrschaft in der Metropole ist zu Ende. Auf Anstiften *Theophanos* ermordet deren Geliebter, der Feldherr *Johannes Tzimiskes*, den Kaiser (10./11. 12. 969); *Tzimiskes* muß, vom Patriarchat gezwungen, *Theophano* verbannen und wird selbst Kaiser.

Osteuropa: Die Bulgaren fordern erneut Tribut von Byzanz; *Nikephoros* weist sie ab (965). *Swjatoslaw* von Kiew schlägt die Chazaren und nimmt deren Festung Sarkel. *Swjatoslaw* fällt, von Byzanz herbeigerufen, im östlichen Bulgarien ein und dringt bis zur Donau vor, das Bulgarenreich zerfällt (967). Ein Angriff der Petschenegen auf Kiew veranlaßt seine Rückkehr (968). *Swjatoslaw* erscheint wieder in Bulgarien und macht sich zum Herrn des Landes (969).

Islam: *'Abd ar-Rahmān III.* stirbt; unter ihm ist die große Moschee von Córdoba vollendet worden. *Hakam II.* wird Kalif zu Córdoba (961). Der türkische Heerführer *Alptegin* hat Ghazna erobert und schafft sich hier eine vom Kalifat unabhängige Herrschaft (962). Muslime haben von Nordafrika aus die letzten Reste der alten Herrschaft auf Sizilien beseitigt (965). Die Fātimiden erobern Ägypten (969).

970—979

Reich, Papsttum, der Westen: *Otto II.* wird in Rom von Papst *Johannes XIII.* mit der byzantinischen Prinzessin *Theophano* vermählt (19. 4. 972). *Otto I.* hat sich aus Apulien und Kalabrien zurückgezogen, die mit Neapel und Salerno bei Byzanz verbleiben; Capua und Benevent fallen an das Reich. Mit *Ottos* Billigung wird *Benedikt VI.* zum Papst gewählt (19. 1. 973); *Crescentius de Theodora*, Oberhaupt einer kaiserfeindlichen Partei, schwingt sich zum Herrn der Stadt auf, läßt *Benedikt VI.* einkerkern und erhebt *Bonifatius VII.* zum Papst. Letzter Reichstag Kaiser *Ottos* in Quedlinburg; in Böhmen wird das Bistum Prag gegründet und dem Erzbistum Mainz unterstellt. *Otto der Große* stirbt in Memleben (7. 5. 973) und wird im Dom zu Magdeburg neben seiner ersten Frau *Edgitha* beigesetzt. Eine Gesandtschaft von *Geisa*, dem Herrscher der Ungarn, erscheint vor *Otto II.* in Quedlinburg (973). Ein Abgesandter König *Ottos II.* vertreibt *Bonifatius* mit Hilfe der Gegner des *Crescentius*, der ins Kloster geht; mit *Ottos II.* Billigung besteigt *Benedikt VII.* den päpstlichen Stuhl (Okt.). *Heinrich der Zänker* von Bayern zettelt eine Verschwörung gegen *Otto II.* an (974). *Harald Blauzahn* von Dänemark fällt mit den unter dänischer Oberhoheit stehenden Norwegern unter *Jarl Håkon* in Nordalbingien ein; *Harald* muß die deutsche Oberhoheit anerkennen (974). *Otto II.* rückt in Böhmen ein, dessen Herzog *Boleslaw II.*, *der Fromme*, im Bunde mit dem aufrührerischen *Heinrich dem Zänker* steht (975). *Heinrich* wird abgesetzt (976); Bayern verliert die oberpfälzische Nordmark, die Ostmark und Kärnten mit der italischen Mark; Kärnten, mit der italischen Mark vereinigt, wird selbständiges Herzogtum. *Otto II.* unterstützt *Karl*, den Bruder König *Lothars* von Frankreich, und macht ihn zum Herzog von Niederlothringen (977). *Boleslaw II.*, Herzog von Böhmen, unterwirft sich Kaiser *Otto II.* (977). *Heinrich der Zänker* findet noch einmal Verbündete gegen den Kaiser; von *Otto* geschlagen (978), verliert er alle seine Güter. König *Lothar* von Frankreich erhebt Ansprüche auf Lothringen und überfällt Aachen und die dortige Kaiserpfalz (978); *Otto* beschließt einen Feldzug gegen Frankreich und gelangt bis vor das von *Hugo Capet* verteidigte Paris. Byzanz: Die Byzantiner nehmen Aleppo; ein Teil Syriens mit Antiocheia wird dem Reich eingegliedert (970). *Johannes I. Tzimiskes* schlägt *Swjatoslaw* bei Silistria vernichtend (Ende Juli 971); der Handelsvertrag mit den Russen wird erneuert. Auf einem Feldzug nach Vorderasien (April 975) geraten Baalbek, Damaskus, Nazareth, Akka, Caesarea unter byzantinische Oberhoheit. Kaiser *Johannes I. Tzimiskes* stirbt (10. 1. 976); *Basileios II.* und sein Bruder *Konstantin VIII.* treten die Herrschaft an; *Bardas Skleros*, Schwiegersohn des *Tzimiskes* und Oberbefehlshaber des Ostens, läßt sich von seinen Truppen zum Kaiser ausrufen. Er dringt in Kleinasien vor (977), erobert Nicaea und bedroht Konstantinopel; *Bardas Phokas*, der Neffe Kaiser *Nikephoros' II.*, nimmt den Kampf gegen ihn auf (978) und besiegt *Bardas Skleros* unweit Amorions (24. 5. 979); der Bürgerkrieg in Byzanz ist beendet.

Osteuropa: *Swjatoslaw* wird auf dem Rückmarsch nach Kiew im Kampf mit den Petschenegen erschlagen (972). *Geisa* von Ungarn nimmt mit seiner Familie die Taufe und schließt das ungarische Christentum der deutschen Kirche an (975). Die Bulgaren sammeln sich nach dem Tode *Tzimiskes'* wieder unter ihrem Fürsten *Samuel* (977).

Islam: *Hakam II.*, umajjadischer Kalif in Córdoba, stirbt (976). Unter ihrem Emir *Abu'l Kasim* überschreiten die Muslime auf Sizilien die Straße von Messina und greifen die langobardischen Fürstentümer in Unteritalien an (976). Auf *Alptegin* folgt in Ghazna *Subuktegin*, der die Ghaznawidenherrschaft weiter ausdehnt und festigt (977).

980—989

Reich, Papsttum, der Westen: *Otto II.* und *Lothar* von Frankreich treffen sich am Chiers, nahe der Grenze, und schließen Frieden (980), *Lothar* verzichtet auf alle Ansprüche auf Lothringen. Italienzug *Ottos* (980); in Ravenna, wo die Kaiserfamilie das Weihnachtsfest verbringt, nimmt Kaiser *Otto* Anteil an einem Streitgespräch zwischen dem Reimser *Gerbert*, dem späteren Papst *Sylvester II.*, und dem Magdeburger *Ochtrich* über den Rang der Wissenschaften. Auf einem Zug gegen die Muslime in Süditalien kommt es in Apulien zu Kämpfen mit den Byzantinern; *Otto* nimmt die befestigten Plätze Bari und Tarent (981). Bei Cotrone, wohl am Kap Colonne, erleidet das kaiserliche Heer durch die Muslime eine vernichtende Niederlage (13. 7. 982). Auf dem Reichstag zu Verona läßt *Otto II.* seinen Sohn zum König wählen (Juni 983). Während *Otto* in Italien ist, kommt es zum Aufstand der slawischen Liutizen und der mit ihnen verwandten Heveller; die Heveller erstürmen Havelberg und Brandenburg und bedrohen Magdeburg; der Aufstand bricht aber zusammen, die Sachsen werfen die Slawen über die Elbe zurück, aber die Billungische und die Nordmark gehen für lange Zeit verloren. *Otto II.* zieht noch einmal gegen die Muslime, doch ruft ihn der Tod des Papstes *Benedikt VII.* (10. 7. 983) nach Rom zurück; er setzt seinen italienischen Erzkanzler, den Bischof *Petrus* von Pavia, als Papst *Johannes XIV.* ein (10. 12.). Kaiser *Otto II.* stirbt in Rom (7. 12. 983), wo er in der Vorhalle der Peterskirche beigesetzt wird; sein Sohn *Otto III.* wird — dreijährig — in Aachen zum König gekrönt (25. 12.). Im Kloster Reichenau wird für *Otto III.* ein Evangeliar angefertigt (der »Codex aureus«, 983). *Heinrich der Zänker* von Bayern beansprucht die Vormundschaft über *Otto III.* und sucht Unterstützung bei Frankreich; seine Pläne scheitern, vor allem dank dem Eingreifen des Erzbischofs *Willigis* (984). *Bonifatius VII.* kehrt nach Rom zurück, setzt den von *Otto II.* eingesetzten Papst *Johannes XIV.* gefangen (Aug. 984). *Erik der Rote*, norwegischer Normanne, entdeckt und besiedelt Grönland (um 984). *Heinrich II.*, *der Zänker*, erhält das Herzogtum Bayern zurück (985). König *Lothar* von Frankreich sucht sich Lothringens zu bemächtigen; gegen ihn steht aber *Hugo Capet* und die deutsch-freundliche Partei unter

Adalbero, Erzbischof von Reims. Mit *Ludwig V.*, dem *Faulen*, erlischt auch im Westfrankenreich der Stamm der Karolinger (Mai 987); unter *Adalberos* Einfluß und mit Hilfe der Kaiserin *Theophano* wird der Sohn *Hugos des Großen*, *Hugo Capet*, zum König gewählt und gekrönt (3. 7.). *Heinrich der Zänker* erwirbt noch einmal Kärnten für Bayern (989); es wird jedoch bald nach seinem Tode endgültig selbständig. *Hugo Capet* setzt *Arnulf*, einen illegitimen Sohn König *Lothars*, als Erzbischof von Reims ein, um die Karolingerpartei zu schwächen.

Byzanz: *Basileios* unternimmt einen Feldzug gegen *Samuel* von Bulgarien, wird jedoch zurückgeschlagen (Aug. 986); der Mißerfolg führt zu neuem Bürgerkrieg in Byzanz. *Basileios II.* ruft *Wladimir* von Kiew zu Hilfe; Waräger und Russen schlagen unter Führung des *Basileios* die Rebellen bei Chrysopolis vernichtend (988). In der Schlacht bei Abydos, in der Usurpator *Bardas Phokas* ums Leben kommt, wirft *Basileios* die Rebellion nieder (13. 4. 989); *Wladimir* soll zum Lohn die »purpurgeborene« *Anna*, die Schwester des Kaisers, zur Frau erhalten unter der Bedingung, daß er für sich und sein Volk die Taufe nimmt; als *Basileios* zögert, besetzt *Wladimir* Cherson, bis ihm *Anna* zugeführt wird (Sommer).

Osteuropa: *Samuel*, Zar der Bulgaren, vereinigt ein Reich von der Donau über Nordgriechenland bis zur Adria; in seiner Hauptstadt Ochrid läßt auch das bulgarische Patriarchat angesiedelt; *Samuel* belagert Thessalonike und erobert Larissa (985). *Miseko*, Herrscher der Polen, leistet Kaiser *Otto III.* den Vasalleneid (986).

990—999

Reich, Papsttum, der Westen: Auf der Synode von St. Basle zu Verzy (991) wird *Arnulf* zum Verzicht auf das Erzbistum Reims gezwungen; neuer Erzbischof wird *Gerbert*, der nachmalige Papst *Silvester II.* (Beginn des Reimser Kirchenstreits.) *Bernward*, aus sächsischem Adel und bislang Kaplan am Königshof, wird Bischof von Hildesheim (993). *Odilo*, Mönch von der Auvergne, nimmt als Abt von Cluny maßgeblichen Einfluß auf Kloster- und Kirchenreform (994). Normannen aus Norwegen und Dänemark erweitern ihre Herrschaft in England; die Dänen unter *Sven Gabelbart* belagern vergeblich London; auf dem Kontinent fallen die Normannen in Hadeln und Friesland ein (994). *Otto III.* tritt die Regierung an (995); seine Großmutter *Adelheid*, die Regentin, zieht sich in ein Kloster zurück. Auf der Synode von Mouzon erscheint *Gerbert* vor einem päpstlichen Legaten und wird suspendiert (995). Nach dem Tod *Heinrichs des Zänkers* geht Bayern an dessen Sohn *Heinrich*, den späteren Kaiser *Heinrich II.*, über. Die Regierungsgeschäfte in Deutschland überträgt *Otto III.* für die Zeit seiner Abwesenheit seiner Tante *Mathilde*, Äbtissin zu Quedlinburg (996). Er zieht nach Italien; in Rom läßt er seinen Vetter *Brun* von Kärnten als Nachfolger des verstorbenen *Johannes XV.* zum neuen Papst *Gregor V.* wählen (3. 5. 996) — es ist der erste Deutsche auf dem Papstthron; *Otto* läßt sich von *Gregor* zum Kaiser krönen (21. 5.). *Gerbert* erscheint in Rom, um dem Papst seinen Fall vorzutragen; *Gregor V.* erkennt die Absetzung *Arnulfs* entgegen dem Wunsch *Ottos III.* nicht an. Kaum ist *Otto III.* nach Aachen zurückgekehrt, vertreibt *Johann Crescentius* Papst *Gregor V.* aus der Stadt (996). *Johann Crescentius* konspiriert mit *Johannes Philagathos*, Erzbischof von Piacenza, der sich als *Johannes XVI.* zum Papst weihen läßt (997); die Empörer hoffen auf Unterstützung aus Byzanz; *Otto III.* zieht wieder nach Italien. Auf der Synode von Pavia verhängt Papst *Gregor V.* die Suspension über den französischen Klerus, der nicht an der Synode von St. Basle teilgenommen hat (997); *Gerbert* verzichtet auf den Reimser Erzbischofsstuhl und folgt einem Ruf *Ottos III.* an dessen Hof nach Deutschland. Kaiser *Otto* läßt *Johannes XVI.* auf einer Synode absetzen und ins Gefängnis werfen; *Johannes Crescentius* wird enthauptet (998); Kaiser *Otto* macht *Gerbert* zum Erzbischof von Ravenna. Auf der Synode von Pavia erläßt er Bestimmungen zur Kirchenreform: Kirchenland soll nur noch Laien verliehen, Geschenke vergeben werden. *Gerbert* wird als *Silvester II.* Nachfolger Papst *Gregors V.* (2. 4. 999) — der erste Franzose auf dem Heiligen Stuhl. *Otto III.* setzt sich die Erneuerung des Römischen Reiches zum Ziele, er bestimmt Rom zur Residenz und errichtet eine Kaiserpfalz; Deutschland und Italien sollen gemeinsam von Rom aus regiert werden. *Otto* macht den sächsischen Grafen *Ziazo* zum Patricius. Papst *Silvester II.* erkennt *Arnulf* als Erzbischof von Reims an: Ende des »Reimser Kirchenstreits«. Der Kaiser unternimmt eine Pilgerfahrt nach Monte Cassino und Monte Gargano.

Byzanz: Feldzug gegen *Samuel* von Bulgarien in Makedonien (991). Die Fatimiden bedrohen die byzantinische Herrschaft in Syrien; *Basileios II.* muß den Kampf gegen *Samuel* unterbrechen, um dort einzugreifen (994). Er erscheint in Syrien, verjagt die Muslime und besetzt Emesa (995). Er erläßt Bestimmungen, die das Bauernland vor den Großen und der Kirche sichern sollen (996). *Basileios II.* erscheint nochmals in Syrien, um Antiocheia gegen die Fatimiden beizustehen (999).

Osteuropa: *Miseko I.* vermacht Polen dem Stuhl Petri und stirbt bald darauf (25. 5. 992); sein Sohn *Boleslaw I. Chrobry* setzt sich gegen seine Brüder durch. *Boleslaw* erobert Hinterpommern und gewinnt damit die Küste (996). *Stephan* von Ungarn, der spätere König *Stephan I.*, heiratet *Gisela*, Tochter *Heinrichs des Zänkers* (996). *Adalbert*, einst Bischof von Prag, der mit Hilfe *Boleslaws* im Preußenland missioniert, wird von den heidnischen Preußen erschlagen; seinen Leichnam löst *Boleslaw* aus und läßt ihn in Gnesen beisetzen (997). In Ungarn stirbt *Geisa*, die Nachfolge tritt sein Sohn *Stephan I., der Heilige*, an (997). *Samuel* von Bulgarien dringt wieder in byzantinisches Gebiet ein; er wird geschlagen (997).

Islam: Das fatimidische Gegenkalifat tritt *al-Hākim* an; er verliert sich in Spekulationen über das Gottesgnadentum seines Geschlechts und seiner Person (996). Auf den Ghaznawiden *Subuktegin* folgt sein Sohn *Mahmūd*, der die von seinem Vater begonnene Ausdehnung nach Nordwestindien fortsetzt (998). Er beseitigt die auch von den turkestanischen Ilchānen bedrängte Sāmānidenherrschaft (999).

1000—1009

Reich, Papsttum, der Westen: *Otto III.* zieht durch Deutschland nach Gnesen (1000); am Grabe *Adalberts* stiftet er das Erzbistum Gnesen, dem die neuen Bistümer Kolberg, Breslau und Krakau, später das Bistum Posen unterstellt werden; damit sind diese Gebiete der Mission und dem Einfluß von Magdeburg entzogen. Von Gnesen aus zieht er nach Aachen, wo er das Grab *Karls des Großen* öffnen läßt; nach kurzem Aufenthalt in Deutschland kehrt der Kaiser nach Italien zurück. *Sancho III.*, *der Alte*, König von Navarra, gliedert die selbständige Grafschaft Aragon seinem Reich ein (um 1000). *Otto III.* verwirft die »Konstantinische Schenkung« als Fälschung: kein Kaiser kann Rom, das Zentrum des Reiches, an die Päpste verschenkt haben; als Gnadenerweis übermacht der Kaiser seinerseits dem Papst *Silvester II.* Gebiete, die der Kirchenstaat beansprucht hatte (1001). Das Erzbistum Gran als nationales Erzbistum für Ungarn vom Papst *Silvester II.* gestiftet (1001); *Stephan I.*, *der Heilige*, läßt sich mit der von *Silvester* übersandten Krone zum König des Ungarnreiches krönen und vermacht sein Land dem Stuhle Petri. Tivoli erhebt sich gegen den Kaiser, der den Aufstand niederwirft; doch die Römer, auf die sich der Kaiser stützte, fallen von ihm ab; *Otto III.* und Papst *Silvester* entkommen nur mit Mühe nach Ravenna; auch in Deutschland ist man mit der römischen Politik unzufrieden. Kaiser *Ottos* Brautwerbung in Byzanz ist freundlich aufgenommen worden, eine Gesandtschaft *Ottos* führt die erkorene Prinzessin nach Italien. *Otto III.* sammelt Truppen, um einen Aufstand in Rom niederzuwerfen, stirbt jedoch in Paterno, in der Nähe des Soracte (24. 1. 1002); kämpfend müssen die deutschen Truppen seinen Leichnam über die Alpen zurückführen, wo er in Aachen an der Seite *Karls des Großen* beigesetzt wird (5. 4.). Mit dem Tode Kaiser *Ottos* ist die direkte Linie der Ottonen erloschen; *Heinrich* von Bayern wird als König *Heinrich II.* von Erzbischof *Willigis* in Mainz gekrönt. Einen Monat nach *Ottos* Tod läßt sich *Arduin*, Markgraf von Ivrea, in Pavia von der deutschfeindlichen Partei zum König von Italien krönen. König *Heinrich* schlägt den in seinen Hoffnungen auf das bayerische Herzogtum enttäuschten *Heinrich*, Markgraf von Schweinfurt (1003), der sich mit anderen Großen gegen den König verschworen; die Burg Schweinfurt wird geschleift. *Arduin* von Ivrea besiegt ein von *Heinrich II.* nach Italien entsandtes Heer. Neuer Papst wird der Römer *Phasanus* als *Johannes XVIII.* (Jan. 1004), der ganz der Crescentier-Partei folgt. *Heinrich II.* zieht nach Italien und verjagt *Arduin* von Ivrea; in Pavia läßt er sich zum König der Langobarden krönen (1004), muß aber eine Erhebung in Pavia niederschlagen; die italienischen Städte huldigen ihm. *Heinrich II.* schließt mit dem kinderlosen *Rudolf III.*, König von Burgund, einen Erbfolgevertrag, wonach Burgund bei *Rudolfs* Tode an das Reich fallen soll (1006); Basel kehrt zum Reich zurück. *Balduin IV.*, Graf von Flandern und französischer Lehnsmann, greift Niederlothringen an (1006). Auf der Synode von Frankfurt stiftet *Heinrich II.* das Bistum Bamberg (1. 11. 1007); es soll der Sicherung des Obermaingebietes — besonders gegen Markgraf *Heinrich* von Schweinfurt — dienen. *Heinrich II.* vertreibt *Balduin* aus Lothringen und nimmt ihm das eroberte Valenciennes wieder ab (1007). *Boleslaw Chrobry* besetzt die Lausitz (1007); in den folgenden zehn Jahren bemüht sich *Heinrich II.*, ihn zu vertreiben. *Crescentius* setzt Papst *Sergius IV.* ein (31. 7. 1009).

Byzanz: *Basileios II.* zieht aus ins Kaukasusgebiet, um die Verhältnisse in Armenien und Iberien zu ordnen (1000). Aus dem Kaukasus zurückgekehrt, nimmt er energisch den Kampf gegen die Bulgaren auf; er stößt gegen Serdica vor und trennt *Samuel* in Makedonien von den Donaubulgaren (1001). *Basileios II.* schlägt *Samuels* Heer am Vardar, Skoplje ergibt sich dem Kaiser (1004).

Osteuropa: *Boleslaw I. Chrobry* von Polen nutzt die deutschen Thronauseinandersetzungen und die Ermordung Markgraf *Ekkehards* von Meißen, um die Nieder- und Teile der Oberlausitz zu besetzen (1002). Er erobert Böhmen (1003); die bislang reichsfeindlichen Liutizen werden Bundesgenossen des Kaisers. *Boleslaw Chrobry* wird wieder aus Böhmen vertrieben (1004), das Herzogtum unter der deutschen Krone bleibt; *Boleslaw Chrobry* verzichtet unter dem deutschen Druck auf seine Ansprüche auf die Lausitz (1005). Nach der Niederlage am Vardar hat *Samuel* von Bulgarien auch im Inneren Schwierigkeiten; Dyrrhachion, vor Jahren von ihm erobert, fällt durch Verrat an Byzanz zurück (1005).

1010—1019

Reich, Papsttum, der Westen: In Rom stirbt Papst *Sergius IV.* (12. 5. 1012), *Johannes Crescentius* stirbt ebenfalls bald darauf, seine Anhänger werden entmachtet. *Balduin IV.* von Flandern erhält von *Heinrich II.* das Gebiet von Seeland mit der Insel Walchern und das Gebiet von Valenciennes zu Lehen (1012). König *Heinrich II.* zieht zum zweitenmal nach Italien; er erscheint in Rom und erkennt Papst *Benedikt VIII.* an (1013). *Heinrich* läßt sich mit seiner Gemahlin *Kunigunde* von *Benedikt VIII.* zum Kaiser krönen (14. 2. 1014). Die Dänen haben sich in England festgesetzt (1014). Kaiser *Heinrich* führt ein starkes Heeresaufgebot gegen *Boleslaw Chrobry* (1015). Von Sardinien aus verheeren die Araber die italienischen Küstenstädte; Genua und Pisa verjagen sie (1015). Sardinien ist abermals von den Arabern besetzt; unter Führung Papst *Benedikts VIII.* erringen die vereinigten Flotten Genuas und Pisas einen entscheidenden Sieg und vertreiben sie endgültig (1016). Das Flottenunternehmen legt den Grund zur Seegeltung Genuas und Pisas. *Knut der Große* wird König von England (1017) und tritt im Jahr darauf auch in Dänemark die Herrschaft an. Bari und Salerno erheben sich gegen die byzantinische Herrschaft; sie werden von Normannen unterstützt, die von einer Pilgerfahrt aus Jerusalem zurückkehren. Sie werden vom byzantinischen Statthalter bei Cannae vernichtend geschlagen; die kleinen Langobarden-Fürstentümer Süditaliens — außer Benevent und Monte Cassino — geraten unter byzantinische Oberhoheit; Byzanz bedroht die Grenzen des Kirchenstaates (1018).

Byzanz: *Basileios II.* holt zum letzten Schlag gegen *Samuel* von Bulgarien aus; dessen Heer wird am Struma niedergemacht oder gefangengenommen; *Samuel* entkommt; *Basileios* läßt die Gefangenen blenden und sendet sie dem Zaren nach, der bei ihrer Ankunft stirbt (6. 10. 1014); die Tat bringt *Basileios* den Beinamen »Bulgarentöter« ein. *Basileios II.* zieht in Ochrid ein und durchzieht Griechenland bis nach Athen; die Balkanhalbinsel ist wieder byzantinisch (1018).

Osteuropa: In Merseburg erkennt *Boleslaw Chrobry Heinrich II.* als Lehnsherrn an und erhält dafür die Lausitz (1013). *Wladimir der Heilige* von Kiew stirbt (15. 7. 1015); sein Reich, unter seine Nachkommen geteilt, zerfällt. *Boleslaw Chrobry* erringt am Dnjepr einen Sieg über *Jaroslaw* und dringt nach Rußland vor (1017). *Boleslaw* erhält im Frieden von Bautzen die lausitzischen Gebiete vom Kaiser zu Lehen (30.1. 1018). Er besetzt Kiew (1018), zieht sich aber im nächsten Jahr wieder aus diesem Gebiet zurück; *Jaroslaw* erobert Kiew.

Islam: Der Dichter *Firdausī* hat das »Schāu-Māme« vollendet, das die altpersische Geschichte besingt (um 1010).

1020—1029

Reich, Papsttum, der Westen: Papst *Benedikt VIII.* erscheint bei *Heinrich II.* in Bamberg, um des Kaisers Hilfe zu erbitten; auf *Heinrichs* Wunsch wird das Bistum in Bamberg dem Dom in Bamberg; das Bistum wird unmittelbar dem Stuhl Petri unterstellt; der Kaiser bestätigt das »privilegium Ottonianum« (1020). *Heinrich II.* zieht zum drittenmal mit einem großen Aufgebot gegen die Byzantiner in Süditalien (1021). Der Hofkaplan *Aribo* wird von *Heinrich II.* zum Erzbischof von Mainz erhoben (1021). *Heinrichs* deutsche Truppen, unterstützt von Papst *Benedikt VIII.* und normannischen Rittern, drängen die Byzantiner zurück (1022); Capua, Salerno, Neapel kehren unter die Oberhoheit des Kaisers zurück. Auf der Synode von Pavia (1022) beschließen Kaiser und Papst Maßnahmen zur Kirchenreform. *Notker der Deutsche* stirbt in St. Gallen (29. 6. 1022). Kaiser *Heinrich II.* und König *Robert II.* von Frankreich treffen sich auf Einladung *Heinrichs* bei Ivois nahe der Grenze, um, beeinflußt von Abt *Odilo* von Cluny, über die Kirchenreform zu beraten (1023). Erzbischof *Aribo* von Mainz fordert die deutschen Bischöfe auf, sich den zentralistischen Ansprüchen des Papstes zu widersetzen; es kommt zum Streit zwischen Papst und deutscher Kirche, Kaiser *Heinrich II.* stellt sich auf die Seite des Papstes (1023). Papst *Benedikt VIII.* stirbt in Rom (9. 4. 1024); sein Bruder *Romanus* wird als *Johannes XIX.* Papst (Mai). Mit *Heinrichs II.* Tod (13. 7. 1024) erlischt das sächsische Kaiserhaus; auf der Wahlversammlung der deutschen Fürsten in Kamba am Rhein wird *Konrad II.*, Urenkel *Konrads des Roten* von Lothringen und der *Liutgard*, Tochter *Ottos des Großen*, zum König erhoben (8. 9.); die Herzöge von Ober- und Niederlothringen erkennen *Konrads II.* Wahl nicht an; auf einem Umritt durch Deutschland nimmt *Konrad II.* die Huldigung entgegen, die ihm schließlich auch in Lothringen nicht versagt wird. Der Adel der Lombardei sucht bei Frankreich Unterstützung gegen Deutschland. *Konrad II.* macht Ansprüche auf Burgund aus dem Erbschaftsvertrag *Heinrichs II.* geltend; gleichzeitig beansprucht Herzog *Ernst II.* von Schwaben Burgund; einer Bedrohung durch *Knut den Großen* von Dänemark und *Miseko II.* von Polen wirkt *Konrad II.* entgegen, indem er auf Ansprüche auf die Gebiete nördlich der Eider verzichtet (1025). *Konrad II.* zieht nach Italien, nachdem er seinen Sohn *Heinrich (III.)* vor den Fürsten zu seinem Nachfolger designiert hat; von Erzbischof *Aribert* läßt er sich in Mailand mit der Eisernen Krone krönen (1026); einen Aufstand in Ravenna wirft der Kaiser selbst nieder, Pavia unterwirft sich. *Konrad* wird in Rom von Papst *Johannes XIX.* zum Kaiser gekrönt (26. 3. 1027); auf dem Zug nach Mittel- und Süditalien huldigen die langobardischen Fürstentümer dem Kaiser. *Ernst II.* von Schwaben hat sich mit Graf *Welf II.* und *Werner* von Kyburg gegen den Kaiser erhoben und ist ins Elsaß und in Burgund eingefallen. Der Kaiser beruft einen Hoftag nach Ulm ein (1027), auf dem sich *Ernst* unterwerfen muß, *Welf* verliert große Teile seiner Güter. *Heinrich III.*, der zehnjährige Thronfolger, erhält das Herzogtum Bayern. *Rudolf III.* von Burgund erkennt in Basel den Kaiser und dessen Sohn als die rechtmäßigen Erben Burgunds an (1027). *Konrads II.* Sohn *Heinrich III.* wird in Aachen von Erzbischof *Pilgrim* von Köln zum König gekrönt (14. 4. 1028); fortan beanspruchen die Erzbischöfe von Köln das Recht der Königskrönung. *Knut der Große* erobert Norwegen; unter seiner Herrschaft sind Dänemark, England und Norwegen vereinigt (1028). *Sancho III. der Alte* von Navarra erwirbt durch seinen Sohn *Ferdinand I.* Kastilien, das er seinem Reich einverleibt (1028).

Byzanz: Das Gebiet von Vaspurkan und ein Teil Iberiens werden byzantinische Themen (1020). *Basileios II.* stirbt (15. 12. 1025) mitten in den Rüstungen für einen Feldzug gegen die Araber auf

Sizilien; sein Bruder *Konstantin VIII.* tritt die Nachfolge an. Der Kaiser vermählt auf dem Sterbebett seine Tochter *Zoë* mit *Romanos Argyros*, dem Eparchen von Konstantinopel (12. 11. 1028); *Romanos* besteigt den Thron (15. 11.).

Osteuropa: An der Kertscher Meerenge haben sich die Russen mit dem Fürstentum Tmutarakan festgesetzt (1022). *Boleslaw I. Chrobry* von Polen benutzt den Thronwechsel und die Auseinandersetzungen im Reich, um sich zum König zu machen (1025); er stirbt jedoch bald darauf; neuer Herrscher in Polen wird sein Sohn *Miseko II.* Er fällt in die Gebiete der Elbslawen ein (1028), mit denen *Konrad II.* die alten Bündnisverträge erneuert. *Bretislaw I.*, der spätere Herzog von Böhmen, zieht gegen *Miseko II.* und entreißt ihm Mähren (1029).

Islam: Der Ghaznawide *Mahmūd* ist im »Heiligen Krieg« bis weit über den Ganges nach Indien eingedrungen; Gujarat wird besetzt (1025).

1030—1039

Reich, Papsttum, der Westen: *Konrad II.* schließt Frieden mit Ungarn und tritt einen Grenzstreifen der Mark Österreich an der Donau um Preßburg ab; nun zieht er gegen *Miseko*; auch die Russen unter *Jaroslaw* von Kiew bedrängen Polen (1031). *Konrad II.* zwingt *Miseko II.* zum Frieden (1032); *Miseko* muß die besetzten lausitzischen Gebiete wieder herausgeben; *Konrad* belehnt den Grafen *Dietrich* von Wettin mit der Ostmark. *Rudolf III.* von Burgund stirbt (6. 9. 1032); sein Krondiadem wird Kaiser *Konrad* als dem Nachfolger überbracht; sogleich fällt *Odo*, Graf von der Champagne, in Burgund ein; es folgen langwierige Kämpfe. König *Heinrich I.* von Frankreich siegt gegen eine Verschwörung seiner Mutter Konstanze und tritt die Herrschaft an (1032). Kaiser *Konrad* läßt sich im Kloster zu Peterlingen am Neuenburger See zum König von Burgund krönen (2. 2. 1033); er trifft mit König *Heinrich I.* von Frankreich in Deville an der Maas zusammen, wo ein Bündnis gegen Graf *Odo* geschlossen wird. *Odo* muß seine Ansprüche auf Burgund fallenlassen (1034). In der Lombardei kommt es zu einem Aufstand der Ritterschaft (der »Valvasoren«), die um ihre Lehen bangt; mit ihr verbündet sich die aufstrebende Bürgerschaft; beide Parteien rufen Kaiser an (1035). König *Heinrich III.*, der Sohn Kaiser *Konrads*, heiratet die Tochter König *Knuts des Großen* von Dänemark (Juni 1036). *Konrad II.* zieht zum zweitenmal nach Italien, um die lombardische Ritterschaft gegen *Aribert* zu unterstützen; auf dem Hoftag von Pavia empört sich *Aribert* und wird festgesetzt; er entkommt jedoch nach Mailand, wo sich Adel und Bürgerschaft unter ihm zusammenschließen; im Heerlager vor Mailand erläßt *Konrad* das Lehensgesetz, die »Constitutio de feudis«, die die Erblichkeit der mittelbaren Lehen verfügt (28. 5. 1037). *Odo* wird bei Bar-le-Duc von Herzog *Gozelo* von Lothringen und dessen Sohn *Gottfried dem Bärtigen* geschlagen

(15. 11.). *Ferdinand I.* von Kastilien erobert León, Asturien und Galicien, die er mit seiner Grafschaft zum Königreich Kastilien vereinigt (1038). Kaiser *Konrad II.* stirbt in Utrecht (4. 6. 1039) und wird im Dom vom Speyer beigesetzt, zu dem er 1030 den Grundstein gelegt hat; sein Sohn *Heinrich III.* tritt die Nachfolge an.

Byzanz: Die Byzantiner unter dem Heerführer *Georgios Maniakes* erobern Edessa (1032). *Romanos III.* wird im Bade ermordet, am selben Abend vermählt sich Kaiserin *Zoë* mit dem Paphlagonier *Michael*, der nun den Thron besteigt (11. 4. 1034).

Osteuropa: *Miseko II.* von Polen dringt bis an Weiße Elster und Saale vor; ein deutscher Gegenangriff bleibt erfolglos, das deutsche Heer wird bei Wien aufgerieben (1030). *Miseko II.* unterwirft sich aber auf einem Hoftag in Merseburg Kaiser *Konrad II.* und erkennt dessen Oberhoheit an (1033). *Jaroslaw* von Kiew schlägt die Petschenegen (1036). *Bretislaw I.* wird mit dem verwaisten Herzogtum Böhmen belehnt (1037). Er fällt in Polen ein und läßt aus Gnesen die Gebeine *Adalberts*, des einstigen Bischofs von Prag, nach Prag bringen (1039).

Islam: Mit dem Tode *Hischāms III.* endet die Umajjadenherrschaft in Spanien; das muslimische Reich löst sich in Teilherrschaften auf (1031). Der persische Arzt und Philosoph *Ibn Sīnā (Avicenna)* stirbt in Hammadan (1037). Die Seldschuken entreißen den Ghaznawiden Chorasan und stoßen weiter nach Westen vor (1037).

1040—1049

Reich, Papsttum, der Westen: König *Heinrich III.* begnadigt *Aribert* (1040). *Heinrich III.* zieht gegen *Bretislaw I.* von Böhmen, der Polen besetzt hält; sein Heer wird im Böhmerwald zum Rückzug gezwungen (1040). *Duncan*, König von Schottland, von den normannischen Herren von Caithness und den Orkneys bedrängt, wird von *Macbeth* erschlagen, der sich der Herrschaft bemächtigt (um 1040). *Heinrich III.* zieht abermals nach Böhmen und erscheint vor Prag; *Bretislaw* muß sich unterwerfen, Polen wieder freigeben und die Lehnshoheit des Königs anerkennen (1041). *Heinrich III.* trifft mit *Heinrich I.* von Frankreich bei Ivois nahe der Grenze zusammen (1043). *Heinrich III.* vermählt sich in Ingelheim mit *Agnes* von Poitou (Nov. 1043). *Gottfried II. der Bärtige* erhält nur Oberlothringen zu Lehen und sucht mit Frankreichs und Burgunds Hilfe ganz Lothringen zu gewinnen (1044). Er wird im Jahr darauf besiegt. Der geflohene *Benedikt IX.* kehrt nach Rom zurück und vergibt die Papstwürde an *Johannes Gratianus*, der als *Gregor VI.* zum Papst gekrönt wird (5. 5. 1045). *Heinrich III.* zieht nach Italien; in Piacenza empfängt er Papst *Gregor VI.*; die Synode zu Sutri (1046) setzt ihn ab (20. 12.), die Synode von Rom erklärt auch *Benedikt IX.* für abgesetzt (23. 12.) und erhebt Graf *Suidger*, den Bischof von Bamberg, als *Clemens II.* zum Papst (24. 12.), der *Heinrich* und seine Gemahlin *Agnes* zum Kaiser krönt

(25. 12.). Papst *Clemens II.* stirbt (9. 10. 1047); *Heinrich* ernennt *Poppo*, den Bischof von Brixen, als *Damasus II.* zum Papst, inzwischen ist *Benedikt IX.* wieder nach Rom gekommen. *Gottfried der Bärtige* erhebt sich als Vorkämpfer für die Fürstengewalt wieder gegen den Kaiser (1047). Das Herzogtum Kärnten mit der Mark Verona verleiht *Heinrich III.* an *Welf III.*, Bayern erhält der rheinische Pfalzgraf *Konrad*. Papst *Damasus II.* zieht mit kaiserlichen Truppen gegen Rom, der Gegenpapst *Benedikt IX.* flieht; *Damasus* wird inthronisiert (27. 7. 1048), stirbt jedoch kurz danach (9. 8.). *Heinrich III.* unterwirft *Gottfried den Bärtigen*, der seines Besitzes verlustig geht; gegen den Grafen *Balduin V.* von Flandern versichert sich der Kaiser der Unterstützung König *Eduards* von England und *Sven Estrithssons* von Dänemark (1049). Das Herzogtum Schwaben verleiht *Heinrich III.* an den Babenberger *Otto III.*, Markgrafen von Schweinfurt (1049). Der zum Papst ausersehene *Brun*, Bischof von Toul, geht nach Italien; auf dem Zuge gewinnt er den Mönch *Hildebrand* von Soana und *Humbert*, den späteren Bischof von Silva Candida; *Brun* läßt sich als *Leo IX.* zum Papst krönen (12. 2. 1049).

Byzanz: Die Slawen auf dem Balkan erheben sich, auch Nordgriechenland wird vom Aufstand erfaßt (1040). Der Heerführer *Georgios Maniakes* wird von *Michael IV.* gegen die Araber auf Sizilien entsandt; er entreißt den Arabern Ostsizilien, erobert Messina und Syrakus (1040). Die Normannen fallen in das byzantinische Apulien ein (1041). Der Slawenaufstand gegen Byzanz bricht zusammen. *Zoë* adoptiert den kaiserlichen Neffen *Michael Kalaphates*. *Michael IV.* stirbt (10. 12. 1041); *Michael V. Kalaphates* besteigt den Thron. Er läßt *Zoë* in ein Kloster einschließen; ob dieses Frevels erhebt sich Konstantinopel, *Michael* wird abgesetzt und geblendet (20. 4. 1042); *Zoë* vermählt sich mit dem vornehmen *Konstantin Monomachos* (11. 6.), der den Thron besteigt (12. 6.). *Georgios Maniakes* führt die byzantinischen Truppen gegen die Normannen, ehe er bei Neapel schlägt (1042); von dem neuen Kaiser *Konstantin IX.* nach Konstantinopel zurückbeordert, läßt er sich vom Heer zum Kaiser ausrufen und marschiert auf Thessalonike; er fällt im Kampf, ehe ihm gelingt, *Konstantin IX.* zu stürzen (1043). *Michael Kerullarios* wird Patriarch von Konstantinopel. In Konstantinopel werden eine Hochschule für Philosophie und eine für Rechtswesen gegründet (1045). Die Petschenegen betreten byzantinischen Boden; Byzanz sucht sie anzusiedeln und als Soldaten zu verwenden (1048).

Osteuropa: In Ungarn kommt es zum Aufstand, König *Peter* wird vertrieben und flieht zu *Heinrich III.*, der zur Wiedereinsetzung *Peters* nach Ungarn kommt (1041). Nach einem weiteren Feldzug kommt es zu einem vorläufigen Frieden (1043); die Gebiete zwischen Fischa und Leitha fallen ans Reich zurück. Neuer Aufstand in Ungarn gegen König *Peter*, der wieder vertrieben wird; *Andreas I.* aus dem Haus der Arpaden tritt die Herrschaft an; die Oberhoheit des Reiches wird wieder verloren (1047).

1050—1059

Reich, Papsttum, der Westen: *Heinrich III.* unterwirft mit Hilfe englischer und dänischer Schiffe den rebellischen Grafen *Balduin V.* von Flandern (1050). König *Heinrich I.* von Frankreich vermählt sich mit *Anna*, der Tochter *Jaroslaws* von Kiew (1051). Erzbischof *Adalbert* von Bremen wird von *Leo IX.* zum päpstlichen Vikar für Nordeuropa ernannt (6. 1. 1053). Papst *Leo*, vom Kaiser zum Schutzherrn des von den Normannen bedrängten Benevent bestimmt, wird von ihnen bei Civitate geschlagen und gefangengenommen (23. 6. 1053). *Heinrich IV.* wird in Aachen zum deutschen König gekrönt (17. 7. 1054). Als Legat Papst *Leos IX.* erscheint *Humbert*, Bischof von Silva Candida, in Konstantinopel und legt auf dem Altar der Hagia Sophia eine Bannbulle gegen *Kerullarios* nieder (16. 7. 1054): der Bruch zwischen Papsttum und Patriarchat ist endgültig. *Gottfried der Bärtige* von Lothringen vermählt sich mit *Beatrix*, der Markgräfin von Tuscien, und erwirbt damit eine starke Hausmacht. König *Ferdinand I.* von Kastilien erobert den rechts des Ebro liegenden Teil Navarras. Bischof *Gebhard* von Eichstätt besteigt als *Viktor II.* den Stuhl Petri (16. 4. 1055); Kaiser *Heinrich III.* erscheint in Italien; auf einer Synode in Florenz beraten Kaiser und Papst über die Kirchenreform. Der fünfjährige Thronfolger *Heinrich IV.* wird mit *Bertha*, der Tochter des Grafen *Otto* von Savoyen und Turin, verlobt. Bei Ivois treffen noch einmal *Heinrich III.* und *Heinrich I.* von Frankreich zusammen, wohl um über die lothringischen Wirren und die Streitigkeiten an der westlichen Reichsgrenze zu beraten; statt zur Erneuerung des Bündnisses kommt es aber zum Bruch (1056). Kaiser *Heinrich III.* stirbt auf der Pfalz Bodfeld (5. 10. 1056); für seinen fünfjährigen Sohn *Heinrich IV.* tritt seine Witwe *Agnes* die Regentschaft an. *Rudolf von Rheinfelden* wird von ihr mit dem Herzogtum Schwaben belehnt (1057). Papst *Viktor II.* stirbt (28. 7. 1057); unter Mithilfe *Gottfrieds des Bärtigen* wird dessen Bruder, Kardinal *Friedrich*, als Papst *Stephan IX.* gewählt (3. 8.); *Agnes* gibt widerspruchslos ihre Zustimmung; *Gottfried* erhält Oberlothringen wieder. Dem neugewählten Papst *Nikolaus II.* verschafft *Gottfried* Eingang in Rom (1058). *Humbert* veröffentlicht seine Schrift »Adversus simoniacos«; Vorkämpfer der kurialen Reformpartei, lehnt er Simonie, Laieninvestitur und Eigenkirchenrecht ab (1058). Das Papstwahldekret, maßgeblich von *Humbert* beeinflußt, wird auf der Ostersynode im Lateran angenommen (14. 4. 1059). *Rudolf von Rheinfelden* vermählt sich mit *Mathilde*, der Schwester Heinrichs IV. (1059), die aber schon im folgenden Jahr stirbt. *Robert Guiscard* wird von Papst *Nikolaus II.* zum Herzog von Apulien und Sizilien erhoben und schwört dem Papst den Lehnseid (Aug. 1059).

Byzanz: Der Stratege *Isaak Komnenos* wird zum Kaiser ausgerufen, *Michael VI.* muß abdanken (8. 6. 1057); *Isaak Komnenos* zieht in Konstantinopel ein und wird vom Patriarchen *Kerullarios* gekrönt (1. 9.).

Zwischen *Isaak I. Komnenos* und dem Patriarchen *Kerullarios* kommt es zum Streit (8. 11. 1058). *Isaak Komnenos* wird der Unruhe in Konstantinopel nicht mehr Herr; auf Anraten des *Michael Psellos* dankt er ab und wird Mönch (Dez. 1059); zum Kaiser wird — maßgeblich durch *Psellos* — *Konstantin X. Dukas* erhoben.

Osteuropa: *Jaroslaw*, Großfürst von Kiew, stirbt (20. 2. 1054), nachdem er eine Nachfolgeordnung erlassen hat.

Islam: Die Seldschuken unter *Tughril Beg*, vom Kalifen *al-Qā'im* um Unterstützung gebeten, ziehen in Bagdad ein; *Tughril Beg* wird die Stellung der Būjiden übertragen (1055).

1060—1069

Reich, Papsttum, der Westen: Papst *Alexander II.* wird gewählt (1. 10. 1061); die Synode von Basel wählt *Honorius (II.)* zum Papst (28. 10.). *Berthold I.* von Zähringen wird von Kaiserin *Agnes* zur Entschädigung für das ihm entgangene Schwaben mit dem Herzogtum Kärnten belehnt; *Otto*, Graf von Northeim, erhält Bayern (1061). Der junge *Heinrich IV.* wird in Kaiserswerth von Erzbischof *Anno* von Köln entführt (Mai 1062); *Anno* übt jetzt die Regentschaft aus. Erzbischof *Adalbert* von Bremen nimmt seinem Rivalen *Anno* von Köln die Regentschaft ab (1063). Die Synode von Mantua bestätigt *Alexander II.* als rechtmäßigen Papst (31. 5. 1064). Der dreizehnjährige *Heinrich IV.* wird nach siegreicher Heimkehr von einem Ungarnfeldzug von Erzbischof *Adalbert* von Bremen für mündig erklärt (29. 3. 1065). *Gottfried der Bärtige* wird mit Niederlothringen belehnt. Nach dem Tod *Ferdinands I.* von Kastilien (27. 12. 1065) droht sein Reich zu zerfallen, sein Sohn *Alfons VI.* setzt schließlich die Einheit durch. *Harold*, der Sohn des Earls *Godwin*, wird König von England. *Wilhelm* von der Normandie erhebt Anspruch auf die Krone; die Norweger unter *Harald Hardrada* fallen im Norden ein, *Harold* besiegt sie bei Stamford Bridge, *Harald* fällt (25. 9. 1066); *Wilhelm* landet mit den Normannen (29. 9.), unweit Hastings kommt es zur Schlacht, die Angelsachsen werden geschlagen, *Harold* fällt (14. 10.); *Wilhelm der Eroberer* nimmt London und wird in Westminster zum König von England gekrönt (25. 12.). *Sancho II. Ramirez*, König von Aragon, nimmt sein Königreich als Lehen von Papst *Alexander II.* (1068).

Byzanz: Die Kaiserinwitwe *Eudokia* vermählt sich mit dem Heerführer *Romanos Diogenes*, der zum Kaiser gekrönt wird (1. 1. 1068); er vermag vorübergehend die Seldschuken aufzuhalten.

Osteuropa: In Ungarn gewinnt *Bela I.* mit Hilfe seines Oheims *Boleslaw II.* von Polen den Thron gegen seinen Bruder *Andreas I.*, den er an der Theiß besiegt (1061). Die Ungarn besetzen Belgrad; die Uzen aus Südrußland überfluten die Balkanhalbinsel (Herbst 1064); Byzanz wird durch eine Seuche unter den Uzen gerettet. Die Petschenegen fallen in Ungarn ein und werden von *Ladislaus I.* geschlagen (1067).

Islam: Dem Seldschukensultan *Tughril Beg* folgt sein Neffe *Alp Arslan*; unter ihm dringen die Türken nach Westen gegen Byzanz vor (1063). *Alp Arslan* durchzieht Armenien und nimmt Ani (1065). Kilikien wird verheert und Caesarea im östlichen Kleinasien genommen (1067).

1070—1079

Reich, Papsttum, der Westen: Dem Grafen *Otto* von Northeim wird das Herzogtum Bayern genommen (2. 8. 1070); sein Schwiegersohn *Welf IV.* schlägt sich auf die Seite *Heinrichs IV.*, der ihn mit Bayern belehnt. Die Normannen unter *Robert Guiscard* nehmen Bari und Brindisi; der byzantinische Besitz in Italien ist endgültig in normannischen Händen (1071). *Wilhelm der Eroberer* zieht gegen *Malcolm III.* von Schottland; in Abernethy leistet *Malcolm* den Vasalleneid (1072). *Hildebrand* besteigt als *Gregor VII.* den Stuhl Petri (22. 4. 1073). Die Sachsen unter *Otto* von Northeim erheben sich gegen *Heinrich IV.* und die salische Reichspolitik, es kommt zu Kämpfen (Aug. 1073). *Alfons VI.* wird König von Kastilien und León (1073). Papst *Gregor VII.*, an den sich Kaiser *Michael VII.* mit der Bitte um Hilfe gewandt hat, ruft in der Hoffnung auf eine neue Kirchenunion zur Verteidigung von Byzanz auf (1. 3. 1074). *Heinrich IV.*, von den Sachsen und Thüringern auf der Harzburg eingeschlossen, schließt in Gerstungen Frieden (1074), doch brechen die Kämpfe alsbald wieder aus, in denen *Heinrich* bei Homburg an der Unstrut siegt (9. 6. 1075); *Otto* von Northeim unterwirft sich. Papst *Gregor VII.* verkündet das Verbot der »Laieninvestitur«. *Anno*, Erzbischof von Köln, stirbt (4. 12. 1075); ihn besingt ein Siegburger Geistlicher im »Annolied« (um 1105?). König *Heinrich IV.* beruft einen Reichstag und eine Synode nach Worms, die aufgebrachten Bischöfe erklären Papst *Gregor VII.* für abgesetzt (24. 1. 1076); *Gregor* antwortet mit dem Bann über *Heinrich* (Febr.); die deutschen Fürsten treffen sich mit päpstlichen Legaten in Tribur (16. 10.). *Heinrich* bricht nach Italien auf, um sich mit *Gregor* zu verständigen (Winter). Niederlothringen geht an den zweijährigen *Konrad*, den Sohn *Heinrichs IV.* Die aufständischen Sachsen werden bei Homburg an der Unstrut von den Truppen des Königs unter *Rudolf von Rheinfelden* geschlagen (9. 6. 1076). *Heinrich IV.* zieht im Büßergewand durch Italien; in Canossa wird er nach dreitägigem Warten vom Bann gelöst (28. 1. 1077); die fürstliche Opposition Süddeutschlands wählt *Rudolf von Rheinfelden* zum König (15. 3.); er wird in Mainz gekrönt, muß sich aber bald auch aus Schwaben zurückziehen. Die Kunde von der Eroberung Jerusalems durch die Seldschuken löst im Abendland heftige religiöse Bewegung aus (1077). König *Philipp I.* von Frankreich nimmt Verbindung mit *Rudolf von Rheinfelden* auf (1078).

Byzanz: *Romanos IV. Diogenes* wird bei Manzikert vom türkischen Heer *Alp Arslans* vernichtend geschlagen, der Kaiser gerät in Gefangenschaft (19. 8. 1071); *Romanos* schließt mit *Alp Arslan* einen entwürdigenden Vertrag und wird freigelassen; inzwischen ist *Michael VII. Dukas* zum Alleinherrscher ausgerufen worden (24. 10.), der den heimkehrenden *Romanos* blenden läßt; *Alp Arslan* nimmt dem Vertrag zum Trotz den Krieg wieder auf. Raubzüge der Petschenegen und Ungarn schwächen das Land; es kommt zu Aufständen der Militärs; *Nikephoros Bryennios* zieht als Gegenkaiser in Adrianopel ein (Nov. 1077); *Nikephoros Botaneiates*, der Stratege des Themas Anatolikon, läßt sich zum Kaiser ausrufen (7. 1. 1078); er hat sich der Unterstützung *Sulaimāns*, eines Vetters *Alp Arslans*, versichert; in Konstantinopel bricht der Aufstand aus, *Michael VII.* dankt ab und geht ins Kloster, *Botaneiates* läßt sich krönen (24. 3.) und heiratet *Maria*, Gemahlin *Michaels VII.*; der Aufstand des *Nikephoros Bryennios* bricht zusammen.

Osteuropa: In Ungarn kommt es zur Revolte der Söhne *Belas I., Geisa I.* und *Ladislaus I.*, gegen den König *Salomon*, ihren Vetter; *Salomon* muß fliehen, und *Geisa I.* nimmt die Krone (1073); ein deutsches Heer, von *Heinrich IV.* seinem Schwiegersohn *Salomon* zu Hilfe geschickt, wird geschlagen. *Boleslaw II.* von Polen unterstützt Papst *Gregor VII.* und nimmt mit dessen Billigung den Königstitel an (1076). *Boleslaw II.* von Polen wird wegen seiner Grausamkeit von Adel und Kirche verjagt; sein Bruder *Wladislaw I.* verzichtet auf den Königstitel (1079).

Islam: *Alp Arslan*, Seldschukensultan, stirbt; die Herrschaft übt als Regent der Wezir *Nizām al-Mulk* aus (1072). Die Seldschuken nehmen Damaskus (1076).

1080—1089

Reich, Papsttum, der Westen: Papst *Gregor VII.* verhängt abermals den Bann über *Heinrich IV.* (März 1080); *Heinrich* erklärt auf einer Synode in Mainz *Gregor* für abgesetzt (Pfingsten); in Brixen wird *Wibert von Ravenna*, der Kanzler *Heinrichs*, als *Clemens (III.)* gewählt (25. 6.); *Rudolf von Rheinfelden* wird an der Elster geschlagen (15. 10.) und stirbt an einer Verwundung. *Heinrich IV.* zieht gegen *Gregor VII.* nach Italien (März 1081); Graf *Hermann von Salm* wird als Gegenkönig aufgestellt (9. 8. 1081), bleibt jedoch bedeutungslos. Die Schiffe Venedigs verjagen die Flotte *Robert Guiscards*, der aber das kaiserliche Heer besiegt und Dyrrhachion nimmt (Okt. 1081). Seine Normannen dringen bis nach Thessalien vor und besetzen Larissa (1082). Venedig erhält weitgehende Handelsprivilegien im byzantinischen Reich (Mai 1082). *Heinrich IV.* nimmt Rom und besetzt die Leostadt (1083). Der Gegenpapst *Clemens (III.)* wird in Rom inthronisiert (24. 3. 1084); er krönt *Heinrich IV.* zum Kaiser (31. 3.). *Robert Guiscard* kommt Papst *Gregor VII.* zu Hilfe; nach ausgiebiger Plünderung Roms ziehen die Normannen ab, *Gregor* flieht mit ihnen (Mai 1084) und stirbt ein Jahr darauf in Salerno (25. 5. 1085). *Alfons VI.* von Kastilien und León erobert Toledo von den Muslimen (25. 5. 1085). In England wird für *Wilhelm den Eroberer* aller Grundbesitz im »Domesday Book« aufgezeichnet (1086). Kaiser *Heinrich IV.* läßt seinen Sohn *Konrad* in Aachen zum deutschen König krönen (1087). *Wilhelm der Eroberer* fällt in Französisch-Vexin ein und zerstört Mantes; er stirbt in Rouen (9. 9. 1087); sein Sohn *Wilhelm II. Rufus* wird in Westminster zum König von England gekrönt (26. 9.), während sein ältester Sohn *Robert Curthose* Herzog der Normandie wird. *Urban II.* wird zum Papst gewählt (12. 3. 1088); mit normannischer Hilfe dringt er in Rom ein, wo er auf der Tiberinsel wohnt, während *Clemens (III.)* die Stadt beherrscht. *Mathilde* von Tuszien heiratet *Welf V.*, den Sohn des Herzogs von Bayern (1089). *Wilhelm II. Rufus* landet in der Normandie (1089). *Heinrich IV.* vermählt sich in Köln mit *Praxedis* von Kiew, die den Namen *Adelheid* erhält (Aug.? 1089). *Sancho II. Ramirez* von Aragon tritt Papst *Urban II.* die Oberhoheit über sein Reich ab, das er von ihm als zinspflichtiges Lehen nimmt (1089).

Byzanz: Die Kaiserin *Maria* adoptiert *Alexios Komnenos*; *Botaneiates* muß abdanken; *Alexios I. Komnenos* wird zum Kaiser erhoben (4. 4. 1081).

Osteuropa: Die Kumanen fallen erneut in Ungarn ein, sie werden am Temes von König *Ladislaus I.* geschlagen (1089); einen Teil der Gefangenen macht *Ladislaus* in Ungarn seßhaft.

Islam: *Sulaimān*, ein Vetter des *Alp Arslan*, von beiden Parteien in Byzanz um Unterstützung angegangen, hat ganz Westkleinasien in der Hand; er ist der Gründer des Reiches von Ikonion (1080).

1090—1099

Reich, Papsttum, der Westen: *Heinrich IV.* zieht abermals gegen seine Gegner in Italien, nimmt Mantua und schlägt *Welf V.*; Papst *Urban II.* entflieht aus Rom zu den Normannen (1090). *Raimund Berengar II.*, Graf von Barcelona, wird päpstlicher Vasall (1090). *Wilhelm II. Rufus* von England schließt Frieden mit *Robert II.* von der Normandie und zieht gegen *Malcolm III.* von Schottland, der in seiner Abwesenheit Nordengland überfallen hat; *Malcolm* unterwirft sich (Aug. 1091). *Heinrichs IV.* Sohn *Konrad* läßt sich in Mailand zum König der Langobarden krönen (1093). *Urban II.* kehrt nach Rom zurück (Herbst 1093); der Gegenpapst *Clemens (III.)* flieht zum Kaiser. Der *Cid* nimmt nach langem Kampf Valencia (Juni 1094). König *Philipp I.* wird von Papst *Urban II.* wegen seiner Ehe mit der entführten *Bertrada* gebannt (1095). Vor Papst *Urban II.* erscheinen auf einer Synode in Piacenza Gesandte des Kaisers *Alexios I. Komnenos*, die Hilfe gegen die Türken erbitten; *Urban* faßt den Plan zu einem Kreuzzug; auf der Synode von Clermont verkündet er den Ersten Kreuzzug (27. 11. 1095), die Ritterzüge brechen auf (1096), an ihrer Spitze *Gottfried von Bouillon.* Der Kaiser von

Byzanz läßt sich von den Fürsten den Lehnseid für die zurückzuerobernden byzantinischen Gebiete schwören. Nicaea wird den Seldschuken abgenommen (19. 6. 1097), die bei Dorylaeum geschlagen werden (1. 7.). *Heinrich IV.* läßt auf einem Reichstag in Mainz seinen Sohn *Konrad* durch Hofgerichtsspruch absetzen (1098); *Welf V.* schließt Frieden mit dem Kaiser. *Bohemund* nimmt Antiocheia (3. 6. 1098) und macht sich zum Herrn eines Fürstentums. *Heinrichs IV.* Sohn *Heinrich V.* wird in Köln zum deutschen König gewählt (6. 1. 1099). Die Kreuzfahrer erstürmen Jerusalem (15. 7. 1099); *Gottfried von Bouillon* wird zum Beschützer des heiligen Grabes ernannt (22. 7.); das Kreuzheer schlägt die Ägypter bei Askalon entscheidend (12. 8.).

Byzanz: Im Bunde mit den Petschenegen legt sich die Flotte des Seldschukenemirats von Smyrna vor Konstantinopel (1090). *Alexios Komnenos* schließt mit den Kumanen ein Bündnis gegen die Petschenegen, die besiegt werden (29. 4. 1091); die Seldschukenschiffe ziehen sich zurück. Die Kumanen dringen bis in die Gegend von Konstantinopel vor (1094).

Osteuropa: Die Kumanen fallen in Ungarn ein und erleiden eine schwere Niederlage durch *Ladislaus I.* (1091); *Ladislaus* erwirbt das Siebenbürger Land. Die russischen Fürsten einigen sich in Ljubetsch auf ein Erbfolgeprinzip für die Territorialherrschaften (1097).

Islam: Der Almoravidenanführer *Jūsuf ibn Tāschfīn* begründet in Spanien ein eigenes Reich (1090). *Kilidsch Arslan*, *Sulaimāns* Sohn, tritt das Sultanat von Nikaia an; Kaiser *Alexios Komnenos* schließt mit ihm ein Bündnis gegen die anderen Seldschukenherrschaften (1092). Der Geheimbund der *Haschschāschīn*, der »Assassinen«, unterhöhlt die Seldschukenherrschaft; ihre Anhänger ermorden den Wezir *Nizām al-Mulk* (1092). *Malikschāh*, Herr des syrischen Seldschukensultanats, stirbt (1092); der Nachfolgestreit führt zu Teilungen.

1100—1109

Reich, Papsttum, der Westen: *Lothar*, Graf von Supplinburg, vermählt sich mit *Richenza*, Enkelin *Ottos* von Northeim, die ihm weite Gebiete zwischen Braunschweig und dem Harz einbringt (1100). *Wilhelm II. Rufus* stirbt (2. 8. 1100); sein jüngster Bruder, *Heinrich I.*, läßt sich zum König krönen, während sein ältester Bruder, *Robert Curthose*, noch auf dem Kreuzzug ist; er sucht in einer vergeblichen Invasion *Heinrich I.* die Krone wieder zu entreißen (1101). Auf einem Reichstag zu Mainz verkündet *Heinrich IV.* einen vierjährigen Reichsfrieden (1103). König *Heinrich V.* erhebt sich gegen den Kaiser (1104). *Bohemund* wird von den Türken bei Harrān geschlagen; er wirbt in Italien und Frankreich für den Krieg gegen Byzanz und vermählt sich mit *Konstanze*, der Tochter des französischen Königs *Philipp I.* (1104). *Heinrich IV.* ist *Heinrich V.* in die Hände gefallen; auf dem Reichstag zu Ingelheim muß er seine Abdankung erklären

(31. 12. 1105), entkommt aber aus der Haft und stirbt (7. 8. 1106); sein Sarg wird in einer ungeweihten Kapelle des unter ihm vollendeten Doms in Speyer aufgestellt. *Lothar* von Supplinburg wird von König *Heinrich V.*, den er unterstützt hat, zum Herzog von Sachsen erhoben (23. 8. 1106). König *Heinrich I.* von England landet in der Normandie; in der Schlacht bei Tinchebray besiegt er *Robert II. Curthose* (28. 9. 1106); die Normandie bleibt bei der englischen Krone. *Bohemund* landet an der östlichen Adriaküste (Okt. 1107), unterliegt aber den Byzantinern; als Lehnsmann des Kaisers bleibt er im Besitz von Antiocheia (1108). König *Heinrich V.* wird in Schlesien vor Glogau und bei Breslau von den Polen unter Herzog *Boleslaw III.* abgewiesen, der dem Reich den fälligen Tribut verweigert (1109).

Islam: *Jūsuf ibn Tāschfīn* stirbt (1106); das von ihm geschaffene Almoravidenreich in Spanien zerfällt.

1110—1119

Reich, Papsttum, der Westen: König *Heinrich V.* ordnet die Verhältnisse in Böhmen; inzwischen ist es zum Streit mit dem Papst um die Investitur gekommen; *Heinrich* zieht nach Italien (1110). In Sutri einigt er sich mit Papst *Paschalis II.* (4. 2. 1111): der König soll auf die Investitur verzichten, der Papst ihn zum Kaiser krönen, die Regalien aller Geistlichen sollen an die Krone zurückgehen; *Paschalis* verweigert aber die Krönung und wird von *Heinrich* fortgeführt (12. 2.); er muß nachgeben, in einem Privileg (12. 4.) gesteht er *Heinrich* die Investitur zu und krönt ihn zum Kaiser (13. 4.); auf dem Rückmarsch nach Deutschland zwingt *Heinrich Mathilde* von Tuszien zur Unterwerfung, wohl damals setzt sie ihn zum Erben der »Mathildischen Güter« ein. *Heinrich IV.* wird vom Papst *Paschalis II.* vom Bann gelöst und in der Krypta des Speyerer Doms neben seinem Vater beigesetzt (1111). *Lothar* von Sachsen belehnt *Adolf* von Schauenburg mit Holstein (1110? 1111). Pisa erhält Handelsprivilegien im byzantinischen Reich (Okt.). Papst *Paschalis II.* bannt Kaiser *Heinrich V.* (22. 3. 1112). *Lothar* schlägt kaiserliche Truppen am Welfesholz (11. 2. 1115). *Heinrich V.* eilt nach Italien, um Reichslehen und Eigenbesitz der verstorbenen *Mathilde* von Tuszien einzuziehen (1115); *Paschalis II.* widerruft seine Zugeständnisse an den Kaiser (1116). *Heinrich* läßt sich mit seiner Gemahlin *Mathilde*, der Tochter des englischen Königs *Heinrich I.*, in der Peterskirche von Erzbischof *Mauritius* von Braga noch einmal zum Kaiser krönen (1117). *Heinrich V.* setzt Erzbischof *Mauritius* von Braga als Papst *Gregor VIII.* ein (8. 3.). König *Alfons I.* von Aragon erobert Saragossa von den Mauren (1118); es wird die Hauptstadt des Königreiches. In Cluny wird *Guido*, Erzbischof von Vienne, als Papst *Calixtus II.* gewählt (2. 2. 1119); er erklärt sich auf einer Synode zu Reims gegen die Laieninvestitur und bannt den Kaiser aufs neue. In Jerusalem gründen französische Ritter die Gesellschaft zum Schutze der Pilger, die »Templer« (1119).

Byzanz: *Alexios I.* schlägt die Seldschuken bei Philomelion; zu Akroinon wird der Friede geschlossen, durch den das Küstengebiet Kleinasiens und nahezu ganz Bithynien und Pamphylien wieder Byzanz zufallen (1116). *Alexios I. Komnenos* stirbt (15. 8. 1118); sein Sohn *Johannes II.* tritt die Nachfolge an; seine Tochter *Anna* zieht sich nach vergeblichem Versuch, ihrem Gemahl, *Nikephoros Bryennios*, die Krone zu verschaffen, zurück; sie verfaßt »Alexias«, die Lebensgeschichte ihres Vaters.

Osteuropa: *Wladimir Monomach*, der Sohn *Wsewolods* von Kiew, wirft die aus der Steppe westwärts dringenden Polowzer nieder (1111) und tritt die Herrschaft in Kiew an (1113).

Islam: *Muhammad ibn Malikschäh*, unter dem das Seldschukenreich noch einmal geeint worden ist, stirbt; während im Osten sein Sohn *Sandschar* den Besitz wahren kann, löst sich das übrige Seldschukenreich unter *al-Mustarschid* auf (1118).

1120—1129

Reich, Papsttum, der Westen: Papst *Calixtus II.* wird in Rom freudig aufgenommen; die Bulle »Etsi Judaeis« soll den Juden Schutz gewähren; der kaiserliche Gegenpapst *Gregor (VIII.)* ist zu den Normannen entflohen (1120); die Normannen liefern *Gregor (VIII.)* aus, den *Calixtus* einkerkern läßt; der Kaiser greift nicht ein (1121). *Abaelard* wird auf einer Synode zu Soissons wegen seiner theologischen Ansichten verurteilt (1121). Auf dem Reichstag zu Worms kommt es dank der Vermittlung der deutschen Fürsten zu einer Einigung zwischen Kaiser und Papst: im »Wormser Konkordat« (23. 9. 1122) verzichtet der Kaiser auf Investitur der Bischöfe und Reichsäbte, bei deren Wahl er jedoch anwesend sein darf; die Belehnung mit den Regalien vor der Weihe erfolgt in Deutschland durch den König. *Otto*, Bischof von Bamberg, beginnt seine Mission in Pommern (1124). Kaiser *Heinrich V.* stirbt kinderlos in Utrecht (23. 5. 1125) und wird in Speyer beigesetzt; gegen die Ansprüche *Friedrichs II.* von Schwaben wird *Lothar von Supplinburg* zum König gewählt (30. 8.). König *Alfons I.* von Aragon führt einen großangelegten Feldzug gegen die Muslimherrschaft von Granada; er stößt bis Córdoba vor (1126). *Konrad*, der Sohn *Friedrichs I.* von Schwaben, wird als Gegenkönig zum König ausgerufen (1127). König *Heinrich I.* von England zwingt den Adel, seine Tochter *Mathilde*, die Witwe Kaiser *Heinrichs V.*, als Erbin der Krone anzuerkennen (1. 1. 1127). *Mathilde* heiratet *Gottfried Plantagenet*, den Erben von Anjou und Maine (1128). Papst *Honrius II.* bestätigt die Belehnung *Rogers II.* von Sizilien mit dem Herzogtum Apulien (1128).

Byzanz: *Johannes II. Komnenos* schlägt die Petschenegen, die noch einmal über die Donau bis nach Thrakien vorgestoßen sind (1122). *Johannes*, mit *Eirene*, der Tochter des Ungarnkönigs *Ladislaus*, vermählt, hat in die ungarischen Thronstreitigkeiten eingegriffen; unter *Stephan II.* fallen die Ungarn in byzantinisches Gebiet ein (1128); *Johannes* schlägt sie zurück, im Jahr darauf schließt er Frieden mit *Stephan II.*

Osteuropa: *Wladimir II. Monomach* von Kiew hinterläßt seinen Söhnen eine »Belehrung«, eine Art Fürstenspiegel (1125).

1130—1139

Reich, Papsttum, der Westen: Als Papst werden *Innozenz II.* und *Anaklet (II.)* aufgestellt (14. 2. 1130), der sich dank der Unterstützung *Rogers II.* nach Frankreich, in Rom durchsetzt; *Innozenz* flieht nach Frankreich, wo *Bernhard* von Clairvaux und König *Ludwig VI.* ihn anerkennen. *Roger* läßt sich von *Anaklet (II.)* als päpstlicher Lehnsmann in Palermo zum König von Sizilien krönen (25. 12. 1130). *Innozenz II.* sucht bei König *Lothar III.* Unterstützung (22. 3.); *Bernhard* von Clairvaux gewinnt den König für *Innozenz* (1131), der *Lothar III.* in der Lateranbasilika zum Kaiser krönt (4. 6.); der Papst erkennt die »Mathildeschen Güter« als rechtmäßigen Besitz der Krone an. Nach des Kaisers Abzug muß *Innozenz* abermals aus Rom flüchten, wo sich *Anaklet* behauptet. *Albrecht der Bär* wird Markgraf der erledigten sächsischen Nordmark (1134). *Lothar III.* söhnt sich mit den Staufern aus, die sich unterwerfen; in Bamberg wird der Frieden beschworen (März 1135). Der Kaiser hält Hoftag in Merseburg (1135); König *Erik II.* von Dänemark leistet ihm den Vasalleneid; auch *Boleslaw III.*, Herzog von Polen, erkennt die kaiserliche Oberhoheit an, erhält Pommern und Rügen zu Lehen und nimmt die Tributzahlungen wieder auf. König *Heinrich I.* von England stirbt (1. 12. 1135); *Stephan* von Blois eilt nach England und wird von der Londoner Bürgerschaft und dem Adel zum König ausgerufen. König *Alfons VII.* von Kastilien nimmt den Kaisertitel an (1135). Kaiser *Lothar III.*, dessen Hilfe gegen *Roger II.* von Sizilien *Johannes Komnenos* von Byzanz erbeten hat, zieht abermals nach Italien (Aug. 1136). Die Lausitz fällt an Markgraf *Konrad I.* von Meißen (1136). *Roger II.* wird aus Apulien vertrieben. *Lothar* stirbt in Breitenwang (3./4. 12. 1137). *Ludwig VII.* besteigt den französischen Thron (1137); er vermählt sich mit *Eleonore* von Poitou, der Erbin Aquitaniens. *Konrad*, der Sohn *Friedrichs I.* von Schwaben, wird von einigen Fürsten in Koblenz als *Konrad III.* zum deutschen König gewählt (7. 3. 1138); er ist bald weithin anerkannt. *Heinrich der Stolze* von Bayern wird in die Acht getan, sein Herzogtum Sachsen geht vorübergehend an *Albrecht den Bären* (Sommer 1138), nach einem Fürstengericht verliert er auch Bayern (Dez.). Der Babenberger *Liutpold IV.*, Markgraf von Österreich, erhält Bayern (1139). *Mathilde* erscheint wieder in England (30. 9. 1139); sie gewinnt Anhang, es beginnen jahrelange Kämpfe mit dem zum König gewählten *Stephan*. Papst *Innozenz II.* leitet das zehnte ökumenische Konzil im Lateran (April 1139); die Gegenpäpste werden verurteilt, die Simoniebestimmungen verschärft; die Lehren *Arnolds* von Brescia,

eines Schülers *Abaelards*, werden als Irrlehren verdammt; *Innozenz* greift die unteritalienischen Normannen an und wird gefangengenommen (22. 7.).
Byzanz: *Johannes Komnenos* zieht gegen Antiocheia, Tarsos und Adana werden genommen; das kleinarmenische Kilikien, das sich selbständig gemacht hatte, wird unterworfen; Antiocheia wird belagert (Aug. 1137), *Raimund von Poitiers* huldigt dem Kaiser.
Osteuropa: Herzog *Boleslaw III. Krzywousty* von Polen stirbt; zwar hat er die Erbteilung seiner Herrschaft verfügt, zugleich aber den Grundsatz des Seniorats aufgestellt: das jeweils älteste Glied der Dynastie soll die Oberhoheit über die übrigen Teilfürstentümer ausüben (1138).

1140—1149

Reich, Papsttum, der Westen: *Welf VI.*, ein Bruder *Heinrichs des Stolzen*, hat den Kampf gegen König *Konrad III.* um Bayern aufgenommen; er wird in der Schlacht von Weinsberg geschlagen (21. 12. 1140). *Hugo*, Leiter der Klosterschule von St. Victor in Paris, stirbt (11. 2. 1041). *Heinrich der Löwe*, der Sohn *Heinrichs des Stolzen*, erhält das Herzogtum Sachsen (Mai 1142). *Stephan* von England wird von *Mathilde* vor Lincoln geschlagen (Febr. 1141), besiegt sie aber bei Winchester (Sept.). *Abaelard* stirbt im Kloster Saint-Marcel bei Chalon-sur-Saône (21. 4. 1142). Lübeck wird von *Adolf von Schauenburg*, dem Grafen von Holstein, gegründet (1143). *Heinrich Jasomirgott*, Markgraf von Österreich, erhält auch Bayern (1143). In Rom hat *Arnold von Brescia* einen Aufstand gegen den Papst entfesselt; *Innozenz II.* stirbt (24. 9. 1143). In Rom führt *Giordano Pierleone*, der Bruder des einstigen Gegenpapstes *Anaklet (II.)*, als Patricius eine Senatsregierung (Okt. 1144), die Republik wird ausgerufen. Der neue Papst *Eugen III.* muß fliehen und empfängt die Weihen außerhalb Roms; nach Anerkennung der Republik (Dez. 1145) kehrt er zurück. Er fordert in einer Bulle König *Ludwig VII.* und die Franzosen zum Kreuzzug auf (1. 12. 1145). *Bernhard* von Clairvaux entflammt die französische Ritterschaft für die Kreuznahme (31. 3. 1146); im Dom zu Speyer reißt seine Predigt auch König *Konrad III.* mit (27. 12.); *Konrads III.* Sohn *Heinrich* wird zum König erhoben. Von Regensburg aus zieht das Kreuzheer auf dem Landweg nach Kleinasien; bei Dorylaeum erleidet es eine blutige Niederlage (26. 10. 1147), die Reste weichen nach Nicaea zurück; die Fußtruppen unter *Otto von Freising* werden bei Laodikeia geschlagen (Jahresende). *Heinrich der Löwe* söhnt sich mit *Konrad* aus; im »Wendenkreuzzug« zwingt *Heinrich* die Obotriten zu Tributzahlung und Ächtung des Götzendienstes (1147). *Ludwig VII.* von Frankreich nimmt das Kreuz; von Saint-Denis aus zieht das Heer den Deutschen nach; unter schweren Verlusten marschiert es nach Attaleia, wo sich der Adel einschifft; das Heer wird auf dem Weitermarsch vernichtet; *Suger*, Abt von Saint-Denis, leitet während *Ludwigs* Kreuzfahrt dessen Reich (1147). *Roger II.* von Sizilien besetzt Korfu und plündert Korinth und Theben (1147). *Mathilde*, die englische Thronprätendentin, kann sich nicht durchsetzen und verläßt England (1147). *Konrad III.* und *Otto von Freising* treffen in Jerusalem mit *Ludwig VII.* von Frankreich zusammen; *Konrad* kehrt nach Deutschland zurück (Sept. 1148). *Heinrich Jasomirgott* von Österreich, Teilnehmer am Kreuzzug *Konrads*, vermählt sich auf dem Heimweg in Konstantinopel mit *Theodora*, einer Nichte Kaiser *Manuels* (8. 9. 1148). *Heinrich*, der Sohn *Gottfrieds Plantagenet* und *Mathildes*, erscheint in England und nimmt den Kampf mit König *Stephan* auf (1149).
Byzanz: Byzanz nimmt mit Unterstützung Venedigs Korfu den Normannen wieder ab (1149).
Osteuropa: *Geisa II.* besteigt den ungarischen Thron (1141); er veranlaßt die Ansiedlung von Deutschen (besonders vom Niederrhein) in Siebenbürgen und (Schlesier, Mitteldeutsche) in der Zips.
Islam: In Chwārezm hat sich die Dynastie der Chwārezmschāhs durchgesetzt, die sich mit den aus Asien bis nach Turkestan vorgestoßenen Karachitai gegen die Seldschuken verbündet (1140). Die Seldschuken unter *Sandschar* erleiden im Oxusgebiet von den Karachitai eine schwere Niederlage (1141). *Zankî*, Emir von Mosul, erobert Edessa (25. 12. 1144). Die Macht der Almoraviden in Spanien erlischt mit dem Tode des *Tāschfîn ibn 'Ali* (1145). Die Almohaden beginnen auf spanischem Boden die Wiedererrichtung der islamischen Macht (1147).

1150—1159

Reich, Papsttum, der Westen: *Konrads III.* Sohn *Heinrich* stirbt (1150). *Heinrich*, Sohn *Gottfrieds Plantagenet*, erhält die Grafschaft Normandie. König *Konrad* stirbt in Bamberg (15. 2. 1152); vor seinem Tod designiert er seinen Neffen, Herzog *Friedrich III.* von Schwaben, zu seinem Nachfolger, der in Frankfurt am Main gewählt (4. 3.) und in Aachen als *Friedrich I.* zum König gekrönt wird (9. 3.). *Friedrich* verleiht *Welf VI.*, seinem Neffen, die Markgrafschaft Tuszien und das Herzogtum Spoleto (1152) und erhebt *Wichmann*, den Bischof von Naumburg, auf den Magdeburger Stuhl; Papst *Eugen III.* muß es hinnehmen, daß *Friedrich* ihm seine Wahl nur anzeigt, dank seiner Mitwirkung kehrt *Eugen* nach Rom zurück (1152). *Eleonore* von Poitou wird von *Ludwig VII.* von Frankreich geschieden und heiratet *Heinrich*, den Sohn *Gottfrieds Plantagenet*, dem sie Aquitanien — Poitou, Guyenne und die Gascogne — zubringt (1152). *Friedrich I.* schließt mit Papst *Eugen III.* einen Vertrag in Konstanz (März 1153): der König sagt dem Papst Hilfe gegen alle Gegner zu, der Papst verspricht die Kaiserkrone. Papst *Eugen III.* stirbt in Tivoli (8. 7. 1153), *Bernhard* in Clairvaux (20. 8.). *Heinrich* erscheint wieder in England; *Stephan* erkennt ihn als den Erben der Krone an (Nov. 1153). Nach seinem Tod (25. 10. 1154) tritt *Heinrich II.* die Nachfolge an. *Heinrich der Löwe* gründet das Bistum Ratzeburg (1154). Der Engländer *Nicolaus Breakspeare*, Legat der Kurie

in Norwegen, wird als *Hadrian IV.* zum Papst gewählt (4. 12. 1154). *Friedrich* zieht in die Leostadt ein und wird von *Hadrian* zum Kaiser gekrönt (18.6. 1155); er kehrt nach Deutschland zurück, ohne, wie in Konstanz zugesichert, den Papst gegen die Normannen zu unterstützen. Papst *Hadrian IV.* erzwingt die Vertreibung *Arnolds* von Brescia aus Rom (Jahresanf. 1155), der, von *Friedrich I.* ausgeliefert, in Rom gehenkt wird. *Thomas Becket,* Archidiakon zu Canterbury, wird Kanzler König *Heinrichs II.* von England (1155). Kaiser *Friedrich* vermählt sich in zweiter Ehe mit *Beatrix,* der Erbin von Hochburgund (10. 6. 1156). *Heinrich II. Jasomirgott* verzichtet endgültig auf Bayern, das *Heinrich der Löwe* erhält; dafür wird seine Mark Österreich selbständiges Herzogtum; im »Privilegium minus« werden dem Herzog und seiner Gemahlin *Theodora* besondere Rechte zuteil: beide werden mit dem Herzogtum belehnt bei Einführung der weiblichen Erbfolge. *Konrad,* ein Stiefbruder *Friedrichs I.,* wird lothringischer Pfalzgraf; sein Besitz umfaßt die spätere Rheinpfalz (1156). *Rainald von Dassel* wird Kanzler *Friedrichs I.* (1156). Nach des Kaisers Abzug verständigt sich Papst *Hadrian* mit *Wilhelm I.* von Sizilien, der die Griechen zurückgeschlagen und Brindisi genommen hat (Mai 1156); im Vertrag von Benevent erkennt *Hadrian* den Normannen als König und päpstlichen Lehnsmann an. Auf dem Reichstag zu Besançon (Okt. 1157) erscheint der Kardinal *Roland* als päpstlicher Legat und Vertreter der sizilischen Politik *Hadrians IV.*; Kaiser und Fürsten weisen den Anspruch des Papstes auf Oberhoheit über das Reich zurück. *Friedrich* unternimmt einen Feldzug gegen Polen, *Boleslaw IV.* unterwirft sich und huldigt ihm (1157). *Otto* von Freising übergibt *Friedrich I.* die Neubearbeitung seiner »Chronik«, die den Zwiespalt zwischen irdischem Reich und Gottesreich herausstellt (1157). *Friedrich I.* bricht abermals nach Italien auf (Juni 1158); zum Reichstag auf den Ronkalischen Feldern (Nov.) fordert *Friedrich* die Regalien für die Krone zurück. Die kaiserlichen Rechte in den Städten sollen von Reichsbeamten (Podestà) wahrgenommen werden. *Rainald von Dassel* wird Erzbischof von Köln (1159). *Hadrian IV.,* der mit *Wilhelm I.* und den lombardischen Rebellen ein gemeinsames Vorgehen gegen Kaiser *Friedrich* plant, stirbt (1. 9. 1159); bei der Neuwahl entscheidet sich eine Mehrheit für den reichsfeindlichen Kardinal *Roland* als *Alexander III.,* eine Minderheit für den Gegenpapst *Viktor (IV.),* der *Friedrichs* Anerkennung erhält; *Alexander* flieht in die Engelsburg, während *Viktor* geweiht wird (4. 10.).
Byzanz: *Manuel Komnenos* schließt mit *Wilhelm I.* von Sizilien Frieden; die byzantinischen Truppen haben Italien geräumt; *Manuel* bringt Kilikien wieder unter byzantinische Oberhoheit und geht gegen Antiocheia vor (1158). *Manuel I. Komnenos* zieht in Antiocheia ein, wo ihm *Rainald von Chatillon* und *Balduin III.,* König von Jerusalem, huldigen (1159).
Islam: Die Seldschuken unter *Nūr ad-Dīn* erobern Damaskus (1154).

1160—1169

Reich, Papsttum, der Westen: Das aufständische Mailand muß sich nach einer Belagerung dem Kaiser ergeben (März 1162). *Alexander III.* flieht mit seinen Kardinälen nach Frankreich; in Chouzé-sur-Loire söhnt er *Ludwig VII.* mit *Heinrich II.* von England aus (Sept. 1162), beide Könige leisten ihm den Marschalldienst. *Thomas Becket* wird auf Betreiben des Königs Erzbischof von Canterbury (1162). *Friedrich I.* regelt für Polen die Herrschaftsrechte in Schlesien (1163). Dritter Italienzug *Friedrichs* (Okt. 1163). Papst *Alexander III.* hält in Tours eine Synode ab (Mai 1163). Neuer Papst der Kaiserlichen wird nach *Viktors* Tod auf Betreiben *Rainalds von Dassel* *Paschalis (III.)* (22. 4. 1164). Verona, Padua und Vicenza schließen sich gegen den Kaiser zum »Veroneser Bund« zusammen (März 1164), dem bald auch Venedig beitritt. *Heinrich der Löwe* führt einen siegreichen Feldzug gegen die Slawen (1164). *Thomas Becket* flieht nach Frankreich zu *Ludwig VII.* (Nov. 1164). Papst *Alexander III.* zieht mit normannischer Hilfe in Rom ein (27. 11. 1165). Auf dem Reichstag zu Würzburg (Pfingsten 1165) fordert *Rainald von Dassel* den Eid, Papst *Alexander III.* nicht anzuerkennen. Vierter Italienzug des Kaisers (Okt. 1166). Die Römer werden von den Kaiserlichen unter *Rainald von Dassel* bei Tusculum geschlagen (29. 5. 1167); *Alexander III.* flieht zu den Normannen nach Benevent; *Friedrich I.* stürmt die Leostadt; *Paschalis (III.)* wird eingesetzt; im Heer bricht eine Seuche aus (2. 8.), der *Rainald von Dassel* und *Welf VII.* erliegen. Die Städte der Lombardei schließen sich gegen den Kaiser den Lombardischen Bund (1167). Neuer kaiserlicher Papst wird *Calixtus (III.)* (1168). *Friedrichs I.* Sohn *Heinrich (VI.)* wird in Bamberg zum deutschen König gewählt (15. 8. 1169).
Byzanz: *Manuel I. Komnenos* vermählt sich mit *Maria,* der Tochter *Raimunds* von Antiocheia (1161). *Manuel* schließt nach langen Kämpfen Frieden mit Ungarn; Dalmatien, Kroatien, Bosnien und Sirmium kommen unter byzantinische Oberhoheit (1167).
Osteuropa: In Ungarn stirbt König *Geisa II.*; Kaiser *Manuel Komnenos* sucht den Nachfolgestreit für Byzanz zu entscheiden; es kommt zu Kämpfen (1161).
Islam: *Kilidsch Arslan,* Sultan von Ikonion, verpflichtet sich in Konstantinopel zu militärischer Unterstützung und Grenzkorrekturen (1162). Der Almohadenfürst *'Abd al-Mu' min* stirbt (1163); unter ihm hat sich die Muslimherrschaft in Nordafrika und Spanien gefestigt und fast die Grenzen des Umajjadenreiches erreicht.

1170—1179

Reich, Papsttum, der Westen: *Thomas Becket,* Erzbischof von Canterbury, wird in seiner Kirche ermordet (29. 12. 1170). *Alfons VIII.* von Kastilien vermählt sich mit *Eleonore,* der Tochter *Heinrichs II.* von England (1170). *Heinrich II.* leitet die Eroberung

Irlands ein (Okt. 1171). *Heinrich der Löwe* unternimmt eine Fahrt ins Heilige Land (1172). *Friedrich I.* nimmt Beziehungen zu *Kilidsch Arslan*, dem Seldschukensultan von Ikonion, auf (1173). *Heinrichs II.* von England Söhne erheben sich gegen ihren Vater (1173). Die Grafschaft Toulouse kommt unter englische Oberhoheit (1173). Fünfter Italienzug des Kaisers; Belagerung von Alessandria (Okt. 1174). Kaiser *Friedrich* erwirbt durch Kauf von *Welf VI.* dessen Rechte auf Tuszien, Spoleto, Sardinien, Korsika und die Mathildeschen Güter (um 1174). *Heinrich II.* von England tut Buße am Grabe *Thomas Beckets* in Canterbury (12. 7. 1174). Seine Truppen schlagen *Wilhelm* von Schottland bei Alnwick (13. 7. 1174); *Wilhelm* erkennt im Vertrag von Falaise die englische Oberhoheit an (Dez.). Im Vertrag von Montebello (Apr. 1175) sucht *Friedrich I.* einen Sonderfrieden mit den lombardischen Städten zu erlangen. Venedig verbündet sich mit *Wilhelm II.* von Sizilien gegen Kaiser *Manuel I. Komnenos* (1175). *Heinrich der Löwe* verweigert *Friedrich* die Heerfolge; bei Legnano wird der Kaiser von den Lombarden entscheidend geschlagen (29. 5. 1176); *Friedrich* schließt mit Papst *Alexander III.* den Sonderfrieden von Anagni (Nov.), *Calixtus (III.)* wird fallengelassen. Der Friede von Venedig (Juli/Aug. 1177) schließt einen Waffenstillstand mit der Lombardei und Sizilien ein, der Kaiser behält die Nutznießung der Mathildeschen Güter bis zu einem Schiedsspruch; Reichstruppen führen den Papst nach Rom zurück. *Wilhelm II.* von Sizilien vermählt sich mit *Johanna*, der Tochter *Heinrichs II.* von England (Febr. 1177). *Friedrich I.* läßt sich in Arles zum König von Burgund krönen (30. 7. 1178). *Heinrich der Löwe* wird in die Reichsacht getan (Aug. 1179). *Ludwig VII.* von Frankreich läßt seinen Sohn *Philipp August* zu Reims als Mitregent zum König krönen (1. 11. 1179). Das elfte ökumenische Konzil unter Papst *Alexander III.* im Lateran (März 1179): der Friedensschluß wird bestätigt, die Papstwahl nach dem Mehrheitsprinzip neu geregelt, die Waldenser, Katharer und Albigenser werden verurteilt; der römische Adel stellt mit *Innozenz (III.)* abermals einen Gegenpapst auf (22. 9.). *Hildegard* von Bingen, Benediktinerin, stirbt in dem von ihr gegründeten Kloster auf dem Rupertsberg bei Bingen (17. 9. 1179).

Byzanz: Kaiser *Manuel Komnenos* sucht die byzantinische Wirtschaft von der venezianischen Vorrangstellung zu befreien, er läßt alle Venezianer im Reich verhaften und ihren Besitz einziehen (12. 3. 1171), daraufhin besetzen die Venezianer Ragusa, brandschatzen Chios und Lesbos. Serbien wird unterworfen (1172). *Manuel I. Komnenos* führt ein großes Heer gegen Ikonion; seine Truppen werden bei Myriokephalon von den Seldschuken vernichtet (17. 9. 1176). *Manuel Komnenos* muß Venedig die alten Privilegien zurückgeben (1179).

Osteuropa: In Ungarn tritt *Bela III.* mit Unterstützung Kaiser *Manuels Komnenos*, an dessen Hof er aufwuchs, die Regierung an (1173).

Islam: *Saladin* beseitigt die Fatimidenherrschaft in Ägypten (1171). *Nūr ad-Dīn*, Emir von Mosul, stirbt (1174); *Saladin* bemächtigt sich Syriens. Der Seldschukensultan *Kilidsch Arslan* hat entgegen seinen vertraglichen Zusicherungen seine Herrschaft weiter ausgedehnt, ermutigt durch sein Einvernehmen mit Kaiser *Friedrich I.*; es kommt zum Bruch zwischen Byzanz und Ikonion (1175). *Saladin* wird als Sultan von Ägypten, Syrien, Mesopotamien und Palästina vom Kalifat anerkannt (1175).

1180—1189

Reich, Papsttum, der Westen: *Heinrichs des Löwen* Reichslehen werden eingezogen (Jan. 1180), Sachsen geht an *Bernhard*, Grafen von Anhalt, den Sohn *Albrechts des Bären*; *Otto von Wittelsbach* erhält Bayern (Sept.), der Steiermark wird selbständiges Herzogtum. Auf dem Reichstag zu Gelnhausen erhält der Kanzler *Philipp von Heinsberg*, Erzbischof von Köln, die Herzogswürde für Westfalen und einen Teil von Engern (13. 4.). *Philipp II. August* tritt die Herrschaft in Frankreich an (18. 9.). *Friedrich I.* erkennt *Bogislaw I.* von Pommern als Reichsfürsten an, die Lehnshoheit über Pommern geht an die Mark Brandenburg (1181). *Heinrich der Löwe* unterwirft sich auf dem Reichstag zu Erfurt (Nov. 1181) und behält seine Erbgüter in Braunschweig und Lüneburg. Im Vertrag von Konstanz (Juni 1183) schließt *Friedrich I.* Frieden mit den Lombarden; der Lombardische Städtebund wird anerkannt und erkennt seinerseits die Oberhoheit des Kaisers an. In Verona kann der Kaiser mit Papst *Lucius III.* keine Einigung über die Mathildeschen Güter erzielen. *Urban III.* wird zum Papst gewählt (1185). *Friedrich I.* hat sich mit Mailand verbündet; dort wird *Heinrich VI.* zum König von Italien gekrönt, zum Mitregenten des Vaters erhoben und mit *Konstanze* von Sizilien vermählt (27. 1. 1186). In Pisa wird *Clemens III.* zum Papst gewählt (19. 12. 1187). *Heinrichs II.* von England Sohn *Richard* hat sich mit *Philipp II. August* von Frankreich gegen seinen Vater verschworen (1187). Auf dem Reichstag zu Mainz, dem »Hoftag Jesu Christi«, nimmt *Friedrich* das Kreuz (1188). In Nürnberg wird mit Kaiser *Isaak II.* ein Vertrag über den Durchmarsch des Kreuzfahrerheeres geschlossen. *Heinrich der Löwe* wird nochmals auf drei Jahre verbannt (Aug.). *Alfons IX.* besteigt den Thron von León. *Friedrich I.* bricht von Regensburg zum Kreuzzug auf (Mai 1189); die Serben und Bulgaren bieten *Friedrich* Lehnseid und Bündnis gegen Byzanz an, das sich mit *Salāh ad-Dīn* verständigt, um *Friedrich* am Durchzug zu hindern. *Heinrich der Löwe* kehrt vorzeitig aus der Verbannung zurück (Okt. 1189) und nimmt den Kampf gegen *Heinrich VI.* auf; er zerstört Bardowick (29. 10.). *Heinrich II.* von England schließt mit *Philipp II. August* einen demütigenden Frieden; er stirbt in Chinon (6. 7. 1189); *Richard I. Löwenherz* tritt die Nachfolge an und übernimmt die von seinem Vater eingegangene Verpflichtung zum Kreuzzug. *Wilhelm I.* von Sizilien stirbt kinderlos (Nov. 1189), Sizilien fällt als Erbschaft *Konstanzens* Gemahl *Heinrich VI.* zu, *Tancred* von Lecce, Enkel *Rogers II.*, besteht auf Erbansprüchen. In Deutschland hat sich *Heinrich der Löwe* noch einmal erhoben, um Sachsen wiederzugewinnen.

Byzanz: In Konstantinopel bricht ein Aufstand gegen die lateinerfreundliche Regentschaft für *Alexios II.* aus (2. 5. 1182), dessen Onkel, *Andronikos Komnenos*, dringt in die Stadt ein, Blutbad unter den Abendländern; *Andronikos* läßt sich zum Mitkaiser seines Neffen *Alexios II.* krönen (Sept. 1183), der bald ermordet wird (Nov.); *Andronikos* vermählt sich mit der dreizehnjährigen Witwe des *Alexios*, *Agnes*, der Tochter *Ludwigs VII.* von Frankreich. Die Normannen unter *Wilhelm II.* von Sizilien erobern Dyrrhachion (Juni), besetzen Korfu und Zakynthos, belagern Thessalonike, das sie erobern und ausplündern (24. 8. 1185); in Konstantinopel bricht ein Aufstand los; *Andronikos Komnenos* wird gestürzt und ermordet (12. 9.), neuer Kaiser wird *Isaak II. Angelos*. Die Byzantiner schlagen die Normannen am Strymon (7. 11.). *Isaak II. Angelos* schließt Frieden mit *Wilhelm II.* von Sizilien, der auf seine Eroberungen verzichtet (1189).

Osteuropa: *Bela III.* von Ungarn nimmt den Byzantinern Dalmatien, einen Teil Kroatiens und Sirmium ab (1181). Er fällt in Byzanz ein (1183); Belgrad, Sofia, Nisch, Braničevo werden verwüstet. Bulgarien erhebt sich unter den Brüdern *Peter* und *Asen* gegen Byzanz; *Isaak Angelos* rückt in Bulgarien ein (Sommer 1186); die Aufrührer werden mit Mühe abgedrängt. Im Jahr darauf kommt es zu einem Vergleich: Bulgarien wird selbständig.

Islam: Angriffe *Saladins* auf Nazareth, Tiberias, Beirut (1182). *Ibn Ruschd (Averroës)* wird Leibarzt des Almohaden *Abū Ja'qūb Jūsuf* (1183). *Saladin* erobert Aleppo (1183) und vernichtet das christliche Heer bei Hattin (4. 7.); er erobert Jerusalem (2. 10. 1187).

1190–1199

Reich, Papsttum, der Westen: *Friedrich* setzt nach Kleinasien über (März 1190); bei Philomelion kommt es zur Schlacht mit den Seldschuken (7. 5.); Ikonion wird genommen (14. 5.), der Taurus überschritten; Kaiser *Friedrich I.* ertrinkt im Saleph (10. 6.); sein Sohn *Friedrich V.* von Schwaben führt das Heer zur Belagerung von Akko (Anf. Okt.). In Sizilien wird *Tancred* von Lecce vom normannischen Adel zum König ausgerufen (Jan.). *Heinrich VI.* tritt die Sicherung seines sizilischen Erbes den Italienzug an (Winter). *Heinrich VI.* zieht in Rom ein und wird von dem kurz zuvor (30. 3. 1191) gewählten Papst *Coelestin III.* zum Kaiser gekrönt (15. 4.). Die Kreuzfahrer nehmen Akko (12. 7.). *Richard Löwenherz* segelt von Sizilien zum Kreuzzug ab (10. 4. 1191); er besetzt Cypern (April); bei Arsuf schlägt er *Saladin* (7. 9.); Jaffa und Askalon werden erobert. Kaiser *Heinrich VI.* ist nach der Rückkehr nach Deutschland in heftige Kämpfe mit *Heinrich dem Löwen* verwickelt, der sich unter Beistand des Papstes mit niederrheinischen Fürsten verbündet. Der Babenberger *Leopold V.*, Herzog von Österreich, wird mit der Steiermark belehnt (1192). *Richard Löwenherz* hat mit *Saladin* einen dreijährigen Waffenstillstand geschlossen (1192); er wird auf dem Rückweg gefangen und *Heinrich VI.* ausgeliefert (Febr. 1193). *Heinrich* entläßt ihn nach Lehnshuldigung, Entrichtung eines Lösegeldes und Abgabe bestimmter Zusicherungen (4. 2. 1194); er söhnt sich mit *Heinrich dem Löwen* aus (März); der Kaiser bricht abermals nach Italien auf (Mai), wo inzwischen (20. 2.) *Tancred* gestorben ist; in Palermo wird *Heinrich* zum König von Sizilien gekrönt (25. 12.); in Jesi bringt *Konstanze* ihren Sohn *Friedrich* zur Welt (26. 12. 1194). König *Richard* kehrt nach England zurück (13. 3.) und unterwirft seinen aufrührerischen Bruder *Johann Ohneland*. *Heinrich VI.* gelobt einen Kreuzzug (Karfreitag 1195), bricht aber die zur Rache für den gestürzten *Isaak II.* geplanten Feldzug gegen Byzanz nach Einspruch des Papstes ab. *Friedrich II.* wird in Frankfurt zum deutschen König gewählt (Dez. 1196). Am Hofe Herzog *Friedrichs I.* in Wien erscheint *Walther von der Vogelweide*, der Sohn eines Ministerialen (1196). Nach Unterdrückung des sizilischen Normannenaufstandes stirbt *Heinrich VI.* in Messina (28. 9. 1197). *Konstanze* übernimmt für *Friedrich II.* die Regentschaft in Sizilien. *Heinrichs VI.* Bruder *Philipp*, Herzog von Schwaben, heiratet *Maria (Eirene)*, die Tochter Kaiser *Isaaks II.* von Byzanz (Mai). Der siebenunddreißigjährige *Innozenz III.* wird zum Papst gewählt (8. 1. 1198); *Walther von der Vogelweide* beklagt die Wahl. *Friedrich II.* wird in Palermo zum König von Sizilien gekrönt (17. 5.); Kaiserin *Konstanze* stirbt (27. 11.); sie hat Papst *Innozenz III.* zum Vormund *Friedrichs* eingesetzt. *Philipp* von Schwaben, nach seines Bruders Tod Haupt der Staufer, wird in Mainz zum König gekrönt (8. 9. 1198); inzwischen haben die Staufergegner unter Erzbischof *Adolf* von Köln *Otto*, *Heinrichs des Löwen* Sohn, in Köln zum König erhoben (9. 6.). Der Deutsche Orden wird in Akko durch Beschluß der Fürsten in einen geistlichen Ritterorden umgewandelt (5. 3.), dessen Regel Papst *Innozenz III.* bestätigt (19. 2. 1199). In der Speyerer Erklärung (28. 5. 1199) protestieren Fürsten und die staufisch gesinnten Bischöfe Deutschlands gegen die Einmischung des Papstes in den deutschen Kronstreit. *Johann Ohneland* besteigt den Thron (1199), Anjou, Maine und Touraine verweigern ihm die Anerkennung und unterstellen sich *Arthur*, Herzog der Bretagne, der sich zum Vasallen *Philipps II. August* von Frankreich erklärt.

Byzanz: *Isaak II. Angelos* führt einen Feldzug gegen Serben und Bulgaren; die Serben, an der Morava geschlagen (Herbst 1190), müssen Frieden schließen. *Isaak* rüstet zu einem Feldzug gegen Bulgarien, als sein Bruder *Alexios* ihn stürzt (8. 4. 1195).

Osteuropa: Die Bulgaren schlagen die Byzantiner bei Adrianopel (1194).

Islam: *Saladin* stirbt in Damaskus (3. 3. 1193); sein Reich zerfällt. Die Almohaden unter *Ja'qūb al-Mansūr* schlagen *Alfons VIII.* von Kastilien bei Alarcos (1195).

1200—1209

Reich, Papsttum, der Westen: Papst *Innozenz III.* nimmt offen für *Otto IV.* Stellung. *Johann I. Ohneland* von England schließt in Andelys Frieden mit *Philipp II. August* von Frankreich (22. 5. 1200); *Johann* muß für seinen Besitz in Frankreich *Philipp* als Lehnsherrn anerkennen und verpflichtet sich, nicht in den deutschen Thronstreit einzugreifen. *Otto IV.* schließt mit *Innozenz III.* das Konkordat von Neuß (8:6. 1201), worin er die Lehnshoheit der Kurie über Sizilien anerkennt; *Innozenz* bannt *Philipp* und seinen Anhang und nimmt im Dekretale »Venerabilem« die päpstliche Oberhoheit über den Kaiser in Anspruch; die staufisch gesinnten Fürsten erheben Protest gegen diese Einmischung (1202). *Johann* von England erscheint in Andelys vor *Philipp August* (25. 5. 1202), der von ihm Anjou, Poitou und die Normandie für *Arthur* von der Bretagne fordert; nach *Johanns* Weigerung fällt *Philipp* in die Normandie ein. Zum Vierten Kreuzzug sammeln sich die Kreuzfahrer in Venedig, das die Flotte stellen soll; Venedig lenkt zunächst den Zug gegen Zara, das gestürmt wird (Nov.). *Otto IV.* drängt mit Hilfe Thüringens und Böhmens den König *Philipp* aus Sachsen und Thüringen zurück (1203). *Bonifatius von Montferrat* und Venedig ziehen gegen Konstantinopel, um den Prätendenten *Alexios Angelos* zurückzuführen; die Kreuzfahrerflotte dringt in den Hafen von Konstantinopel ein; die Stadt fällt (17. 7. 1203); *Alexios III.* flieht, *Isaak II.* wird wieder Kaiser, sein Sohn *Alexios IV.* Mitkaiser. Die Kreuzfahrer belagern abermals die rebellierende Stadt (Anf. April 1204), die Lateiner stürmen Konstantinopel (13.4.), plündern und morden; nach dem Willen des Dogen *Dandolo* wird *Balduin IX.*, Graf von Flandern, zum Kaiser des lateinischen Reiches von Konstantinopel in der Hagia Sophia gekrönt (16. 5. 1204). *Philipp II. August* dringt in der Normandie weiter vor; *Johann* flieht nach England (1203). Thüringen unterwirft sich König *Philipp*. *Philipp II. August* erobert Château Gaillard (April 1204); Rouen ergibt sich (24. 6.); damit ist die Normandie in *Philipps* Hand, Maine, Touraine, Anjou und Poitou folgen bald darauf; England behält nur einen Teil der Guyenne. König *Peter II.* von Aragon läßt sich von *Innozenz III.* in Rom krönen (1204). König *Philipp* läßt sich in Aachen von Erzbischof *Adolf* von Köln — den der Papst dafür bannt — nochmals krönen (6. 1. 1205). Die Hauptmasse des Kreuzheeres ist nach Thrakien gezogen; der griechische Adel Thrakiens erhebt sich und ruft *Kalojan* von Bulgarien ins Land, dessen Truppen unweit Adrianopel das lateinische Ritterheer vernichten, Kaiser *Balduin* gerät in die Gefangenschaft (14. 4. 1205); sein Bruder *Heinrich* wird als sein Nachfolger eingesetzt. König *Philipp* schlägt *Otto IV.* bei Wassenberg an der Rur (27. 7. 1206); *Otto* zieht sich in sein braunschweigisches Allod zurück. *Heinrich* von Flandern wird zum Kaiser von Konstantinopel gekrönt (20. 8. 1206); er stellt die Herrschaft in Thrakien wieder her und rückt in Kleinasien vor. König *Philipp* zieht in Köln ein; der welfische Widerstand ist gebrochen; *Innozenz III.* findet sich zu Verhandlungen mit *Philipp* bereit (1207). König *Philipp* hat von Papst *Innozenz III.* die Krone zugesagt erhalten (Mai 1208); er rüstet sich zur Unterwerfung *Ottos* in Braunschweig, als er in Bamberg von dem bayerischen Pfalzgrafen *Otto* von Wittelsbach ermordet wird (21.6.); *Otto IV.* wird in Frankfurt nochmals zum König gewählt (12. 11.). Die Ermordung eines päpstlichen Legaten am Hof *Raimunds* von Toulouse gibt den Anlaß für den Kampf gegen die Albigenser in Südfrankreich (1208). Papst *Innozenz* läßt den Kreuzzug gegen sie predigen; das Kreuzheer aus Nordfrankreich unter *Simon von Montfort* verbrennt Béziers (Juli), Carcassonne wird erobert. *Otto IV.* zieht nach Italien und läßt sich in Rom von *Innozenz III.* zum Kaiser krönen (4. 10. 1209). *Friedrich II.* wird mit *Konstanze*, der Tochter *Alfons' II.* von Aragon, vermählt. *Franziskus* von Assisi erscheint vor *Innozenz III.*, der die Regel der neuen Bruderschaft bestätigt. *Hermann von Salza* wird Hochmeister des Deutschen Ordens.

Byzanz: *Alexios Angelos*, der Sohn des gestürzten Kaisers *Isaak II.*, entkommt aus der Haft nach Deutschland zu seinem Schwager König *Philipp* von Schwaben (1201). In Konstantinopel bricht der Aufstand gegen die *Angeloi* los, die die den Kreuzfahrern zugesagten Mittel einzutreiben suchen (Ende Jan. 1204); sie werden gestürzt, *Alexios V. Murtzuphlos*, der Schwiegersohn *Alexios' III.*, nimmt die Krone (5.2.) und läßt *Alexios IV.* ermorden; *Isaak II.* stirbt im Kerker. Byzanz löst sich nach Gründung des lateinischen Kaiserreiches mit Gewinn für Venedig in Teilherrschaften auf. *Theodoros Laskaris*, ein Schwiegersohn *Alexios' III.*, muß nach einer Niederlage Bithynien den französischen und flandrischen Rittern überlassen (1204); er behauptet sich in Nikaia und wird dort zum Kaiser gekrönt (um Ostern 1208).

Osteuropa: Serbien erkennt die Oberhoheit Ungarns an und unterstellt sich der römischen Kurie (1202). In Riga wird der Orden der Schwertbrüder zum Kampf gegen die livländischen Heiden gegründet (1202). Bosnien erlangt das Schutzversprechen Ungarns und unterstellt sich der römischen Kurie (1203). *Kalojan* von Bulgarien hat die Kirche der römischen Kurie unterstellt; in Tirnovo weiht einen Primas für Bulgarien (7. 11. 1204) und krönt *Kalojan* in Trnovo (8. 11.).

Islam: *Maimonides*, der bedeutendste jüdische Philosoph des Mittelalters, stirbt in der Nähe von Kairo (13. 12. 1204).

1210—1219

Reich, Papsttum, der Westen: Kaiser *Otto IV.* beansprucht Sizilien; es kommt zum Bruch, *Innozenz III.* bannt ihn (Nov. 1210). Der Albigenserkrieg verheert Südfrankreich; *Simon von Montfort* beherrscht weite Teile des Languedoc. *Johann von Brienne* erwirbt die Krone von Jerusalem (8. 10. 1210), ohne seinem Anspruch Geltung verschaffen zu können. Auf Vorschlag Papst *Innozenz' III.* wählen einige deutsche

Fürsten in Nürnberg dessen Mündel *Friedrich II.* zum deutschen König (Anf. Sept. 1211). *Heinrich*, Kaiser von Konstantinopel, schlägt die Byzantiner am Rhyndakos (15. 10. 1211), in einem Kleinkrieg stößt er bis Pergamon und Nymphaion vor. *Friedrich II.* zieht nach Deutschland, nachdem er seinen Sohn *Heinrich* zum König von Sizilien gekrönt und die päpstliche Lehnshoheit anerkannt hat (März 1212); er nimmt Konstanz und Breisach, Schwaben geht zu ihm über; er wird in Frankfurt zum König gewählt und in Mainz gekrönt (9. 12.). *Simon von Montfort* schlägt *Raimund* von Toulouse bei Castelnaudary (1212). Zum »Kinderkreuzzug« ziehen Tausende von Knaben und Mädchen aus Frankreich und Deutschland nach Italien und Marseille; sie kommen auf dem Zug um oder werden als Sklaven verkauft. *Alfons VIII.* von Kastilien besiegt die Almohaden bei las Navas de Tolosa (16. 7. 1212). *Friedrich II.* erläßt in Eger die »Goldene Bulle« (12. 7. 1213): die geistlichen Wahlen werden frei und weite Reichsgebiete in Mittelitalien preisgegeben. *Peter II.* von Aragon eilt seinem bedrängten Schwager *Raimund* von Toulouse zu Hilfe; sie werden in der Schlacht von Muret von *Simon von Montfort* geschlagen (13. 9. 1213). *Philipp II. August* rüstet eine Flotte zur Invasion Englands; *Johann* unterwirft sich dem Papst und nimmt England von ihm zu Lehen (Mai 1213). Mit *Ferdinand* von Flandern haben sich Kaiser *Otto IV.* und andere Fürsten verbündet; *Philipp II. August* wird mit seiner Armee an der Brücke von Bouvines überrascht, gewinnt aber die Schlacht (27. 7.); *Ferdinand* wird gefangen nach Paris geführt. Der Ausgang der Schlacht setzt der Herrschaft *Ottos IV.* ein Ende. *Ludwig I.*, Herzog von Bayern, wird mit der Rheinpfalz belehnt. Die Lateiner von Konstantinopel und die Byzantiner schließen in Nymphaion einen Frieden; die Lateiner erhalten Nordwestkleinasien bis Adramyttion (Jahresende 1214). Gegen König *Johann* von England erhebt sich der Adel; in Runnimede muß *Johann* dem König die »Magna Charta« gewähren (15. 6. 1215), die die Rechte der Vasallen gegenüber der Krone erweitert; *Johann* wendet sich an den Papst, der die Charta aufhebt. *Innozenz III.* eröffnet das zwölfte ökumenische Konzil im Lateran, in dem über die Anerkennung *Friedrichs II.* beschlossen werden soll (11. 11.). Im Albigenserkrieg nimmt *Simon von Montfort* Toulouse, *Raimund* flieht nach England; der Papst muß *Simon* in seinem eroberten Besitz in Südfrankreich bestätigen (1215). Papst *Innozenz III.* stirbt (16. 7. 1216), zum neuen Papst wird *Honorius III.* gewählt (18. 7.). *Johann Ohneland* stirbt (19. 10. 1216); sein neunjähriger Sohn *Heinrich III.* wird in Gloucester gekrönt (28. 10.). *Peter von Courtenay* wird auf dem Weg nach Konstantinopel vom Papst *Honorius III.* in Rom zum lateinischen Kaiser gekrönt (1217). *Philipps II.* von Frankreich Sohn *Ludwig* übernimmt die Führung im Albigenserkrieg. Erfolgloser Kreuzzug des ungarischen Königs *Andreas II.* (1217). Neu eingetroffene Kreuzfahrer erobern Damiette (1219). Byzanz: Die Byzantiner schlagen in einer Schlacht am Mäander die Seldschuken von Ikonion (Frühj. 1211). *Theodoros Laskaris* gewährt den Venezianern die gleichen Handelsprivilegien im Reich von Nikaia wie vordem in Byzanz (1219).

Osteuropa: König *Andreas II.* von Ungarn ruft den Deutschen Orden zum Schutz Siebenbürgens ins Land (1211) und überträgt ihm das Burgenland, das er ihm aber, kaum hat er das Land besiedelt und kultiviert ist, wieder entreißt.

Islam: Die Mongolen unter *Tschinghiz Chan* fallen in Transoxanien ein und bedrängen die Chwārezmier (1218).

1220—1229

Reich, Papsttum, der Westen: *Heinrich (VII.)* wird in Frankfurt zum König gewählt (April), nachdem *Friedrich* mit dem Privileg »In favorem principum ecclesiasticorum« (26. 4. 1220) die Zustimmung der geistlichen Fürsten erkauft hat; *Friedrich* zieht wieder nach Italien (Aug.), er wird mit seiner Gemahlin *Konstanze* vom Papst *Honorius III.* in Rom zum Kaiser gekrönt (22. 11.), wobei *Friedrich* sein Kreuzzugsgelübde erneuert. Kaiser *Friedrich II.* begibt sich nach Sizilien, um dort die Verhältnisse zu ordnen (1221). Die Kreuzfahrer müssen vor den Muslimen Damiette wieder räumen (1221). *Heinrich (VII.)* wird in Aachen von Erzbischof *Engelbert* von Köln gekrönt (8. 5. 1222), der für den Knaben die Regentschaft führt. *Ferdinand*, Graf von Flandern, erhält seine Grafschaft zurück, nachdem er den Vasalleneid an *Philipp II. August* erneuert hat (1223). Die Ordensregel des *Franziskus* von Assisi (1221) wird von Papst *Honorius III.* in neuer Fassung in der Bulle »Solet annuere« bestätigt (29. 11.). *Friedrich II.* vermählt sich in zweiter Ehe mit *Jolante*, der Tochter *Johanns* von Brienne, des Titularkönigs von Jerusalem (9. 11. 1225). Herzog *Ludwig I.* von Bayern wird Vormund *Heinrichs (VII.)*, der mit *Margarete*, der Tochter *Leopolds VI.* von Österreich, vermählt wird. Der Deutsche Ritterorden wird von Masowien um Hilfe gegen die heidnischen Pruzzen angegangen. *Friedrich II.* einigt sich mit Papst *Honorius III.* im Vertrag von San Germano über seinen immer wieder hinausgeschobenen Kreuzzug, den er für das nächste Jahr, bei Strafe des Banns, zusagt (1226). Die lombardischen Städte widersetzen sich dem Kaiser und erneuern den alten Bund; der Kaiser verhängt den Bann über die Bündnispartner. Der Deutsche Orden wird von *Friedrich II.* in der Goldenen Bulle von Rimini (März 1226) mit der Eroberung des heidnischen — daher als herrenlos dem Kaiser verfallen angesehenen — Preußen beauftragt. *Ludwig IX.* wird in Reims gekrönt (29. 11.); seine Mutter *Blanca* von Kastilien übernimmt die Regentschaft. *Friedrich II.* verständigt sich mit den lombardischen Städten (Jan. 1227); nach dem Tod seiner Gemahlin *Jolante* nimmt *Friedrich* den Titel eines Königs von Jerusalem an; Papst *Honorius III.* stirbt (18. 3.); *Gregor IX.* wird zum Papst gewählt (19. 3.); *Friedrich* segelt von Brindisi zum Kreuzzug ab (8. 9.), kehrt jedoch einer Seuche wegen wieder um (11.9.); daraufhin wird er von *Gregor* wegen Bruchs des Kreuzzugsversprechens gebannt (29. 9.). *Heinrich Raspe* bemächtigt sich Thüringens. *Waldemar II.* von Dänemark wird von den norddeutschen Fürsten und Lübeck bei Bornhöved entscheidend geschlagen (22. 7. 1227) und muß bis auf Rügen und Estland auf alle Eroberungen verzichten; Lübeck begründet seine Vorrangstellung im Ostseeraum. Papst *Gregor IX.* muß vor den aufgebrachten Römern nach Viterbo fliehen; *Friedrich* bricht zum Kreuzzug auf (Ende Juni 1228); in Jaffa schließt er einen Vertrag mit dem Sultan *al-Kāmil* (Febr. 1229), der ihm die Herrschaft über Jerusalem, Bethlehem und Nazareth einbringt; in der Grabeskirche zu Jerusalem krönt sich *Friedrich* selbst zum König (18. 3.); inzwischen hat Papst *Gregor IX.* Sizilien angegriffen; nach der Landung in Brindisi (Juni) treibt der Kaiser die päpstlichen Truppen zurück und bedroht den Kirchenstaat. Die Albigenserkriege werden mit einem in Paris geschlossenen Vertrag formell beendet; der Adel Südfrankreichs zugunsten der Krone entmachtet.

Byzanz: *Johannes Vatatzes* von Nikaia schlägt das Lateinerheer *Roberts von Courtenay* bei Poimanenon (1223). *Theodoros Laskaris* von Nikaia ist in Thrakien eingefallen und hat Adrianopel besetzt (1224), da er aber bald vor *Theodoros Angelos* von Epirus wieder räumen muß.

Osteuropa: *Andreas II.* von Ungarn räumt in seiner Goldenen Bulle — fortan dem Grundgesetz Ungarns — dem Adel bedeutende Vorrechte ein (1222).

Islam: Das Reich des Chwārezmschāhs *Muhammad II.* ist von den Mongolen erobert worden; der geflüchtete *Muhammad* stirbt auf einer Insel im Kaspischen Meer (1220).

1230—1239

Reich, Papsttum, der Westen: Im Vertrag von San Germano (Juli 1230) und den Vereinbarungen von Ceprano (28. 8.) wird *Friedrich II.* vom Bann gelöst, dem Papst werden Sonderrechte über die sizilische Kirche eingeräumt. *Ferdinand III.* von Kastilien vereinigt nach dem Tod seines Vaters *Alfons IX.* León wieder mit Kastilien (1230). Der Přemislide *Wenzel I.* wird König von Böhmen. *Friedrich II.* faßt in den »Konstitutionen von Melfi« die Gesetze für Sizilien zusammen (1231). Der Deutsche Ritterorden hat mit der Eroberung Preußens begonnen; die Burgsiedlungen Kulm und Thorn werden gegründet. *Ferdinand III.* von Kastilien schlägt die Mauren am Guadalete (1231). *Heinrich (VII.)* muß den Fürsten nachgeben, seine städtefreundliche Politik scheitert; auf dem Hoftag zu Worms wird das »Statutum in favorem principum« erlassen (1. 5. 1231), die den Fürsten territoriale Herrschaftsrechte einräumt. *Heinrich* fügt sich in Aquileia seinem Vater; *Friedrich II.* bestätigt in Cividale die Constitutio (Mai 1232). *Eike von Repgow* hat mit seinem Sachsenspiegel das bedeutendste Rechtsbuch des deutschen Mittelalters geschaffen.

Heinrich (VII.) erhebt sich in Boppard offen gegen seinen Vater (Sept. 1234) und schließt ein Bündnis mit den lombardischen Städten (Dez.). *Friedrich II.* zieht nach Deutschland (Frühj. 1235); *Heinrich* verliert seinen Anhang, unterwirft sich und wird gefangengesetzt (Juni); *Friedrich* heiratet *Isabella*, die Tochter *Johanns* von England (Juli). Reichstag zu Mainz (Aug.): *Otto das Kind*, der Enkel *Heinrichs des Löwen*, wird mit Braunschweig-Lüneburg belehnt; »Mainzer Reichslandfrieden«; der Krieg gegen die lombardischen Städte wird beschlossen. *Friedrichs* Sohn *Konrad* wird mit dem Herzogtum Schwaben belehnt und mit *Elisabeth*, der Tochter *Ottos II.* von Bayern, verlobt, der damit wieder für den Kaiser gewonnen wird. Córdoba wird von *Ferdinand III.* von Kastilien erobert (29. 6. 1236). Herzog *Friedrich II.* von Österreich ist in Konflikt mit dem Kaiser geraten; *Friedrich* zieht gegen Österreich (Herbst); in Wien wird sein Sohn *Konrad* zum »römischen König und zukünftigen Kaiser« gewählt (Ende Febr. 1237); Österreich wird reichsunmittelbares Territorium. *Friedrich* zieht gegen die lombardischen Städte (Sept.), die er bei Cortenuova vernichtend schlägt (27. 11.). Der Orden der Schwertbrüder in Livland schließt sich dem Deutschen Orden an. *Enzio*, ein Sohn *Friedrichs II.*, vermählt sich mit *Adelheid*, der Erbin Sardiniens, und nennt sich König von Sardinien, obwohl die Insel päpstliches Lehen ist. *Hermann von Salza*, der Hochmeister des Deutschen Ordens und Berater *Friedrichs II.*, der zwischen Kaiser und Papst zu vermitteln suchte, stirbt in Salerno (20. 3. 1239). *Gregor IX.* bannt den Kaiser aufs neue. *Enzio* wird Generallegat in Italien. Die Universität von Palencia (1208 gegründet) wird von *Ferdinand III.* von Kastilien nach Salamanca verlegt.

Byzanz: Zwischen *Theodoros Angelos* und *Iwan Asen II.* von Bulgarien ist es zu einem Konflikt gekommen; *Theodoros* wird in der Schlacht bei Klokotnica geschlagen und gefangengenommen (1230); Epirus löst sich rasch auf. *Johannes Vatatzes* schließt in dem eben eroberten Kallipolis ein Bündnis mit dem Bulgarenzar *Iwan Asen II.* gegen die Lateiner (Frühj. 1235); Belagerung Konstantinopels durch Bulgaren und Byzantiner; *Balduin II.* eilt in den Westen, um Hilfe zu erbitten (1236).

Osteuropa: *Jaroslaw II.* von Nowgorod besteigt den Thron von Susdal, sein Sohn *Alexander* erhält das Fürstentum Nowgorod (1236). Die Tataren setzen sich an der unteren Wolga fest (Herbst 1237) und nehmen Rjasan (21. 12.).

Islam: In Granada haben sich die Nasriden durchgesetzt (1238), unter denen sich dieses letzte muslimische Teilreich in Spanien noch lange behauptet.

1240—1249

Reich, Papsttum, der Westen: Kaiser *Friedrich* erklärt Spoleto und Ancona zu Kronlehen (1240). In Schlesien fallen die Tataren ein, nachdem sie Südpolen überrannt haben; *Heinrich der Fromme* unterliegt ihnen auf der Wahlstatt bei Liegnitz und fällt (9.4. 1241); die Tataren dringen weiter südlich bis nach Ungarn vor. *Enzio* besiegt mit kaiserlichen und pisanischen Schiffen vor der Insel Montecristo die Flotte der Genueser (3.5.1241). Papst *Gregor IX.* stirbt (22.8.); die Wahl des neuen Papstes *Coelestin IV.* (25.10.) findet zum ersten Male im Konklave statt. *Coelestin* stirbt bald danach (10.11.). *Heinrich Raspe,* Landgraf von Thüringen, wird von *Friedrich II.* zum Reichsverweser für König *Konrad IV.* ernannt (Frühj. 1242?). Kaiser *Friedrich* will mit dem neuen Papst *Innozenz IV.* zu Gesprächen über die Lösung vom Bann zusammenkommen, als der Papst sich (28.6.1244) nach Lyon begibt, wohin er ein Konzil einberuft. Jerusalem wird von den Chwarezmiern erobert (23.8.1244) und geht den Christen endgültig verloren. Das 13. Ökumenische Konzil in Lyon (21.6.1245); nach vergeblichem Vermittlungsversuch *Ludwigs IX.* von Frankreich verhängt der Papst erneut Bann und Exkommunikation über den Kaiser und setzt ihn ab (17.7.). Aufruhr des apulischen Adels niedergeschlagen (1246). *Heinrich Raspe* wird von geistlichen Fürsten in Veitshöchheim als Gegenkönig aufgestellt (22.5.); er schlägt König *Konrad IV.* an der Nidda bei Frankfurt (5.8.). *Karl* von Anjou, der Bruder *Ludwigs IX.* von Frankreich, erwirbt durch Heirat die Provence. *Heinrich Raspe* stirbt (16.2.1247); geistliche Fürsten wählen den Grafen *Wilhelm* von Holland zum neuen Gegenkönig (3.10.). *Friedrich II.* belagert Parma; das kaiserliche Lager wird zerstört, wobei die Reichsinsignien in die Hände der Feinde fallen (Febr. 1248). Erzbischof *Konrad* von Hochstaden legt in Köln den Grundstein zum Dom (15.8.1248). König *Ludwig IX.* von Frankreich bricht zum Kreuzzug auf (Aug. 1248). Sevilla wird von *Ferdinand III.* von Kastilien den Arabern abgenommen (22.11.). *Petrus von Vinea* wird wegen Verschwörung auf Geheiß *Friedrichs II.* geblendet (Jan./Febr. 1249). *Enzio* wird von den Bolognesern gefangengenommen (26.5.). *Ludwig IX.* landet vor Damiette und erobert die Stadt (6.6.). *Birger Jarl* von Schweden unternimmt einen Kreuzzug in Finnland, wo er die schwedische Herrschaft befestigt und das Christentum einführt.

Byzanz: *Johannes Vatatzes* erobert Thessalonike; der Mongoleneinfall zwingt ihn zur Heimkehr nach Nikaia (1242); er schließt mit den Seldschukensultanat von Ikonion ein Bündnis gegen die Mongolen (1243). *Johannes Vatatzes* hat freundschaftliche Beziehungen mit Kaiser *Friedrich II.* aufgenommen, er vermählt sich mit dessen Tochter *Konstanze* (um 1244). *Vatatzes* nimmt den Kampf gegen die inzwischen den Tataren tributpflichtigen Bulgaren wieder auf. Mit dem Einzug in Thessalonike (Dez. 1246) endet die Herrschaft von Epirus in Thrakien.

Osteuropa: Der Sieg *Alexanders* von Nowgorod über die Schweden unter *Birger Jarl* an der Newa (15.7.1240) trägt ihm den Beinamen *Newskij* ein. *Alexander Newskij* schlägt auf dem Eis des Peipus-Sees ein Heer des Schwertbrüderordens (5.4.1242). Die Tataren ziehen sich aus dem westlichen Osteuropa zurück, da ihr Anführer *Batu* mit Thronstreitigkeiten in der Goldenen Horde zu kämpfen hat; sie erobern Kiew (Dez.). *Jaroslaw II.,* Großfürst von Susdal, wird auf der Reise zur Goldenen Horde vergiftet (1246). *Alexander Newskij* begibt sich nach dem Tod seines Vaters zur Goldenen Horde (1247).

1250—1259

Reich, Papsttum, der Westen: Kaiser *Friedrich II.* stirbt auf seinem Jagdschloß Fiorentino in Apulien (13.12.1250) und wird im Dom von Palermo beigesetzt. *Ludwig IX.* wird auf dem Zug nach Kairo von den Muslimen geschlagen und gefangengenommen (5.4.). König *Konrad IV.,* durch das Testament seines Vaters zum Nachfolger in Deutschland und Sizilien bestimmt, zieht gegen *Wilhelm* von Holland (Frühj. 1251), wird aber bei Oppenheim geschlagen. *Ludwig IX.* landet in Akko und nimmt Tyros und Caesarea. Im Einvernehmen mit seinem Vater *Wenzel I.* besetzt *Ottokar II.* von Böhmen, von den österreichischen Ständen gerufen, das als Reichslehen eingezogene Österreich. *Alfons III.* von Portugal hat im Kampf mit den Mauren Algarbien erobert. *Ottokar II.* vermählt sich mit *Margarete,* der Witwe König *Heinrichs (VII.).* Papst *Innozenz IV.* führt die Folter bei den Inquisitionsgerichten ein (15.5.1252). *Konrad IV.* hat mit Hilfe seines Stiefbruders *Manfred* Apulien wieder unterworfen, er nimmt Capua und erobert Neapel (10.10.1253). *Robert de Sorbon,* Hofkaplan *Ludwigs IX.,* gründet in Paris eine Theologenschule, die sich später mit anderen Lehranstalten zu einer Hochschule zusammenschließt, die »Sorbonne«. *Konrad IV.* stirbt in Lavello (21.5.1254); er hinterläßt seinen zweijährigen Sohn *Konradin.* Die Städte Mainz, Worms, Oppenheim und Bingen schließen sich zum Rheinischen Städtebund zusammen. *Manfred* wird von Papst *Innozenz IV.* zum Vikar für Tuszien und Oberitalien ernannt und erkennt die päpstliche Lehnshoheit über einen Teil Siziliens an; es kommt gleichwohl zum Bruch, *Manfred* schlägt die Päpstlichen bei Foggia (2.12.); *Innozenz* stirbt in Neapel (7.12.); Nachfolger wird *Alexander IV.* (12.12.). *Wilhelm* von Holland erkennt den Rheinischen Städtebund an (1255). Königsberg entsteht als Gründung des Deutschen Ordens an der Stelle einer preußischen Fluchtburg. *Alfons X.* von Kastilien erobert Cádiz. *Wilhelm* von Holland kann sich in Deutschland nicht durchsetzen; er wird unweit Alkmaar erschlagen (28.1.1256). *Richard* von Cornwall wird von einem Teil der deutschen Fürsten unter Führung des Kölner Erzbischofs *Konrad von Hochstaden* zum deutschen König gewählt (13.1.1257); andere Fürsten wählen in Frankfurt *Alfons X.* von Kastilien, einen Urenkel *Barbarossas* (1.4.). *Manfred* eröffnet mit der Besetzung Korfus und Dyrrhachions den Kampf gegen die Byzantiner. *Heinrich III.* von England muß unter dem Druck der von *Simon von Montfort* geführten Opposition die »Provisionen von Oxford« gewähren (11.6.

1258), die den »Baronen« praktisch die Regierungsgewalt übertragen. Im Frieden von Paris (Dez.) muß *Heinrich III.* von England auf die Normandie, Maine, Anjou und Poitou verzichten und für Aquitanien *Ludwig IX.* von Frankreich als Lehnsherrn anerkennen.

Byzanz: Die Byzantiner schlagen die in Makedonien eingefallenen Epiroten; Makedonien wird dem Reich von Nikaia zurückgewonnen (1252). Abwehr der nochmals nach Thrakien und Makedonien vorgedrungenen Bulgaren (1256). Unter der Regentschaft des *Michael Palaiologos* wird sein Sohn *Johannes IV.* Kaiser, doch nimmt der Palaiologe bald als Mitregent selbst die Krone (Jahresende 1258). Die Byzantiner schlagen die Sizilianer und ihre nordgriechischen Verbündeten zurück (1259).

Osteuropa: *Alexander Newskij* vereitelt den Versuch des Papstes *Innozenz IV.*, die russische Kirche in römische Abhängigkeit zu bringen (1251). Er kehrt von einem Besuch bei der Goldenen Horde mit einem Tatarenheer zurück und gewinnt auch die Herrschaft von Wladimir (1252).

Islam: Nach dem Tode des Ajjūbiden *as-Sālih* (1249) tritt seine Gemahlin *Schadschar ad-Durr* die Regentschaft für ihren Sohn *Tūrānschāh* an, der Damiette zurückgewinnt, jedoch von dem Mamlūken *Baibars* erschlagen wird (1250). Die Führung der Mongolen übernimmt *Hülägü*, Enkel *Tschinghiz Chans*, der sich in Persien eine unabhängige Herrschaft zu erobern sucht; er vernichtet die Assassinen und zerstört deren Feste Ālamūt (1256). *Hülägü* erobert Bagdad (17. 1. 1258); der letzte Abbasidenkalif *al-Mustasim* wird getötet. *Hülägü* und seine Nachfolger herrschen etwa hundert Jahre als »Ilchane« über Persien.

1260–1269

Reich, Papsttum, der Westen: *Manfred* siegt bei Montaperti (4. 9. 1260), Florenz muß sich wieder unterwerfen. *Ottokar II.* von Böhmen zieht gegen Ungarn, um sich auch der Steiermark zu bemächtigen, und schlägt sie bei Kroissenbrunn (12. 7.), er erhält die Steiermark (31. 3. 1261). *Richard* von Cornwall bestätigt *Ottokar II.* in seinen Lehen Böhmen und Mähren und belehnt ihn mit Österreich und der Steiermark (9. 8. 1262). *Albertus Magnus*, zwei Jahre zuvor von Papst *Alexander IV.* zum Bischof von Regensburg erhoben, legt dieses Amt nieder, um sich in Köln ganz der Wissenschaft widmen zu können (1262). Die Flotte Venedigs schlägt die Genuesen im Golf von Nauplia (Frühj. 1263). *Rudolf*, Graf von Habsburg, erwirbt Kyburg; seine Herrschaft reicht damit von Zürich und Luzern bis ins Elsaß und nach Schwaben (1264). *Heinrich III.* von England sucht die Provisionen von Oxford aufzuheben; er wird von *Simon von Montfort* bei Lewes geschlagen (14. 5.). *Clemens IV.*, einst Jurist *Ludwigs IX.* von Frankreich, wird Papst (5. 2. 1265); er belehnt *Ludwigs IX.* Bruder *Karl* von Anjou mit Neapel und Sizilien (21. 6.). *Eduard*, *Heinrichs III.* Sohn, besiegt *Simon von Montfort* bei Evesham und erschlägt ihn (4. 8.). *Karl* von Anjou fällt in Neapel ein (Ende Jan. 1266), in der Schlacht bei Benevent besiegt er *Manfred*, der im Kampf fällt (26. 2.). *Niccolo Pisano* arbeitet zusammen mit seinem Sohn und Schüler *Giovanni Pisano* die Marmorkanzel für den Dom von Siena (bis 1268). *Konradin*, der Enkel *Friedrichs II.*, wird von den Ghibellinen nach Italien gerufen (1267). *Karl* von Anjou schließt mit dem vertriebenen Kaiser *Balduin II.* vor Papst *Clemens IV.* in Viterbo ein Bündnis zur Wiedereroberung und Aufteilung von Byzanz (27. 5.). *Konradin* bricht zum Zug gegen Apulien auf (11. 8. 1268), wird aber unweit Tagliacozzo von *Karl* von Anjou geschlagen (23. 8.); er fällt in *Karls* Hände und wird enthauptet (29. 10.). Papst *Clemens IV.* stirbt in Viterbo (29. 11.); er hat Rom als Papst nie betreten. *Ottokar II.* von Böhmen erwirbt Kärnten und Krain (1269).

Byzanz: Nach kurzem Kampf ziehen die Byzantiner in das von lateinischen Truppen entblößte Konstantinopel ein (25. 7. 1261), Kaiser *Balduin II.* entflieht; *Michael Palaiologos* hält triumphalen Einzug (15. 8.) und läßt sich mit seiner Gemahlin *Theodora* in der Hagia Sophia nochmals krönen (Sept.). Der Vertrag von Nymphaion begründet die Vorrangstellung Genuas im Osten. Die Byzantiner dringen gegen die Bulgaren vor und besetzen Anchialos und Mesembria (1262). Bei dem Versuch, die Peloponnes zu erobern, werden sie geschlagen und müssen sich zurückziehen (1264). *Michael Palaiologos* weist den Genuesen Galata als Handelsplatz zu (1267).

Osteuropa: *Alexander Newskij* stirbt auf der Heimkehr von einem letzten Besuch bei der Horde in Gorodez (14. 11. 1263); sein Tod führt zur Zersplitterung Mittelrußlands. Die Tataren Südrußlands überfallen im Bunde mit den Bulgaren die Byzantiner in Thrakien und verwüsten das Land (1264).

Islam: Die Mamlūken schlagen die Mongolen vernichtend bei Ain Dschalut (3. 9. 1260) und treiben sie schließlich über den Euphrat zurück; *Baibars* bemächtigt sich gewaltsam der Herrschaft (23. 10.).

1270–1279

Reich, Papsttum, der Westen: *Ludwig IX.* von Frankreich unternimmt einen Kreuzzug gegen Tunis; dort erliegt er einer Seuche (25. 8. 1270). *Gregor X.* wird nach fast dreijähriger Sedisvakanz zum neuen Papst gewählt (1. 9. 1271). *Rudolf* von Habsburg wird in Frankfurt vom Kurfürstenkollegium zum deutschen König gewählt (1. 10. 1273) und in Aachen gekrönt (24. 10.). *Eduard I.* von England zieht auf der Heimreise durch Paris und huldigt *Philipp III.* für Aquitanien (26. 7. 1273). *Karl* von Anjou entsendet Truppen zu den byzanzfeindlichen Fürsten Griechenlands, in Albanien nimmt er die Huldigung der katholischen Einwohner entgegen. *Thomas* von Aquino stirbt im Kloster Fossanova (6. 3. 1274). Papst *Gregor X.* leitet das zweite Konzil zu Lyon, auf dem mit Gesandten des Kaisers *Michael VIII. Palaiologos* die neue Kirchenunion beschworen wird (6. 7.); im

Dekretale »Ubi periculum maius« schreibt *Gregor* das Konklave bei der Papstwahl vor. *Rudolf I.* wird von Papst *Gregor X.* förmlich anerkannt (26. 9.). Gegen *Ottokar II.* von Böhmen, der Anerkennung und Huldigung verweigert, wird ein Prozeß eingeleitet (Dez.). *Peter III.* tritt die Regierung in Aragon an (1276). *Ottokar II.* von Böhmen sind alle Reichslehen abgesprochen worden; König *Rudolf I.* verhängt über ihn die Reichsacht (24. 6.) und eröffnet den Krieg; *Ottokar* unterwirft sich (21. 11.) und wird von *Rudolf* mit Böhmen und Mähren belehnt. *Ottokar* erhebt sich nochmals gegen das Reich; er wird bei Dürnkrut auf dem Marchfeld besiegt (26. 8. 1278) und auf der Flucht erschlagen. *Rudolf I.* vermählt seine Tochter mit *Wenzel II.* von Böhmen. *Rudolf* muß dem Papst *Nikolaus III.* die Unabhängigkeit des Kirchenstaates bestätigen (1279). *Eduard I.* von England und *Philipp III.* von Frankreich schließen in Amiens einen Vertrag, der Englands Besitz in Südfrankreich bestätigt.

Byzanz: *Michael Palaiologos* sichert sich durch einen Vertrag mit dem Tatarenführer *Nogaj* die Hilfe der Goldenen Horde gegen die Bulgaren (1272).

Islam: Der Mamlükensultan *Baibars* von Ägypten unterwirft die letzten Reste der Assassinen (1273). Er stirbt in Damaskus (1277).

1280—1289

Reich, Papsttum, der Westen: *Albertus Magnus*, Hochschullehrer in Paris und Köln, »doctor universalis« der mittelalterlichen Kirche, stirbt in Köln (15. 11. 1280). *Karl von Anjou* schließt in Orvieto mit Venedig ein Bündnis zur Wiedereroberung von Byzanz (3. 7. 1281); unter seinem Einfluß muß Papst *Martin IV.* die Kirchenunion mit Byzanz aufkündigen. *Rudolf I.* belehnt seinen Sohn *Albrecht* mit Österreich (27. 12. 1282), Steiermark und Krain werden habsburgisch, Kärnten kommt unter habsburgischer Oberhoheit zu Tirol. In Palermo erhebt sich die Sizilianer gegen die Franzosenherrschaft (30. 3.); die »Sizilianische Vesper« ist das Zeichen zum Aufruhr in ganz Sizilien; *Peter III.* von Aragon wird von den Sizilianern gerufen (Aug.); er läßt sich in Palermo mit der Krone *Manfreds* krönen. Die Serben, mit *Karl* im Bunde, fallen in Makedonien ein und nehmen Skoplje. Im Rostocker Bund schließen sich unter Führung Lübecks Städte und Fürsten an der Ostsee zur Wahrung des Friedens zusammen (1283). *Peter III.* von Aragon schlägt die französische Flotte vor Malta und vor Neapel (Juni 1284). *Philipp III.* von Frankreich stirbt nach einer verfehlten Expedition gegen Sizilien in Perpignan (5. 10.); sein Sohn *Philipp IV. der Schöne* tritt die Regierung an. Auf dem Reichstag zu Würzburg erläßt König *Rudolf I.* einen Landfrieden für das Reich (1287). In der Schlacht von Worringen schlägt mit brabantischer und bergischer Hilfe der Kölner Bürgerschaft der Erzbischof *Siegfried* von Köln und Graf *Adolf* von Nassau (5. 6. 1288). König *Rudolf I.* verhindert mit einem Feldzug die Auslieferung Burgunds an Frankreich; Burgund erkennt die Oberhoheit des Reiches an (1290).

Osteuropa: Moskau, bislang nur befestigter Außenposten Susdals, erhält mit der Erhebung *Daniels*, des jüngsten Sohnes *Alexander Newskijs*, einen eigenen Fürsten (um 1280).

1290—1299

Reich, Papsttum, der Westen: *Wenzel II.* von Böhmen wird von *Rudolf I.* die siebente Kurwürde übertragen (1290). *Rudolf I.* stirbt in Speyer (15. 7. 1291). Die Waldstätte Schwyz, Uri und Nidwalden schließen den »Ewigen Bund«, der ihnen die Reichsfreiheit sichern soll (1. 8. 1291). Akko wird von den Mamlüken erobert (18. 5.); der Fall der Stadt bezeichnet das Ende der Kreuzfahrerstaaten. Die deutschen Kurfürsten wählen den Grafen *Adolf* von Nassau zum König (5. 5. 1292). Florenz schließt mit den »Ordinamenti della giustizia« den Adel von der Stadtregierung aus (1293). *Bonifatius VIII.* wird Papst (24. 12. 1294). *Philipp der Schöne* besetzt das englische Aquitanien. *Johann Baliol* von Schottland verbündet sich mit *Philipp* gegen *Eduard I.* Papst *Bonifatius VIII.* verbietet Maßnahmen gegen Frankreich und untersagt den Kurfürsten, König *Adolf* Gefolgschaft zu leisten (1295). *Eduard I.* ruft angesichts der Bedrohung das »Modell-Parlament« ein (1295). *Marco Polo*, ein Kaufherr, kehrt nach 24jähriger Abwesenheit in seine Heimat Venedig zurück. König *Adolf* hat sich Meißens bemächtigt (1296). *Bonifatius VIII.* erläßt die Bulle »Clericis laicos« (25. 2.), in der er den Fürsten die Besteuerung der Kirche untersagt; *Philipp* antwortet mit einem Verbot von Abgaben an die Kurie. *Johann Baliol* von Schottland muß sich unterwerfen (10. 7. 1296) und auf die Krone verzichten. Baubeginn des Domes in Florenz unter Leitung *Arnolfos di Cambio* (1296). *Philipp IV.* fällt in das mit England verbündete Flandern ein (1297). König *Adolf*, der Vorladung vor ein Fürstengericht nicht gefolgt ist, wird für abgesetzt erklärt (23. 5. 1298); er fällt in der Schlacht bei Göllheim (2. 7.); der Habsburger *Albrecht* wird in Frankfurt zum König gewählt (27. 6.). *Wenzel II.* von Böhmen wird von *Albrecht I.* mit dem Pleißnerland und Meißen belehnt. *Albrecht I.* erreicht ein besonders gegen *Bonifatius VIII.* gerichtetes Bündnis mit König *Philipp dem Schönen* (1299). *Philipp IV.* und *Eduard I.* schließen den Vertrag von Montreuil (19. 6.); *Eduard* erhält Aquitanien wieder.

1300—1309

Reich, Papsttum, der Westen: Die rheinischen Kurfürsten schließen in Heimbach am Rhein ein Schutzbündnis gegen König *Albrecht I.* (14. 10.). Papst *Bonifatius VIII.* verkündet das erste Jubeljahr der katholischen Kirche (22. 2. 1300). *Philipp IV. der Schöne* von Frankreich bemächtigt sich ganz Flanderns. *Wenzel II.*, König von Böhmen, erlangt die polnische Königskrone. König *Albrecht I.* erklärt den rheinischen Kurfürsten den Krieg (7.5.1301). Papst *Bonifatius VIII.* verkündet (5.12.), daß der Papst Oberherr jeglicher weltlichen Gewalt sei, und lädt *Philipp IV.* nach Rom vor. Die rheinischen Kurfürsten müssen sich nach schweren Niederlagen dem König beugen (Okt. 1302). Die Flamen erheben sich gegen die Franzosen im Brüsseler Volksaufstand (17.5. 1302); bei Kortrijk werden die französischen Ritter vom flämischen Bürgerheer geschlagen (11.7.). *Philipp IV.* läßt auf einer Reichsversammlung die päpstliche Anmaßung zurückweisen (April); *Bonifatius VIII.* verkündet seine Bulle »Unam sanctam« (18.11.), in der er sich selbst die geistliche und die weltliche Gewalt zuspricht. *Albrecht I.* beendet das Bündnis mit *Philipp IV.* und leistet dem Papst den Vasalleneid (1303); *Philipp* und *Eduard I.* von England besiegeln im Vertrag von Paris den Frieden (20. 5.); *Philipps* Großsiegelbewahrer, *Wilhelm von Nogaret,* überfällt in Anagni den Papst und setzt ihn gefangen (7. 9.), muß aber vor den aufgebrachten Bürgern weichen (9. 9.); *Bonifatius VIII.* stirbt in Rom (11. 10.), sein Nachfolger *Benedikt XI.* (22. 10.) widerruft viele Maßnahmen *Bonifatius'*. *Benedikt XI.* stirbt in Perugia, wohin er vor Unruhen in Rom ausgewichen ist (7. 7. 1304). Der neue Papst *Clemens V.* (5. 6. 1305) begibt sich zur Weihe nach Lyon und verläßt Frankreich nicht wieder. *Philipp der Schöne* schließt in Athis einen Vertrag mit *Robert von Bethune,* dem Grafen von Flandern; *Robert* muß sich unterwerfen und Teile Flanderns (Wallonisch-Flandern) abtreten. *Albrecht I.,* der bereits Eger, Vogtland und anderes Reichsgut zurückgenommen hat, zieht Böhmen und Mähren als Reichsgut ein (1306); er bewegt die Böhmen zur Wahl seines Sohnes *Rudolf* zum König, der sich mit *Wenzels II.* Witwe *Elisabeth* vermählt. *Philipp IV.* läßt alle Templer festsetzen und das große Ordensvermögen zugunsten der Krone einziehen (12. 10.). Sein Sohn *Philipp der Lange* vermählt sich mit der burgundischen Pfalzgrafentochter *Johanna,* die Pfalzgrafschaft Burgund (Franche-Comté) fällt an Frankreich. König *Rudolf* von Böhmen stirbt (4. 7. 1307); in Prag wird von einem Teil der böhmischen Stände Herzog *Heinrich von Kärnten* – vermählt mit *Anna,* der Tochter *Wenzels II.* – zum König gewählt. *Albrecht I.* wird auf der Habsburg von seinem Neffen *Johann Parricida* ermordet (1. 5. 1308); nach Beratungen in Rhense wird in Frankfurt der Luxemburger *Heinrich VII.* zum König gewählt (27. 11.). *Eduard (II.),* der Sohn *Eduards I.* von England, heiratet in Boulogne *Isabella,* die Tochter *Philipps IV.* von Frankreich (25. 1. 1308). *Johannes Duns Scotus,* der schottische Scholastiker, stirbt in Köln (8. 11.). *Heinrich VII.* erkennt gegenüber habsburgischen Ansprüchen die Reichsunmittelbarkeit von Schwyz, Uri und Unterwalden an (3. 6. 1309). *Clemens V.* verlegt den Sitz des Papstes nach Avignon: Beginn der »babylonischen Gefangenschaft der Kirche«. Der Deutsche Orden verlegt den Sitz des Hochmeisters von Venedig nach der Marienburg. Byzanz: *Andronikos II. Palaiologos* besiegt mit Hilfe eines Söldnerheeres aus Katalonien die Türken, die sich in ganz Kleinasien verbreitet haben (1304). Der Mitkaiser *Michael IX.* wird von den katalanischen Söldnern entscheidend geschlagen (1305).

Osteuropa: Die Bulgaren haben Gebiete an der Schwarzmeerküste besetzt. In einem Vertrag müssen die Byzantiner auf diese Gebiete verzichten (1307).

Islam: Türkische Freibeuter erobern Chios (1308).

1310—1319

Reich, Papsttum, der Westen: *Johann* von Luxemburg wird mit dem Königreich Böhmen belehnt und in Speyer mit *Elisabeth,* der Tochter *Wenzels II.,* vermählt (30. 8. 1310); *Heinrich* von Kärnten ist in Böhmen abgesetzt worden; *Heinrich VII.* strebt nun nach der Kaiserkrone. Er zieht nach Italien (Okt.) und läßt sich in Mailand mit der Langobardenkrone krönen (6. 1. 1311). *Johann* läßt sich in Prag zum König von Böhmen krönen (Febr.). Das 15. Ökumenische Konzil wird in Vienne von Papst *Clemens V.* eröffnet (16. 10.); es soll über den Templerprozeß entscheiden. *Heinrich VII.* wird im Lateran von den Legaten *Clemens'* V. zum Kaiser gekrönt (29. 6. 1312). Kaiser *Heinrich VII.* rüstet zum Kampf gegen *Robert* von Neapel und gerät damit in Konflikt mit dem Papst, als er bei Siena stirbt (28. 8. 1313). *Friedrich der Schöne* wird in Sachsenhausen von einem Teil der Kurfürsten (19. 10. 1314), *Ludwig der Bayer* im gegenüberliegenden Frankfurt am Main von der luxemburgischen Partei zum König gewählt (20. 10). Der Katalane *Ramón Lull* wird in Bougie von den Heiden gesteinigt (29. 6. 1315). Die Waldstätte stellen sich im Thronstreit auf seiten *Ludwigs des Bayern;* Herzog *Leopold I.* von Österreich zieht gegen die Waldstätte und erleidet eine blutige Niederlage am Morgarten (15. 11. 1315); die Waldstätte erneuern in Brunnen den »Ewigen Bund« (9. 12.). Unter maßgeblichem Einfluß *Philipps V.* von Frankreich wird der Franzose *Johannes XXII.* zum Papst gewählt (7. 8. 1316). *Waldemar,* Markgraf von Brandenburg, wird von den Dänen und Mecklenburgern unweit Gransee geschlagen (Aug.). *Eduard II.* von England schränkt den deutschen Kaufleuten zugestandenen Privilegien auf die Mitglieder der Hanse ein (7. 12. 1317).

Byzanz: *Andronikos II. Palaiologos* schließt mit Venedig einen Waffenstillstand (1310). Das katalanische Söldnerheer schlägt die Lateinertruppen Athens am Kephissos (15. 3. 1311) und errichtet in Athen ein katalanisches Fürstentum. Nach dem Erlöschen der Dynastie der *Angeloi* in Epirus und Thessalien wenden sich diese Gebiete wieder Byzanz zu (1318).

1320—1329

Reich, Papsttum, der Westen: Der Dichter *Dante Alighieri* stirbt in Ravenna (14. 9. 1321). *Philipp V.* von Frankreich stirbt kinderlos (4. 5. 1322); ihm folgt sein Bruder *Karl IV.,* der mit *Maria,* der Schwester *Johanns* von Böhmen, verheiratet ist. *Ludwigs des Bayern* Sieg über *Friedrich den Schönen* bei

Mühldorf beendet den Streit um die deutsche Krone (28. 9.). Papst *Johannes XXII.* ernennt *Robert* von Neapel zum Vikar von Italien und sanktioniert dessen Annexion von Reichsrechten (1323). Papst *Johannes* klagt *Ludwig den Bayern* an, er habe sich ohne päpstliche Bestätigung der Krone bemächtigt (8. 10.); *Ludwig* antwortet mit der Nürnberger Appellation (18. 12.). Er belehnt seinen Sohn *Ludwig den Älteren* mit der Markgrafschaft Brandenburg. *Johann* von Böhmen söhnt sich mit Habsburg aus; seinen siebenjährigen Sohn *Wenzel* (später *Karl IV.*) bringt er an den Hof von Paris. *Ludwig der Bayer* weist in der Appellation von Frankfurt nochmals den Approbationsanspruch des Papstes zurück (5. 1. 1324); *Johannes XXII.* belegt ihn daraufhin mit dem Bann (23. 1.); *Ludwig* antwortet in der Appellation von Sachsenhausen mit der Anrufung des Konzils (24. 5.); *Johannes* erklärt ihn für abgesetzt (11. 7.). *Marsilius* von Padua vollendet seine Schrift »Defensor pacis«, die dem Papst nur noch geistliche Funktionen zuweist. *Ludwig der Bayer* bricht von Romzug auf (Jan. 1327); in Mailand läßt er sich zum König von Italien krönen (31. 5.). Die Fürsten in Oberschlesien erkennen den Luxemburger *Johann von Böhmen* als Lehnsherrn an. *Johannes XXII.* verdammt die Thesen des *Marsilius* von Padua (23. 10.). *Eduard II.* von England wird vom Parlament zur Abdankung gezwungen (7. 1. 1327), den Thron besteigt sein Sohn *Eduard III. Ludwig der Bayer* zieht in Rom ein und läßt sich von »Vertretern des römischen Volkes« mit seiner Gemahlin *Margarete* zum Kaiser krönen, gemäß den Thesen des *Marsilius* von der »Volkssouveränität« (17. 1. 1328); *Johannes XXII.* hat das Interdikt über Rom verhängt; *Ludwig* erklärt den Papst in Avignon für abgesetzt (18. 4.) und erhebt mit *Nikolaus (V.)* einen Gegenpapst (12. 5.). *Karl IV.* stirbt ohne männliche Erben (31. 1.); sein Oheim *Philipp VI.* von Valois wird in Reims zum König gekrönt (23. 3.). Der Franziskaner *Wilhelm* von Occam wird seiner Lehre wegen vor das päpstliche Gericht in Avignon zitiert worden; er flüchtet zu *Ludwig dem Bayern* und bleibt bis zu seinem Tode (1349) in München. Papst *Johannes XXII.* verdammt in der Bulle »In agro dominico« (27. 3. 1329) Lehrsätze Meister *Eckharts*.

Byzanz: *Andronikos II.* und der Thronfolger *Andronikos III.*, der eine Armee bei Adrianopel versammelt hat, teilen sich das Reich, um einen Bürgerkrieg zu vermeiden (1321). *Andronikos III.* wird als Mitkaiser seines Großvaters *Andronikos III.* gekrönt (2. 2. 1325). Zwischen den beiden Kaisern kommt es zum Bruch (1327): Serbien unterstützt den alten Kaiser, *Andronikos III.* verbündet sich mit den Bulgaren und dringt kampflos in Konstantinopel ein (24. 5. 1328); sein Großvater muß abdanken.

Islam: Die Türken breiten sich weiter in Kleinasien aus; sie nehmen Brussa (6. 4. 1326), das *Urchan*, der Sohn des gerade verstorbenen *Osman*, zu seiner Hauptstadt macht. Die Türken belagern Nikaia; *Andronikos III.* bricht mit einem Heer zum Entsatz auf (1329).

1330—1339

Reich, Papsttum, der Westen: Der Gegenpapst *Nikolaus (V.)* unterwirft sich in Avignon *Johannes XXII.* (1330). *Friedrich der Schöne* von Habsburg stirbt (13. 1.); im Vertrag von Hagenau (6. 8.) söhnt sich *Ludwig der Bayer* mit den Habsburgern aus. *Margarete Maultasch*, die Erbin der Grafschaft Tirol, wird in Innsbruck mit dem Sohn *Johanns* von Böhmen, *Johann Heinrich*, vermählt. Luzern, seit kurzem habsburgisch, tritt der Eidgenossenschaft bei (7. 11. 1332). *Johannes XXII.* stirbt (4. 12. 1334); Papst *Benedikt XII.* sucht die Mißstände aus der Zeit seines Vorgängers zu beseitigen und sich mit *Ludwig dem Bayern* zu verständigen. Der Maler *Giotto di Bondone* wird von der Stadt Florenz zum Leiter des Bauwesens, vornehmlich der Dombauhütte, bestellt (April 1334). *Ludwig der Bayer* belehnt Habsburg mit dem Herzogtum Kärnten (1335). *Johann* von Böhmen gewinnt für seinen Sohn *Johann Heinrich* die Grafschaft Tirol (1336). Die Bemühungen *Ludwigs des Bayern* und *Benedikts XII.* um Frieden scheitern am Einspruch *Philipps VI.* von Frankreich, unter dessen Einfluß *Benedikt* steht (1337). Die deutschen Kurfürsten versammeln sich auf *Ludwigs* Appell hin und verkünden in Rhense (»Kurverein von Rhense«, 16. 7. 1338), der gewählte König bedürfe keinerlei »Nomination, Konfirmation, Zustimmung oder Autorität der Kurie«. *Eduard III.* von England schließt mit *Ludwig* ein Bündnis; in Verfolgung seiner französischen Thronansprüche unternimmt er mit seinen flämischen und deutschen Verbündeten einen vergeblichen Invasionsversuch in Nordfrankreich. Beginn des »Hundertjährigen Kriegs« zwischen England und Frankreich (1339).

Osteuropa: Die Serben überfallen Bulgarien; bei Velbužd (dem heutigen Kjustendil) vernichten sie das bulgarische Heer (28. 7. 1330). In Polen gelangt *Kasimir III.* zur Regierung (1333); er vergleicht sich mit *Johann* von Böhmen und verzichtet auf die Lehnshoheit über Schlesien (1335).

Byzanz: Die Byzantiner haben Thessalien unter ihre Herrschaft gebracht; ein Vorstoß in das Despotat von Epirus bringt ihnen auch dort Erfolg (1337).

Islam: Die Türken schlagen das byzantinische Heer, *Urchan* zieht in Nikaia ein (2. 3. 1331). Die Türken erobern Nikomedeia (1337); ihre Herrschaft dehnt sich bald bis an die Propontis aus.

1340—1349

Reich, Papsttum, der Westen: Die Flotte Englands und Flanderns schlägt unter Führung *Eduards III.* die französische Flotte bei Sluis (24. 6. 1340). *Eduard* muß aber nach einem neuen vergeblichen Invasionsversuch seine französischen Pläne zunächst zurückstellen. *Waldemar IV. Atterdag* besteigt den dänischen Thron; unter ihm erstarkt die dänische Macht wieder. *Margarete Maultasch* verjagt mit Hilfe der Bevölkerung ihren Gemahl *Johann Heinrich* (1341). *Francesco Petrarca* wird auf dem Kapitol in Rom nach altrömischer Sitte als Dichter geehrt (8. 4. 1341). Ludwig der Bayer scheidet, von *Marsilius* von Padua und *Wilhelm* von Occam beraten, aus kaiserlichem Recht die Ehe der *Margarete Maultasch* (Febr. 1342) und vermählt sie mit seinem Sohn *Ludwig dem Älteren;* beide werden mit Tirol und Kärnten belehnt. *Ludwig der Bayer* überträgt seiner Gemahlin *Margarete* deren väterliches Erbe Holland, Seeland und Friesland als Reichslehen (1346); damit verschärft sich Frankreichs Gegnerschaft aufs neue. *Karl IV.* wird, von Papst *Clemens VI.* unterstützt, von den meisten Kurfürsten in Rhense zum König gewählt (11. 7. 1346); sein Vater *Johann* fällt in der Schlacht von Crécy gegen die Engländer (26.8.); *Karl* besteigt den böhmischen Thron. *Eduard III.* landet mit seinem Sohn *Eduard,* dem Schwarzen Prinzen, wieder in der Normandie (Juli) und stößt fast bis nach Paris vor; englische Truppen schlagen die Schotten bei Neville's Cross (17. 10). Estland, bislang dänisch, wird von *Waldemar Atterdag* an den Deutschen Orden verkauft. Genua bemächtigt sich wieder der Insel Chios. *Ludwig der Bayer* stirbt auf der Jagd (11. 10. 1347), ehe es zum Kampf mit *Karl IV.* kommt. In Rom bricht unter der Führung *Cola di Rienzos* ein Volksaufstand gegen die Adelsherrschaft aus (20. 5.), *Cola* ruft den Volksstaat aus und nimmt den Titel »Volkstribun« an; eine Erhebung des Adels zwingt ihn zur Flucht (15. 12. 1347). Der Schwarze Tod, die Pest, tritt seuchenartig in Sizilien, in Handelsplätzen Italiens und in Marseille auf. *Karl IV.* erhebt Mecklenburg zum Herzogtum (8. 7. 1348). In Prag gründet er die erste deutsche Universität (7. 4.). Der Schwarze Tod erfaßt bald alle Teile Europas.

Osteuropa: Serben und Seldschuken ergreifen in den byzantinischen Wirren Partei (1342). König *Kasimir III.* von Polen schließt mit dem Deutschen Orden in Kalisch Frieden (1343); der Orden verzichtet auf das inzwischen eroberte Kujawien, Polen gibt seine Ansprüche auf das Kulmer Land und Pommern auf. *Kasimir* greift in die Nachfolgewirren des Gebietes von Halitsch ein; nach mehreren Feldzügen nimmt er es in Besitz (1349).

Byzanz: *Andronikos III. Palaiologos* stirbt (15. 6. 1341); sein Sohn *Johannes V.* ist erst neunjährig; der Heerführer *Johannes Kantakuzenos* wird zum Gegenkaiser ausgerufen (26. 10.). *Kantakuzenos* hat einen Bündnisvertrag mit dem Osmanen *Urchan* geschlossen, der den Türken den Weg nach Europa ebnet (1345). Die Palaiologenpartei, auf das Gebiet von Konstantinopel beschränkt, ruft die Seldschuken herbei, die jedoch Raubzüge nach Bulgarien dem Kampf im verheerten Thrakien vorziehen (1346).

1350–1359

Reich, Papsttum, der Westen: *Winrich von Kniprode* wird Hochmeister des Deutschen Ordens (1351). Die Reichsstadt Zürich tritt der Eidgenossenschaft bei (1. 5. 1351). Konflikt zwischen Venedig und Genua, das nach Beherrschung des Handels im Schwarzen Meer strebt; im Bosporus kommt es zur Schlacht zwischen der Flotte Genuas und venezianischen, aragonischen und byzantinischen Schiffen (13. 2. 1352), die keine Entscheidung bringt. Kardinal *Albornoz* wird von Papst *Innozenz VI.* zum Legaten und Generalvikar in Italien bestellt (1353). Die Reichsstadt Bern tritt der Eidgenossenschaft bei (6.3. 1353). *Peter Parler* aus Gmünd wird von *Karl IV.* zum Dombaumeister in Prag bestellt. *Karl IV.* zieht zur Erlangung der Kaiserwürde nach Italien; auf der Reise empfängt er den Dichter *Petrarca,* der sich vom Kaisertum die Wiederherstellung der römischen Weltherrschaft verspricht (1354). *Cola di Rienzo,* von Papst *Innozenz VI.* im Gefolge des *Albornoz* als päpstlicher »Senator« nach Rom entsandt, wird von einer Erhebung des Adels verjagt und auf der Flucht ermordet (8. 10.); *Albornoz* stellt in Rom die päpstliche Autorität wieder her. *Boccaccio* erscheint als Gesandter der Stadt Florenz am Hofe Papst *Innozenz' VI.* in Avignon. *Karl IV.* läßt sich in Mailand mit der Langobardenkrone (6. 1. 1355), in Rom von Legaten Papst *Innozenz' VI.* zum Kaiser krönen (5. 4.). Kaiser *Karl IV.* erläßt in Nürnberg (10. 1. 1356) und Metz (25. 12.) die »Goldene Bulle«, in der die Bestimmung der Kurfürsten und die Vorgänge der Königswahl festgelegt werden; dieses »Reichsgrundgesetz« behält bis 1806 Gültigkeit. Der Schwarze Prinz schlägt in der Schlacht von Maupertuis (19. 9.), der wichtigsten des Hundertjährigen Krieges, die Franzosen und nimmt *Johann IV.* von Frankreich gefangen. Kardinal *Albornoz* erläßt nach Ordnung der Verhältnisse in Italien die »Constitutiones Aegidianae« (1357). Die Hanse wird zum erstenmal im Ostseeraum erwähnt (1358). *Ludwig I.* von Ungarn entreißt den Venezianern Dalmatien (1358).

Byzanz: *Johannes VI. Kantakuzenos* muß mit den Genuesen Frieden schließen (1352); gleichzeitig erreicht der Palaiologe *Johannes V.* einen Vertrag mit Venedig; der Bürgerkrieg beginnt aufs neue. *Johannes Kantakuzenos* hat durch sein Bündnis mit den Türken, die sich ständig weiter nach Europa hin ausbreiten, an Anhang verloren; mit genuesischer Hilfe dringt *Johannes V. Palaiologos* schließlich in Konstantinopel ein (Nov. 1354) und zwingt *Kantakuzenos* zur Abdankung. *Johannes V.* ersucht für das allseits bedrängte Byzanz Papst *Innozenz VI.* um Waffen- und Geldhilfe gegen das Versprechen der Kirchenunion (15. 12. 1355), Verhandlungen führen aber zu keinem Ergebnis.

Islam: *Sulaimān,* Sohn *Urchans,* setzt sich in Kallipolis fest (1356), nachdem es von den Byzantinern nach einem Erdbeben verlassen worden ist. Die Herrschaft geht mit dem Tode *Urchans* an dessen Sohn *Sulaimān* über; die Türken erscheinen erstmals vor den Mauern Konstantinopels (1359).

1360–1369

Reich, Papsttum, der Westen: Friede von Brétigny (8. 5. 1360): *Eduard III.* verzichtet auf seine französischen Thronansprüche, wird aber in seinem Besitz in Frankreich bestätigt, *Johann* kehrt aus englischer Gefangenschaft zurück. Die Kriegsflotte der Hanse wird von den Dänen vor Helsingborg geschlagen (1362). Der Deutsche Orden liegt in schweren Kämpfen mit den Litauern; *Winrich von Kniprode* stürmt und zerstört ihre Festung Kowno. *Johann II.* von Frankreich vermag das im Vertrag von Brétigny festgesetzte Lösegeld nicht zu zahlen und kehrt in die Gefangenschaft nach England zurück (Jan. 1364), wo er stirbt (8. 4.); sein Sohn *Karl V.* besteigt den Thron. Zug wider eidgenössisch (1364). In Krakau gründet *Kasimir III.* von Polen eine Universität (1364). *Karl IV.* läßt sich in Arles zum König von Burgund krönen (4. 6. 1365) und betont damit die Herrschaft des Reiches gegenüber französischen Ansprüchen. Papst *Urban V.* kehrt mit der Kurie nach Italien zurück; er zieht in Rom ein (16. 10. 1367), von *Petrarca* jubelnd begrüßt. Die Hansestädte schließen in Köln mit Holland und Seeland eine Konföderation (19. 11. 1367), der sich bald Holstein und Mecklenburg anschließen, und eröffnen den Krieg gegen *Waldemar Atterdag*. *Karl IV.* zieht zur Krönung seiner Gemahlin *Elisabeth* von Pommern nach Rom (1368). In Schlesien fällt das letzte selbständige Herzogtum Schweidnitz an *Karl IV.*, als Erbe seiner verstorbenen Gemahlin *Anna*.

Byzanz: *Johannes V. Palaiologos* unternimmt eine vergebliche Fahrt zu König *Ludwig I.* von Ungarn, um ihn zum Kreuzzug gegen die Türken zu bewegen (1366).

Islam: Sultan *Murād I.* macht (das 1361 eroberte) Adrianopel zu seiner Residenz (um 1365); die türkischen Eroberer verschleppen die einheimische Bevölkerung nach Kleinasien in die Sklaverei und bringen türkische Kolonisten ins Land.

1370—1379

Reich, Papsttum, der Westen: Papst *Urban V.* kehrt, von Rom enttäuscht, nach Avignon zurück (24. 9. 1370). Der Deutsche Orden schlägt unter *Winrich von Kniprode* die eingefallenen Litauer bei Rudau (17. 2. 1370). Die Hanse hat über Dänemark und Norwegen gesiegt; der Friede von Stralsund (24. 5.) leitet die große Zeit der Hanse ein. *Karl IV.* verlobt seinen Sohn *Sigismund* mit *Ludwigs I.* von Ungarn Erbtochter *Maria* (1372). *Karl IV.* erwirbt Brandenburg von den Wittelsbachern (15. 8. 1373). Florenz und bald auch andere italienische Städte erheben sich gegen die Herrschaft der französischen Legaten in Italien (1374). *Giovanni Boccaccio*, der Dichter des »Decamerone«, stirbt in Florenz (21. 12. 1375). *Karl IV.* läßt seinen Sohn *Wenzel* in Frankfurt zum deutschen König wählen (10. 6. 1376). Papst *Gregor XI.* bricht nach Rom auf. Im »Guten Parlament« (Frühj. 1376) räumen die Gemeinen mit Unterstützung *Eduards*, des Schwarzen Prinzen, mit der Klüngelwirtschaft *Johanns* von Gent auf, doch ermöglicht der Tod des Schwarzen Prinzen (8. 7.) die Rückkehr *Johanns* an die Macht. *Gregor XI.* landet in Ostia (14. 1. 1377) und zieht in Rom ein (17. 1.). Gründung des Schwäbischen Städtebundes. *Eduard III.* von England stirbt (21. 6.); *Richard II.*, der Sohn des Schwarzen Prinzen, besteigt den Thron; ein neues Parlament macht die Beschlüsse des »Guten Parlaments« wieder rückgängig. Kaiser *Karl IV.* stirbt in Prag (29. 11. 1378); bei der Erbteilung erhält sein Sohn *Wenzel* Böhmen und Schlesien, *Sigismund* Brandenburg: die luxemburgische Hausmacht ist zersplittert; *Wenzel* tritt die Nachfolge im Reich an. *Gregor XI.* stirbt in Anagni (26. 3. 1378); in Rom wird neuer Papst *Urban VI.* (8. 4.); die französischen Kardinäle wählen in Fondi Kardinal *Robert* von Genf zum Gegenpapst *Clemens (VII.)* (21. 9.), der seine Residenz in Avignon aufschlägt. König *Wenzel* hält in Frankfurt seinen ersten Reichstag ab (Febr. 1379).

Osteuropa: *Kasimir III. der Große* von Polen stirbt söhnelos (5. 11. 1370); damit erlischt die männliche Linie der Piasten; *Ludwig I.* von Ungarn, als Neffe von *Kasimir* zum Erben eingesetzt, wird zum König von Polen gewählt (1370). Er greift Mähren an, um *Karls IV.* Absichten auf Brandenburg zu hintertreiben (1371).

Byzanz: *Johannes V. Palaiologos* hat für Rest-Byzanz die türkische Hoheit anerkennen müssen; während er *Murād I.* Heeresfolge leistet, erhebt sich eine byzantinisch-osmanische Revolution, die von beiden Herrschern niedergeschlagen wird; *Johannes'* Sohn *Manuel* wird zum Mitkaiser gekrönt (25. 9. 1373).

1380—1389

Reich, Papsttum, der Westen: *Karl V.* von Frankreich stirbt (16. 9. 1380); sein zwölfjähriger Sohn *Karl VI.* besteigt den Thron. *Olaf V.*, Sohn *Margaretes*, König von Dänemark (seit 1376), besteigt auch den Thron von Norwegen (1380); die tatsächliche Regierung im vereinigten Reich führt *Margarete*. Der Rheinische Städtebund wird gegründet (1. 3. 1381), der sich bald darauf mit dem Schwäbischen Städtebund verbündet (17. 6.). König *Wenzel* erläßt in Nürnberg einen allgemeinen Landfrieden, den »Nürnberger Herrenbund« (11. 3. 1383); die Städte lehnen den Landfrieden ab, da er den Zusammenschluß zu Bünden untersagt. In der »Heidelberger Stallung« beschließen Fürsten und Städte gemeinsam den Landfrieden (26. 7. 1384). Konstanz, Zürich, Bern, Luzern und andere eidgenössische Städte treten dem Schwäbischen und Rheinischen Städtebund bei (24. 2. 1385). Die Eidgenossenschaft nimmt den Kampf gegen Österreich wieder auf. *Leopold III.* von Österreich wird mit seinem Ritterheer bei Sempach vernichtend geschlagen und fällt im Kampf (9. 7. 1386), Glarus hat sich dem Bund angeschlossen. Zwischen Fürsten und Städten im Reich bricht offener Kampf aus, der Schwäbische Städtebund wird bei Döffingen von einem Fürstenheer unter *Eberhard II. dem Greiner* von Württemberg geschlagen (23. 8. 1388); die rheinischen Städte werden bei Worms

UNIVERSALGESCHICHTE IN STICHWORTEN 663

besiegt (6. 11.). In der Schlacht bei Näfels erleidet ein österreichisches Ritterheer eine vernichtende Niederlage durch die eidgenössischen Glarner (9. 4. 1388). König *Wenzel* verkündet den Reichslandfrieden von Eger (5. 5. 1389), der alle Städtebünde untersagt. Papst *Urban VI.* stirbt in Rom (15. 10. 1389); *Bonifatius IX.* wird zum Papst gewählt (2. 11.). König *Albrecht* von Schweden wird von *Margarete* von Dänemark bei Falköping geschlagen und gefangengenommen (24. 2.). *Margarete*, die »*Semiramis* des Nordens«, gewinnt bis auf Stockholm ganz Schweden.

Osteuropa: Die Russen unter *Dimitrij Donskoj* schlagen die Tataren bei Kulikowo Pole (8. 9. 1380). *Ludwig I. der Große*, König von Ungarn und Polen, stirbt (11. 9. 1382); unter Übergehung seiner Erbtochter *Maria* zwingen die polnischen Fürsten seine Tochter *Jadwiga*, die Regierung zu übernehmen; damit soll die Verbindung mit Ungarn gelöst werden, das *Sigismund* von Luxemburg zusteht. *Sigismund* vermählt sich mit *Maria*, der Erbtochter *Ludwigs*, in Ofen (Sept.? 1385), doch gelingt es ihm nur allmählich, das Land unter seine Herrschaft zu bringen. *Jagiello* von Litauen tritt zum katholischen Glauben über, vermählt sich mit *Jadwiga* und wird als *Wladislaw II. Jagiello* zum König von Polen gekrönt (1386). *Sigismund* kann sich endlich in Ungarn durchsetzen und wird in Stuhlweißenburg gekrönt (1387).

Islam: Die Osmanen erobern Nisch; Sofia ist kurz zuvor gefallen (1386). Die Osmanen erobern Thessalonike (1387). Auf dem Amselfeld schlagen die Türken unter *Murād I.* die Serben (15. 9. 1389); unter *Murāds* Sohn, Sultan *Bajazet*, dringen die Türken weiter vor.

1390–1399

Reich, Papsttum, der Westen: König *Wenzel* wird von seinem Vetter *Jobst* von Mähren gefangengesetzt (8. 5. 1394) und erst nach Einschreiten der Reichsfürsten freigelassen. *Wenzel* muß dem Drängen der Kurfürsten nachgeben und mit ihnen zu Nürnberg zusammentreffen (Sept. 1397). *Margarete* läßt die Reichsräte von Dänemark, Norwegen und Schweden nach Kalmar berufen, wo in der »Kalmarischen Union« die untrennbare Vereinigung der drei Reiche und die Regelung der Thronfolge beschlossen wird (20. 6. 1397). König *Wenzel* trifft mit *Karl VI.* von Frankreich in Reims zusammen (1398), um über die Beendigung des Schismas zu beraten. Die Kurfürsten beschließen auf einem Treffen in Boppard die Absetzung König *Wenzels* (Apr. 1399). *Johann* von Gent stirbt (3. 2. 1399); König *Richard II.* zieht ungerechtfertigt dessen Besitz ein; *Johanns* Sohn *Heinrich* landet in England; *Richard* muß sich ihm in Flint unterwerfen (19. 8.), nach *Richards* Abdankung beansprucht *Heinrich* wegen seiner Abstammung von *Heinrich III.* die Krone und wird vom Parlament als König *Heinrich IV.* anerkannt.

Osteuropa: *Witold* von Litauen verbündet sich im Vertrag von Königsberg mit dem Deutschen Orden (24. 5. 1390). *Timur Leng* überfällt die Goldene Horde und stößt bis in das Gebiet von Rjasan vor; der Chan *Tochtamysch* entflieht nach Litauen. König *Sigismund* hat nach dem Tode seiner Gemahlin *Maria* (1395) neue Kämpfe um die Herrschaft in Ungarn gegenüber dem Adel und seiner Schwägerin *Jadwiga* von Polen zu bestehen. Er führt ein Kreuzheer gegen die Türken, wird aber bei Nikopolis von Sultan *Bajazet* geschlagen (28. 9. 1396). Die Litauer versuchen noch einmal, sich nach Osten auszudehnen und ein Großreich zu errichten; sie werden an der Worskla von den Tataren vernichtend geschlagen (12. 8. 1399).

Islam: Sultan *Bajazet* besteht auf absoluter Unterwerfung des byzantinischen Kaisers; *Manuel II.* herrscht nach dem Tod seines Vaters *Johannes V.* (16. 2. 1391) als Vasall des Sultans. Die Osmanen erobern Trnovo (17. 7. 1393) und zerstören die Zarenstadt; rasch fällt ganz Bulgarien den Türken zu.

1400–1409

Reich, Papsttum, der Westen: König *Wenzel* wird von den vier rheinischen Kurfürsten nach Oberlahnstein geladen, erscheint aber nicht (11. 8. 1400); nach Verlesung einer Anklage wird *Wenzel* für abgesetzt erklärt (20. 8.); in Rhense wird *Ruprecht* von der Pfalz zum König gewählt (21. 8.). *Ruprecht I.* wird in Köln gekrönt (Jan. 1401); im Reich verweigert man ihm vielfach die Anerkennung, *Ruprecht* zieht zum Erwerb der Kaiserkrone mit kleinem Heer nach Italien (Sept.); er wird von den Mailändern bei Brescia zurückgeschlagen (Okt.), ein weiterer Vorstoß von Tirol aus bleibt erfolglos (Nov.). Der Deutsche Orden erwirbt von König *Sigismund* die Neumark, von den Litauern Samogitien, die Landverbindung zwischen Preußen und Livland (1404). *Gregor XII.* wird zum neuen Papst gewählt (30. 11. 1406), verweigert aber die versprochene Resignation, *Benedikt (XIII.)* bereit ist zurückzutreten; Kardinäle aus beiden Kurien berufen deshalb ein Konzil in (29. 6. 1408). Das Konzil von Pisa setzt die nicht erschienenen *Gregor XII.* und *Benedikt (XIII.)* ab (5. 6. 1409) und wählt *Alexander (V.)* (26. 6.). Die Polen unter *Wladislaw Jagiello* und die Litauer fallen in das Ordensland ein (1409).

1410–1419

Reich, Papsttum, der Westen: Papst *Alexander (V.)* stirbt (3. 5. 1410); Nachfolger läßt sich Kardinal *Cossa* als *Johannes (XXIII.)* wählen (17. 5.). *Sigismund* wird nach dem Tode *Ruprechts* von der Pfalz (18. 5.) deutscher König (20. 9.). In der Schlacht bei Tannenberg unterliegt der Deutsche Orden *Wladislaw Jagiello* völlig (15. 7.), *Heinrich von* Plauen hält die Marienburg gegen den Ansturm *Jagiellos*, den nach vergeblicher Belagerung abzieht (Ende Sept.); *Heinrich* wird zum Hochmeister gewählt (9. 11.) und befreit bald darauf das Ordensland wieder. Über *Jan Hus* wird vom Erzbischof von Prag der Bann verhängt

(18. 7. 1410). Der Deutsche Orden schließt mit Polen und Litauen den (Ersten) Frieden von Thorn (1. 2. 1411): der Orden muß Samogitien an *Jagiello* für dessen Lebenszeit abtreten und eine große Zahlung leisten. *Johannes (XXIII.)* exkommuniziert *Jan Hus*, der einer Vorladung an die Kurie nicht gefolgt ist (15. 3.). König *Sigismund* beruft ein Ökumenisches Konzil nach Konstanz ein (30. 10. 1413); dem zu ihm geflüchteten *Johannes (XXIII.)* nötigt er die Einwilligung ab (9. 12.). *Heinrich* von Plauen sucht den Deutschen Orden zu reformieren; Polen und Litauen erheben neue territoriale Forderungen; *Heinrich* beschließt den Krieg, wird aber abgesetzt (7. 1. 1414); der Niedergang des Ordens beginnt. Das Konzil von Konstanz wird eröffnet (5. 11. 1414); *Sigismund* und seine Gemahlin *Barbara* lassen sich in Aachen krönen (8. 11.); *Jan Hus* erscheint unter freiem Geleit (3. 11.) und wird von *Johannes (XXIII.)* widerrechtlich festgenommen (28. 11.). Die Lehre *John Wyclifs* wird vom Konzil verworfen (4. 5. 1415). *Jan Hus* verweigert den Widerruf; eine Sitzung des Konzils verurteilt ihn, er stirbt auf dem Scheiterhaufen (6. 7.); seine Anhänger unter dem Adel bilden einen Bund und protestieren beim Konzil (2. 9.); mit der Bildung eines katholischen Gegenbundes steuert Böhmen auf den Bürgerkrieg zu. *Friedrich VI.* von Hohenzollern, im erb- und eigentümlichen Besitz des Kurfürstentums Brandenburg (seit 30. 4. 1415), wird in Konstanz von *Sigismund* feierlich belehnt (18. 4. 1417). Das Konzil beschließt die Absetzung *Benedikts (XIII.)*, der sich aber weiter in Spanien hält (26. 7.); Papst *Martin V.* wird gewählt (11. 11.). Während in Prag die Hussitenkämpfe (bis 1436) wüten, stirbt der abgesetzte *Wenzel* (16. 8. 1419); Böhmen fällt an seinen Bruder *Sigismund*. Neue Kämpfe zwischen dem Deutschen Orden und Polen.

NAMEN- UND SACHREGISTER

A

Aachen (Aquae, Aquisgranum) 297, 308f., 313, 334, 340, 348, 352f., 436, 464, 571, 629–632, 634, 636, 639–642, 644, 646, 653, 657, 664, *Kartenskizze 319*

—, Pfalzkapelle (Münster) 308, *Abb. 297*

Abaelard, Peter, französischer Philosoph und Theologe der Scholastik 123, 177, 393, 420, **512** bis **515**, 518f., 529ff., 533, 648f.

al-ʿAbalāt, bei Tabāla südlich von Mekka 32

Aba Samuel, ungarischer Gegenkönig 362

ʿAbbād, Banū (Abbadiden), Stamm der Araber 159f.

al-ʿAbbās, Onkel Muhammads 49, 79

al-ʿAbbās ibn al-Ahnaf, arabischer Dichter 126

Abbasiden, islamische Dynastie in Bagdad 57ff., 76, **79–96**, 99, 103, 108f., 111, 113ff., 118, 129, 131, 151, 154, 158, 166, 171, 173, 195f., 198f., 204, 421, 628f., 657, *Kartenskizze 151*

ʿAbdallāh ibn az-Zubair, Gegenkalif 56, 74

ʿAbd al-Latīf, arabischer Arzt und Schriftsteller 178

ʿAbd al-Malik, Umajjadenkalif 33, 56, 72, 75f., 95, 189f., 626, *Abb. 76*

ʿAbd al-Qādir al-Dschīlī, Anhänger des Sufik 59, 174

ʿAbd al-Wād (Zajān), Banū, Stamm der Berber 170

ʿAbd ar-Rahmān I., Emir von Córdoba 57, 115, 629

ʿAbd ar-Rahmān II., umajjadischer Herrscher in Spanien 58, 114

ʿAbd ar-Rahmān III., umajjadischer Herrscher in Spanien 114ff., 134, 160, 376, 635f., 638, *Abb. 117*

ʿAbd ar-Rahmān, arabischer Heerführer 290

ʿAbd ar-Rahmān ibn Auf, arabischer Heerführer 184

Abendland 142, 147, 154f., 160, 177f., 196, 209, 213, 215, 217, 281f., 424, 440, 496, 592ff., 632, 645

Abendmahl 36, 210, 365, 369, 380

Abernethy, südöstlich Inverness, Schottland 645

Abessinien 30, 38, 48, 56

Abessinier 87

ʿAbīd ibn al-Abras, arabischer Dichter 26

Aboba-Pliska, einstige bulgarische Hauptstadt 197

Abodriten (Obotriten), Sammelname für die slawischen Stämme am rechten Ufer der unteren Elbe 302, 636, 649

Abraha, abessinischer König von Jemen 30, 36

Abraham, Erzvater der Juden 33, 43f., 88, 279, 320

—, Bischof von Freising 347

Abruzzen, Gebirgslandschaft im mittleren Apennin 429

Abū ʿAbdallāh, Ismāʿīlit 109, 635

Abū Bakr, erster Kalif in Medina 42, 54ff., 61, 184f., 625

Abū Bakr, Führer berberischer Glaubenskämpfer 157

Abū Bakr Muhammad al-Mādharāʾi, ägyptischer Finanzier 112

Abū Dschaʿfar, siehe Mausūr

Abū Hafs ʿUmar, eigentlich Faskāt ū-Mzāl, Mitglied der »Zehn« 165

Abū Hanīfa, islamischer Theologe und Gründer einer orthodoxen Rechtsschule (Hanafiten) 57, 84, 121f.

Abū Hāschim, ʿAbdallāh, Imām 79

Abūʾl-ʿAbbās as-Saffāh, Sohn Muhammads ibn ʿAlī, abbasidischer Kalif in Bagdad 57, 80f., 628f.

Abūʾl-ʿAlāʾ al-Maʿarrī, arabischer Dichter und Gelehrter 58, 120

Abū ʾl-Faradsch al-Isfahānī, arabischer Schriftsteller 126

—, »Kitāb al-aghānī« (Buch der Lieder) 126

Abūʾl Kasim (Abū ʾl-Qāsim, im Abendland Albukasem), fātimidischer Emir von Palermo 639

Abū Muslim, schīʿitischer Extremist 57, 80, 83, 88, 90, 628

Abū Saʿīd al-Dschannābī, Qarmate 107f.

Abū Salama, Führer der Abbasidenanhänger im Irak 80

Abū Schāma von Damaskus, Schriftsteller 23

Abū Sufjān, erster Bürger von Mekka 49

Abū Tāhir ibn Abū Saʿīd al-Dschannābī, Fürst der Qarmaten 108

Abū Tālib, Onkel Muhammads 40

Abū Tammām, arabischer Dichter 126

Abydos, antike Stadt in Mysien am Hellespont 640

Accursius, italienischer Jurist aus Florenz 551

Achaia, lateinisches Fürstentum 220, 459

Acheloos, Fluß in Ostbulgarien 635

Ackerbau im Hochmittelalter **402** bis **405**

Adalbero, Herzog von Kärnten 361

Adalbero, Erzbischof von Reims, Kanzler von Frankreich 640

Adalbert, Markgraf von Ivrea, Sohn König Berengars I. von Italien 636, *Stammtafel 294f.*

Adalbert, Sohn Berengars II. von Ivrea 342f., 637f., *Stammtafel 294f.*

Adalbert, Haupt der Babenberger 322

Adalbert, Erzbischof von Bremen 364, 367, 371, 373f., 381, 644f.

Adalbert, Erzbischof von Magdeburg, vorher Mönch zu Trier 234, 338, 638

Adalbert (vorher Wojtech), Bischof von Prag 350f., 640f., 643

—, Kirche auf der Tiberinsel 351

Adalbert der Franke, siehe Agilbert

Adalgis, Sohn des Desiderius, Königs der Langobarden, Herzog von Benevent 296, 629, *Stammtafel 294f.*

Adalhard, Sohn Bernhards, Oheims Karls des Großen, Abt von Corbie 311f., 631, *Stammtafel 294f.*

Adam 68, 88, 106, 108

Adam von Bremen, Geschichtsschreiber 373f., 393

—, »Descriptio insularum Aquilonis« (Beschreibung der nördlichen Inseln) 374

NAMEN- UND SACHREGISTER

Adam von St. Victor, Augustinerchorherr in Paris, Hymnendichter 531
Adana, Kilikien 649, *Kartenskizze 443*
Adaschew, Vertrauter Iwans IV. 262
Adel, Almohaden 165, 167
—, Angelsachsen 287, 444
—, Apulien 656
—, Aragon 587f.
—, Burgund 561
—, Byzanz 207, 216f., 221, 224
—, Dänemark 591
—, Deutschland 593
—, England 412, 444, 466, 494, 496, 578, **582–585**, 648, 654
—, Florenz 658
—, Franken 284f., 290, 301, 310, 314, 318, **320–325**, 330, 334f., 339, 341, 345, 347ff., 358, 386, 623f., 631, 636, 655
—, Frankreich 412, 577, 579f.
—, Germanen 275, 283
—, Griechenland 653
—, Hochmittelalter 411ff., 415, 442, 450, 453, 455, 466, 494f., **500–503**, 522f., 526ff., 550, 593, 605ff., 615
—, Islam 61, 63, 65, 74, 81, 84, 90, 97, 103, 115, 132, 385
—, Italien 502f., 574f.
—, Karolinger 315
—, Kastilien 587ff.
—, Lombardei 642f.
—, Normannen 444, 652
—, Ostgoten 622
—, Ostslawen 238
—, Polen 242, 594, 646
—, Rom 351, 354, 364, 370, 651, 661
—, Sachsen 322, 330, 334, 337f., 345, 347f., 374, 386
—, Schottland 585f.
—, Schweden 591f.
—, Sizilien 427f.
—, Skandinavien 590, 592
—, Spanien 478f.
—, Tschechen 595, 664
—, Türken 97, 141, 147, 173
—, Ungarn 242, 663
Adelard von Bath, englischer Benediktiner, Mathematiker und Philosoph 393, 517
Adelheid (Eupraxia, Praxedis), Gemahlin des Kaisers Heinrich IV. 384, 646, *Stammtafel 363*
Adelheid (Adelasia) von Massa, Gemahlin Enzios, Königs von Sardinien 655, *Stammtafel 430f.*
Adelheid, Tochter König Rudolfs II. von Hochburgund, Gemahlin König Lothars II. von Italien und hernach Kaiser Ottos des Großen 342, 344, 348ff., 637f., 640, *Abb. 340, Stammtafel 294f., 326f.*

Ademar, Bischof von Le Puy-en-Velay 384
Adhruh, südliches Jordanien 66
Adolf (I.), Graf von Schauenburg und Holstein 647, 649
Adolf (II.), Sohn Adolfs I., Graf von Schauenburg und Holstein 406
Adolf IV., Graf von Holstein 465
Adolf, Sohn Graf Walrams von Nassau, deutscher König 464, 658
Adolf, Erzbischof von Köln, aus dem Geschlecht der Grafen von Altena 652f.
Adramyttion (Edremit), Kleinasien 654
Adrianopel (Hadrianopolis), Thrakien 197f., 223f., 483, 631, 635f., 646, 652f., 655, 660, 662
Adriatisches Meer (Adria) 117f., 204, 432, 647, *Kartenskizze 375*
al-Adschnadain, Palästina 56, 60, 185
ʿAdud ad-Daula, būjidischer Hausmeier 130
Aegäis 188, 218, 635
Aegidius Romanus, siehe Gilles von Rom
Ägypten 24, 30f., 34, 48f., **56–61**, 64f., 69f., 77, 96f., 100ff., 109–113, 115f., 120, 128f., 133f., 137, 141f., 145f., **148** bis **154**, 160, 170ff., 174, 185f., 190, 201, 204, 206f., 212, 223, 246, 251, 258, 384, 407, 421, 438, 458, 461, 484, 540, 624f., 632f., 638, 646, 651, *Abb. 100*
Aeneas, trojanischer Held 308
Ärmelkanal (Channel, La Manche) 409
al-Afdal, armenischer Wezir der Fatimiden 137, 150
Afghanistan 71, 89, 104, 137f., 153, 178
Afra, christliche Heilige 330
Afrika 110, 168f., 187, 190, 209, 428
—, Nord- **56–59**, 70, 97, 101, 106, 112–115, 118, 120f., 129, 136, 155f., 162, 169ff., 186, 190, 195, 275, 290, 407f., 540, 621, 626f., 631, 635, 638, 650
—, Ost- 112, 135
Afschin, Fürst aus Transoxanien 89, *Abb. 89*
Agapet (Agapitus) I., Papst 622
Agathon, Papst 626
Agenais, Landschaft an der unteren Garonne, Frankreich 472
Agha Khan, Führer der Ismāʿīliten 136
Aghlabiden, arabische Dynastie in Nordafrika 58, 90, 109f., 113, 170, 635
Agilbert, »der Franke«, Bischof von Wessex 286

Agilulf, König der Langobarden 623
Agnes, Tochter Kaiser Heinrichs IV., Gemahlin Friedrichs I., Ritters von Staufen, und hernach Liutpolds III., Markgrafen von Österreich 381, *Stammtafel 363, 430f.*
Agnes (in Byzanz Anna), Tochter Ludwigs VII. von Frankreich, Gemahlin der Kaiser Alexios II. und Andronikos I. Komnenos 652
Agnes von Poitou, Tochter Wilhelms V. von Aquitanien, Gemahlin Kaiser Heinrichs III. 370f., 377, 643ff., *Stammtafel 363*
Agobard, Erzbischof von Lyon 309ff., 313f.
Agostino Trionfo (Augustinus Triumphus) aus Ancona, Mittelitalien, Augustiner-Eremit, Theologe und kirchlicher Schriftsteller 602
Agrarkrise in Westeuropa, 14. Jahrhundert 613ff.
Ahl al-dschamāʿa (arabisch), Gemeinschaftsrat, »die Zehn« der Almohaden 165ff.
Ahl al-kitāb (arabisch), siehe Schriftbesitzer
Ahl chamsīn (arabisch), »Rat der Fünfzig« der Almohaden 165
Ahmad ibn Muhammad ibn al-Hanafijja 107
al-Ahmar, Banū, Stamm der Berber 170
al-Ahsā, Bahrein 107–109
Aibak, türkischer Heerführer der Ajjūbiden 172
Aibak, türkischer Heerführer der Ghūriden 153
ʿAihala al-Aswad, arabischer Prophet 55
Aila (Elath) am Roten Meer 50, *Kartenskizze 151*
Ailly, Pierre d' (Petrus d'Alliaco), aus Compiègne, französischer Kleriker und Universitätslehrer 598, 603
Ain Dschalut, Palästina 657
ʿĀʾischa, Tochter Abū Bakrs, Gemahlin Muhammads 42, 65, 624f.
Aistulf, König der Langobarden 292, 628
ʿAjjārūn, islamische soziale Bewegung 101ff., 175
Ajjūbiden (nach Ajjūb ibn Schādi, Vater Saladins), syrisch-ägyptische Dynastie 110, 138, 148, 151ff., 160, 170ff., 484, 657, *Kartenskizze 219*
Akko(n) (Akka, Akra), Palästina 152f., 171, 421, 424, 439f., 458, 461, 484f., 566, 639, 652, 656, 658, *Abb. 484, Kartenskizze 443*

NAMEN- UND SACHREGISTER

Akominatos, Niketas, auch Choniates genannt, byzantinischer Geschichtsschreiber 459
Akroinon, Galatien 192, 628, 648
'Alā' ad-Dīn Muhammad, Chwārezmschāh 154
Ālamūt, bei Kazwin, Nordwestpersien 59, 135, 176, 178, 657
Alanen, iranisches Nomadenvolk 223
Aharcos, Spanien 59, 168f., 426, 652
Alarich I., König derWestgoten 275
Alarich II., König der Westgoten 284
Alba, Ligurien 388
Albanien, Landschaft auf der Balkanhalbinsel 657
Alberich II., Sohn des Alberich und der Marozia, Patricius von Rom 318, 342
Albertus Magnus, Albrecht, Graf von Bollstädt, Dominikanermönch, scholastischer Philosoph und Theologe 545f., 548, 555, 559, 657f.
Albi (Albigensium) in der Grafschaft Toulouse 456
Albigenser, nach der Stadt Albi benannte Gruppe der Katharersekte in Südfrankreich 456, 468, 536, 651
Albigenserkrieg, Kreuzzug gegen die häretischen Albigenser 538, 542, 555, 653 ff.
Albornoz, Aegidius (Gil) Álvarez aus Cuenca, Kastilien, Kardinal, Staatsmann und Feldherr 575f., 661
—, Constitutiones Aegidianae, Gesetzbuch für den Kirchenstaat (1357) 661
Albrecht, Sohn Herzog Albrechts II. von Mecklenburg und der Euphemia, Schwester des Magnus II. Eriksson, König von Schweden 592, 663
Albrecht I., Sohn Rudolfs I. von Habsburg, Herzog von Österreich, deutscher König 464f., 486, 571, 658f.
Albrecht der Bär, Markgraf von Brandenburg 437, 648, 651, *Stammtafel 430 f.*
Albrecht II., Sohn des Askaniers Albrecht I., Herzog von Sachsen zu Wittenberg 464
Albuin (Alboin), Sohn des Auduin, König der Langobarden 622f.
Alcalá de Henares, nordöstlich von Madrid 589
Alcantara, Estremadura, Spanien 426
Alemannen (Alamannen), 280, 283f., 287, 293, 297, 320f., 332, 360, 503, 553, 622, 624, 628f., *Abb. 276*

Alemannensteuer (alamanikón), byzantinische 218
Alençon, Grafschaft in der Normandie 471f.
Aleppo (Halman, Halab, Haleb), Syrien 120f., 134, 147, 149f., 152, 205f., 208f., 422, 438f., 637ff., 652, *Kartenskizze 443*
Alexander, Sohn Basileios' I., byzantinischer Kaiser 191, 204, 635
Alexander II., vorher Anselmo di Baggio, Bischof von Lucca, Papst 371 ff., 376f., 645
Alexander III., vorher Orlando Bandinelli, Kardinal, Papst 432, **434—438**, 446, 516, 650f.
Alexander IV., vorher Rinaldo, Graf vom Segni, Kardinalbischof von Ostia, Papst 468, 475f., 656ff.
Alexander (V.), Petros Philargi, Kardinal-Erzbischof von Mailand, Gegenpapst 599, 663
Alexander III., der Große, König von Makedonien 205
Alexander-Sage 535, 609
Alexander, Sohn Michails, Großfürst von Twer 247f.
Alexander Newskij, Sohn Jaroslaws II., Großfürst von Nowgorod-Susdal und Wladimir, russischer Heiliger 246, 272, 655ff.
Alexander von Hales, englischer Franziskaner, scholastischer Philosoph und Theologe an der Universität Paris 545, 548
Alexandreia, Ägypten 56, 61, 70, 77, 90, 109, 115, 171, 186, 190, 224, 441, 625
Alexandrette (Alexandreia Iskenderun), Syrien *Kartenskizze 151, 443*
Alexandrinische Akademie 92
Alexios I. Komnenos, byzantinischer Kaiser, vorher Heerführer 145, 191, 212ff., 384f., 407, 422, 646ff.
Alexios II. Komnenos, Sohn Manuels I., Kaiser von Byzanz 191, 216, 652
Alexios III. Angelos, Bruder Isaaks II., byzantinischer Kaiser 191, 217f., 458f., 652f.
Alexios IV. Sohn Isaaks II., byzantinischer Kaiser 191, 219, 458, 653
Alexios V. Dukas Múrtzuphlos, byzantinischer Kaiser 191, 219, 458, 653
Alexios Komnenos, Kaiser von Trapezunt 220
Alexios Strategopulos, byzantinischer Heerführer 221
Alexiuslied, altfranzösische Heiligenlegende um Alexius, den Heiligen des 5.Jahrhunderts 530

Alfons I., el Batallador (der Kämpfer), Sohn Sanchos V., König von Aragon 425, 647f.
Alfons II. (eigentlich Raimund), Sohn des Grafen Raimund Berenguer IV. von Barcelona, König von Aragon 426, 460, 653
Alfons IV., der Gütige, Sohn Jakobs II., König von Aragon 588
Alfons VI., Sohn Ferdinands I., König von Kastilien und León 58, 160f., 384, 425f., 645f.
Alfons VII. (Raimundez), Sohn des Grafen Raimund von Burgund, König von Kastilien 425f., 648
Alfons VIII., Sohn Sanchos III., König von Kastilien 169, 426, 478f., 650, 652, 654
Alfons IX., Sohn Ferdinands II., König von León 478f., 651, 655
Alfons X., der Weise, Sohn Ferdinands III., König von Kastilien, zum deutschen König gewählt 464, 479, 656, *Stammtafel 430 f.*
Alfons XI., Sohn Ferdinands IV., König von Kastilien 589
—, »Ordenamiento de Alcalá« (1348), Gesetzeswerk 589
Alfons I. (Alfonso-Henriques), Sohn des Grafen Heinrich, Graf und später König von Portugal 426
Alfons III., Sohn Alfons' II., König von Portugal 479, 656
Alfons IV., der Kühne, König von Portugal 589
Alfons, Sohn König LudwigsVIII., Graf von Poitiers 470f., 474
Alfred der Große, angelsächsischer König 317, 498
Algarbien (Algarve), Landschaft im Süden Portugals 479, 656
Algéciras, Südspanien 161
Algerien, Nordafrika 70, 89, 165f., 170, 407
Algier 157
Alhambra (al-hamra), maurisches Königsschloß östlich von Granada, Südspanien 160, 590
Aliden (Schī'at 'Alī), die Partei Alīs 57, 80f., 83, 89ff., 102f., 130, 629, 631
'Alī ibn Abu Tālib, Kalif in Kūfa 56, 63, **65—68**, 77, 88, 103, 106, 175, 186, 188, 625 .
'Alī Ridā, alidischer Imām 90
Aljubarotta (heute Batalha), nördlich von Lissabon, Portugal 590
Alkmaar, Holland 656
Alkwin (Alkuin, Alcuin), northumbrischer Mönch, Lehrer und Vertrauter Karls des Großen 287 ff., 297, **303—307**, 328, 496 ff., 629 ff.

NAMEN- UND SACHREGISTER

Allāh (al-ilāh, der Gott), Gottesname der Muslime 33, 36, 38, 48, 52, 62, 65, 91–94
—, Töchter Allāhs 33, 38
Allod (althochdeutsch), lehnsfreier Grundbesitz 63, 256f., 412, 417
Almería, Andalusien 159, 167, 425, *Kartenskizze 159*
Almohaden (arabisch al-muwahhidūn), islamische Glaubenssekte und die diese Sekte führende maurisch-spanische Dynastie 59, 113, 115, 128, 156, 160f., **164–170**, 426f., 441, 478, 482, 649f., 652, 654, *Abb. 176, Kartenskizze 159*
Almohaden-Moschee in Sevilla 59
Almoraviden (al-murābitūm), islamische Glaubenssekte und die sie führende spanisch-arabische Dynastie 58, 145, 153, **157–163**, 165–169, 425, 427, 647, 649, *Kartenskizze 159*
Alnwick, Northumberland, England 651
Alp Arslan, Muhammad ibn Dācūd, Seldschukensultan in Bagdad 58, 140, 212, 645f.
Alpen 311, 342, 350, 405, 408f.
Alpheid (Chalphaid), Nebenfrau Pippins des Mittleren 627
Alptegin, türkischer Heerführer der Sāmāniden 58, 138, 638f.
Altenburg, Thüringen 399
Altenkamp, Tochtergründung der Zisterzienser 399
Altertum 129
Altes Testament 128, 265, 291, 320, 328, 362
Altmühl, linker Nebenfluß der Donau 297
Amalarich, König der Westgoten 621
Amalaswintha, Tochter Theoderichs des Großen, Gemahlin des Westgoten Eutharich 621f.
Amalfi am Golf von Salerno 117
Amalrich I., König von Jerusalem 150f., **438–441**
ʿAmalrich von Lusignan, König von Cypern und Jerusalem (Amalrich II.) 440, 458
Amalrich von Bène (bei Chartres), französischer Philosoph und Theologe, Stifter einer religiösen Sekte 537, 544f., 555, 558
Amblève (in der Eifel Amel), Fluß in den Ardennen 627
Amida (türkisch Kara-Amid, heute Diyarbakır), am Tigris, oberes Mesopotamien 632, 637
Amiénois, Grafschaft in Flandern 452
Amiens, Flandern 472, 549, 658, *Kartenskizze 451*
—, Kathedrale 549

al-Amīn, Muhammad, abbasidischer Kalif in Bagdad 57, 90, 96, 101, 630f.
Amīr, Emir (arabisch), Befehlshaber 27, 61, 172
al-Āmir Biāhqām Allāh, fatimidischer Kalif 136, 150
ʿĀmiriden, muslimische Dynastie in Valencia 134
Amisos, antike Hafenstadt am Schwarzen Meer 633
Ammianus Marcellinus, Grieche aus Antiocheia, römischer Geschichtsschreiber 226
Amorische Dynastie in Byzanz 191
Amorium (Amorion), Galatien 95, 199, 632, 639
ʿAmr ibn al-ʿĀs, arabischer Feldherr 49, 56, 61, 186, 625
ʿAmr ibn Laith, Saffāride 103
Amsār (arabisch), Militärzentrum, Provinzhauptstadt 62
Amselfeld (Kosovo Polje), Ebene von Pristina, Serbien 225, 596, 663
Amū-Darjā (Oxos, Oxus), Fluß in Westturkistan 69, 71, 138, *Kartenskizze 139*
Anagni, südöstlich Rom 434, 488, 565, 651, 659, 662
Anaklet (II.), Gegenpapst, vorher Petrus Leonis, Kardinal, aus der Familie Pierleoni 419f., 427f., 648f.
Analogiegesetze 306
Anastasios I. Dikoros, oströmischer Kaiser 284
Anastasios II. Artémios, byzantinischer Kaiser 191f., 627
Anatolikon, byzantinisches Thema in Kleinasien 192, 627, 632, 645, *Kartenskizze 211*
Anatomie 125, 517
Anchialos (Anhiolo), an der Bucht von Burgaz, Ostbulgarien 195, 629, 657
Ancona an der Adria, Mittelitalien 117, 429, 432, 435f., 455, 655, *Kartenskizze 375*
Andalusien, Landschaft in Südspanien 115, 155, 158, 161f., 425, 478f., *Kartenskizze 481*
Andalusier 116, 167
Andelys (Andelegum), an der Seine 452, 653
Andernach am Rhein 633, 636
Andreas I., König von Ungarn 644f.
Andreas II., Sohn Belas III., König von Ungarn 461, 654f.
Andreas III., der Venezianer, Sohn des Stephan Posthumus, König von Ungarn 595
Andrej, Großfürst von Gorodez 246f.
Andrej, Großfürst von Kiew 239

Andrej Bogoljubskij, Sohn von Jurij Dolgorukij, Großfürst von Wladimir-Susdal 244, 248
Andronikos I. Komnenos, Enkel Alexios' I., byzantinischer Kaiser 191, 216f., 441, 459, 652
Andronikos II. Palaiologos, Kaiser von Nikaia 191, 223, 659f.
Andronikos III. Palaiologos, byzantinischer Kaiser 191, 223f., 660f.
Andronikos IV. Palaiologos, byzantinischer Kaiser 191
Angeloi, byzantinische Dynastie 191, **217–221**, 659
Angelsachsen 276f., **286–290**, 292f., 305ff., 325, 328f., 350, 372, 494, 623, 626
—, Religiosität 291, 296, 303, 306, 308, 312
Anglo-Angevinisches Reich, das Reich der Plantagenets 442, **444** bis **445**, 466, *Kartenskizze 451*
Angora, siehe Ankyra
Anhalt, mitteldeutsches Herzogtum 651
Aniane, Languedoc, Südfrankreich 309, 631
Anjou, französisches Geschlecht 222, 421, 445, 452, 464, 471, 476, 485, 573, 648
Anjou, Grafschaft an der Loire 652f., 657
Anjou-Plantagenet, engl. Herrscherhaus 445, 448, 454, 461
Ankyra (Angora, Ankara), Kleinasien 57, 95, 225, 630, 632, *Kartenskizze 211*
Anna, Tochter Herzog Heinrichs II. von Schweidnitz und Jauer, dritte Gemahlin Kaiser Karls IV. 662
Anna, Tochter Jaroslaws I. von Kiew, Gemahlin König Heinrichs I. von Frankreich 644
Anna, Tochter Kaiser Romanos' II., Gemahlin Wladimirs, Fürsten von Kiew 208, 234, 344, 640
Anna, Tochter Wenzels II., Gemahlin Heinrichs von Kärnten, Königs vom Böhmen 659
Anna Dalassena, Mutter des Kaisers Alexios I. 214
Anna Komnene, Tochter Kaiser Alexios' I. Komnenos, Gemahlin des Cäsars Nikephoros Bryennios 145, 214, 648
—, »Alexias« (Geschichte der Jahre 1096–1118) 214, 648
Annales Bertiniani (nach dem flandrischen Kloster St. Bertini), Chronik, verfaßt von Prudentius, Bischof von Troyes, und Hinkmar, Erzbischof von Reims 230
Annaten, Jahrgeld 568
Anno, Erzbischof von Köln (Anno II.) 371, 373, 645

NAMEN- UND SACHREGISTER 669

Ansār (arabisch), Helfer 42, 46, 54, 60, 65, 165
Anselm, Bischof von Lucca, siehe Alexander II., Papst
Anselm von Besate, genannt Peripateticus, Kleriker und Jurist, dialektischer Wanderprediger 509 f.
Anselm von Canterbury, aus Aosta, Piemont, italienischer scholastischer Philosoph und Theologe, Erzbischof von Canterbury 390, 393, 444, **510—513**, 515, 538, 547
Anselm von Havelberg, Prämonstratenser, Bischof von Havelberg 528, 533 f.
Anselm von Laon (Laudunensis), französischer Philosoph der Frühscholastik 515
Ansgar (Anschar), Erzbischof von Hamburg und Bremen 631
Anten, Volk an der unteren Donau 230
Anthropomorphismus (arabisch tadschsīm), im Islam 91, 93 f., 122, 162 f., 174
Antichrist, Widersacher Christi 259 f., 552
Antike 16 ff., 230, 240 f., 277, 303, 305, 307 f., 346, 350, 494 ff., 500, 517 ff., 609 ff.
—, Spät- 15, 240, 276, 302, 307, 316
Antiocheia am Orontes, Syrien 92, 121, 198, 208, 384, 624 f., 631, 638 ff., *Kartenskizze 151*
—, lateinisches Fürstentum 140, 146 f., 149, **213—216**, **420—424**, 438 f., 483 ff., 647 f., 650, *Kartenskizze 219, 443*
Antiphonar, Text- und Notensammlung des kirchlichen Wechselgesangs 623
Antitaurus, nordöstliche Fortsetzung des Taurus 202
Antonius der Große, Heiliger 278, 309, 352
Antwerpen 552 f.
Apokalypse, bibl. Vision vom Weltuntergang 164, *Abb. 389, 616*
Apokalyptische Bewegungen 504, 532, 534 f., 553 ff., 557
Apokaukes, Alexios, Gegner Kaiser Johannes' VI. 224
Apologetik, Rechtfertigungslehre 269
Apostelbrüder, italienische eremitische Laienbruderschaft 555
Apostoliker, ital. anarchische Laienbruderschaft, gegründet von Gerardo Segarelli 555
Apuleius, Lucius, römischer Schriftsteller 187
Apulien, Landschaft in Südostitalien 144, 202, 344 f., 352, 354, 357, 368, 427, 429, 463, 638 f., 644, 648, 656 f., *Kartenskizze 375*

Aq Sunqur, Regent in Aleppo 149
Aquileia, Venetien 345, 655, *Kartenskizze 375*
Aquino, Kampanien 200, 512, 546
Aquitanien, Südwestfrankreich 284, 289, 293, 296, 308, 314, 420, 424, 446, 450, 452, 457, 470, 524 f., 580, 621, 627 ff., 632 f., 648 f., 657 f., *Kartenskizze 319, 451*
Araber, 25, 31, 35, 48, 50, 56 f., 60, 62 ff., 68 ff., 72 f., 76, **79—82**, 87, 90, 95 f., 107, 111, **114—118**, 131, 136, 160, 170, **183—190**, **192—196**, 198 f., 204, 206, 215, 290, 385, 393, 587, 589 f.
—, Stammesfehden 56, 73 ff.
Arabertum 52 f., 56, 60, 75, 115, 119
—, vorislamisches 23 f., 26
Arabeske, stilisiertes Pflanzenrankenornament 127
Arabien 29, 32 f., 43, 53, 55, 69, 89, 127, 290, 625, 656
—, Nord- 23, 26 f., 32, 47
—, Mittel- 23 ff., 27, 32, 47
—, Ost- 54
—, Süd- 24 f., 28, 30, 54, 56, 106
—, West- 24, 32
Arabien, vorislamisches **23—34**, 204, *Abb. 24*
Arabisch, südsemitische Sprache 34, 72, 81, 87, 92, 104, 113, 115, 117, 120, 131 f., 141, 158, 163, 427, 567
—, als Kanzleisprache 56, 77
Arabisierung der islamischen Gemeinde 70, 77, 87, 128, 136, 156
Aragon, 161, 170, 222, 376, 414, 425 f., 435, 456, 470, 473, 478 ff., 482, 587 ff., 597, 599 f., 605 f., 641, 645 f., 648, 653 f., *Kartenskizze 159, 451, 481*
—, »Privilegio de la Unión«, Verfassungsurkunde König Alfons' III. (1285—91) 587 f.
Aragon-Barcelona, spanisches Herrschergeschlecht 426, 456
Aral-See 154, *Kartenskizze 155*
Aramäisch, westsemitische Sprache 41, 65, 107
Archangelsk an der nördlichen Düna 263, *Kartenskizze 267*
Archipoeta, deutscher Dichter des 12. Jahrhunderts unbekannten Namens 514
Arda, armenische Prinzessin, Gemahlin Balduins I. 385
Ardennen, 297
Arduin, Markgraf von Ivrea, König von Italien 353 f., 641
Arelat, burgundisches Königreich 409, 414 f., 417, 426, 436, 450, 456, 458, 460, 462, 464, 471 f., *Kartenskizze 319*
Arezzo, Toskana, Mittelitalien 574

Arghun, Ilchān von Persien 485
Argonnen, Nordostfrankreich 417
Ariald, Diakon in Mailand 370
Arianismus, Lehre des Arius, Presbyters in Alexandreia 276, 621, 623, *Abb. 433 i*
Aribert (Heribert), Erzbischof von Mailand 361, 364, 642 f.
Aribo, Erzbischof von Mainz 360, 642
Aristokratie, siehe Adel
Aristoteles, griechischer Philosoph 17, **92—95**, 123 ff., 167 f., 277, 492, 508, 513 f., 516, 518 f., 534, 537, **544—548**, 550
—, »Politeia« (Politik) 602
Arjona, östlich von Córdoba 170
Arles (Arelate), im Rhône-Delta, Südfrankreich 436, 624, 632, 651, 662
—, Saint-Trophime, romanische Kathedrale 436, 624
Armenien, Landschaft in Vorderasien 69, 121, 134, 185 f., 188 f., 192, 194 f., **201—205**, **207—210**, 218, 422, 597, 624 ff., 628, 641, 645
Armenier, indogermanisches Volk 96, 136, 140, 145, 149 f., 186, 192, 196, 214, 220, 385
Armensteuer, siehe Zākat
Armisol, bei Granada, Andalusien 161
Armutsideal 493, 503, 506, 508, 515, 520, 523, 527, 535, 537 ff., 541 f., 552 f., 555, 557, 570
Arnold von Brescia, Augustinerchorherr und radikaler Kirchenreformer 433, 508, 535, 648 ff.
Arnolfo di Cambio, italienischer Bildhauer und Baumeister 658
Arnulf, Sohn Markgraf Liutpolds, Herzog von Bayern **321—324**, 331, 335 f., 635 f., *Stammtafel 326 f.*
Arnulf, illegitimer Sohn König Karlmanns der Liutswinda, Markgraf von Kärnten, König von Ostfranken, römischer Kaiser 315, 318, 321 f., 634, *Stammtafel 294 f., 326 f.*
Arnulf, illegitimer Sohn Lothars III. von Frankreich, Erzbischof von Reims 349, 640
Arnulf, Bischof von Metz, Stammvater der Arnulfinger und Karolinger 285, 624, 626
Arnulfinger, die frühen Karolinger 486, 624
Arpad, Anführer der Ungarn, Stammvater der Arpaden 634
Arpaden, ungarisches Herrschergeschlecht 595, 644
Arras, im Artois 415, 452, 502, *Kartenskizze 451*
Arsuf (früher Apollonia), Palästina 421, 652, *Kartenskizze 443*

NAMEN- UND SACHREGISTER

Artabasdos (Artavasdes), Comes des Themas Opsikion, byzantinischer Gegenkaiser 194, 628
Arthur, Sohn Gottfrieds Plantagenet, Herzog von der Bretagne 452, 652 f.
Artisten-Fakultät, Fakultät der Artes liberales, der 7 freien Künste 547
Artois, Grafschaft in Flandern 415, 452, 471
Artus (Arthur), sagenhafter keltischer König in England 206
Artus-Epen 525 f., 583, 609
Asad, Stamm der Araber 55
al-Aschʿarī, Abū l-Hasan ʿAlī ibn Ismaʿīl, arabischer Theologe 58, 121 f., 131, 142
Aschʿariten 131, 142, 162
Aschʿarismus 163
Aschot I., König von Armenien 202
al-Aschrāf Salāh ad-Dīn Malik (Khālil), Sultan in Ägypten 485
Asen I, Iwan, Zar der Bulgaren 217 f., 652
Asen II., Iwan, Zar der Bulgaren 220, 483, 655
Asen, Konstantin, Zar der Bulgaren 222
Äserbāidschān, Landschaft am Kaspischen Meer 57, 89, *Abb. 89*
Ashoka Pijadasi, König der Maurya 96
Asiaten 174
Asic, Heerführer des deutschen Königs Heinrich I. 335
Asien 57, 407 f., 466, 649
—, Zentral- 141, 145, 153 f., 407
Askalon, Palästina 148, 438 f., 483, 647, 652, *Kartenskizze 149, 443*
Askese 55, 70, 92, 122, 174, 224, 240 f., 270, 282, 285, 352 f., 456, 492, 495, 497, 502, 529, 536, 542, 555
Askold, Gefolgsmann von Rjurik 231
Assassinen (arabisch Haschschāschīn, Hanfesser), ismāʿīlitische Sekte 59, 135, 150, 175, 647, 657 f.
Assisi, Umbrien 539, 653, *Abb. 605*
Asti, Piemont 409
Astrachan, Wolgadelta 263 f., *Kartenskizze 267*
Astrologie 106, 125, 373
Astronomie 176, 305 f., 508, *Abb. 109*
Asturien, Landschaft in Spanien 70, 627, 643, *Kartenskizze 483*
Atabeg (türkisch), Vormund, Erzieher, Oberbefehlshaber 59, 141, 147, 172
Athalarich, Sohn des Eutharich und der Amalaswintha, der Tochter Theoderichs des Großen, König der Ostgoten 621 f.

Athanagild, König der Westgoten 622 f.
Athanasios, griechischer Kirchenvater, Heiliger 207, 276
Athen 187, 223, 225, 428, 621, 642, 659
—, platonische Akademie 225
—, lateinisches Herzogtum 220
—, katalanisches Fürstentum 588, 659
Athis, Athis-Mons, an der Orge, südlich Paris 659
Athlit, Palästina 485
Athos, Vorgebirge auf der Chalkidike 207
—, Mönchsrepublik 207, 224, 269
Atlantik, 297, 409 f., 457, 627
Atlas, Hoher, westlicher Teil des Atlasgebirges, Nordwestafrika 163
Atom-Theorie 517
Attaleia (heute Antalya, früher Adalia), Pamphylien 635, 649
Attigny (Attiniacum), Nordfrankreich 301, 311, 348, 629, 631
Atto, Erzbischof von Mailand 376
Augsburg am Lech 318, 347, 371, 637
Augustalis, Goldmünze Kaiser Friedrichs II. (1231) 411, *Abb. 460*
Augustin(us), Erzbischof von Canterbury, Begründer der christlichen Kirche in England 623 f.
Augustiner-Chorherren ursprünglich nach Mönchsart ein gemeinsames Leben führende Domherren des 11. Jahrh., seit 1451 geistlicher Orden 391, 399 f., 530
Augustiner-Eremiten, durch Papst Alexander IV. aus mehreren Eremitenverbänden gestalteter Bettelorden 553
Augustiner-Regel, Regel für Klerikergemeinschaften 503, 527, 543
Augustinus, Aurelius, aus Tagaste in Numidien, der größte der Kirchenväter 70, 144, 146, 241, 277 f., 281 f., 382, 508, 511, 515, 545, 548
—, »De civitate Dei« (Über den Gottesstaat) 241, 281 f.
Augustus, Gaius Octavianus, römischer Kaiser 203, 259
Augustus Imperator, Titel Ottos des Großen 343
Aunis, Landschaft an der Westküste Frankreichs 402, 410
Aurelian(us), Claudius Lucius Valerius Domitius, römischer Kaiser 26, 56

Aurillac, Auvergne, Mittelfrankreich 348, 517
Aus, Sippe der Banū Qaila 41
Austrien (Austrasien), östlicher Teil des Frankenreiches 284 f., 320, 622 f., 625, 627 f., 633 f., 636
Authari, Sohn des Herzogs Klef, König der Langobarden 623
Autokratie in Rußland 245, 258 f., 261, 263 f., 266, 268, 271
Autun, Burgund 621
Auvergne, südfranzösische Landschaft 448, 450, 452, 471, *Kartenskizze 451*
Avempace, siehe Ibn Bāddscha
Averroës, siehe Ibn Ruschd
Averroismus, lateinischer, von Averroës beeinflußte philosophische Richtung 547 f., 550, 559
Aversa, Kampanien 361, 371
Avesnes, Hennegau 471
Avicebron, siehe ibn Gabirol, Salomon
Avicenna, siehe Ibn Sīnā
Avignon (Avenio), Südfrankreich 488, 556, 565–568, 573, 595, 597 f., 628, 659 f., 662
Avis, östlich von Lissabon 479
Avitus, Alcimus Ecdicius, Bischof von Vienne, Heiliger 281
Awaren, turktatarisches, den Hunnen verwandtes Volk 187 f., 196, 230, 302 f., 623 f., 630
Azd, Stamm der Araber 73
al-Azhar-Moschee, Kairo 58, 110
Azraqī, chāridschitische Sekte 82
Azymon (griechisch, hebräisch mazzoth), ungesäuertes Brot 210, 369

B

Baalbek, Syrien 639
Bābak al-Khurramī, Führer einer mazdakitisch-kommunistischen Sekte 57, 89, *Abb. 89*
Babenberger, nach Babenberg (Bamberg) benanntes ostfränkisches Adelsgeschlecht 322, 432 f., 465, 525, 644, 648, 652
Babylon, nordwestlich Kairo 61
Bacon, Roger, englischer Franziskaner aus der Grafschaft Somerset, Philosoph und Naturforscher 548, 555, 557
Badajoz, Estremadura, Spanien 159 ff., 167, 479, *Kartenskizze 159, 481*
Badr, südwestlich von Medina 42 f., 45 ff., 56, 63
Badr al-Dschamālī, Wezir der Fāṭimiden 136

NAMEN- UND SACHREGISTER

Bagdad, Mesopotamien 57 ff., 84, 86, 90, 92, 96 ff., 100 f., 103, 112, 121, 130 ff., 134, 140, 142, 144, 148 ff., 154, 175 f., 178, 204, 207, 421, 657, *Abb. 177, Kartenskizze 139, 151*
Bagratiden, armenisch-georgisches Fürstengeschlecht 202, 209
Bahrain (Bahrein), Inselgruppe im Persischen Golf 66, 107 f., 133
Baibars, ägyptischer Sultan, Gründer der Bahariten 150, 484 f., 657 f.
Baihaqī, persischer Historiker 143
Bajazet (Bājazīd, Bajezid) I. Jilderim (der Blitz), türkischer Sultan 225, 596, 663
Bājazīd Bistāmī, persischer Ekstatiker 122
Bakr, Banū, Stamm der Araber 32, 73
Baktra, siehe Balch
Balch (Baktra), Baktrien 71

Balduin I., Sohn Balduins VIII., Graf von Flandern und Hennegau (als solcher: IX.), lateinischer Kaiser von Konstantinopel 219 f., 452, 459. 554
Balduin II., Sohn Peters von Courtenay, letzter lateinischer Kaiser von Konstantinopel 655, 657
Balduin I., Bruder Gottfrieds von Bouillon, König von Jerusalem 149, 213, 385 f., 391, 421, 653
Balduin II. von Bourcq, König von Jerusalem 421 f.
Balduin III., Sohn Fulkos von Anjou, König von Jerusalem 421, 438
Balduin IV., Sohn Amalrichs I., König von Jerusalem 439
Balduin V., Neffe Balduins IV., König von Jerusalem 439
Balduin IV., der Bärtige, Graf von Flandern 641
Balduin V., der Sanftmütige, Sohn Balduins IV., Graf von Flandern, Regent von Frankreich 644
Baldur (Balder, Baldr), nordischer Lichtgott 277
Baldwila, Ostgotenkönig, siehe Totila
Balearen 110, 159, 169 f., 190, 480, *Kartenskizze 159, 481*
Balian III. von Ibelin, Herrscher in Berytus 483
Baliol, Johann (John de), Sohn John de Baliols, König von Schottland 658
Balkan 187 ff., 198 f., 201 ff., 205, 208 ff., 213 f., 216, 218, 222, 234, 254, 626, 635, 642, 644 f.
Balkanstaaten 217, 224 f.
Balten, indogermanische Sprachfamilien 232

Balthildis, sächsische Adlige, Gemahlin König Chlodwigs II. 625
Baltikum, Ostseeländer zwischen Ostpreußen und Peipussee 264, 552
Balutschen, iranisches Volk 130, 133, 138
Bamberg 354 f., 358 ff., 383, 391, 436, 551, 638, 641 ff., 648 f.
—, Dom 551
Bandinelli, Roland, Kardinal, Kanzler der römischen Kirche 432
Bangor, nordirisches Kloster 495
Bankwesen 99, 409, 576
Bann, Hoheitsrecht weltlicher und geistlicher Herrscher, bei Strafe zu gebieten und verbieten 200, 210, 298, 300, 358 f., 361, 369, 376, 379—382, 384, 389 f., 453, 456, 458, 461, 465, 486, 644 f., 647, 654 ff., 660, 663
Bannockburn, bei Stirling, Schottland 582, 586
Baradaeus, siehe Barde'ānā
Barbara, Tochter Graf Hermanns von Cilli, zweite Gemahlin Kaiser Sigismunds 663
Barbastro, Pyrenäen 145, 425
Barbour, John, schottischer Dichter 586
—, »Bruce« (The Brus), Versdichtung über König Robert I. von Schottland (um 1375) 586
Barcelona (Barcino, Faventia), Katalonien 114, 167, 408, 425, 587, 621, 627, 630, 646, *Kartenskizze 159, 319, 481*
—, Grafschaft 470, 480, 482, 631 f.
Bardas, Cäsar, Bruder der Theodora, der Gemahlin des byzantinischen Kaisers Theophilos 200 f., 632 f.
Barde'ānā (Baradaeus), Jakob, Bischof von Edessa 31
Bardowick, Niedersachsen 651
Barghwāta, Stamm der Berber 112 f., 157, 166
Bari delle Puglie, an der Adria, Apulien 117, 212, 218, 373, 428 f., 633, 639, 641, 645, *Kartenskizze 375*
Barlaam aus Kalabrien, Gegner der Hesychasten 224
Bar-le-Duc, Ostfrankreich 643
Barqa, Cyrenaica 166
Barmakiden, persisches Geschlecht 57, 71, 86, 90
Bar-sur-Aube, Champagne 408
al-Basāsīrī, türkischer Heerführer 58, 134
Basel, Nordwestschweiz 332, 361, 371, 641 f., 644, *Kartenskizze 319*

Basileios I., der Makedonier, byzantinischer Kaiser 191, 201 ff., 205, 633

Basileios II. Bulgaroktónos (Bulgarentöter), Sohn Romanos' II., byzantinischer Kaiser 191, 207 ff., 234, 638, 639, 640, 642
Basileios, Günstling Kaiser Michaels III. 633
Basken (Waskonen), Volksstamm im Nordwesten der Iberischen Halbinsel 57, 114, 629
Basra, am Schatt el Arab, Mesopotamien 56, 62, 64 f., 70 f., 73 75, 89, 91, 94, 102, 107, 131, 625, *Kartenskizze 139*
Bastides, gegründete Dörfer in Südfrankreich 418

Bath, Südwestengland 517
Bātinijja, andere Bezeichnung für Ismāʿīlijja
Batu, Sohn des Dschutsch, Enkel des Tschinghiz Chan, Tatarenfürst 245, 656
Bauer, Peter Tamas, amerikanischer Wirtschaftswissenschaftler 616
— und Yamey, Basil Selig, »Economics of Underdeveloped Countries« (Chicago, 1957) 616
Bauern 573, 608, **613—616**, 618
—, deutsche 593, 613
—, englische 614, 616
—, französische 613, 615
—, polnische 594, 613
—, schweizerische 570, 573
—, skandinavische 590
—, Tiroler 605
Bauernaufstände 585, 593, 613 ff., 617
Bauhütten, Baugenossenschaften 549, *Abb. 461*
Baukunst, armenische 209
—, byzantinische 225, *Abb. 205, 224 i*
—, frühmittelalterliche 202, 278, 293
—, gotische 521, 549
—, islamische 127, 154, *Abb. 76, 77, 108, 116, 153, 176*
—, normannische, *Abb. 373*
—, ottonische 499
—, romanische 409, *Abb. 392, 501*
—, russische 245
—, spanisch-arabische 114, 127, *Abb. 117, 176*
Bautzen, Lausitz 642
Bayern (Bajuwaren, Baiovarii), westgermanisches Volk 287, 291, 302, 318, 320, 332, 356, 632
Bayern, Land 290, 297, 315, 321 f., 324, 331, 333, 336, 338 f., 344, 347, 350, 360 f., 370 f., 380, 386, 399, 432 f., 628, 632 f., 637, 639 f., 642, 644 ff., 648 f., 651, 655, *Kartenskizze 319*

Bayonne, Gascogne 410, 580, *Kartenskizze 451*
Béarn, südwestliche Grenzlandschaft Frankreichs 479
Beatrix, Gemahlin des Bonifatius III., Markgrafen von Tuscien (Toscana), und danach Gottfrieds II. des Bärtigen von Lothringen 369, 644, *Stammtafel 430f.*
Beatrix von Burgund, Tochter des Pfalzgrafen Reinald III. von Mâcon, zweite Gemahlin Kaiser Friedrichs I. Barbarossa 436, 650, *Stammtafel 430f.*
Beatrix, Tochter Graf Raimund Berengars VI. von der Provence, Gemahlin Karls von Anjou 471
Beaucaire, an der Rhône, Südostfrankreich 457
Beaumont-sur-Oise, nördlich von Paris 452
Beauvais, Ile-de-France 549
Bec(Hallouin), Benediktinerabtei in der Normandie 510
Becket, Thomas, Erzbischof von Canterbury, vorher Kanzler Heinrichs II. von England, Heiliger 445f., 449ff., 650f., *Abb. 445*
Beda Venerabilis, aus Northumbrien, angelsächsischer Kirchenlehrer und Geschichtsschreiber 287, 495f., 515, 627
— »Historia ecclesiastica gentis Anglorum«, »Kirchliche Geschichte des englischen Volkes«, englische Geschichte (bis 731) 287, 627
Bede, im Mittelalter älteste direkte Steuer 445, 466, 474
Beduinen (Badawin), arabische Wüstenstämme 25ff., 34, 38, 40, 45, 47f., 49f., 54f., 62, 64, 87, 96, 103, 121, 136, 146f., 155, *Abb. 24*
Beginen, von den Niederlanden ausgehende ordensähnliche Frauengemeinschaften 552f., 558
Beirut (Berytus), Syrien 147, 421, 439, 483, 485, *Kartenskizze 443*

Beisassen (französisch Manants) 414
Bela I., König von Ungarn 645f.
Bela III. (in Byzanz Alexios), Sohn Geisas II., König von Ungarn 651f.
Belecke, Westfalen 335
Belgien 399, 462
Belgrad (Beograd), Serbien 596, 645, 652
Belisar (Belisarius), byzantinischer Feldherr 621f.
Belka, El (biblisch Ammon), Landschaft östlich vom Toten Meer 184

Benedikt II., Papst 626
Benedikt IV., Papst 634
Benedikt V., Papst 343, 638
Benedikt VI., Papst 639
Benedikt VII., Papst 639
Benedikt VIII., vorher Theophylakt, aus dem Geschlecht der Tusculaner, Papst 354, 356, 641f.
Benedikt IX., vorher Theophylakt, Graf von Tusculum, Papst 361, 364, 488, 643f.
Benedikt X., vorher Johannes Mincius, Papst 370
Benedikt XI., vorher Niccoló Boccasini, Papst 565, 659
Benedikt XII., vorher Jacques Fournier, französischer Kardinal, Papst 567, 571, 660
Benedikt (XIII.), vorher Peter de Luna, spanischer Kardinal, Gegenpapst 598ff., 663f.
Benedikt von Aniane, ursprünglich Witiza, Westgote, Abt des Klosters Inda (Kornelimünster) an der Inde bei Aachen 309–312, 497, 502, 631, *Abb. 309*
Benedikt von Nursia (Umbrien), Heiliger, Stifter des Mönchsordens der Benediktiner 282, 309, 492f., 535, 540, 621
Benediktbeuern, Oberbayern, *Abb. 520*
Benediktiner, Mönchsorden 354f., 399, 419, **492–498**, 503, 505f., 508, 532, 556, 560, 621, *Abb. 309, 501*
Benediktiner-Kloster, Grundriß nach den Reformideen Benedikts von Aniane 309f., *Abb. 309*
Benediktiner-Regel, Klosterregel Benedikts von Nursia 493f., 505, 523
Benevent (Beneventum, ursprünglich Malventum), Kampanien, Italien 117, 296, 343, 367ff., 427, 429, 433, 476, 628f., 633, 638f., 642, 644, 650, 657, *Kartenskizze 375*
Bengalen, Landschaft in Nordostindien 153
Benzo, Bischof von Alba 388
Beowulflied, ältestes angelsächsisches Heldenepos 317, 495
Berber, Sammelname für die nichtsemitischen Völker Nordafrikas 56, 58, 70, 79, 87, 89, 109f., 112, 114ff., 119, 136f., 155 bis 158, 160ff., 164f., 167, 170, 567
Berber-Sprachen, die westliche Gruppe des hamitischen Sprachstamms 57, 163
Berberei 407
Berchtold (Berthold), Bruder Arnulfs von Bayern, Herzog von Bayern 336, 338, 636f., *Stammtafel 326f.*

Berchtold (Berthold), Bruder Kunigundes, der Gemahlin Konrads I., schwäbischer Kammerbote 322f., 635
Berengar I., Markgraf von Friaul, König von Italien 320, 634ff., *Stammtafel 294f.*
Berengar II., Markgraf von Ivrea, König von Italien 341ff., 637f., *Stammtafel 294f.*
Berengar von Tours, Archidiakon von Angers, Scholastiker 365, 509ff., 519
Berg, Herzogtum am Niederrhein 658
Bergbau 616
Berlin 465
Bern, Abt von Reichenau 362
Bern, Schweiz 572, 661f.
Bernart von Ventadour, südfranzösischer Troubadour 524
Bernhard, Sohn Pippins (Karlmanns), des Bruders Ludwigs des Frommen, König der Langobarden 311, 631, *Stammtafel 294f.*
Bernhard (III.), Sohn Albrechts des Bären, Graf von Anhalt, Herzog von Sachsen 651
Bernhard, Sohn Graf Wilhelms von Toulouse, Graf von Barcelona, Regent Septimaniens und der spanischen Mark 314, 631f.
Bernhard von Chartres, Domschulmeister von Chartres, scholastischer Philosoph 517f.
Bernhard von Clairvaux, aus Burgund, Zisterzienserabt, französischer Kirchenreformator 215, 397, 420, 423f., 512f., 523, **527–531**, 536, 606, 648f.

Bernhard Silvestris, Dichter und Philosoph der frühscholastischen Schule von Chartres 518
Bernward, Bischof von Hildesheim 354, 640
Berry, mittelfranzösische Landschaft 448, 452, 581
Berta (in Byzanz Eirene), Tochter des Grafen Berengar von Sulzbach, Gemahlin Manuels I. Komnenos, Kaisers von Byzanz 214f., 428, *Stammtafel 430f.*
Berta, Tochter des Grafen Otto von Savoyen und Turin, Gemahlin Heinrichs IV. 370, 380, 644, *Stammtafel 363*
Berta (Bertha), Tochter Lothars II. von Lothringen, Gemahlin Graf Thietbalds von der Provence und hernach Adalberts II., Markgrafen von Tuscien 96, *Stammtafel 294f.*
Berthar (Bercharius), Hausmaier in Neustrien und Burgund 626
Berthold I. von Zähringen, Herzog von Kärnten 371, 645
Berthold II. von Zähringen 386

Bertiniani, Annales (839) 230
Bertrada, Tochter des Simon von Montfort, Gemahlin des Grafen Fulko von Anjou und hernach König Philipps I. von Frankreich 646
Bertrand de Born, Vicomte d'Hauteford, französischer Minnesänger 524
Bertrand de Got, siehe Clemens V.
al-Bērūnī (Bīrūnī), Abū Raihān, islamischer Gelehrter 58, 120, 140
—, »India« 58, 140
Berytus, siehe Beirut
Besançon, Franche-Comté 433, 650, *Kartenskizze 319*
Besate, südwestlich Mailand 509
Beschneidung 51
Bessarion, Johannes, Erzbischof von Nikaia, römischer Kardinal und Gelehrter 226
Bethlehem, Palästina 461, 655, *Kartenskizze 443*
Bettelorden 415, 462, **544—550**, 552f., 555, 557
Béziers, Südfrankreich 653
Bibel 304f., 317, 494, 496, 502, 505, 511, **513—516**, 534f., 545, 547
—, Altes Testament 128, 265, 291, 320, 362
—, Exegese 494, 496, 502, 511, **513 bis 516**, 534f., 545, 547, 608
—, Übersetzung 536, 552
—, —, arabische 34
Bigorre, Grafschaft der Gascogne 479
Bilderstreit, byzantinischer **192 bis 199**, 629, 629f.
Bildung, weltliche **608—612**
Bingen, am Rhein, Rheinpfalz 386, 532, 651, 656
Biographie, islamische 94, 125f., 132, 177
Biologie, im Frühmittelalter 306
Biqā', Landschaft in Syrien 148
Birger, Jarl von Schweden, Heerführer und Regent 656
Birger, Sohn des Magnus Ladulå, König von Schweden 591
Birgitta von Schweden, aus Finstad bei Uppsala, mittelalterliche Mystikerin, Stifterin des Birgittenordens 590, 592
Birten, südöstlich von Xanten, am Niederrhein 332, 336
Biskra, Algerien 70
Bismarck, Otto Fürst von, Staatsmann 13, 380
Bithynien, Landschaft in Kleinasien 648, 653
Bjelgorod, südwestlich Kiew 237
—, erste Volksversammlung (wjétsche) 237, 997
Bjeloosero, Nordrußland 231, *Kartenskizze 235, 243, 267*

Blanca, Tochter Alfons' VIII. von Kastilien, Gemahlin König Ludwigs VIII. von Frankreich 457, 468, 654
Blemmyer (Blemyer), Nomadenstamm in der Arabischen Wüste 185
Blois, Grafschaft an der Loire 448, 450, 472, 698
Blutrache 24
Bobastro, Burg westlich von Málaga 115
Bobbio, lombardisches Kloster 283, 495, 624, *Kartenskizze 275*
Boccaccio, Giovanni, italienischer Dichter und Humanist 609f., 661f.
—, »Decamerone«, Novellensammlung 662
Bodfeld am Harz 334, 644
Bodin, Konstantin, König von Jeta 212
Böckelheim, Burg, Kreis Kreuznach 386
Böhmen 335, 347, 351, 437, 466, 537, 554, 569, 593ff., 597, 603, 614, 616, 636f., 639, 641, 643, 647, 653, **655—660**, 664
Böhmerwald 643
Boëthius, Anicius Manlius Torquatus Severinus, römischer Staatsmann und Philosoph 492, 498, 508, 518, 544, 621
Bogislaw I., Sohn Wratislaws I., Herzog von Slawien (Pommern) 651
Bogomilen (Gottesfreunde), dualistisch-manichäische Sekte 189, 198, 213, 222, 224, 535f.
Bohemund, ältester Sohn Robert Guiscards, Fürst von Antiocheia 213, 215, 385, 422, 428, 647
Bohemund III., Fürst von Antiocheia 439
Bojaren, im alten Rußland fürstlicher Dienstadel 242, 248, 250, 252f., 256f., 259, 262, 265f., 272
Boleslaw I., Herzog von Böhmen 335, 636f.
Boleslaw II., der Fromme, Herzog von Böhmen 347, 639, 645
Boleslaw I. Chrobry (der Tapfere), Sohn Miskeos I., Herzog und König von Polen 233, 350ff., **640—643**
Boleslaw II., Sohn Kasimirs I., Herzog und König von Polen 646
Boleslaw III. Krzywousty (»Schiefmund«), Sohn Wladislaws I., Herzog von Polen 647ff.
Boleslaw IV., Sohn Boleslaws III., Herzog von Polen 650
Bollandisten (nach dem Jesuiten Johann von Bolland, 1596 bis 1665 benannte) Herausgeber von Heiligenbiographien 206

Bologna, Italien 98, 390, 432, 434, 463, 515f., 543, 545f., 575, 656
Bona (Bôna), Hafenstadt in Algerien 118
Bonaventura, italienischer Franziskanermönch, scholastischer Theologe 531, 545, 548f., 555, 557
Bonifatius (eigentlich Winfrid, Winfrith), aus Wessex, angelsächsischer Mönch und Missionar, Erzbischof von Mainz **287—293**, 300, 328, 627f.
Bonifatius II., vorher gotischer Archidiakon, Papst 621
Bonifatius VII., Papst 349, 639
Bonifatius VIII., vorher Benedetto Caëtani von Anagni, Papst 397, 486ff., 565f., 577, 602, 658f., *Abb. 485*
—, »Ausculta fili«, Schreiben (1301) 487
—, »Clericis laicos«, Bulle (1296) 487, 658
—, »Etsi de statu«, Bulle (1297) 487
—, »Salvator mundi«, Bulle (1301) 487
—, »Unam sanctam«, Bulle (1302) 487, 659
Bonifatius IX., vorher Pietro Tomacelli, Papst 251, 598f., 663
Bonifatius, Markgraf von Montferrat 218f., 458, 653
Bonn, am Rhein 636
de Boor, Helmut, Germanist 391f.
Boppard am Rhein 655, 663
Bordeaux, Südwestfrankreich 358f., 402, 410, 579f., 628, *Kartenskizze 319, 451*
Boris, Fürst von Twer 254
Boris, nach der Taufe Michael, Fürst der Bulgaren 201f., 633
Boris, Sohn Wladimirs des Heiligen, Fürsten von Kiew 233
Bornhöved(e), Holstein 465, 655
Bornu, Landschaft in Nordwestafrika 157
Bosnien, Landschaft auf dem Balkan 596, 650, 653
Boso, Graf von Vienne, Herzog von Italien, König von Niederburgund (Provence) 175, 318, 320, 633f., *Stammtafel 294f.*
Bosporus 183, 188, 205, 221, 223, 226, 624, 630, 637, 661
Botanik, arabische 125
Boucicaut, richtiger Bouciquaut, Jean le Meingre, Marschall von Frankreich 225, 607
Bougie (Bidschāja), westlich von Constantine, Algerien 156, 166, 659
Boulogne, Grafschaft in Flandern 453
Boulogne (-sur-Mer) 659

NAMEN- UND SACHREGISTER

Bourges, Frankreich 449f., *Kartenskizze 319*
Bourgneuf, Bretagne 410
Bourgs, gegründete Dörfer in Westfrankreich 418
Bouvines, Nordfrankreich 453, 466, 654
Brabant, Landschaft in den Niederlanden 399, 402, 406, 408f., 415, 552, 572, 658
—, Verfassung des Herzogtums 572
Brackmann, Albert, Historiker 341
Braga, Portugal 647
Brandenburg, Landschaft 333, 337, 437, 465, 571, 636, 651, 659
—, an der Havel (Brennabor) 465, 636, 637, 639
—, Mark 638, 660, 662, 664
Braničevo, Festung an der Donau, östlich Belgrad 652
Braunschweig, Stadt und Herzogtum 647, 651, 655

Breisach, am Oberrhein, Baden 654
Breitenwang, bei Reutte, Tirol 648
Bremen 324, 364, 367, 371, 374, 409, 632, 635, 644f., *Kartenskizze 319*
Brennabor, wendische Slawenburg, heute Brandenburg 636f.
Brenta, Fluß in Italien 634
Brescia, Lombardei 648ff., 663, *Kartenskizze 375*
Breslau, Schlesien 352, 641, 647

Brest, Bretagne 580
Bretagne, Halbinsel Frankreichs 410, 412, 445, 452, 523, **578 bis 580**, 629, 632, 652f., *Kartenskizze 451*
Brétigny, östlich Chartres, Frankreich 580, 584, 661f.
Bretislaw I., Herzog von Böhmen 361, 643
Bretonen, Stamm der Kelten 302, 401
Brie, Landschaft im Seine-Becken 398, 401
Brindisi (Brundisium), Apulien 411, 429, 645, 650, 654f., *Kartenskizze 375*
Brixen, am Eisack, Südtirol 365, 382, 644f.
Brjansk, an der Desna, Rußland 249, *Kartenskizze 267*
Brogne, Reformkloster bei Namur 501
Bruce, schottisches Königsgeschlecht normannischer Herkunft 585
Bruderschaften (tarīqa), islamische 174
Brüder vom gemeinsamen Leben, Fraterherren, aus der devotio moderna in den Niederlanden hervorgegangene christliche Gemeinschaft 558

Brügge, Flandern 406, 410, 414, 453, *Kartenskizze 451*
Brüsseler Volksaufstand 659
Brun, Sohn des Sachsenfürsten Liudolf, Sachsenherzog 318, 322, 634
Brun(o), Bruder Ottos des Großen, Erzbischof von Köln, Statthalter in Lothringen 346f., 499, 637, *Stammtafel 326f.*
Brun, Sohn Herzog Ottos von Kärnten, Bischof von Augsburg, siehe Gregor V., Papst
Brun, Graf von Egisheim (Elsaß), Bischof von Toul, siehe Leo IX., Papst
Brunhilde (Brunichildis), Tochter des Westgotenkönigs Athanagild, Gemahlin Sigiberts I., Königs von Burgund 281, 623f.
Brunnen, am Vierwaldstätter See, Mittelschweiz 659
Bruno von Köln, der Heilige, Gründer des Kartäuser-Ordens 504f., 508
Brussa, Nordwestkleinasien 224, 660
Bryennios, Nikephoros Bryennios, Dux von Dyrrhachion, byzantinischer Gegenkaiser 212, 214, 646, 648
Bū'āth, Schlacht von 41
Buchārā, Sogdiane 56f., 59, 71f., 103f., 154, 263, 633
al-Buchārī, Muhammad ibn Ismā'īl islamischer Traditionsgelehrter 57, 94, 634
Buchstabenmystik 106
Buddha, Siddhārtha Gautama 44, 72
Buddhismus 71, 96
Bürgerkrieg unter Ali 66f., 73, 76
Bürgertum, aragonisches 587
—, englisches 584
—, französisches 577
—, Hochmittelalter 522, 556, 559f., 605, 610f., 614, 616ff.
—, italienisches 574
—, schottisches 586
Bug, Fluß in Südrußland 232f., *Kartenskizze 235, 267, Karte 608*
Buhturī, al-Walīd ibn 'Ubaidallāh, arabischer Dichter 126
Būjiden, persische Dynastie 58, 101, 105, 121, 127, **129–134**, 138f., 142, 637, 644, *Kartenskizze 139*
Bulgaren, südslawisches Volk 69, 120, 137, 189f., 195ff., 206, 217, 225, 230, 312, 369, 626, 629ff., 633, 635, 638, 640f., 651f., **655–660**
Bulgarien 188, 190, 198, 201ff., **206–209**, 212f., 217f., 220, 222f., 232, 456, 596, 652f., 660f., 663, *Kartenskizze 211, 219*
—, Großbulgarisches Reich 204, 208, 217, 223, 634, 638, 642

Bulgarisch, südslawische Sprache 239, 241
Bulgarophygon, Thrakien 264, 634
Bulgarus, italienischer Jurist 434
Buonsignori, Gesellschaft von Kaufleuten in Siena 409
Buraburg, ehemaliges Bistum, wahrscheinlich südwestlich von Fritzlar 291
Burchard I., Herzog von Schwaben 324, 333, 635f.
Burchardinger oder Hunfridinger, schwäbisches Fürstengeschlecht 322, 324
Burgscheidungen an der Unstrut 337
Burgund, Landschaft in Südostfrankreich und der Westschweiz 284, 313, 321, 332, 358, 360ff., 367, 390, 401, 412, 426, 436, 450, 580f., 598f., 601, 621ff., 627, 631f., 635, 641ff., 651, 658, 662, *Kartenskizze 451*

—, Hochburgund (Franche-Comté) 320, 333, 635f., 650, 659, *Kartenskizze 319*
—, Niederburgund 627, 633, *Kartenskizze 319*
Burgunder 207, 275, 279, 283f.
Büriden, Seldschukendynastie in Damaskus 148f.
Bursuqiden, Regenten in Mosul 149
Byzantiner 346, 354
Byzantinische Reichskirche 31, 632
Byzantinisches (Oströmisches) Reich 28f., 53, 56, 69, 97, 145, **183–226**, 231f., 234, 236, 240, 304, 344f., 356, 360f., 407, 412, 424, **426–429**, 432, 438, 441f., 458f., 477, 492, 503, 535, 566, 569, **621–638**, 640 bis 662, *Kartenskizze 139, 151, 211, 219, 375*
—, Dynastienübersicht 191
— von Nikaia (Nicaea) 220f., 459, 483, **653–657**, 659
Byzanz (Konstantinopel) 26, 28ff., 36, 48, 50, 53, 56, 58, 60f., 69f., 72, 95, 97f., 106, 114, 117f., 121, 129, 132ff., 140, 145, 147, 154, 173, 218, 241, 259, 292, 296, 302, 342, 344, 346, 350, 353, 621

C

Cáceres, Estremadura, Spanien 167
Cadalus, Bischof von Parma, siehe Honorius (II.)
Cádiz (Gades), Andalusien 167, 479, 622, 656, *Kartenskizze 481*

Caedwal (Caedwalla), König von Wessex 287
Caesar, Gaius Iulius, römischer Staatsmann 519

NAMEN- UND SACHREGISTER 675

Caesarea (Kaisareia) Kappadokien 624f., 645
—, Palästina 60f., 185, 207, 281, 421, 639, 656, *Kartenskizze 443*

Caesarius von Heisterbach, Zisterziensermönch, Biograph des Kölner Erzbischofs Engelbert 506
Caëtani, Benedikt, siehe Bonifatius VIII., Papst
Cahen, Claude, französischer Islamforscher 97
Cahors, am Lot, Südfrankreich 409
Cahorsiner, Pfandleiher 409
Caithness, nördlichste Grafschaft Schottlands 643
Calais, Nordfrankreich 578, 580, 584
Calatrava, Spanien 435 f., 479
Calixtus II., vorher Guido, Graf von Burgund, Erzbischof von Vienne, Papst 390, 419, 647 f.
—, »Etsi Judaeis«, Bulle zum Schutze der Juden (1120) 648
Calixtus (III.), vorher Johann, Kardinalbischof von Albano, Gegenpapst 436, 650 f.
Calvin, Johann, eigentlich Jean Cauvin (Caulvin), Reformator 40
Camaldoli, Stammkloster des Kamaldulenser-Ordens bei Arezzo, Toskana 351, 501
Cambray (Cambrai), an der Schelde 358
Cambridge, Südostengland 514
Campagna (di Roma), Landschaft zwischen Rom und dem Albanergebirge 351, 389
Cannae, Apulien 642, *Kartenskizze 375*
Cannstatt, heute Vorstadt von Stuttgart 628
Canones, Rechtsvorschriften für die Geistlichkeit 301, 315, 378, 448
Canossa, Felsenburg Oberitalien 380 f., 383, 387, 645, *Kartenskizze 375*
Canterbury (Cantwaraburh, »Siedlung der Männer von Kent«), Südostengland 286, 390, 444, 510, 512, 624, 626, 650 f., *Kartenskizze 451*
Capua, Kampanien, Italien 343, 365, 369, 371, 427, 638 f., 642, 656, *Kartenskizze 319*
Carcassonne, an der Aude, Südfrankreich 457, 627, 653
Caritas, aktive Barmherzigkeit, Krankenpflege, Armenfürsorge 504, 523, 539, 541, 552, 558
Carmina Burana, Sammlung der Vagantenpoesie 514, *Abb. 520*
Cartagena (Neukarthago), Südostspanien 622, *Kartenskizze 159*
Caspar, Erich, Historiker 293, 340

Cassiodor, weströmischer Staatsmann, Schriftsteller 492, 494
Castelnaudary, Südfrankreich 654
Cecco d'Ascoli, italienischer Astrolog und Dichter 559
Centenarius, königlicher Beamter und Gehilfe des Grafen 299
Ceprano, südöstlich Rom 655
Cerami, Nordostsizilien 145, 373
Ceuta (Septem, Septon, arabisch Sebtah), Marokko 170, 627, *Kartenskizze 481*
Ceylon 120
Chadīdscha, Gemahlin Muhammads 36 f., 40, 623
Chaibar, Oase nördlich Medina 46, 49
Chālid al-Qasrī, umajjadischer Statthalter im Irak 76
Chālid ibn al-Walīd, arabischer Feldherr 49, 60, 184 f.
Chalkedon, am Bosporus 56, 69, 626
Chalon-sur-Saône (Cabillonium, Cabilo), Burgund 649
Champagne, Landschaft im östlichen Pariser Becken 398, 402, 408 f., 411, 415 f., 459, 472, 474, 502, 525, 643, *Kartenskizze 451*
Chancellor, Richard, englischer Seefahrer 263
Chandax, siehe Kandia
Chansons de Geste, epische Dichtungen des französischen Mittelalters 413, 606
Charādsch (arabisch), siehe Grundsteuer
Charibert, Sohn Chlothars I., König des westlichen Frankenreiches mit Paris 622 f.
Chāridschiten (chawāridsch), islamische Sekte 56, 66 f., 73 f., 76, 79, 82, 88 f., 102 f., 109 f., 112, 146, 625, 628
Charisma, übernatürliche Fähigkeit, Begnadung 54, 85, 102, 108, 270, 449
Charroux, Westfrankreich 358
Chartres, Nordwestfrankreich 386, 388, 420, 472, 517 f., 521, 549, 613, *Kartenskizze 451*
—, Kathedrale 521, 549
—, Schule von 509, 517–521, 533 f., 537, 544
Chartreuse Grande, Große Kartause, erstes Kloster des Kartäuserordens bei Grenoble 504
Châteaudun, nordwestlich von Orléans 472
Château Gaillard, Festung (heute Ruine) an der Seine in Andelys 653
Chatillon (-la-Bataille), an der Dordogne, Südwestfrankreich 650
Chaucer, Geoffrey, englischer Dichter 608

Chazaren (Chasaren), Nomadenvolk umstrittener Herkunft 120, 137, 190 f., 199, 201, 230, 232 f., 628, 638
Chazradsch, Sippe der Banū Qaila 41
Chelles, an der Marne ostwärts von Paris 623
Cherson (esos), auf der Krim 190, 208, 234, 640, *Kartenskizze 235*
Chester, Stadt und Pfalzgrafschaft, England 444
Chevremont, Merowingerburg südöstlich von Lüttich 337
Chiers, rechter Nebenfluß der Maas 639
Chilandarikloster, Berg Athos 218
Childebert I., Sohn Chlodwigs, König des Frankenreiches im Gebiet zwischen Bretagne und der Somme 621 f.
Childebert II., Sohn Sigiberts und der Brunhilde, König des Frankenreiches im Osten (Austrien) 623
Childerich III., König der Franken, der letzte Merowingerkönig 291, 628
Chilperich I., Sohn Chlothars I., König des Frankenreiches im Westen (salisches Franken) 283 f., 622 f.
Chilperich II., Sohn des Childerich II., König der Franken in Neustrien 627
China 57, 72, 120, 263, 540, 567
Chinon, à la Vienne, Touraine 448, 651
Chios, ägäische Insel 188, 651, 659, 661, *Kartenskizze 211*
Chirurgie 517
Chiwa (Chwārezm), Stadt und Oase am Oxos 71 f., 138
Chloderich, Sohn des Frankenkönigs Sigibert 280
Chlodomer, Sohn Chlodwigs I., König des Frankenreiches in Ost-Aquitanien 621
Chlodosuinda (Chlodoswintha), Tochter Chlothars I., Gemahlin Albuins, des Königs der Langobarden 283
Chlodwig (Chlodowech) I., König der Franken 276 f., 279–284, 621
Chlodwig II., Sohn Dagoberts I., König der Franken in Neustrien und Burgund 624 f.
Chlothar (Chlotachar, Lothar) I., Sohn König Chlodwigs, König des Frankenreiches 283 f., 621 ff.
Chlothar II., Sohn Chilperichs I., König des Frankenreiches 285, 623 f.
—, »Edictum Chlotharii« 285, 624

NAMEN- UND SACHREGISTER

Chlothar IV., angeblich Sohn Theuderichs III., von Karl Martell eingesetzter König der Franken 627
Choniates, Niketas, siehe Akominates
Chorasan, Landschaft in Iran 57, 62, 71f., 75, 79f., 87, 89f., 101, 103f., 106f., 138, 140, 154, 628, 631, 633, 635, 643
Chorasanier 81, 90
Chorherren, Mitglieder ordensähnlicher Gemeinschaften von Weltklerikern 419, 503f., 537f.
Chouzè-sur-Loire, westlich Tours 650
Chrétien von Troyes, französischer Dichter der Ritterepik 525
Christen 50ff., 59, 69f., 78, 86, 93, 112, 114ff., 118, 128f., 134, 145f., 148, 150, 161f., 167-170, 172, 193, 212, 234, 278f., 293, 302, 307, 309, 368, 376ff., 380, 382-385, 392, 422, 424, 482, 656
—, armenische (Monophysiten) 421
—, Verfolgung 30
Christenheit 15-19, 159f., 167, 200, 217, 225, 371, 373, 377
Christentum 30-34, 36, 44, 71, 83, 92, 113, 115, 123f., 177, 183, 201, 208, 229, 234, 240, 275ff., 286, 288, 301, 333, 350f., 626, 633, 636, 639, 656, *Abb. 536*
—, Auferstehung 123
—, Schöpfung aus dem Nichts (creatio ex nihilo) 123
Christianisierung der Sachsen 301ff.
— der Slawen 199f., 202, 206, 208, 220, 231, 234
Christoph II., König von Dänemark 591
Christophoros, byzantinischer Feldherr 202
Christus 44, 123, 183, 193, 205, 240, 281, 303, 329, 346, 351f., 365f., 381f., 385, 389, 518, 549, 557, 559, *Abb. 204, 340, 352*

Chrodechildis, Tochter Chlodwigs I., Gemahlin Amalarichs, Königs der Westgoten 621
Chrodichilde (Klothilde), Tochter König Chilperichs II. von Burgund, Gemahlin Chlodwigs I., Königs der Franken 279
Chronos, griechischer Gott der Zeit 33
Chrysopolis (Skutari, Üsküdar), asiatischer Stadtteil von Konstantinopel 630, 640
Chumārawaih, Tūlūnide, Statthalter in Ägypten und Syrien 111
Chusrō II. Parwēz, König von Persien 51
Chūzistān, Landschaft in Südwestpersien 175

Chwārezm (Chiwa), Stadt und Oase am Oxos 59, 71f., 138, 154, 196, 649
Chwārezmier (Chorizmier), indogermanisches Volk 59, 71f., 120, 140, 153, 171f., 178, 483f., 656
Chwārezmschāhs, ostiranische Dynastie 59, 153f., 176, 178, 649, 655
Cicero, Marcus Tullius, römischer Philosoph, Redner und Staatsmann 350, 514, 519
Cid, maurischer Beiname von Rodrigo (Ruy) Díaz aus Vivar, spanischer Nationalheld 145, 158, 384, 646

Ciompi-Aufstand in Florenz unter Führung des Wollkämmers Michele di Lando 617
Citeaux (Cistercium), Mutterkloster des Zisterzienserordens in Burgund 399, 506, 528
Cividale del Friuli, Friaul 655
Civitas Dei, Gottesstaat 53
Civitate, Apulien 368, 644
Clairvaux, Zisterzienserkloster bei Troyes in der Champagne 397, 399, 420, 512, 528, 648f.
Clarendon, ehemaliges englisches Königsschloß bei Salisbury, Südengland 446
Clemens II., vorher Bischof Suidger von Bamberg, Papst 364f., 643f.
Clemens (III.), vorher Wibert, Erzbischof von Ravenna, einst Kanzler Heinrichs IV., Gegenpapst 382f., 646
Clemens III., vorher Paolo Scolari, Kardinalbischof von Palestrina, Papst 651
Clemens IV., vorher Guy (le Gros) Foulques, Kardinal, Papst 476, 657
Clemens V., vorher Raimond Bertrand de Got, Erzbischof von Bordeaux, Papst 488, 565ff., 569, 659
Clemens VI., vorher Pierre Roger de Beaufort, aus Limoges, Papst 566, 568, 571, 661
Clemens (VII.), vorher Robert von Genf, Bischof von Cambrai, Kardinal, Gegenpapst zu Avignon 597f., 662
Clermont (Clermont-Ferrand), Auvergne 384, 449, 646, *Kartenskizze 451*
Clermont-en-Beauvaisis, Grafschaft in der Ile-de-France 452, 471
Cluniazenser, Kongregation der Benediktiner 354f., 364, 399
—, Reformbewegung 198, 210, 354f., 376, 386, 501f., 508, 512

Cluny, Benediktinerabtei in Burgund, Reformkloster 118, 354f., 376, 383, 420, 500-503, 506, 528, 640, 642, 647
Codex aureus, siehe Evangeliar Ottos III.
Coelestin III., vorher Giacinto Boboni-Orsini, Papst 440f., 652, *Abb. 444*
Coelestin IV., vorher Goffredo Castiglione, Kardinalbischof, von Sabina, Papst 462, 656
Coelestin V., vorher Pietro Angelari da Murrone, Benediktiner, Papst 486
Cola di Rienzo, Nicolaus Laurentii, römischer Volkstribun, religiöser Schwärmer 560, 575, 661
Colman, irischer Bischof 286
Colmar, Oberelsaß 314, 632
Colonna, Otto, siehe Martin V.
Colonne, Kap, Kalabrien 348, 639
Columba (irisch Colum), irischer Mönch und Heiliger 623
Columban (Columbanus), der Jüngere, irischer Mönch 283, 286, 495, 623f.
Comacchio, Podelta, Italien 344

Common Law, englisches gemeines Recht 448
Compagni, Dino, aus Florenz, Geschichtsschreiber 610
Compiègne, Nordfrankreich 293, 348, 510, 628, 631, 634
Compositionsverfahren, Ablösen von Körperstrafen durch Geldbußen 301
Couches, Normandie 518
Constans II. (Kónstas), Sohn Konstantins III., byzantinischer Kaiser 186f., 189, 191, 625
Constantine, Algerien 109
Constantinus Africanus, aus Karthago, Übersetzer griechischer und arabischer Schriften zur Medizin 517
Covadonga, Spanien 114
Corbeil, an der Seine, südlich von Paris 470, 480
Corbie, an der Somme, Benediktinerabtei, Nordfrankreich 311f., 330, 625, 631
Córdoba (Corduba) am Guadalquivir, Spanien 57ff., 77, 98, 113, 115f., 134, 159f., 167f., 170, 425, 479, 622f., 629f., 636, 638f., 648, 655, *Abb. 116f., Kartenskizze 159, 481*
Cornwall, Grafschaft in Südwestengland 467, 656f.
Corpus iuris civilis, spätere Bezeichnung der Gesetzessammlung Justinians 193, 202f., 516
Cortenuova, Lombardei 462, 655
Cortes, Ständeversammlung in den spanischen Königreichen 482, 587f., 590, 606

NAMEN- UND SACHREGISTER

Cortez, Fernando (Hernan Cortés), spanischer Konquistador 223
Corvey (Korvey), Benediktinerabtei, an der Weser 325, 330, 337, 631
Cossa, Baldassare, siehe Johannes (XXIII.)
Cotrone (Kroton), Kalabrien 348, 639, *Kartenskizze 375*
Courtenay, französisches Grafengeschlecht 422, 654f.
Courtenay, Gâtinais, Frankreich 422
Courtrai, siehe Kortrijk
Crassus, Petrus, Jurist aus Ravenna 390
Crécy-en-Ponthieu, Nordfrankreich 578, 595, 661
Cremona am Po 207, 325, 332, 342, 361, 384, 434, 475, 624, *Kartenskizze 375*
Crescentius de Theodora, Sohn der Theodora, römischer Patricius 639
Crescentius, Johannes, Sohn des Crescentius de Theodora, Patricius in Rom 351, 353, 649f.
Creuse, rechter Nebenfluß der Vienne, Frankreich 401
Crwth (Crewth, lat. chrotta, mhd. rotta), harfenähnliches Streichinstrument der Kelten 624
Cuenca, Ostspanien 426
Cypern 56, 69, 171, 186, 188f., 218, 438, 440, 483ff., 566, 628, 635, 638, 652, *Kartenskizze 211, 219*
Cyprioten 189
Cyrenaica (Pentapolis), Landschaft in Nordafrika 69, 152, 625
Cyrus, Patriarch in Babylon (Alt-Kairo) 61

D

Dadschā 'ima, arabische Dynastie 26
Dänemark 261, 264, 356f., 361, 437, 465, 573, 590ff., 615, 631, 640, 642ff., 648, 655, 661, 663
Dänen, nordgermanisches Volk 347, 356, 409, 630, 640f., 659f.
Dagobert I., Sohn Chlothars II., König des Frankenreiches 285, 624
Dagobert III., Sohn Childeberts II., König von Neustrien und Burgund 327
Dahr, altarabische Göttin 33
Daibul (Karachi), Sindh 72
Dailam, Landschaft in Persien 96, 101, 119, 129, 133

Dalmatien, Küstenlandschaft an der Adria 199, 214, 382, 458, 466, 540, 574, 596, 630, 650, 652, 661, *Kartenskizze 211*
Damaskus, Syrien 56, 58ff., 71, 77, 79, 112, 136, 147—150, 152, 175, 185, 207, 424, 438, 624f., 634, 639, 646, 650, 652, 658, *Kartenskizze 151, 211*
—, Umajjaden-Moschee 56, *Abb. 77*
Damasus II., vorher Poppo, Bischof von Brixen, Papst 365, 644
Damiani, Petrus (Petrus de Honestis), Heiliger 352, 364, 366, 371
—, »Adversus simoniacos (Wider die Simonisten)« 367
Damiette, Hafenstadt in Ägypten 153, 172, 461, 484, 632, 654, 656f.
Dampierre, Gui de, Graf von Flandern 471
Dandāqān, nahe Merv, Ostiran 58, 140
Dandolo, Enrico, Doge von Venedig 218, 458f., 653
Daniel, Fürst von Wolhynien und Galizien 242, 246, 248
Daniel, Sohn Alexanders Newskij, Fürst von Moskau 246f., 658
Dante Alighieri, aus Florenz, italienischer Dichter 18, 531, 559, 609, 659
—, »Göttliche Komödie (Divina Commedia)« 18, 559
—, »De Monarchia« 602
Danzig 465
Daqiqi, Abū Mansūr, persischer Dichter 104
Dār al-harb (arabisch), unbezwungenes Kriegsgebiet (der Ungläubigen) 141
Dār al-hidschra (arabisch), Stätte der Auswanderung 107
Dār al-hikma (Haus der Weisheit oder der Philosophie), Übersetzungszentrum in Bagdad 88
Dār al-Islām, islamischer Herrschaftsbereich 60, 63, 68, 71ff., 80, 82, 87, 92, 95, 99, 104, 106, 118, 128, 130, 137, 140f., 152, 156, 158, 161f., 167, 170, 175, 177, 202, 297
—, Berufsheer 96, 100f.
—, gesellschaftliches Leben 97—102
—, Münzwesen 56, 64, 77, 100
—, Rechtsprechung 62f., 84, 86
—, Spaltung der islamischen Welt 153—161
—, Steuer 49, 51, 55f., 62f., 76ff., 99f., 132
—, Verwaltung 61—65, 69, 73, 76ff., 84, 86, 99f., 133
—, Wirtschaft 98f.
ad-Darazī, Muhammad ibn Ismā'īl, Vorkämpfer einer islamischen Sekte 135
Dardanellen (Hellespont) 428, 596

Dassel, am Nordostrand des Solling 650
Dathin, bei Gaza 184
ad-Daula, 'Adud, būjidischer Hausmeier 130
ad-Daula, 'Imād, būjidischer Hausmeier 130
ad-Daula, Jamin, Titel der Ghaznawiden 138
ad-Daula, Nāsir, siehe ibn Hamdān
ad-Daula, Rukn, Ehrennahme Tugh-ril-Bigs 142
Dauphiné, Landschaft in Südostfrankreich 417, 578, 616

David, König der Juden 305f.
David I., König von Schottland 445f.
David II. Bruce, König von Schottland 585f.
David Komnenos, Gründer des Kaiserreiches Trapezunt 220
David, Bruder Llewelyns II., Prinz von Wales 468
Dazimon (Dazmana), Kleinasien 632
Defoe, Daniel, englischer Schriftsteller 168
—, »Robinson Crusoe« 168
Dekretalen, päpstliche Weisungen, Entscheidungen von Rechtsfällen 432, 463, 486, 515f., 653, 657, *Abb. 556*
—, Pseudoisidorische 315, 318, 633
Delhi, an der Jumna, Indien 153
Demen (démos, Volk), altrömische Gebietseinteilung 186
Denarius (Denar), Silbermünze, römische 77
—, —, englische (1180) 411
—, —, deutsche *Abb. 368*
Denia, Hafen in Westspanien 159, *Kartenskizze 159*
Desiderius, letzter König der Langobarden 293, 296, 302, 629, *Stammtafel 294f.*
Desiderius, Abt von Monte Cassino, siehe Viktor II., Papst
Despenser, englisches Adelsgeschlecht 583
Despenser, Hugh, englischer Baron, Graf von Winchester 583
Deutsche 152, 215, 346, 350, 391, 412, 424, 660
—, Niederdeutsche 244
Deutsche Sprache (theutonica lingua) 323
Deutscher Orden, geistlicher Ritterorden (gegründet 1198) 246f., 252, 264, 442, 465, 552, 573, 592ff., 652f., 654ff., 659, **661—664.**
Deutsches Reich 261, **432—437**, 450, 466, 577, 636, **636—664**
—, Vertrag mit Rußland gegen Polen (1514) 260
Deutschland 213, 215f., 218, 226, 233f., 330, 341, 345f., 348, 350,

353, 362, 367ff., 381, 389, 391, 399, 401, 403ff., 408f., 412ff., 416ff., 441, 448, 458, 460, 463—466, 486, 498ff., 503, 525, 532f., 551, 555, 569—572, 591, 596f., 611f., 615f., 654
—, West- 358, 402
—, Süd- 401, 402, 408, 433
—, Nord- 402, 410
Deville, Ardennengemeinde an der Maas 643
Devotio moderna, niederländische mystische Bewegung 558
Dhikrawaih, Qarmatenführer 107
Dhimma (arabisch), Schutzverband der Nichtmuslime 78
Dhū Nuwās, König von Jemen 30, 56
Dhū Qār, Schlacht bei 32, 56
Dialektik, Methode, durch Aufweisen und Überwinden von Widersprüchen die Wahrheit zu erforschen 509ff., 513—516, 518ff., 530, 533, 544
Diamat, dialektischer Materialismus 189
Díaz, Rodrigo, siehe Cid
Dichtung, antike 508, 518
—, arabische 34, 87, 92, 125f., 155, 158, 174
—, französische 606
—, germanische 494f.
—, mystische 552f.
—, ottonische 499
—, persisch-arabische 104, 126, 143, 174
—, religiöse 316ff.
—, ritterliche 522—526, 551, 555f.
—, spanisch-arabische 117, 158
Didymoteichos, Thrakien 224
Diego, Bischof von Osma in Kastilien 542
Dienstadel, russischer 257f., 262, 266, 269
Dienstgut (beneficium) 257f., 262, 268, 360, 567f.
Dietrich, sächsischer Graf 635
Dietrich vom Elsaß, Graf von Flandern 449
Dietrich von Nieheim (Niem), Bischof von Verden, Rechtsgelehrter, Chronist und Publizist 603
Dietrich, Graf von Wettin, Markgraf der Ostmark 643
Digenis Akritas, Held des gleichnamigen byzantinischen Nationalepos 195
Dijon, Burgund 501, 506
Dilatatio imperii Christiani (lateinisch), Ausbreitung des christlichen Reiches 60
Dilatatio regni Christi et ecclesiae 144f.
Dimitrij, Fürst von Perejaslawl 246
Dimitrij, Sohn Michails, Großfürst von Twer 247

Dimitrij Donskoj, Großfürst von Moskau 250f., 663
Dimitrij (Shemjaka), Sohn Großfürst Jurijs von Galitsch, Usurpator des Throns von Moskau 252
Dīnār, Geldeinheit des arabischen Münzsystems 77, 100
Diniz (Dionysius), König von Portugal, Sohn Alfons' III. 589f.
Diokletian, Gaius Valerius Aurelius Diocletianus, römischer Kaiser 183, 185f., 189, 203
—, strata Diocletiana 185
Dionysios, christlicher Märtyrer 332
Dir, Gefolgsmann von Rjurik 231
Dirham, Silbereinheit des arabischen Münzsystems 77, 100
Diskant, in der alten Musik eine höherliegende Gegenstimme zu einer gegebenen Melodie 522
Dīwān (persisch), Hofhaltung des Herrschers 86, 172
al-Djof, Oase, Syrien 184
Dmitrij, Sohn Iwans III., Großfürst 260, 262, 269
Dnjepr, Fluß in Südrußland 229 bis 232, 255, 634, 642, Kartenskizze 235, 267
Dnjestr, Fluß in Rußland 232, Kartenskizze 235
Döffingen, südwestlich Stuttgart 662
Dogmatik, christliche 304, 377, 515f., 530, 545f.
Doketismus, gnostische Lehre, die sichtbare Erscheinung Christi wäre nur Schein gewesen 44
Dokkum, Niederlande 293, 628
Domäne, Staatsgut 403, 417
Domesday, englisches Reichsgrundbuch (1085/86) 372, 397, 646
Dominikaner, Predigerorden, gestiftet 1216 vom heiligen Dominikus 415, 465, 482, 542f., 545ff., 554, 556, 558, 567
Dominikanerinnen 558
Dominikus, aus Caleruega, Kastilien, spanischer Ordensgründer 505, 541—544
Domitian(us), Titus Flavius, römischer Kaiser 189
Domkapitel 503f.
Domschulen 499, 508ff., 514, 517f.
Don, Fluß in Südrußland 199, 229f., 232, 250, 266, 407, Kartenskizze 235, 243
Donareiche in Geismar 287
Donatisten, schismatische Partei, Anhänger des Donatus, Bischofs von Karthago 146, 187
Donau (Danuvius) 188, 195f., 203, 212ff., 302, 409, 634, 638, 640, 643, 648, Kartenskizze 211, 219, 235, 319
Dortmund, Westfalen 348

Dorylaeum (Dorylaion), Westkleinasien 95, 154, 646, 649
Dorystolon (Durostorum, Driswa, Silistria), an der Donau 207, 639
Douglas, schottisches Adelsgeschlecht 585f.
Drahm (von griechisch drachme), sasanidische Silbermünze 77
Drewljanen, ostslawisches Volk 232
Drogo, Halbbruder Ludwigs des Frommen 311
—, Sohn Tancreds von Hauteville, normannischer Ritter 357
Drusen, islamische Sekte 135
Dschabalq, bei Isfahān 80, 628
Dscha'far, Milchbruder Hārūn ar-Raschīds 90
Dscha'far as-Sādiq, sechster schī'itischer Imām 106
Dschāhilijja (arabisch), Zeit der Unwissenheit 32, 34, 64
al-Dschāhiz, Abū 'Utmān 'Amr ibn Bahr, arabischer Schriftsteller 82, 88
Dschalāl ad-Dīn Mankobīrti, Heerkönig der Chwārezmier 171f.
Dschalāl ad-Dīn Rūmī, persischer Dichter 174
Dschamā'a (arabisch), Religionsgemeinschaft 53, 64, 66ff., 74, 82f., 91, 93, 105
Dschamil, arabischer Dichter 126
Dschätt, siehe Zutt
Dschauhar (Gōhar) al-Kaid, Eroberer Ägyptens 58, 110
al-Dschazīra, Landschaft in Mesopotamien 61f., 89, 97, 101, 103, 147, 150, 172, Kartenskizze 151
Dschihād (arabisch Anstrengung), im Islam Glaubenskrieg 40, 65, 79, 95, 138, 140, 145f., 149, 156f., 161, 166, 174f., 184, 290, 643
Dschinn (arabisch), Dämon 38
Dschizja (arabisch), Abgabe, Tribut 51f., 65
Dschunaid, Abū'l-Qāsim ibn Muhammad, Repräsentant des Sūfismus 122
Du'ā', persönliche Anrufung 51, 175
Dualismus, Lehre, die von zwei einander entgegengesetzten Prinzipien ausgeht 92, 240, 456
Dublin, Irland 446
Dudo (Dudon), Domherr von Saint-Quentin 356
Dümmler, Ernst, Geschichtsforscher 340
Dürnkrut, an der March, Niederösterreich 658
Dukas, die, byzantinische Dynastie 191, 212

NAMEN- UND SACHREGISTER 679

Dukaten (Zecchino), venetianische Goldmünze (1284) 411
Dūmat al-Dschandal, Syrien 66, 184
Duncan, Enkel Malcolms II., König von Schottland 643
Durazzo, siehe Dyrrhachion
Durham, englische Stadt und Grafschaft 444
Dwin, Armenien 209, 625
Dyrrhachion (Epidamnos, Durazzo), Illyrien 208, 213f., 216, 441, 641, 646, 652, 656

E

Eberhard, Bruder König Konrads I., fränkischer Herzog 324f., 330, 335—338, 635f., *Stammtafel 326f.*
Eberhard, Sohn Herzog Arnulfs, Herzog von Bayern 335f., 636, *Stammtafel 326f.*
Eberhard II., der Greiner (der Rauschebart), Sohn Ulrichs III., Graf von Württemberg 662
Ebo, Erzbischof von Reims 631
Ebro, Fluß in Spanien 425f., 644, *Kartenskizze 159*
Echnaton (Amenophis IV.), König von Ägypten 293
Echternach, Luxemburg 289
Eckhart, Meister, von Hochheim, Dominikaner, thüringischer Mystiker 558, 660
Écu, französische Goldmünze Ludwigs IX. (1266) 411
Edessa, Mesopotamien 31, 59, 149, 205, 625, 637, 643, 649, *Kartenskizze 151, 211, 219*
—, lateinische Grafschaft 140, 146ff., 215, 421f., 438, *Kartenskizze 443*
Edgitha (Edith), angelsächsische Fürstentochter, erste Gemahlin Ottos des Großen 347, 639, *Stammtafel 326f.*
Edigü, Emir der Tataren 251
Edmund, Sohn König Heinrichs III. von England 467, 475
Eduard der Bekenner, Sohn Ethelreds des Unberatenen, König von England 372, 644
Eduard I., Sohn Heinrichs III., König von England 466, 468ff., 472, 485, 487, 582, 657ff.
Eduard II., Sohn Eduards I., König von England 582ff., 659f.
Eduard III., Sohn Eduards II., König von England 566, 571, 577f., 580, 583f., 586, 660ff.
Eduard, Prince of Wales, Sohn König Eduards III. von England, der Schwarze Prinz 579ff., 589, 607, 661f.
Eduard Baliol (Balliol), Sohn des Königs John Baliol von Schottland, Gegenkönig zu David II. von Schottland 584
Eduard Bruce, schottischer Adliger, König von Irland 586
Eger, Böhmen 595, 654, 658f., 663
Ehekonsens in England 372
Eherecht der Araber 25
Eheverbot zwischen Goten und Romanen 623
Eider, Grenzfluß zwischen Schleswig und Holstein 642
Eideshelfer 383
Eidesleistung 264, 266, 300, 315, 324, 342, 347, 359, 379, 382, 390, 412f.
Eidgenossenschaft, Schweizer 572f., 660—663
Eidgenossenschaften, arabische 27
—, mittelalterliche 358, 389, 414
Eigenkirche, Kirche als Eigentum eines weltlichen Herrn im Mittelalter 275, 310, 644
Eigenklöster 310
Einhard, Abt, Vertrauter Karls des Großen 69, 302, 313, 496f., 632
—, »Vita Caroli Magni (Leben Karls des Großen)« 69, 632
Eirene (Irene), Gemahlin Kaiser Leons IV., 191, 195ff., 629f.
Eirene Dukas, Gemahlin des Kaisers Alexios I. 214
Eirene, Tochter Ladislaus' I. von Ungarn, Gemahlin Kaiser Johannes' II. Komnenos 648
Ekkehard von Aura, Abt des Klosters Aura, Unterfranken, mittelalterlicher Chronist 532, 534
Ekkehard (Ekbert), Herzog in Thüringen, Markgraf von Meißen 641
Ekthesis, monotheletische Formel des Kaisers Herakleios (638) 187, 625
Elath, siehe Aila
Elbe (Albis) 348, 399ff., 405f., 410, 412, 437, 465, 630, *Kartenskizze 319*
Elegie, arabische 126
Eleonore, Tochter Heinrichs II. von England, Gemahlin König Alfons' VIII. von Kastilien 650
Eleonore von Poitou, Tochter Herzog Wilhelms X. von Aquitanien, Gemahlin Ludwigs VII. von Frankreich und hernach Heinrichs II. von England 424, 445f., 450, 525, 648f.
Elisabeth, Tochter des Herzogs Otto II. von Bayern, Gemahlin des deutschen Königs Konrad IV. 655, *Stammtafel 430f.*
Elisabeth, Tochter König Přemysls von Polen, Gemahlin König Wenzels II. von Böhmen und hernach König Rudolfs von Böhmen 659
Elisabeth, Tochter König Wenzels II. von Böhmen, Gemahlin König Johanns von Böhmen 569, 594
Elisabeth von Pommern, vierte Gemahlin Kaiser Karls IV. 662
Elisabeth von Ungarn, Gemahlin Landgraf Ludwigs IV. von Thüringen, Heilige 552
Elsaß, 313, 360, 464, 554, 631, 636, 642, 657
Elxai (Elchasai), Stifter einer judenchristlich-gnostischen Sekte 44
Emanationslehre 106, 316
Emesa (heute Homs), Syrien 147, 640, *Kartenskizze 443*
Emilia (Aemilia), Landschaft in Norditalien 432
Empirismus 124f.
Engelbert, Sohn Graf Engelberts von Berg, Erzbischof von Köln 654
Engelbert von Falkenburg, Erzbischof von Köln 464
Engelsburg (Castel Santo Angelo), am Tiber in Rom 382, 650
Engern (Angraria), Landschaft beiderseits der Weser, nördlich der Eder 651
Engländer 152, 263
England 215, 246, 288, 301, 357, 372, 378, 390f., 397f., 400, **402—406**, 408—413, 415, 417f., 427, 435, 442, **444—448**, 456, 466—470, 476, 486, 494ff., 516, 521, 535, 568, 573, **578—587**, 589, 596f., 600, 603, **610—618**, 623, 640ff., 644, 646f., **649** bis 653, 656ff., **660—663**
—, Peterspfennig 372
—, Verwaltung und Gerichtsbarkeit 447f., 466, 469
Englische Sprache 168, 586, 609
Ennen, Edith, Historikerin 357
Enns, rechter Nebenfluß der Donau 630, 635
Entelechie, zielgerichtete Entwicklungsfähigkeit (Aristoteles) 177, 221f.
Entre-deux-Mers, Landschaft in Westfrankreich 401
Enzio, illegitimer Sohn Kaiser Friedrichs II., König von Sardinien 463, 655f., *Stammtafel 430f.*
Epanagogé, Gesetzessammlung des Kaisers Basileios I. 202
Epirus, lateinisch-Despotat 220f., 459, 655ff., 659f., *Kartenskizze 219*

680 NAMEN- UND SACHREGISTER

Epos, persisches 104, 126, 143, 174
—, ritterliches 525
Erbfolgerecht, russisches 237, 248, 647
Erbrecht, islamisches 25, 51
Erbsünde 40
Erchanger, Bruder Kunigundes, der Gemahlin Konrads I., schwäbischer Kammerbote 322ff., 635
Eremiten 492, 494, 501, 504f., 509, 527f., 553
Eresburg, Grenzfeste der Sachsen an der Diemel, Westfalen 336, 629
Erfurt, Thüringen 291, 334, 628, 651
Erich von Pommern, Urenkel Waldemars IV. von Dänemark, König von Norwegen, Schweden (Erik XIII.) und Dänemark (Erik VII.) 592
Erik (II.) Emund, König von Dänemark 648
Erik (V.), Glipping, Sohn Christophs I., König von Dänemark 591
Erik (VI.) Menved, Sohn Eriks V., König von Dänemark 591
Erlembald, Bruder des Subdiakons Landulf, Führer der Pataria 372
Ernst II., Sohn Ernsts I. und der späteren Kaiserin Gisela, Herzog von Schwaben 360, 642, *Stammtafel 363*
Ernteertragsabgabe im Islam 49, 76
Eschatologie, Lehre von den letzten Dingen 45, 81, 90, 146, 164, 240, 259f.
Esra, jüdischer Schriftgelehrter 52
Este, altes italienisches Adelsgeschlecht 475, 575
—, Obizzo d', Herrscher in Ferrara 476
Estland 465, 593, 655, 661
Estremadura, Landschaft in Spanien 478f., *Kartenskizze 481*
Ethelbert (Aethelbert, Aedilbert), König von Kent 623
Ethelred I., König von Northumbrien 288
Etsch (Adige), linker Nebenfluß des Po 384, 637
Etzel (Attila), König der Hunnen 207
Euboia, griechische Insel 428
Eudo von Stella, häretischer Wanderprediger aus der Bretagne 507
Eudokia (Makrembolitissa), Nichte des Michael Kerullarios, Gemahlin Kaiser Konstantins X. Dukas, hernach des Romanos' IV. Diogenes 645
Eugen I., Papst 625
Eugen III., vorher Pietro Bernardo Paganelli, Papst 420, 423, 429, 433, 649

Eugenikos, Johannes 226
—, Markos, Erzbischof von Ephesos 226
Euklid (Eukleides), griechischer Mathematiker 517
Eulogius, christlicher Priester 115
Euphrat 66, 438, 657, *Abb. 152*, *Kartenskizze 139, 151, 211, 443*
Eupraxia (Praxedis), siehe Adelheid
Euripides, attischer Tragiker aus Phlya 13
Europa 14, 18, 70f., 93, 113, 133, 147, 149, 160, 183f., 187, 189, 195, 205, 215, 221, 224f., 236, 245, 263, 323, 330, 346, 356, 661
—, Bevölkerungsveränderung 574, 612—615
—, Handel 150ff., 154, 171, 234, 244, 263
— im 14. Jahrhundert 563—618, *Karte 608*
—, Mittel- 196, 201, 236
—, Nord- 244
—, Ost- 201, 208, 231, 408f., **637** bis 663
—, Süd- 118
—, Südost- 183, 195f., 225, 637
—, West- 118, 230, 241, 244, 246, 264, 397, 400f., **403—406**, 411, 415ff., 432, 481
Eusebius, Bischof von Caesarea, Kirchenhistoriker 281
Eustathios, Erzbischof von Thessalonike 216
Eutharich, ostgotischer Adliger, Schwiegersohn Theoderichs des Großen 621
Evangeliar(ium) Ottos III. 329, 639
Evesham am Avon England 468f., 657
Evreux, Normandie 452
Ewiger Bund, Bund der Waldstätte Schwyz, Uri, Unterwalden 658f.
Exarch, in Ostrom Statthalter einer Provinz 187, 292
Exegese der Bibel 494, 496, 502, 511, **513—516**, 534f., 545, 547, 608
Exultat, altchristlicher Lobgesang, *Abb. 341, 369*
Ezelin, Ezzelino da Romano, Schwiegersohn Kaiser Friedrichs II. 475, *Stammtafel 430f.*
Ezzo, Scholastiker in Bamberg 391
—, »Über die Wunder Christi« 391

F

Fadl ibn Sahl, Wesir des Kalifen al-Ma'mūn 87
Falaise, Calvados, Normandie 651
Falkirk, nordöstlich Glasgow, Schottland 468

Falköping, westlich des Vätter-Sees, Schweden 663
al-Fārābī, Abu Nassr, arabischer Philosoph 58, 95, 124, 168
—, »Idealstaat« 58
Fārs, Landschaft in Südpersien 103f., 138
Fastenvorschriften, islamische 52
Fāṭima, Tochter Muhammads 80, 109, 625
Fāṭimiden, Abkömmlinge von 'Alī und Fāṭima 57f., 80, 97, 108, 112ff., 116, 118, 121, **127—131**, **133—137**, 141f., **145—151**, 155, 160, 171, 204, 207ff., 421, 438f., 638, 640f., 651, *Kartenskizze 139*
Fehdewesen 301, 386, 413
Ferdinand I., el Magno(der Große), Sohn Sanchos III. von Navarra, König von Kastilien **642—645**
Ferdinand III., der Heilige, Sohn Alfons' IX. von León, König von Kastilien und León 59, 170, 479, 655f., *Stammtafel 430f.*
Ferdinand IV., Sohn Sanchos IV., König von Kastilien und León 589
Ferdinand I., der Artige, Sohn Peters I., König von Portugal 590
Ferdinand (Ferrand), Sohn König Sanchos I. von Portugal, Graf von Flandern 453, 654
Fermo, an der Adria, Mittelitalien 369, 379
Ferner Osten 467
Ferrara, im Podelta 226, 388, 575
Ferrara, Landschaft in der Emilia 475f.
Feudalismus 413, 590, 604f.
Fez, Marokko 57, 84, 89, 114, 157, 166, 168, 170
—, Qarawijjin-Moschee 114
Filofej, Mönch aus Pskow 260
Finnen 229, 232, 244, 357
Finnland 465, 656
Fiorentino, Burg in Apulien 463, 656
Fiorenzuola, Oberitalien 636
Fiqh (arabisch Kenntnis), islamische Rechtswissenschaft 83f., 121, 142, 163
Firdausī (Firdusī), eigentlich Abū 'l-Qāsim Mamsūr, altpersischer Epiker 58, 104, 132, 642
—, »Schāh-Nāma« (Buch der Könige) 58, 104, 642
Fischa, rechter Nebenfluß der Donau in Österreich 644
Fitjān (Einzahl fatā, »junger Mann«), islamische soziale Bewegung 101, 175
Fitna (arabisch), Versuchung 67f., 123
Fjodor (Feodor) I., russischer Zar 268

NAMEN- UND SACHREGISTER

Flamen (Vlamen), fränkisch-friesischer Volksstamm 391, 401, 408, 410, 453, 487, 659f.
Flandern 357, 385, **398—402**, 405f., 408ff., **415—418**, 450, 453, 455, 458, 525, 552, 554, 577f., 581, 597, 615, 617, 641, 644, 654, 658ff., *Kartenskizze 451*
—, Grafen von 414, 449, 452f., 471, 487, *Abb. 416*
Fleury, Benediktinerabtei bei Sully an der Loire, Reformkloster 501, 508
Flint, Wales 663
Florenser, Floriazenser, von Joachim von Fiore (Floris) gegründeter Reformorden 534
Florenz, Italien 226, 369f., 406, 408ff., 415, 461, 475f., 559, 574, 576, 610f., 617, 644, 657f., 660ff., *Kartenskizze 375*
—, »Ordinamenti della giustizia«, Verordnung über die Stadtregierung (1293) 658
Florin (Fiorino d'oro), Goldmünze aus Florenz (1252) 411
Flotte, ägyptische 151 f.
—, aragonesische 473, 477, 661
—, byzantinische 190, 195, 201, 204, 206f., 214, 438, 624, 626, 631f., 635, 638
—, dänische 440, 644
—, englische 644
—, flämische 440
—, fränkische 631
—, französische 453, 473, 658, 660
—, friesische 440
—, genuesische 147, 425f., 440, 462, 485, 642, 656f., 661
—, karolingische 297
—, muslimische 69, 95, 110, 114, 117f., 133, 186, 190, 625f., 628, 632, 635
—, nordafrikanische 155
—, normannische 156, 646
—, ostgotische 622
—, pisanische 147, 425, 440, 462, 642, 656
—, russische 637
—, seldschukische 647
—, sizilianische 428f., 439, 441, 477
—, slawische 624
—, spanische 222
—, venezianische 440, 485, 646, 653, 657, 661
—, ziridische 155
Foggia, Apulien 656
Folter bei Inquisitionsgerichten 656
Foix, Stadt und Grafschaft Westpyrenäen 600
Fondi, Kampanien 597, 662
Fonte Avellana, Kloster bei Faenza, südwestlich von Ravenna 364
Fontenoy-en-Puisaye (Fontanetum), Mittelfrankreich 315, 632
Fontrevault, Benediktinerabtei bei Poitiers 507

Forchheim, Oberfranken 322, 381, 634f., *Kartenskizze 319*
Forez, Landschaft an der oberen Loire 450
Formosus, Papst 318, 634
Fossanova, Kloster nördlich Terracina, Kampanien 657
Fotij, Metropolit von Moskau 253
Foulcher von Chartres, Kaplan 386
Fraktur, deutsche, auch gotische Druckschrift 521
Franche-Comté, siehe Hochburgund
Francesco di Marco Datini, italienischer Kaufherr 610
Franken, westgermanisches Volk 59, 113, **144—152**, 197, 275f., 280, 284f., 287, 292f., 298, 302, **304—307**, 311, 314f., 330, 332, 334, 338, 349f., 356, 367, 421ff., 438, 483f., 494, 497, 621f.
—, ripuarische 320
Frankenreich 195, 201, 276, **279** bis **285**, 317f., 320, 323, 332, 495ff., **621—636**
—, Reichsannalen 496
—, Ostfranken (Austrien) 310, 315, 317, 320ff., 328, 331, 333, 339, 353, 503, 621f., 625, 627f., 633f., 636, *Kartenskizze 319*
—, Westfranken (Neustrien) 310, 315, 320, 328, 330f., 339ff., 348f., **623—628**, 634, 636, *Kartenskizze 319*
Frankfurt am Main 297, 304, 464, 630, 641, 649, 654, 657ff., 662
—, Appellation Ludwigs des Bayern (5.11.1324) 660
Frankreich 147, 150, 192, 213, 216, 225, 238, 261, 320, 330, 355f., 367, 390, 398, 400f., 404, 406, **409—413**, 416ff., 420, 435f., 442, 446, 450, 458, 467, **470—479**, 478, 486f., 500f., 504, 519, 527, 532, 535f., 538, 555, 557, 565f., 571f., **576** bis **581**, **583—587**, 589, 595ff., 599f., 609, 613ff., 637, 639, 642f., 645, 647f., 651, **654**, 656, 658 bis **663**, *Kartenskizze 451*
—, Verwaltung und Gerichtsbarkeit 454f., **471—474**
—, Nord- 358, 372, 391, 399, 401f., 410, 414, 416f., 660
—, Süd- 275, 290, 315, 358, 399, 401, 404, 414f., 419, 456, 480
Franz I. von Angoulême, König von Frankreich 261
Franzien (Francia, auch Francien), das Gebiet um Paris, hauptsächlich die spätere Ile-de-France 321, 332, 349, 635ff.
Franziskaner, Mitglieder der drei auf Franz von Assisi zurückgehenden Orden 415, 462, 538, 540f., 545, 547f., 552, 555, 557, 559f., 567, 570, 653

Franziskaner, »Solet annuere«, Bulle des Papstes Honorius III. (1223) 654
Franziskus, Franz von Assisi, eigentlich Giovanni Benadone, Heiliger 16, 153, 312, 460, **539—543**, 547, 557, 653f.
—, »Sonnengesang« 539
Französische Sprache 346, 608f.
Franzosen 152, 171, 215, 391, 401, 408, 424, 426
Fraterherren, Brüder vom gemeinsamen Leben 558
Fraticellen, Brüder vom armen Leben, aus den Franziskaner-Spiritualen hervorgegangene häretische Sekte 557
Frau Welt, mittelalterliche Personifikation weltlicher Sinnenfreude und weltlichen Glücks, *Abb. 532*
Fraxinetum (La Garde-Freinet), Provence 118
Fredegund, Konkubine und später Gemahlin Childerichs I., Königs der Franken 281, 623
Freiberg, Sachsen 551
—, Dom 551
Freibrief, im Mittelalter königlicher oder fürstlicher Privilegienbrief 414, 417f., 481
Freigeister, russische 268f.
Freising (Frisinga), an der Isar, Oberbayern 290, 347, 361, 432, 534, 628, 649f.
Frequens, Dekret des Konstanzer Konzils über Abhaltung Allgemeiner Konzilien (9.10.1417) 601
Fresken, Wandmalerei auf frischem Mörtel 351
—, byzantinische 194
Freundschaft in der Karolingerzeit 304, 308
Friaul, Landschaft im östlichen Venetien 320, 345, 634
Friedrich I. Barbarossa, Herzog von Schwaben (als Friedrich III.), deutscher König und Kaiser 19, 214, 217, 429, **432—438**, 440f., 460, 516, 533f., 649ff., 656, *Abb. 460, Stammtafel 430f.*
—, »Privilegium minus« (1156) 650
Friedrich II. (Friedrich-Roger), deutscher König und Kaiser 19, 59, 153, 221, 393, 411, 442, 453, 455, **459—463**, 467, 474f., 483, 546, 550f., 554, **652ff.**, *Abb. 460, Stammtafel 430f.*
—, Goldene Bulle von Eger (1213) 654
—, Konstitutionen von Melfi, sizilianische Rechtsverfassung (1231) 461, 550f., 655

NAMEN- UND SACHREGISTER

Friedrich II., »Privilegium in favorem principum ecclesiasticorum« 654
—, »Statutum in favorem principum« (1231/32) 461, 655
Friedrich III., Sohn Herzog Ernsts des Eisernen von Österreich, deutscher König und Kaiser 226
Friedrich der Schöne, Sohn König Albrechts I., Herzog von Österreich, deutscher Gegenkönig 569f., 659f.
Friedrich VI. von Hohenzollern, Burggraf von Nürnberg, als Friedrich I., Kurfürst von Brandenburg 664
Friedrich I., Sohn Leopolds V., Herzog von Österreich 652
Friedrich II., der Streitbare, Sohn Leopolds VI., Herzog von Österreich, letzter Babenberger 655
Friedrich I., Ritter von Staufen, Herzog von Schwaben 381, 386, 388, 391, 648, *Stammtafel 363, 430f.*
Friedrich II., der Einäugige, Herzog von Schwaben 648, *Stammtafel 430f.*
Friedrich V., ältester Sohn Kaiser Friedrichs I., Herzog von Schwaben 217, 652, *Stammtafel 430f.*
Friedrich, Bruder Gottfrieds des Bärtigen von Lothringen, siehe Stephan IX.
Friedrich, Bischof von Mainz 336ff.
Friedrich, Bischof von Salzburg 347
Friesen, westgermanisches Volk 287, 293, 320, 496, 626ff.
Friesland, Landschaft an der Nordseeküste 289, 399, 405, 417, 626, 633, 640, 661
Fritzlar, Hessen 287, 330f., 629, 635
Froissart, Jean, aus Valenciennes, altfranzösischer Historiker und Dichter 607, 609
Fron (Frohn), Dienstleistung 402, 404, 418
Fronhofland 402f., 405
Frutolf von Michelsberg, Prior des Klosters Michelsberg bei Bamberg, mittelalterlicher Chronist 532, 534
Fruttuaria, Benediktinerabtei in Piemont 501
Fürstenspiegel, Schriften, die Regeln über das Verhalten der Fürsten enthalten 241, 316, 324f., 392, 648
Fulbert, Bischof von Chartres, Begründer der Schule von Chartres 509
Fulda, Hessen 288, 312, 628, 631, 635

Fulko (Foulques V. le Jeune), Graf von Anjou, König von Jerusalem 421, 423

Fuqahā', Vertreter der islamischen Gemeinde 86f., 115, 157, 161f., 168f.
Fustāt (Altkairo) 64, 70, 110ff.
Futuwwa (arabisch Jugend), islamische soziale Bewegung 101f., 175f.

G

Gabriel, Erzengel 37, 107
Gaeta, Hafen am Tyrrhenischen Meer 390
Gailswintha, Tochter des Westgotenkönigs Athanagild und der Goeswintha, Gemahlin Chilperichs I., Königs der Franken 623
Galata, Stadtteil von Konstantinopel 657
Galeere, Ruderkriegsschiff 409
Galen(os), griechisch-römischer Arzt 125, 517
Galicia, Landschaft in Nordwestspanien 425f., 623, 643
Gailäa, Landschaft in Palästina 483
Galitsch (Merskij), Zentralrußland 251f., *Kartenskizze 243, 267*
Galizien, Landschaft am Nordostabhang der Karpaten 233, 242, 245f., 249f., 594
Gallien 275, 279, 285
Gallipoli, Halbinsel an den Dardanellen 596
Gallus (Callo), Heiliger, irischer Mönch 624
Gandersheim, Niedersachsen 499, 632
Ganges, Fluß in Vorderindien 643
Ganzak, altes persisches Königsheiligtum, wahrscheinlich das heutige Shiz 624
Gargano, Monte, Gebirgsmassiv an der Küste Apuliens 352, 640
Garigliano (lateinisch Liris, im Oberlauf Liri), Fluß in Unteritalien 118, 635, *Kartenskizze 375*
Garonne, Fluß in Südwestfrankreich 284, 398, 457, *Kartenskizze 451*
Gascogne, Landschaft in Frankreich 398f., 401, 426, 457, 470, 577f., 580, 597, 649
Gâtinais, mittelfranzösische Landschaft zwischen Loire und Yonne-Seine 417, 449
Gaufried Malaterra, Chronist der Normannen in Italien 392
Gaza, Palästina 184, 483, *Kartenskizze 443*

Gebetsbrüderschaften 288ff.
Gebhard, Graf von Hirschberg, Bischof von Eichstätt, siehe Viktor II.
Gedimin, Gründer des Großlitauer Reiches 349
Gefolgschaftswesen, germanisches 276
Geisa (Géza), Fürst der Ungarn, Vater König Stephans I. 639f.
Geisa (Géza) I., König von Ungarn 645
Geisa II., Sohn Belas II., König von Ungarn 649f.
Geiserich, König der Vandalen 621
Geismar, Hessen 287
Geißler, Flagellanten, in Italien entstandene Bußbewegung 555, 559, 615
Geistlichkeit, Besteuerung der 487
—, Canones, Rechtsvorschriften für die 301, 463, 486, 515f.
— im Mittelalter 285, 315f., 321 bis 324, 330f., 333, 335, 337f., 346, 354f., 360f., 388f., 601f., 605, *Abb. 556f.*
—, dänische 591
—, französische 577, 579, 581, 599
—, kastilische 588
—, russische 238f., 245, 263, 269
—, schottische 586
Gelasius II., vorher Johannes von Gaeta, Mönch von Monte Cassino, Papst 390
Geldwirtschaft, Arabien 29
Gelimer, Urenkel Geiserichs 621f.
Gelmirez, Diego, Bischof von Santiago de Compostela 425
Generalstände, französische 577, 579
Gelnhausen, Hessen 651
Genesis, erstes Buch Mose 518
Genezareth, See, Palästina 152
Genf, Schweiz 597f., *Kartenskizze 319*
Genil, Nebenfluß des Guadalquivir, Südspanien 590
Gennadij, Erzbischof von Nowgorod 268
Gennadios Scholarios, Patriarch von Konstantinopel 226
Gent, Flandern 406, 662, *Abb. 416, Kartenskizze 451*
Gentry, englischer niederer Adel 612
Genua, Ligurien 118, 215, 221, 223ff., 236, 244, 406ff., 411, 435, 440f., 456, 462, 477, 484, 574, 599, 642, 657, 661, *Kartenskizze 375*
Geometrie 530
Georg von Antiocheia, sizilianischer Flottenführer 429
Georgien, Landschaft am Kaukasus 189, 208, 220, *Kartenskizze 219*
Gepiden, ostgermanisches Volk 623

NAMEN- UND SACHREGISTER

Gerace Superiore, Kalabrien, Normannenfestung 372
Gerberga, Tochter König Heinrichs I., Gemahlin Herzog Giselberts von Lothringen und später König Ludwigs IV. von Frankreich 333, 336f., 339ff., 636f., *Stammtafel 294f., 326f.*
Gerbert von Aurillac, siehe Silvester II.
Gerhard, Bischof von Florenz, siehe Nikolaus II.
Gerhard, Graf von Aurillac 355
Gerhard von Cremona, italienischer Gelehrter an der Übersetzerschule von Toledo 544
Gerichtsbarkeit (Jurisdiktion) 414
—, englische 447f.
—, geistliche 194, 197, 200, 202, 419
—, russische 258, 261f.
Germanen 183, 275—280, 282, 307f., 494
Germanikeia (in der Gegend des heutigen Marasch), Nordsyrien 195, 629, 637f.
Gernrode am Harz 499, 638
Gero, Markgraf unter Otto dem Großen 336ff., 347, 636ff.
Gerontij, Metropolit von Moskau 268
Gerson, Jean (de), eigentlich Jean Charlier, französischer Theologe, Rektor der Universität zu Paris 598, 603
Gerstungen, Thüringen 645
Geschichtsphilosophie 518, 531, 533, 535, 547ff.
Geschichtsschreibung 92, 94, 177, 210, 241, 306, 499, 520, 532, 534, 551
—, sowjetische 230
Geschworene, Laienrichter eines Schwurgerichts 414
Gestirnkult, semitischer 32f.
Gewerbe 574, 612, 614, 616
Gewerbesteuer 245
Gewohnheitsrecht, germanisches 284
—, russisches (stariná) 240, 263
Ghaimān, Südarabien 32
Ghāna, afrikanisches Königreich 157
Ghānija, Banū, Stamm der Berber 169
al-Ghassānī, Hasan ibn an-Nuʿmān, Statthalter in Ägypten 70, 190
Ghassāniden, aus Südarabien stammende Dynastie 26, 31f., 48, 56
Ghazna (Ghaznīn), Ostiran 58f., 138, 153f., 638, *Kartenskizze 139*
Ghaznawiden, türkische Dynastie in Ostiran 58, 104, 129, 131, 134, 138, 140, 143, 153, 641, 643, *Abb. 144, 153, Kartenskizze 139*

al-Ghazzālī, Abū Hāmid Muhammad, islamischer Theologe und Philosoph 59, 142f., 161f., 167, 177
—, »Iǧjā ʿulūm ad-Dīn« (Wiederbelebung der religiösen Wissenschaften) 59
Ghibellinen, in Italien Anhänger der (staufischen) Kaiser 218, 453, 461, 475, 657
Ghūr (Ghor), Gebirgsland zwischen Xerat und Ghazna, Iran 59
Ghūriden, sunnitische Dynastie 59, 153f.
Gibraltar (Dschebel al-Tāriq) 29q, 356
Gien, an der Loire, 452, *Kartenskizze 451*
Gīlān, Landschaft am Südwestufer des Kaspischen Meeres 130, 174
Gilbert de la Porrée, Bischof von Poitiers, französischer scholastischer Philosoph und Theologe 518, 529
Gilde, freie Vereinigung von Berufsgenossen 358
—, islamische (sinf) 98
— im Hochmittelalter 415f.
Gildon, maurischer Fürst 187
Gilles von Rom (Aegidius Romanus), italienischer Philosoph und Theologe, Ordensgeneral der Augustiner-Eremiten 601
Giotto di Bondone, italienischer Maler aus Florenz 660, *Abb. 485*
Giralda, Minarett der Almohaden-Moschee in Sevilla 59, 167, *Abb. 176*
Gisela, Gemahlin Herzog Ernsts I. von Schwaben und hernach Kaiser Konrads II. 360, 362, *Stammtafel 363*
Gisela, Tochter Heinrichs II., des Zänkers, Gemahlin Stephans I. von Ungarn 640, *Stammtafel 326f.*
Giselbert, Sohn Reginars, Grafen im Hasbengau, Herzog von Lothringen 332, 335ff., 636f., *Stammtafel 294f., 326f.*
Giustiniani, Giovanni, genuesischer Heerführer 226
Glarus, Kanton der Ostschweiz 662f.
Gleb, Sohn Wladimirs des Heiligen, Fürsten von Kiew 233
Glogau, Schlesien 647
Glossa ordinaria, Erläuterungen zum Bibeltext, zum Kirchenrecht und zum römischen Recht 515f., 551
Gloucester (Glevum, Gleawecastre), Südwestengland 467, 654
Gmünd (Schwäbisch-Gmünd) 661
Gnesen, Westpolen 352, 640f., 643

Gnosis (Erkenntnis), religiös-philosophische Bewegung im Altertum 40, 44, 106, 177, 277
Godomar, Sohn Gundobads, letzter König des älteren Burgunderreiches 621
Godric, Bauer aus England 357
Godunow, Boris Fjodorowitsch, russischer Zar 268
Godwin, Graf von Wessex 645
Göllheim, Rheinpfalz 658
Goeswintha, Gemahlin der Westgotenkönige Athanagild und Leowigild 623
Goethe, Johann Wolfgang von, Dichter 119
Göttingen 324, 355
Goldene Bulle (bulla aurea) Friedrichs II. von Eger (1213) 654, von Rimini (1226) 654
— Andreas' II. von Ungarn (1222) 655
— Karls IV. von Nürnberg und Metz (1356) 572, 661, *Abb. 573*
Goldene Horde (tatarisch altun ordu, russisch solotaja orda), das Heerlager, dann auch das Reich der Tataren in Osteuropa und Asien 222f., 245f., 250f., 253, 255, 656ff.
Goldenes Horn, Hafenbucht von Konstantinopel 192, 226
Goldwährung 100, 411
Goldziher, Ignaz, Orientalist 165
Gorodez an der Wolga, Rußland 246, 657, *Kartenskizze 243*
Gorze, Benediktinerabtei bei Metz in Lothringen, Reformkloster 354, 501f., 508
Gosebruch, Martin, Kunstwissenschaftler 329
—, »Giotto; die Anfänge des neuzeitlichen Kunstbewußtseins« (Köln, 1961) 329
Gosia, Martinus, italienischer Jurist 434
Goslar 379
Goten 230, 492, 494, 623, 627
Gotik 521f., 550f., 595f.
Gotland, schwedische Ostseeinsel 244, 410
Gottesbeweis 510f., 518
Gottesfriede (treuga Dei) 358f., 362, 364, 383f., 386, 413, 501, 504, 522
Gottesgnadentum (dei gratia) 239, 260, 628, 631
Gottesurteil 311, 346, 382
Gottfried, Sohn Heinrichs II. von England, Herzog der Bretagne 446, 448
Gottfried II., der Bärtige, Herzog von Lothringen und Markgraf von Tuscien 364f., 369f., 643ff., *Stammtafel 430f.*
Gottfried (V.), Graf von Anjou, genannt Plantagenet 445f., 648f., *Stammtafel 363*

NAMEN- UND SACHREGISTER

Gottfried von Bouillon, Herzog von Lothringen 149, 385, 420f., 646f.
Gottfried, Graf von Kappenberg, Prämonstratenser 528
Gottfried, Erzbischof von Mailand 376
Gottfried von Straßburg, Meister der höfischen Epik 551
—, »Tristan und Isolde«, Versepos 551, *Abb. 549*
Gottschalk (Godescalc) von Orbais, sächsischer Benediktinermönch 312, 316, 498, 509
Goulet, andere Bezeichnung für Andolys 452
Gozelo, Herzog von Lothringen 643
Grabenkrieg, islamischer 46f., 56
Gračanica, Kloster auf dem Amselfeld, Serbien 222
Graf, ursprünglich Beamter der fränkischen und angelsächsischen Könige 298f., 301
Gralssage, unter arabischen Einflüssen zuerst in Frankreich dichterisch verarbeitete Sage 609
Grammontenser, Orden von Grandmont, von Stephan von Thiers in der Auvergne gegründet, verlegt nach dem nahen Grandmont 505
Gran (ungarisch Esztergom), an der Donau 641
Granada, Andalusien 59, 159ff., 167, 170, 479f., 589f., 648, 655, *Kartenskizze 159, 481*
Gransee, Brandenburg 659
Gratian, oberitalienischer Kamaldulensermönch, Systematiker des Kirchenrechts 432, 515f.
—, »Decretum Gratiani« 516, *Abb. 604*
Gregor I., der Große, Papst und Kirchenlehrer 282, 286, 493f., 498, 515, 623f.
Gregor II., Papst 627f.
Gregor III., Papst 627f.
Gregor IV., Papst 314, 631
Gregor V., vorher Brun, Bischof von Augsburg, Papst 350ff., 640
Gregor VI., vorher Johannes Gratianus Pierleoni, Archipresbyter, Papst 364ff., 640, 643
Gregor VII., der Heilige, vorher Hildebrand, Mönch aus Soana, Papst 17, 210, 212, 233, 365, **368—372**, **376—384**, 388, 390, 393, 503f., 571, 644ff.
—, »Dictatus papae« (1075) 378, 565
Gregor (VIII.), vorher Mauritius, Erzbischof von Braga, Gegenpapst 648

Gregor IX., vorher Ugolino, Graf von Segni, Kardinalbischof von Ostia, Papst **460—463**, 486, 540f., 654, 656, *Abb. 556*
Gregor X., vorher Tebaldo Visconti aus Piacenza, Archidiakon von Lüttich, Papst 222, 476, 486, 657f.
—, »Ubi periculum maius«, Dekretale über die Papstwahl (1274) 658
Gregor XI., vorher Pierre Roger de Beaufort, Kardinaldiakon, Papst 567, 576, 597, 662
Gregor XII., vorher Angelo Corrario, Kardinalpriester von San Marco, Papst 599f., 663
Gregor XIII., vorher Ugo Boncompagni, Kardinal von San Sisto, Papst 264
Gregor, eigentlich Georgius Florentinus, Bischof von Tours 278, 280f., 283f.
Gregoras, Nikephoros, byzantinischer Geschichtsschreiber 224
Gregorianische Reform, Kirchenreform unter Papst Gregor VII. 212, 365, **369—372**, 376f., 380, 389ff., 393, 502ff., 508f., 512, 515, 527, 537
Gregorianischer Gesang, einstimmige Musik der christlichen Kirche 623
Gregorovius, Ferdinand, Schriftsteller 220
Greifswald, Pommern 465
Grenoble 504, 567
Griechen 31, 38f., 92, 95, 111, 120, 124, 131, 144f., 221, 226, 254, 259, 277, 302, 342, 351, 356, 367, 369, 650, 657
Griechenland 194, 196, 215, 219, 610, 630, 642, 644, 657
Griechentum 141, 193, 208, 220
Griechisches Feuer 69, 188
Griechische Sprache 31, 57, 77, 193, 241, 427
Grifo (Gripho), Sohn Karl Martells 291, *Stammtafel 294f.*
Grimoald, Sohn Pippins des Älteren, Hausmeier in Austrien 285, 625, 627
Grönland 639
Grona (Grone), Kaiserpfalz bei Göttingen 324, 355
Groote, Gert, aus Deventer, niederländischer Bußprediger 558
»Großer Weg«, längs des Dnjepr von der Ostsee zum Schwarzen Meer 231, 234
Großmogulen, türkisch-mongolische Dynastie in Indien 137
Grosso (Matapan), venezianische Silbermünze (1192) 411
Gros tournois, französische Goldmünze (1266) 411
Gründungsstädte 406

Grundherrschaft **402—405**, 612 bis 615
Grundsteuer, islamische (charādsch) 56, 63, 76, 99f., 132, 163
— in Byzanz 190
— in Deutschland 402f.
— in England 445
Guadiana, Fluß in Spanien 425f., *Kartenskizze 159*
Guelfen, Partei der Kaisergegner in Italien 215, 441, 453, 475ff.
Günther von Schwarzburg, thüringischer Graf, Gegenkönig Karls IV. 571
Guesclin, Bertrand du, aus der Bretagne, Connetable von Frankreich 580
Guido (Guy) von Lusignan, König von Jerusalem 152, 439f.
Guido von Pisa, Verfasser einer Geographica 393
Guido von Vienne, siehe Calixtus II.
Gujarat, Landschaft in Indien 138, 153, 643
Gunhild, Tochter Knuts des Großen von Dänemark, erste Gemahlin Kaiser Heinrichs III. 361f., 643
Guntchramn (Guntram), Sohn Lothars I., König von Burgund 283, 625
Guta, Tochter König Rudolfs von Habsburg, Gemahlin König Wenzels II. von Böhmen 658
Guyenne, französischer Name für Aquitanien 471, 649, 653

H

Habsburger, deutsches Herrschergeschlecht 464f., **569—573**, 657, 660
Haddsch, religiöse Pilgerfahrt nach Mekka 52, 75
al-Haddschädsch ibn Jūsuf, Thaqafit 56, 75f., 626
Hadeln, Landschaft an der Elbmündung 640
Hadewijch, Zuster, niederländische Dichterin 552
al-Hādī, abbasidischer Kalif in Bagdad 57, 630
Hadramaut, südarabische Küstenlandschaft 29
Hadrian I., Papst 288, 296, 629, 630
Hadrian II., Papst 633
Hadrian IV., vorher Nicolaus Breakspeare, Kardinal von Albano, Papst 429, 432ff., 649
Hädschib (arabisch), Kämmerer der Kalifen 85, 116

NAMEN- UND SACHREGISTER

Hadwig, Tochter des deutschen Königs Heinrich I., Gemahlin Hugos des Großen von Franzien 339, *Stammtafel 326f.*
Häresie, christliche 269f., 281, 361, 456, 488, 502, 508, 532, 553, 559, 570, 598
Häretiker, Irrlehrer, Ketzer 31, 33, 108, 113, 116, 146, 157, 183, 213, 259, 268ff., 365, 382, 502, 507–510, 513, 518, 529, **535** bis **538**, 541–**545**, 553, 557ff.
Hafsiden, berberische Dynastie in Tunis 166, 170
Hagenau, Unterelsaß 660
Hagiographie, Lebensbeschreibung der Heiligen 496
Haidarābād, siehe Nīrūn
Haifa, Palästina 485, *Kartenskizze 443*
Haimerich, Kardinal und Kanzler der römischen Kirche 419
Haithabu (»Habe auf der Heide«, dänisch Hedeby; vordem Sliaswich), an der Schlei südlich Schleswig 333, 357, 636

al-Hakam I., Emir von Córdoba 115
al-Hakam II., Umajjadenkalif in Córdoba 58, 116, 638f.
al-Hākim bi'amr Allāh, eigentlich Abū 'Aī al-Mansūr, fātimidischer Kalif 58, 134f., 144, 641
Håkon, Sohn Sigurds, des Jarls von Lade, Jarl von Norwegen 347, 639
Håkon V. Håkonsson, illegitimer Sohn Håkons IV., König von Norwegen 591
Håkon VI. Magnusson, Sohn Magnus' I. Lagaboetir, König von Norwegen 592
Halbfreie (Liten, Laten, Lassiten), nach altgermanischem Recht rechtsfähig, aber zinspflichtig und an die Scholle gebunden 416
Halbpacht (mediotera, métayage) 404
al-Hallādsch, Husain ibn Mansūr islamischer Mystiker 58, 122f.
Hales, Gloucester, England 545
Halitsch, Galizien 249, 661, *Kartenskizze 235*
Halleluja-Bewegung, religiöse Massenbewegung in Oberitalien 554
Haller, Johannes, Historiker 276, 344
Halys (Kisil Irmak), Fluß in Anatolien 199, *Kartenskizze 211*

Hamadān (Ekbatana), Westiran 643, *Kartenskizze 139*
Hamburg 324, 337, 343, 409f., 632, *Kartenskizze 319*
Hamdān Qarmat, siehe Qarmat
Hamdāniden, arabische Dynastie 58, 105, 120f., 129, 205f., 638

Hamīm, berberischer Sektenstifter 113
Hammād, Banū, Stamm der Berber 156
Hanafiten, siehe Abū Hanīfa
Hanbaliten, siehe Ibn Hanbal
Handel, arabischer 27ff., 36, 45, 47, 49, 51, 71, 99, 128, 133f., 137, 154f., 163, 171, 178
—, byzantinischer 203ff., 213, 215, 220f., 236, 429, 458, 635, 639, 646, 647
—, genuesischer 611f., *Abb. 596*
—, genuesischer 221, 236, 482, 657, 661
—, italienischer 482f., 576, 610
—, niederländischer 572
—, normannischer 428, 441
—, Orient- 234
—, rheinischer 464
—, russischer **230–234**, 236, 238, 242, 263, 635, 639
—, skandinavischer 590f.
—, venezianischer 213, 215, 220, 236, 458, 646, 661
—, westlicher 118, 150ff.
Handel und Industrie im Hochmittelalter **407–410**, 415, 574, 614
Handwerk 215, 612, 614, 617, *Abb. 613*
Hanīfa, Banū, Stamm der Araber 48, 50
Hannover 612
Hanse, im Mittelalter deutscher Kaufmannsbund 244, 573, 591f., 614, 618, 659, 661f.
Harald (Harold) II., Sohn Graf Godwins von Wessex, letzter angelsächsischer König 372, 645
Harald (III.) Hardrada (»der Unerbittliche«), Sohn König Sigurds, König von Norwegen 645
Harald Blauzahn (Blaatand), König von Dänemark 347, 639
Hargha, Unterstamm der berberischen Masmūda 162
al-Harīrī, Abū Muhammad al-Qāsim ibn 'Alī, arabischer Sprachgelehrter 59, 126, 143, *Abb. 101*
Harrān (Harān, Karrhai), Mesopotamien 79, 92, 134, 647
Hartmann von Aue, schwäbischer höfischer Epiker 525
Hārūn ar-Raschīd (der Rechtgeleitete), abbasidischer Kalif in Bagdad 57, 59, 86ff., 90f., 95f., 197, 630, *Abb. 100*
Harzburg, Niedersachsen 374, 645
Hasan, Sohn des Kalifen 'Alī 56, 66, 103
Hasan al-Basrī, arabischer Theologe 57, 122, 627

Hasan Āzarak, arabischer Sektenführer 89
Hasan-i Sabbāh (Hasan as-Sabbāh), Führer der Nizārijja (Assassinen) 59, 135
Hasbengau (flämisch Haspengouw, französisch Hesbaye), Landschaft um Lüttich 635
Hāschim, Sippe der Koraisch 36, 40, 81
Haschisch (Marihuana), aus Hanf gewonnenes Rauschgift 135
Hastings, Sussex, England, Schlacht bei (14.10.1066) 372, 645
Hattin, nahe dem See von Tiberias (Genezareth), Galiläa 59, 152, 158, 439, 652
Hatto I., Erzbischof von Mainz 322, 634
Haurān, Landschaft im südlichen Syrien 148
Hausbau, mittelalterliches, *Abb. 613*
Hausmeier (lateinisch Maiordomus), fränkischer Hofbeamter, später Verwalter des Frankenreiches 284f.
Havelberg, Brandenburg 528, 637, 639
Hawāzin, Stamm der Araber 49f.
Hazm, Abu Muhammad 'Ali ibn Ahmad ibn, spanisch-arabischer Theologe, Historiker und Dichter 58, 117, 158, 163
—, »Halsband der Taube« 158
Hebräisch, Zweig der semitischen Sprachen 158, 160, 168
Heerwesen, englisches 578
—, französisches 578, 580
—, karolingisches **298–301**
Heidelberger Stallung, Landfriedensvertrag unter König Wenzel (1384) 662
Heidentum 23, **30–33**, 39f., 44, 51, 71, 79
Heil, das Charisma bei den Germanen 277f., 280, 282, 307, 329
Heilige Lanze 330, 332f., 336, 352
Heiligenverehrung 278, 282ff., 306, 500
Heiliger Geist 200, 210, 289, 291, 307, 309, 317, 366f., 369, 382, 390
Heiliger Krieg des Islams, siehe dschihād
Heiliges Grab in Jerusalem 144, 647
Heiliges Jahr (1300) 487
Heiliges Land 144, 366, 441, 503f., 523, 553ff., 651
Heilslehre 261, 271f.
Heimpel, Hermann, Historiker 331, 341, 344
Heinrich I., Herzog der Sachsen, deutscher König 323ff., **330** bis **335**, 339, 345, 635, *Stammtafel 326f.*

NAMEN- UND SACHREGISTER

Heinrich II., der Heilige, Sohn Heinrichs II., des Zänkers, Herzog von Bayern, deutscher König und Kaiser 233, 350, 354ff., 360, 364, 640ff., *Abb. 353*, *Stammtafel 326f.*
Heinrich III., deutscher König und Kaiser 361f., 364f., 368ff., 380, 383, 503, 642ff., *Abb. 368*, **500**, *Stammtafel 363*
Heinrich IV., deutscher König und Kaiser 233, **370—374**, 376f., **379—384**, 386ff., 390f., 571, **644—647**, *Stammtafel 363*
Heinrich V., deutscher König und Kaiser **386—391**, 450, 516, 647f., *Stammtafel 363*
Heinrich VI., deutscher König und Kaiser 19, 216ff., 436f., **440ff.**, 452f., 455, 650ff., *Abb. 444*, *Stammtafel 430f.*
Heinrich VII., Sohn Graf Heinrichs III. von Luxemburg, deutscher König und Kaiser 566, 569, 571, 573, 594, 659
Heinrich, Sohn Kaiser Konrads III., zum deutschen König designiert 649, *Stammtafel 430f.*
Heinrich (VII.), Sohn Kaiser Friedrichs II. und der Konstanze, König von Sizilien, deutscher König 460f., 654ff., *Stammtafel 430f.*
Heinrich (IV.) Raspe, Sohn Hermanns I., Landgraf von Thüringen, deutscher Gegenkönig 462, 655f.
Heinrich I., Sohn Roberts II., König von Frankreich 643f.
Heinrich I. (Beauclerc, der schöne Gelehrte), jüngster Sohn Wilhelms I., König von England 390f., 406, 444f., 447f., 450, 647f.
Heinrich II., Sohn Gottfrieds Plantagenet und der Mathilde, Tochter Heinrichs I., König von England 433, 441, **444—450**, 649ff.
Heinrich III., Sohn König Johanns Ohneland, König von England 461, 464, **466—472**, 475, 654, 656f., 663
Heinrich IV. Bolingbroke, Sohn Johanns von Gent, König von England 583, 585, 587, 607, 663
Heinrich V., Sohn Heinrichs IV., König von England 601
Heinrich (der Jüngere), Sohn König Heinrichs II., englischer Thronfolger 446, 448
Heinrich I., Sohn Graf Balduins VIII. von Flandern, lateinischer Kaiser von Konstantinopel 220, 459, 483, 653f.
Heinrich I., Graf der Champagne, König von Jerusalem 440

Heinrich II. von Lusignan, König von Jerusalem 483, 485
Heinrich II., Graf von Trastamara, illegitimer Sohn Alfons' XI., König von Kastilien 580f., 589
Heinrich III., Sohn Alfons' VIII., König von Kastilien 479, 589
Heinrich, Herzog von Kärnten, König von Böhmen 569, 594, 659
Heinrich I., Sohn König Heinrichs I., Herzog von Bayern 334, **336—339**, 344f., 347, 636f., *Stammtafel 326f.*
Heinrich II., der Zänker, Herzog von Bayern **347—350**, 637, 639f., *Stammtafel 326f.*, *294f.*
Heinrich (III.), der Jüngere, Sohn Berchtolds, Herzog von Kärnten und Bayern 347, *Stammtafel 326f.*
Heinrich X., der Stolze, Herzog von Bayern und Sachsen 648f., *Stammtafel 430f.*
Heinrich XIII., Sohn des Wittelsbachers Otto II., Herzog von Niederbayern 464
Heinrich II. Jasomirgott, Markgraf und Herzog von Österreich, Herzog von Bayern 433, 437, 649f., *Stammtafel 363, 430f.*
Heinrich der Löwe, Herzog von Sachsen und Bayern 406, 433, 436f., 441, 452, 465, **649—652**, 655, *Abb. 433*, *Stammtafel 430f.*
Heinrich II., der Fromme, Sohn Heinrichs I. und der Hedwig von Meran, Herzog von Schlesien 655
Heinrich, Markgraf von Schweinfurt 641
Heinrich von Burgund, Graf von Portugal 426
Heinrich, Bischof von Augsburg 347, 371
Heinrich von Beaufort, Kardinal und englischer Staatsmann, Sohn Johanns von Gent 601
Heinrich von Langenstein (Henricus de Hassia), Theologe und kirchlicher Schriftsteller 603
Heinrich von Morungen, thüringischer ritterlicher Minnesänger 525
Heinrich von Plauen, Hochmeister des Deutschen Ordens 663f.
Heisterbach im Siebengebirge, nordöstlich Königswinter 506
Helene, Tochter des Romanos I. Lakapenos, Gemahlin Kaiser Konstantins VII. 635
Heliand, altsächsische Evangeliendichtung 317, 328
Hellas 189, 624f., *Kartenskizze 211*
Hellenisierung 93ff.
Hellenismus 88, 95, 119, 124, 186, 212, 214

Hellmern, Hessen 335
Heloïse, Nichte des Kanonikus Fulbert, Geliebte Abaelards 393, 512, 514
Helsingborg, Südschweden 662
Hennegau, Grafschaft in Niederlothringen 417, 471, 554, 571
Herakleios, byzantinischer Kaiser **183—188**, 190ff., 199, 213, 624f.
Heraklische Dynastie 191f., 194
Heraklonas, Sohn des Herakleios, byzantinischer Kaiser 625
Heraldik 178
Herāt (Alexandreia), am Ochos 71, 153
Herberstein, Siegmund Freiherr von, österreichischer Staatsmann und Geschichtsschreiber 260, 263f.
—, »Rerum Moscoviticarum Commentarii« (1549/1557) 264
Heriger, Erzbischof von Mainz 330
Hermann, Graf von Salm, deutscher Gegenkönig 383, 646
Hermann I., Herzog von Schwaben 333, 335, 337, 636, *Stammtafel 326f.*
Hermann, Erzbischof von Köln 335
Hermann, Bischof von Metz 38
Hermann der Lahme von Reichenau, Benediktinermönch, Chronist und Dichter 499
Hermann Billung, sächsischer Herzog, Markgraf Ottos des Großen 335, 347, 636f., 639
Hermann von Salza, Hochmeister des Deutschen Ritterordens 653, 655
Hermenigild, Sohn und Mitregent Leowigilds, des Königs der Westgoten 623
Herodot(os), griechischer Geschichtsschreiber 205
Herrschaftsform, mittelalterliche 278
Hertford, am Lea, Südwestengland 626
Hessen 320, 335, 629
Hesychasten, Mönchssekte der morgenländischen Kirche 175, 224, 269, *Abb. 224*
Heveller, Stamm der slawischen Liutizen in Brandenburg 636f., 639
Hidschra, hedschra (arabisch, Auswanderung) 38, 41, 46, 56, 64, 77, 110, 164, 624
Hiereia, byzantinischer Kaiserpalast unweit Konstantinopel 194, 198
Hieronymus, römischer Kirchenvater 515
Hilāl, Banū-, Beduinen-Stamm 136
Hildebert von Lavardin, Bischof von Tours, französischer kirchlicher Schriftsteller 519

NAMEN- UND SACHREGISTER

Hildebrand aus Soana, siehe Gregor VII.
Hildebrandslied, germanisches Heldenlied 495
Hildegard von Bingen, Äbtissin im Benediktinerkloster Rupertsberg bei Bingen, Mystikerin 532f., 536, 552f., 651, *Abb. 533*
Hilderich (Childerich), Sohn Hunerichs und der Eudoxia, König der Vandalen 621
Hildesheim, Niedersachsen 336, 354, 498, 640
Hildibert, Erzbischof von Mainz 334
Hilla, Irak 105, 164
Himā (arabisch), Götterland mit Asylrecht 33
Himerios, byzantinischer Flottenführer 204
Hindu, Anhänger des Hinduismus in Indien 139
Hindukusch, Gebirge Innerasiens 120, 153
Hinkmar, Erzbischof von Reims 316, 632f.
—, »Annales Bertiniani«, Chronik (für die Jahre 861–882) 230
Hippokrates von Kos, griechischer Arzt 517
Hippo Regius, Hafenstadt in Nordafrika 281
Hīra am Euphrat 26, 31 f., 56, 60f.
Hirā', Berg bei Mekka 37, *Abb. 40*
Hirsau im nördlichen Schwarzwald, Benediktinerkloster 391, 503, 506
Hischām, Umajjade, Kalif in Damaskus 56, 71, 75, 78f., 82
Hischām III., Emir von Córdoba, letzter Umajjade in Spanien 643
Hochburgund, siehe Burgund
Hochmittelalter 397–488
—, Bevölkerung 397f., 403ff., 414 bis 418
—, Handel und Industrie 405–411
—, Landwirtschaft 402–405, 410
—, Neulandgewinnung 398–402
—, Religiöse und geistige Bewegungen 489–561
—, Städte 405f.
—, Wirtschaft und Gesellschaft 397 bis 418
Hörigkeit, erbliche, dingliche 416
Hof (cour, curtis, manor house), Wirtschaftsmittelpunkt der Domäne 403f.
Hofrecht, mittelalterliches 359f.
Hohenaltheim, bei Nördlingen 324, 331, 338, 635
—, deutsche Synode von (916) 324, 338, 635

Hohenstaufen (Staufer, Waiblinger), schwäbisches Herrschergeschlecht 13, 19, 441f., 456, 461, 463, 475ff., 483, 525, 550, 652, *Stammtafel 430f.*
—, Hofkultur der 550
Hohensyburg, unweit Herdecke an der Ruhr, Ruine 629
Hohentwiel, Burg bei Singen im Hegau 324
Hohenzollern, deutsches Herrschergeschlecht 664
Holland, Grafschaft in den Niederlanden 263, 309, 401, 405, 571, 656, 661f.
Holstein 302, 465, 591, 636, 647, 649, 662
Holtzmann, Robert, Historiker 341
Homburg an der Unstrut 645
Homer(os), griechischer Dichter 104, 195, 216
Homs (Emesa), Syrien 147, 640, *Kartenskizze 443*
Honnecourt, Villard de, französischer Architekt, *Abb. 461*
Honorius I., Papst 626
Honorius (II), vorher Petrus Cadalus, Kanzler Kaiser Heinrichs III., Bischof von Parma, Gegenpapst 371, 419, 427, 460, 645
Honorius II., vorher Lamberto di Fiagnano, Papst 648
Honorius III., vorher Cencio Savelli, Papst 460, 466, 483, 654
Honorius IV., vorher Giacomo Savelli, Kardinal, Papst 486
Honorius, Flavius, römischer Kaiser 196
Horaz, Quintus Horatius Flaccus, römischer Dichter aus Venusia 13, 508f.
Hormisdas, Papst 621
Hosea, Bischof von Hira 31
Hosenbandorden, höchster englischer Orden 583, 608
Hospitaliter, siehe Johanniter
Hrabanus (Rhabanus) Maurus, Erzbischof von Mainz, frühscholastischer Gelehrter 312, 497f., 631f., *Abb. 308*
Hrotsvit von Gandersheim, gelehrte Nonne und Dichterin 499
Hubal, altarabischer Gott 33
al-Hudaibija, an der Grenze des Gebietes von Mekka 48f., 52, 56, 164
Hülägü, mongolischer Herrscher 59, 178, 223, 657, *Abb. 177*
Huesca, Pyrenäen 425
Hufe (mansus, manses), Gehöft 402ff.
Hugo, Graf von Arles, Markgraf von Vienne, Herzog von der Provence, König von Italien 318, 320, 636f., *Stammtafel 294f.*

Hugo (III.) I. von Lusignan, König von Cypern und Jerusalem 483
Hugo der Große, Graf von Paris, Herzog von Franzien 339ff., 349, 636f., 640, *Stammtafel 326f.*
Hugo Capet, Sohn Hugos des Großen, Herzog von Franzien, König von Frankreich 349, 639f.
Hugo, Halbbruder Ludwigs des Frommen 311
Hugo, Abt von Cluny, Heiliger 377, 387
Hugo Candidus, Benediktiner aus Remiremont 365, 379
Hugo de Porta Ravennate, italienischer Jurist 434
Hugo von Payens, Ritter aus der Champagne, Stifter des Templerordens 523
Hugo von St. Cher (Hugo a S. Caro), südfranzösischer Dominikaner, Bibelgelehrter in Paris 545
Hugo von St. Victor, scholastischer Gelehrter 530f., 533, 548, 558, 649
Hugolin, siehe Gregor IX.
Humaima, Palästina 79
Humanismus 91, 122, 210, 517ff., 526
Humbert aus Moyenmoutier, Bischof von Silva Candida, Erzbischof von Sizilien 210, 365 bis 369, 371, 376, 378, 388, 644
—, »Libri tres adversus simoniacos« (Schrift gegen die Simonie, 1057/58) 367, 644
Humfried, Sohn Tancreds von Hauteville, normannischer Ritter 357, 367
Humiliaten, aus einer Büßerbruderschaft frommer Laien in der Lombardei hervorgegangener Orden 538
Hunain, Mittelarabien 50
Hunain ibn Ishāq, genannt Johannitius, arabischer Schriftsteller 57, 93
Hundertjähriger Krieg zwischen England und Frankreich (1337 bis 1453) 471, 576, 578–581, 584, 613ff., 660f.
Hunfridinger (oder Burchardinger), schwäbisches Fürstengeschlecht 322, 324
Hunnen (Hsiung-nu), zentralasiatisches Nomaden- und Reitervolk 230, 275
Hunnenstämme, protobulgarische 188
Hunyadi, Johann, ungarischer Reichsverweser 226
Hus, Jan (Johannes Huß), tschechischer Reformator und Vorkämpfer der slawischen Nationalisten 560, 603, 663f.

688 NAMEN- UND SACHREGISTER

Husain ibn 'Alī, Enkel Muhammads 56, 74, 93, 103, 109, 130f., 626
Hussiten, Anhänger des Jan Hus in Böhmen 664
Hyperpyron, byzantinische Münze 410

I

Iaxartes (Sir-Darja), Fluß zum Aralsee 154
Ibādī, chāridschitische Sekte 82
Iberien (östliches Georgien), Landschaft am Kaukasus 189, 641 f., *Kartenskizze 211*
Iberische Halbinsel 59, 399, 401, 412, 426, **478—482**, *Kartenskizze 159, 481*
Ibiza, Insel der Balearen 480

Ibn 'Abbād, Sāhib, Wezir 132
Ibn 'Abdūn, spanisch-arabischer Dichter 158
Ibn abī 'Āmir al-Mansūr, Herrscher in Córdoba 116
Ibn abī Rabī'a, 'Umar, arabischer Dichter 126
Ibn al-Athīr, Izz ad-Dīn 'Alī ibn Muhammad al-Dschasārī, arabischer Geschichtsschreiber 59, 177
Ibn al-Furāt, Abū 'l-Hasan, Wezir 101
Ibn al-Mahdī, Ibrāhīm, Onkel al-Mā'mūns 90
Ibn al-Muqaffa' (Rōsbih), arabischer Schriftsteller 57, 104
—, »Chwatāj-Nāmak« (Buch der Könige) 104
Ibn an-Nafīs, arabischer Arzt 176
Ibn 'Arabī (Muhijj' ad-Dīn Abū 'Abdallāh ibn al-'Arabī), spanisch-arabischer Theologe und Mystiker 59, 155, 174
Ibn Bāddscha (oder ibn as-Sa'igh), Abū Bakr Muhammad ibn-Jahjà (Avempace), arabischer Arzt und Philosoph 168
Ibn Battūta, Abū 'Abdallāh Muhammad, arabischer Reisender 120
Ibn Chaldūn, Walīd ad-Din Abū Sa'īd ar-Rahmān ar-Hadhrāmī, arabischer Geschichtsschreiber 34, 136
Ibn Challikān, Abū 'l-'Abbās Ahmad, arabischer Geschichtsschreiber 177
—, »Wafajāt al-a'jān« (Nekrologensammlung) 177
Ibn Dschubair, Muhammad, arabischer Reisender 146, 150, 175
Ibn Ezra, Abraham ibn Meïr, spanisch-jüdischer Gelehrter und Dichter 160

Ibn Gabirol, Salomon ibn Jehuda (Avicebron), neuplatonischer Philosoph 160
Ibn Haddū, Sulaimān, geistlicher Führer der Almoraviden 157
Ibn Hafsūn, 'Umar, arabisierter Spanier 58, 115
Ibn Hamdān, Hasan Nāsir ad-Daula, Begründer der Hamdāniden 58, 129
Ibn Hanbal, Ahmad ibn Muhammad, islamischer Theologe und Gründer einer orthodoxen Rechtsschule (Hanbaliten) 57, 84, 93 f., 121, 130 f., 142, 162, 173 f.
Ibn Hijja, Abraham, spanisch-jüdischer Astronom 160
Ibn 'Isā, 'Alī, Wezir 101
Ibn Ishāq, Muhammad, arabischer Historiker 184
Ibn Jāsīn, 'Alī, mālikitischer Rechtslehrer 156 f.
Ibn Jūsuf, 'Alī, Almoravidenfürst 161, 166
Ibn Killis, fatimidischer Wezir 160
Ibn Muhammad, Dschahwar, Herrscher in Córdoba 159
Ibn Naghrālla, Samuel, spanisch-jüdischer Grammatiker und Dichter 160
Ibn Qutaiba, Abū Muhammad 'Abdallāh ibn Muslim, arabischer Gelehrter 88
Ibn Quzmān, spanisch-arabischer Dichter 158
Ibn Rā'iq, Muhammad, General der Garde 101
Ibn Ruschd, Abū 'l-Walīd Muhammad ibn Ahmad ibn Muhammad (Averroës), arabischer Philosoph 17, 59, 161, 167 f., 544 f., 547 f., 550, 651
Ibn Schannabūdh, Koranleser persischer Abstammung 121
Ibn Schaprūt, Hasdai, spanisch-arabischer Arzt und Politiker 160
Ibn Schuhaid, spanisch-arabischer Prosaist und Politiker 117
Ibn Sīnā, Abū 'Alī 'l-Husain ibn 'Abdallāh (Avicenna), islamischer Arzt und Philosoph 58, 95, 132, 143, 167 f., 177, 643
—, »Kitāb asch-schifā'«, philosophische Enzyklopädie 177
Ibn Tāschfīn, Ali, Almoravidenfürst 162
Ibn Tāschfīn, Jūsuf, Gründer der Almoraviden 58 f., 157, 160 f., 647
Ibn Tufail, Abū Bakr Muhammad ibn 'Abd al-Mālik ibn Muhammad, maurischer Arzt und Philosoph 59, 168
—, »Hajj ibn Jaqzān« 168
Ibn Tughdsch, Muhammad, türkischer Statthalter in Ägypten 58, 111 f.

Ibn Tūlūn, Ahmad, türkischer Heerführer 58, 110 ff., 633 f.
Ibn Tūmart, Abū Muhammad, Gründer der Almohaden 59, **162—166**, 169 f.
Ibn 'Umar, Jahjà, Vertrauter von 'Alī ibn Jāsīn 156 f.
Ibn Zaidūn, spanisch-arabischer Dichter 158
Ibrāhīm, Urenkel von al-'Abbas, Imām 57, 79 f.
Ibrāhīm, hasanidischer Alide 89
Ichschīd, sogdischer Herrschertitel 58, 111 f., 206
Idrīsī, Abū 'Abdallāh Muhammad ibn Muhammad ibn 'Abdallāh ibn, arabischer Geograph 59, 120, 167, 393
—, »Buch des Königs Roger (II.)« (1154 vollendet) 120
Idrīsiden, schī'itische Dynastie im westlichen Nordafrika 57, 170
Idschmā' (arabisch), Übereinstimmende Lehre der anerkannten Rechtslehrer 84 f., 91
Ifrīqija, Landschaft in Tunesien 90, 98, 109 f., 113, 118, 156, 170, 428
Ignatios, Sohn des Kaisers Michael I. Rhangabe, Patriarch von Konstantinopel 200, 203
Igor I., Sohn (?) Rjuriks, Herrscher und Großfürst der Russen 205, 232, 638
Ikhmindi, Nubien, *Abb. 184*
Ikone, Tafelbild der griechisch-orthodoxen Kirche 193, 242, 263, 269, *Abb. 244*; *268 f.*
Ikonion (Konia), Kleinasien 140, 154 f., 214, 216, 220, 646, 650 ff., 656, *Kartenskizze 151, 211, 219, 443*
Ikonoklasmus, Bilderbekämpfung 194, 196, 199, 269, 628, 630 ff.
Ilarion, Exbischof von Kiew 241
Ilchān, türkischer Stammesfürst 58, 484, 641, 657
Ile-de-France, Landschaft im Pariser Becken 321, 401
Illyrien, Landschaft an der Nordostküste der Adria 194, 199
'Imād ad-Daula, bujidischer Hausmeier 130
Imām (arabisch), Führer, Vorbild, geistliche Würde des Kalifen 51, 57, 74, 79, 105 f., 124, 127, 135 f.
Immunitätsbezirke 299
Imperialismus, islamischer 138
Inda, siehe Kornelimünster
Inder 120, 139
Indien 44, 58, 95, 106, 128 f, 133 ff, 138, 140, 145, 153, 171, 525, 567, 596, 625, 641, 643
Indischer Ozean 24, 30, 112

Indus (Sindhu) 69, 134, 137, 139, *Kartenskizze 139*
Ine, König von Wessex 287

NAMEN- UND SACHREGISTER

Ingeborg, Tochter König Håkons V. von Norwegen, Gemahlin Herzog Eriks von Schweden 591
Ingelheim am Rhein, Rheinpfalz 199, 230, 302, 340, 349f., 387, 632, 637, 643, 647
Inn (Aenus), rechter Nebenfluß der Donau 635
Innozenz II., vorher Gregorio Papareschi, Kardinal von San Angelo, Papst 419f., 428, 433, 648
Innozenz (III.), vorher Lando da Sezza, Gegenpapst 651
Innozenz III., vorher Lotario Gra von Segni, Kardinal von San Sergio, Papst 218, 452f., **455** bis **460**, 462, 466, 478, 486, 516, 538f., 542, 652ff., *Abb. 457*
—, »Venerabilem«, Dekretale (1202) 653
Innozenz IV., vorher Sinibald Fiesco, aus Genua, Papst 462f., 471, 475, 486, 656f.
Innozenz VI., vorher Etienne-Aubert, Kardinalbischof von Ostia, Papst 575, 661
Innozenz VII., vorher Cosimo de Migliorati, Papst 599
Innsbruck, Tirol 660
Inns of Court, freie Innungen Londoner Juristen 610
Inquisition, Glaubensgericht 457, 536, 538, 541, 543, 556f., 656
Interregnum in Deutschland 1254 bis 73 464, 569
Investitur, Belehnung von Bischöfen und Äbten mit ihrem Amt 367, 412, 503
Investiturstreit 187, 367, 379, **388** bis **392**, 418, 432, 503, 644f., 647f.
—, byzantinisch-römischer 198f., 203
—, englischer 444, 512
Iona, Insel der Inneren Hebriden an der Westküste Schottlands 623f.
Ionische Inseln 428f., 459
Iqtā' (arabisch), Lehnsgüter 132f., 141, 171f.
Irak 28, 30, 34, 56ff., 64, 68, 75ff., 79ff., 82, 89f., 95, 99, 101, 103, 128ff., 141f., 146, 149, 154f., 164, 175f., 178, 422, 484, 628, 633, 637
Iraker 66, 72, 80, 96, 134
Iran 57, 66, 71f., 76, 82, 87, 90, 101, 103, 105, 120, 132f., 137, 154, 171, 178, 245
Iranier 71f., 75, 81, 86, 90, 130, 137, 230
Iranisierung, kulturelle 138
Iranismus 104, 119, 121
Iren, 283, 286, 495f.
Irland 316, 446, 468, **495**f., 498, 582, 586f., 651

Irminsul (Irmens), von den Germanen als heilig verehrter Baum oder dessen stilisierte Nachbildung 301
— bei der Eresburg an der Diemel, Zerstörung 301, 629
Irmingard, Tochter Ingrams, Grafen in Lothringen, Gemahlin Ludwigs des Frommen 311, 361, *Stammtafel 294f.*
Irnerius (Guarnerius), aus Bologna, Jurist, Grammatik- und Rhetoriklehrer 390, 516
Iroschottisches Mönchstum 283, 285f., 495f.
Isaak I., Komnenos, byzantinischer Kaiser, 191, 212, 644f.
Isaak II. Angelos, byzantinischer Kaiser 217f., 440, 458, 651ff.
Isaak Dukas Komnenos, byzantinischer Usurpator 440
Isabella (Jolante), Tochter Johanns von Brienne, zweite Gemahlin Kaiser Friedrichs II. 461, 654, *Stammtafel 430f.*
Isabella, Tochter Philipps IV. von Frankreich, Gemahlin König Eduards II. von England 577, 583, 659
Isabella, Tochter Amalrichs I., Gemahlin Konrads von Montferrat, hernach Heinrichs II., Grafen der Champagne, Königs von Jerusalem 440, 461
Isabella, Tochter König Johanns von England, dritte Gemahlin Kaiser Friedrichs II. 461, 655, *Stammtafel 430f.*
Isborsk (Irboska), westlich Pskow 242
Isfahān, Persien 80, 132, 140, 628, *Kartenskizze 139*
Isidor, Metropolit von Moskau, Bischof von Sabina 283
Isidor(us) von Sevilla, aus Cartagena, spanischer Erzbischof und Kirchenlehrer 494, 496, 516, 550, 623f.
—, »Etymologiae« 494, 624
Isjaslaw, Großfürst von Kiew 233
Islam 14, **16—19**, 23f., 32, 35, 44f., 47ff., 51, 54ff., 60, 64, 70, 72, 75ff., 79, 82f., 87f., **91**ff., 95, 100, 104, 106, 112f., 123f., 126, 128, 131, 135, 138, 140f., 143, 156f., 165, 172f., 177f., 183, 188ff., 192f., 208, 245, 290, 312, 399, 424, 426f., 439, 478, 545, 567, **624—639**, 641ff., 645—655, 657—663
—, Datengerüst **56—59**
—, Gemeinschaft der Gläubigen 23f., 83, 91, 133, 137, 139
—, Horizont des **120—129**
—, Recht 78, **81—84**
—, Rechtsschulen (madhhab) 57, 84, 93f., 121, 131, 157, 169

Islam, religiöse Bewegungen **101** bis **109**
—, — Orden 174f.
—, — Reform 161, 167f.
—, Sektenwesen 56, 58, 66f., 73f., 76, 79, 82, 84, 88f., 91ff., **105** bis **108**, 117, 119, 125f., 130f., 135, 139, 156f., 162ff., 174ff.
—, Sitten und Riten 51ff., 81, 86, 121
—, soziale Bewegungen **101—109**
—, Staatsauffassung 47, 83
—, Traditionssammlungen 94
Islamisierung 69ff., 75, 77, 98, 115, 157
Ismāʿīl, Sohn Abrahams 44
Ismāʿīl ibn Dschaʿfar as-Sādiq, siebenter schiʿitischer Imām 106
Ismāʿīlijja, schiʿitische Sekte (Siebener-Schiʿa) 106f., 135f., 142, 151, 176
Ismāʿīlische Enzyklopädie der Wissenschaften (Rāsāʾil Ichwān as-Safāʾ) 58, 107, 125, 143
Ismāʿīliten 130, 134ff.
al-Istachrī, Ibrāhīm arabischer Geograph 132, *Abb. 152*
Italien 110, 144, 147, 151, 185f., 194, 196, 202, 204, 207f., 212, 215, 225, 275, 292f., 311f., 314f., 318, 320f., 330, 332, **341—346**, 348, 353f., 356, 358, 361, 369, 382f., 389f., 402ff., 408f., **412—415**, 417, 420ff., 427, 429, 432, 435f., 458, 460, 462f., **474—478**, 480, 486, 492, 499, 501f., 516, 534ff., 538, 544f., 557, 559, 566, 569f., **572—576**, 596ff., 610, 614f., 622f., 625, 628, **631—634**, 636f., 640f., 643, 646ff., 650f., 653f., 657, 659, 660, 661ff., *Kartenskizzen 319, 375*
— Mittel- 342, 344, 353, 377, 420, 455
— Nord- (Ober-) 296, 312, 344f., 398, 400, 405f., 412, 434, 441, 456
— Süd- (Unter-) 117, 187, 194, 209, 212, 215, 312, 344f., 354, 356f., 361, 367f., 371f., 391, 411f., 419, 429, 632, 635, 642
Italiener 171, 408f.
Italienische Sprache 690f.
Itzehoe, Schleswig-Holstein 630
Iustinus II., oströmischer Kaiser 621
Ivo, Bischof von Chartres 388
Ivois (Ipsch, heute Carignan), am Chiers, Nordfrankreich 333, 348, 355, 636, 642ff.
Ivrea, Piemont, Italien 341, 636f., 641
Iwan I. Kalita, Sohn Daniels, Großfürst von Moskau 248
Iwan II. Krasnij, Sohn Iwans I., Großfürst von Moskau 250
Iwan III., Sohn Wasilijs II., Zar von Moskau **253—260**, 263, 268f.

NAMEN- UND SACHREGISTER

Iwan IV. Grosnjj (der Schreckliche), Sohn Wasilijs III., Zar von Rußland 260—266, 271 f., *Abb. 268*
— schwedisch-russischer Krieg (1558—1583) 264
Iwan, Sohn Dimitrijs, Fürst von Perejaslawl 247
Iwan Molodoj, Sohn Iwans III. 256
Iwangorod, heute Vorstadt von Narwa, Estland 268

J

Jacobus, italienischer Rechtsgelehrter zu Bologna 434
Jacquerie, Bauernaufstand in Nordfrankreich (von Jacques, Spottname für Bauern) 615, 617
Jadwiga (Hedwig), Tochter Ludwigs I. von Ungarn, Königin von Polen, Gemahlin Wladislaws II. Jagiellos von Litauen und Polen 593 f., 663
Jaén, Stadt und Landschaft in Andalusien 479
Jaffa (Joppe, Japho), Palästina 152, 439, 461, 484, 652, 655, *Kartenskizze 473*
Jagiello (Jogaila, Jagel), siehe Wladislaw II. Jagiello
Jahja, Sohn des Zaid ibn 'Ali 80
Jakob (Jaime) I., der Eroberer, Sohn Peters II., König von Aragon 470, 479 f., 609
Jakob II., der Gerechte, König von Aragon 588
Jakob, Sohn König Jakobs I. von Aragon, König von Mallorca 480
Jakob I., König von Schottland 586, 609
Jakobiten, antiochenische Monophysiten 195, 421
Jakobus von Compostela, spanischer Heiliger 590
Jamāma, arabische Landschaft 55
Janitscharen, türkische Elitetruppe 224, 226
Jan van Ruijsbroeck, niederländischer Mystiker 558
Jantzen, Hans, Kunsthistoriker 328
Ja'qūb I. al-Mansūr, Abū Jūsuf, Almohadenfürst 59, 167 f., 652
Ja'qūb ibn Laith, genannt as-Saffār (der Kupferschmied), Gründer der Saffāriden 57, 103, 633
Jāqūt ibn 'Abdallāh ar-Rumi, arabischer Geograph und Biograph 59, 177
—, »Irschād al-arīb ʿilā ma'rifāt al-'adīb (Handbuch der Gebildeten)« 177
Jarmūk, linker Nebenfluß des Jordan 56, 60, 185 f., 625

Jaropolk, Sohn Isjaslaws, Großfürsten von Kiew 233
Jaroslaw I., der Weise, Sohn Wladimirs des Heiligen, Großfürst von Kiew 233, 237, 239, 244, 624, 643 ff.
Jaroslaw II., Sohn Wsewolods II., Großfürst von Susdal 246, 655 f.
Jaroslawl an der Wolga 244, *Kartenskizze 235, 243*
Jarrow, am Tyne, Durham 629
Jathrib, siehe Medina
Jazdgard III., König von Persien 56, 61
Jazīd I. ibn Mujāwija, Kalif in Damaskus 56, 74, 626
Jazīd II. ibn 'Abd al-Malik, Kalif in Damaskus 56, 193, 627
Jazīd III. ibn Walīd, Kalif in Damaskus 57, 76
Jean de Jandun (Johannes von Jandun) französischer Philosoph 559, 609
Jean de Meun (Jehan Clopinel de Meung), französischer Dominikaner, Professor in Paris, Bearbeiter des Rosenromans 555 f.
Jean le Bel (Johannes de Bel), nordfranzösischer Chronist, Kanoniker in Lüttich 609
Jean Petit (Johannes Parvus), aus Caux, französischer Theologe des Spätmittelalters 598
Jeanne, Tochter Ludwigs X. von Frankreich, Königin von Navarra 577, 579
Jeanne d'Arc, französische Nationalheldin, Heilige 226
Jehuda ha-Levi (arabisch Abū 'l-Hasan), spanisch-jüdischer Dichter 160
Jelena Glinskaja (Helene Glinska), Gemahlin Wasilijs III., Mutter Iwans IV. 261
Jemen 24, 26, 30, 34, 36, 51, 55 f., 58, 80, 82, 107, 109, 134, 152
Jenkinson, Anthony, englischer Kaufherr aus London 263
Jerez de la Frontera, am Guadalete, Südspanien 627
Jerusalem (hebräisch Jeruschalajim, arabisch el Kuds) 30, 44, 59 f., 131, 136, 146, 152 ff., 183, 185, 207, 213, 217, 384 ff., 439 ff., 483, 504, 515, 523, 554, 624 ff., 645, 647, 649 f., 653 bis 656, *Abb. 504, 533, Kartenskizze 139, 151, 211, 219, 443*
—, Grabeskirche 134, 144, 655
—, 'Umar-Moschee (Felsendom) 56, 75, 95, 626, *Abb. 76*
—, Blutbad im (1064) 145 f.
—, lateinisches Königreich 148 ff., 420—423, 438—441, 458, 461, 477, 483 ff., *Kartenskizze 219, 443*
Jesaja, jüdischer Prophet 37

Jesi, in den Marken südwestlich Ancona, Mittelitalien 652
Jesus von Nazareth 16, 39, 43 ff., 88, 107 f., 169, 173, 280 f., 286 f., 303 ff., 316 f., 320, 329, 346, 350 ff., 354, 369, 376 f., 381, 385, 388, 392
Joachim de Fiore (von Floris), Abt des Zisterzienserklosters in Fiore (Kalabrien) 164, 534 f., 537, 547 f., 553 ff., 557
Joanna I., Königin von Neapel, aus dem älteren Hause Anjou 575
Jobst (Jost, Jodocus), Sohn Markgraf Johann Heinrichs, Markgraf von Mähren, Kurfürst von Brandenburg 663
Johann I., König von Aragon 588
Johann (der Blinde), Graf von Luxemburg, ältester Sohn Kaiser Heinrichs VII., König von Böhmen 569 ff., 575, 594 f., 659 ff.
Johann I. Ohneland (John Lackland), Sohn König Heinrichs II., König von England 477, 452 f., 456, 466 f., 652—653, *Stammtafel 430 f.*
Johann II., der Gute, Sohn Philipps VI., König von Frankreich 579 f., 607, 661 f.
Johann I., König von Kastilien 589
Johann I., König von Portugal 590
Johann von Brienne, Titularkönig von Jerusalem 461, 653 f.
Johann von Gent (John of Gaunt), Sohn König Eduards III. von England, Herzog von Lancaster 585, 662 f.
Johann, Sohn des Askaniers Albrecht I., Herzog von Sachsen zu Lauenburg 464
Johann, Erzbischof von Ravenna 348
Johann von Ibelin, Herrscher in Berytus 483
Johann von Salisbury, Bischof von Chartres, englischer frühscholastischer Gelehrter 435, 519 f., 523, 609
Johann Heinrich, Sohn Johanns von Böhmen, Graf von Tirol 660
Johann Parricida, Sohn Herzog Rudolfs II. von Österreich 659
Johann-Tristan, Sohn König Ludwigs IX., Graf von Valois 471
Johanna, Tochter Heinrichs I. von Navarra, Gemahlin König Philipps IV. von Frankreich 472
Johanna, Tochter Heinrichs II. von England, Gemahlin König Wilhelms II. von Sizilien 651
Johanna (von Konstantinopel), Erbtochter Graf Balduins IX. von Flandern, Gemahlin Ferdinands, Grafen von Flandern 453

NAMEN- UND SACHREGISTER

Johanna, Tochter Ottos IV., Pfalzgrafen von Burgund, Gemahlin König Philipps V. von Frankreich 659
Johannes, Apostel, Sohn des Zebedaios, Evangelist 286
Johannes der Täufer, Sohn des Zacharias 107
Johannes I. Tzimiskes, byzantinischer Kaiser 191, 206f., 344, 638f.
Johannes II. Komnenos, byzantinischer Kaiser 191, 214, 423, 438, 648f.
Johannes III. Dukas Vatátzes, Kaiser von Nikaia 191, 220f., 483, 655f., *Stammtafel 430f.*
Johannis IV. Laskaris, Kaiser von Nikaia 191, 221, 657
Johannes V. Palaiologos, Sohn Andronikos' III., byzantinischer Kaiser 191, 224f., 661ff.
Johannes VI. Kantakuzenos, byzantinischer Kaiser 191, 224, 661, *Abb. 224*
Johannes VII. Palaiologos, Sohn Andronikos' IV., byzantinischer Kaiser 191, 225f.
Johannes I., Papst 621
Johannes II., vorher Mercurius, Papst 621
Johannes VI., Papst 626
Johannes VIII., Papst 318, 633f.
Johannes IX., Papst 634
Johannes X., Erzbischof von Ravenna, Papst 118, 318, 335, 635
Johannes XI., Sohn der Marozia und wohl ihres Geliebten, des Papstes Sergius III., Papst 636
Johannes XII., vorher Octavianus, Sohn Alberichs II., Papst 342f., 638
Johannes XIII., Bischof von Narni, Papst 343, 638
Johannes XIV., vorher Petrus, Bischof von Pavia, Papst 639
Johannes XV., Papst 350, 640
Johannes (XVI.), vorher Johannes Philagatos, Erzbischof von Piacenza, Gegenpapst 351f., 640
Johannes XVIII., vorher Phasanus, Papst 641
Johannes XIX., vorher Romanus, Bruder seines Vorgängers Benedikt VIII., Papst 642
Johannes XXII., vorher Jaques Dueze, Bischof von Avignon, Kardinal, Papst 567–570, 575, 602, 659
—, »In agro domonico«, Bulle über die Lehren Meister Eckeharts (1329) 660
Johannes (XXIII.), vorher Baldassare Cossa, Kardinal, Gegenpapst, später Kardinalbischof von Tusculum 602, 604, 663f.
Johannes, Bischof von Trani 210

Johannes, sagenhafter Priesterkönig des Morgenlandes 154
Johannes Duns Scotus, schottischer Franziskanertheologe der Spätscholastik 557, 659
Johannes Kalekas, Patriarch von Konstantinopel 224
Johannes Philagathos, siehe Johannes (XVI.)
Iohannes Scotus Eriugena, irischer Philosoph an der Hofschule Karls des Kahlen 316, 498, 508f., 513, 537, 632
—, »De divina praedestinatione« 632
Johannes von Damaskus, Mönch im Kloster Saba bei Jerusalem 188, 199f.
Johannes von Gaeta, siehe Gelasius II.
Johannes von Paris, genannt Quidort, scholastischer Philosoph 602, 604
Johanniter (Hospitaliter, Malteser), ältester geistlicher Ritterorden 422, 426, 439, 442, 479, 483, 485, 504, 523, 566, 608
John Balliol, König von Schottland 468, 658
Joinville, Jean de (Jehan Sire de Joinville) aus der Champagne, französischer Geschichtsschreiber 470, 474, 555
Jolante, zweite Gemahlin Kaiser Friedrichs II., siehe Isabella
Jonas, Bischof von Orléans, Verfasser eines Fürstenspiegels 316
Jonas, Bischof von Rjasan, Metropolit von Kiew 253
Jordanien 148
Joscelin, Graf von Edessa 423
Josua, Nachfolger Mose 320
Juden 41, 43f., 47, 51f., 78, 93, 128f., 134, 193, 297, 309, 348, 385f., 588, 594
—, Kleidungsvorschriften 168
— in Spanien 115f., 158, 160, 168f.
—, Verfolgung 58, 115, 160, 183, 213, 423, 504, 554, 615
Judentum 30–34, 36, 95, 123
Judisierende, russische Freigeister 268f.
Judith, Tochter des Grafen Welf aus Schwaben, Gemahlin Kaiser Ludwigs des Frommen **311–314**, 631f., *Stammtafel 294f.*
Jüngstes Gericht 16, 37f., 52, 282
Julian Apostata, Flavius Claudius Iulianus, römischer Kaiser 193
Jurij, Oheim Wasilijs II., Fürst von Galitsch 251f.
Jurij, Sohn Daniels, Großfürst von Moskau 247ff.
Jurij, Sohn Zar Iwans III. 260
Jurij, Vetter Wasilijs II., Großfürst von Moskau 252

Jurij Dolgorukij, Sohn Wladimirs II. Monomach, Großfürst von Kiew 239
Jurisprudenz 514ff., 550
Jūsuf, Abū Jaʿqūb, Almohadenfürst 167ff., 651
Justinian I., Flavius Anicius Iustinianus, oströmischer Kaiser 183, **185–189**, 193f., 196, 199, 202f., 214f., 221, 223, 240, 275, 516, 621f.
—, »Codex Iustinianus« 635
Justinian II., Sohn Konstantins IV., byzantinischer Kaiser **188** bis **192**, 626f.
Juvenal, Decimus Iunius Iuvenalis, römischer Dichter 509

K

Kaʿba, islamisches Heiligtum (mit schwarzem Stein) in Mekka 32f., 38, 44, 49, 52, 58, 108, 625, 637, *Abb. 41*
— (mit weißem Stein) von al-Abalāt 32
— (mit rotem Stein) von Ghaimān 32
— von Nadschrān 32
Kabul, Ostiran 71, *Kartenskizze 139*
Kabylei, Kleine, Landschaft in Nordalgerien 108, 157
Kärnten, Landschaft an der Drau 315, 318, 321f., 347, 370f., 634, 639f., 644f., **657–661**
Kaffa (Theodosia, Feodosia), auf der Krim 244, 407
Kāfūr, abessinischer Hausmeier in Ägypten 112
Kāhina, Prophetin der Berber 70
Kairo (al-Muʿizzijja al-Qāhira, die sieghafte Stadt des Muʿizz) 58, 61, 110, 134, 136, 151, 153, 160, 190, 653, 656, *Kartenskizze 139, 151*
—, al-Azhar-Moschee 58, 110
—, Ahmad ibn Ṭūlūn-Moschee 112, *Abb. 108*
Kairuan, Tunesien 64, 70, 89, 109, 155f., 190
Kaiserswerth am Niederrhein, heute Stadtteil von Düsseldorf 371, 645
Kaisertum, byzantinisches 245
—, mittelalterliches 60, 318, 325, 343, 345, 500, 533, 556, **569** bis 573, 602, 613
Kalabrien, Landschaft in Süditalien 144, 202, 224, 344f., 348, 357, 367f., 427, 429, 505, 638
Kalb, Stamm der Araber 56, 73
Kalifat, rechtmäßiges (chalīfat rasūl Allāh) 54, 57, 67f., 72, 74, 77, 79, 82, 84ff., 88ff., 93f., **100** bis **103**, 107f., 111f., **129–134**, 138, **140–144**, 166, 173, 176ff., 198, 628, 633, 638, 651

NAMEN- UND SACHREGISTER

Kalifat der Fātimiden 58, 109f., 118f., 134ff., 144, 149ff.
— der Umajjaden in Spanien 58, 115f., 118f., 158f., 643
Kalisch (Kalisz), Polen 661
Kallinikos, Syrer, Erfinder des Griechischen Feuers 188
Kallipolis (Gallipoli, Gelibolu), auf der thrakischen Chersones 655, 661
Kalmar, Südschweden 592, 663
Kalmarer Union, Vereinigung Dänemarks, Norwegens und Schwedens (1397) 592, 663
Kalojan Rhomaioktonos, Zar der Bulgaren 218
Kamaldulenser, von Romuald von Ravenna gegründeter und nach dem Kloster Camaldoli benannter Zweig der Benediktiner 502, 505, 515
Kamba, rechts des Rheins gegenüber Oppenheim 360, 642
Kamel (Dromedar) 25f., 60
Kamelschlacht bei Basra (9. 12. 656) 56, 65, 625
al-Kāmil, Malik, Neffe Saladins, Ajjubidensultan in Ägypten 59, 153, 171f., 461, 655
Kampanien, Landschaft in Süditalien 622, 638
Kanauj, Stadt und Landschaft in Zentralindien 138
Kandia (Chandax), frühere Hauptstadt der Insel Kreta 206
Kanem, Landschaft in Äquatorialafrika 157
Kanon in der Musik des Hochmittelalters 522
Kantabrer, Stamm der Iberer an der Nordküste Spaniens 70
Kantabrien, Landschaft, Nordspanien 479
Kapetinger, nach Hugo Capet benanntes französisches Königsgeschlecht 412, 449, 452, 473, 577, 579
Kapitularien (capitularia, eingeteilt in capitula, Abschnitte), Verfügungen der Merowinger- und Karolingerkönige 297, 300, 303f., 307f., 311, 320, 325, 328
—, »Capitulare de villis«, Landwirtschaftsverordnung 298
—, »Capitulare Saxonicum«, Verfügung Karls des Großen über das sächsische Recht (797) 630
—, »Capitulatio de partibus Saxoniae«, Kapitular Karls des Großen an die Sachsen (782?, 785?) 301, 629
—, »Diedenhofener Kapitular« Karls des Großen über die fränkisch-slawische Grenze (805) 630

Kapitularien, »Divisio regnorum«, Verfügung Karls des Großen über die Reichsteilung (806) 300, 310, 320, 630
Kaplan, Gehilfe und Stellvertreter des katholischen Pfarrers 283
Kappadokien, Landschaft in Anatolien 195, 209, 625, 627, *Kartenskizze 211*
Karachaniden, türkische Dynastie in Transoxanien 138, 140
Karachi, siehe Daibul
Karachitai (Qara-Qytai), mongolisches Volk 142, 154, 649
Karawanenfernhandel 28f., 36, 45, 47, 51, 71, 99, 128, 133
Karbalā' (Kerbela, Meschhed Husain), Irak 56, 74, 93, 131
Karelien, Landschaft, reicht von der Halbinsel Kola bis zum Ladoga- und Onegasee 465
Karfreitagsliturgie, katholische 303
Karl I., der Große, König der Franken und Kaiser 13, 15, 17, 57, 95, 113f., 116, 187, **195** bis 198, 287f., *296—308*, 310, 312f., 315, 317, 345, 352f., 356, 437, 496, 523, 609, 629ff., 634, 636, 641, *Abb. 296f., Stammtafel 294f.*
—, »Ammonitio generalis«, allgemeine Ermahnung Karls des Großen (789) 297, 629
—, »Libri Carolini«, vier Untersuchungen über den Bilderstreit (etwa 791) 304, 630
—, »Freundeskreis« 304, 308, 496f.
—, Gerichtsbarkeit 299ff.
—, Heer 298—301
Karl II., der Kahle, Sohn Ludwigs des Frommen und der Judith, König von Westfranken und Italien, Kaiser 313ff., 631ff., *Stammtafel 294f., Kartenskizze 319*
Karl III., der Dicke, jüngster Sohn Ludwigs des Deutschen, König von Ostfranken, Italien, Westfranken, Kaiser 315, 318, 321f., 339, 634, *Stammtafel 294f.*
Karl IV. (ursprünglich Wenzel), Sohn Johanns von Böhmen, deutscher König und Kaiser 571ff., 595, 660ff., *Abb. 572f., 597*
Karl, jüngster Sohn Kaiser Lothars I., König von Niederburgund 632, *Stammtafel 294f.*
Karl III., der Einfältige, Sohn Ludwigs des Stammlers und der Adelheid, König von Westfranken 315, 320, 322, 331f., 339, 356, 635, *Stammtafel 294f.*
Karl IV., Sohn Philipps IV., König von Frankreich 577, 583, 636f.
Karl V., der Weise, Sohn Johanns II., König von Frankreich **578—581**, 662, *Abb. 597*

Karl VI., Sohn Karls V., König von Frankreich 581, 599, 662f.
Karl VII., Sohn Karls VI., König von Frankreich 226
Karl II., der Böse, Sohn Philipps von Evreux, König von Navarra 579ff.
Karl I. von Anjou, Sohn Ludwigs VIII. von Frankreich, König von Neapel-Sizilien 222, 464, 471ff., 476ff., 485f., 656ff.
Karl II., der Lahme, von Anjou, Sohn Karls I., König von Neapel 486
Karl Robert von Anjou (Karl I.), König von Ungarn 595
Karl, Sohn König Ludwigs IV. von Frankreich, Herzog von Niederlothringen 438f., 639, *Stammtafel 294f.*
Karl der Gute, Graf von Flandern 450
Karl von Valois, Sohn König Philipps III. von Frankreich 473
Karlmann, Sohn Karl Martells, Hausmeier in Austrien, Alemannien und Thüringen 290ff., 297, 628, *Stammtafel 294f.*
Karlmann, Sohn Pippins des Kleinen, Mitkönig Karls des Großen 296, 629, *Stammtafel 294f.*
Karlmann, Sohn Karls des Großen, siehe Pippin
Karlmann, Sohn Ludwigs des Deutschen, König von Bayern, König von Italien 321, 633f., *Stammtafel 294f.*
Karl Martell, Herzog und Hausmeier des Frankenreiches 57, 70, 187, 195, 289f., 627f., *Stammtafel 294f.*
Karmeliten, aus einer von dem Kreuzfahrer Berthold von Kalabrien gegründeten Einsiedlergenossenschaft auf dem Berge Karmel, Palästina, hervorgegangener Bettelorden 553
Karolinger, fränkisches Herrschergeschlecht 14f., 276, 307, 315, 321ff., 325, 328, 331, 339, 345, 349f., 356, 380, 492, 496ff., 542, **634—637**, 640, *Stammtafel 294f.*
—, Reichsteilungen 315, *Kartenskizze 319*
—, Hofkultur, Bildungsreform 496ff., 500
Kartäuser, von Bruno von Köln gegründeter und nach dem ersten Kloster Chartreuse benannter Einsiedlerorden 419, 504ff., 508, 527f.
Karthago 56, 70, 186f., 190, 222, 621, 624, 626
Kasan, an der Wolga 229, 251, 255, 261, 263f., *Kartenskizze 267*
Kaschmir, ehemaliges indisches Fürstentum 120

NAMEN- UND SACHREGISTER 693

Kasimir III., der Große, Sohn des Wladislaw Lokietek, König von Polen 594, 660ff., *Abb. 596*
Kasimir, Großfürst von Litauen 255
Kaspisches Meer 80, 174, 655, *Kartenskizze 139, 267*
Kastilien 58f., 160, 167, 169, 376, 414, 425f., 435, 478ff., 482, 542, 580, 587—590, 597, 599f., **642** bis **646**, 648, 654, *Kartenskizze 159, 481*
Katalanen (Katalonen) 162, 171, 223, 408, 480, 484, 588, 659
Katalanisch, romanische Sprache 609
Katalonien 114, 414, 425, 482, 587, *Kartenskizze 481*
Katharer, vom Balkan nach Westeuropa sich ausbreitende christlich-manichäische Sekte 456, **535—538**, 542, 545, 556
Katharina von Siena, italienische Mystikerin, Bußschwester vom hl. Dominikus 576
Katholizismus, siehe Kirche, römisch-katholische
Kaufleute, Aristokratie in den Städten 575, 610ff., 616f.
—, Siedlungen im Frühmittelalter 358
Kaukasus 120, 185, 199, 209, 230, 232, 245f., 251, 641
Kent, Grafschaft in Südostengland 286, 623
Kephissos, Fluß in Boiotien 659
Kertsch, auf der Krim, Meerenge von 232, 643, *Kartenskizze 235*
Kerullarios (Caerularius), Michael, Patriarch von Konstantinopel 210, 212, 369, 644f.
Kettler, Gotthard, Heeresmeister des Deutschen Ordens, Herzog von Kurland 264
Kienast, Walther, Historiker 340f.
Kiew, am Dnjepr 206, 229, 231f., 234, 237, 239, 245, 248ff., 253f., 261, 639, 656, *Abb. 233, Kartenskizze 235*
—, Höhlenkloster (Petscherskaja Lavra) 208, 244
—, Großfürstentum 206ff., 229, 231—242, 244, 246, 249, 255, 265, 271, 635, 638ff., 642f., 648, *Kartenskizze 235*
—, Geistlichkeit 238f.
—, Thronfolgeregelung 237, 248, 647
—, Verwaltung 237f.
—, Volksversammlung (wjetsche) 237ff.
—, Wirtschaft 238
Kilidsch Arslan, Sohn des Sulaimān, Sultan der Rūm-Seldschuken 647
Kilikien, Landschaft in Südostkleinasien 95, 149, 185, 189f., 195, 205, 214, 218, 220, 422f., 438, 624, 626, 638, 645, 650, *Kartenskizze 211*

Kilkenny, Südirland 586
Kilwa (Kilwa Kisiwani), Hafen in Ostafrika 112
Kimbalongos (Kleidion, Demi Kapija), Paß zwischen Vardar- und Strymontal 208
Kināna, Beduinenstamm 28
Kinda, südarabische Dynastie 26
Kinderkreuzzug von 1212 554, 654
Kindertribut der Berber 79
al-Kindī, najqub ibn Ischāq, arabischer Philosoph 57, 94f., 124, 168, 633
Kiptschak (Kyptschak), türkische Bezeichnung der Kumanen, ihres Wohngebietes und des Reiches der Goldenen Horde 223
Kirche, armenische (Monophysiten) 421
—, christliche 275
—, griechisch-orthodoxe (oströmische) 45, 200, 203, 210, 215, **222—226**, 229, 240f., 253, 304, 369, 371, 382, 421, 423, 427f., 435
—, —, Literatur 241
—, römisch-katholische (lateinische) 13, 234, 240f., 248f., 253, 259, 276, 286, 365f., 369, 377f., 382, 423, 427f., 433, 492, 536, 621, 623, 625
—, russische 234, 242, 254, **268 bis 272**
—, —, Literatur 269, 271
Kirchenbau, armenischer 209
—, frühmittelalterlicher 202, 278, 293
Kirchenmusik 173, 355, 521f.
Kirchenrecht 432, 463, 515f.
Kirchenreform 200—208, 212, 225, 354f., 360, 363, 365ff., **369—372**, 376f., 380, 383f., 389ff., 392f., 413, 419f., 502ff., 508ff., 512, 515, 527, 537, 595, 598, 600 bis **603**, 640, 642, 644, *Abb. 369*
Kirchenstaat (lateinisch Patrimonium Petri), 195, 276, 292, 343, 371, 566, 573, 575, 628f., 634, 642, 655, 658, *Kartenskizze 375*
Kirchensteuer 463, 658
Kirchenunion 225f., 253, 259, 645, 658, 661
Kirchenväter, Lehrer der frühen Christentums 511, 513
Kirmān, Landschaft und Stadt in Ostiran 130, 138
Kjustendil (Velbużd), Westbulgarien 660
Klara von Assisi, Mitgründerin des Klarissenordens 540
Klarissen, Zweiter Orden des Franz von Assisi, den er gemeinsam mit Klara von Assisi gründete 540
Kleinarmenien 149, 483f., *Kartenskizze 151, 219*

Kleinasien 58, 69, 120, 140, 142, 145, 147, 150, 154, 185f., 188ff., 192, 194ff., 198f., 201f., **212** bis **217**, 220f., 223, 225, 421f., 424, 440, 624, 628, 630, 639, 648, 652ff., 659, 662
Kliment (Klemens), Erzbischof von Ochrida, Heiliger 208
Klokotnica, an der Maritza, Bulgarien 220, 655
Kloster 309f., *Abb. 269, 309, 501*
—, Reform 500ff., 506ff., 512, 640
Klosterschulen 496, 499, 530, *Abb. 612*
Knuba, schwedischer Kleinkönig zu Haithabu 333, 636
Knut (Kanut) der Große, Sohn Sven Gabelbards, König von Dänemark 361, 642f.
Koblenz, Rheinland-Pfalz 629
Kölln an der Spree, einst selbständige Stadt, heute Kern des Bezirks Neukölln von Berlin 465
Köln am Rhein 98, 289, 344, 346, 350, 358, 361, 371, 383, 385, 389, 406, 409, 464, 535, 546, 549, 558, 627, 634, 642, 647, 653, 656ff., 662, *Kartenskizze 319*
—, Riecherzeche von 415
Königsberg, Ostpreußen 465, 656
Königtum, mittelalterliches 593, 603ff.
Kogge, Handelsschiff im Mittelalter 409
Kola, Halbinsel zwischen Weißem und Barents-Meer 263
Kolberg, Pommern 352, 641
Kollektivsteuer 62
Kolomna, an der Moskwa, Rußland 247
Kolonea, Nordostkleinasien, in der Gegend des heutigen Sebin Qarahisar 637
Kolonialdörfer 401
Kolonisation, deutsche 410, 465, 528, 637
Kommunisten 40
Komnenen, byzantinische Dynastie 191, **212—217**, 427
Konja (Ikonion), Kleinasien 140, *Kartenskizze 151*
Konklave, Papstwahlversammlung der Kardināle 486, 656f.
Konkordat, Wormser (1122) 390f., 418, 433, 504
—, Benevent (1156) 429, 433
—, Neuß (1201) 653
—, englisches (1418) 601
Konrad I., Herzog der Franken, deutscher König 322f., 330f., 333, 635, *Stammtafel 326f.*
Konrad II., deutscher König und Kaiser, der erste Salier 233, 360ff., 642f., *Stammtafel 363*

Konrad III., deutscher König und Kaiser 214f., 423f., 428f., 432, 449, 648f., *Stammtafel 430f.*
Konrad IV., Sohn Friedrichs II., deutscher König 461, 464, 475, 483, 655f., *Stammtafel 430f.*
Konrad, ältester Sohn Kaiser Heinrichs IV., deutscher König 383f., 645ff.
Konrad der Rote, Graf von Worms, Herzog von Lothringen 340, 637, 642, *Stammtafel 326f.*, 363
Konrad, rheinischer Pfalzgraf, Herzog von Bayern 644
Konrad, Sohn Herzog Friedrichs II. von Schwaben und der Agnes von Saarbrücken, Pfalzgraf bei Rhein 650, *Stammtafel 430f.*
Konrad I., Sohn Graf Thimos von Wettin, Markgraf von Meißen 648
Konrad, Markgraf von Montferrat 439f., 461
Konrad der Pfaffe, Regensburger Geistlicher, erster deutscher Bearbeiter des Rolandsliedes 524
Konrad von Hochstaden, Erzbischof von Köln 656
Konrad von Waldhausen, Augustinerchorherr, Buß- und Reformprediger aus Österreich 595
Konradin, Sohn König Konrads IV., Herzog von Schwaben, der letzte Staufer 353, 476, 483, 656f., *Stammtafel 430f.*
Konradiner, rheinfränkisches Grafengeschlecht 322
Konstantin I., der Große, Flavius Valerius Constantinus, römischer Kaiser 183, 196, 270, 281, 352
—, Konstantinische Schenkung, (donatio Constantini), gefälschtes Dokument über die weltlichen Herrschaftsansprüche des Papstes 352, 641
Konstantin III., Sohn des Herakleios, byzantinischer Kaiser 625
Konstantin IV. Pogonatos (der Bärtige), Sohn Constans' II., byzantinischer Kaiser 188, 191, 625f.
Konstantin V. Koprónymos, Sohn Leons III., byzantinischer Kaiser 191, 194f., 627, 629
Konstantin VI., Sohn Leons IV., byzantinischer Kaiser 191, 195f., 629f.
Konstantin VII. Porphyrogennetos, Sohn Leons VI. und der Zoë, byzantinischer Kaiser 191, 204ff., 230, 635ff., *Abb. 225*
—, »De administrando imperio« (950) 205, 230
Konstantin VIII., Sohn des Romanos II., byzantinischer Kaiser 191, 207, 638f., 643

Konstantin IX. Monomáchos, byzantinischer Kaiser 191, 209, 212, 368, 644
Konstantin X. Dukas, byzantinischer Kaiser 191, 212, 645
Konstantin XI. Palaiologos Dragases, byzantinischer Kaiser 191, 225f.
Konstantin, Sohn des Kaisers Romanos I. Lakapenos 637
Konstantin, Papst 627
Konstantin, Sohn Michaels, Fürst von Tver 248
Konstantin-Kyrill, siehe Kyrillos
Konstantinopel (Byzanz) 26, 28ff., 36, 48, 50, 53, 56, 58, 60f., 69, 71f., 95, 98, 140f., 145, 153, 185—188, 192, 194, 196ff., 200f., 203f., 210, 213, **215** bis **226**, 230f., 253f., 281, 297, 329, 346, 350, 353, 369, 382, 407, 428, 438, 441, 458, 483, 536, 596, 622, **624—627**, 631, **635** bis **639**, 641, **643—647**, 649, 652ff., 657, 660f., *Abb. 225f.*, *Kartenskizze 139, 211, 219, Karte 80, 608*
—, Hagia Sophia 210, 219, 221, 259, 369, 644
—, Hochschule 210, 644
Konstanz am Bodensee 322, 362, 436,634,650f.,662,664,*Karte 440*
Konstanze, Tochter Rogers II. von Sizilien, Gemahlin Kaiser Heinrichs VI. 216, 218, 437, 441, 452, 455, 651f., *Stammtafel 430f.*
Konstanze, Tochter König Alfons' II. von Aragon, Gemahlin König Emmerichs von Ungarn und hernach Kaiser Friedrichs II. 460, 653f., *Stammtafel 430f.*
Konstanze (bei den Byzantinern Anna), Tochter Kaiser Friedrichs II., Gemahlin Kaiser Johannes' III. Vatatzes von Nikaia 656, *Stammtafel 430f.*
Konstanze, Tochter König Manfreds von Sizilien, Gemahlin König Peters III. von Aragon 477, *Stammtafel 430f.*
Konstanze, Tochter König Philipps I. von Frankreich, Gemahlin Bohemunds, Fürsten von Antiocheia 647
Konstanze, Tochter Bohemunds II., Gemahlin Raimunds von Poitiers 423, 438
Konstanze von Aquitanien (Arles), Tochter Graf Wilhelms von Arles, Gemahlin König Roberts II. von Frankreich 643
Kontemplation 492, 494, 502, **527—533**, 536, 543f., 548, 550, 558
Konventualen, gemäßigter Zweig der Benediktiner 541, 557
Konzil, Kirchenversammlung 225, 419, **597—604**

Konzil, ökumenisches, sechstes, zu Konstantinopel (680/81) 188, 192, 626
—, —, Quinisextum, zu Konstantinopel (692) 190, 626
—, —, siebentes, zu Nicaea (787) 196, 630
—, —, achtes, zu Konstantinopel (869) 202, 633
—, —, neuntes, im Lateran (1123) 391, 419
—, —, zehntes, im Lateran (1139) 420, 648
—, —, elftes, im Lateran (1179) 437, 651
—, —, zwölftes, im Lateran (1215) 455, 459, 538, 543, 654
—, —, dreizehntes, zu Lyon (1245) 462, 656
—, —, vierzehntes, zu Lyon (1274) 486, 657
—, —, fünfzehntes, zu Vienne (1311) 567, 659
—, —, sechzehntes, zu Konstanz (1414—1418) 600f., 664
—, —, siebzehntes, zu Basel und Lausanne (1431) 253
—, —, zu Ferrara und Florenz (1438/39) 226, 253f., 259
—, —, zu Pisa (1409) 599, 663
—, —, oströmisches, zu Konstantinopel (1351) 224, *Abb. 224*
Kopfsteuer der Nichtmuslime 56, 76, 78, 163, 190
— in Frankreich 585
Kopten, christliche Nachkommen der alten Ägypter 57, 87, 96, 121f., 124, 126, 156, 162, 166, 193, *Abb. 68, 117*
—, berberischer 57, 113
Korfu (Korkyra), Ort und Insel im Ionischen Meer 428f., 477, 649, 652, 656
Korinth, Peloponnes 208, 428, 649
—, Golf von 635
Kórmtschaja Kníga (Steuermannsbuch), russische Übersetzung des Nomokanons 239
Kornelimünster (ursprünglich Inda), bei Aachen 309, 631
Korpuskular-Theorie 517
Korsika 110, 117, 622, 651, *Kartenskizze 375*
Kortrijk (Cortoriacum, französisch Courtrai), an der Leye (Lys), Belgien 487, 659
Kos, ägäische Insel 188

NAMEN- UND SACHREGISTER

Kosaken (von türkisch Karak, Nomade), berittene Wehrbauern im unteren Dnjepr- und Dongebiet 266, 268

Kosovo Polje, siehe Amselfeld

Kowrat, Hunnenfürst 188

Krain, Landschaft in den Julischen Alpen 464, 657f.

Krak des Chevaliers, Kreuzritterfestung 439, 485, *Abb. 148, Kartenskizze 443*

Krakau, Polen 352, 594, 641, 661

Kreditpapiere 411

Kreta 69, 115, 198f., 201f., 204, 206, 219, 459, 637f.

Kreuzfahrer 136, 140, 142, 145ff., 149, 152f., 213, 217, 236, 384f., 412, 424, 426, 438f., 480, 647, 651–654, *Abb. 195, 456*

—-Staaten, siehe Lateinische Staaten

Kreuzzüge **144–147**, 155, 177f., 195, 205, 214, 223, 225f., 251, 384, 391, 411, 413, 424, 483, 485f., 503f., 515, **522–525**, 529, 554ff., **566–569**, 575, 593, 596, 662f.

— (1096–99, Erster) 59, 142, 213, 384f., 411, **420–423**, 428, 646f.

— (1147–49, Zweiter) 59, 149, 215, 423f., 426, 428, 449, 649

— (1189–93, Dritter) 59, 152, 217, 437, 440f., 452, 651f.

— (1202–04, Vierter) 218, 407, 412, 458f., 478, 653, *Abb. 456*

— (1217/18, Fünfter oder nicht gezählt) 459, 461, 654

— (1228/29, Sechster oder Fünfter) 461, 654f.

— (1248–54, Siebenter oder Sechster) 59, 172, 470, 484, 656

— (1270, Achter oder Siebenter) 472

Kriegstechnik, mittelalterliche 178

Krim 188, 194, 208, 232, 234, 244, 251, 260, 263, 407

Krimtataren 255, 261, 264

Kroaten, südslawischer Volksstamm 199, 204

Kroatien 212, 214, 466, 652

Kroissenbrunn, auf dem Marchfeld, Niederösterreich 657

Krongut, Krondomäne, königliches Land im Mittelalter 433, 437, 449f., 452, 472, 474

Krum, Chan der Bulgaren 197f., 630f.

Ktesiphon (al-Madā'in), am Tigris 29, 61

Kūfa, Irak 51, 57, 64ff., 70, 73ff., 79f., 107f., 626, 634

Kujawien, Landschaft links der Weichsel, Polen 661

Kúlikowo póle, Wachtelfeld, am oberen Don 250, 663, *Kartenskizze 243*

Kulm (Culm), an der Weichsel 655, 661, *Karte 440*

Kultur, abendländische 590, 592f., 595

—, antike 277f.

—, armenische 209

—, byzantinische 202, 210, 225, 240

—, französische 593, 595f.

—, hebräisch-arabische 160

—, indische 126

—, islamische (arabische) 71, 114f., 117, 119f., 126, 128f., 134, 173–178, 193

—, islamische (iranische) 119, 126, 128, 131

—, — (iranische) 119, 126, 128, 131

—, persisch-türkische 123, 126f.

—, russische 241

—, serbische 222

—, spanisch-arabische 116f, 155

Kulturpessimismus 125

Kumanen (Polowzer, Uzen), turanider Volksstamm am Schwarzen Meer 213, 230, 233, 236, 244, **645–648**, *Karte 440*

Kümijja, Berberstamm 165

Kunigunde (auch Liutbirga), Schwester der schwäbischen Kammerboten Erchanger und Berchtold, Gemahlin Markgraf Liutpolds von der Ostmark und hernach König Konrads I. 322, *Stammtafel 326f.*

Kunigunde, Tochter Siegfrieds, Grafen von Lützelburg, Gemahlin Kaiser Heinrichs II. 354, 641, *Stammtafel 326f.*

Kunst, byzantinische 193f., 202, 205, 208, 213, 218, 427, *Abb. 205, 224f., 233, 245*

—, fränkische 278, 293, 328

—, islamische 114, 127f., 154f., *Abb. 76f., 101, 108f., 116f., 144f., 152f., 176f.*

Kurbskij, Andrej Michailowitsch, russischer Feldherr und Schriftsteller 262, 265, 271

Kurden, nordisch-turanidisches Mischvolk 96, 133, 170ff.

Kurfürstenkollegium **569–572**

Kurkuas, Johannes, byzantinischer Feldherr 205

Kurland 264, 593

Kurverein von Rhense (1338) 660

Kutāma, Stamm der Berber 109

Kuttāb (arabisch, Einzahl kātib), Schreiber, Sekretäre 86f., 100, 119

Kutubijja-Moschee in Marrākesch 59, 166

Kuturguren, protobulgarischer Hunnenstamm 188

Kyrillos (eigentlich Konstantinos) aus Thessalonike, Apostel der Slawen, Heiliger 201, 208, 633

Kyzikos, am Marmarameer 69, 188f., 626, *Karte 80*

L

Lachmiden, arabische Dynastie in Hīra 26, 31f., 56

Lactantius, Lucius Caecilius Firmianus, lateinischer Kirchenschriftsteller 164

Ladislaus I., König von Ungarn **645–648**

Ladogasee, Nordrußland 231f., *Kartenskizze 235, 267, Karte 440*

La Garde-Freinet, siehe Fraxinetum

Lagny an der Marne, Champagne 408

Lahore, Indien 153, *Kartenskizze 139*

Laienbewegung im Mittelalter 492, 497, **500–507**, 509f., 527f., 539, 550, **552–555**, 557

Laienbrüder (Konversen), Ordensleute ohne Weihen 400, 500, 502, 505f., 543

Laieninvestitur 367, 379, 644f., 647

Lakapenos, Basileios, byzantinischer Politiker 207

Lambert, Sohn Widos, Herzogs von Spoleto 318, 634

Lamtūna, Stamm der Kamelnomaden in der Sahara 156f., 167

Landbevölkerung im Hochmittelalter 416ff.

Landfriede 386, 655, 658, 662f.

Landulf, Subdiakon in Mailand 371

Landwirtschaft, arabische 41, 99

—, fränkische 298

— im Hochmittelalter **402–405**, **612–615**, *Abb. 400*

Lanfrank, frühscholastischer Benediktiner aus Pavia, Erzbischof von Canterbury 510

Langland, William, aus Shropshire, Mittelengland, englischer Dichter 618

Langobarden 187, 194, 196, 276, 290, 292f., 296, 342, 344, 493, 623, 625, 627ff., 631, 637, 641, 646, 659, 661

—, Fürstentümer 638f., 642

Languedoc, südfranzösische Landschaft 402, 408, 417, 425f., 456f., 480, 579, 584, 605, 653

Languedoil, nordfranzösische Sprache 579

Laodikeia (heute Latakia, Ladikije), Nordwestsyrien 485, 635, 649

Laon (Laudunensis), in der Ile-de-France 339f., 449, 515, 636, *Abb. 461, Kartenskizze 451*

Larissa, Thessalien, Nordgriechenland 640, 646, *Karte 440*

Laskariden, byzantinische Dynastie 191, 220

al-Lāt, altarabische Göttin 38

NAMEN- UND SACHREGISTER

Latakia (siehe auch Laodikeia), Syrien 485, *Kartenskizze 151*
Lateiner, lateinische Christenheit 141, 144, 148, 150, 152f., 155, 171, 178, 210, 216, 226, 369, 420, 653ff., 659
Lateinisch, 113, 115, 168, 427, **449 bis 497**, 509, 518f., 608
Lateinischer Orient, siehe Lateinische Staaten
Lateinisches Kaiserreich der Kreuzfahrer in Konstantinopel (Romania, 1204—61) 140, 219ff., 407, 458f., 477, 483, 653, *Kartenskizze 219*
Lateinische Staaten **144—153**, 213 bis **216**, **420—424**, 426ff., 435, 438f., **483ff.**, 658, *Kartenskizze 443*
Latifundien in Byzanz 209, 216
Laura (Lavra), Kloster von Anachoreten (Einsiedlern) 207
Lauraguais, Landschaft im Süden des Languedoc 402
Lausitz (sorbisch Luciza, Sumpfland), norddeutsche Landschaft 399, 595, 638, 641ff., 648
Lautere Brüder, ismāʿilisches Konventikel 58, 107, 143
Lavardin (heute Vendôme), westlich von Orléans 519
Lavello, nordöstlich Melfi, Apulien 656
Lazar I., Fürst von Serbien 596
Leburnion, siehe Levunion
Lecce, Apulien 441, 652
Lech, Nebenfluß der Donau 628
Lechfeld, zwischen Lech und Wertach 637
—, Schlacht (787) 629, (955) 342, 637
Legenda aurea sive historica Lombardica, Legendensammlung des Dominikaners Jacobus de Varagine (Voragine) 557
Legnano, nordwestlich Mailand, Lombardei 436, 651
Lehnswesen, mittelalterliches 218, 412f., 426f., 437, 452, 456, 468, 471, 476, 645f., 648, 653f.
—, arabisches 63, 132f.
—, byzantinisches 214f., 647
—, Constitutio de feudis, Lehensgesetz Kaiser Konrads II. 643
—, deutsches 386, 412, 433, 437, 641ff., 648, 651, 655, 657f.
—, englisches 412, 444, 456, 468, 471
—, fränkisches 290
—, französisches 412, 452, 454, 471, 476
—, italienisches 412
—, sizilisches 427f., 456
Leibeigenschaft, erbliche **415—418**, 613, 615
Leichudes, Konstantin, byzantinischer Jurist, Patriarch von Konstantinopel 210

Leihe, bäuerliche (Erbleihe) 403ff., 417, 444
Leitha, Nebenfluß der Donau 644
Lemberg, Galizien 234

Leo II., Papst 626
Leo III., Papst 296, 302f., 308, 630, *Abb. 296*
Leo IV., Papst 318, 632
—, Leostadt, ummauertes Stadtviertel Roms 318, 632, 646
Leo VIII., Papst 343, 638
Leo IX., vorher Brun, Graf von Egisheim-Dagsburg, Bischof von Toul, Papst, Heiliger 210, **365 bis 369**, 373, 377, 644
Leo Africanus (Johannes Leon), eigentlich al-Hasan ibn. Muhammad al-Wazaz al-Fasi, arabischer Geograph 164
Leon (Leo) III., der Syrer, byzantinischer Kaiser **191—194**, 627f.
—, «Ekloge«, Rechtssammlung (726?, 740/41?) 193, 627
Leon (Leo) IV., der Chazar, Sohn Konstantins V. und einer Chazarenprinzessin, byzantinischer Kaiser 191, 195, 629f.
Leon (Leo) V., der Armenier, byzantinischer Kaiser 191, 198, 631
Leon (Leo) VI., der Weise, Sohn Basileios' I., byzantinischer Kaiser 191, 203ff., 634f.
—, »Tá Basiliká« 203, 635
Leon, Bischof von Olaida 210
Leon Diakonos, byzantinischer Schriftsteller 207, 210
Leontios, byzantinischer Feldherr und Kaiser 190, 626
Leontios, byzantinischer Admiral 190
Leopold I., Sohn König Albrechts I., Herzog von Österreich 569, 659
Leopold III., Sohn Herzog Albrechts II., Herzog von Österreich 573, 662
Leopold V., Sohn Heinrichs II. Jasomirgott, Herzog von Österreich 652
Leopold VI., Sohn Herzog Leopolds V., Herzog von Österreich 654
Leowigild, letzter arianischer König der Westgoten 623
Lérida, Katalonien 167, 426

Lesbos (Mytilene), ägäische Insel 651
Levante, Küstenländer des östlichen Mittelmeeres 144, 209, 263, 440, 483f.
Levunion-Gebirge, unweit der Maritza, Balkan 213
Lewes, Südengland 468, 657
Lex Salica, siehe Recht, Salisches
Libanon, Gebirge in Syrien 135, 145, 186
Liegnitz, an der Katzbach, Niederschlesien 656
Ligurien, Landschaft in Norditalien 432
Limburger Hofrecht (nach dem Benediktinerkloster Limburg bei Dürkheim an der Hardt) 359f.
Limes, römischer Grenzwall 498
—, syrischer 185
Limousin, Landschaft in Südwestfrankreich 401
Lincoln, Mittelengland 521, 649

Lindisfarne (heute Holy Island), englische Nordseeinsel 630

Lintzel, Martin, Historiker 293, 345
Lionel, Herzog von Clarence, Sohn König Eduards I. 586
Lissabon, Portugal 167, 426, 589, *Kartenskizze 159*
Litauen 242, 246f., **249—253**, 255f., 260f., 263, 269, 593, 661, 663f., *Karte 608*
Litauer, baltisches Volk 466

Literatur, angelsächsische 317
—, antike 609, 611
—, byzantinische 208
—, französische 609
—, griechische 215
—, islamische 34, 87, 92, 94, 104, 120, 125f., 132, 143, 154f., 158, 174, 177
—, italienische 609
—, okzitanische (der Troubadours) 457
—, portugiesische 589
—, ritterliche 609
—, russische 242, 269, 271
—, schottische 586
Lithām, Schleier der Almoraviden 157, 163
Liturgie, Ordnung des öffentlichen Kults 208, 240, 316, 328f., 347, 355, 377
—, Krönungs- 358
Liudolf, Sohn Ottos, Herzogs von Sachsen 632, *Stammtafel 326f.*
Liudolf, Sohn Ottos des Großen, Herzog von Schwaben 342, **344—347**, 637, *Stammtafel 326f.*
Liudolfinger (Ludolfinger, Ottonen), sächsisches Fürstengeschlecht 322, **330—355**, *Stammtafel 326f.*

NAMEN- UND SACHREGISTER

Liudprand (Liutprand), Bischof von Cremona, langobardischer Geschichtsschreiber 207, 325, 328 ff., 332, 338, 342 ff., 358, 638
Liutbirga (Liutperga), Tochter des Desiderius, Königs der Langobarden, Gemahlin Tassilos III. von Bayern 629, *Stammtafel 294 f.*
Liutgard, Tochter Ottos des Großen, Gemahlin Konrads des Roten 642, *Stammtafel 326 f.*
Liutizen, slawische Stämme an der mecklenburg-pommerschen Ostseeküste 350, 354, 629, 636, 639, 641
Liutpold, Markgraf der Bayern 318, 321 f., 635, *Stammtafel 326 f.*
Liutpold IV., Markgraf von Österreich, Herzog von Bayern 648, *Stammtafel 963*
Liutprand, Sohn Ansprands, König der Langobarden 627 f.
Liutward, Kanzler Karls Dicken 318
Livland 261, 263 f., 266, 593, 653, 655, 663, *Kartenskizze 267*

Ljubetsch, am Dnjepr 237, 239

Llewelyn II. ap Gruffydd, Prinz von Wales 467 f.
Lodi, südwestlich von Mailand 384, 434
Löwen in Brabant 415, 634
Logothet, byzantinischer hoher Beamter 200
Loire (Liger), Fluß in Frankreich 284, 398, 400, 416, 632, *Kartenskizze 319, 451*
Lombardei 344, 380, 408, 428, 432, 434, 441, 462, 476, 574 f., 624, 634, 643, 651, *Kartenskizze 375*

Lombarden, oberitalienische Geldwechsler, Pfandleiher 409
Lombardischer Städtebund (1176) 436, 650 f.; (1226) 460, 462, 654 f.
London 406, 410, 466, 580, 612, 616 f., 640, 645, 648, *Abb. 484*
Lorch im Remstal, Benediktinerkloster 338
Lothar I., Sohn Ludwigs des Frommen, Kaiser 310–315, 631 f., *Stammtafel 294 f., Kartenskizze 319*
—, »ConstitutioRomana«(824) 631
Lothar II., Sohn Kaiser Lothars I., König von Lothringen 315, 633, *Stammtafel 294 f.*
Lothar III., Graf von Supplinburg, Herzog von Sachsen, deutscher König und Kaiser 214, 391, 420, 428, 432, 437, 640, 647 f., *Stammtafel 430 f.*
Lothar III., Sohn Ludwigs IV., König von Frankreich 348 f., 639, *Stammtafel 294 f.*

Lothar II., Sohn König Hugos, König von Italien 320, 341 f., 637, *Stammtafel 294 f., 326 f.*
Lothringen (Lotharingien), 322, 331 ff., 337–340, 346 ff., 369, 458, 616, 632–637, 639, 641 ff., 650, *Kartenskizze 319*

—, Oberlothringen (Moselland) 364, 417, 642 ff., *Karte*

—, Niederlothringen (Niederlande, Flandern, Luxemburg) 349, 399, 402, 408 f., 414, 416 ff., 639, 642, 645
Lothringer 336
Lucca, in der Toscana, Italien 358, 371, 574, *Kartenskizze 375*

Lucera, Apulien 463
Lucius III., vorher Ubaldo Allucingoli, Kardinalbischof von Ostia und Velletri, Papst 651
Ludwig I., der Fromme, König des Frankenreiches, Kaiser 230, 308–315, 497, 630 ff., *Abb. 308, Stammtafel 294 f.*
—, »Ordinato imperii«, Nachfolgeregelung (817) 313, 315, 631
—, »Pactum Hludovicianum«, Urkunde über den Territorialbesitz des Papstes (817) 634
Ludwig II., Sohn Lothars I., König von Italien, Kaiser 202, 315, 633, *Stammtafel 294 f.*
Ludwig II., der Blinde, Sohn Bosos von Vienne, König der Provence, König von Italien, Kaiser 318, 320, 634 f., *Stammtafel 294 f.*
Ludwig IV., der Bayer, Sohn Herzog Ludwigs II., von Bayern und der Rheinpfalz, deutscher König, Kaiser 566, 569 ff., 573, 575, 577, 602, 659 ff.
Ludwig II., der Deutsche, Sohn Ludwigs des Frommen, König von Ostfranken 310, 314 f., 321, 323, 331, 632 f., *Stammtafel 294 f., 326 f., Kartenskizze 319*
Ludwig III., der Jüngere, König Ludwigs des Deutschen, König von Ostfranken 321, 633 f., *Stammtafel 294 f., 326 f.*
Ludwig IV., das Kind, König von Ostfranken, der letzte Karolinger im Ostfrankenreich 318, 320 ff., 634 f., *Stammtafel 294 f.*
Ludwig II., der Stammler, Sohn Karls des Kahlen, König von Aquitanien, König von Frankreich 633 f., *Stammtafel 294 f.*
Ludwig IV., der Überseeische, Sohn Karls des Einfältigen, König von Frankreich 337, 339 ff., 636 f., *Stammtafel 294 f., 326 f.*

Ludwig V., der Faule, Sohn König Lothars III., König von Frankreich, letzter Karolingerkönig im Westfrankenreich 349, 640, *Stammtafel 294 f.*
Ludwig VI., der Dicke, Sohn Philipps I., König von Frankreich 391, 420, 444, 448 ff., 520, 648
Ludwig VII., Sohn Ludwigs VI., König von Frankreich 215 f., 423 f., 429, 433, 445 f., 448 ff., 648–652
Ludwig VIII., Sohn Philipps II. August, König von Frankreich 457, 467, 470 f., 473, 654
Ludwig IX., der Heilige, Sohn Ludwigs VIII., König von Frankreich 172, 222, 411, 457, 460, 556, 470–474, 476, 480, 484, 555, 565, 654, 656 f.
Ludwig X., der Zänker, Sohn Philipps IV., König von Frankreich 577
Ludwig I., der Große, Sohn König Karl Roberts, König von Ungarn und Polen 594, 596, 661 ff.
Ludwig, Sohn König Karls V. von Frankreich, Herzog von Orléans 581, 599
Ludwig I., der Kelheimer, Sohn Ottos I., Herzog von Bayern 654
Ludwig der Ältere, Sohn Ludwigs des Bayern, Markgraf von Brandenburg, Herzog von Bayern 660 f.
Ludwig II., der Strenge, Sohn des Wittelsbachers Otto II., Pfalzgraf bei Rhein, Herzog von Oberbayern 464
Ludwigslied, althochdeutsches Preislied auf Ludwigs III., des Blinden, Normannensieg bei Saucourt (3.8.881) 634
Lübeck an der Trave 406, 410, 437, 465, 554, 649, 655, 658
Lüttich an der Maas 337, 365, 383, 387, 552, 617, *Kartenskizze 319*
Lukas, Arzt und Evangelist 376, 388
Lukrez, Titus Lucretius Carus, römischer Dichter 519
Lull, Ramón (Raimundus Lullus), katalanischer Mystiker, Dichter und Missionar 549, 567, 659
Luxemburger (Lützelburg), Grafengeschlecht, deutsche Könige 569, 571, 638, 662 f.
Luxeuil-les-Bains, Burgund 283
Luzern, Schweiz 572, 657, 660, 662
Lykien, Landschaft in Südwestkleinasien 186, 626
Lyon, an der Rhône 222, 449 f., 462, 486, 656 f., 659
Lyrik 507, 512, 524 f., 551, 556

M

Maas, 315, 333, 358, 406, 409, 634, 643
Macbeth, Sohn des Findlaech, König von Schottland 643
Mâcon, an der Sâone, Burgund 472
al-Madā'in, siehe Ktesiphon
Madhhab (arabisch), Ritus, Rechtsschule 157, 169, 174
Madelung, Wilferd, Islamforscher 108
Mäander (Maiandras, Menderes), Fluß in Kleinasien 216, 654, *Karte 440*
Mähren 201, 208, 245, 632 ff., 635, 643, 657 ff., 662 f.

Magdeburg, an der Elbe 234, 335, 344 f., 347, 409, 528, 624, 637 ff., 641, 649, *Kartenskizze 319*
Maghrib (arabisch Westen), westlicher Teil der islamischen Welt 82, 89, 156, 161, 163, 170, 190, 425 f.
Magna Charta libertatum, altenglisches Grundgesetz (15.6. 1215) 466 f., 654
Magnesia, am Hermos (am Sipylosgebirge), Kleinasien 223
Magnus II. Eriksson, Sohn des Schwedenherzogs Erik und der Ingeborg, Tochter Håkons VI. von Norwegen, König von Norwegen und Schweden 591 f.
Magnus, Bischof von Ösel und Kurland, Herzog von Holstein, König von Livland 264
Mahdī (arabisch Rechtgeleiteter), im Islam der erwartete Erlöser 74, 81, 105–108, 113, 164 ff., 169 f.
al-Mahdī, Muhammad, abbasidischer Kalif in Bagdad 57, 87, 92
Mahdī des Sudans (Mad Mulla von Ogaden) 164
Mahdijja (Mahedia), Tunesien 109, 155 f.
Mahmūd ibn Subuktegin, Begründer der Ghaznawiden 138 ff., 154, 641, 643, *Abb. 144*
Mailand 225, 342, 358, 361, 370, 376, 378 f., 384, 406, 419 f., 433, 435 f., 477, 502 f., 575, 623, 642, 646, 650 f., 659 f., 661, 663, *Abb. 433 i., Kartenskizze 319, 375*

Maimonides, Moses ibn Maimon (Abū 'Imrān Mūsa ibn Maimūn), spanisch-jüdischer Arzt, Religionsphilosoph 160, 653
Main, 297, 409, 641
Maine, Landschaft Nordwestfrankreichs 398 f., 401, 451 f., 471, 648, 652 f., 657

Mainz (Moguntiacum) 290, 308, 315, 336, 338, 347, 360, 367, 371, 380, 383, 386, 464, 628, 639, 641 f., 645 ff., 651 f., 654 f., *Kartenskizze 319*
»Mainzer Reichslandfrieden« Kaiser Friedrichs II. (1235) 655
Majkov, Nil, russischer Einsiedler 269 ff.
Makarij, Metropolit von Nowgorod und Moskau 261 f., 271
—, »Große Tschetji-Minei« (Heiligenlegendensammlung, 1526—42) 261
—, »Stufenbuch« 261, 271
Makedonien 219, 462, 596, 640, 657 f., *Kartenskizze 211*
Makedonische Dynastie, byzantinisches Herrscherhaus 191, 199, 201, 209, 212
Málaga, Andalusien 115, 159, 161, 167, *Kartenskizze 159, 481*

Malakka (Malaiische Halbinsel) 120
Mal Allāh (arabisch), muslimische Gemeinschaftskasse 62 f.
Malaterra, Ganfried, normannischer Chronist 373
Malatesta, Carlo, Condottiere in Rimini 599
Malcolm III., Sohn Duncans, König von Schottland 645 f.
Malerei, siehe Miniaturmalerei, Tafelmalerei, Wandmalerei
Malik (arabisch), König 27, 33
Mālik, Häuptling der Hawāzin 50
Malik al-'Ādil I., Ajjūbidensultan von Ägypten 152
Mālik ibn Anas, islamischer Theologe und Gründer einer orthodoxen Rechtsschule (Mālikiten) 57, 94, 115 f., 121, 156 f., 162, 169
Malikschāh, Seldschukensultan 59, 143, 149, 647
Mallorca (Majorca) 409, 480, 482, 588
—, Königreich 480, 578, 588
Malta 117, 633, 658, *Kartenskizze 375*
Mamaj, Emir der Tataren 250 f.
Mamlūken, Sklaven türkischer Herkunft und ägyptische Dynastie 59, 138, 171 f., 223, 484 f., 657 f.
al-Ma'mūn, 'Abdallāh, abbasidischer Kalif in Merv und Bagdad 57, 87, 90, 93, 95 f., 103, 199, 631 f.
al-Ma'mūn, Idrīs ibn Ja'qūb, Almohadenfürst 169 f.
Manāt, altarabische Göttin 33, 38
Manāzkart (Malāzgard), siehe Manzikert
Mancha, Landschaft in Spanien 426

Mandeville, Sir John, aus St. Albans, Südostengland, mittelalterlicher Reiseschriftsteller 609
Manfred, illegitimer Sohn Kaiser Friedrichs II., König von Sizilien 222, 475 ff., 656 ff., *Stammtafel 430 f.*
Mani (Manes, Manichäus), persischer Religionsstifter 40, 44
Maniakes, Georgios, byzantinischer Heerführer, Gegenkaiser 209, 643 f.
Manichäismus, persische Religion 33, 44, 52, 57, 71, 92, 456
Le Mans, Maine, Nordwestfrankreich 399, 401, *Kartenskizze 451*
Mansfeld, am Osthang des Harzes 389
al-Mansūr, Abū Dscha'far 'Abdallāh ibn Muhammad, abbasidischer Kalif in Bagdad 57, 83, 89 f., 132, 629
Mantua 380, 624, 646
Manuel I. Komnenos, Sohn Johannes' II., byzantinischer Kaiser 191, 214 ff., 223, 414, 428 f., 432, **435–438**, 650 f., *Stammtafel 430 f.*
Manuel II. Palaiologos, Sohn Kaiser Johannes' V., byzantinischer Kaiser 191, 225, 662 f.
Manuel, Feldherr aus dem Geschlecht der Asarkiden 186
Manzikert (Malāzgard, Manāzkart), Armenien 58, 140, 210, 384, 646
Maqāme (maqāma, maqāmāt), orientalische Dichtungsform in gereimter Prosa mit eingestreuten Versen 59, 126, 143, *Abb. 101*
Maqdischū (Mogadiscio), am Indischen Ozean 112
Marbod, König der Markomannen 201
Marburg, Hessen 552
Marcel, Étienne, Bürgermeister von Paris 579, 617
Marcellin(us), Papst, Heiliger 313
Marchfeld, Niederösterreich 658
Marco Polo, venezianischer Weltreisender 560, 658
Mardāwīdsch ibn Zijār, gīlānischer Prinz 130
Mardsch Rāhit, Syrien 56, 75
Margarete, Tochter Herzog Leopolds VI. von Österreich, Gemahlin Heinrichs (VII.), Sohnes Kaiser Friedrichs II., und hernach König Ottokars II. von Böhmen 654, 656, *Stammtafel 430 f.*
Margarete, Tochter Graf Wilhelms III. von Holland, Gemahlin Kaiser Ludwigs des Bayern 661

NAMEN- UND SACHREGISTER

Margarete, Tochter Waldemars IV. von Dänemark, Gemahlin König Håkons VII. Magnusson von Norwegen, Königin von Dänemark, Norwegen und Schweden 592, 662f.

Margarete Maultasch, Tochter Herzog Heinrichs von Kärnten, Gemahlin des Luxemburgers Johann Heinrich und hernach Markgraf Ludwigs des Älteren von Brandenburg 660f.

Marguerite, Tochter Philipps III. von Frankreich, Gemahlin Eduards I. von England 577

Maria, die Mutter Jesu 45, 244, 312, 392f., *Abb. 244, 340, 393*

—, Verehrung 506f.

Maria Dukas, Gemahlin Kaiser Michaels VII. Dukas und Kaiser Nikephoros' III. Botaneiates 214, 646

Maria von Antiocheia, Tochter Raimunds von Poitiers, Fürsten von Antiocheia, zweite Gemahlin Kaiser Manuels I. Komnenos 650

Maria (in Byzanz Eirene Angelina), Tochter Kaiser Isaaks II. Angelos von Byzanz, Gemahlin Herzog Philipps von Schwaben, deutschen Königs 652

Maria, Tochter König Ludwigs I. von Ungarn, Gemahlin König (später Kaiser) Sigismunds 662f.

Maria Lakapene, Enkelin des Kaisers Romanos I. Lakapenos, Gemahlin Peters, Zaren der Bulgaren 636

Maria Komnene, Gemahlin Amalrichs I. 438

Maria, Tochter Graf Heinrichs von Luxemburg (später Kaiser Heinrich VII.), Gemahlin König Karls IV. von Frankreich 659

Ma'rib (das alte Saba), Jemen 28, 56

Marie, Gemahlin Johanns von Brienne, Königs von Jerusalem 461

Marie, Tochter Wilhelms VIII. von Montpellier, Gemahlin Peters II., Grafen von Roussillon 479

Marie von Champagne, Tochter der Eleonore von Poitou 525

Marienburg, an der Nogat, Ostpreußen 659, 663

Marīn, Banū, Stamm der Berber 170

Mariniden, Dynastie der Berber 170

Maritza, Fluß in Bulgarien 596

Markion (Marcion), Begründer einer christlichen Sekte 40

Marktsassen 358

Marmarameer, siehe Propontis

Marokko 89, 109, 114, 136, 145, 156f., 161f., 166f., 170, 407

Maroniten (nach dem Kloster des heiligen Maro), von der morgenländischen Kirche getrennte Sondergruppe 145

Marozia, Tochter des Theophylakt und der Theodora, Gemahlin des Alberich, hernach des Markgrafen Wido von Spoleto und König Hugos von Italien 318, 635f.

Marrākesch, Marokko 59, 157, 166, 168ff.

—, Kutubijja-Moschee 59, 166, 169

Marseille 408, 458, 464, 477, 632, 654, 661, *Kartenskizze 160, 451*

Marsilius von Padua, italienischer Gelehrter und Schriftsteller 559, 570, 602ff., 660f.

—, »Defensor pacis« (staatstheoretische Schrift, 1324) 602f., 660

Martin(us), Bischof von Tours, Heiliger 278, 282f., 287, *Abb. 605*

Martin I., Papst, Heiliger 187, 625

Martin IV., vorher Simon de Brion, Kardinal, vorher Siegelbewahrer Ludwigs IX. von Frankreich, Papst 473, 478, 486, 658

Martin V., vorher Oddone Colonna, Kardinaldiakon von San Giorgio in Velabro, Papst 601, 664

Martina, Nichte und Gemahlin des byzantinischen Kaisers Herakleios 185, 625

Martini, Simone, italienischer Maler aus Siena, *Abb. 605*

Marwān I., Umajjade, Kalif in Damaskus 56

Marwān II., Umajjade, Kalif in Harrān 57, 79, 81, 628f.

Maschhad (Meschhed), Nordostiran 90

Maslama (verächtlich Musailima genannt), arabischer Prophet 55

Masmūda (Singular Masmūdī, lateinisch Massamuti), Berberstamm 162–165

Masowien, Landschaft rechts der Weichsel, Polen 654

Massignon, Louis, französischer Orientalist 135

Mas'ūd, Herrscher der Ghaznawiden 140

Matapan (Grosso), venezianische Silbermünze (1192) 411

Mataswintha, Tochter des Eutharich und der Amalaswintha, Gemahlin des Witiges, Königs der Ostgoten 622

Mathematik 176, 348, 508, 517, 545, 548

Mathilde, Tochter Kaiser Ottos des Großen, Äbtissin von Quedlinburg 638, 640, *Stammtafel 326f.*

Mathilde, Tochter des sächsischen Grafen Dietrich, zweite Gemahlin König Heinrichs I. 347, 635, *Stammtafel 326f.*

Mathilde, Tochter Kaiser Heinrichs III., Gemahlin Rudolfs von Rheinfelden 644, *Stammtafel 363*

Mathilde, Tochter König Heinrichs I. von England, Gemahlin Kaiser Heinrichs V. und danach Gottfried Plantagenets, Grafen von Anjou 445, 647ff., *Stammtafel 363*

Mathilde, Tochter der Markgräfin Beatrix von Tuscien, Gemahlin Gottfrieds des Buckligen von Lothringen und danach des Welf V. von Bayern 369, 377f., 380, 383, 389f., 646ff., *Stammtafel 430f.*

—, »Mathildesche Güter« 378, 389f., 647f., 651

al-Māturīdī, sunnitischer Theologe 58, 122

Maudūd, Bruder des al-Mustazhir 149

Maulà (māwālī, Plural), neu zum Islam Bekehrter 63, 76, 79ff., 86, 103ff.

Maupertuis, Südfrankreich 661

Mauren, arabisch-berberische Bevölkerung der Atlasländer 411, 426, 479f., 621

Maurikios, oströmischer Kaiser 189, 216

Mauritius, christlicher Heiliger, Anführer der Thebaischen Legion, *Abb. 340*

Mauritius, Erzbischof von Braga, siehe Gregor (VIII.), Gegenpapst

Maursmünster, Unterelsaß 631

al-Māwardī, islamischer Fürst 58, 131

Mawlawī, islamischer Orden, als »Tanzende Derwische« bekannt 175

Maxim, Großfürst von Wladimir 248

Maximilian I., deutscher Kaiser 260, 323

Maximos Konfessor, byzantinischer Theologe, Heiliger 187

Mazālim, islamisches Gericht 86

Mazdakismus, Lehre persischer Sektierer 30, 57, 88

Mechthild von Magdeburg, Begine in Magdeburg, mystische Dichterin 552f.

Mecklenburg 636f., 659, 661f.

Medardus, Bischof of Noyon und Tournay, Heiliger 348

NAMEN- UND SACHREGISTER

Medina (Madīnat an-nabī, vorislamisch Jathrib) 24, 27, 29, 32, 36, 38, 41 ff., **45—49**, 53, 55 f., 60 ff., 65, 69, 74, 84, 89, 107, 131, 134, 152, 165, 624 f., *Abb. 100, Kartenskizze 139*

—, Gemeindeordnung 47
Medinenser 54 f., 65, 165
Medizin, arabische 124 f., 176
—, mittelalterliche 508, 514, 517
Mehmed II., Sohn Murads II., Sultan der Osmanen 226
Meinwerk, Bischof von Paderborn 354
Meißen, Stadt und Burg an der Elbe 636, 641, 648, 658

—, Mark 638, 658
Mekka **27—31**, 35 f., 38, 41, 44, 47 f., 49 f., 52, 56, 58, 65, 73 ff., 89, 131, 134, 152, 624 ff., 637, *Abb. 25, 40, 41, 100, Kartenskizze 139*
Mekkaner 38 f., 41 ff., **46—50**, 54, 56, 64, 624
Melfi, Apulien 461, 655, *Kartenskizze 363, 375*
Melisande, Gemahlin Fulkos V. von Anjon, Königin von Jerusalem 421
Melitene (heute Eski-Malatya), Kappadokien 201 f., 214, 628, 633, 637
Memel, Fluß zur Ostsee 232

Memleben, an der Unstrut, sächsische Kaiserpfalz 334, 347, 636, 639
Mérida, Spanien 479, *Kartenskizze 159, 481*
Merigarto, Bruchstück einer um 1150 von einem Bayern nach lateinischem Vorbild abgefaßten Erdbeschreibung 393
Merowinger, ältestes fränkisches Herrschergeschlecht **279—285**, 297, 306, 320, 328, 332, **621** bis **624**, 628
Merseburg an der Saale, 335, 337, 347, 499, 642, 648

Mersen (heute Meerssen), Niederlande 633, *Kartenskizze 319*
Merv, Ostiran 56, 61, 71, 79 f., 90, 103, 140, *Kartenskizze 139*
Mesembria, am Schwarzen Meer 223, 631
Mesopotamien 24 f., 27, 29, 31, 55 f., 60 f., 69, 97, 102, 107 f., 111, 120 f., 133, 141, 147 ff., 154, 184, 199, 205 ff., 625, 628, 637 f., 651
Messe, Handelsmesse 408 f., 411
Messina, Sizilien 411, 644, 652, *Kartenskizze 375*
—, Straße von 639

Meteora (griechisch Schwebende), griechische Klöster in Thessalien 225, *Abb. 224*
Methodios aus Thessalonike, Bruder des Kyrillos, Apostel der Slawen, Heiliger 201, 208, 633
Metochites, Theodoros, byzantinischer Gelehrter und Staatsmann 223
Metropolie (Erzbistum), russische 244, 248 ff., 253 f.
Metz (Mediomatrica, Metis) 284, 311, 624, 626, 632 f., 661

Meulan an der Seine 452
Michael, Erzengel, Heiligtum 352
Michael I. Rhangabé, Schwiegersohn Nikephoros' I., byzantinischer Kaiser 191, 197 f., 630 f.
Michael II., der Stammler (Psellos), byzantinischer Kaiser, Begründer der amorischen Dynastie 191, 198 f., 631
Michael III., Sohn des Kaisers Theophilos, byzantinischer Kaiser 191, 199 ff., 632 f.
Michael IV., der Paphlagonier, byzantinischer Kaiser 191, 209, 643 f.
Michael V. Kalaphátes, Neffe Michaels IV., byzantinischer Kaiser 191, 209, 644
Michael VI. Stratiotikós, byzantinischer Kaiser, 191, 212, 644
Michael VII. Dukas Parapinákes, Sohn Konstantins X., byzantinischer Kaiser 191, 212, 645 f.
Michael VIII. Palaiologos, Sohn des Statthalters Andronikos Palaiologos, Kaiser von Nikaia **221—224**, 477, 483, 486, 657 f.
Michael IX. Palaiologos, Sohn und Mitkaiser des byzantinischen Kaisers Andronikos II. 659
Michael I. Angelos, Despot von Epirus 220
Michael von Cesena, italienischer Theologe und Hochschullehrer in Paris 570
Michail Jaroslawitsch, Großfürst von Twer 247
Michail Alexandrowitsch, Fürst von Twer 250
Midrāriden, Fürstengeschlecht in Sidschilmāsa 118
Mieszko, Mieczyslaw, siehe Miseko
Mignano, Kampanien 428

Mihna (arabisch), Glaubensprüfung 57, 93, 631
Milič von Kremsier (Johannes Milič), Reformprediger aus Mähren, Beamter Karls IV. 595
Milutin, König von Serbien 222 f.
Miná, Wallfahrtsort östlich von Mekka 52

Mināer, alter südarabischer Volksstamm 41
Miniaturmalerei, byzantinische *Abb. 224 f.*

—, gotische 521, *Abb. 520, 549, 556, 584, 597, 604, 612*
—, islamische 128, 155, *Abb. 89, 101, 144, 152*
—, karolingische, *Abb. 308*
—, ottonische 499,
—, Renaissance, *Abb. 613*
—, romanische 328 f., *Abb. 308, 341, 353, 369, 444, 500, 533*
—, spanische, *Abb. 584, 604*
Ministeriale, Dienstadel 360, 374, 381, 389, 411, 415, 442, 652
Minnelyrik 507, 512, 524 f., 551, 556, *Abb. 549*
Minorca, Insel der Balearen 480
Minoriten, Zweig des Franziskanerordens 539 ff.
Minsk, Weißrußland 249, *Kartenskizze 235, 267*
Minuskel (kleiner Buchstabe), karolingische, Schrifttypus 307
Miseko (polnisch Mieszko, Mieczyslaw) I., Herrscher von Polen 350, 638, 640
Miseko II., Sohn Boleslaws I. Chrobry, Herrscher von Polen 642 f.
Miskawaih, islamischer Historiker 132
Mission, christliche 287, 289, 293, 325, 341, 345, 347, 350 ff., **493** bis **496**, 527 f., 541, 552, 567 f., 626 f., 641, 648
—, angelsächsische 496
—, byzantinische 199 ff., 206, 208, 220, 231, 234
—, deutsche 465, 636, 638, 641, 648
—, fränkische 201
—, irische 623
—, nordische 631
—, polnische 465
—, islamische 70, 72
Missus (dominicus), Königsbote der Merowinger und Karolinger 299 ff.
Mistra (Mistras), westlich von Sparta, Lakonien 225
Mithras (Mitra), arischer Gott 33
Mittelmeer 71, 95, 117 f., 153, 166, 171, 187, 199, 206, 229, 231, 234, 236, 244, 284, 356, 408 ff., 425, 581, 627, *Kartenskizze 139, 151, 211, 219, 319*
Mittelmeerwelt 110, 155, 186, 188, 407, 427
Möhne, Nebenfluß der Ruhr 335
Mönchtum 40, 283, 285 f., 309 f., 312, 346, 354 f., 377, 386 f., 399, 411, 493, 495 ff., 503, 505 f., 544, 556, *Abb. 500*
—, Wirken 492 f., 502, 506, 529, 534, 539, 548, 558

NAMEN- UND SACHREGISTER

Mönchtum, Reform der Cluniazenser 354f., 501, 508, 512
—, Reform Gregors VII. 378, 391
—, byzantinisches 194, 198, 200, 203, 207, 224, 260, 269f.
—, iroschottisches 283, 286, 495f., 623f.
Möser, Justus, Rechtsgelehrter und Historiker 119
Moldau, Landschaft zwischen Karpaten und Pruth 269
Molesmes, Benediktinerabtei nordwestlich Châtillon-sur-Seine 505f.
Mondkalender 51
Mongolei 245f.
Mongolen 59, 135, 141, 148, 154f., 171ff., 176, 178, 223, 225, 230, 407, 466, 483f., 567, 654—657, *Abb. 177*
Mongolenreich, iranisches 246, 657
Monismus, philosophischer Standpunkt, der alle Erscheinungen auf ein einziges Prinzip zurückführt 59, 155, 174
Monophysiten, Anhänger der Lehre von der einen Natur Christi 30f., 145, 183, 194f.
Monopolwesen, arabisches 100, 111
Monotheismus, Verehrung eines einzigen Gottes 17, 33, 38, 44, 55, 122, 193
Monotheletismus (mónon thélema: ein Wille), christliche Richtung, die die Zweinaturenlehre anerkennt, aber die Einheit des Willens lehrt 187f., 192, 625ff.
Monreale, Sizilien 59, 428
—, Capella Palatina 59, 428, *Abb. 432*
Montaperti, östlich Siena, Toskana 475, 657
Montargis, Orléanais, Frankreich 452
Montebello, Lombardei 651
Monte Cassino, Benediktinerkloster in Latium 282, 291, 365, 370, 383, 492f., 500f., 621, 633, 640, 642, *Abb. 369*, *Kartenskizze 375*
Montecristo (Monte Christo), italienische Mittelmeerinsel südlich Elba 656
Monteforte, Piemont 502, 536
Monte Mario, Hügel nordwestlich von Rom 389
Montferrat, Landschaft in Piemont 218
Montfort, Simon IV., Graf von 457, 471, 653f.
—, Almerich, Graf von, Sohn Simons IV. 457
—, Simon von, Sohn Simons IV., Graf von Leicester, englischer Heerführer und Politiker 468, 656f.
Montpellier, Languedoc 408, 470, 480, 516f., 578, *Kartenskizze 451*

Montreuil-sur-Mer, Nordostfrankreich 658
Mopsuestia, Kilikien 638
Morava, rechter Nebenfluß der Donau 217, 652
Morea, mittelalterlicher Name, siehe Peloponnes
Morgarten, Sieg der Schweizer bei 569, 572, 659
Mortimer, Roger, Graf von March, Statthalter von Irland 583
Mosaikkunst, byzantinische 194, 428, *Abb. 233*
—, romanische, *Abb. 296*
—, russische 233
Moschee 56—59, 75, 95, 110, 112, 114, *127*, *Abb. 76*, *77*, *108*, *153*, *176*
Moses, Gesetzgeber der Juden 43, 88, 108, 303, 320
Moshajsk, an der Moskwa, Rußland 247, 252, *Kartenskizze 267*
Moskau 229, 246—251, 253f., 256, 260f., 269, 658, *Kartenskizze 235*, *243*, *267*
—, Uspenskij Sobor (Mariä Entschlafungs-Kathedrale) 249, 259f.
—, Fürstentum 658, *Kartenskizze 243*
—, Großfürstentum 248—254
—, Zartum 254—272, *Kartenskizze 267*
—, —, Verwaltung 257f., 262
—, Drittes Rom 260, 271
Moskwa, Nebenfluß der Oka 247, *Kartenskizze 235, 267*
Mosul, Mesopotamien 146, 149f., 152, 421f., 637, 649, 651, *Kartenskizze 151, 211*
Mouzon, Nordostfrankreich 340f., 349, 640
Moyenmoutier, Nordostfrankreich 57
Mozaraber, arabisierte christliche Spanier 115, 161, 425f., 482
Mschattā (Qasr al-Mschattā, »Winterlager«), Wüstenschloß südöstlich Amman, Transjordanien 57
Mstislaw, Sohn Wladimirs II. Monomach, Großfürst von Kiew 236
Mu'adhdhin (Muezzin), Moscheebeamter 52, 166
Mu'āwija (I.), ibn abī Sufjān, umajjadischer Kalif 56, 66, 72ff., 77, 81, 186f., 625f.
Mu'āwija (II.), umajjadischer Kalif 56
Mubajjida (arabisch Weißgewandete), Anhänger des al-Muqanna' 88f.
al-Muchtār, vornehmer Thaqafit 56, 74, 79, 626
Mudar, Stamm der Araber 64
Mudejaren, Muslime unter christlicher Herrschaft 482

Mudschtahid (arabisch strebend Plural mudschtahidūn), Gesetzeskundig., Gelehrt. 85, 105, 163
Mühldorf am Inn, Oberbayern 570, 660
München 660
Münzen, byzantinische 29, 410
—, merowingische 284
—, persische 29
—, staufische, *Abb. 460*
Münzwesen, islamisches 56, 64, 77, 100, 170, 626
— im Hochmittelalter 410f.
Muftī, islamischer Rechtsgelehrter 85
Muhādschirūn (arabisch Flüchtgenosse), Anhänger Muhammads 41ff., 54, 62, 165
Muhammad (Mohammed), ibn 'Abdallāh, Begründer des Islams 15—18, 27, 31, 33, 35—53, 56, 61, 63, 65, 68, 71, 79f., 88, 106, 108, 122, 124, 164f., 183f., 290, 623ff., *Abb. 40*
Muhammad 'Alī, osmanischer Statthalter in Ägypten 112
Muhammad ibn 'Abdallāh, hasanidischer Alide 89
Muhammad ibn al-Hanafijja, Sohn 'Alīs 74, 79
Muhammad ibn al-Hasan al-'Askarī al-Mahdī, zwölfter schī'itischer Imām 57, 105
Muhammad ibn 'Alī, Ururgroßenkel von al-'Abbās 79, 80
Muhammad ibn al-Qāsim, arabischer Feldherr 72
Muhammad ibn Ismā'īl ibn Dscha'far as-Sādiq, schī'itischer Imām 106
Muhammad ibn Matikschāh, Seldschukensultan 59, 143, 648
Muhammira (die Roten), Anhänger Bābaks in Āserbaidschān 89
al-Muhāsibī, islamischer Theologe 57, 122
al-Muhtadī, abbasidischer Kalif in Bagdad 57
Mu'izz ad-Daula, Būjide 637
Mu'izz ad-Dīn, Ghuridenfürst 153
Mu'izz li-Dīn Allāh, fātimidischer Kalif 110
Mukrān (Mekran), Landschaft in Sūdirān 138
Multān, Indien 108, 134, *Kartenskizze 139*
al-Mu'min al-Kūmī, 'Abd, Almohadenfürst 59, 164, 166f., 170, 650
Munāfiqūn (arabisch), Unschlüssige, Laue, Heuchler 43, 45
Mu'nis, General des Kalifen al-Muqtadir 101, 129
Munt, personenrechtliches Schutz- und Vertretungsverhältnis im germanischen Recht 298, 300
al-Muntasir, Muhammad, abbasidischer Kalif in Bagdad 57

NAMEN- UND SACHREGISTER

al-Muqaddasi, Schams ad-Dīn Abū 'Abdallāh Muhammad ibn Ahmad, arabischer Reisender 120
al-Muqanna' (der Verschleierte), arabischer Rebell 88
Muqātila (arabisch), Kämpfer 62, 65, 70, 81
al-Muqtadī, abbasidischer Kalif in Bagdad 58, 161
al-Muqtadir, Dscha'far, abbasidischer Kalif in Bagdad 58, 129, 635
al-Muqtafī, 'Alī, abbasidischer Kalif in Bagdad 58, 96, 635
al-Muqtafī (II.), Muhammad, abbasidischer Kalif in Bagdad 59
Murād I., Sohn Urchans, türkischer Sultan 225, 662f.
Murād II., Sohn Mehmeds I., Sultan der Osmanen 225f.
Murcia, Südostspanien 159, 479, *Kartenskizze 159, 481*

Murdschi'iten, islamische Sekte 68
Muret, Südfrankreich 457, 480, 654
Murom, an der Oka, Rußland 244, *Kartenskizze 235, 243, 267*

Mus'ab ibn Zubair, Statthalter von Basra 74
Mūsā ibn Nusair, arabischer Statthalter in Nordafrika 70, 627
Musik, gotische 521f.
Muslim ibn al-Hajjāj, islamischer Gelehrter 57, 71, 94, 632
Muslime, Anhänger des Islams 33, 36, **40—43**, 47, **52—56**, **59—62**, 67ff., 73, 78f., 88, 90, 95, 99, 108, 110, 114, **116—119**, 123, 128f., 139, 144f., 147f., 152, 158, 162, 173, 178, 422, 426, 440, 480, 482, 484, 588, 655f.
—, Gemeinschaft der 49, 60, 67, 85, 89, 143, 157, 173, 179
— und Nichtmuslime 76ff., 110, 115, 128f., 134f., 139
al-Mustadī', Hasan, abbasidischer Kalif in Bagdad 59, 152
al-Musta'īn, abbasidischer Kalif in Bagdad 57
al-Mustakfī, 'Abdallāh, abbasidischer Kalif in Bagdad 58, 637
Musta'lī, Sohn des fatimidischen Kalifen al-Mustansir 135f.
al-Musta'lī billāh, Abū 'l-Qāsim Ahmad, fatimidischer Kalif 136
al-Mustandschid, Jūsuf, abbasidischer Kalif in Bagdad 59
al-Mustansir, abbasidischer Kalif in Bagdad 59
al-Mustansir, Abū Ja'qūb Jūsuf II., Almoravidenfürst 169
al-Mustansir, Abū Tamim Ma'add fatimidischer Kalif in Ägypten 58, 135

al-Mustarschid, al-Fadl, abbasidischer Kalif in Bagdad 59
al-Musta'sim, Abdallāh, abbasidischer Kalif in Bagdad 59, 178, 657
al-Mūstazhir, Ahmad, abbasidischer Kalif in Bagdad 59
Mu'ta, östlich vom Toten Meer 47, 56, 184
al-Mu'tadid, Ahmad, abbasidischer Kalif 58, 94, 111
al-Mu'tamid, Ahmad, abbasidischer Kalif 57, 102, 110f., 633
al-Mu'tamid, Muhammad Abū 'l-Qāsim, Almoravidenherrscher in Sevilla 158, 160f.
al-Mutanabbī, Abū 'l Tajjib, arabischer Dichter 58, 120, 126
al-Mu'tasim, Abū Ischāq, abbasidischer Kalif in Bagdad und Samarrā 57, 94ff., 199, 632
al-Mutawakkil, Dscha'far, abbasidischer Kalif in Bagdad 57, 93, 96
Mu'tazila, islamische Sekte 58, 91ff., 121f., 131, 142, 631
al-Mu'tazz, abbasidischer Kalif in Bagdad 57
al-Muthannā ibn Hāritha, Häuptling der Banū Schaibān 60
al-Mutī', al-Fadl, abbasidischer Kalif in Bagdad 58
al-Muttaqī, Ibrāhīm, abbasidischer Kalif in Bagdad 58, 130
al-Muwaffaq, Abū Ahmad, Bruder al-Mutamids 102, 110f.
Myriokephalon, Phrygien 216, 651,
Mysterienspiele des Mittelalters 618
Mystik, arabische (tasawwūf) 59, 102, 106, 122f., 155, 174
—, christliche 224, 420, 506, 525, 529ff., 552f., 557f.
Mythologie, antike 494
—, germanische 277

N

Nabatäer, arabischer Volksstamm 26, 56, 63, 87, 107
Nabatene, Landschaft zwischen Syrien und Arabien 33

Nābigha, arabischer Dichter 46
Nachla, bei Mekka 38
Nadschdi, chārdschitische Sekte 82
Nadschrān (Najran), Jemen 30ff, 51
Näfels, Schweiz 663
Naghrālla, Banū, Stamm der Araber 160
Nahrawān, am Tigris 66
Nájera, Nordspanien 589

Napoleon I. Bonaparte, französischer Kaiser 187
Narbonensis (Gallia narbonensis), römische Provinz 117
Narbonne (Narbo), Frankreich 70, 408, 621, 627f., *Kartenskizze 319, 451*
Narkose 517
Narses, Eunuch aus Armenien, byzantinischer Feldherr 622
Narwa (Narva), Estland 264, *Kartenskizze 267*
Nasawī, arabischer Mathematiker 132
an-Nāsir, Mohammed ibn Ja'qūb, Almohadenfürst 169
Nāsir ad-Daula, siehe Ibn Hamdān
Nāsir-i Chusrau, persischer Philosoph und Dichter 177
an-Nāsir li-dīn Allāh, Ahmad, abbasidischer Kalif in Bagdad 59, 154, 176f.
Nasr ibn Sajjār, Herrscher in der Sogdiane 80
Nasriden, spanisch-arabische Dynastie in Granada 59, 170, 480, 590, 655
Nationalgefühl, deutsches 322f.
Nationalismus im Mittelalter 595, 603
—, tschechischer 595
Nationalkulturen 593
Nationalstaaten 13, 607
Naturrecht 604f.
Naturwissenschaften 119, 143, 496, 517f., 548f., 550
Naum, bulgarischer Bischof 208
Naumburg, Thüringen 551, 649
—, Dom 551
Nauplia (Nauplion), am Argolischen Meerbusen 657
Navarra 376, 425f., 474, 478f., 482, 577, 579, 597, 600, 641f., 644, *Kartenskizze 159, 451, 481*

las Navas de Tolosa, Andalusien 169, 478, 654
Nava Vihāra (Naubahār), buddhistisches Kloster in Balch 71
Nazareth, Galiläa 153, 207, 461, 639, 652, 655, *Kartenskizze 443*
Neapel 117f., 427, 441, 467, 476, 546, 573ff., 581, 599, 605, 622, 639, 641, 644, **656—659**, *Kartenskizze 375*

—, Kastell del Uovo 476
Neger 57, 99, 109, 136, 157, 633f.
Nero, Claudius Caesar, römischer Kaiser 189
Nestorchronik, älteste slawische Chronik, Verfasser ein russischer Mönch Nestor im Höhlenkloster von Kiew oder ein Abt Sylvester (um 860) 208, 231

NAMEN- UND SACHREGISTER

Nestorianismus, Lehre der Nestorianer, begründet von Nestorius, Patriarch von Konstantinopel 31, 51, 71, 92, 154, 484

Neuenburger See (Lac de Neuchâtel), schweizerischer Jurasee 643

Neumark, Teil Brandenburgs östlich der Oder 663

Neupersisch, nach der Eroberung Persiens durch die Araber aus dem Pahlawī hervorgegangene Sprache 87, 103 ff, 120, 131, 141, 154

Neuplatonismus, griechische Philosophenschule 93, 123, 240 f., 498, 537, 545

Neuß, Niederrhein 554, 633, 653
—, Konkordat von (6. 6. 1201) 653

Neustrien, westlicher Teil des Frankenreiches 284 ff., 289, 320, **623—628**, 634, 636

Neville's Cross, bei Durham, Nordengland 586, 661

Newa, Fluß in Rußland 246, 656

Newcastle-on-Tyne, Northumberland 406

Nicaea (Nikaia), Bithynien 140, 154, 196, 212 f., 220 f., 224, 384, 459, 483, 639, 646, 653, 655 ff., 660, *Kartenskizze 211, 219*

Nicetius, Bischof von Trier, Heiliger 283

Niederlande 409, 572, 611, 614

Nifon, Metropolit von Halitsch 249

Niger, Fluß im Sudan 89

Nihāwend, Westiran 56, 61, 80

Nikaia, siehe Nicaea

Nikephorizes, Logothet unter Kaiser Michael VII. 212

Nikephoros I., byzantinischer Kaiser 95, 191, 197 f., 630 f.

Nikephoros II. Phokas, byzantinischer Kaiser 191, 206 f., 344, 638 f.

Nikephoros III. Botaneiates, byzantinischer Kaiser 191, 212, 646

Nikephoros Uranos, byzantinischer Feldherr 208

Niketas Stethatos, byzantinischer Mönch 210

Nikifor, Erzbischof von Kiew 241

Nikolaos Mystikos, Patriarch von Konstantinopel 204

Nikolaus I., Papst 200, 318, 632 f.

Nikolaus II., vorher Gerhard von Burgund, Bischof von Florenz, Papst 370 f., 644

Nikolaus III., vorher Giovanni Gaetani Orsini, Sohn des Matteo Orsini, Kardinal und Generalinquisitor, Papst 658

Nikolaus IV., vorher Girolamo Masci, Papst 486

Nikolaus (V.), vorher Pietro Rainulducci, Minorit, aus Corbara, Gegenpapst 660

Nikolaus V., vorher Tommaso Parentucelli, Kardinal, Bischof von Bologna, Papst 226

Nikomedeia, am Golf von Astakos 660

Nikopolis, an der Donau, Bulgarien 596, 663

Nilus von Rossano, Klostergründer und Eremit aus Kalabrien 351 f., 501, 505

Nimwegen (Nijmegen), Niederlande 631

Nīrūn (Haidarābād), Indien 72

Nisch (Naïssus, Nissa), Serbien 226, 652, 663

Nischāpūr, Chorasan 71, 80, 90, 103, 628

Nishnij Nowgorod an der Wolga 254, *Kartenskizze 235, 243, 267*

Nisibis (Nisibin, heute Nusaybin), Nordmesopotamien 637

Nizām al-Mulk, Wezir der Seldschukensultane 59, 141 ff., 646 f.
—, »Sijāsat-Nāma« (Buch des politischen Verhaltens) 142

Nizāmija, von Nizām al-Mulk gegründete Hochschule in Bagdad 142

Nizār, Sohn des fātimidischen Kalifen al-Mustansir 135 f.

Nizārijja, ismāʻīlische Sekte 59, 135, 150

Nobaden, Nomadenstamm in Nubien 185

Nogaj, Feldherr der Tataren 222 f., 246 f., 658

Noirmoutier, Insel vor der französischen Westküste 632

Nomadentum 24—28, 31, 34, 47, 49 f., 137, 140, 155

al-Noman, siehe Hassān ibn an-Nuʻmān al-Ghassānī

Nominalismus, philosophische Richtung in der Frühscholastik 510 f., 557, 559

Nomokanon, in den morgenländischen kirchliche Sammlung kirchlicher Verordnungen 239

Nomos Georgikos, byzantinisches Landwirtschaftsgesetz 189

Norbert von Xanten, Graf von Gennep, Erzbischof von Magdeburg, Gründer des Prämonstratenserordens 527 f., 530, 533, 542

Nordalbingien, sächsisches Siedlungsgebiet zwischen Elbe und Eider 304, 639

Nordkap, Vorgebirge auf der norwegischen Insel Magerö 229, 263, 357

Nordmark (die spätere Altmark) 628, 638 f.
—, oberpfälzische (Nordgau) 639

Nordsee 236, 244, 406, 409

Normandie 339, 356 f., 398, 401, 408, 410, 412, 416 f., 444 f., 452, 454, 520, 645, 647, 649, 653, 657, 661, *Kartenskizze 451*

Normannen (Wikinger), nordgermanisches Volk 57, 114, 117 f., 144, 155, 204, 208, 212, 214, 230 ff., 236, 238, 315 f., 318, 320 f., 330, 339, **356 f.**, 367 ff., **371—374**, 381 ff., 385, 388, 391, **411—416**, 427 ff., 442, 444, 476 f., 498, 520, 630, 632 ff., 640, 642, **644—646**, 648 ff., 652, *Abb. 232, 372, Kartenskizze 375*

Northeim, nördlich von Göttingen 371, 645, 647

Northumbrien (Northumbria), Reich der Angelsachsen in Nordengland 286, 288, **624—627**

Norwegen 361, 435, 573, 590 ff., 640, 642, 645, 650, 662 f.

Notker der Stammler (Balbulus), Mönch zu St. Gallen, lateinischer Dichter aus Schwaben 13, 96, 317 f., 498, 634
—, »De gestis Karoli Magni« 317, 634

Notker der Deutsche, Mönch und Lehrer zu St. Gallen 500, 642

Novara, Piemont 333

Nowgorod (Groß-Nowgorod), Nordrußland 208, 233 f., 238 f., 242, 244, 249 f., 252, 255 f., 259 ff., 266, 268 f., 410, 633, 655 f., *Abb. 244, Kartenskizze 235, 243, 267*

Nubien 112, 152, *Abb. 184*

Nürnberg 651, 654, **660—664**, *Abb. 596*
—, Sebaldus-Kirche, *Abb. 532*
—, Appellation Ludwigs des Bayern (18. 12. 1323) 660
—, Nürnberger Herrenbund (11. 3. 1383) 662

Nūr ad-Dīn, Zengide, Emir von Mosul 59, **149—152**, 423 f., 438 f., 650 f.

Nusairi, schiʻitische Sekte 135

Nymphaion (Nymphaeum), Westkleinasien 220 f., 654,

O

Oberlahnstein, am Rhein 663

Ochrid (Ochrida), Makedonien 210, 640, 642

Ochtrich (Oktrich, Othrich), Leiter der Magdeburger Domschule 348, 350, 639

Ockham, Wilhelm von, siehe Wilhelm von Ockham

Oder 399, 410, 437, 465, 638, *Kartenskizze 319*

NAMEN- UND SACHREGISTER

Odilia, Tochter Wilhelms des Eroberers 445
Odilo (Oatilo), Sohn Huiberts, Herzog von Bayern 628
Odilo, Abt von Cluny, Heiliger 354f., 364, 640, 642
Odo, Sohn Roberts des Tapferen, Graf von Paris, König der Westfranken 315, 339, 634
Odo, Herzog von Aquitanien 627f.
Odo, Graf von der Champagne 643
Odo, Abt von Cluny, Heiliger 355
Odo, Bischof von Ostia, siehe Urban II.
Ösbeg Kontschaka, Chan der Tataren 247
Österreich 432, 437, 465, 486, 616, 643, 648ff., 652, 654—659, 662f.
Ötting (heute Altötting), Oberbayern 635
Ogaden, Landschaft im Somaliland 164
Oghuzen (Ghuzz), Stamm der Türken 138, 153, 212
Ohrenbeichte 283, 495, *Abb. 185*
Oka, rechter Nebenfluß der Wolga 232, 244, 251, 254f., *Karteskizze 235*, 243, 267
Okaidir, Fürst in Dūmat al-Dschandal, Syrien 184
Okba, Sidi, siehe 'Uqba ibn Nāfiʿ
Okzitanisch, südfranzösische Mundart 456f.
Olaf II., der Heilige, König von Norwegen 361
Olaf V., Sohn Hākons VII. von Norwegen und Margaretes von Dänemark, König von Dänemark und Norwegen 592, 662
Oleg (nordisch Helgi), Großfürst von Kiew 204, 231, 635
Oléron, Insel im Atlantik südwestlich La Rochelle 410
Olga, Gemahlin Igors I., Regentin in Kiew 206, 232, 234, 638
Olgerd, Großfürst von Litauen 249
Oligarchie 108, 159, 162, 166
Oloron-Sainte-Marie, Westpyrenäen *Abb. 536*
Olympios, byzantinischer Exarch von Ravenna 625
Omar Bey, türkischer Korsarenführer 566
Omurtag, Chan der Bulgaren 198, 631
Onegasee, Nordrußland 232, *Karteskizze 235*, 243, 267
Oporto (Porto, Portucale), Portugal 589
Oppenheim, Rheinpfalz 380, 656
Opritschnina (russisch »Ausgesondertes Land«) 265
Opsikion, byzantinisches Thema in Nordwestkleinasien 627f., *Karteskizze 211*

Optik, arabische 125
Oran, Westalgerien 166
Orbais l'Abbaye, Champagne 498
Orbieu, Fluß im Laguedoc 630
Orden, geistliche 378, 391, 415, 419, 520
—, —, des Islams 174f.
Ordericus Vitalis, aus Atcham, Mittelengland, Benediktinermönch zu Saint-Evroul, Geschichtsschreiber 520
—, »Kirchengeschichte« 520
Ordines, Liturgie für die Königs- und Kaiserkrönung 316, 329
Oreschek, an der Newa 268
Orient, Naher 29, 39, 75, 110, 170, 183f., 195, 215, 231, 251, 407f., 412, 566, 607
Oriflamme (Auriflamme, Goldflamme), Kriegsfahne der französischen Könige 391
Orkneys, nordschottische Inselgruppe 643
Orléans, an der Loire, Frankreich 386, 449, 502, *Karteskizze 451*
Orsini, Matteo Rosso (Matthaeus Rubens), Senator von Rom 462
Orte (Horta), am Tiber, östlich von Viterbo, Mittelitalien 324
Orvieto (Urbs vetus), Umbrien 658, *Karteskizze 375*
Osma, Kastilien 542
Osman I., el Ghāzi, Anführer und Emir der Türken, Begründer des Osmanenreiches 660
Osmanen (Ottomanen), türkische Dynastie 112, 137, 223ff., 566, 596, 660—663
Osnabrück 390
Ostelbien 399ff., 405f.
Osterfestberechnung 495
Ostgoten (Ostrogoten) 275ff., 284, 621f.
Ostia, Italien 117, 383, 540, 632, 662, *Karteskizze 375*
Ostmark, bayrische (Österreich) 196, 318, 634, 637, 639
—, Teil der Mark Geros, das ursprüngliche Osterland von Nordthüringen bis in die Niederlausitz 636, 638
—, Lausitzer Mark, Gebiet um die Niederlausitz 638, 643
Oströmisches Reich, siehe Byzantinisches Reich
Ostsee (Warägisches Meer) 229, 231ff., 236, 244, 263f., 356, 406, 409f., 465f., 592f., 658, 661, *Karteskizze 235*
Oswald der Heilige, Sohn des Aethelfrith, König von Northumbrien 624

Oswy (Oswiu), Sohn des Aethelfrith, König von Northumbrien 286f., 625
Otfrid, Mönch und Schulvorsteher im Kloster Weißenburg 317, 633
—, »Krist«, Evangelienharmonie 317, 633, *Abb. 316*
Othrich, siehe Ochtrich
Ottar, Bauer aus Norwegen 357
Otto I., der Große, Sohn König Heinrichs I., deutscher König und Kaiser 206f., 323, 329, 332, **334—348**, 355f., 374, 499, **636—639**, 642, *Abb. 340*, *Stammtafel 326f.*, *294f.*
—, »Privilegium Ottonianum« (13.2.962) 342, 638, 641
Otto II., Sohn Ottos des Großen, deutscher König und Kaiser 208, 234, 344, 347f., **638f.**, *Abb. 340*, *Stammtafel 326f.*
Otto III., Sohn Ottos II., deutscher König und Kaiser 329, **347—354**, 364, 380, 639ff., *Stammtafel 326f.*
—, Evangeliar des Kaisers aus dem Kloster Reichenau (Codex aureus) 329, 639
Otto IV., Sohn Heinrichs des Löwen, deutscher König und Kaiser 452f., 456, **652ff.**, *Stammtafel 430f.*
Otto, Graf von Northeim (Nordheim), Herzog von Bayern 371, 374, 645, 647
Otto I., Sohn des Pfalzgrafen Otto V. von Wittelsbach, Herzog von Bayern 651
Otto II., Sohn Ludwigs des Kelheimers, Herzog von Bayern, Pfalzgraf bei Rhein 655, *Stammtafel 430f.*
Otto I., ältester Sohn Albrechts des Bären, Markgraf von Brandenburg 465, *Stammtafel 430f.*
Otto IV., mit dem Pfeil, Sohn des Askaniers Johann I., Markgraf von Brandenburg 464
Otto das Kind, Enkel Heinrichs des Löwen, Herzog von Braunschweig-Lüneburg 655, *Stammtafel 430f.*
Otto, Sohn Herzog Karls, Herzog von Niederlothringen 349
Otto der Erlauchte, Herzog von Sachsen 234, 322, 324, 635, *Stammtafel 326f.*
Otto VIII., Graf von Wittelsbach, Pfalzgraf von Bayern 653
Otto III., Markgraf von Schweinfurt, Herzog von Schwaben 644
Otto, Graf von Savoyen und Turin 644
Otto, Bischof von Bamberg, Missionar der Pommern, Heiliger 648

Otto von Freising, Sohn Markgraf Leopolds III. von Österreich, Bischof von Freising, Geschichtsschreiber 432, 534, 649f., *Stammtafel 363*
—, »Chronica sive de duabus civitatibus (Chronik; oder Die beiden Reiche)« (um 1146) 650
Ottokar II., Sohn Wenzels I., König von Böhmen 464f., 656ff.
Ottonen (Liudolfinger), sächsisches Fürstengeschlecht 14, 60, 198, 322, **330—355**, 360, 362, 365f., 376, 380f., 388, 390, **498—501**, 503, 641, *Stammtafel 326 f.*
Oxford, England 468, 514, 516, 545, 557, 656f., *Karte 440, 608*
Oxus (Oxos, Amū Darjā), Fluß in Westturkestan 69, 71, 138, 142, 154, 649, *Kartenskizze 139*

P

Pacht (firma, amodiatio, pactus) 404f.
Paderborn 301f., 355, 629f., *Kartenskizze 319*
Padua (Patavium), Venetien 70, 436, 475, 650, *Kartenskizze 375*
Pahlawī, mittelpersische Sprache 77
Palästina 53, 56, 59f., 96, 133, 149f., 152, 171f., 184, 207, 212, 218, 384, 407, 412, 420f., 438, 461, 483, 651
Palaiologen, byzantinische Dynastie 191, **221—226**, 657, 661
Palamas, Gregorios, Theologe und Hesychastenführer 224
Palencia, am Carrión, Kastilien 655, *Kartenskizze 481,*
Palermo, Sizilien 59, 199, 212, 222, 373, 428, 441f., 477, 632, 648, 652, 656, 658, *Abb. 432, Kartenskizze 375*

—, La Martorana (Santa Maria dell' Ammiraglio) 428
Palmela, Portugal 479
Palmyra (Tadmor), Syrien 26, 29, 56, 114
Pamiers, am Ariège, südlich Toulouse 487
Pamir, Hochland Innerasiens 154
Pamphylien, Landschaft zwischen Lykien und Kilikien 648
Pamplona, Navarra 629, *Kartenskizze 159, 481*

Pandulf, Fürst von Capua 361, 365
Pandulf Eisenkopf, Fürst von Capua und Benevent 343f.

Pannonien, Landschaft zwischen Ostalpen, Donau und Save 623, 630, 633, 635
Panslawismus 190
Pantelleria, Insel südwestlich von Sizilien 155
Pantheismus, philosophische Lehre, daß Gott und die Welt eins seien 59, 174, 558
Paphlagonien, Landschaft im nordöstlichen Kleinasien 209, *Kartenskizze 211*
Papier und Papyrus 99
Papsttum 145, 190, 192, 194, **196** bis **209**, 221f., 225, 276, 290f., 296, 304, 308, 318, 325, 341, 343, 345, 349, 352, 355, 367, 378, 533, 556, **565—570**, **572** bis **577**, **597—603**, **624—664**, *Abb. 485, 604*
—, Unfehlbarkeitsanspruch 379
—, »De ordinando pontifice« 364
—, Papstwahldekret 370, 376, 644, 658
—, Reform- **200—208**, 212, 225, 354f., 360, 363, 365ff., 369 bis 372, 376f., 380, 383f., 389ff., 392f., 413, 419f., 503f.
— zu Anfang des 12. Jahrhunderts 418f.
— zur Zeit Friedrichs II. **459—463**
— an der Wende zum 14. Jahrhundert **485—488**
— von Avignon **565—568**, 573, 595, 597f., **659—662**
— und Deutsches Reich **432—437**, 641f., 653, 655, 659f.
— und Frankreich 659
— und Rußland 657
Paradiesvorstellung, islamische 17, 40, 135, 173
Paris (Lutetia Parisiorum) 98, 284f., 297, 313, 315, 321, 340f., 348, 358, 401, 406, 408, 449, 467, 470, 473f., 514, 516, 522f. 530f., 534, 543, 545f., 548, 550, 555, 579ff., 595, 598, 622f., 626, 632, 634, 636, 639, 649, **654—659**, 661, *Kartenskizze 319, 451*
—, Notre-Dame 521
—, Sankt Victor, Augustinerabtei 530, 649
—, Sorbonne 656
—, Hanse des marchands de l'eau, Gilde 415
Paris, Matthew, englischer Chronist, *Abb. 484*
Pariser Becken, Landschaft in Nordfrankreich 398f., 416
Parlament 604ff.
—, dänisches 591
—, englisches **468ff.**, 568, 578, 582, 584f., 587, 658, 660, 662f.
—, —, um 1295, das »Modell-Parlament« 658
—, —, von 1376, das »Gute Parlament« 586, 662

Parlament, englisches, von 1388, das »Erbarmungslose Parlament« 585
—, französisches 473f., 576
—, schottisches 586
Parler, Peter, Dombaumeister zu Prag, Hofarchitekt Kaiser Karls IV. 661, *Abb. 572*
Parma, Italien 371, 463, 555, 656, *Kartenskizze 375*
Partikularismus im Islam 64, 75, 116
Pascal, Blaise, französischer Philosoph und Mathematiker 93
Paschalis I., Papst 631
Paschalis II., vorher Rainer, Mönch in Cluny, Papst 386, **388—392**, 647
Paschalis (III.), vorher Guido von Crema, Kardinal, Gegenpapst 435ff., 650
Passau, 290, 347, 628
Pastorellen, Teilnehmer am »Hirtenkreuzzug« in Flandern und der Picardie 554
Pataria, soziale und kirchliche Reformbewegung in Mailand 371, 503, 507f.
Paterno, nördlich Rom 353, 641
Patriarchat von Konstantinopel 194, 197ff., 203, 244, 249f.
— von Moskau (1589) 271
Patricius Romanorum, Titel des Herrschers über Rom 292, 628, 630, 649
Patrimonium Petri, siehe Kirchenstaat
Patristik, frühchristliche Literatur 312
Patriziat, städtisches 415f.
Patronatsrecht, Recht des Schutzherrn 275
Paulikianer, ostkirchliche dualistisch-manichäische Sekte 189, 202
Paulus (hebräischer Name Saul) von Tarsos, Apostel 288, 352, 366, 381
Pavia, Lombardei 296, 342, 344, 348, 350, 354f., 361, 433f., 462, 475, 477, 516, 621, 623, 628f., 634, 636f., **640—643**, *Kartenskizze 319*
Pax Islamica 47
Pedro (Peter) I., König von Aragon 425
Peipus-See (estnisch Peipsi Järv, russisch Tschudskoje Osero) 231, 656
Pelagonia, Landschaft in Makedonien 221
Peloponnes (Morea), griechische Halbinsel 196, 215, 225, 428, 459, 477, 483, 630, *Kartenskizze 211*
Pembroke, Wilhelm Graf von, englischer Marschall 467
Pensionen arabischer Wehrpflichtiger 63, 81

NAMEN- UND SACHREGISTER

Pentapolis (»Fünfstädtegebiet«), spätantike Bezeichnung der Cyrenaica 625
Pera (Beyoglu), Stadtteil von Konstantinopel 226
Perche, Landschaft in Nordfrankreich 471 f.
Perejaslawl, südwestlich Rostow, Rußland 246, *Kartenskizze 243*
Pergamon (Pergamum), 654

Perotinus, Musiker an der Domkantorei von Notre-Dame zu Paris 522
Perpignan, Roussilon 473, 600, 658, *Kartenskizze 451*
Perser 26, 29–32, 35, 48, 51, 56, 60, 81 f., 87, 104, 124, 174
Persien 26, 28, 44, 57, 75, 89, 101, 121, 127, 129 ff., 135, 140 f., 143, 175, 178, 183 f., 484, 567, 597, 622, 624 f., 657
Persis, Landschaft in Südwestiran 132
Persischer Golf 29, 133, *Karte 80*
Personenverband, germanischer 275–278, 345
Perugia, Mittelitalien 554, 659, *Kartenskizze 375 608*
Peshawar, Pakistan 153
Pest (Schwarzer Tod) 574, 593, **613–616**, 661
Peter (Pedro) II., König von Aragon 457, 479 f., 654
Peter (Pedro) III., der Große, König von Aragon und Sizilien 222, 473, 477 f., 480, 658, *Stammtafel 430 f.*
Peter IV., König von Aragon 588
Peter I., der Grausame, König von Kastilien 580, 589

Peter I., König von Portugal 590
Peter, König von Ungarn 362, 644
Peter von Courtenay, Graf von Auxerre und Nevers, zum Kaiser von Konstantinopel gekrönt 654
Peter, Sohn des Symeon, Zar der Bulgaren 636
Peter, Zar von Bulgarien 217 f., 652
Peter, Sohn König Ludwigs IX., Graf von Perche und Alençon 471 f.
Peter Mauclerc, Graf von Dreux und der Bretagne 452
Peter, Metropolit von Kiew, russischer Heiliger 249
Peter, Bischof von Amalfi 369
Peter von Amiens, genannt der Einsiedler 213
Peterlingen, französisch Payerne, Schweiz 643
Peterspfennig (Peter's pence), im Mittelalter die jährliche Abgabe Englands an den Papst 372

Petrarca, Francesco Petracco, aus Arezzo, italienischer Dichter 568, 575, 609 f., 660 ff.
Petronas, byzantinischer Gesandter 199
Petronilla, Tochter Ramiros II. von Aragon, Gemahlin des Grafen Raimund Berengar von Barcelona 425
Petrus (aramäisch Kephas, eigentlich Simon), Apostel 15, 276, 286 ff., **290–293**, 300, 308, 313, 329, 352 f., 365, **376–380**, 388, *Abb. 296*
–, Verehrung 277, 286 f., 376
–, Briefe 288
Petrus von Bruys, provenzalischer Priester und Wanderprediger, Führer einer Sekte 507, 535
Petrus, Heliae (Petrus Elias), mittelalterlicher Grammatiker 518
Petrus Lombardus, scholastischer Philosoph und Theologe aus der Lombardei 531, 546
Petrus von Orte, päpstlicher Legat 324
Petrus von Pavia, siehe Johannes XIV.
Petrus Venerabilis, Theologe, Abt von Cluny 420, 424
Petrus von Vinea (Pietro della Vigna), Rechtsgelehrter, Großhofrichter und Protonotar Kaiser Friedrichs II. 463, 656
Petschenegen, osteuropäisches Nomadenvolk 204, 213 f., 230, 233, 634, 638 f., **643–648**
Pfaffenbrief, Vertrag der Schweizer Eidgenossen (1370) 573
Pfalz, rheinische (Kurpfalz) 599, 650, 654, 663
Pharmakologie, arabische 125
Philipp, Sohn Friedrich Barbarossas, Herzog von Schwaben, deutscher König 452 f., 458, 465, 652 f., *Stammtafel 430 f.*
Philipp I., Sohn Heinrichs I., König von Frankreich 377, 379, 384, 390, 444, 448 f., 645 ff.
Philipp II. August, Sohn Ludwigs VII., König von Frankreich 217, 406, 440 f., 448 ff., **452–455**, 457, 473 f., **651–654**
Philipp III., der Kühne, Sohn Ludwigs IX., König von Frankreich 464, 472 ff., 480, 657 f.
Philipp IV., der Schöne, Sohn Philipps III., König von Frankreich 472, 487 f., 565 f., 569, 577, 579, 602, 658 f.
Philipp V., der Lange, Sohn Philipps IV., König von Frankreich 577, 659
Philipp VI. von Valois, König von Frankreich 571, 577 ff., 660

Philipp II., der Kühne, Sohn König Johanns des Guten von Frankreich, Herzog von Burgund 580 f., 598 f.
Philipp, Sohn Dietrichs von Elsaß, Graf von Flandern 452, 455
Philipp von Heinsberg, Erzbischof von Köln, Reichskanzler 651
Philippikos Bardanes, byzantinischer Kaiser 191 f., 627
Philippopel (Philippopolis), am Hebros (Maritza), Thrakien 213
Philologie im Mittelalter 518, 548
Philomelion (heute Aq Schehir), Anatolien 648, 652
Philon aus Byzanz, griechischer Gelehrter 95
Philosophie, antike 87, 92, 106, 143, 508, 513, 518, 545 ff.
–, arabische 90 f., 94 f., 113, 119 f., 123 f., 129, 131 f., 160, 176 f., 545
–, jüdische 160
–, mittelalterliche 306, 351
Philotheos, Atriklinos, byzantinischer Beamter 203
–, »Kletorologion«, Ranglistenverzeichnis 203
Phönikien 186
Phoinikos, Berg in Lykien 186
Phokas, byzantinischer Kaiser 202
Phokas, Bardas, Neffe des Kaisers Nikephoros II., Phokas, byzantinischer Gegenkaiser 207, 624, 639 f.
Photios, byzantinischer Gelehrter, Patriarch von Konstantinopel **199–203**, 205 f., 208, 215, 230 f., 234, 632 f.
Piacenza (Placentia) am Po, Lombardei 361, 364, 384, 409, 434, 633, 640, 643, 646, *Kartenskizze 375*
Piasten, polnisches Herrschergeschlecht 662
Picardie, Landschaft in Nordfrankreich 402, 406, 408, 554
Piemont, Landschaft in Nordwestitalien 409, 502, 537
Pierleone, Giordano, Bruder des Gegenpapstes Anaklet II., Patricius von Rom 649
Pierleoni, jüdische Adelsfamilie in Rom 649
Pikten, altes schottisches Volk 623
Pilgerfahrten, christliche 287, 298, 377, 384, 487, 523, 642, 647
–, islamische 24, 29, 31, 48 f., 52, 75, 108, 156, 173, 624
Pilgrim, Erzbischof von Köln 361, 642
Pilgrim, Bischof von Passau 347 f.
Pilgrim, Bischof von Salzburg 324, 330, 347
Pindar(os), griechischer Lyriker 216

NAMEN- UND SACHREGISTER

Pippin (ursprünglich Karlmann), Sohn Karls des Großen, König der Langobarden 296, 302, 311, 629f., *Stammtafel 294f.*

Pippin, Sohn Ludwigs des Frommen, König von Aquitanien 310, 314f., 631f., *Stammtafel 294f.*

Pippin, Enkel Ludwigs des Frommen, König von Aquitanien 632, *Stammtafel 294f.*

Pippin der Ältere, Hausmeier König Dagoberts I. 285, 624f.

Pippin der Mittlere, Hausmeier in Austrien und im Frankenreich 285f., 289, 626f.

Pippin der Kleine, Sohn Karl Martells, Hausmeier und König der Franken 195f., 290—293, 296f., 301f., 628f., *Stammtafel 294f.*

—, Pippinsche Schenkung 628f.

Pirenne, Henri, belgischer Historiker 71

Pisa, Toskana 118, 215, 358, 407, 435, 441, 456, 461, 464, 475, 484, 547, 574, 599, 642, 647, 651, 663, *Kartenskizze 375*

Pisano, Giovanni, Sohn des Niccolò Pisano, italienischer Bildhauer und Baumeister 657

—, Niccolò, italienischer Bildhauer 657

Pistoia, Toskana 475, 574, *Kartenskizze 375*

Plantagenet, Anjou-Plantagenet, englisches Herrscherhaus 445, 448, 454, 461, 648f.

Plastik, gotische 521, 551f., *Abb. 433, 532, 557, 572*

—, romanische, *Abb. 393, 504, 536*

Platon, griechischer Philosoph 93f., 124, 225, 277, 492, 508, 516, 518f.

Plauen, Vogtland 663f.

Plektrudis, bayerische Herzogstochter, Gemahlin Pippins des Mittleren 289, 627

Plethon, Gemisthos Georgios, byzantinischer Gelehrter 225

Plotin(os), griechischer Philosoph 106

Po (Padus) 380, 434, *Kartenskizze 319*

Po-Ebene 398

Podestà (lateinisch potestas, Macht), kaiserlicher Vogt in Städten Italiens 434, 650

Podolien, ukrainische Landschaft zwischen Dnjestr und Bug 229

Poimanenon (Susigirlik, Susurluk), Nordwestkleinasien 655

Poitiers (Pichavium), Poitou, Frankreich 57, 70, 284, 290, 452f., 507, 579f., 607, 628, 649, *Kartenskizze 451*

Poitou, französische Grafschaft 452f., 457, 466, 471f., 643, 648f., 653, 657, *Kartenskizze 451*

Polen, westslawisches Volk 350f.

Polen 233f., 242, 245, 249, 251, 255, 260f., 264f., 349f., 437, 466, 593f., 596f., 604, 613f., 638, 640—643, 645—650, 655, 658, 660—664, *Kartenskizze 267*

Polizei, arabische (schurta) 101

Poljamen, ostslawisches Volk 231

Polowzer, siehe Kumanen

Polozk an der Düna, Weißrußland 249, 261, *Kartenskizze 235, 267*

Polybios, griechischer Geschichtsschreiber 210

Polygamie im Islam 25, 51, 156f.

Polyphonie in der mittelalterlichen Musik 521f.

Polytheismus im Islam 47, 163, 174

Pommerellen (Kaschubenland) 593f.

Pommern 465, 606, 636, 640, 648, 651, 661f.

Ponferrada, León, *Abb. 521*

Ponte Mammolo, Campagna 389

Ponthieu, Grafschaft an der Somme, Nordfrankreich 580

Ponthion, Nordfrankreich 195, 292, 297

Pontifex maximus, Leiter des obersten Priesterkollegiums im alten Rom, später Titel des Papstes 240, *Abb. 341*

Poppo, Kanzler Heinrichs I., Bischof von Würzburg 333

Portugal 399, 410, 412, 426, 456, 479f., 482, 589f., 598, 656, *Kartenskizze 159, 481*

Posen, Stadt und Landschaft an der Warthe 593, 638, 641

Poson, Kappadokien 201f.

Possevino, Antonio, päpstlicher Legat 264

Prädestination 33, 122, 241, 312, 632

Prämonstratenser, von Norbert von Xanten gegründeter Orden von Regularchorherren 391, 399f., 527f.

Prag 234, 333, 347, 595, 636, 639, 659, 661, 663f., *Abb. 572, Kartenskizze 319*

—, Universität 661

Predigerorden, siehe Dominikaner

Prémontré, Stammkloster der Prämonstratenserordens bei Laon in Nordfrankreich 527f.

Přemysliden, böhmische Dynastie 593f., 655

Preslaw (Groß-Preslaw), alte Hauptstadt Bulgariens 207, 232

Preßburg 318, 643

Preussen (Pruzzen), ehemaliger baltischer Volksstamm zwischen der unteren Weichsel und der Memel 351, 465, 654, 656

Preußen 465, 593, 607, 640, 655, 663

Prikás, zentrale Verwaltungsbehörden in Moskau 258f., 262, 265

Primogenitur, Rechte der Erstgeburt 449

Priscian(us), römischer Grammatiker aus Mauretanien 514, 518

Prithvī, Hindufürst 153

Procheiron, Gesetzessammlung des Kaisers Basileios I. 202

Prokop(ios), oströmischer Geschichtsschreiber 185f., 210, 622

Proletariat im Hochmittelalter 416

Pronoia(güter), byzantinische Lehnsgüter 214

Propontis (Marmarameer) 660

Provence 117f., 284, 321, 406f., 409, 412, 414, 417, 426, 456, 471f., 480, 488, 627, 632

Provins, Champagne 408, *Abb. 392*

Provisionen von Oxford, englisches Regierungsgesetz (1258) 468f., 656f.

Prüm in der Eifel 498, 632

Psellos, Michael, byzantinischer Philosoph und Staatsmann 131, 205, 209f., 212, 214f., 645

Pseudo-Isidor, unbekannter fränkischer Verfasser einer vorwiegend gefälschten Dekretalensammlung unter dem Pseudonym Isidorus Mercator 315f., 318, 632

Pseudo-Klementinen, judenchristliche Schriften (fälschlich nach Klemens von Rom benannt) 44

Pskow (Pleskau), südöstlich vom Peipussee 229, 242, 255, 258, *Kartenskizze 235, 267*

Ptolemäer, makedonische Dynastie in Ägypten 111

Ptolemaeus, Claudius, Geograph, Mathematiker und Astronom in Alexandreia 28

Pullanen, in Syrien geborene Nachkommen der Kreuzfahrer 422

Puszta, Steppenlandschaft im ungarischen Tiefland 630

Le Puy (-en-Velay), an der Loire, Südfrankreich 359, 384, *Kartenskizze 451*

Pyrenäen 70, 290, 302, 399, 425f., 457, 479, 627, 629, *Abb. 501*

NAMEN- UND SACHREGISTER

Q

Qadariten (arabisch qadar, Geschick), dogmatische Sekte im Islam 82
Qāḍī (arabisch), Richter 62, 85f., 160f.
al-Qādir, Ahmad, abbasidischer Kalif in Bagdad 58
Qādirijja, islamischer Orden 174f.
Qādisījja, Persien 56, 61
al-Qāhir, Muhammad, abbasidischer Kalif in Bagdad 58
Qaila, Banū, Stamm der Araber 41
al-Qā'im, 'Abdallāh, abbasidischer Kalif in Bagdad 58, 645
Qainuqā', Banū, Stamm der Araber 43
Qais, Stamm der Araber 56, 73, 75
Qal'at Banī Hammād, Bergfeste der Berber im Tell-Atlas südwestlich Sétif 156
Qala'ūn, Sultan in Ägypten 485
Qarmat, Hamdān, Begründer einer islamischen Sekte 107, 634
Qarmaten (Karmaten), Anhänger der Lehre des Qarmat 58, 107ff., 133, 136, 634f., 637
Qatā'i' (arabische Parzelle), ursprünglich Allod, später Lehen 63, 110
al-Qatā'i', Ägypten 58, 110
al-Qubā', Vorort von Medina 50
Quḍā'a, Stamm der Araber 64
Quḍaid, Arabien 38
Quedlinburg, an der Bode 337, 347, 636, 638ff.
al-Qufāmī, arabische Schausteller 27
Quierzy, ehemalige Königspfalz, Frankreich 292, 628
Quinisextum, ökumenisches Konzil zu Konstantinopel (692) 190
Qumm, Iran 105
Qumrān, am Toten Meer 89
Quraiza, Banū, Stamm der Araber 46f.
Qutaiba ibn Muslim, arabischer Heerführer 56, 71f.

R

Raab, rechter Nebenfluß der Donau 362, 630
Rabat (Ribāt al Fath), Marokko 167
Rabī'a, Stamm der Araber 32, 64, 73
Racine, Jean Baptiste, französischer Tragödiendichter 86
Radbod, Herzog der Friesen 626
Radegunde, Schwester Erminfrieds, Königs der Thüringer, Gemahlin des Frankenkönigs Chlothar I. 623
ar-Rāḍī, Ahmad, abbasidischer Kalif in Bagdad 58, 162f., 637

Rado, Abt von St. Vaast 289
Raetien, ehemalige römische Provinz (Raetia) 313
Ragusa (Rausium, heute Dubrovnik), an der Stelle des alten Epidauros, Dalmatien 651
Raimund Berengar II., Graf von Barcelona 646
Raimund Berengar IV., Graf von Barcelona 425
Raimund, Graf von Saint-Gilles und Toulouse 384f.
Raimund V., Graf von Toulouse 446
Raimund VI., Sohn Raimunds V., Graf von Toulouse 456f., 480, 653f.
Raimund VII., Sohn Raimunds VI., Graf von Toulouse 457
Raimund III., Graf von Tripolis 439
Raimund von Poitiers, Schwiegersohn Bohemunds II., Fürst von Antiocheia 423f., 438, 649f.
Rainald (Reginald, Renaud) von Châtillon, Fürst von Antiocheia 158, 216, 438f., 650
Rainald, Graf von Dassel, Erzbischof von Köln, Reichskanzler 433, 650
Rainaldo d'Aquino, Bruder des Thomas von Aquino, italienischer Lyriker 551
Rainulf, Graf von Aversa 361
Rajj (Rhagae), nahe Teheran 132, 138f.
Ramón de Peñaforte, Dominikaner aus Spanien 463
Ranerio Fasani, Einsiedler, Führer der ersten Bewegung der Flagellanten in Perugia 554
Raqqa (Rakka), Mesopotamien 134
ar-Raschīd, 'Abd al-Walīd II., ibn Idrīs I., Almohadenfürst 170
ar-Raschīd, Mansur, abbasidischer Kalif in Bagdad 59
Raschīd ad-Dīn Sinān, Führer der syrischen Assassinen 150
Rastislaw, Herzog von Mähren 632f.
Rationalismus im Islam 91, 93
Ratzeburg, Schleswig-Holstein 649
Raubrittertum 464
Ravenna, Emilia 190, 194, 292, 344, 348, 351 ff., 382, 390, 432, 501, 509, 516, 622f., 638ff., 641f., 659, Abb. 456, Kartenskizze 319, 375
—, Exarchat von 292, 343, 625, 628
ar-Rāzī (Rhazes), Abū Bakr Muhammad ibn Zakarijjā, Arzt und Philosoph 124f.
—, Autobiographie 125
Recht 565, 604f.
—, aragonesisches 588

Recht, byzantinisches 193, 199, 202f., 239, 346, 427, 627
—, —, »Codex Iustinianus«, Gesetzeswerk Kaiser Justinians 635
—, —, »Tá Basiliká«, Gesetzeswerk Kaiser Leons VI. 203, 635
—, deutsches 655
—, germanisches 277, 284f.
—, — (karolingisches) 297, 299ff., 321
—, — (langobardisches) 625
—, — (salisches, Lex Salica) 293
—, irisches 586
—, islamisches 78, 81—84
—, kanonisches 301, 463, 473, 486, 515f.
—, polnisches 594
—, römisches 193, 240, 275, 284, 301, 390, 418, 473, 486, 516, 551, 565, 598, 601f., 604
—, russisches 239f., 244, 257ff.
—, —, Gewohnheitsrecht (starina) 240, 263
—, —, Prawda russkaja, älteste Rechtssammlung 239
—, —, Sudebnik, Gerichtsbuch (1497) 258, (1550) 262f.
—, schwedisches 591
Recknitz, Fluß im östlichen Mecklenburg 637
Reconquista (spanisch), die Rückeroberung Spaniens 145, 149, 158, 161, 169, 183, 376, 399, 411, 424f., 479, 588
Regalien (iura regalia), im Mittelalter dem König vorbehaltene Gerechtsame 389ff., 434, 441, 647f., 650
Regensburg 234, 290, 297, 324, 347, 358, 623, 628, 634f., 649, 651, 657, Kartenskizze 319

Reginald de Chatillon, siehe Rainald von Châtillon
Reginar, Graf vom Hasbengau, Herzog von Lothringen 348, 635
Reginbald, Kaplan Kaiser Konrads II. 360f.
Regino, Abt von Prüm, Verfasser einer Weltchronik 498
Regionalismus, muslimischer 64
Regnitz, Nebenfluß des Mains 358
Reichenau, Insel im Bodensee, Benediktinerabtei 290, 306, 312, 362, 499, 627, 639
—, Evangeliar (Codex Aureus) Kaiser Ottos III. 329, 639
Reichsfürsten, deutsche 571ff.
Reichsgedanke 14, 569, 571
Reichstag 572
—, Quierzy (754) 292, 628
—, Paderborn (777) 301, 629
—, Ingelheim (788) 302, 349f.
—, Aachen (817) 310, 631

NAMEN- UND SACHREGISTER

Reichstag, Worms (829) 313
—, Aachen (831) 631
—, Diedenhofen (835) 632
—, Tribur (887) 634
—, Forchheim (911) 322, 635
—, Worms (926) 333
—, auf dem Lechfeld bei Augsburg (952) 637
—, Ravenna (967) 343f., 622
—, Verona (983) 348, 639
—, Worms (1076) 379, 631, 645
—, Mainz (1098) 647; (1103) 647
—, Ingelheim (1105) 647
—, Worms (1122) 648
—, Besançon (1157) 433, 650
—, auf den Ronkalischen Feldern (Roncaglia) (1158) 434, 650
—, Würzburg (1165) 650
—, Bamberg (1168) 436
—, Gelnhausen (1180) 651
—, Erfurt (1181) 651
—, Mainz (1188) 651
—, Frankfurt am Main (1196) 442
—, Mainz (1235) 655
—, Würzburg (1287) 658
—, Frankfurt am Main (1338) 570; (1379) 662
Reims (Durocortorum, Remi) 284, 348f., 367, 449, 508, 549, 552, 631f., 637, 639, 647, 651, 654, 660, 663, *Kartenskizze 451*
—, Kathedrale 549, 551, *Abb. 557*
—, Reimser Kirchenstreit 640
Rekkared, Sohn Leowigilds, König der Westgoten 623
Reliefkunst, *Abb. 204, 340, 401, 417, 433i, 505, 536, 557*
Religiosität, angelsächsische 15, 291, 296, 303, 306, 308, 312
—, karolingische 328f.
Reliquienkult 278, 313, 329ff., 332, 345, 352, 500
Remigius, Bischof von Reims, Heiliger 348, 367
Remiremont, Frankreich 365
Renaissance 19, 241, 307, 518, 559, 610f.
—, arabische 120
—, byzantinische 205, 215
—, italienische 19, 119, 125, 158
Renaud de Dammartin, Herzog von Brabant 453
Repgow (Repchow, Reppechowe), Eike von, aus edelfreiem anhaltischem Geschlecht 521, 655
—, »Sachsenspiegel« 521, 655
Reval (estnisch Tallinn), Estland 465, *Kartenskizze 235*
Reverter, Führer der christlichen Miliz der Almoraviden 162, 166
Reyes de taifas, Herrscher der muslimischen Teilreiche in Spanien 158, 425
Rhein 315, 337, 380, 406, 409, 423, 636, 658f., 662, *Kartenskizze 319*

Rheinischer Städtebund (1254) 464, 656, 662
Rhense (Rhens), am Rhein bei Koblenz 570, 659ff., 663
Rhodos (Rhodus), ionische Insel und Stadt 69, 186, 188, 566
Rhône (Rhodanus), 284, 315, *Kartenskizze 319*
Riade, Ried an der Unstrut oder der Saale 333, 636
Ribemont, Nordfrankreich 634
Richard, Sohn König Johanns von England, Graf von Cornwall, deutscher König 464, 467, 656f.
Richard I. Löwenherz, Sohn König Heinrichs II., Graf von Poitou, König von England 152, 217, 440ff., 444, 446, 448, 452, 651f.
Richard II., Sohn Eduards, des Schwarzen Prinzen, König von England 581, 585, 587, 662f., *Abb. 585*
Richard, Graf von Aversa, Fürst von Capua 371
Richard von Sankt Victor, schottischer Theologe, Augustinerchorherr 531
Richbod (Richwod, Rigbod), Erzbischof von Trier 289
Richenza, Tochter Heinrichs des Fetten von Northeim, Gemahlin Kaiser Lothars III. 647, *Stammtafel 430f.*
Rifā'ijja, islamischer Orden, als »Heulende Derwische« bekannt 175
Riga, Lettland 653
Ritter, Hellmut, Orientalist 174
Ritterschaft im Mittelalter 213f., 359f., 368, 384ff., 391, 411ff., 415, 478, 480, 570, 573, 584, 587, 643, 662f., *Abb. 317*
—, französische 647, 649, 659
—, lombardische 643
—, spanische 426, 479, *Abb. 521*
—, Orden 524, 526, **652–656**, 659, **661–664**
Rittertum 214, 413, **522–527**, 583, **593–596**, 647, *Abb. 549, 557, 584, 597, 605*
Rjasan, am Oka, Rußland 245, **250–254**, 260, 655, 663, *Kartenskizze 235, 243, 267*
Rjurik (Rurik, altnordisch Hrörekr), Anführer der warägischen Normannen 231f., 259, 356, 633
—, Rjurikiden 233f., 236, 238, 268
Robert (I.), Sohn Roberts des Tapferen, Herzog von Franzien, König der Westfranken 332, 339, 635
Robert II., der Fromme, Sohn Hugo Capets, König von Frankreich 349, 355, 642

Robert, Sohn Karls II. von Anjou, König von Neapel 569, 571, 575, 659f., *Abb. 584*
Robert I. Bruce, König von Schottland 468, 583f., 586
Robert II. Stewart, König von Schottland 586
Robert III., König von Schottland 586
Robert von Courtenay, lateinischer Kaiser von Konstantinopel 655
Robert Guiscard, Fürst von Apulien 212ff., 216, 357, 367, 371ff., 382, 644ff.
Robert II. Curthose, ältester Sohn Wilhelms I. von England, Herzog der Normandie 444, 646f.
Robert I., Sohn König Ludwigs VIII., Graf von Artois 471
Robert III., Graf von Artois 578
Robert, Sohn König Ludwigs IX., Graf von Clermont-en-Beauvaisis 471
Robert von Béthune, Graf von Flandern 659
Robert von Arbrissel, Buß- und Wanderprediger aus der Bretagne, Begründer der Benediktinerkongregation von Fontrevault 506f., 527, 536
Robert von Genf, Kardinallegat, siehe Clemens (VII.)
Robert Holcot, aus Northampton, Dominikaner, Professor der Theologie in Cambridge 609
Robert von Molesmes, Abt von Citeaux, Gründer des Zistersienserordens 505f.
La Rochelle, am Atlantik, Poitou 410, 457, 580
Roderich, letzter König der Westgoten 290, 627
Rodrigo Jimenez de Rada, Erzbischof von Toledo 478
Römer 26, 185, 293, 342, 353f.
Römisches Recht 193, 240, 275, 284, 301, 390, 418, 473
Römisches Reich 26, 29, 55f., 82, 84, 183, 187, 201, 275, 278, 301f., 661
— Deutscher Nation 323
—, Drittes Rom, russische Vorstellung vom christlichen Endreich 260, 271
Roger I., normannischer Graf von Sizilien 155, 357, 372f., *Abb. 373, Stammtafel 363*
Roger II., König von Sizilien 59, 120, 156, 214f., 419, 424, 427ff., 460, 648f., 652, *Abb. 432, Stammtafel 430f.*
Roger, Sohn König Rogers II., Herzog von Lecce 441
Roger de Flor, Führer der katalanischen Kompanie 223
Roger von Lauria, italienischer Flottenführer 473

NAMEN- UND SACHREGISTER

Roland (Hruodland), Markgraf der Bretagne 57, 114, 302, 629
—, Rolandslied 413, 523f., 586
Roland (Orlando) Bandinelli, siehe Papst Alexander III.
Rom 98, 117f., 187, 241, 286f., 289—292, 296, 302, 318, 342 bis 345, 348, 350—354, 361f., 364ff., 369f., 382, 384, 388ff., 420, 432f., 435, 441, 487, 492, 494ff., 516, 519, 570, 572f., 597 bis 601, 610, 621ff., 625, 632, 641—644, 646—652, 654f., 657, 659—663, *Kartenskizze 319, 375*
—, Engelsburg (Castel Sant' Angelo) 650
—, Kapitol 660
—, Lateran, Palast 200, 382, 391, 420, 437, 455, 459, 538, 543, 644, 648, 651, 654, 659, *Abb. 485*
—, —, Basilika 648, 659
—, Leostadt, 318, 389, 632, 646, 650
—, Palatin, Kaiserpfalz 351, 640
—, San Paolo fuori la mura 117
—, San Pietro (Peterskirche) 296, 302, 318, 389, 433, 647
—, Santa Maria in Pallara (San Sebastiano al Palatino) 351, *Abb. 352*
—, Vatikan 259, 261, 264, 632
—, Republik (Volksstaat) im Mittelalter 649, 660f.
Roman Mstislawitsch, Fürst von Wolhynien 242
Romance, spanische, lyrisch-episches Gedicht 158
Romanos I. Lakapenos, byzantinischer Kaiser, 191, 204ff., 635ff.
Romanos II., Sohn Konstantins VII., byzantinischer Kaiser 191, 205f., 344, 637f., *Abb. 204*
Romanos III. Argyros, byzantinischer Kaiser 191, 209, 643
Romanos IV. Diogenes, byzantinischer Kaiser 191, 212, 645f.
Romuald von Ravenna, Heiliger, Stifter des Kamaldulenserordens 351ff., 364, 501
Roncesvalles (Roncevaux), Ostpyrenäen 57, 114, 302, 629

Ronda, Andalusien 167
Ronkalische Felder, Ebene zwischen Lodi und Piacenza 434, 650
Roscelin von Compiègne, französischer Philosoph des frühscholastischen Nominalismus 510f., 513, 557
Rosenroman (Roman de la Rose), altfranzösischer Versroman 555f., 609
Rossano, Kalabrien 501
Rostock 410, 658
—, Rostocker Bund (1283) 658

Rostow, nordöstlich von Moskau 244, *Kartenskizze 236, 243*

Rotes Meer 24, 28f., 38, 133, *Kartenskizze 139*
Rothari, Herzog von Brescia, König der Langobarden 625
—, »Edictus Rotharii« 625
Rotrud (Chrotrud, Hrotrud), Tochter Karls des Großen 629, *Stammtafel 294f.*
Rouen 406, 410, 581, 646, 653, *Kartenskizze 451*
Roussillon, Grafschaft in Südostfrankreich 470, 479f.

Routhard, Bischof von Straßburg 337f.
Rūdagī, Farīd ad-Dīn Muhammad 'Abdallāh, persischer Dichter 104
Rudolf, Graf von Rheinfelden, Herzog von Schwaben, deutscher Gegenkönig 371, 374, 381f., 391, 644ff., *Stammtafel 363*
Rudolf I., Sohn Graf Albrechts IV., Graf von Habsburg, deutscher König 464f., 657f.
Rudolf (III.), Sohn Königs Albrechts I., Herzog von Österreich, König von Böhmen 659
Rudolf (Raoul), Herzog von Burgund, König von Westfranken 332f., 339, 635
Rudolf II., Sohn Rudolfs I., König von Hochburgund 320, 333, 361, 635f., *Stammtafel 294f., 326f.*
Rudolf III., Sohn Konrads III., des Friedfertigen, König von Burgund 641ff., *Stammtafel 294f.*
Rueda, südwestlich Valladolid, Altkastilien 167
Rügen, pommersche Insel 648, 655
Rumänien 224
Rūm-Seldschuken, Dynastie in Ikonion (Rūm, Konia) 140f., 145, 154, 170ff., 212, 223, *Kartenskizze 151, 219*
Runnymede (Runnimede), Gemarkung bei Windsor, England 466, 654
Rupert von Deutz, Benediktinerabt, mystisch-theologischer Schriftsteller 532
Rupertsberg, Berg und Kloster bei Bingen am Rhein 651, *Abb. 533*
Ruprecht I. (in der Pfalz: III.), Sohn Kurfürst Ruprechts II. von der Pfalz, deutscher König 663
Rurik, siehe Rjurik
Rus (Rhos, skandinavisch, Ruderer, Seefahrer), Stamm der warägischen Normannen, auch Name der Russen 201, 230, 633
Rusāfa, bei Palmyra, Syrien 115

Russen 230, 234, 239, 271, 640
Rußland 120, 154, 201, 205, 208, 215, 223, 236, 259f., 263, 407, 409f., 465f., 642f., 645, 657, 662, *Kartenskizze 235, 243, 267*
—, Altrußland 227—272
—, —, Kiewer Reich 231—242, 642, *Kartenskizze 235*
—, —, Teilfürstentümer, Tatarenherrschaft 242—254, 655ff. *Kartenskizze 267*
—, —, Entstehung des Moskauer Staates 254—272, *Kartenskizze 267*
—, —, Russisches Reich (rússkaja semljá) 236
Rustamiden, arabische Dynastie in Tahert (Tiaret) 170
Ruysbroeck, Jan van, Augustinerprior von Groenendal bei Brüssel, niederländischer Mystiker 558
Ryštuni, Theodoros, armenischer Feldherr 186

S

Saale 630, 636, 643
Saalfeld, Thüringen 336
Sachsen, germanisches Volk 287, 293, 301ff., 315, 318, 320, 330, 332, 334, 336, 356, 379, 622, 628f., 632, 637, 639, 649, *Abb. 277*
—, Herzogtum 320ff., 324, 330, 333, 335, 337, 374, 381, 399, 432f., 498, 635, 645, 647ff., 651ff., *Kartenskizze 319*
Sachsenhausen, gegenüber Frankfurt am Main 570, 659f.
—, Appellation Ludwigs des Bayern (24. 5. 1324) 660
Sachsenspiegel, von Eike von Repgow geschaffenes deutsches Rechtsbuch des Mittelalters 551, 655
Sacralias (Zallāqa), Estremadura 161, *Kartenskizze 159*
Sa'dī, Muscharrif ad-Dīn ibn Muslih ad-Dīn 'Abdallāh, persischer Dichter 139
Sadschāh, arabische Prophetin 55
Safawiden, persische Dynastie 105, 137
Saffāriden, persische Dynastie 57, 138, 635
Saif ad-Daula, 'Alī, Hamdānide 58, 121, 124, 205f., 637f.
Saif-et Din Ghazi (Saif ad-Din Ghazī), Zengide, Emir von Mosul 423
Saint-Basle (Basolus, auch Saint-Bâle), Kloster zu Verzy bei Reims 349

NAMEN- UND SACHREGISTER 711

Saint-Benoît-sur-Loire, früher Fleury (Floriacum), unweit Orléans, Frankreich 501, 508, 632
Saint-Chef, östlich Vienne, Burgund, *Abb. 504*
Saint-Denis, nördlich Paris 292, 391, 399, 401, 408, 521, 632, 649
Saint-Dizier, Champagne 415
Saintes, Saintonge, Frankreich 470
Saint-Evroul, Benediktinerabtei in der Normandie 520
Saint-Gilles-du-Gard, westlich von Arles, Südfrankreich 384
Saint-Jean-d'Angély, nördlich Saintes, Poitou 457
Saint-Martin-du-Canigon, Benediktinerkloster, Pyrenäen, *Abb. 501*
Saintonge (Santonia), Landschaft an der Charente, Westfrankreich 401 f., 457, 472
Saint-Sabas, Krieg von, in Akko 484
Saint-Siméon, nahe Antiocheia 422
Saint-Vaast, Kloster bei Cambrai, Nordfrankreich 289
Saint-Vincent-du-Lorouër, südöstlich von Le Mans 399, 401
Saisset, Bernard, Bischof von Pamiers 487
Sakrament 367, 376, 382, 456
Salāh ad-Dīn (Saladin), eigentlich Jūsuf ibn Ajjūb, Sultan von Ägypten und Syrien 59, 150 f., 155, 158, 160, 171, 217, 438 ff., 651 f., *Kartenskizze 151*
Salamanca, Westspanien 655, *Kartenskizze 481*
Salamijja, Nordsyrien 107, 109
Salāt, Gemeinschaftsgebet im Islam 51 f.
Saleph (Kalykadnos, heute Göksu), Fluß in Kleinasien 217, 440, 652
Salerno, 118, 357, 365, 367, 382, 517, 638 f., 642, 646, 655, *Kartenskizze 375*
Salier, fränkisches Herrschergeschlecht **360—370**, 645, *Stammtafel 363*
as-Sālih Najm ad-Dīn Ajjūb, Malik, Ajjūbidensultan in Ägypten 171 f., 484, 657
Sālih, Prophet der Barghwāta 57, 112 f.
Sālih, vorislamischer Prophet 107
Salisbury, Südengland 519
Salomon III., Bischof von Konstanz 322, 324, 634
Salzburg 290, 324, 330, 347, 628

Sāmāniden, persische Dynastie in Buchārā 57 f., 103 f., 130, 133, 138, 633, 635, 641
Samariter, Bewohner Samarias 183
Samarkand, Sogdiane 56, 59, 71 f., 99, 154, 251, *Kartenskizze 139*
Samarrā, am Tigris 57, 96, 111, 128, 131, 176, 632
—, Ghaibat al-Mahdī, Moschee 176
Samo, Herrscher der Slawen 624
Samogitien (Schamaiten), Landschaft in Litauen 593, 663 f.

Samos 204, 635, *Kartenskizze 211*

Samosata, beim heutigen Samsat, Türkei 632, 638, *Kartenskizze 443*

Samuel, Zar der Bulgaren 208, **639—642**
San'ā', Jemen 109
Sancerre, nordwestlich Bourges, Frankreich 472
Sancho II., Ramirez, König von Aragon 376, 645 f.
Sancho III., el Mayor (der Alte), König von Navarra 376, 641 f.
Sancho II., Sohn Alfons' II., König von Portugal 479
Sandschar, Sohn des Muhammad ibn Malikschāh, Seldschukensultan 59, 143, 153 f., 648 f.
San Germano, alter Name des heutigen Cassino 461, 654 f., *Kartenskizze 375*
Sanhādscha, Stämmeverband von Kamelnomaden in der Sahara 156 f., 161, 165
Sanin, Josif, Abt von Volokalamsk 269 ff.
Sankt Bernhard, Großer, Paß in den Waliser Alpen 118, 409
Sankt Gallen, Nordschweiz 96, 283, 317, 498, 624, 634 f., 642, *Abb. 317*
Sankt Gotthard, Paß 409, 465

Santarém, Estremadura, Portugal 167
Santiago de Compostela (Santiago de Galicia), Nordwestspanien 116, 425 f., 479, *Kartenskizze 159, 481*
—, Kathedrale, *Abb. 537*
Saragossa, Spanien 159, 161, 170, 425, 629, 647, *Kartenskizze 159, 481, Karte 80, 360, 440, 608*
Saraj-Batu, Residenz der Goldenen Horde an der unteren Wolga 245, *Kartenskizze 235*
Sarazenen, üblicher Name des Mittelalters für Araber 118, 144 f., 315 f., 318, 320, 347 f., 369, 373, 384, 428, 460, 498, 549

Sardes, Lydien 628
Sardinien 110, 117, 190, 462, 588, 622, 641 f., 651, 655, *Kartenskizze 375*
Sarkel, byzantinische Festung am Don 199, 232, 638, *Kartenskizze 235*
Sarmaten (Sauromaten), iranisches Nomadenvolk 230
Sasaniden, persische Dynastie 29 f., 56, 60, 72, 85 f., 92, 98, 101, 103, 141
Satire, arabische 126
Saucourt, Saucourt-en-Vimeux, Nordfrankreich 634
Saul, König von Juda 291, 379
Sauvetés, gegründete Dörfer in der Gascogne 418
Sava, Erzbischof von Serbien 220
Savoyen, Landschaft in den französischen Alpen 537, 644

Sawād, Landschaft in Mesopotamien 60
Scala, Della (Scaliger), norditalienisches Adelsgeschlecht 575
Schadschar ad-Durr, Gemahlin des Ajjūbiden as-Sālih, Regentin von Ägypten 172, 657
asch-Schāfi'ī, Muhammad ibn Idrīs, islamischer Theologe und Gründer einer orthodoxen Rechtsschule (Schāfi'iten) 57, 84, 121, 131, 142
Schaibān, Banū, Stamm der Araber 60
Schākija, Berberfürst 89
Schamanismus 71, 245
Scharī'a (arabisch), das religiöse Gesetz des Islam 68, **81—84**, 86, 97, 121, 142, 148, 156 ff., 163, 168, 171, 174
Scharī'at (arabisch), islamischer Richter 85 f.
Schauenburg (später Schaumburg), Burg und Grafschaft in Westfalen 647, 649
Scheksna, Nebenfluß der Wolga 232, *Kartenskizze 235, 243*

Schelde 280, 315, *Kartenskizze 451*
Schī'a (arabisch), Partei ('Alīs), islamische Glaubensrichtung 56, 67, 74, 79, 82 f., 103, 105 f., 129, 131, 137, 154, 177, 626, 629
—, Zwölfer- (Ithnā 'ascharijja) 105 f., 129, 130 f.
—, Siebener- 106, 108 f., 130, 134, 139, 142, 146
—, Schī'iten 57 f., 66 f., 79 f., 82, 90, 101, 103 ff., 107, 110, 119 f., 122, 124, 130, 134, 139, 148, 150, 157, 164, 175 f., 178, 628
Schicksalsglaube 16, 33, 122
Schiffahrt 409 f., 572, 587, 589, 593, *Abb. 232, 372*
Schi'iten, siehe Schī'a

NAMEN- UND SACHREGISTER

Schiller, Johann Christoph Friedrich von, Dichter 214
Schīrāz, Südwestiran 130, 132, *Kartenskizze 139*
Schīrkūh, kurdischer Emir 151, 438
Schisma (Kirchenspaltung), morgenländisches 45, 200, 203, 210, 212, **222—226**, 236, 240, 371, 382, 435, 459, 486, 621, 633
—, abendländisches (1130) 419f., 427; (1162) 435ff.; (1378 bis 1449) 581, **597—601**, 603, 663
Schlesien 245, 594f., 647, 650, 655, 660, 662
Schöffe, Beisitzer in Volksgerichten 301, 414f.
Scholastik, christliche Philosophie des Mittelalters 17, 241, 508ff., 513ff., 527, 529, 544ff., 550, 556f., 559
Schonen, Landschaft in Südschweden 591f.
Schottland 286, 357, 408, 413, 468, 578, **582—586**, 597, 599, 605, 623, 643, 651, 658, 661

Schrift, arabische 34, *Abb. 68f.*, *88f.*, 100, 177
—, gotische 521
—, karolingische 497, 521
—, lateinische, *Abb. 185*
—, Renaissance 307
—, slawische (Kyrillika) 201
—, Vierliniensystem (angelsächsisch, fränkisch) 307
—, Zweiliniensystem (Antike) 307
Schriftbesitzer (ahl al-kitāb), die nichtislamischen Hochreligionen 52, 78, 128, 148, 163, 168
Schwaben, Stammesherzogtum 313, 315, 321ff., 324, 331ff., 337, 341, 344, 360, 371, 380f., 386, 631, 635f., 642, 644f., 648, 654f., 657, 662
Schwäbischer Städtebund 573, 662
Schwarzer Prinz (Black Prince), siehe Eduard, Prince of Wales
Schwarzer Tod, siehe Pest
Schwarzes Meer (Pontos Euxeinos) 186, 204, 230, 236, 251, 255, 407, 633, 659, 661, *Kartenskizze 139, 211, 219, 235*
Schweden 230, 234, 245, 264, 268, 356, 409, 465, 573, 590ff., 616, 656, 662
Schweinefleischverbot im Islam 51
Schweiz 417, 464, 570, 572f., 658
Schwertbrüder (Brüder der Ritterschaft Christi in Livland), geistlicher Ritterorden 465, 653, 655f.
Schwesternschaften, islamische 175
Schwyz, Urkanton der Schweiz 465, 570, 658f.
Sebastopolis, Kilikien 189

Seeland, Landschaft in den Niederlanden 405, 641, 661f.
Seelenwanderung 88, 536
Seeon, Benediktinerabtei, nördlich vom Chiemsee, *Abb. 353*
Seeräuberei 118, 155, 186, 199, 204, 206, 224, 589, 637
Segarelli, Gerardo, aus Parma, Gründer der Apostoliker 555
Seine (Sequana) 284, 348, 358, 400, 406, 416, 632, *Kartenskizze 319, 451*
Seldschuken, türkische Dynastie 58f., 129, 132, 134, 136, 138, **140—143, 145—148**, 150, 153ff., 173, 176, 212, 225, 421, 643, **645** bis **652**, 654, 656, 661, *Kartenskizze 219*
Seligenstadt, am Main, Hessen 313
Sempach, Schweiz 573, 662
Sena Gallica (Senigallia, Sinigaglia), nordwestlich Ancona 622
Seneca, Lucius Annaeus, römischer Dichter, stoischer Philosoph 519
Senegal, Fluß in Westafrika 156
Seniorat, Prinzip der Erbfolge, im Kiewer Reich (starschinstwó) 237
— in Polen 649
Senlis, Ile-de-France 449, *Kartenskizze 451*
Sens, Champagne 449
Separatismus im Islam 100
Septimanien (später auch Gothien), Landschaft mit Narbonne 284, 314, 627f., 631
Serben 215ff., 224, 658, 660
Serbien, 203f., 215, 220, 222, 224f., 566, 596, 651ff., 660f., 663, *Kartenskizze 219*

Serdica (Sardica, Triaditza, heute Sofia), Thrakien 197, 208, 226, 630, 641, 652, 663
Sergius I., Papst 287, 289, 626
Sergius III., Papst 635
Sergius IV., vorher Petrus, Papst 144f., 641
Serpuchow, südlich von Moskau 252, 254
Sétif, Ostalgerien 166
Sevilla, Andalusien 57, 59, 114, **158—161**, 167, 170, 479, 482, 494, 516, 623, 656, *Abb. 176*, *Kartenskizze 159, 481*

—, Almohaden-Moschee 59
Sibir, Tatarenchanat 268
Sibirien 266
Sibylle, Königin von Jerusalem 439f.
Sidon, Phönikien 147, 421, 485, *Kartenskizze 443*
Sidschilmāssa, Südwestmarokko 89, 109, 118, 170

Sidschistān, Landschaft in Südostpersien 82, 89, 102ff., 138
Siebenbürgen (Transsilvania), Hochland in Rumänien 647, 649, 654
Siegfried, Held des Nibelungenliedes 308
Siegfried, Herr von Lützelburg (Luxemburg) 638
Siegfried von Westerburg, Erzbischof von Köln 658
Siegfried, Erzbischof von Mainz 371, 380
Siena, Toskana 409, 475, 569, 574, 657, 659, *Kartenskizze 375*
—, Dom 657
Siffīn, am Euphrat 56, 66
Sigebert von Gembloux, aus Brabant, Benediktinermönch und Chronist 312
Siger von Brabant, Philosoph an der Universität Paris, Führer des lateinischen Averroismus 547, 555
Sigibert, Frankenkönig 280
Sigibert I., Sohn Chlothars I., König des Frankenreiches im Osten (Austrien) 284, 622f.
Sigibert III., Sohn Dagoberts I., König der Franken in Austrien 624
Sigismund, Sohn Gundobads, König der Burgunder 621
Sigismund von Luxemburg, Sohn Kaiser Karls IV., König von Ungarn, deutscher König und Kaiser 596, 600, **662**ff.
Signorie (signoria), Herrschaftssystem in italienischen Städten des Mittelalters 475, 574f.
Sikādang, nahe Merv, Ostiran 79
Silberwährung 100, 133
Silistria, siehe Dorystolon
Silva Candida (heute Bistum Porto e Santa Rufina bei Rom) 365, 368f., 388, 644
Silves, Südportugal 159, *Kartenskizze 159*
Silvester I., Papst, Heiliger 352
Silvester II., vorher Gerbert von Aurillac, Erzbischof von Reims und von Ravenna, Papst 348 bis **353**, 508, 517, 639f., 641
Silvester, Priester am Hof Iwans IV. 262
Simeon, Sohn Iwans I., Großfürst von Moskau 248
Simeon, Kanzler Heinrichs I. 333
Simonie (nach dem Sektenstifter Simon Magnus) 269, 361, 364, 366f., 369, 379, 488, 503, 648
Sindh, Landschaft am Indus 56, 72, 153
Sineus, Bruder Rjuriks 231
Sirmium (Mitrowitz, Sremska Mitrovica), Pannonien (Serbien) 650, 652

NAMEN- UND SACHREGISTER

713

Siwas (Sebasteia), Kappadokien 214
Sixtus IV., vorher Francesco della Rovere, Papst 259
Sizilianische Vesper, Aufstand gegen Karl von Anjou 222, 477, 658
Sizilien 56, 58f., 69, 109f., 117, 136, 144, 155, 158, 185, 187, 190, 194, 196, 198f., 209, 212, 214, 622, 626, 631f., 635, 638f., 644, 648f., 652, 654f., 657ff., 661
—, Königreich 427ff., 432, 437, 440ff., 444, 453, 456, 460ff., 467, 471, 473, 475ff., 480, 544, 550, 588, 648—652, 654—657, *Kartenskizze 375*
Skanderbeg (Iskender-Bei), christlicher Name Georg Kastriota, albanischer Fürst und Nationalheld 226
Skandinavien 231, 234, 374, 590, 597, 604, 614
Sklaven 29, 64, 82, 98f., 102, 108, 116, 126, 133, 245, 356f., 418, 654, 662
—, Armeen 99, 101f., 111
—, Aufstand, irakischer 57, 633f.
—, Handel 112, 234, 407, 654
Skleros, Bardas, byzantinischer Feldherr, Gegenkaiser 207, 639
Skoplje (Scopia, Üsküb), Serbien 223, 641, 658

Skythen, indogermanisches Volk 230
Slawen 183, 187ff., 193, 196, 201, 208, 218, 229f., 333, 337, 345f., 348, 399f., 406, 408f., 412, 465, 624, 626, 630, 637, 639
—, Elbslawen 643, 650
—, Ostslawen 229—232, 236, 245
—, Südslawen 229f., 644
—, Westslawen 229, 624
—, Mission 199ff., 206, 208, 220, 231, 234, 465, 633, 643, *Abb. 185*
Sluis (französisch L'Ecluse), Seeland, Niederlande 660

Smaragdus, byzantinischer Exarch von Ravenna 623
Smaragdus, Abt von Saint-Mihiel zu Godinecourt, Verfasser eines Fürstenspiegels 316
Smolensk, Rußland 238, 249, 251, 260f., *Kartenskizze 235, 243, 267*
Smyrna (Izmir), Kleinasien 213, 384, 566, 626, 647
Soana (heute Sovana), Toskana 644, *Kartenskizze 375*
Söldner 101, 130, 133, 136, 146, 153, 162, 169, 171f., 238, 632, 659

Sofia, Tochter Witolds, Mutter Wasilijs II. 252
Sofia, siehe Serdica
Sogdiane, Landschaft in Nordostiran 71
Sogder, indogermanisches Volk 71f., 89
Soissons, Nordfrankreich 279, 284, 291, 348, 628, 636, 648
—, St. Medardus, Kloster 314
Solidus, römisch-byzantinische Goldmünze 100
Solway Firth, Bucht zwishen England und Schottland 446
Somaliland, Nordostafrika 164
Somogyi, Joseph von, ungarischer Islamforscher 178
Sophia, byzantinische Prinzessin, Gemahlin Iwans III. 259
Sora (Sorka), Nebenfluß der Suda, Nordrußland 269
Soracte (Monte Soratte), Berg nördlich von Rom 291, 343, 641
Soracte (Monte Soratte), Berg Ludwigs IX. von Frankreich 556, 656
Sorbonne, Universität zu Paris 556, 656
Sosima, Metropolit von Moskau 268
Sowjethistoriographie 230
Spanien 56f., 69f., 77, 89f., 92, 96f., 99, 101, 110, 113—117, 120f., 129, 133, 144, 158—161, 167, 169f., 190, 275, 290, 302, 376, 384, 399, 401, 408—413, 415, 418, 424—427, 478—482, 494, 523, 535, 540, 587—590, 607, 614, 622ff., 627, 629f., 643, 649f., 664, *Kartenskizze 159, 481*
—, Teilreiche, muslimische 158, 425, 643, 646—649, 655
Spanier 145, 162, 426
Spanische Mark der Karolinger (um Barcelona) 302, 312, 630f.
Speisevorschriften des Koran 51
Speyer 315, 387, 389, 391, 499, 643, 647ff., 652, 658f.
—, Dom 361, 499, 643, 647ff.
—, Speyerer Erklärung der deutschen Fürsten (1199) 652
Spiritualismus, Betonung der unmittelbaren geistigen Verbindung zu Gott 269f., 507, 541, 547, 557, 569f., 577
Spoleto, Stadt und Herzogtum, Süditalien 369, 379, 455, 628, 634, 649, 651, 655, *Abb. 445*, *Kartenskizze 375*
Sprache, arabische 34, 56, 72, 77, 87, 104, 113, 117, 120, 131f., 141, 158, 163, 427, 567
—, aramäische 41, 65
—, berberische 57, 163
—, bulgarische 239, 241
—, englische 168, 586, 609
—, französische 364, 579

Sprache, gälische 586
—, griechische 31, 57, 77, 203, 427
—, hebräische 158, 160, 168
—, koptische 77
—, lateinische 113, 168, 427, 608
—, neupersische 87, 103ff., 120, 131, 141
—, Pahlawī (mittelpersische) 77, 92
—, palmyrenische 33
—, portugiesische 509
—, sabäische 33
—, safaitische 33
—, skandinavische 230f.
—, slawische 346
—, sogdische 71
—, syrische 92
—, Volks- 497, 526, 536, 539, 552, 558ff.
Spree 465
Squfat, alte italienische Münze 427, 429
Stabreim (Alliteration) in der frühmittelalterlichen Dichtung 317
Stadt, im Hochmittelalter 13, 405ff., 414ff., 504, 507, 522, 539ff., 554, 610—618, 658
—, Ordnung, altrussische 244
—, Recht, frühmittelalterliches 358
— und Land unter dem Islam 97ff.
Städte, aragonesische 587
—, böhmische 595
—, deutsche 572f., 591, 593f., 617, 655, 662
—, englische 584, 617f.
—, flämische 578, 581, 617f.
—, französische 414f., 579ff.
—, italienische 574f., 610, 615, 617f., 658, 662
—, kastilische 588f.
—, lombardische 436, 460, 462, 650f., 654f.
—, polnische 594
—, portugiesische 590
—, schottische 586
—, ungarische 596
Städtebund, Hanse 244, 573, 591f., 614, 618, 659, 661ff.
—, Lombardischer (1176) 436, 650f.; (1226) 460, 462, 654f.
—, Rheinischer (1254) 464, 656, 662
—, Rostocker Bund (1283) 658
—, Schwäbischer 573, 662
—, Veroneser Bund (1164) 650
Städtische Revolten 576, 581, 617, 629, 661
Stände, mittelalterliche 604ff.
—, aragonesische 587
—, böhmische 595, 659
—, deutsche 573, 656
—, französische 577
—, niederländische 572
—, österreichische 656
—, römische, der Spätzeit 284

NAMEN- UND SACHREGISTER

Staines, an der Themse, England 466
Stamford Bridge, am Derwent, Nordengland 645
Stammesethik, nomadische 41
Staraja Russa, Nordrußland 242
Starez (russisch der Alte), Mönch auf der höchsten Stufe kontemplativen Lebens 269 f.
Starizkij, russischer Fürst 264
Staro Nagoričino, Kloster in Makedonien 222, *Abb. 205*
Staurakios, Sohn des Nikephoros I., byzantinischer Kaiser 631
Staurakios, byzantinischer Patricius 191, 196, 630
Steiermark 464, 651 f., 657 f.

Stephan II., Papst 195, 292, 628
Stephan III., Papst 629
Stephan IV., Papst 361
Stephan V., Papst 634
Stephan VI., Papst, vorher Bischof von Anagni 318, 634
Stephan IX., vorher Friedrich, Sohn Herzog Gozelos von Lothringen, Papst 365, 370 f., 644
Stephan, Sohn Graf Stephan Heinrichs von Blois und Enkel Wilhelms I. von England, König von England 445 f., 648 f.
Stephan Nemanja, Großfürst von Serbien 215–218, 220
Stephan Duschan (Dušan), Zar von Serbien 222, 224. 596
Stephan I., der Heilige (vor der Taufe Wajk), König von Ungarn 640 f., *Stammtafel 326 f.*
Stephan II., Sohn Kolomans, König von Ungarn 648
Stephan, Sohn des Kaisers Romanos I. Lakapenos 637
Stephan Langton, Erzbischof von Canterbury 453
Stephan von Thiers, aus der Auvergne, Gründer des Grammontenserordens 505
Sterndeutung, islamische 106, 125
Stettin 465
Steuerwesen, frühmittelalterliches 283, 357
—, kirchliches 372, 463, 486, 568
—, aragonesisches 606
—, byzantinisches 186 f., 190, 196 f., 209, 216 ff., 407
—, englisches 445, 466 f., 469
—, französisches 454, 474, 579, 581
—, islamisches 49, 51 f., 55 f., 62 f., 76 ff., 99 f., 110, 132 f., 141, 156, 162 f., 166 f., 171, 627, *Abb. 69*
—, polnisches 592
—, russisches 245, 258, 261 f.
—, schwedisches 592
—, sizilisches 476 f.
—, tatarisches, in der Goldenen Horde 245, 247 f., **250–254**

Stitny, Thomas von, Philosoph aus altem böhmischem Geschlecht 595
Stockholm 663
Stóglaw, Hundert-Kapitel-Buch (1551), russisches 263
Stoizismus, griechische philosophische Lehre 313
Stralsund, Pommern 591, 612, 662
Straßburg 315, 337 f., 415, 551, 553, 558, *Kartenskizze 319*

—, Münster 551
—, Straßburger Eide 632
Stratioten (stratiótes), Wehrbauern im byzantinischen Reich 626, 644
Streaneshalch (heute Whitby), Yorkshire, England 286, 625
Stroganow, russische Kaufherrenfamilie 266
Struma (Strymon), Fluß in Thrakien 208, 642, 652
Studenica, Kloster in Serbien 218, 222
Studion, Kloster in Konstantinopel 198
Sturmi, Schüler des Bonifatius, Abt von Fulda 628
Strzygowski, Josef, Kunsthistoriker 209
Subiaco, westlich Rom 282, *Abb. 457*
Subuktegin, Herrscher in Ghazna 59, 138, 639, 641
Sudan, Großlandschaft im nordöstlichen Afrika 111 f.
Sueton(ius) Tranquillus, Gaius, römischer Schriftsteller 313
Süfīk (sūfī, sūfīya, Wollträger), mystisch-theosophische Richtung im Islam 59, 102, 122 f., 142 f., 150, 173 ff., 177
Sufjān ibn ʿUjaina, arabischer Gelehrter 86
Sufjānī, umajjadischer Mahdī 81
Sufrī, charidschitische Sekte 82
Suger, Abt von Saint-Denis, französischer Staatsmann 177, 391, 399, 401, 424, 520 f., 649
Sulaim, Banū, Stamm der Araber 136
Sulaimān, Umajjade, Kalif in Damaskus 56
Sulaimān, Vetter Alp Arslans, Sultan der Rūm-Seldschuken 646
Sulaimān, Sohn Urchans, Sultan der Türken 661
Sulpicius Severus, lateinischer Kirchenschriftsteller 278
—, »Leben des heiligen Martin von Tours« 278
Sulṭān (aramäisch Macht), islamischer Titel 65, 101, 131, 632
Sumnath (Patan) Indien 139
Sunna (arabisch Weg), Sammlung von Vorschriften nach Aussprüchen und Taten Muhammads und der ersten vier Kalifen 67, 80, 82, 84 f., 121, 130, 142, 156
Sunniten, islamische Glaubensrichtung 57, 67, 74, 78, 82, 85, 88, 101, 103 ff., 107 ff., 112, 118, 122, 130 f., 134, 137 f., **140** bis **143**, 148, 150, 153, 163 171, 177 f.
—, Staatensystem 161 f.
Supplinburg (heute Süpplingenburg) 391, 647 f.
Süs (Sous), Landschaft in Südmarokko 166
Susdal, nordöstlich von Moskau 239, 244, 246, 250, 655 f., *Abb. 244, Kartenskizze 235, 243, 267*

Sussex, Reich der Angelsachsen an der Südküste Englands 626
Sutri, Latium, Italien 364, 643, 647, *Kartenskizze 375*
Sven Gabelbart, König von Dänemark 640
Sven Estrithsson, König von Dänemark 644
Swatopluk (Zwentibold), Neffe Rastislaws, Herzog von Mähren 318, 633 ff.
Swjatopolk, Großfürst von Kiew 233
Swjatoslaw, Sohn Igors I., Großfürst von Kiew 207, 232, 234, 638 f.
Swjatoslaw, Sohn Wladimirs des Heiligen, Fürsten von Kiew 233
Syagrius, letzter römischer Machthaber in Gallien 279, 283
Symbolismus, deutscher mittelalterlicher 511, 532 ff., 548, 553
Symeon (Simeon), Sohn des Boris (Michael), Zar der Bulgaren 203 f., 208, 217, 223, 634 ff.
Symeon Metaphrastes, byzantinischer Hagiograph 206
Synode, Kirchenversammlung 342 f., 349, 368, 379, 382, 419
—, zu Toledo (633) 624
—, Lateran-, zu Rom (649) 625
—, zu Streaneshalch (664) 286, 625
—, zu Hertford (673) 626
—, in Northumbrien (702) 626
—, deutsche, concilium Germanicum (743) 290, 628
—, zu Soissons (744) 628
—, zu Hieria (754) 194, 198, 629
—, zu Rom (769) 629
—, zu Frankfurt am Main (794) 304, 630, 633
—, zu Konstantinopel (815) 198
—, zu Attigny (822) 311, 631
—, zu Konstantinopel (843) 199
—, Lateran-, zu Rom (863) 200
—, zu Konstantinopel (865) 633
—, zu Konstantinopel (867) 200
—, zu Rom (869) 633
—, zu Ponthion (876) 633
—, oströmische (879) 202

NAMEN- UND SACHREGISTER

Synode, Kirchenversammlung, zu Tribur (895) 320, 380
— zu Rom (897) 318, 634
—, zu Hohenaltheim (916) 324, 635
— zu Ingelheim (948) 340f., 637
— zu Ravenna (968) 638
—, zu Charroux (989) 358
— zu Le Puy-en-Velay (990) 359
—, von Saint-Basle (Bâle) zu Verzy (991) 349, 640
— zu Mouzon (995) 349, 640
— zu Ingelheim (996) 349
—, zu Frankfurt am Main (1007) 641
— zu Pavia (1022) 354, 640, 642
— zu Pavia (1046) 364
—, zu Sutri (1046) 364f., 643
—, zu Rom (1046) 364, 643
— zu Rom (1049) 367
—, zu Florenz (1055) 369, 644
—, Lateran-, zu Rom (1059) 370, 644
—, zu Basel (1061) 371, 645
— zu Mantua (1064) 645
—, Fastensynode, zu Rom (1076) 379
—, zu Worms (1076) 645
— zu Rom (1080) 381
— zu Brixen (1080) 382
—, zu Mainz (1080) 646
—, zu Piacenza (1095) 213, 384, 646
—, zu Clermont (1095) 213, 384, 646
— zu Reims (1119) 647
—, zu Soissons (1121) 648
— zu Pavia (1160) 434
—, zu Tours (1163) 650
—, zu Konstantinopel (1341) 224
—, russische (1448) 253; (1459) 253f.
—, —, zu Moskau (1490) 269; (1551) 262f.; (1503) 269f.
Syrakus, Sizilien 58, 117, 187, 625, 633, 644, *Kartenskizze 375*

Syrer 31, 56, 66ff., 72f., 81, 114f., 151
Syrien 24f., 30f., 34, 36, 51, **58** bis **62**, 69, 72, 74f., 80f., 89, 107ff., 111f., 130, **133—136**, 140f., **144** bis **153**, 170, 174, 184ff., 204, 206ff., 212, 214, 216, 406, 412, **420—423**, 438, 483f., 597, 625, 629, 638ff., 647, 651, *Kartenskizze 443*
Syrische Dynastie, byzantinisches Herrschergeschlecht 191

T

Tabāla, südlich von Mekka 32
at-Tabarī, Abū Dschaʿfar Muhammad ibn Dscharīr, arabischer Theologe und Historiker 58, 120, 185, *Abb. 89*
Tabūk, im Westen der Arabia Petraea 50

Tacitus, Cornelius, römischer Geschichtsschreiber 276
Tadinae (heute Gualdo Tadino), nordostwärts von Perugia, Etrurien 622
Tafelmalerei, *Abb. 585*
Taganrog, am Asowschen Meer 245
Tagliacozzo, westlich Tivoli 476, 657
Tāhert (Tahare, heute Tiaret), Algerien 89
Tāhiriden, islamische Dynastie in Chorosan 57, 90, 103, 631, 633
at-Tā'iʿ, ʿAbd al-Qarīm, abbasidischer Kalif in Bagdad 58
Tā'if, südöstlich von Mekka 24, 38f., 41, 49f.
Taillebourg, Frankreich 470
Tajo, Fluß in Spanien und (Tejo) Portugal 425f., *Kartenskizze 159, 481*
Talas, Fluß im Stromgebiet des Iaxartes (Sir Darja) 57, 72, 629
Talha ibn ʿUbaidallāh, Gefährte Muhammads 63, 65
Talha (Tulaiha), arabischer Stammesführer 55
Tālibiden (Aliden) 130
Tamar, Königin von Georgien 220
Tamīm, Stamm der Araber 55, 64
Tana (heute Asow), oberhalb der Don-Mündung 407
Tanchelm aus Flandern, häretischer Prediger 507
Tancred von Hauteville, normannischer Ritter 357, 367, 372
Tancred, Neffe Bohemunds I., Fürst von Tarent 213f., 385
Tancred, Herzog von Lecce, König von Sizilien 441f., 455, 652
Tanger, Marokko 70, *Kartenskizze 481*
Tannenberg, Ostpreußen 663
Taormina, Sizilien 117, 635
Tarent (Taranto), Kalabrien 187, 639, *Kartenskizze 375*
Tāriq, berberischer Heerführer 56, 70, 627
Tarragona, Katalonien 623, *Kartenskizze 481*
Tarsus (Tarsos), Kilikien 95, 196, 202, 286, 624, 638, 649, *Kartenskizze 443*
Tarudant, Marokko 157
Tasawwuf (arabisch), islamische Mystik 59, 102, 106, 122
Tāschfīn ibn ʿAlī, Fürst der Almoraviden 59, 166, 649
Tassilo III., Sohn Odilos, Herzog von Bayern 293f., 302, 628f., *Stammtafel 294f.*
Tataren 221, 229, 233, 259, 268, **655—658**, 663

Tataren, Einfall in Europa **245** bis **254**, **655—658**
—, Tributleistungen 245, 247f., **250—254**
Tauḥīd (arabisch), Einheit Gottes im Islam 93, 106, 163
Tauḥīdī, arabischer Schriftsteller 132
Taurus (Tauros), Gebirgskette Kleinasiens 70, 202, 652
»Tausend und eine Nacht«, Märchensammlung 137, *Abb. 88*
Teheran, Persien 132
Teja, König der Ostgoten 622
Temes, Nebenfluß der Donau 646
Tempelherren (Templer), geistlicher Ritterorden 153, 422, 426, 442, 473, 479, 483, 485, 523, 529, 555, 566, 577, 608, 647, 659, *Abb. 521*
Tephrike, Armenien 202
Tertry (Testry, Textricium, Testriacum), Nordfrankreich 285f., 289, 626
Tertullian(us), Quintus Septimus Florens, lateinischer Kirchenschriftsteller 164, 187
Teruel, Aragon 426
Tervel, Chan der Bulgaren 190, 192, 626f.
at-Thaʿālibī, Abū Mansūr, persischer Dichter 104
—, »Chwatāj-Nāmak (Buch der Könige)« 104
Thaddeo de Suessa, Großhofrichter Siziliens 462
Thamudener (Thamūd), altarabisches Volk 33, 65
Thankmar, Sohn König Heinrichs I. 334, 336, 338f., 636, *Stammtafel 326f.*
Thaqīf, Stamm der Araber 49, 73f.
Theben (Thébai), Boiotien 223, 428, 649
Theiß (Tisia), linker Nebenfluß der Donau 302, 645
Thema, Verwaltungsbezirk im byzantinischen Reich 186, 193, 642
Themen-Verfassung, byzantinische 186, 189, 203, 213
Theobald, Erzbischof von Canterbury 446
Theodahad, Neffe Theoderichs des Großen, König der Ostgoten 622
Theoderich der Große, König der Ostgoten 484, 492, 621f.
Theoderich, Halbbruder Ludwigs des Frommen 311
Theodor von Tarsos, Erzbischof von Canterbury 286, 626
Theodor Studites, griechischer Theologe, Heiliger 198ff.
Theodora, Gemahlin Kaiser Justinians I. 621
Theodora, Gemahlin des Kaisers Theophilos, byzantinische Regentin 199, 632

Theodora, Tochter Konstantins VIII., byzantinische Kaiserin 191, 212
Theodora, Nichte Manuels I. Komnenos, Gemahlin Balduins III., Königs von Jerusalem, hernach Herzog Heinrichs II. Jasomirgott von Österreich 438, 649f., *Stammtafel 363*
Theodora, Gemahlin des Kaisers Michael VIII. Palaiologos 657
Theodora, Gemahlin des Theophylakt, Patricius von Rom 318, 635
Theodora, Tochter des Theophylakt und der Theodora 635
Theodoros I. Laskaris, Kaiser von Nikaia 191, 220, 459, 653f.
Theodoros II. Laskaris, Sohn Johannes' III. Vatatzes, Kaiser von Nikaia 221, 655f.
Theodoros II. Palaiologos, Sohn Manuels II., Despot von Morea 225
Theodoros Angelos Dukas, Despot von Epirus, Kaiser von Thessalonike 220, 655
Theodoros Kalliopa, byzantinischer Exarch von Ravenna 625
Theodoros, byzantinischer Vicarius unter Herakleios 184
Theodosiopolis (Erzerum), Armenien 628
Theodosios III. Atramytenos, byzantinischer Kaiser 191f., 627
Theodotos Melissenos, Patriarch von Konstantinopel 198
Theokratie, Staatsform 61, 79, 167, 188, 190, 345, 486ff.
Theoktistos, Minister der Kaiserin Theodora 199f.
Theologie, islamische 120—124
—, römisch-katholische 241, 508f., 514f., 547, 601, 656
—, russische 269
Theophanes Confessor, byzantinischer Geschichtsschreiber 184, 186, 198, 205
Theophano, byzantinische Kaiserin, vorher Anastaso, Tochter eines Schankwirts, Gemahlin Romanos' II. und Nikephoros' II. 207, 637f.
Theophano, byzantinische Prinzessin, Gemahlin Kaiser Ottos II. 208, 344, 348ff., 638, 640, *Stammtafel 326f.*
Theophilos, Sohn Michaels II., byzantinischer Kaiser 191, 199
Theophylakt, Römer aus dem Geschlecht der Tusculaner Grafen, Patricius von Rom 318, 635
Theothemptos, Patriarch von Kiew 234
Theresa, illegitime Tochter König Alfons' VI. von Kastilien 426
Thessalien 646, 659f.

Thessalien, Thessalonien (Thessalonich), lateinisches Königreich 219f., 459, 483
Thessalonike (Saloniki), Makedonien 204, 208, 216, 224f., 441, 596, 626, 635, 640, 644, 652, 656, 663
Theudebald (Theudoald), Sohn Grimoalds, Hausmeier 627
Theudebert I., Sohn Theuderichs I., König der Franken (in Austrien) 284, 622
Theudebert II., Sohn Childeberts II., König der Franken (in Austrien) 623
Theudelinde, Tochter des Bayernherzogs Garibald, Gemahlin König Autharis und hernach König Agilulfs der Langobarden 623
Theuderich I., illegitimer Sohn König Chlodwigs, König der Franken (in Austrien) 284, 621f.
Theuderich II., Sohn Childeberts II., König der Franken in Burgund 623f.
Theuderich III., Sohn Chlodwigs II., König der Franken in Neustrien und Burgund 626f.
Theuderich IV. (von Chelles), Sohn Dagoberts III., König der Franken 627
Theutberga (Thietberga), Tochter Bosos, Grafen von Valois, Gemahlin König Lothars II. von Lothringen 633, *Stammtafel 294f.*
Thibaut (Theobald) I., Graf (IV.) der Champagne, König von Navarra 479, 483
Thierry von Chartres, scholastischer Philosoph 518
Thietmar, Bischof von Merseburg, sächsischer Chronist 499
Thietmar, Sachse, erster Bischof von Prag 347
Thomas, Herzog von Gloucester, Sohn Eduards III. 585
Thomas, Graf von Lancaster 582f.
Thomas der Slawonier 198, 361
Thomas Morosini, lateinischer Patriarch von Konstantinopel 219
Thomas von Aquino, italienischer Dominikaner, hochscholastischer Kirchenphilosoph 17, 200, 512f., 543, 545ff., 549, 555f., 559, 657
—, »Summa contra gentiles« 546, *Abb. 548*
—, »Summa theologica« 546
Thomas von Kempen (a Kempis, eigentlich Hamerken), mystischer Theologe 558
Thomas Waley (Thomas Anglicus), Professor der Theologie in Oxford 609

Thomismus, Lehre Thomas von Aquins 556f.
Thorn, an der Weichsel 655, 664
—, (Erster) Friede von (1411) 664
Thoros, Fürst von Edessa 385
Thrakien 189, 192, 195, 203, 206, 220, 483, 566, 596, 627, 630, 637, 648, 653, 655ff., 661, *Kartenskizze 211*
Thüringen 321, 333, 399, 417, 635, 645, 653, 655f.
Thüringer, Nachkommen der germanischen Hermunduren 284, 287, 320, 621f.
Thukydides, griechischer Geschichtsschreiber 210
Tiaret, siehe Tähert
Tiber 351, 646, *Kartenskizze 375*
Tiberias, Galiläa 207, 652, *Kartenskizze 443*
Tiberios II. Apsimaros, byzantinischer Kaiser 190f., 626
Tibet, asiatisches Hochland 120
Tiepolo, Baiamonte, venezianischer Adliger 574
Tigris 66, 95, 102, *Kartenskizze 139, 151, 211, 219*
Timur Leng (Tamerlan), Chan der Mongolen 225, 251, 567, 596, 663
Tinchebray, Normandie 444, 647, *Kartenskizze 451*
Tīn Māl (Tīn Mallal), im Hohen Atlas 163, 165
Tirol 571, 605, 658, 660f., 663
Tironische Noten, Kurzschrift in lateinischer Sprache 304
Tivoli (Tibur), am Aniene östlich Roms 353, 382, 641, 649, *Kartenskizze 375*
Tlemcen, Westalgerien 89, 170
Tmutarakan (Tamatarcha), Stadt und Landschaft im Kubangebiet, Südrußland 232f., 643, *Kartenskizze 235*
Tochtamysch, Chan der Tataren 251, 663
Todi, am Tiber, Umbrien 353
Toledo, Kastilien 58, 113, 159f., 384, 425, 478, 544, 623, 646, *Kartenskizze 159, 481*
Tomislav, Herrscher der Kroaten 204
Tortosa, Spanien 167, 426, *Kartenskizze 159*
Tortosa, Syrien 439, 485, *Kartenskizze 445*
Toskana (Tuscien, Etrurien) 386, 389, 406, 408, 415, 432, 436, 455, 461f., 475ff., 555, 574, 644, 647, 649f., 656, *Kartenskizze 375*

NAMEN- UND SACHREGISTER

Totes Meer, Palästina 79, 184, *Kartenskizze 443*
Totila (eigentlich Baldwila), König der Ostgoten 622
Toul, Frankreich 365, 644
Toulouse (Tolosa) 406, 524, 543, 545, 579, 627, 632, 651, 653, *Kartenskizze 159, 319, 451, 481*
—, Grafschaft 385, 406, 421, 446, 450, 456f., 470, 472, 480, 653f., *Kartenskizze 451*
Touraine, Landschaft südlich der Loire 452, 652f.
Tournai, Hennegau 453
Tours, Frankreich 278, 280f., 283f., 287, 290, 365, 449, 497, 509f., 630, 650, *Kartenskizze 451*
—, Sainte-Croix, Kloster 623
—, Saint-Martin, Kloster 630
Trajan, Marcus Ulpius Traianus, römischer Kaiser 44, 199
Trani, Apulien 210, 429
Transoxanien 88, 90, 103, 120, 141, 154, 654
Trapezunt, am Schwarzen Meer 220, 459, *Kartenskizze 211, 219*
Tribur (Trebur), Hessen 320, 380, 634, 645
Tricamarum (Trikameron), südwestlich Karthago 621
Trier (Augusta Treverorum) 199, 283, 289f., 390, 464, 634
Trinität, Dreifaltigkeit 40, 45, 309, 510f., 513, 532, *Abb. 537*
Tripolis (Tarābulus asch-Schām), Stadt und lateinische Grafschaft, Syrien 146, 148, 152f., 421f., 439, 441, 483ff., *Kartenskizze 151, 211, 219, 443*
Tripolis (Tarābulus al-Gharb), an der Kleinen Syrte, Libyen 152, 186, 625
Tripolitanien, Landschaft in Libyen 166, 428, 441
Trnovo (Tirnovo), Bulgarien 220, 653, 663
Troja, Sage vom Troianischen Krieg 525
Troubadours, südfranzösische Minnesänger 113, 117, 159, 457, 507, 524f., 539, 551, 555
Troyes, Stadt und Grafschaft an der Seine 408, 448, 450, 525, *Kartenskizze 451*
Trullanisches Konzil (680/81) 188, 192, 626
— (692) 190, 626
Truwor, Anführer der Normannen 231
Tschaghri Beg, Fürst der Seldschuken 140
Tschernigow, Ukraine 238, *Kartenskizze 235, 243*

Tscherwenische Städte am oberen Bug 233
Tschinghiz Chan (ursprünglich Temudschin), mongolischer Fürst 59, 178, 245, 654, 657
Tudela, am Ebro, Spanien 425, *Kartenskizze 159*
Türken, turanides Volk 57, 71f., 88, 96f., 99, 104, 111, 119, 133ff., 137f., 140, 154, 162, 170, 172, 199, 204, 208, 210, 212—216, 220, 236, 253ff., 260f., 263, 384ff., 421f., 424, 438, 484f., 566, 569, 592, 596f., 632, 645ff., 659—662
Tughril Beg (Toghrul Beg Muhammad), Seldschukenfürst 58, 140, 142, 645
Tughtakin Būrī, Seldschukenemir 149
Tukusch, Muhammad II. ibn, Chwārezmschāh 59, 154, 176, 178, 655
Tula, südlich Moskau 251, *Kartenskizze 267*
Tūlūniden, Dynastie in Ägypten 57f., 109ff., 633
Tunesien 64, 90, 109, 136, 155f., 166, 190, 428, 441
Tunis (Tunes), 155ff., 166, 168, 190, 222, 472, 477, 657
Tūrānschāh, Bruder Saladins, Herrscher im Jemen 152
Tūrānschāh, letzter Ajjūbide in Ägypten 172, 657
Turin, Oberitalien 369, 644
Turkestan 58, 567, 641, 649
Turkmenen 140, 154f., 424
Turnier, ritterliches 607
Turow, am Pripet, nordwestlich Kiew 233, 249, *Kartenskizze 235*
Tūs, Chorasan 104
Tuskulaner, Grafengeschlecht in Rom 353, 364
Tweed, Fluß in Schottland 446
Twer, an der Wolga 246—250, 252, 254, 256, *Kartenskizze 243, 267*
Tyana, Kleinasien 57, 95, 627, 630, *Kartenskizze 443*
Tyche, griechische Göttin des Glücks und des Zufalls 33
Tyros (Tyrus), Phönikien 148, 152, 421, 439, 485, 656, *Kartenskizze 151, 433*

U

'Ubaidallāh, Fātimidenkalif in Nordafrika 58, 109, 635
Uhud, Bergrücken nordwestlich von Medina 45, 56, 63
Ukhaidir, Qaṣr, Wüstenschloß südwestlich Karbalā', Irak

'Ulamā', islamische Rechtsgelehrte 83, 121, 123, 131, 137, 178
Ulfila (Wulfila), Bischof und Führer der Westgoten 201
Ulm 360, 642
Ulrich, Bischof von Augsburg, Heiliger 330
Ulrich, Bischof von Basel 361
Umajjaden (nach Umajja ibn 'Abd Schems aus dem Stamme der Koraisch), islamische Dynastie in Damaskus 56f., 67 bis 83, 86, 89ff., 95, 113, 117, 128, 195, 626, 629
—, spanische 57f., 113—116, 158f., 629, 636, 643, 650, *Kartenskizze 159*
—, Moschee in Damaskus 56, *Abb. 77*
—, Moschee in Córdoba 57f., 630
'Umān (Oman), Landschaft in Südarabien 82, 89, 132, 154
'Umar I. ibn al-Chattāb, Kalif in Medina 51, 61—64, 66, 69, 72, 78, 185f., 625
'Umar II. ibn 'Abd al-'Azīz, Umajjadenkalif 56, 76f., 81, 627
'Umar, Emir von Melitene 201
'Umar ibn Hafṣūn, mozarabischer Rebellenführer in Spanien 58, 115
Umar Chajjām (Abū 'l-Fath 'Umar ibn Ibrāhīm al-Chājjamī), persischer Mathematiker, Astronom und Dichter 143
'Umar ibn abī Rabi'a, aus Mekka, arabischer Dichter 126
'Umar Suhrawardī, arabischer Theologe 177
Umbrien 575
Umma (Muhammadijja), muslimische Religionsgemeinschaft 31, 46f., 49f., 53, 55, 61ff., 65, 67, 82f., 85f., 88, 93f., 105, 116f., 119, 137, 157, 161, 165, 173f., 178
Ungarn (Magyaren), Volk der finnisch-ugrischen Sprachgruppe 118, 203ff., 206, 212, 214—217, 225, 318, 320f., 324, 333—336, 342, 347, 362, 368, 634—637, 639
Ungarn, Land 216, 224f., 234, 243, 245, 260, 269, 408f., 434, 458, 460, 466, 498, 593, 595ff., 599, 614, 616, 634, 640—648, 650f., 653—657, 661ff., *Kartenskizze 219*
Universalienstreit 513
Universitäten 512ff., 516, 529, 545, 547f., 556, 567, 577, 594ff., 598, 655f., 661f.
Unni, Kaplan König Konrads I., Bischof von Bremen 324, 635
Unstrut 333f., 622, 636, 645
Unterwalden, Urkanton der Schweiz 465, 570, 658f.

NAMEN- UND SACHREGISTER

'Uqba ibn Nāfi' (Sidi Okba), arabischer Feldherr und Heiliger 56, 70
Ural 242, 245, 263, 266, 268
Urban II., vorher Odo de Lagery, Bischof von Ostia, Papst 145, 213, 383—386, 390f., 504f., 646
Urban III., vorher Humbert, Kardinal, Erzbischof von Mailand, Papst 651
Urban IV., vorher Jakob Pantaleon aus Troyes, Papst 476
Urban V., vorher Guillaume de Grimoard, Abt von Saint-Victor in Marseille, Papst 567, 575, 662
Urban VI., vorher Bartolomeo Prignano, Erzbischof von Bari, Papst 597f., 662f.
Urchan, Sohn Osmans, zweiter Emir (Sultan) der Osmanen 660f.
Uri, Urkanton der Schweiz 465, 570, 658f.
Urmia-See, Āserbaidschān 209
'Uthmān ibn 'Affān, Kalif in Medina 56, 64ff., 68f., 186, 625
Utrecht, Niederlande 362, 391, 399, 626f., 643, 648, *Kartenskizze 319*
Uturguren, protobulgarischer Hunnenstamm 188
al-'Uzzà, altarabische Göttin 38

V

Vaast, Bischof von Arras und Cambrai, Heiliger 289
Vagantenpoesie 514, 539
Valdes, Petrus?, Kaufmann aus Lyon, Stifter der Waldenser-Sekte 536
Valencia (Beliva) 158f., 161, 167, 384, 480, 482, 587f., 646, *Kartenskizze 159, 481*
Valenciennes, Nordfrankreich 641
Valentinos Arsakidos, Armenier, byzantinischer Feldherr 186
Valois, Grafschaft in der Ile-de-France 452, 471, 473
Valvassoren (valvasores minores), ritterliche Lehnsleute in Italien 360f., 643
Vandalen, ostgermanisches Volk 110, 186, 275ff., 281, 621
Vardar (Axios), Fluß in Makedonien 641
Varna (Warna), am Schwarzen Meer 226
Vasallen, siehe Lehnswesen
Vaspurkan, Gebiet im türkischen Armenien 642, *Kartenskizze 211*
Veit (Vitus), Heiliger 330, *Abb. 572*
Venaissin, Grafschaft der Provence 472

Venantius Fortunatus, Honorius Clementianus, Bischof von Poitiers, lateinischer Dichter 278, 624
Venedig (Venezia) 197, 199, 208, 212, **214—226**, 236, 353, 406f., 411,428f.,432, 435f., 440, 458f., 462, 484, 566, 574, 596, 599, 610, 612, 617, 628, 630, 646, 650f., 653f., 657ff., 661, *Kartenskizze 319, 375*
Vercelli, Piemont, Oberitalien 361
Verden (Vardunum, Fardiun), an der Aller, Niedersachsen 301, 629
Verdun 315, 340f., 358, 629, *Kartenskizze 319*
Verfassung, brabantische 572
—, byzantinische 186
— des deutschen Reiches 572f., 661
— des fränkischen Reiches 276
— der germanischen Reiche 276, 278
Vergil, Publius Vergilius Maro, römischer Dichter 13, 288, 508f., 518f.
Vermandois, französische Grafschaft 452, *Kartenskizze 451*
Verona (Bern), Venezien 348, 475f., 575, 644, 650f., *Kartenskizze 375*

—, Mark 637, 639, 644

Veroneser Bund (1164) 650

Verzy, Champagne 349, 640
Véseronce, Südostfrankreich 621
Vexin (pagus Vilcassinus), Landschaft nördlich der Seine 444, 446, 449, 452, 646
Vézelay, Burgund 423, *Kartenskizze 451*
Vicenza, Venezien 436, 475, 650, *Kartenskizze 375*
Viehzucht im Hochmittelalter 402 bis 405, 410
Vienne, an der Rhône 281, 390, 633f., 647, 659, *Kartenskizze 319*
Viktor II., vorher Gebhard, Graf von Hirschberg, Bischof von Eichstätt, Papst 368ff., 383, 644
Viktor III., vorher Desiderius, Abt von Monte Cassino, Papst 383
Viktor (IV.), vorher Oktavian, Kardinal, Gegenpapst 434f., 650
Vilgard von Ravenna, mittelalterlicher Grammatiker 509
Villa (Villikation), klassische Grundherrschaft 402f.
Villani, Giovanni, italienischer Geschichtsschreiber 610
Villehardouin, Geschlecht aus der Champagne 459, 483

Vincy, Nordfrankreich 627
Vinzenz von Beauvais (Bellovacensis), nordfranzösischer Dominikaner, Polyhistor des Mittelalters 545
Visconti, lombardisches Adelsgeschlecht 575f.
Visconti, Otto(ne), Erzbischof von Mailand 477
Visconti, Tebaldo, siehe Gregor X.
Vitalianus, Papst 286, 625
Viterbo, Latium 655, 657

Vitry (-sur-Seine), südlich Paris 623
Vivarium, Kloster in Kalabrien 492
Völkerwanderung 15, 183
Vogesen (Wasgenwald) 297
Vogtland 659
Volkssprache(n) 497, 526, 536, 539, 552, 558ff., 609f.
Volksversammlung (wjetsche), altrussische 237ff., 244, 248, 256
Volokolamsk, nordwestlich Moskau 269
Volta (Volta Mantovana), Poebene 382
Volterra, Toskana 574
Vorderasien 26, 35, 223, 624, 639, *Kartenskizze 139*

W

Wachtelfeld (Kúlikowo póle), am oberen Don 250, 663, *Kartenskizze 243*
Währung, ägyptische 171
—, byzantinische 212
—, islamische 100
Wagrien, Ostholstein 637
Wahlstatt, Niederschlesien 656
Waifar, Herzog von Aquitanien 629
Waimar V., langobardischer Herrscher von Salerno 357, 365
Wala, Vetter Karls des Großen, Graf, Abt von Corbie 311, 631, *Stammtafel 294f.*
Walachei, Landschaft zwischen Südkarpaten und Donau 217, 596
Walahfried (genannt Strabo, der Schieler), Abt von Reichenau, Theologe und Dichter 306, 312
—, »Hortulus (Das Gärtchen)« 306
Waldemar II., Sohn Waldemars I., König von Dänemark 465, 655
Waldemar IV. Atterdag, Sohn Eriks VI., König von Dänemark 591f., 660ff.
Waldemar, Sohn des Markgrafen Konrad II., Markgraf von Brandenburg 659
Waldenser, Arme von Lyon, religiöse Sekte 536ff., 569, 651
Waldhufendörfer 401

NAMEN- UND SACHREGISTER

Waldrada, Konkubine und vom Papst nicht anerkannte Gemahlin König Lothars II. von Lothringen 633, *Stammtafel 294f.*

Waldstätte, die Schweizer Urkantone 570, 572, 658f.

Wales, Landschaft in Südwestengland 446, 468, 583

al-Walīd I., umajjadischer Kalif in Damaskus 56

al-Walīd II., umajjadischer Kalif in Damaskus 57, 79

Wallfahrt nach Jerusalem 384

Walter VI., Graf von Brienne, Herzog von Athen 574

Walthari(us)lied, lateinisches Epos nach germanischem Sagenstoff 500

Walther von der Vogelweide, Minnesänger 526, 551, 652

Wanderprediger 495, 503, 506f., 509, 527, 536, 539, 541 ff.

Wandmalerei, arabische 128

—, romanische, *Abb. 352, 445, 504*

—, gotische, *Abb. 457, 485*

—, Frührenaissance, *Abb. 605*

al-Waqqāschī, spanisch-arabischer Mathematiker und Philosoph 158

—, »Elegie auf Valencia« 158

Waräger, Normannen ursprünglich schwedischer Herkunft 120, 201, 204f., 207, 234, 633, 640

Wasilij I., Großfürst von Moskau 251

Wasilij II., der Geblendete, Großfürst von Moskau 251f.

Wasilij III., Sohn Iwans III., Zar von Rußland 260f., 269

Wasilij, Sohn Jurijs, des Vetters Wasslijs II., Großfürst von Moskau 252

Wāsit, am Tigris 75, 77, 102

al-Wāsitī, arabischer Maler, *Abb. 101*

al-Wāthiq, Hārūn, abbasidischer Kalif in Bagdad 57, 632

Wazīr (Wesir), erster Minister der Kalifen 86f.

Wechsel, Zahlungsmittel 411

Weinbau 402

Weistum, Auskunft über geltendes Gewohnheitsrecht im Mittelalter 417

Weißenburg, an der Lauter, Unterelsaß 317, 359, 633

—, Domänenrecht 359

Weißes Meer, Bucht des Nordpolarmeeres 357

Welf, Graf in Schwaben 631, *Stammtafel 294f.*

Welf II., Graf in Schwaben 642, *Stammtafel 294f.*

Welf III., Sohn Welfs II., Herzog von Kärnten, letzter Welfe des älteren Hauses 644

Welf IV, Sohn Markgraf Azzas d'Este, Herzog (Welf I.) von Bayern 383f., 386, 645, *Stammtafel 430f.*

Welf V., Herzog (Welf II.) von Bayern 383, 646f., *Stammtafel 430f.*

Welf VI., Herzog (Welf III.) von Bayern, Herzog von Spoleto, Markgraf von Tuscien 649, 651, *Stammtafel 430f.*

Welf VII., Sohn Welfs VI. 650, *Stammtafel 430f.*

Welfen, süddeutsches Herrschergeschlecht 311, 432f., 441f., 452, 456, 461, 644f.

Welfesholz, bei Gerbstedt 389, 647

Welthandel 118, 133

Weltherrschaftsanspruch, römischer 197

Wenden (oder Sorben), die in Ostmitteldeutschland eingewanderten slawischen Stämme 630, 636, 638, 649

Wendenkreuzzug (1147) 649

Wenrich, Scholasticus in Trier 390

Wenzel, Sohn Kaiser Karls IV., König von Böhmen, deutscher König 662 ff., *Abb. 572, 597*

Wenzel (I.), der Heilige (Wenzeslaus), Herzog von Böhmen 636

Wenzel II., Sohn Ottokars I., König von Böhmen 655f.

Wenzel II., Sohn Ottokars II., König von Böhmen und Polen 658f.

Wenzel III., Sohn Wenzels II., König von Böhmen, letzter Přemislide 569, 593f., 658

Werla, Pfalz der Billunger, Kaiserpfalz am Harz 333

Werner von Eppenstein, Erzbischof von Mainz 464

Weser 399,

Wessex, angelsächsisches Königreich 287, 498

Westfalen 401, 651

Westgoten (Wisigoten) 114, 186, 275 ff., 282f., 494, **621—624**, 627

Westminster, heute Stadtteil von London 469, 645f.

Wettin, Fürstengeschlecht in Obersachsen 643

Wibert, Bischof von Ravenna, siehe Clemens III.

Wibert (Guibert), Abt des Benediktinerklosters Nogent-soûs-Concy 177

Wichmann, Bruder Hermann Billungs 335

Wichmann, Graf von Seeburg, Erzbischof von Magdeburg 649

Wido, Herzog von Spoleto, König von Italien, römischer Kaiser 315, 318, 320, 634

Wido, Erzbischof von Mailand 371, 376

Wido, Bischof von Ferrara 388

Wido, Bischof von Osnabrück 390

Widukind (Wittekind), westfälischer Stammesherzog 301, 629, 635

Widukind, sächsischer Mönch in Corvey, Chronist 324f., 330, 332, 334f., 338, 640, 499

Wien 260, 263f., 634, 643, 655

Wiener Genesis, im 6. Jahrhundert entstandene byzantinische Purpurhandschrift 392

Wiener Vertrag Maximilians I. mit Ungarn (1515) 260

Wijk-bij-Duurstede, Holland 626

Wik (lateinisch vicus), Dorf, Gehöft, Stadtviertel 358

Wilfried (Wilfrith), Erzbischof von York 286f., 328, 626

Wilhelm, Sohn Florenz' IV., Graf von Holland, deutscher Gegenkönig 462, 464, 656

Wilhelm I., der Eroberer, Sohn Herzog Roberts I. von der Normandie, König von England 372, 377, 390, 400, 444f., 645f.

Wilhelm II. Rufus (der Rote), Sohn Wilhelms I., König von England 390, 444, 646f.

Wilhelm der Löwe, König von Schottland 446, 651

Wilhelm I., Sohn Rogers II., König von Sizilien 428f., 435, 441, 650f.

Wilhelm II., Sohn Wilhelms I., König von Sizilien 436f., 440, 651f.

Wilhelm III., Sohn Tancreds, König von Sizilien 442

Wilhelm I., der Fromme, Herzog von Aquitanien 500

Wilhelm X., Herzog von Aquitanien 424

Wilhelm Eisenarm, Graf von Apulien 357

Wilhelm Clito, Sohn Roberts II. Curthose, Graf von Flandern 444, 450

Wilhelm, Graf von Montferrat 439

Wilhelm VIII., Herr von Montpellier 479f.

Wilhelm, illegitimer Sohn Ottos des Großen, Erzbischof von Mainz 347, *Stammtafel 326f.*

Wilhelm von Auvergne (von Paris), französischer scholastischer Philosoph, Bischof von Paris 545

Wilhelm von Conches, aus der Normandie, scholastischer Philosoph 518

Wilhelm von Moerbeke, Dominikaner aus Brabant 545

Wilhelm von Nogaret, französischer Beamter 488, 659

Wilhelm von Ockham (Occam), englischer Franziskaner, scholastischer Philosoph 557, 570, 603, 660f.
Wilhelmiten, Eremitengenossenschaften 553
Willibrord (Wilbrord, Kirchenname Clemens), northumbrischer Mönch, Erzbischof, Bischof von Utrecht 289, 328, 626f.
Willigis (Willegis), Erzbischof von Mainz, Regent für Kaiser Otto III. 348 ff., 639, 641
Winchester, Südengland 601, 649
Windsor, westlich London 466 654
Winfrid (Winfrith), siehe Bonifatius
Winrich von Kniprode, Hochmeister des Deutschen Ordens 593, 661 f.
Winterthur, Schweiz 635
Wipo, Kaplan Kaiser Konrads II., Geschichtsschreiber 360 ff.
Wirtschaft, spätmittelalterliche 574, **611—614**
Wisby, auf Gotland 410
Wiskowatyj, Vertrauter Iwans IV. 262
Wismar 410
Wissenschaft im Hoch- und Spätmittelalter 509, **512—517**, 545f., 565, 567, 594
—, arabische 106f., 113, 119, 125, 131, 141, 160, 175, 393, 478, 508, 517, 548, 550
—, byzantinische 205
—, christliche 92 f.
—, griechische 92, 106
—, jüdische 160, 508, 517, 548, 550
Witebsk, an der Düna, Weißrußland 249, 261
Witiges (Witigis), König der Ostgoten 284, 622
Witiza, siehe Benedikt von Aniane
Witold, Großfürst von Litauen 251 f., 663
Wittelsbacher, süddeutsches Fürstengeschlecht 651, 662

Wjatitschen, ostslawisches Volk 232
Wjasma, östlich Smolensk 251, 255
Wladimir, Rußland 239, 244, 248f., 251, 253, 657, *Abb. 245, Kartenskizze 235, 243, 267*
—, Großfürstentum **246** ff., 250f., *Kartenskizze 243*
Wladimir I., der Heilige, Sohn Swjatoslaws, Großfürst von Kiew 208, 232ff., 239, 640, 642
Wladimir II. Monomach, Großfürst von Kiew 236, 241, 259, 262, 648
—, »Belehrung«, autobiographischer Fürstenspiegel 241, 648

Wladislaw I. Hermann, Sohn Kasimirs I., Herzog von Polen 646
Wladislaw I. Lokietek, Herzog (Wladislaw IV.), König von Polen 593 f.
Wladislaw II. Jagiello, Sohn Olgerds, Großfürst von Litauen, König von Polen 593 f., 662 f.
Wolfram von Eschenbach, mittelhochdeutscher Dichter 525, 551
—, »Parzival« 525
Wolfram von den Steinen, schweizerischer Historiker 316
Wolga 230, 232, 244, 254f., 263, 269, 655, *Kartenskizze 235, 243, 267*
Wolgabulgaren 120, 137, 233, 245
Wolhynien, Landschaft der Ukraine 229, 233, 242, 245, 249
Worms 313, 315, 359, 389, 554, 631, 645, 648, 655, 662
Wormser Konkordat (1122) 390f., 418f., 433, 504, 648
Worringen, heute Stadtteil von Köln 658
Worskla, Nebenfluß des Dnjepr 251, 663
Wsewolod, Sohn Jaroslaws I., Großfürst von Kiew 648
Wsewolod, Sohn Jurijs Dolgorukij, Großfürst von Wladimir-Susdal 244
Würzburg (Virteburch) 291, 333, 628, 650, 658
Wulfila, siehe Ulfila
Wurzel Jesse (Jessebaum), Darstellung des Stammbaumes Christi, *Abb. 537*
Wyclif, John, Reformator, Theologe in Oxford 560, 603, 664
Wyschgorod, nördlich Kiew 244

X

Xanten (Ulpia Traiana), am Niederrhein 336, 527, 633, 636
Xiphilinos, Johannes, Patriarch von Konstantinopel 210

Y

Yamey, Basil Selig, amerikanischer Wirtschaftswissenschaftler 616
Yoga, indische Erlösungslehre und -praxis 224

York, Nordostengland 496
Ypern, Flandern 415

Z

Zāb, Großer, linker Nebenfluß des Tigris 57, 629
Zabarella, Francesco, aus Padua, Kardinal und Jurist 603
Zacharias, Papst 291f., 302, 628
Zähringen, Burg und Landschaft bei Freiburg im Breisgau 371, 645
az-Zāhir, abbasidischer Kalif in Bagdad 59
Zāhiriten, theologische Richtung des Islams 84
Zahlungsverkehr im Hochmittelalter 409
Zaid ibn'Alī, Fātimide 57, 80, 112
Zaiditen (Seiditen), Partei der Schī'iten 58, 80
Zajān, Banū, Stamm der Berber 170
Zajāniden, Berberdynastie 170
Zakāt (sadaqāt), gesetzliches Almosen, Armensteuer 62, 156, 163
Zakynthos, Insel und Ort im Jonischen Meer 652
Zanāta, Stamm der Berber 165f., 170
Zandsch (arabisch Neger), Afrikaner 99, 102f., 110, 112
Zankī, 'Imād ad-Dīn, Emir von Mosul, Begründer der Zengiden 59, 149, 423, 438, 649
Zara (Iader), Dalmatien 218, 258, 653
Zarathustra (Zoroaster), iranischer Religionsstifter 44, 624
Zarathustrismus 51, 71, 78, 88, 92, 95, 104, 130, 132
Zecchino (Dukaten), venezianische Goldmünze (1284) 411
Zengiden (Sengiden), arabische Dynastie 148f.
Zeta, Landschaft (Montenegro) und antike Stadt (Diokle, Doklea) an der Adria 212
Ziazo (Dietrich), sächsischer Graf, Patricius von Rom 640
Zijād ibn Abīhi, Statthalter im Irak 56, 73 f.
Zins (census, cens), Abgaben 402f., 415, 427, 429, 476
Zīriden, berberische Dynastie 110, 136, 155f., 159f.
Zips, Landschaft in der Slowakei 649
Zirkusparteien (Demen) in Konstantinopel 186

Zisterzienser (nach dem Kloster Citeaux), Mönchsorden 399f., 402, 419f., 502, 505f., 508, 521, 523, 527f., 530, 534, 536, 540, 542
Zodan, Herzog der Awaren 630
Zoë (Karbonopsina), vierte Gemahlin Kaiser Leons VI. 191, 203f., 209
Zoë, Tochter Kaiser Konstantins VIII., Gemahlin der Kaiser Romanos III. Argyros, Michael IV. und Konstantin IX. Monomachos 643f.
Zölibat, Gebot der Ehelosigkeit 367, 369, 371, 503
Zollwesen, im Hochmittelalter 407, 591
—, arabisches 28, 99f.
—, byzantinisches 407
—, russisches 261
Zubair, Gefolgsmann Muhammads 63, 65
Zünfte 416, 611f., 617f.

Zürich 386, 523, 657, 661f.
Zug, Stadt und Kanton der Schweiz 662
Zurvanismus (Zervanismus), Glaubensrichtung des Zarathustrismus 33
Zutt (Dschätt), Ahnen der Zigeuner 95
Zwentibold, illegitimer Sohn Kaiser Arnulfs, König von Lothringen 634, *Stammtafel 326f.*
Zwin (Swin), Golf von Brügge 453

QUELLENVERZEICHNIS DER ABBILDUNGEN

Die Aufnahmen stammen von: Fratelli Alinari, Florenz (296, 457, 485, 605) – Anderson, Rom (445) – Bauer, Bamberg (353) – Bildarchiv Foto Marburg (341, 372, 557) – Bildstelle und Denkmalsarchiv im Hauptamt für Hochbauwesen, Nürnberg (532) – Ann Bredol-Lepper, Aachen (432 innen) – Dr. Heinrich Decker, Ostermiething/O. Ö., nach »Italia Romanica«, 1958, mit Erlaubnis des Verlags Anton Schroll & Co, Wien (373) – Jean Dieuzaide mit Erlaubnis von Cosmopress, Genf, nach »Hispania Romanica« bei Braun & Cie, Mühlhausen, und Anton Schroll & Co., Wien, 1962 (393) – Fréderique Duran, Paris (25, 40, 41, 76) – Adolf Düringer, Wien (573) – Editori di S. Tommaso, Rom (548) – Garzón, Granada, nach Kühnel »Kunst des Islam«, Kröners Taschenausgaben Band 326, mit Erlaubnis des Alfred Kröner Verlags, Stuttgart (116) – Dr. Georg Gerster, Zürich (184) – Giraudon, Paris (204) – Prof. Dr. Adolf Grohmann, Innsbruck (69, 100) – Roger Guyard, Paris (612) – Dipl.-Ing. W. Harth, Wiesbaden, mit Erlaubnis des Otto Müller Verlags, Salzburg (533) – Konrad Helbig, Frankfurt a. M. (432) – Dr. Hellmut Hell, Reutlingen (225, 276, 521, 536, 537) – Hirmer Fotoarchiv, München (224) – Friedrich C. Hohnholt, Bremen (500) – Dipl.-Ing. Jos. Jeiter, Hadamar/Nassau (176, 416) – Landesmuseum für Vor- und Frühgeschichte, Münster (277) – Kurt Lange †, Oberstdorf i. A. (368, 460) – Lichtbildarchiv Wallisfurth, Aachen (233, 245) – Enrico Mariani, Como (224 innen) – Mas, Barcelona (117) – Leonard von Matt, Buochs/Schweiz (401) – N. Natali, Ravenna (456) – Mario Perotti, Mailand (340, 433 innen) – Jean Roubier, Paris, nach »Gallia Romanica«, 1962, mit Erlaubnis des Verlags Anton Schroll & Co, Wien (392, 501, 504) – Prof. Dr. Berthold Rubin, Berlin/Köln (205) – Prof. Dr. Daniel Schlumberger, Straßburg (153) – Helga Schmidt-Glassner, Stuttgart (297, 433, 572 nach Karl M. Swoboda »Peter Parler«, mit Erlaubnis des Verlags Anton Schroll & Co, Wien) – H. W. Silvester, Lioux/Vaucluse (77) – Soprintendenza dei Monumenti del Lazio, Rom (352) – Thierstein & Co Microfilma, Bern (444) – Freda Unger, Zürich (108) – Universitetets Oldsaksamling, Oslo (232, 417) – Gebrüder Zumbühl, St. Gallen (309) – Alle anderen Fotos verdanken wir den in den Bildunterschriften genannten Museen und Archiven.

Deutsche Geschichte im Ullstein Taschenbuch

Ein Gesamtbild deutscher Geschichte vom Mittelalter bis in unsere Zeit in Einzeldarstellungen und thematischen Ergänzungsbänden

Herausgegeben von Walther Hubatsch

Hermann Conrad
Der deutsche Staat
Epochen seiner Verfassungsentwicklung (843–1945)

Deutsche Geschichte Band 10

Der germanische Staat der Frühzeit / Germanische Staatsbildung im Übergang von der Antike zum Mittelalter / Das Reich der Franken / Der Vertrag von Verdun (843) und die Entstehung des Deutschen Reiches / Königsmacht und Reichsgewalt / Reich und Kirche / Die staufische Reichsreform / Die Entstehung der Landesherrschaft / Vom Interregnum zur Goldenen Bulle von 1356 / Reichsreform und Wende des Mittelalters / Rechtspflege und Rechtsordnung im Mittelalter / Kaiser und Reich / Die Territorialstaaten / Krise der Reichsverfassung und Ende des Reiches / Wandlungen des Rechtsdenkens / Das Napoleonische Zeitalter und der Wiener Kongreß / Der Deutsche Bund / Revolution und deutsche Einheitsbewegung / Der Weg zur deutschen Einheit / Das Deutsche Reich. Verfassung und Recht / Die Verfassungsentwicklung in den deutschen Staaten / Vom Kaiserreich zur Republik / Die Weimarer Verfassung von 1919 / Von der Weimarer Republik zur Spaltung Deutschlands

Philosophie im Ullstein Taschenbuch

Peter Kropotkin
Gegenseitige Hilfe
in der Tier- und Menschenwelt

Herausgegeben und eingeleitet von Henning Ritter

Ullstein Buch 3225

Gegenseitige Hilfe bei den Tieren, bei den Wilden, unter den Barbaren, in der Stadt des Mittelalters, in unserer Zeit. Ein ebenso aufschlußreiches wie nachdenklich stimmendes Buch über die Möglichkeiten des Miteinander- und Füreinanderlebens.

Thomas Hobbes
Leviathan
oder Stoff, Form und Gewalt
eines bürgerlichen und kirchlichen Staates

Herausgegeben und eingeleitet von Iring Fetscher

Ullstein Buch 3240

Thomas Hobbes' ›Leviathan‹ von 1651 hat seit seinem Erscheinen die gesamte Gelehrtenrepublik Europas in seinen Bann geschlagen und die Staatsphilosophie bis in die heutige Zeit beeinflußt. In seiner Einleitung befaßt sich der Herausgeber mit der Wirkungsgeschichte der Hobbesschen Staatsphilosophie, sichtet kritisch die bisherigen unterschiedlichen Theorien über Hobbes und faßt den Stand der Diskussion zusammen.